中華文化思想叢書·近現代中華文化思想叢刊

鴉片稅收與清末新政
（修訂版）

劉增合　著

序

　　這次修訂，是由於本書初版對字數規模的限制，不得不刪去了最初書稿中較多的內容，而那些內容對於充分反映研究主題不可或缺，本次修訂時一併收入原先被刪減的內容。修訂過程中，對原書稿中的舛誤和遺漏盡量訂正，部分章節標題也有所調整。大致來說，這次修訂更能夠體現這一研究課題的研究進展。

目 錄
CONTENTS

序 i

緒論 001

  一　論題緣由 001

  二　前賢研究的追蹤與檢討 007

  三　研究理念與設想 026

第一章　禁政觀念與稅源經略 029

  第一節　禁政觀念的變動 030

  第二節　稅源經略與財政利益博弈 053

  第三節　鴉片專賣與禁政決斷 106

第二章　禁政名義下的專賣與統稅 151

  第一節　鴉片專賣的籌計與展開 151

  第二節　土藥統稅 194

  第三節　財政與禁政的對峙 239

第三章　財政抵補籌策及其困境⋯⋯⋯⋯⋯⋯⋯⋯⋯267
第一節　籌辦印花稅⋯⋯⋯⋯⋯⋯⋯⋯⋯⋯⋯⋯267
第二節　鹽斤再度加價⋯⋯⋯⋯⋯⋯⋯⋯⋯⋯⋯306
第三節　抵補陷入困境⋯⋯⋯⋯⋯⋯⋯⋯⋯⋯⋯335

第四章　禁政與新政的牴牾⋯⋯⋯⋯⋯⋯⋯⋯⋯⋯⋯363
第一節　禁政時期的整軍經武⋯⋯⋯⋯⋯⋯⋯⋯363
第二節　興學與警政⋯⋯⋯⋯⋯⋯⋯⋯⋯⋯⋯⋯401
第三節　「急務」與「本源」的失調⋯⋯⋯⋯⋯⋯424

第五章　禁政激變與「新政之累」⋯⋯⋯⋯⋯⋯⋯⋯453
第一節　禁政激變⋯⋯⋯⋯⋯⋯⋯⋯⋯⋯⋯⋯⋯453
第二節　新政之累⋯⋯⋯⋯⋯⋯⋯⋯⋯⋯⋯⋯⋯482

結語⋯⋯⋯⋯⋯⋯⋯⋯⋯⋯⋯⋯⋯⋯⋯⋯⋯⋯⋯⋯⋯511

徵引文獻⋯⋯⋯⋯⋯⋯⋯⋯⋯⋯⋯⋯⋯⋯⋯⋯⋯⋯⋯521

緒論

一　論題緣由

　　眾所周知，鴉片問題是影響近代中國命運的重要因素之一。鴉片貿易合法化以後，外來鴉片輸入大幅度增加，本土鴉片生產也泛濫成災。大量鴉片源源不斷地供給官民，導致吸食鴉片之風瀰漫開來。鴉片之害不但表現為毀身耗財，更嚴重的是敗壞社會風氣，禍害匪淺。清末新政興起後，鴉片問題的嚴重性更引起中外人士的空前關注。在朝野促動下，清廷痛下禁政決斷，國內禁煙運動隨之興起。鴉片禁政與清末新政同處一個時期，禁政所涉及的諸多問題與新政舉措關係甚大，彼此牽制，互有影響。禁政對新政改革的影響是多方面的，這與鴉片在晚清社會產生的各種問題密切相關。

　　「鴉片問題」指涉的範圍較為寬泛，表現形式頗不相同，「社會問題」是一個主要的方面，這是指鴉片危害社會和個人，既毀身耗財又蠹國病民，為禍愈烈；「頹廢的精神文化」是鴉片危害在精神領域中的重要表現，娛樂生活和社會交往中處處以鴉片吸食為媒介，官民的精神生活趨向墮落，不思進取，加之盜匪、娼妓、自殺伴隨其中，整個社會陷入倫理失衡、精神墮落的境地；「鴉片經濟」是近代農業和商業的一種特殊形式，煙農與煙商不顧道義和名譽，一味講求種植利益和追逐商業暴利，因而產生形形色色的鴉片「產業」，諸如種植、加工、貿易、運輸、押運、經紀等等，這一產業鏈不斷發展，造就了鴉片問題的經濟基礎；「鴉片交涉」也不應忽視，英國以鴉片稅收為財政和軍費大宗，不可能輕易襄助中國禁煙，清廷使臣、總理衙門以致於二十

世紀初的外務部多為此交涉所累;「鴉片財政問題」與上述問題密切相關,是鴉片對清廷財政所產生的重要影響,中央與地方財政對鴉片稅收的依賴性越來越大,在稅收與禁煙之間,多數人更加重視前者。十九世紀七〇年代末期左宗棠的鴉片加稅主張確為禁煙之需要,但在討論過程中,加稅就是籌款,側重點已發生了轉換,「以後鴉片害國之深,昔日財政之依賴煙稅,實開其惡端」[1]。一八七七年訪英使臣郭嵩燾連上兩疏請求清廷主持禁煙。[2] 朝臣公開的說法且不具論,私下表態尤見其真意,劉坤一的觀點大體反映了各方對鴉片稅釐的嚴重依賴,十二月初他在私人信函中說:

> 郭筠仙侍郎禁煙之議,萬不能行。即以廣東而論,海關司局每年所收洋藥稅釐約百萬有奇,詎有既經禁煙仍收稅釐之理!此項巨款為接濟京、協各餉及地方一切需要,從何設法彌縫?……顧據實直陳,必觸忌諱,不如暫緩置議,想朝廷不再垂詢。[3]

朝臣與疆吏之間的默契不難達成,郭嵩燾的建議並未產生應有的效果。此後鴉片稅釐並徵談判時期,類似側重徵稅的言論即不再遮掩,為了追逐鴉片稅收而放言無忌,不再顧及國體。因此,鴉片問題又是一個重要的財政問題。

各種鴉片問題的衍生是一個漸進的過程,並且交互影響。一九

---

[1] 羅玉東:《光緒朝補救財政之方策》,載《中國近代經濟史研究集刊》,第 1 卷第 2 期,1933 年 5 月。

[2] 「二月初八日奏疏」,見楊堅校補:《郭嵩燾奏稿》,岳麓書社 1983 年版,第 368-369 頁;第二疏見於郭嵩燾:《郭侍郎奏疏》卷 12,光緒壬辰孟秋月刊,第 17~22 頁。

[3] 《劉坤一遺集》,書牘,卷 6,1831 頁,中華書局 1959 年版,第 1831 頁。

〇九年二月萬國禁煙會召開之初，有評論稱這次大會是「萬國救生大會」、「萬國實業大會」、「萬國濟貧大會」和「萬國體育大會」，盛讚禁煙可以達到「死者得不死」、地利盡可開闢、中國之貧得救、國民體質強健等目的[1]。外人對於中國鴉片問題的評論也著眼於多個角度，一九〇九年二月初，參加上海萬國禁煙會的大會主席——美國勃蘭特（C.H.Brent）主教在其演說最後即申言，萬國禁煙大會對鴉片問題關涉道德、財政、商務、交涉等，「每一層務要實心實力研究」[2]。

  本書不準備對「鴉片問題」的方方面面進行討論，而是著眼於稅收和財政層面，側重探討清廷鴉片稅收變動與各項新政改革之間的關係，尤其是鴉片稅收整頓、分配以及與此相關的各項新政事業的矛盾。鴉片稅是晚清為數不多的大宗稅項之一，它包括外來鴉片和土產鴉片兩部分稅收，兩種鴉片稅所起的財政作用、用途及引致的朝野矛盾各有差異，後期禁政導致的財政抵補任務也輕重有別，抵補過程中的矛盾運作頗不相同。外來鴉片的徵稅問題，許多著述已有不同程度的涉及，本文僅關注它對清廷財政的補救作用；土產鴉片的稅收整頓起步較晚，方案迭見，中央與地方的矛盾也最為複雜，明爭暗鬥的情形較為突出，著力探討這一個側面，可以更深入細緻地發現晚清財政經濟、練兵軍費籌措等領域出現的各種矛盾，進而牽引出清末朝臣與疆臣的權力紛爭和政治疏離傾向。因此，這一課題可以深化鴉片禁政和清末新政史的研究。

  清末新政的涵義較為寬泛，編練新軍、創辦學堂、創設警政、憲政改革、官制改革、地方自治改革等，內容龐雜，範圍甚廣。其中，練兵自強一項始終占據主導地位。財政為庶政之母，鴉片財稅作為晚

---

1 《清談萬國禁煙大會》，載《申報》1909年2月1日。

2 《萬國禁煙會紀事》，《東方雜誌》第6年第3期，1909年4月15日。

清財政的大宗收入，始終與練兵求強的資金運用密切相關，其他如償付外債和賠款、舉借外債抵押、對外交涉、海關經費、學務、警政、海軍、地方自治、諮議局創建甚至社會賑濟等等，無一不與鴉片稅釐瓜葛相連。本書主要是關注鴉片稅釐與練兵、警政和興學的關係問題，其他新政事項暫不深論。

鴉片問題與新政改革息息相關，清末諸多報刊及朝野人士已有同感，一九〇六年九月清廷頒佈禁煙上諭，有意將求強求富的新政與鴉片禁政聯繫起來：

> 自鴉片煙弛禁以來，流毒幾遍中國，吸食之人廢時、失業、病身、敗家，數十年來日形貧弱，實由於此，言之可為痛恨。今朝廷銳意圖強，亟應申儆國人咸知振拔，俾袪沈（沉）痼而導康和，著定限十年以內，將洋土藥之害一律割除淨盡。[1]

兩個星期後，《申報》刊發專論，稱禁煙是清廷宣佈立憲後的第一個改革行動，並預先描繪出鴉片禁政對新政改革的重大影響：

> 漏卮既塞，國用自充，以之興學則人才生，以之練兵則軍勢振，以之振興實業則工藝可改良，以之整頓地方則自治有進步。河出伏流，一瀉汪洋，太陽熗耀，升自扶桑，其禁煙後，新中國之景象哉於斯時也。[2]

一九〇八年三月，清廷重申禁煙上諭，也可概見其以袪毒促新政

1　朱壽朋編：《光緒朝東華錄》第五冊，中華書局1958年版，第5570頁。
2　《論戒煙與立憲之關係》，載《申報》1906年10月6、7日。

的用心：

> 鴉片盛行以來，流毒異常慘烈，染斯疾者，破其財產，夭其壽命，習為偷惰，職業全廢，即各直省吞煙自盡之案，歲計不知凡幾，盜賊訟獄因此滋繁，傷天地好生之心，殊堪悲憫，且令神州古國，種類日弱，志氣日頹，自強更復何望？[1]

禁政期間，某些州縣勸禁罌粟的告示也緊隨潮流，將流行經年的天演論與挽救危亡的新政改革相關聯：

> 照得鴉片毒我中國，禍久且烈，數十年來財源枯竭、民情偷惰多由於此，稍有見識之士無不痛心疾首。朝廷以振興貧弱、挽救危亡之策，非從掃除煙毒入手不可⋯⋯再不憤志戒除，我國民將在天演淘汰之列矣。[2]

與上述言論相比，外人的反應稍有不同，域外言論多次提醒清廷應注意鴉片禁政所帶來的財政壓力[3]。看來，極力推崇禁政對新政促進

1　《申報》，1908年3月23日。
2　程穌著：《浙鴻爪印》，沈雲龍主編：《近代中國叢刊》（以下簡稱《叢刊》）正編，第779號，臺灣文海出版社1969年版，第206～207頁。此處指的是浙江臨海縣的禁煙公告。
3　首先是英國駐華公使朱爾典在得知清廷禁煙上諭發佈後的第一個反應就是擔心中國財稅的抵補能力，連續兩次發給英國外交部的公文中強調此一問題，見「駐華英使朱爾典致英外部大臣葛雷公文」（1906年9月30日、11月22日），載《外交報彙編》第29冊，廣文書局1964年影印初版第3、6頁；其次是英國《摩寧普士報》1907年6月25日以「論中國禁煙」為題的社論和《泰晤士報》1909年12月7日以「論中國賦稅」為題的社論均談到同一問題，兩篇社論均被國內的《外交報》譯成中文刊發，分別見《外交報》186期和269期；密切關注中國政局的英國記者莫理循也有如此感覺，「在中國，財政無疑像一塊礁石，而國家這只航船很可能

作用的言論，對禁政可能會導致財政困絀甚至會阻礙新政事業後果的估計顯然不足。美國禁煙名士勃倫特（C.H.Brent）主教說，對待鴉片問題存在著「感情階段」和「科學階段」兩個環節。據此可見，清廷和大部分報刊對禁政作用期望甚高，僅僅處於新政改革激勵下的「感情階段」，朝野人士對鴉片禁政可能會引起中央與地方矛盾以及新政資金籌措等問題，大多缺乏清醒的認識，新政改革成效不大且屢遭詬病與此大有關係。民國時期人們對清末禁政的負面影響評論較多，例如民國年間成書的《涪陵縣續修涪州志》認為禁政推行之後，中國痛失鴉片稅釐，度支日絀，加速了清末政權的垮塌[1]。雲南《宣威縣志》也認為，「以雲南之貧，因鴉片而稍資接濟」，「鴉片之在滇省，功多於罪」，當地人士持此看法者不在少數[2]。

另外，清末各地海關稅務司和許多疆臣的公文奏報，對於因種植鴉片而致富、民眾激烈的反抗鏟煙以及因禁煙而稅收大絀、貿易萎縮的各種現象多有涉及。清末新政的失敗與鴉片禁政中諸多矛盾的措置失當關係匪淺。

明晰兩者之間存在的契合與牴牾是論證的關鍵所在，也預示著該課題所具有的挑戰性和學術價值。將清末禁政這一幕大戲放在新政改

觸礁沉沒」，駱惠敏編：《清末民初政情內幕——喬厄·莫理循書信集：1895-1912（上）》，知識出版社 1986 年版，第 651 頁。日本實科學校專門理化學生鄒吉人光緒二十九年到日本去留學，三十三年歸國，見國勢危弱，擬一說帖，請趙爾巽代奏，講到財政問題的重要性：美人建議中國注意財政問題的重要性，但中國有關官員並不採納，日本大隈重信也覺得非常可惜，說中國存亡之機就在此七年之內，不亡則永不會亡。見中國第一歷史檔案館（以下簡稱「一檔館」）藏趙爾巽檔案全宗，81/418 號。

1　施紀雲：《涪陵縣續修涪州志》卷 7，重慶都郵街公司 1928 年鉛印本，第 15 頁。
2　聶聞鐸：《瀘縣富順及昆明實習調查日記（1932-1941）》，收入蕭錚編：《民國二十年代中國大陸土地問題資料》，（臺北）成文出版社，1977 年版第 34、36 頁。

革這一舞臺上演出,並將新政改革置於清末禁政的背景下對照觀看,歷史的底本與後人的觀念附加會盡量呈現得涇渭分明,也會使歷史事實的重建多一路徑,增一視角。

二 前賢研究的追蹤與檢討

晚清至民國的歷史進程與鴉片問題密切相關,重大事件與其均有直接或間接關係,朝野感受深切,對鴉片問題的關注、研究和介紹相對較多。在以往關於鴉片問題的研究中,關注社會問題的論著占絕大部分,形成研究的主導,而從本文確定的角度進行研究則相對較弱。

(一)晚清至民國時期

清末有關研究論著係「當時人論當時事」,緊扣時勢,揭示實情,表達切身感受,後人研究必須重視,文獻價值較高,但因受制於輿論走勢,議論品評或有不周。成書較早被今人廣泛關注的是李圭撰述的《鴉片事略》(上、下卷)[1],湯象龍一九三一年特意撰文介紹該書,稱其為「先人早已研究精詳而未流行於世的著作」[2]。由於成書時間的限制,該書下卷多注意清廷對進口鴉片稅釐的整頓問題,對國產鴉片的稅釐整頓未加詳查,並且對洋土藥稅釐整頓過程中的地方與中央矛盾鮮有涉及。清末禁政期間,一本鴉片問題的普及性論著出版,這就是被坊間意欲盜版盈利的《鴉片流毒中國史》[3]。該書對鴉片輸入的源

---

1 清光緒年間刻本,1931 年 1 月國立北京圖書館據此刻本排印,後來收入沈雲龍主編:《近代中國史料叢刊》三編,第 61 輯,臺灣文海出版社 1966 年版。
2 《社會科學雜誌》第 2 卷第 2 期,1935 年 6 月。
3 《嚴禁翻刻私售〈鴉片流毒中國史〉告示》,黃季陸主編:《中華民國史料叢編·中國日報》,第四冊,1908 年 1 月 7 日,中國國民黨中央委員會黨史資料編纂委員會印行。

流、中英交涉過程、戰爭始末、禁煙史實等輯錄精詳，將嘉道年間至一九〇七年各省海關、釐稅局卡所報鴉片入口數量、價值列一長表，以彰顯財富漏卮的嚴重性，並對鴉片之害作出醫學上的解釋。由於關注角度和成書時間的限制，該書對禁政之後的稅釐縮減及抵補未作展論。大約同一時期，國內部分報刊翻譯出版了英國麥克拉倫所著《鴉片貿易歷史》一書[1]。該書仍是一普及性讀物，側重於揭露印度政府對鴉片稅的財政依賴，內容有孟加拉鴉片進款、政府壟斷製造之利等。此書披露的孟加拉行政長官與印度財政專員的對話十足地表明英屬印度對鴉片稅收的重視，亦可預見中國後來推行禁政時可能遇到的外交阻力之大。一九〇九年萬國禁煙會在上海召開，國內輿論對該會極為關注，有關媒介專門報導會議消息，《神州日報》特意刊發《阿片歷史談》（阿片指鴉片）一文，論述鴉片禍國之毒害，其中談及太平天國運動驟然興起與鴉片之害有至為密切的關係[2]。清末關於鴉片禁政的論著多從社會問題和銀漏角度著眼，且受輿情影響較大，對稅收抵補、財政和新政之影響則較少措意，但有關論著提示背景，自應加以注意。民國時期，鴉片問題的研究論著主要有財政貿易和稅制史類論著、鴉片毒害和禁煙法令實施過程的通史性論著以及從國際關係和外交等角度的研究著作三類，以前二者的研究較為深入。就鴉片稅收與新政之間錯綜複雜的關係來說，上述三類課題各有側重，雖非專論，仍較清末有大的進展，且更加理性。

　　清廷覆亡不久人們對清代鴉片稅釐與財政關係有所認識，較為典型的是吳廷燮作《清財政考略》，該書對一八八五年以後清廷財政擴張

---

[1] 先是《政治官報》從 1909 年 12 月 19 日（第 772 號）起連續刊載，四天以後《盛京時報》也開始刊載。

[2] 《阿片歷史談》，《東方雜誌》第 6 年第 2 期轉載，1909 年 2 月 15 日。

與鴉片稅釐整頓的關係加以關注，特別是對清廷將鴉片稅釐加徵作為歷次籌款要策論述較多[1]。一九一五年陳庭銳撰《鴉片問題之結束》[2]，充分注意到鴉片稅釐對清代晚期財政的重要作用，對晚清鴉片稅的年收入估計為白銀三千萬至四千萬兩，惟估計方法與資料依據未作說明，對於鴉片稅在中國和其他國家的用途和徵稅問題僅作簡要介紹。劉秉麟撰《中國財政小史》對光緒年間的賦稅問題討論較多[3]，關於鴉片稅問題，該書認為這是光緒中葉之後弊病較多的稅種，「雜稅亦多，而流毒之深，貽害之遠」，「當時清廷收入，恃為大宗」，對各省徵稅的不同方法略為介紹，對戶部公佈的鴉片稅徵收數字不抱信任，指出「據實地調查者言之，鴉片之稅逃脫不少」。

　　二十世紀三〇年代以後中央研究院一部分學者在研究清代財政和貿易、稅制等問題時兼及鴉片稅收問題，對其用途、財政地位等多有精當的分析。羅玉東所著《中國釐金史》研究的範圍是百貨釐金，其中將早期各省鴉片釐金造報問題作了考證，對一九〇六年之前的釐金收入的數量作了初步統計。鴉片稅收增長主要是在一九〇五年以後，因論題所限，該書並未就此深論[4]。湯象龍的部分論文對十九世紀後期洋藥稅釐的財政作用有所涉及，認為庚子賠款、鄭州河工借款、俄法借款、英德借款等外債籌還和抵押，與洋藥稅收入有極大關係[5]。三〇

1　吳廷燮著：《清財政考略》，民國 3 年 3 月校印，第 2～24 頁。

2　陳庭銳：《鴉片問題之結束》（譯美國《評論之評論》雜誌），《大中華》第 1 卷第 12 期，民國 4 年 12 月 20 日，上海中華書局印行。

3　劉秉麟：《中國財政小史》，《萬有文庫》第 1 集第 1000 種，商務印書館 1933 年版，第 78-81 頁。

4　羅玉東著：《中國釐金史》，收入《叢刊》續編第 62 輯，臺灣文海出版社印行，出版時間不詳。

5　湯象龍：《民國之前的外債是如何償付的？》、《民國以前關稅擔保之外債》，均收入後來出版的《中國近代財政經濟論文選》，西南財經大學出版社 1987 年版。

年代初,羅玉東發表《光緒朝補救財政之方策》一文,影響後來學術至大,該文注意到土藥加徵對清廷籌措庚子賠款的作用,對清政府的鴉片稅釐整頓也有所說明[1]。四〇年代後期,彭雨新發表《清末中央與各省財政關係》一文[2],闡述了十九世紀後期湖北省與四川省在鴉片稅徵收問題上的矛盾情形,並對土藥統稅的撥款制度有所注意。另外,三〇年代研究對外貿易史學者鄭友揆在論述對外貿易統計方法的變遷時,概括地談到洋藥海關稅在一八九五年之前的財政價值[3]。賦稅史研究也是涉及鴉片稅問題的重要領域,三〇年代較有代表性的是吳兆莘著《中國稅制史》,該書下卷介紹了土藥稅在十九世紀中後期各省徵收的稅率互不相同、各自為政的情形,並列表作了比較,說明各省土藥稅的稅率和徵收數目[4]。趙豐田在其晚清經濟思想史著述中涉及到鴉片問題,諸如印花稅收入數目的估計,重稅鴉片作為籌款之策,鴉片稅辦理海軍的建議[5],等等。

二〇年代以後,從整體上研究和介紹晚清鴉片問題的著作開始出現,儘管側重點有所區別,但基本上是受當時鴉片再度氾濫現實的刺激而作,並且選題類型具有共同的取向,即將鴉片問題作為社會問題

---

1 羅玉東:《光緒朝補救財政之方策》,《中國近代經濟史研究集刊》第 1 卷第 2 期,1933 年 5 月。

2 彭雨新:《清末中央與各省財政關係》,載《社會科學雜誌》第 9 卷第 1 期,1947 年 6 月。後收入李定一、吳相湘編纂:《中國近代史論叢》第 2 輯第 5 冊,(臺)正中書局 1979 年版。

3 鄭友揆:《我國海關貿易統計編制方法及其內容之沿革考》,載《社會科學雜誌》第 5 卷第 3 期,1934 年 9 月。

4 吳兆莘著:《中國稅制史》(下冊),商務印書館 1937 年再版。

5 趙豐田著:《晚清五十年經濟思想史》,北京燕京大學哈佛燕京學社 1939 年版;(臺)崇文書店 1967 年初版。

來處理，側重於禁毒一個方面[1]，這一選題路徑影響深遠，甚至今人著述大都被其「問題意識」所牽制。當時最典型的是於恩德撰述的《中國禁煙法令變遷史》[2]，就本書所關注的方面來說，該書既對洋藥稅收問題有所討論，又對土藥稅釐的整頓有所涉及，並兼及地方與中央的矛盾，對一九〇六年禁政時期鴉片稅釐的抵補問題也未遺漏。正如其標題所示，該書「僅限於中央之禁煙法令，至於地方法令，除引示例證外，暫不列入」，作者聲明，內容重在「重述史實，跡其變遷，就法令發生之原因及其推行結果，加以純粹客觀之記載」，而對鴉片稅的財政影響、朝野對立以及稅收抵補過程中的種種矛盾，作者並未深論；論著的通史性質使之對有關問題點到為止。

外交史和國別史的研究也涉及到鴉片問題。較有影響的是劉彥所著《中國近時外交史》[3]，其注意者有三事，一為袁世凱主張借鑑日本人在臺灣的專賣方法漸禁鴉片，推行擴張財政政策；二是汪大燮建議禁煙的原因分析；三是廣東推行牌照捐所引致的中英外交衝突，按說這是一次三方交涉，即廣東的袁樹勳（背後為許玨），北京外務部和英國駐華公使，三方之間紛爭激烈，但該書的分析不僅簡略，且將矛

---

[1] 正如於恩德所著《中國禁煙法令變遷史》中「序言」所說，「自鴉片輸入中國以來，舉國人士沉溺於其中者，不知凡幾，因之傾家蕩產，身敗名裂者亦不可勝數，百餘年間，吾國民生之多艱，民族之不兢，原因雖多，而鴉片之流毒，實為其重要原因」，「本文之目的，即擬分析禁煙法令失敗之原因，而思有以補救之道也」，見於恩德著：《中國禁煙法令變遷史》，中華書局1934年版。

[2] 另外尚有民國時期的禁煙名士羅運炎所著《中國鴉片問題》（上海興華報社1929年版），陶亢德編輯：《鴉片之今昔》（上海宇宙風社1937年版），顧學裘：《鴉片》（商務印書館1936年版），何引流：《中國的毒品問題》（《中國經濟論文集》第2集，中國經濟情報社1936年版），《鴉片與鴉片問題之研究》（載《雲南旅平學會會刊》1933年第7期）等，上述論著學術水平均不及《變遷史》一書。

[3] 劉彥著：《中國近時外交史》，《民國叢書》第1編第27種，上海書店影印，第504-511頁。

盾關涉之三方化約為兩方，有違事實。清末美國與英國在對待鴉片貿易問題上立場不同，新政時期美國成為反鴉片運動的急先鋒，民國時期美國學者專論美英之間的差別，《鴉片與英國》是此一時期的重要論著[4]。該文披露英國及其屬國在民國時期繼續依賴鴉片稅收，並對其殖民地政府財政收入中的鴉片稅比例作了統計。三〇年代前期，美國學者大衛·E·歐文也注意到英國在印度和中國推行鴉片政策中所扮演的特殊角色，氏著《英國在中國與印度的鴉片政策》一文研究較深[5]，該文「貿易的終結」部分關注到清廷對鴉片稅收的依賴情況，對鴉片稅的貿易平衡功能和財政擴張價值作了述論，並以較大篇幅研究了清末新政改革對社會吸食鴉片弊端的挑戰，著者認為，「毫無疑問，中國已經走上了變革之路，但是一個強大的國家，理想的改革者與廣泛傳播的鴉片是不相容的，中國已經從沉重的教訓中汲取經驗，並早早地有力地處理危險事件。改革者鮮明的目標一定直指鴉片的威脅」，「如果中國爭取與西方同樣的平等地位，吸食鴉片的習慣是一種罪惡的表現，一定要消除」[6]。論者關注的問題主要是鴉片禁政本身，間或兼及財政問題。比較此一時期國外學者研究的選題和水準，該書算是一個代表。

看來，鴉片作為社會和財政問題，以及鴉片禁政與新政的關係均已進入學者的研究視野，且較清末有所深入。財政和賦稅史的研究從整體上呈現出專業化特點，有關機構的組織實施較有成效[7]；禁煙史和

4　艾倫·拉·莫特著：《鴉片與英國》，載《東方雜誌》第 21 卷第 22 號。

5　David Edward Owen, *British Opium Policy in China and India*, Yale University Press, 1934.

6　大衛·E·歐文前揭文，「Chapter XII, The Ending of the Trade」部分。

7　國立中央研究院社會科學研究所負責組織和規劃全國的社會科學研究機構和正在進行以及將要進行的研究課題，其中，湯象龍即有兩項研究課題：一是清初之財

外交類選題較清末人士的探究更加理性和全面，後人研究的路向和選題模式受這一時期影響較大。

（二）二十世紀五〇至七〇年代後期

這一時段由於政治原因，國外學者與港臺學者的研究更為深入。有關研究主要是對晚清鴉片稅用途的探討較有進展，並對鴉片稅收涉及到的政治利益團體有所討論。

二十世紀五〇年代有關研究較少，比較重要的有兩種，一是李文治編輯的《中國近代農業史資料》，對鴉片問題的資料有所注意和蒐集，該書收入了國際鴉片委員會的報告書，陝西省在庚子之後為籌措賠款增加鴉片徵稅稅率，以及直隸省為抵補鴉片稅進行的鹽斤加價資料等[1]，但清末禁政時期有關材料的輯錄仍比較零散；另一個是美國學者威羅貝著有《外人在華特權和利益》[2]，一九五七年被譯成中文在國內出版。此書對中國開徵鴉片稅釐進行了闡述，並對英國一九〇六年的鴉片政策轉軌和美國政府醞釀制定禁止鴉片的專賣制度進行了比較研究，突出了美國在鴉片禁政問題上對中國的協助作用。

六〇年代有幾種論著值得一提。姚賢鎬編的《中國近代貿易史資料，1840-1895》一書篇帙巨大，外文史料輯錄較多，涉及本書論題的史料有兩類，即鴉片貿易合法化之前鴉片走私、白銀外流問題與英屬

政政策，二是清末南北洋水師經費及海防經費，見《社會科學雜誌》第七卷第二期（1936年6月）刊載的「國內社會科學研究題目一覽」；該刊第八卷第二期刊有「1936年國內社會科學研究題目一覽」，其中含有高德超（交大）所報課題「清末民業鐵路資本研究」，陶希聖等（北大經濟系）所作課題「清末以來銀行貨幣變遷史」，桑毓英（北大政治系）所進行的「清代地方政府及中央與地方之關係」。

1　李文治：《中國近代農業史資料，1840-1911》第1輯，三聯書店1957年版。
2　〔美〕威羅貝著，王紹坊譯：《外人在華特權和利益》，三聯書店1957年版。

印度經營鴉片盈利增長的資料等[1]，因專題所限，鴉片貿易與財政關係的史料未能收錄。美國學者卡梅倫的《1898-1912年中國的改革運動》一書是專門探討清末新政的重要論著。對新政與禁煙皆有專論。將鴉片禁政視為新政改革的一個環節：西方學者一般認為清廷推行的鴉片統稅，其目的在於籌款，而不是禁煙，卡梅倫則認為一九〇六年九月以前清政府的禁煙嘗試是真誠的，重稅鴉片是禁煙的一個必備手段；對清政府制定禁煙政策和頒佈禁煙法令進行了有益的探討，尤其是對唐紹儀與外務部提出供英國考慮的六點禁煙建議之間的關係論證較詳[2]。萊特所著《中國關稅沿革史》[3]則著重談到鴉片貿易合法化之後，各省對鴉片徵稅稅率的參差不齊，以及它對各省和中央財政所起的支柱作用，該書的材料和觀點曾被廣泛引用，原因是萊特作為當事人，他提供的材料較為真實。

　　Lim, Margaret Julia Beng一九六九年撰成的博士論文《英國與印中鴉片貿易的終結》是一部被人廣泛引證的論著[4]，對中國方面的材料使用較多，該文探討的問題主要有唐紹儀與印度財政部長愛德華・貝克爵士討論終止鴉片貿易的問題；英國推行的鴉片貿易政策對正常國際貿易的侵蝕，摧毀了具有無限潛力的中國市場；英國印度部大臣摩利禁止鴉片貿易的觀點：雖然英屬印度從鴉片稅收中取得的收入越來

1　姚賢鎬編：《中國近代對外貿易史資料，1840-1895》（1-3冊），中華書局1962年版。
2　梅里貝斯・E・卡梅倫（Meribeth E. Cameron）：《1898-1912年中國的改革運動》（*The Reform Movement in China*，1898-1912），紐約：奧克塔岡圖書公司1963年重印。
3　〔英〕萊特著，姚曾廣譯：《中國關稅沿革史》，商務印書館1963年版。
4　Lim, Margaret Julia Beng：《英國與印中鴉片貿易的終結（1905-1913）》（*Britain and the Termination of the India-China Opium Trade*，1905-1913），未刊博士論文，倫敦大學，1969年，轉見托馬斯・D・萊因斯：《改革、民族主義與國際主義：1900-1908年中國的禁煙運動與英美的影響》，該文載《近代亞洲研究》（*Modern Asian Studies*），1991年第25期。

少，但它仍為英國政府提供了大量的稅收，而且為印度農民帶來了收益，要想使英國贊同禁煙，中國首先要有禁煙的誠意；對清廷推行鴉片統稅的危險後果問題，該文闡論較詳，認為它疏遠了地方與中央的關係，是清廷推行的冒險政策；對鴉片統稅的收入作了大致的估計，全國從這項稅收中每年可獲得白銀一千七百萬至六千七百萬兩的財政收入；各省督撫對禁煙的態度以及國外人士對全國各省禁煙成績的考評也是此文探討的重要內容。

七〇年代鴉片問題的研究較為深入，有關研究論著的數量雖然不多，但論證切入的角度和論證水準則值得稱道。王樹槐在其《庚子賠款》一文中發現，清廷和各省疆臣討論籌措賠款的計劃時，均將鴉片加稅作為籌款的重要途徑，認為整頓鴉片稅釐、舉辦印花稅是此時朝野擴張財政、應付賠款的極為重要的手段[1]。林滿紅一九七九年撰成《晚清的鴉片稅，1858-1906》一文是專門探討晚清鴉片徵稅問題較早的重要論著。該文對一八五八年鴉片貿易合法化以來至一九〇六年鴉片禁政推行之前，中央和各省在鴉片徵稅問題上的言論和舉措，尤其對各省開徵時間不一的鴉片釐金問題進行了梳理，作為專門論述鴉片徵稅的論著，其開創性價值不應忽視[2]。托馬斯·L·肯尼迪發表的《毛瑟槍與鴉片貿易：1895-1911年的湖北槍炮廠》一文，是討論鴉片稅用途問題所見到的較為出色的一篇個案研究[3]，論者認為，湖北槍炮廠（後改為湖北兵工廠）的日常經費與鴉片稅收有密切的關係，鴉片禁政

---

[1] 王樹槐著：《庚子賠款》（臺北中央研究院近代史研究所專刊31），1974年。

[2] 林滿紅：《晚清的鴉片稅，1858-1906》，《思與言》，1979年第5期。

[3] 托馬斯·L·肯尼迪（Thomas L.Kennedy）：《毛瑟槍與鴉片貿易：1895-1911年的湖北槍炮廠》，載喬舒亞·A·福格爾（Joshua A.Fogel）與羅威廉（William T.Rowe）合編《展望變革的中國：韋慕庭教授退休紀念文集》（Perpectives on a Changing China: Essays in Honor of Professor G.Martin Wilbur on the Occasion of His Retirement），布爾德：西方觀察出版社1979年版。

推行之後，原來工廠經費進帳中有 30% 來自鴉片稅，現在鴉片稅的收入僅為 13% 以下，其後果是中國近代槍炮生產停滯不前，而該廠本可以生產出世界最新式的槍炮；禁政推行對各省也是一次經濟上的巨大考驗。當然，湖北槍炮廠經費中有鴉片稅的使用的確是事實，但該省鴉片稅主要用來償還庚子賠款——每年白銀 120 萬兩，兩者在資金使用上曾經出現過矛盾，湖北省因此與中央產生過激烈的衝突，該文未加重視，是為瑕瑜互見。

既有專門論述鴉片稅收的選題，又有考證鴉片稅收用途方面個案研究，且出現了以中英鴉片問題為主旨的博士論文，對新政與鴉片禁政進行了初步研究，這是該時期有關研究的主要特徵，相對於民國時期來說，其研究的深度和廣度皆有不同凡響的進展。但是無可否認，作為研究力量的主體，外人所依據的材料類型和研究解讀方式有諸多缺憾，其立論和求證皆有不盡不實之處，問題的複雜性往往被簡化，且模式化的傾向至為明顯。

（三）二十世紀八〇年代以來

八〇年代以來，學術界對清末鴉片問題研究取得長足進展，基本史料的整理出版大有改觀，研究論題的涵蓋面更為廣泛，通史性論著出版較多，地區性禁煙問題受到關注，研究重心已經由道光朝鴉片戰爭時期轉移到清末禁政時期；研究課題的類型從過去較為單一的研究禁煙、注重社會問題，變成財經問題與社會問題並重，將禁政與新政改革聯繫起來進行研究的趨勢也開始出現。下面結合本文論題，從幾個方面來把握這一時期的研究概況。

1　史料出版

　　此處史料專指與晚清鴉片問題有關的史料[1]。八〇年代之初，《近代史資料》刊發了《清末民變年表》，依據官書和報刊，參閱其他檔案、地方志等材料，輯錄了大量的清末禁煙、稅收抵補和新政籌款等所引發的各地民變材料[2]，雖不甚完整，但大致未漏，使研究者稱便。海關報告是研究鴉片問題必備的直接史料，對鴉片貿易價格、洋土藥的消長變化、禁煙引起的區域貿易和財稅規模的變動、政府和民眾的反應等多有涉及，近年來此類史料出版較多，如《上海近代社會經濟發展概況》[3]、《上海近代貿易經濟發展概況》[4]、《近代重慶經濟與社會發展》[5]、《近代拱北海關報告彙編》[6]等。

　　禁毒史料的出版已有零的突破，上海方面首先出版了《清末民初的禁煙運動和萬國禁煙會》[7]，本書輯錄了清廷和各地禁煙情況的報刊和檔案材料，報刊主要是依據在上海發行出版的《申報》和《字林西報》，檔案材料則依據上海市檔案館所藏公共租界工部局年報，並參

1　事實上，與清末新政有關的史料出版的情況比較複雜，既有時人辦報，如《申報》、《大公報》一類，官方公文的彙集，如《諭摺匯存》、《華制存考》等，又有時人對官方公文的輯注，如《光緒朝東華錄》、《清朝續文獻通考》，民國以後，史料刊布更多，本文已注意及此，不再贅論。
2　張振鶴、丁原英：《清末民變年表，1902-1911》（上、下），載《近代史資料》1982年第3、4期。
3　徐雪筠譯：《上海近代社會經濟發展概況》，上海社會科學院出版社1985年版。
4　李必樟譯：《上海近代貿易經濟發展概況》，上海社會科學院出版社1993年版。
5　周勇、劉景修譯編：《近代重慶經濟與社會發展：1876-1949》，四川大學出版社，1987。
6　莫世祥、虞和平、陳奕平編譯：《近代拱北海關報告彙編：1887-1946》，澳門基金會出版1998年版。
7　上海市禁毒工作領導小組、上海市檔案館編：《清末民初的禁煙運動和萬國禁煙會》，上海科學技術出版社1996年版。

考了工部局總辦處檔案。該書輯錄史料的時限較短，材料較為集中，正如其標題所示，選編內容側重於禁煙問題，對上海萬國禁煙會和公共租界禁煙問題的材料蒐集尤力，相對來說，禁政中的其他問題則較少涉及。其次是一九九八年由國家禁毒委員會推出的宏篇巨著《中國禁毒史資料》[1]，字數多達二百一十萬，時限自雍正初年至民國三十八年，橫亙二百二十餘年，但真正與本論題相關的部分不足五分之一。該書雖側重禁煙問題，但對鴉片稅政、財政與外交、煙稅抵補等問題亦有涵蓋，在較大程度上可彌補前述史料之不足。九〇年代初期，雲南省檔案館公佈了禁種罌粟勸辦桑棉的史料[2]。雲南是清末鴉片的主產區之一，該省財政以鴉片稅釐為依賴，禁政時期，雲南推行的是全國最激進的「縮期禁煙」政策，導致該省財政經濟和貿易的急遽垮塌，以及民眾社會生活的迅速下降。為抵補煙稅流失，各級官吏積極推廣蠶桑、棉麻、桐茶等，可謂費盡心機。從這項史料選輯中可看出時人對鴉片禁政的反應和對策。九〇年代後期，第一歷史檔案館選輯出版了清末試辦印花稅史料[3]。印花稅屬於從西方傳播進來的新型稅種，光緒中葉開始籌議，甲午戰後議論較多，禁政開始後，度支部承命預為鴉片稅釐抵補，故大張旗鼓開始推行，自此之後軒然大波屢起，政爭不絕，終未起到抵補的功效。該項檔案史料分藏於會議政務處、外務部、戶部（度支部）等全宗檔案中，當時的報刊媒介屢有報導，但仍不完整。這次公佈的史料彌足珍貴，極便利用。

1　馬模貞主編：《中國禁毒史資料》，天津人民出版社 1998 年版。
2　《清末雲南為禁種大煙而勸辦桑棉檔案史料之一》，《雲南檔案史料》，1991 年第 4 期；《清末民初雲南禁種大煙勸辦桑棉檔案史料之二》，《雲南檔案史料》，1993 年第 3 期。
3　第一歷史檔案館：《清代兩次試辦印花稅史料》，《歷史檔案》，1997 年第 4 期。

2 論題討論之廣泛和深入

論題分佈之廣，介入程度之深是這一時期研究的主要特徵，茲按專題略述於後。

（1）清末鴉片稅釐的用途問題

這一問題的研究承繼了民國以來討論的結果，且有所深入，雖未作專門研究，但有關論著多有涉及。湯象龍在八〇年代初期對重慶海關稅收的使用和分配作了統計和研究[1]。他認為，重慶海關的鴉片稅占到了進出口總稅數目的一半，對海關稅收用途的研究，較大程度上是對鴉片稅釐使用問題的討論。根據湯著，海關稅用途的分類包括「國用項下」與「關用項下」兩類，範圍較廣。李恩涵在研究曾紀澤的外交生涯時亦涉及到晚清鴉片稅的用途問題[2]，該文注意到，曾紀澤和海軍衙門均建議鴉片稅釐並徵之後的增收部分可用來辦理海防和東三省邊防。莊吉發的研究指出，光緒一朝鴉片稅與諸多自強事業有關聯，如浙江海關、江蘇海關洋藥稅奉撥海防經費、各省洋藥釐金奉撥船政經費、江海關的鴉片稅撥充鐵路經費等等[3]。戚其章、葉志如等人的研

---

1 湯象龍：《重慶海關稅收和分配統計，1891-1910》，《四川文史資料》，1983年第3期；另外，戴一峰：《近代中國海關與中國財政》（廈門大學出版社，1993年版）亦注意到鴉片稅與償付各國賠款之間的密切。
2 李恩涵：《曾紀澤的外交》，中研院近代史研究所專刊15，1982年再版；另見托馬斯‧D‧萊因斯：《改革、民族主義與國際主義：1900-1908年中國的禁煙運動與英美的影響》，該文載《近代亞洲研究》（*Modern Asian Studies*），1991年第25期。
3 莊吉發：《同光年間的地方財政與自強經費的來源》，《清末自強運動研討會論文集》，臺北，1988年；另外，林崇墉：《沈葆楨與福州船政》（臺灣聯經出版事業公司，1987年版）。

究也發現，頤和園和三海建設經費均有較多的資金來自鴉片稅[1]。軍事費用的支出與鴉片稅的使用最有關係，這一方面亦被研究者所證實，蔣秋明、朱慶葆所著《中國禁毒歷程》對此有所討論[2]。區域性鴉片問題研究以秦和平所著《雲南鴉片問題與禁煙運動》、《四川鴉片問題與禁煙運動》為代表，後一論著較為詳細地探討了四川鴉片稅釐的基本流向，概而言之，如四川機器局經費、教案賠款、支付對外逆差、甲午及庚子賠款、京師大學堂經費、北洋軍需、練兵經費、專使經費、黃浦江經費、鐵路經費、內務府經費、東北邊防經費、部分省分的協餉等等[3]。如上研究多注意禁政之前鴉片稅的用途，而對一九〇五年以後該項收入與練兵、興學、警政等新政事業的密切關係則較少涉及，研究的空間仍待拓展。

（2）鴉片稅的徵收及其財政地位

郭衛東的研究較為詳盡地論述了鴉片稅的財政地位，他認為，「鴉片輸華合法化給清政府帶來的最直接的收益是稅收的增加」，「到一八六六年，這個數目增加到白銀兩百萬，相當於該年度所有進口貨徵稅總額的兩倍。而且，這只是中央政府的收益，還不包括地方政府的進項，各地在鴉片稅上的收益遠遠超過中央」，「清朝中央和地方政

---

[1] Pong David, Keeping the Foochow Navy Yard afloat:government fluence and China'searly modern defence industry,1866-75(Moden Asian Studies, 1987, Vol.21, Part1 P121-152）亦密切關注鴉片稅與福州船政經費的關係。戚其章：〈頤和園工程與北洋海軍〉，《社會科學戰線》，1989 年第 4 期；葉志如、唐益年：〈光緒朝的三海工程與北洋海軍——兼論頤和園工程挪用海軍經費問題〉，第一歷史檔案館編：《明清檔案與歷史研究——中國第一歷史檔案館六十週年紀念論文集》（下），中華書局 1988 年版。

[2] 蔣秋明、朱慶葆：《中國禁毒歷程》，天津教育出版社 1996 年版，第 170～171 頁；另見王宏斌：《禁毒史鑑》，岳麓書社 1997 年版。

[3] 秦和平：《四川鴉片問題與禁煙運動》，四川民族出版社 2001 年版，43～45 頁。

府通過鴉片貿易合法化劇增的財政收入將是一個十分巨大的數字」[1]。吳敦俊對貴州鴉片稅和鴉片產業的研究也顯示,「(鴉片經濟)在相當長的時間裡,補償了貴州財政收入的不足,並在某中程度上活躍了市場,促進了商品的流通,繁榮了經濟,抵補了貿易上超支嚴重的財政赤字」[2],相似的結論也見於蔣秋明和日本學者等人的研究,有關論著認為,鴉片貿易「為產煙地區換回了大批的財貨,成為產煙地區對外進行經濟交換的主要手段」,「就其正面影響而言,一是通過鴉片輸出,內陸地區得到了他們原先無力購買的工業產品及東部地區的其他物品,並從東部地區吸收了可觀數量的白銀……這在一定程度上緩解了內陸地區的貧困,改善了內陸地區的民眾生機。二是有助於內陸地區的社會安定……三是通過鴉片輸出從東部富庶地區吸取過來的白銀及貨品,不僅改善了民眾的生計,也增加了內陸地區本身的商業化過程……四是內陸地區與東部沿海地區經濟交往的增加,不僅維繫了這兩大區間的經濟聯繫,在某種程度上也維繫了東部沿海地區與內陸尤其是邊陲地區的政治整合」[3]。秦和平對雲南省鴉片問題的研究,也得出類似的結論,認為雲南鴉片稅收對雲南財政經濟和民眾社會生活、商業運作、貿易發展皆有須臾不可分離的關係[4]。他在四川鴉片問題的研究中,也曾詳細地考察了四川鴉片稅釐的徵收和整頓問題,並且認

---

1 郭衛東:《不平等條約與鴉片輸華合法化》,《歷史檔案》,1998年第2期;另見〔日〕目黑克彥:《中國近代における輸入アヘンに對する稅釐徵收問題の基礎的研究》,平成七年度科研費報告書,1996年3月。

2 吳敦俊:〈近代貴州經濟的支柱——煙稅〉,《貴州文史叢刊》,1986年第4期。

3 蔣秋明前揭書,第164～166頁;〔日〕新村容子:〈清朝政府のアヘン輸入代替政策とアヘン貿易〉,《東洋學報》,78卷第2期,1996年9月。

4 秦和平:《雲南鴉片問題與禁煙運動》,四川民族出版社1998年版;另見王宏斌前揭書。湯象龍在《中國近代海關稅收與分配統計》(中華書局,1992年版)中詳細地將鴉片稅釐的收入情況列表呈示,亦可概見其數量之巨大。

定,「四川地方政府歷年徵收的煙土稅釐並沒有真正地用於地方的建設事業,為民眾謀利益,而是用於解決清政府的財政困難及新政支出。從這個意義上講,鴉片起到延續清政府統治的客觀作用」;在討論這一問題時,秦著對徵稅過程中四川省與中央、各省的矛盾問題作了專門探討[1],著論精詳。

(3) 鴉片稅釐之抵補

王宏斌認為,度支部擬定了鴉片稅的抵補方案,每年在正常稅收項目上遞增白銀八十萬兩,主要措施依次是各省鹽斤加價四文、推廣鴉片牌照捐、整頓田房稅契;地方性的抵補措施各有方策,雲南擬開礦產增加稅收、廣西擬加徵宰牛稅、四川對食肉者抽釐、江西加徵出口米稅。論者斷言,各項抵補政策很不成功,加速了清王朝的崩潰[2]。何漢威的研究與此大致相同,唯注意到印花稅推行的抵補政策[3]。秦和平注意到雲南省和四川省的抵補措施有農政改良,發展養蠶和植桑,開採礦產,某些州縣注意引進外資,開辦各類實業以增加地方政府的收入,並開辦房捐、糧米附加票捐,開辦各類教養工廠、增加鹽稅和加徵肉釐等,並研究了各項措施的實施情況[4]。值得注意的是鴉片稅的抵補問題非常複雜,既有財政稅收的抵補,也包含種植生計的抵補;關於財政稅收抵補的數量,論者多依據外務部的一個奏摺,每年抵補白銀八十萬兩,實際需要抵補的數量遠遠高於此數;而且它所導致的

1　秦和平:《四川鴉片問題與禁煙運動》,第45～48頁。
2　王宏斌前揭書,第300～301頁;另見蘇智良:《中國毒品史》,第207～208頁,上海人民出版社1997版。
3　何漢威:〈清末賦稅基準的擴大及其侷限——以雜稅中的煙酒稅和稅契為例〉,《中央研究院近代史研究所集刊》第17期下冊,1988年12月。
4　秦和平:《雲南鴉片問題與禁煙運動》,第177～180頁;《四川鴉片問題與禁煙運動》,第114～116頁。

中央與地方矛盾日趨激烈，如上研究係一良好開端，預留的空間仍十分廣闊。

（4）鴉片禁政與新政矛盾

田海林等[1]對該問題作了專門的研究，認為二十世紀初，對外庚子賠款，對內舉辦新政，本已使清王朝財政捉襟見肘。而在清末新政中，由於從一九〇六年起開始諭令禁煙，清王朝又因此喪失了占全國財政百分之十左右的洋土藥稅釐的收入，這對清王朝來說更是雪上加霜。因此清末禁煙新政搞得越好，清王朝就覆亡得越快。論者認為禁政引發的主要矛盾有：其一，禁政導致煙農和煙商對政府的不滿；其二，為抵補洋土藥收入而加徵新捐稅激化了民眾與政府的矛盾；其三，禁煙斷餉對練兵新政失控，等於驅趕新軍加入辛亥革命；其四，禁煙令各省財政支絀，加劇了地方與清廷的離心力，辛亥革命時各省紛紛獨立，與此大有關係；其五，禁煙使清王朝官僚政治體系的新陳代謝機制失去財政支撐，政府因無米下鍋而導致辛亥革命時期無人為其賣命；其六，禁煙削弱了償付外債及賠款的實力，從而喪失了列強的信用與支持，這使「洋人的朝廷」更快覆亡。蔣秋明等學者的研究與上述觀點稍有不同，認為清政府的覆亡原因中，鴉片禁政只是一個間接的因素[2]。上述研究中，問題仍復不少，仍有必要加強細緻、實證的研究。

1　田海林、張志勇：《禁煙新政與清王朝的覆亡》，紀念辛亥革命九十週年國際學術討論會論文，2001年10月，載中國史學會編：《辛亥革命與20世紀的中國》中冊，第1289～1304頁，中央文獻出版社2002年版。

2　蔣秋明、朱慶葆前揭書，第206頁。另外，學者林滿紅：〈財經安穩與國民健康之間：晚清的土產鴉片議論，1833-1905〉（中研院近代史研究所社會經濟史組編：《財政與近代歷史》，中央研究院近代史研究所印，1999年）對此也有類似的看法。

（5）清末鴉片專賣問題

這一問題研究較少，蔣秋明等人的論著涉及此一問題，分別研究了清末未能推行鴉片專賣的原因，並對各省的專賣做法略作探討[1]。王宏斌對十九世紀八〇年代清廷和民間醞釀的鴉片專賣問題作過討論，此時清廷正與英國談判鴉片稅釐並徵，專賣政策是解決鴉片問題對策之一，最終不了了之[2]。秦和平對四川禁政時期的官膏專賣亦有討論，官膏專賣機構設置、運作方法和管理措施等成為其關注的重要問題。[3] 由於官膏專賣是一個極為複雜的問題，作者的立論是從四川省的實踐出發，結論可行，但推之於全局則不盡然。外人的研究主要是探討與清末鴉片專賣有關的「菲律賓報告」，包括這一報告起草的原因、內容和做法，對中國產生影響的估計。[4] 上述研究是一個開端，度支部對鴉片專賣的複雜態度、各省專賣籌劃的不同類型以及一九〇九年萬國禁煙會前後，端方等人的專賣籌劃尚未受到應有的重視。

回顧學術史之後，不妨從整體上作幾點評價：

首先，在已刊清末禁煙問題的論著作中，對鴉片稅政形態的運作注意不夠，絕大多數僅僅注意到鴉片問題的道德和社會風化層次，把如何禁毒本身視為論題的主旨，較多關注鴉片貿易合法化、白銀漏卮、禁煙輿論環境、政策變向、中央政府和各地對禁煙事業的推進、

1　蔣秋明前揭書，第 197～198 頁。
2　王宏斌前揭書，第 201～207 頁，另見王宏斌：《赫德爵士傳——大清海關洋總管》，文化藝術出版社 2000 年版。另外，石楠：〈略論港英政府的鴉片專賣政策〉（《近代史研究》，1992 年第 6 期）是專門討論香港鴉片專賣問題的重要論著，也是目前所見專門對鴉片專賣問題進行研究的重要論著。
3　秦和平：《四川鴉片問題與禁煙運動》，第 121～127 頁。
4　戴維·F·馬斯托著，周雲譯：《美國禁毒史——麻醉品控制的由來》，北京大學出版社 1999 年版；另見托馬斯·D·萊因斯：《改革、民族主義與國際主義：1900-1908 年中國的禁煙運動與英美的影響》。

頒佈的禁煙法令以及取得的禁煙成效等問題。而鴉片貿易合法化以後，國家財政與地方財政倚重鴉片稅收的趨勢[1]，多未成為關注的重點；對鴉片稅釐與晚清改革事業資金的廣泛聯繫，這類著作論述略顯籠統。

其次，民國時期研究晚清財政問題的論著中，鴉片稅收研究的情況稍好一些，貿易史著述中較多的關涉到境外鴉片輸入的變動，且以貿易平衡理論加以剖析；關稅史的研究既注意到鴉片貿易量的起伏，且對稅釐並徵的決策過程及其財政意義有較多的討論，但對土產鴉片的稅收整頓及其更為明顯的財政擴張作用則用力較淺，尤其對清廷推行財政集權條件下，土產鴉片稅收整頓過程中蘊含的諸類矛盾更少涉獵。清末禁煙運動期間鴉片稅釐的整頓最見成效，但卻以朝野疏離為代價，此類研究鮮有置論。

第三，鴉片禁政與新政改革同時推行，新政改革要求有相當的資金支持，而禁政則將這一部分資金人為地縮減，自同光新政以來鴉片稅釐即與各項洋務新政甚為相關，禁政推行勢必打破這一結合體，空缺的資金從何處誅求和抵補？清廷中樞與外省督撫如何直面這一矛盾，禁政對新政的影響究竟如何把握，對清末財政的總崩潰有無直接關聯，尤其是鴉片稅收的財政抵補問題，在上述三類研究中均未有足夠的研究。

第四，清末新政研究中有兩類情況，一是單獨探討政治改革，另一個是經濟改革政策、法規及實踐的探討，兩類著述均將有關的研究課題向前推進一步，但有泛論傾向，新政與禁政「兩處茫茫皆不見」，先入為主，或偏於「時代意見」非常明顯。由新政改革看禁政，或者變換置論，需要學人再深入一步，方有正果。

---

1 「國家財政」與「地方財政」遲至清末清理財政時期方見此說，但太平天國之後，由於外省督撫權重，事實上的財政分層已漸趨明晰，姑可借用此語暫作指涉。

三 研究理念與設想

　　鴉片禁政屬於社會改革範疇，洋土藥稅收屬於財經類範疇，新政則屬於政治類範疇，在某項研究中可以孤立地將某一方面抽出來加以關注，著力研究，這是無可非議的。但是，歷史事件是在多種範疇、多種因素中發生的，它們之間相互影響，相互制約，如此看來，從總體上進行研究就顯得尤其重要，本書決定將禁政、稅收、財政和新政改革幾個方面結合起來進行一個整體的研究，以揭示諸類因素之間的互動關係。鑒於以往研究的缺憾，這一做法應該是有意義的，而且極為必要，否則有關的研究不可能獲得深入，歷史的面相仍舊是支離破碎、模糊迷離甚至是條塊分割。利用社會科學的方法做歷史研究受到時下學人的推重，社會史與經濟史、政治史與財政史藩籬明晰，秦越為界，門類森嚴。先入為主劃學科為牢籠，互不越雷池一步，政治史中不見經濟，經濟史中不見社會，社會史中不見財經，財政史中只有數字，此類傾向由來已久。學科細分化是客觀的，但不應成為歷史研究中固守學科藩籬的理由。杜正勝認為，如今史學界對社會科學的依賴和器重已較前減弱得多，這是史學界的「成熟」[1]，大陸地區學術界或不盡然，固守藩籬或亂跨學科的傾向則比比皆是。本書研究的理路是將鴉片稅政之淵源、發展、消亡置於新政改革的背景下，互為參酌，盡量避免自設藩籬。

　　將報刊與檔案文獻、時人記述等各類史料盡量搜求詳全，恰當地解讀和排比史料是進行研究的關鍵。本書注重對報刊史料的報導內容

---

[1] 杜正勝：〈史語所的過去、現在與未來〉，「邁向新學術之路：學術史與方法學的省思」研討會，臺北，1998 年 10 月，此轉見羅志田主編：《20 世紀的中國：學術與社會》（上），編序，山東人民出版社 2001 年版，第 7 頁。

和報導方式、報導心態的分析，對同一事件的報導頻率亦不忽視，然後結合檔案材料和當事人的記述，力求去掉懸揣臆測。對報刊類型的選擇是收集史料必須注意的一個問題，京師與疆省媒介，北方與南方媒介，民間與官方媒介，域內與域外媒介均作為史料收集和比勘的對象，在對比中求真偽，覘隱情，辨立場。以往的研究中，對報刊史料的使用有兩個問題，其一是不甚重視，其二是拿來就用。因而某些論著中或陷阱密佈，或看朱成碧。陳寅恪先生治史注重發隱辯誣，在潛心撰述《柳如是別傳》一書時，對材料的處理態度極為嚴謹，如何詳究考實，如何分辨隱諱和誣妄，如何博考而慎取等，均有獨到而精闢的言論[1]，本書雖不能妄言達於此境，但力圖以此作為警示，做好報刊史料的解讀功夫。檔案史料須有旁證。軍機處和中央各部[2]、某些省分、封疆大吏的檔案中，較多的是冠冕堂皇的公文，礙於成例搪塞應付者不在少數，剖析官樣公文背後的因緣由來至為必要，因之，須藉助其他類型的史料明了其隱情，或者對不同具折者的情形對照排比，了然於同情之中方可見其真實，前賢所講小心翼翼地使用檔案誠非虛論，本書將對此予以重視。

　　貫通各類學科的治學方法，以具體問題具體分析為治學要則，這是本文遵循的宗旨。本書對清末新政和鴉片禁政的打通，須藉助於各類學問之方法，政治變革史、財政史甚至軍事史等均屬不應忽視的門

1　陳寅恪：《柳如是別傳》上冊，上海古籍出版社1980年版，第10、39、44～45頁。
2　與本論題相關的清廷各部門檔案中，度支部的檔案暫未開放，但就清公文的管理制度而言，各部重要的准駁折件均應彙總政務處（會議政務處），「嗣後，凡有內外各衙門奏定各折件，擬由軍機處抄送政務處，逐件檢閱，但非事關慎密即發交報房刊行……」，光緒三十一年五月慶親王奕劻在討論御史黃昌年奏請制定準駁折件的刊播管理辦法時，即有上述決定（〈政務處議復刊布准駁折件摺〉，載《申報》1907年6月22日）。因之，度支部重要的公文較多存於會議政務處檔案中，故本書對會議政務處的檔案涉獵尤多，在較大程度上可以彌補度支部檔案暫缺的遺憾。

類。[1]在研究中把握事件和現象之間的可能聯繫，藉此探求研究對象的變動、演化和消長。長期以來，鴉片禁政的研究呈現單純的以社會關懷為中心的研究心態，缺少對「社會問題」的整體性把握，也忽略它與政制改革、經濟改革和財政需求甚至是民眾心理之間有機聯繫，生動、豐富的歷史圖景容易被肢解或化約，解釋方式也就不免單一化。歷史是各類矛盾的集合體，新政與禁政尤為如此，描述和分析這類矛盾，解釋歷史變動的原因，誠屬不可迴避的要項，這就需要論者在深入時境的前提下，既堅持普遍聯繫之原則，又抱有具體問題具體分析之心態。求得史實的準確性是史學發展的前提，否則，論事論人的急就之作，「其思想則為枉用，其批評則為虛發」。

史識、史料和史法三者兼顧，對於研究撰述尤為必要。就本書論題而言，前人已經涉獵既久，史料留存非浩瀚不足以概括，辟前人之成法，創獲於科學之求證，是該項論題成功的關鍵。具體到清末鴉片問題與新政演進，兩者始終是環環相扣，因緣湊泊。所以，本書論證過程中，非緣因相隨，互相聯繫的問題不作著論，既察知新政經武之財源，亦不忘鴉片稅政之流變；既論證稅釐之短缺，也關注其對練兵新政之影響，等等。此類事項，一波既起，萬波相隨，呈現出歷史演進規律的複雜性，本書將其作為研究對象盡量不作簡約武斷，力求避免就事論事甚至是樹木森林兩不見的研究取向，撰著目的只有一個，那就是盡量重建歷史本相，讓今人所本與歷史實態接近，再接近。

---

1 羅志田先生認為，真正跨學科的研究需要跨學科的訓練，未有此類訓練者不妨先嘗試在史學範圍內跨越各專科化的子學科，如思想史、社會史、軍事史等藩籬，以增強學者視野的開放性。羅志田：〈立足於中國傳統的跨世紀開放型新史學〉，《四川大學學報》，1996年第2期。

第一章
禁政觀念與稅源經略

　　財政為庶政之母，權政乃財政之根。二十世紀六〇年代初期王爾敏認為，海關稅對新政和自強有救贖之功：「海關洋稅幾乎是中國新政的命脈，而兵工業的發展確是大部靠關稅挹注」[1]。同光之際的海關稅即以洋藥稅為大宗，一八八七年後清廷對進口鴉片實行稅釐並徵，入款大增，其財政意義更加明顯。自強新政需款愈來愈多，迫使朝臣與疆吏對土藥權政愈加關注。為從洋土藥稅釐中爭取更多的財源，樞垣交章彈奏，總稅務司獻策攬權，外省督撫苦心孤詣，刻意維護，省分之間因鴉片稅政而互為齟齬，或陰相排拒，或聲應氣求，演成光緒朝中後期財政擴張之一景。開源與節流係財政運作中的基本規則，土藥稅的整頓兼具開源與節流，涉及各方利害，牽一髮而動全身。

　　就在鴉片稅收大量挹注於自強新政事業期間，國內對於是否禁絕鴉片的觀念悄然改變[2]，由以土抵洋的「鴉片戰」階段發展到適應新政改革的禁絕鴉片階段，觀念變動的重要契機是二十世紀初年興起的新政改革。隨著新政事業的推行，中央與地方需款激增，對鴉片稅釐的整頓尤加關注，土藥稅成為各省開闢財源的主要途徑之一。在鴉片稅政經略的過程中，中央推行財政集權，導致地方與中央矛盾紛爭層出不窮。鴉片斷禁必然使練兵新政的財源大幅度縮減，朝臣與疆吏為此

1　王爾敏：《清末兵工業的興起》，臺北，中央研究院近代史研究所 1963 年第 147～148 頁。
2　本書關於「禁政觀念」的說法專指國人對待鴉片的態度，諸如屬行禁絕或放任自流，速禁或漸禁等方面的含義。

各有獻策，多將洋土藥專賣視為兼顧禁政和籌款的良策，舉辦鴉片專賣似已成定局，因而清廷決然做出的禁政決斷，其實可以從財政層面加以體會。

第一節　禁政觀念的變動

鴉片貿易合法化以後，國內種植鴉片日趨興盛。在應否禁絕鴉片問題上，朝野的態度和觀念前後有別。庚子之前多數人主張以土抵洋；隨著新政事業的推展，人們認識到吸食鴉片與新政改革格格不入，限時禁絕的呼聲日益高漲，原來以土抵洋的觀念發生了重大轉變。本節討論鴉片稅則頒行之後至清末新政時期，國人在處理鴉片問題上的不同趨向，以檢討這些禁政觀念與晚清政情變動之關係。

一　經濟民族主義視野下的「鴉片戰」理念

「鴉片戰」是禁政觀念中「以土抵洋」認識的形象概括，它與當時民間流行的商戰思潮有關。鄭觀應一八九四年闡論「商戰」理論時首次使用「鴉片戰」說法，且將其列為對西方進行「商業之戰」的首策，「弛令廣種煙土」，以進行「鴉片戰」[1]。這類觀念盛行於留心國計的士人群體，樞府與疆臣則以「寓禁於徵」、「以徵為禁」政策相呼應。

馳禁土藥以抵洋藥的觀點曾被道光帝封殺，以許乃濟的弛禁論被申斥最為典型[2]。此後，公卿宿儒推重的蔣湘南仍堅持弛禁鴉片，以土

1　鄭觀應：《商戰》（上），《盛世危言》第三卷，1894年刊行，第19頁。其他九項商戰內容有：洋布戰、用物戰、食物戰、零星貨物戰、礦產戰、日用品「商戰」、外貿戰、零星雜物戰、貨幣戰。

2　硃批謂其「殊屬紕謬，著降為六品頂戴，即行休致，以示懲儆」，《籌辦夷務始末》卷5，第9頁。

抵洋,「以中國之鴉片抵夷人之鴉片,夷人為利而來,必至折本而去,久之自不復販」[1]。戰後較長時期內,或弛或禁的言論較少出現,即或有之,亦多主禁政為不急之務,擔心禁絕之法徒增苛擾,且以妨害民食為慮[2]。咸同之世變亂頻仍,清廷財庫空虛,洋藥納稅准進,土藥名雖屬禁,而地方間或偷植,州縣官吏或禁或弛,久無定法。一八七三年遼東一帶即因官吏升黜調遷,禁政糜爛一時[3];浙江臺州官府對罌粟種植一事乾脆息事寧人,以防煙民暴亂[4];更有甚者,地方官吏縱容屬地廣植罌粟以牟暴利,「蒙古的親王伯五,因見北京附近廣植罌粟,乃下令所屬地區拔除所有其他作物,改植罌粟」。[5]全國性的禁政已無可能推行,無奈之下,在士大夫群體中萌生的「鴉片戰」觀念,雖係自欺欺人,但不失為一種消極的抵制手段。

鴉片商戰在咸同後期,特別是光緒一朝為愈來愈多的人所信奉,公開的言論多講以土抵洋:「近日英夷就撫而鴉片之禁漸弛,漏卮之弊愈不可稽,於是留心國計者僉議,請令各直省普種罌粟花,使中原之鴉片益蕃,則外洋自無可居奇之貨,且罌粟漿之成鴉片,其毒究不如烏土、白皮之甚,則吸菸者之害亦不甚深,可以逐漸挽救」[6]。主張與

---

1 蔣湘南:《七經樓文鈔》,同治九年(1870年)重刊本,卷4,第35頁。
2 〔日〕岸本美緒:《〈租穀〉市場論の經濟思想史の位置》,《中國近代史研討會》,第二集,東京,1982年。
3 Chinese Maritime Customs, Annual Trade Reports and the Trade Returns of the Various Treaty Ports, 1864-1916(簡稱為《海關年報》),牛莊,1873年,6頁。轉見林滿紅:〈財經安穩與國民健康之間:晚清的土產鴉片論議(1833-1905)〉,載中研院近代史研究所社會經濟史組編:《財政與近代歷史》,臺北中研院近代史所印,1999年。以下數條海關材料亦見該文,不另注。
4 《海關年報》,1873年,第72頁。
5 《海關年報》,1871年,牛莊,第19頁。
6 梁章鉅撰:《浪跡叢談、續談、三談》,第一部分《浪跡叢談》卷5,中華書局1981年版,第75頁。

英國進行「鴉片戰」的鄭觀應早在同治元年即有以土抵洋的想法，建議民眾多食川土，少食洋土，視為固國衛民的要策[1]。光緒中葉，鄭氏又列出對待鴉片的三個策略：「上策」是嚴定期限，一體戒除，主要途徑是實行鴉片專賣；「中策」是廣種土藥，陰抵洋藥，並暗收利權；「下策」則是「既不能禁洋藥之來，又加徵土藥以自塞銷路，吸者、種者、洋藥、土藥，一任其自生自滅，自去自來，惟圖多收稅釐，稍濟燃眉之急用」[2]，按照他的看法，鴉片專賣屬於「上策」，而「鴉片戰」當屬「中策」一類。「上策」涉及外交，較難辦理；「中策」雖然消極，卻較有希望。在此前後，有人提出了更具體的「鴉片戰」方案，簡稱「一綱四目」，一綱是指「宜擇地以廣種植也」，四目包括：「擇種地以編清冊」，「開井塘以溥水利」，「輕稅釐以保利權」，「一行價以抑洋藥」。論者的觀點是主張鴉片弛禁，但其論著的標題卻是「禁栽罌粟策」[3]，遮掩之間仍是提倡務實的以土抵洋方針。

光緒中葉，曾紀澤承命對英交涉鴉片稅釐並徵，他也傾向於採取鄭觀應提出的鴉片「商戰」策略。張煥綸建議他與英國談判鴉片徵稅問題，「中土禁煙，久無長策，操之促則生變，持之緩則漸弛，況海岸遼闊，島嶼紛歧，藏匿必多，攔截匪易」，「此事轉機，匪伊歲月，稍盡人力，冀挽天心，此使臣之責也」，曾紀澤對此既贊同，又無可如何，斷言「未易急切圖功」[4]。清廷內部以土抵洋的言辭更為強硬，袁世凱的叔父袁保恆——刑部左侍郎——光緒初年揚言進行鴉片抵洋，他告訴總稅務司赫德：他和其他人將要保護本國的鴉片種植，直到能

1　夏東元：《鄭觀應集》上冊，上海人民出版社1982年版，第19頁。
2　《鄭觀應集》，上冊，第400～404頁。
3　〈禁栽罌粟策〉，陳忠倚輯：《皇朝經世文三編》（一），第538～540頁，《叢刊》正編，第751號。
4　喻岳衡點校：《曾紀澤遺集》，《日記》卷2，岳麓社1983年版，第346頁。

夠制止外人輸入鴉片，那時本國才可停止種植鴉片。赫德認為這是「騎虎難下」之論[1]，儘管如此，他還是建議英國令印度搞好自己財政。

實際上，赫德的願望極難實現。英屬印度賴鴉片稅為歲入大宗，孟加拉地方生產的鴉片直接為印度所有，而各土邦生產的鴉片在孟買出口上船，須由印度政府徵收過境稅，早在一八七一至一八七二年期間，英屬印度從孟加拉和土邦生產的鴉片中每年收入八百萬英鎊，相當於印度政府當年歲入的七分之一[2]。由此，英國政府批評中國說，僅僅從衛生和道德層面看待鴉片問題，這是不夠全面的，「即使所說洋藥的毒害作用是確實的，只要中國准許栽種罌粟而且在大規模地進行，禁止鴉片進口並不能影響吸食。我們必須把這件事當作一個純粹的商業問題來看。」由於英國在鴉片貿易立場上毫不退讓，總理衙門措詞強硬地照會阿禮國（Rutherfold, Alcock）：如果英國不願停止鴉片貿易，中國最後一著將是取消栽種罌粟的禁令[3]。

阿禮國深覺事態嚴重，一八七一年他提醒英國國會說：「大量的罌粟種植在中國蔓延，中國政府正打著如意算盤，如果中國不能與英國政府言歸於好或共同協商的話，中國就會無節制地種植罌粟，使鴉片價格下跌，他們這樣做是以為他們能用自己的鴉片擠走進口鴉片」[4]，但英國政府不太相信土藥的競爭能力。的確，一八六三年赫德曾向各海關發放過一份問卷，詢問本國鴉片能否取代外來鴉片，結果，除廈

1　中國第二歷史檔案館、中國社科院近代史所合編：《中國海關密檔——赫德、金登干函電彙編（1874-1907）》第7卷，中華書局1995年版，第1009頁，

2　〈東印度——情狀與進步，1872-1873年〉，《英國議會文書》，1873年，第50卷；亦見《印度徵稅》，《中西聞見錄選編》，1874年9月，第22頁；《清末外交史料》第24卷，〈光緒朝〉，第10頁。

3　《總理衙門致阿禮國》，1869年7月，《東印度財政專門委員會報告》，《英國議會文書》第8卷，1871年版，第268頁，提問5694。

4　馬丁・布思著，任華梨譯：《鴉片史》，海南出版社1999年版，第168頁。

門海關外，牛莊、天津、九江、鎮江、上海、汕頭、廣東各海關稅務人員均稱：本國鴉片對外國鴉片的進口沒有妨礙，或稱土藥無取代洋藥之可能，原因是土藥味淡而澀，且失重率大[1]。稅務人員的觀察是仔細的，並且一語中的：土藥的競爭力長期以來遠遠遜色於洋藥，根本的原因在於其質量較差。印度官方對中土愈來愈強勁的「鴉片戰」也不以為然。八〇年代中期，印度財政部長包令（John Bowring）對於馬建中發出的「以土抵洋」的信號仍抱有懷疑，對本國鴉片的競爭力信心十足，如下對話微妙地反映了雙方對「鴉片戰」所持有的不同立場，且概見鴉片所具有的財政和稅收價值：

> 馬建忠：吾國之加釐金亦即暗寓漸禁之意，至度支自有正項，假使由鴉片籌餉，則開內地罌粟之禁，由官抽稅，自行收買，一如貴制之例，每歲進項又豈止五六百萬金鎊。此法一行，則印度出口鴉片日減，而歲入之稅亦日減矣。故我國現議開禁種煙者頗不乏人，惟我中堂心維大局，以為與貴國和好已久，事有關乎印度度支巨款，特遣本道來此訪一兩全之策，如專為籌稅起見，則有開禁種煙之法在。
> 包令：印度鴉片味厚，中國土煙味薄，華人多捨薄取厚，貴國罌粟之禁雖開，其銷售未必能廣，而印度鴉片之暢銷自若也。
> 馬建忠：中煙銷售不廣者，良以栽種罌粟有干例禁，民間偷種不多，只銷本土；至味薄之故，皆因民間偷種，未敢公然設立廠局講求製法，倘例禁一開，銷售既廣，行見煙制日精，煙味日厚，安見終讓印度也！今則我國計不出此，但願外來之鴉片日減，內地之罌粟日稀，使吾民不受吸鴉片之巨禍，並使貴國

1　Special Series，No.2，P.74.

可免賣鴉片之物議，所謂一舉而兩得也。」[1]

　　與包令的意願正好相反，在赫德調查「以土抵洋」之後，民間罌粟種植悄然擴張。事隔十年，英國駐上海的領事麥華佗（Walter H. Medhurst）的觀察別具天地：「目前中國生產鴉片的數量如此之大，進口鴉片遭到的競爭如此嚴重，以致任何有關這個問題的報告如果不考慮到這種競爭就會顯得不夠完整……所以我們完全可以看到的結果必將是：當中國學會怎樣種植與配製鴉片使之達到與印度鴉片同等的水平時，英國在鴉片貿易中所占的份額將逐步下降以至消滅。」[2]

　　再過十年，英國駐上海領事許士（Patrick J. Hughes）說，麻窪鴉片的價格下跌與四川鴉片的競爭有關，四川鴉片的經銷網絡已經深入到上海、湖南、湖北、江西和安徽等省，華北和西北居民則大多吸食本地所產的鴉片。一八九四年領事哲美森（George, Jamieson）對上海地區印度鴉片需求量的估計更沮喪，稱其為「呆滯的，而且是趨於衰退的」，而土產鴉片一八九四年比前一年湧入上海的總量則增加了百分之一百以上[3]。國外人士的報告亦可與本國媒介的報導相互參較。一八九七年《集成報》轉載《蘇報》消息說：「前時嗜鴉片者皆吸食印土，自中國馳禁後，略有吸雲南土者。彼時栽種未得其法，滋味略薄，今

1　〈馬道建忠在印度西末喇謁晤黎督貝戶部問答節略〉，吳汝綸編：《李文忠公（鴻章）全集》，《譯署函稿》第 12 卷，第 3140～3141 頁，《叢刊》（續編）第 696 號，臺灣文海出版社印。

2　〈領事麥華佗 1873 年度上海貿易報告〉，李必樟譯編：《上海近代貿易發展概況：1854-1898 年英國駐上海領事貿易報告彙編》，第 304～305 頁，上海社會科學院出版社 1993 年版。麥華佗認為這是與印度財政極有關係的問題，因而在報告中建議最好立即任命一個調查委員會，委派他們在中國各地進行鴉片種植情況的調查。

3　同上，第 863 頁。

已直追印土之濃，故北海近年雲土暢銷，而公班進口頗為減色云」[1]。該消息只是描述了國內局部地區鴉片戰的明顯效果；一八九八年該報又援引《官書局報》譯自《彼得堡時報》的同類消息說：「印度鴉片銷於中國，營轉運者多英國人。據倫敦來信云：一八九五年鴉片之由印度運入中國者不下三萬餘箱，九十六年販入中國者僅一萬五千餘箱，本年運入中國之數尚未得悉。按年比較，則去歲少於前年將及一半。說者謂近年以來，印度鴉片運入中國日覺減少，此皆由中國本地所產罌粟日盛，則中國財流出外國者當不至如從前之多矣。」[2]

該消息所言問題與上述消息相似，唯兩者所及區域不同，後者對全國情形加以關注，而前者僅注意個別區域；其次，在版面欄目的安排上，前者置於「商事」一欄，而後者則屬「西國近事」，「商事」多為內稿轉載，由國內訪員訪求所得，因探求區域之事，相對較真；後者多為外電迻譯，就本消息來說，信源來自彼得堡媒介駐英訪員，卻言印度鴉片入華事，未必近真，所言趨勢屬實，只是引述數字不乏桀誤。舉證如下：根據上海、廣州等全國三十三個海關機構所報告的鴉片進口數量和《海關十年報告》等資料彙總分析，一八九五年至一八九六年外國鴉片輸入中國分別為 51000 餘擔和 49000 擔左右[3]，其中印度鴉片占有絕大多數，波斯和土耳其鴉片則為數極少，至多不會超出數千擔。根據《海關十年報告》的說法，兩年中輸入上海一地的印度鴉片（白皮土、公班土和喇莊土）分別計有 28000 餘擔和 30000 擔左

---

[1] 〈印土滯銷〉，《集成報》第 14 冊，中華書局 1991 年影印出版，光緒二十三年 8 月 15 日，第 797 頁。

[2] 〈鴉片入華漸減〉，載《集成報》第 26 冊，1898 年 2 月 25 日，第 1485 頁。

[3] 此係對各個海關兩年所報數字的整理，另外參考徐雪筠等編譯的〈海關十年報告〉（《上海近代社會經濟發展概況》），第 367 頁，惟該數字的整理採用約略計算，百位數作四捨五入處理。

右，這個數字與上述報導數字相差較大，值得注意。當然，作為一種走勢和狀態描述，這份報導仍有參考之價值。

　　長期以來清廷名義上壓制鴉片馳禁言論，禁止鴉片的傳統觀念仍有發生作用的空間。中西時局隨世俱變，這類傳統的禁政觀念已開始調整。前述主張鴉片戰的言論多為求異思變、經世時流中個別人的言論，這些言論的提出與發表有較長的時間差，況且其面世的載體多為個人出版品（例如言論結集、書札和日記等），因其出版形式、發表時間的侷限，有關言論的受眾相對較狹，對社會的影響力較小。同治末年誕生的近代報刊開始發表此類言論，鴉片商戰觀念相互感染的途徑陡增，觀念生成的機率也隨之增大。創刊不久的《申報》對民間鴉片商戰言論有所回應，主張推行「不禁之禁」的辦法，主要論點有三：其一，既然國人喜食鴉片，就應放鬆對土產鴉片的禁控，政府一可徵稅，二可使二千數百萬兩白銀留在國內，免致巨額銀漏；其二，加強鴉片製作的方法改進，仿行印度辦法，以適合國內消費者的口味，政府不但有巨額稅收，農民亦可增加收入；其三，憑藉徵稅而使鴉片售賣價格增高，貧者戒吸而富者漸減，不禁而自禁[1]。該主張持論於「馳禁之間」，與鄭觀應提出的鴉片戰相類似。察其所論，反叛傳統的觀念自不待言，更引人注目的是，所論所言均以公開的形式直面社會，不隱諱亦不掩飾，當時確屬罕見。

　　媒體介入這一問題的討論，不僅有《申報》這一類世俗的報刊，即便是與宗教宣傳有關的《萬國公報》亦矚目此一問題。據朱維錚先生研究，一八九二年復刊後的《萬國公報》成為廣學會的言論機關，廣學會的成員涵蓋了外交官、稅務司、洋行代表、傳教士和律師等，

1　〈擬弛自種鴉片煙土禁論〉，載《申報》1873年6月28日。

該會常務工作多由擔任協理的傳教士，特別是書記（總幹事）控制[1]。在書記或總幹事成員中，不管是林樂知、慕維廉還是李提摩太，其廣為人知的身分是傳教士，該刊的作者群體也主要是一些傳教士[2]。眾所周知，基督教與鴉片是格格不入的，長期以來基督教徒矢志不渝地反對鴉片，對英國的鴉片貿易政策甚有非議，反鴉片問題曾一度成為一八八八年上海基督教傳教大會的討論主題之一。就是這樣一個為基督教徒所關注的媒介，在一八九二年復刊以後不久，即刊發署名古吳鈞叟的文章，論者稱自己對待鴉片的態度是「實事求是」「直抒胸臆」，將自己的建議稱為「創論」。他對傳統禁止鴉片的觀念持反對態度，認為單純禁止罌粟的言論是「蹈常襲故」、「陳陳相因」之論，斷言其「愚亦甚」，屬於未觀中西大勢，不察際會巨變，作繭自縛的愚蠢主張。作者建議推行「不禁自禁」的辦法：「有種煙一法尤為至善之法。夫西人售煙專中國之利，中國種煙奪西人之利；西煙道遠價貴，中煙產近價賤，吸者畏貴喜賤，則中煙將爭購，西煙將不售，則銀亦不入西國矣」，「且西人煙售中國已矣，既禁之不能，拒之不可，莫妙於中國種煙而使西煙不售，此策之至善者也。如更聽民種煙，則外國之煙不能種，於中國則販煙者將折耗而不來，殆至外國之販煙不來，而後中國之種煙斯可議禁矣，斯時也而後禁種焉」。[3]

1　朱維錚：〈西學的普及——《萬國公報》與晚清「自改革」思潮〉，載氏著：《求索真文明——晚清學術史論》，上海古籍出版社 1996 年版，第 72 頁。
2　如在華著名的傳教士丁韙良、艾約瑟、花之安、李佳白、狄考文（C. W. Mateer）、馬林（W. E. Mackin）等，該刊聘用的華人學者如沈毓桂、蔡爾康、任廷旭、袁康等大多具有基督教徒的身分。朱維錚前揭書，第 75 頁。
3　古吳鈞叟：〈理財論〉，《萬國公報》1892 年 4 月，第 40 冊，影印本（二十），第 12774～12775 頁。除了古吳鈞叟以外，求異思變的國人中尚有多人堅持以土抵洋說法，稱道光朝以來的禁煙之議為「老生常談」，例如有人撰文專門談論奪取洋藥之利的具體辦法，見〈禁栽罌粟策〉，陳忠倚輯：《皇朝經世文三編》（一），《叢刊》正編，第 751 號，第 538～540 頁。

論者在陳述自己的觀點之後，尚有意尋求同調支持，一是引證廣東友人待鶴齋主人（鄭觀應）的觀點說：「近觀粵友待鶴齋主人所著《救時揭要》一書中，有『自禁鴉片煙論』，竟所見略同。其言曰鴉片煙為害，曷若不禁而自禁。今洋土多而川土少，土味淡而洋味濃，濃者吸之癮重病深，淡者吸之癮輕病淺，洋土多則府庫日虛，川土多則漏卮可免，若洋土能仿外國之例稅倍於價，而川土則照稅則之例輕收其稅以助國用，口人多購川土少購洋土，豈非固國衛民之一道乎？」二是發現美國人林樂知也主張開禁鴉片，古吳釣叟稱：「林進士樂知」所著《中西關係略論》主張開土藥種販吸之禁，以保利權是對待鴉片問題的權宜之計，也是兩害相權取其輕，系不得已之選擇[1]。古吳氏對外人這一看法深有感慨：「林君美國人也，乃能見及此而進忠言，而華人反見不及此而置之不論，豈旁觀者清而當局者迷耶？何不思之甚也！」慨嘆國人的禁政觀念不能與時俱變。

　　林樂知對中國鴉片問題的態度，除了古吳釣叟所提到的《中西關係略論》以外，一八九三年他還撰寫有關鴉片問題的專論，仍闡釋他原來的觀點，將其刊於《萬國公報》，以廣影響。林樂知仍主張「不善之中立一善法」，由於中國「國帑缺民生困」與洋藥大量准進有關，他的看法就是以土藥抵禦洋藥，曲折救國，最後鴉片之害可絕[2]。中法戰爭之後，國內「自改革」的傾向日趨明顯，「外須和戎，內須變法」成為多數時賢共識，過去僵硬的鴉片禁政處置方式確需反思。既然禁之

1　上，第 12776～12777 頁。林樂知來華之前的學歷，僅止於四年制學院畢業（見姚松齡：《影響我國維新的幾個外國人》，第 58～59 頁，臺北傳記雜誌社 1971 年），林樂知自署「美國進士」，或因京師同文館學生資格，除滿漢舉人貢生外，還兼收進士出身的官員，遂以大學畢業同於清朝中進士（《清史稿》卷一七〇七，選舉志二，學校下）。轉見朱維錚：《求索真文明》，第 89 頁註釋。

2　林樂知：〈論鴉片煙之害〉，《萬國公報》1893 年 8 月，第 56 冊影印本（二十二），第 13866～13867 頁。

不能，拒之不可，那麼鴉片商戰的言論隨處流播便不足為奇。

　　民間的言論傾向亦有變動。同治末年，北方的遼東半島在形式上尚禁止鴉片的種吸[1]，但西南省分則不知禁令為何物，「民不知非，視同禾稼」[2]，南北不同步，東西有差異，歷來如此，觀念的生成和流變亦概莫能外。光緒初年，留心時務者曾在策試考題中提出：「洋藥一項每歲金錢出口甚巨。中國吸菸者多，而罌粟之禁，慮妨民食，勢必土漿日少洋藥居多，宜用何策杜塞漏卮無害穀產論」，[3]學生的答題和書院山長王韜的眉批多持開禁鴉片之議。[4]禁煙名士許玨在給趙爾巽的信函中也說：「玨兩年來疏陳請加洋土藥稅，未敢遽言禁者，因言禁則眾皆以為迂圖，勢將置之不問；言加稅則尚有裨財政，或冀採用其說」，許玨此言所及之現像在在皆有，即便是孫中山這位被今人奉若神明的偉人也不能免俗，九〇年代時他也主張「勸種罌粟，實禁鴉片之權輿」，非徒託空言之可比擬[5]。大致說來，經世之風與民族主義思潮對鴉片禁弛觀念影響巨大，刊諸媒介的言論多數主張對外來鴉片實行商戰，以牙還牙，傳統的速禁或斷禁主張未能成為輿論的主流。

　　與士人群體堅持的鴉片商戰觀點相對應，清廷內部多數官員主張「以徵為禁」、「寓禁於徵」。「禁」與「徵」當然冰炭對立，無可調和，鴉片貿易合法化之前，這一對矛盾政策卻被地方官員付諸實施，名義

1　《海關年報》，1874年，牛莊，第3頁。
2　李文治等編：《中國近代農業史資料》，第1冊，459頁，三聯書店1957年版。
3　漁隱編：《時務經濟策論統宗》第12卷，1908年上海文賢閣石刻本，《理財科》（下），論二，第24〜28頁。
4　王韜：《格致書院課藝》，上海格致書院1891年印，第35頁，轉見林滿紅：〈財經安穩與國民健康之間──晚清的土產鴉片議議（1833-1905）〉，載臺北中研院近代史所社會經濟史組編：《財政與近代歷史》，臺北中研院近代史所1999年印。
5　許玨的言論見趙爾巽檔案全宗，26/160；〈孫中山上李鴻章書〉，《孫中山全集》第1卷，中華書局1981年版，第17〜18頁。亦可見朱宏源：《同盟會的革命理論──〈民報〉個案研究》，中研院近代史所專刊50，臺北中研院近代史所1985年，第24頁。

上是禁止鴉片，實際上則側重徵稅。一八五五年八月，上海道臺計劃對允許上岸的外國鴉片徵收稅款，每箱白銀二十五元[1]，遭到鴉片商的拒絕；第二年，兩江總督何桂清「始自江蘇之上海，定以每箱白銀二十四兩，以白銀二十兩歸入軍需交撥，四兩白銀作辦公經費」[2]。這些私自徵收鴉片稅的舉動，總是標榜「以徵為禁」。清廷對此寬嚴不一，對待福建省的私自徵稅，上諭的態度頗可玩味——「鴉片煙例禁森嚴。前有人奏請馳禁，迭經大學士九卿等議駁在案。該員葉永元等何得變易名目，擅行抽稅。即或因防剿需費，姑為一時權宜之計，也不應張貼告示，駭人聽聞，且妄稱奏明，更屬荒謬」[3]，即全局名義上仍行禁政，若因局部防剿需費，姑以暫時徵稅為權宜之計，推行「以徵促禁」。此後幾十年中，多數地方大員心領神會，暗暗貫徹了這一意圖，與「鴉片戰」觀念相互默契。

「以徵為禁」的重心在「徵」，即憑藉稅率之低昂來達到操縱的目的，如何確定恰當的土藥稅率成為一個長期爭論不休的問題。若以籌措經費、排擠洋藥為目的，則主張低稅率；如強調推行禁政，則主重稅率。兩種思路種因悠久，爭論不絕。最終以李鴻章的低稅率主張左右了鴉片稅政的方針。李鴻章的意圖極為明顯，排斥印度鴉片入華，以保中國利權不外洩。對鴉片實施低稅政策實際上就是採取「鴉片戰」的策略，該措施一直實行到二十世紀初年，成效較為明顯。在低稅率政策的影響下，十九世紀下半葉洋土藥價格的變動趨勢如下：

---

1 《北華捷報》1855 年 8 月 18 日。
2 中國近代史料叢刊《第二次鴉片戰爭》（四），第 61 頁。
3 《文宗實錄》第 236 卷，第 11～12 頁。

表 1-1　十九世紀下半葉洋土藥價格比較表（單位：百分率）

年代	港別	土藥價格占洋藥價格（%）	資料來源
1863	鎮江	60	Special Series No.2 P.71
1863	廈門	50	同上 No.2 P.76
1869	全國	33	領事報告 Vol:9 P.344
1887	牛莊	50	同上 Vol:16 P.393
1887	漢口	40	Special Series No.9
1893	全國	60	領事報告 Vol:18 P.327

資料說明：此表的製作係參考林滿紅：《清末本國鴉片之替代進口鴉片（1858-1906）》，《中央研究院近代史研究所集刊》第 9 期，臺北中央研究院近代史研究所，1980 年 7 月。

　　一八七〇年以後，土藥產量總體上已經超過洋藥進口數量，市場份額逐步擴大，鴉片戰的目標已初步實現。但是隨著土藥規模日益擴大，鴉片產業逐步壯大，鴉片之禍更為嚴重；更為棘手的是中央與地方的財政體系中已深深地嵌入了鴉片稅釐這一支柱，要政需款尤賴此一餉源，斷之不可，禁之猶難，陷入了赫德所稱的「騎虎難下」的窘境，這是鴉片商戰策略所帶來的重要負面影響。

二　契合新政改革的禁政理念

　　各地推行鴉片戰後，土藥種植規模急遽擴大，鴉片對社會毒害的程度加深。一八八七年洋藥稅釐並徵前夕，除臺灣和海南外，各地都大量生產鴉片煙土，川、滇兩省尤為重災區，約略統計，雲南三分之一的農田轉產罌粟，四川省估計有百分之七十的男性是鴉片吸食者。「中國內地會」創始人戴德生（Jamer HudsonTaylor）一八九三年時證實，鴉片在中土流播之速，普及之廣出乎意料，「當我一八五四年第一次到中國時，鴉片上癮的人相對較少，但近二十年鴉片迅速蔓延，

近十年更快，現在吸食鴉片猖狂得驚人」，這是他訪問中國十個省分得出的結論[1]。報刊言論說得更具體、深刻：「鴉片之為害我國，其蔓延已四五百年，而範圍所及，實兼心理、政治、社會、生計、外交諸問題，莫不被其影響，自非根本之地改弦更張，合君民上下以全力注之，未易掃數百年之積習。[2]」此時的鴉片愈來愈成為「問題」，而且是一個牽制民族命運的「大問題」，它對社會經濟的侵蝕且不具論，僅就吸食鴉片者本人所遭受的鴉片毒害而論，稱其「伐性酖骨」，意甚妥貼。《萬國公報》對國外毒品吸食者的喪才失德深感憂慮，專門刊文描述吸食者的心理和行為，頗具感染力[3]。晚近以來，西人常以睡獅比喻中國現狀，國人則多以「獅而云睡，終有一醒」自豪，汪穰卿則指出，此睡獅實際上是特指哺乳大的馴獅，被餌以鴉片，使終日昏昏，俯首帖耳，取義殆至長睡，永無醒時，因呼國人憬然悟之[4]。鴉片商戰的負面影響已經使整個民族背上一個沉重的包袱，國人在慶幸以土抵洋的成功之後，面對的卻是土藥氾濫和流毒橫溢，慶幸轉而變成憂慮。新的禁政觀念即在這一背景下萌動。

日俄戰爭以後，刷新吏治和強健國民體魄的呼聲日益強烈，國內鴉片之禁適時提出，鴉片對國民體質、經濟和社會風俗、行政效率甚至軍隊作戰能力的破壞力，日益被朝野所驚悟。在清廷推行新政背景下，多數言論自然將禁毒運動與新政事業聯繫起來。

1　馬丁·布思前揭文，第169頁。外人說法與國人的觀感可以互相印證，時人對鴉片之害甚有同感，稱之為空前之浩劫，清廷的言論暫且不論，民間有人即描述說，「自鴉片流毒入中國，隳人事業、敗人財產、耗人精血、頹人志氣、誤人光陰、促人生命莫此為甚，乃蔓延二十二行省，各處幾無一乾淨土，且屢禁不能戢其毒焰，殆為浩劫使然」，孫家振：《退醒廬筆記》，上海書店出版社1997年版，第102頁。
2　〈論英使照復限制印土入口事〉，載《外交報》第189期，1907年10月2日。
3　山雅谷：〈吸鴉片則不能有為論〉，載《萬國公報》第96卷，1897年1日。
4　汪康年：《汪穰卿筆記》，書首刊登的〈出版說明〉，上海書店1997年版。

一九〇六年七月，清廷頒佈「預備立憲」上諭，宣示：「廓積弊，明定責成」以奠定立憲政治基礎，這是清末禁政觀念變動的重要契機。過去呼聲甚高的鴉片戰言論趨於沉寂，更多的人開始從立憲與新政角度看待鴉片問題，強調鴉片禁政與推行立憲政治並行不悖，鴉片禁政與立憲改革的密切關係被輿論無限突出，「鴉片一日不絕，則立憲一日不成，而中國亦一日不可救。蓋戒煙與立憲有至密之關係，尚非他政所能比」[1]；媒體言論還將禁政與各項新政事業的推行效果相關聯，特別是練兵求強和振興實業兩個方面，「不先禁煙，即開礦亦無用也，礦之所出不敵煙之所耗，相安靡費儲積仍無由基，是灌漏卮也。即練兵也無裨也。持戟之士即屬吸菸之徒，一遇驚慌，遁逃惟恐不速，是張空拳也」，吸食鴉片對軍隊戰鬥力的惡劣影響十分明顯，日本人也注意到，「軍官之所以屢次打敗仗，原因是軍中都吸鴉片，大敵臨頭，還躺在床上吸鴉片。吸鴉片是定時性的，一到時間，即使是在戰場上也得吸，否則就受不了」[2]。少數督撫的言論也堪可注意，一九〇七年三月反鴉片運動的急先鋒雲貴總督錫良即主張祛除煙禍，認為禁政與社會復興緊密相關，「竊以為鴉片之害甚於洪水烈火……其危害之悲慘超過戰爭」，「數十年來，國家日形衰弱，洋人無禮益甚，其因在於民氣未起；而民氣和民力轉弱無非在於鴉片之害」[3]。清末興起的立憲運動和

---

1 該言論與下述引文均見〈論戒煙與立憲之關係〉，載《申報》1906 年 10 月 6、7 日。戊戌變法以後，留學生與傳教士的提倡，加上報刊媒介的鼓吹，直接促動了新政時期鴉片觀念的修正。這是民國時期於恩德撰述《中國禁煙法令變遷史》特意指出的現象。

2 《皇朝經世文編》卷 24，《叢刊》，臺灣文海出版社影印，第 452 頁；小島晉治監修：《幕末明治中國見聞錄集成》第 1 卷，第 32～33 頁，ゆまに書房，平成九年版，轉見馮天瑜著：《「千歲丸」上海行——日本人 1862 年的中國觀察》，商務印書館 2001 年版，第 202～203 頁。

3 錫良在十九世紀八〇年代山西禁煙時期即為激進派人物。此轉引自托馬斯·D·萊因斯：〈改革、民族主義和國際主義：1900-1908 年中國的禁煙運動與英美的影

軍國民思潮，使輿論界意識到民眾素質與國家振興的密切關係，反觀現實，士農工商沉湎於鴉片，甘為枯骨，的確是推行革新事業中最令人憂慮的大事。

外人對國內鴉片觀念的新變化亦甚為注意。一九〇五年出版並於一九〇六年春天譯成中文的《菲律賓報告》，是亞洲地區鴉片問題調查報告，它注意到各地海關官員對社會輿論的反映：牛莊的海關官員認為禁煙「輿論在增長」；寧波的海關官員看到「在許多地方，強大的輿論支持發佈禁煙公告」；雲南騰越（今騰沖）海關的一份報告聲稱：「禁絕這種惡習的輿論逐漸明顯」；安通的一位外交官寫道：「我發現，輿論普遍贊成禁煙運動」；上海學生一直「有效地致力於對大眾思想施加良好的道德影響」，使之認識到鴉片危害；在福州，一位目擊者強調，吸食鴉片「現在被認為是『有失體統』，明顯不受年輕人歡迎」；廈門、廣州和其他商埠的外國官員也有類似的報告[1]。一九〇七年六月，滬上英語媒介也作出判斷：「儘管對發佈嚴厲的禁煙章程有種種懷疑，但不能忽視的事實是全國反對鴉片的情緒正在增長，禁煙運動具有愛國特徵。」[2]難怪英國《泰晤士報》駐中國記者莫理循感嘆說：「反對鴉片煙的輿論，正像傳播西方教育、發揚尚武精神和大量創辦地方報紙一樣引人注目」，莫理循深受感染，敦促他所服務的《泰晤士報》有關負責人正視這一輿論現實，「因為我知道，隨著中國禁煙運動積聚力量的跡象不斷增加，和大多數人要求查禁這種麻醉品的熱忱不斷增長，你將

響〉，載《國外中國近代史研究》第 25 輯，第 28 頁。作者評論說，1906～1908 年間，「一種新的民族主義情緒」開始滲透到群眾中去。他們從政府和傳教士對煙毒的告誡中覺醒，逐漸把鴉片、帝國主義和民族衰弱聯繫起來。見該書第 34 頁。

1 《菲律賓報告》第 2 冊，第 73～77 頁；《字林星期週刊》1906 年 12 月 14 日，第 629 頁；默溫：《麻醉一個民族》第 82-83 頁；《中國（第 2 號，1908 年）》，第 3 頁。此參見托馬斯‧D‧萊因斯前揭文，第 32 頁。

2 《字林星期週刊》1907 年 6 月 7 日，第 557 頁。

會給予越來越多的衷心支持。我很願意見到你像我個人做到的那樣，作為偉大的喉舌大聲疾呼地支持這個運動」[1]。可以說，二十世紀初年新政與拒毒改革的歷程中，民間輿論與政府認識在一定程度上是吻合的，逐漸形成了「以拒毒促新政」的鴉片觀念。

一九〇六是清廷推行新政改革的關鍵年代，百廢待舉，需款孔殷。

九月份清廷作出了禁絕鴉片的重大決策，將禁政納入新政改革的框架中，這似乎意味著樞廷上層決心逐步地放棄鴉片稅釐收入。清廷鴉片政策轉軌以及新政改革推行，促使人們將禁政與清末新政所涉及的國家生存、貿易發展、對世界經濟的影響以及邦交關係等問題聯繫起來，超過了以往的認識水準，這是清末新政時期鴉片觀念變動的重要表現，也標誌著禁政與新政運動相契合更高程度的認識。這種觀念的形成有一個過程。前述報章言論僅僅直觀地將禁政與新政改革相關聯，其認識程度有待深化。而一九〇九年二月份在上海舉行萬國禁煙大會，中國代表團所闡發的主要觀點是清廷官員精心準備的，並且大量地吸納了有關人士的意見和建議，更能反映朝野在禁政觀念上的更新和演進。尤其是唐國安的會議演說不同凡響，外國代表團和西文媒介對此交響不已，因而更具代表性。[2]

處理鴉片問題的難度在於如何解決道德與商業利益之間的矛盾，

---

[1] 駱惠敏編，劉桂梁譯：《清末民初政情內幕》（上）（喬‧厄‧莫理循書信集），上海知識出版社 1986 年版，第 497 頁。

[2] 唐氏的演說能力，近人孔憲立多有襃評，「先生固演說家，擅雄辯；以故一臨會場，議論風生，於西人提議之條件，嘗多所折衝。蓋當日先生在匯中旅館（萬國禁煙會以匯中旅館為會所）之言論，實詞嚴義正，慨當以慷，且與亞列斯多德所論演說要旨若合符節……先生之演說詞詳明剴切，有以國利民福為念者，必反覆雒誦而不忍捨置也」，孔憲立原著：《前北京清華學校校長唐介臣先生傳》，載舒新城：《近代中國教育史料》，近代中國資料叢刊續編，第 652 號，臺灣文海出版社有限公司影印。關於上海禁煙會上唐國安的演說問題，英文媒介稱「是一份傑出的、邏輯性很強的報告」，足見該演說對外人的影響力之大。

中國首席代表端方的演說詞確定了道德至上的方針,「竊謂本會純以道德思想為主,欲去世界人類之毒害,既為列國所公認,則一切國際種族之界限,理應一律融化,以獨伸本會慈善文明之宗旨」[1]。美國首席代表、會議主持者勃蘭特(C. H. Brent)主教在認可此點提議的前提下,建議從更廣泛的角度討論鴉片問題,以達到由「感情階段」到「科學階段」的過渡[2]。在會議期間,為了贏得與會國家代表對中國所提四項議案的支持,在中國代表向大會提交議案前夕,唐國安二月二十四日特意發表了一個極富感染力的演說,他認為,鴉片問題已成為我們國家「所必須面對最緊迫的道德和經濟問題」,「中國民眾的領袖人物把鴉片看成是對中國的生存最危險的敵人」[3]。唐的演說有力地論證了鴉片已經嚴重地腐蝕著中國社會經濟的肌體,遏制了中國外貿事業的發展,更長遠的負面影響則是阻止了中國進入現代文明國家的步伐。這些方面係新政改革的重要目標。

鴉片對中國經濟肌體的腐蝕,流行已久的「漏卮論」是一個重要的分析工具,一九〇六年汪大燮擬具禁煙奏摺時,汪氏分析鴉片危害的基本尺度之一就是「漏卮論」[4]。清廷發佈禁煙上諭後不久,在致汪康年的信中,汪大燮對鴉片毒害與商務振興之關係仍復提及:「近日東方報載,法人考察中國商務,每歲入不敷出八千八百萬圓。償款在外,鐵路借款利息在外。此報已譯寄商部。倘洋藥禁絕,可收回五千萬圓,尚虧四千萬之譜,非振興商業不為功也。外人視為危殆已極,

---

[1] 〈中國代表端午帥演說詞〉,載《申報》1909 年 2 月 2 日。

[2] 原載《字林西報》1909 年 2 月 3 日。此見〈清末民初的禁煙運動和萬國禁煙會〉,第 102 頁。

[3] 〈中國代表唐國安的演說〉,載《字林西報》,1909 年 3 月 1、2 日,轉見《清末民初的禁煙運動和萬國禁煙會》,96、102～112 頁。

[4] 〈出使英國大臣汪奏革除煙禍摺〉,載《盛京時報》,1906 年 11 月 6 日。

而我安之若素，豈不奇哉？」[1]萬國禁煙會期間，漏卮論仍是中國代表分析鴉片危害的主要工具。唐國安關於鴉片對經濟危害的認識更為清醒，他以「漏卮論」為基礎，運用邏輯推理的方式列舉了一系列數字予以證明：以一九〇六年為例，本年土煙總產量保守地估計為584800擔，價值估算為2.2億兩白銀，加之洋煙進口價值3000萬兩白銀（以一九〇五年進口量計算），直接花費共計2.5億兩白銀。唐氏認為，國內生產毒品的土地若改種其他農作物，每年至少應獲得1.5億兩白銀收入，如此算來，國家每年因鴉片問題而耗費白銀4億兩；他進而將吸食鴉片給勞動力造成的損失也估算進來，假定全國2500萬染上煙癮的人中[2]，青壯年勞動力在未染上煙癮時每日平均賺取0.2兩銀子，而因毒癮發作每日則少賺四分之一，於是全國每日損失12.5萬兩，每年則損失4.5625億兩，如上共計損失8.5625億兩。這些資金對我們落後國家的現代化事業來說，將是筆極為寶貴的財富，而且我們尚未把資本損失計算進去[3]。就在兩年前，《申報》「論說」也對禁煙的經濟價值作過預測：「以官膏之加價補土捐之損失，本法之最簡便者，土捐逐年減，則膏價逐年加，待至十年後，土捐膏價雖已兩無所收，而民間驟少此四、五千萬之花銷，則金融之機關必靈，金融之機關既靈，則工

---

1 上海圖書館編：《汪康年師友書札》（一），上海古籍出版社1986年版，第869頁。
2 關於全國吸毒者的數量無法作精確統計，只能大致推算。以四川省為例，據英國駐華公使統計，光宣年間，全川吸食鴉片者為315萬人，其中17%（即54萬）已成癮（《廣益叢報》，第17號，《調查》）。就全國來說，以1905-1906年為例，1905年中國進口鴉片5189000斤，次年土煙產量58480000斤，兩者共計63679000斤，吸食者以每日需煙膏2錢計，一年約需5斤（李圭：《鴉片事略》），鴉片成癮者則有1300萬人，如果加上嗎啡、海洛因這些毒品吸食者，吸毒人數應該大大超過2000萬人。《黃朝經世文四編》中記載很多地方「吸嗜者十居六七，上自官紳，下至肩挑販負之儔，無不以有限之資供無窮之癮，甚至鵠面鳩形，填溝壑而不顧」。（何良棟輯：《皇朝經世文四編》卷34）
3 〈中國代表唐國安的演說〉,〈清末民初禁煙運動和萬國禁煙會〉，第106頁。

商業必驟形發達，而國家之進款自裕，此乃計學之公理，即吾國民足君足之說也。」[1]

關於鴉片遏制中國外貿事業的發展，唐國安認為，這不僅是中國的損失，更是全世界貿易的嚴重損失。一八六七年中國海關的統計報告顯示，當時中國的入口貿易不到 6930 萬兩白銀，一九〇五年達到 4.47 億兩白銀，近四十年增長了六倍多，中國人均入口貿易額約為 2 先令 5 便士，而日本每人平均入口貿易額為 15 先令 10 便士，差不多是中國的七倍，美國更是中國的三十倍。唐氏預計說，「當中國發展起她自己的商業和工業時，誰能估計得出它對世界貿易的影響究竟有多大呢？如果全世界賣給每個中國人的東西像賣給每個日本人的東西一樣多，全世界每年就能從中國賺到 30 億兩銀子！」中國對外貿需求的範圍和程度已有巨大的增長，但是「滿足這些需求的能力由於有了鴉片嗜好而大為削弱」。這一觀點恰巧與六十多年前鴉片戰爭時期英國多數商人和政治家的擔心相契合。

早在一八四二年七月，一份由二百三十五名商人和工場主簽名並呈交給羅伯特‧皮爾爵士（Sir Robert Peel）的備忘錄表明了多數人的擔憂：只要非法的鴉片貿易還在進行，他們就無法在安全的環境中從事他們的商業活動，鴉片貿易勢必會損害英中之間正常的貿易往來，英國鴉片集團操縱的毒品成為中國進口的主要英國商品！[2]一八四三年

---

1 〈論禁煙之前途〉，載《申報》1907 年 2 月 21 日。
2 〈對華鴉片貿易的目前狀況〉，〈斯科提希評論〉1860 年 1 月，第 10 頁，轉見 M.G.馬森：《西方的中華帝國觀》，第 149～150 頁，時事出版社 1999 年版。三年之後，美國《紐約時報》也忿忿不平地評論說「不錯，英格蘭國庫確實得到了極其豐盈的進項，這也是她創造出那些悲慘需求所獲得的巨大回報，但她卻喪失了所有如下可能的收益，即她如果把對大清國的出口設定為工業品時所可能獲得的收益。可怕的鴉片煙癮不只是消耗這個民族的勞動力和財力，從而直接導致了這個國家的貧窮，而更抑制了它對其他商品的進口，進而使所有期望從事正當貿易的工業國家蒙受了損失」，見〈英國鴉片販子力阻清國禁煙〉，載《紐約時報》1863 年 4 月 26 日。

阿什利勛爵在英國下議院的發言中也表達了類似的觀點：鴉片貿易對英國的外貿是有害的，因為這種毒品將會成為英國對華出口其他產品的替代品。但是如果禁止鴉片貿易，那麼中國人會用他們的產品與英國產品進行交換，英國商業的擴展和新的產品市場的開闢將會有利於英國的勞工階級，對中國人也有利[1]。儘管兩國的貿易利益不同，但鴉片貿易對兩國造成的負面影響是一致的，英國政府將自己捆綁在鴉片利益集團身上，渾然不覺地走了半個多世紀。

　　鴉片對中國進入現代文明國家已形成極大的阻礙。新政的目標不但是富國強兵，而且以現代文明國家為改革趨向。一九〇六年《外交報》曾就禁政與國家文明的關係有所論述，「國家文明之發生，則視其改革弊害之能力若何耳。鴉片之於中國，語夫外交之故事，則有喪敗之辱；語其毒烈之性質，則有破業弱種之憂」，「我政府不可不自立文明之法制，以為之應，冀漸得自儕於文明大國之列者也，所謂宜立文明法制以為之應者，即速行禁煙是已」[2]。唐國安在萬國禁煙會演說中明確地將鴉片問題與國家文明、「現代化事業」相聯繫，他解釋說：「我們祈求擺脫這種禍害，因為我們不但把這種禍害視為阻礙我們進入現代化進步國家行列的障礙，而且把去除這種禍害視為我們是否夠格進入這個行列的標準」，他舉證說，目前科舉考試制度已被廢除，在舊的教育制度的廢墟上創建出眾多的現代化的學校，成千上萬的年輕人天

1　《漢薩議會辯論集》第 58 卷，1843 年，第 370～375 頁。此轉見梅森：〈19 世紀西方對鴉片貿易的評論〉，《國外中國近代史研究》第 12 輯，第 245 頁，也可參見 M.G.馬森：《西方的中華帝國觀》時事出版社 1999 年版，第 149～150 頁。

2　〈論禁煙與外交之關係〉，載《外交報》1906 年 7 月 6 日，第 147 期。近兩年後，英國議員戴樂在議會發言時也表達了類似的觀點：「兩載以來，固已大有變遷，蓋中國前識之士靡不以禁煙為然，亦由大夢已覺，而獨立自強之思想近方萌芽」，〈英國下議院會議中國禁煙事〉（譯英國《摩寧普士報》1908 年 5 月 7 日），《外交報》，光緒三十四年六月十五日，第 214 期。

南地北地去尋找知識，親王和高級官員們遊歷歐美進行考察，鐵路、礦山、現代製造業已步入正規，而且還計劃成立立憲政府，「所有這一切只能有一個解釋：我們正在走上進步與維新的道路」。

唐國安此語，與會人員中至少有一個人抱有同感，他就是曾任北洋大學堂總教習、留美學生監督的美國代表團成員丁嘉立（C.D.Tenney）博士。一九〇七年二月，丁嘉立在紐約赴美亞公會午宴時，席間演說時曾論及中國的新氣象，共有六端：「（一）愛國之精神漸振；（二）誇張國家名譽之心益盛；（三）收回稅務鐵路管理權之念頗切；（四）各種人在中國交際往來期於益加親睦；（五）整頓國家之陸軍；（六）廣開通商場，任外人前往貿易」[1]。

深入一步品味，唐氏此語實有針對性。按照《泰晤士報》駐華記者莫理循的觀點，長期以來，西方國家對中國的認識總有「滯後」和「偏見」，與鴉片問題密切相關的英國尤為代表。《泰晤士報》是英國瞭解和認識中國的窗口，其所刊載報導在一定程度上也反映了英國人心目中的中國形象：「整個社會腐朽沒落百業凋敝」，「政治腐敗的國度」，「東方世界裡一塊黑暗與紊亂的國土」，「只不過是聲名狼藉的中國官僚屬下的一名走卒而已」，如上用語均是《泰晤士報》描述中國的習慣語言，莫理循將其斥之為老調重彈。[2]《泰晤士報》的幹將瓦倫丁·姬樂爾的中國觀念更具影響，它被莫理循稱作是姬樂爾的「名言」：「中華帝國正在沒落，其四肢已經爛掉，儘管中國人的生命力或許還在十八個省的心臟部位苟延殘喘」[3]。這種言論，使英國政府在看待中國禁煙能力上長期堅持保留態度，也是該國看重印度鴉片利益反對回應中國禁煙呼籲的重要背景。

1　〈美士演說中國情形〉，載《申報》1907年2月22日。
2　《清末民初政情內幕》（上），第549頁。
3　《清末民初政情內幕》（上），第652、681頁。

唐國安強調中國改革的形象意在改變外人對中國的成見。外人對清廷推行新政大多抱有不信任態度，站在先生的角度，則往往鄙視學生，認為學生總是陳陳相因，虛應故事，極以欺騙為能事，騙取外國的資金和政策支持。對立憲政治改革中的樞臣出洋考察和禁止外國鴉片入口兩件事，外人更具疑惑。難怪一九〇六年清廷重臣到英國進行憲政考察時，深諳英國輿情的汪大燮拚力整合此事，極欲給英人一個良好的印象[1]。唐國安刻意強調新政改革實績與汪大燮對立憲政治考察的安排費盡心機，其意實有暗合，目的均在影響外人態度，推動英國等西方國家真正支持中國的禁政，具體來說，是力促各國代表重視我方提出的禁煙議案。鴉片吸食阻礙新政進步不但被官員所認識，媒介對此解釋得更直接：「國以民為本，民氣盛則國力強，倘人人嗜煙而成廢民，則國亦何所恃哉？朝廷自舉行新政以來，事事與民更新，今更籌備立憲，予民以參政之權，苟不除此煙害，則萬事休矣，欲圖強而益弱，欲求富而益貧，五洲雖大，恐亦不容此煙國煙民之優游自若也。」[2]

　　概而言之，清末禁政作為新政改革必須經歷的一個環節，既可以刷新清廷在國民和國際社會中的形象，贏得支持新政改革的社會基礎；又可剷除這一嚴重的「漏卮」，以便騰挪更多的資金挹注於練兵、興學、警政等改革，看來兩類改革具有契合相容的關係。但是，擁有實權的樞臣和疆吏的禁政觀念較為複雜，並不如此簡單；鴉片商和煙

1　《汪康年師友書札》，第 840～841 頁、837～838 頁。鴉片問題也是如此，汪最擔心流於故事，「惟我國向來局於小就，言大則駭聽，為可慮耳」，「惟聞各國頗有派人赴中國查探者。倘減種等事不能實力奉行，全局皆將虛空粉碎矣」，《書札》，第 892、925 頁。

2　《申報》1909 年 8 月 29 日。《字林西報》評論說，鴉片禁政是「具有頭等重要意義的工作」，見該報 1909 年 3 月 2 日。

農對待禁政的態度也是一個關鍵問題，其反對和抵制的力度有多大，更不易預測。此類變數在整個禁政與新政推行期間，始終左右著運動的進程，這是探討鴉片問題與清末新政時絕不可忽視的問題。

第二節　稅源經略與財政利益博弈

鴉片禁政上諭發佈和推行之前，中央與各省對鴉片稅收加大了整頓的力度。洋藥稅收整頓較早，涉及英國利益，因有條約限制，不易推進。中方屢請增加洋藥稅的稅率，但英國不願配合，此舉不但引起國人的不滿，外人也深以為憾，對英人的態度頗有微詞[1]。一八八七年實行洋藥稅釐並徵之後，收入猛增。這一問題以往涉論較多，此不作重點探討。土藥稅釐的整頓較為複雜，甲午以前，土藥稅的財政影響並不十分明顯。甲午戰爭以後，隨著土藥產量劇增，土藥稅的財政意義開始凸現。由於籌措巨額戰爭賠款，中央與地方的財政日趨緊張，戶部和各省對土藥稅釐的經略步伐不得不加快，各種整頓方案紛然迭見，中央與地方、鴉片產區與非鴉片產區的矛盾日漸激化。隨著中央財政集權愈來愈明顯，外省督撫專權的局面勢必被打破。在對土藥稅釐激烈追逐的過程中，中央與地方糾紛不斷，免不了演成中央控制與地方抵制的一幕幕鬧劇。

一　土產鴉片稅整頓與各省財政擴張

庚子之後，巨額賠款使清王朝的財政陷入困境。當賠款談判正

---

[1] 英國丹拿牧師曾經希望中國加重印度鴉片稅率作為禁煙的手段，得知英國極力反對的態度後，非常憤慨。見〈論鴉片煙加稅〉，何良棟輯：《皇朝經世文四編》，第442～443頁，《叢刊》正編，第761號。

在進行時，一個通曉中國情勢的日本人撰文預測了中國籌措巨款的潛力，「清國歲入所最重要者不過地租、鹽稅、釐金、海關稅、內地關稅、鴉片稅六種而已」[1]，這六種稅源增加的空間和幅度，或限於條約，或礙於民生，或慮於工商，各不相同。逐一權衡後，他認為較有可能的稅源僅有鴉片稅一項。[2]與總稅務司赫德有密切關係的一個外籍官員也建議重視土藥稅的整頓，他提出的開源之策中，「增加土藥稅」位居各種籌款手段第三位，僅次於地丁和鹽課的整頓，其籌款潛力甚至高於印花稅的試辦。[3]儘管鴉片商人因屢次加重稅率而苦不堪言，但「上裕國儲，下不病民」的搜括之策看來仍是對鴉片稅收實行整頓。

　　土藥稅是清末歷次財政擴張的要項，這一現象早已被民初的財政類著作所注意。[4]以庚子賠款的籌措為例，中央與各省的注意力不約而同，對洋土藥稅釐的整頓均寄予厚望。關於賠款擔保的項目，軍機處奏稱「即曰理財，則並不在常年賦稅作想，而以開發地利礦產，即此一端，似可敷用。其他增加進口稅，亦可興商；洋藥稅釐更當措意」[5]，軍機處的計劃涉及到三項財源，其實並無把握，欲開發地利礦產但卻缺少資金和技術，要增加進口稅卻被外人阻遏，洋藥稅釐也因英國反對極難措意；而土藥稅卻是一個有待整頓的領域，劉坤一和張

1　〔日〕松岡忠美：〈論清國財政〉，《國民報》第一期，明治三十四年五月十日。
2　松岡忠美前揭文。文章分析說：「鴉片之害行於清國者日深且廣，負販之徒莫不沾染，政府每欲重徵其稅，既富財源，潛移惡習，然嗜之者迄不少衰，而困苦彌甚，加徵之說因而止者，亦非今日始矣……地租諸稅既無可加，則其他更無可加之稅。司農仰屋，束手無策。不得已試辦煙膏捐。1899 年 3 月先於北京、上海開辦，不論大小，每鋪年納捐銀五十兩，各商不堪其苦，瀝情上訴，二月後其令遂廢。」
3　〈某洋員上當道論整頓中國財政策〉，楊鳳藻編：《皇朝經世文新編續集》（一），第 464～474 頁，《叢刊》正編，第 781 號。
4　吳廷燮著：《清財政考略》，第 22～24 頁，民國三年三月校印。
5　國家檔案局明清檔案館編：《義和團檔案史料》，光緒二十六年十二月二十一日，軍機處奏，中華書局 1959 年版，第 83 頁。

之洞等均有類似建議[1]。

　　各省呈報的籌款措施，根據王樹槐的有關研究[2]，內地十八個省分中，對土藥稅釐加以措意的有十五個，占總數的 83%，例如聲稱實行「土藥加成」者有直隸、江蘇、湖南、廣東、廣西、雲南和貴州等七個省分；重視土藥稅整頓的省分有山西、河南；加強整頓膏捐收入的省分安徽、江西、福建、浙江、湖北等五個省分；計劃增加罌粟種植稅的省分是甘肅。用於庚子賠款的貨物稅收中，土藥稅釐的加徵及膏捐位居首位，占整個貨物稅總量的 35%之多。不僅如此，在實際應付賠款的過程中，有的省分儘管未向清廷呈報，如四川等省，仍將部分土藥稅釐用來挹注賠款事項。通過海關徵收的洋藥稅釐亦有較多的款項用於賠款[3]。隨後開展的練兵興學和其他各項新政舉措均與鴉片稅釐有關，由此可以想見中央與各省對洋土藥稅釐的追逐自然不遺餘力。

　　鴉片稅釐包括土藥和洋藥兩部分，清廷對兩者的使用十分嚴格，尤其對洋藥稅釐並徵之後的稅款收入，戶部尤為矚目。一八八八年稅釐並徵甫經開始，戶部即「飛催各省」將劃定部分解歸中央，「以暫顧目前之窘」[4]。此後清廷通過各地海關從各省手中收回了大量的財權，以鴉片稅釐並徵為例，經由海關向清廷提供的洋藥釐金稅款，甲午戰前每年即達六百萬海關兩，占關稅總收入的 26%左右[5]。海關接管原來由張之洞所控制的廣東六廠後，九龍和拱北兩個海關每年向中央提供

1　劉坤一：《劉忠誠公遺集》，電信，卷 1，75 頁；國家檔案局明清檔案館編：《義和團檔案史料》，光緒二十七年三月初九日，張之洞電，第 1061～1062 頁。

2　王樹槐：《庚子賠款》，中研院近代書所專刊 31，臺北，1974 年。

3　湯象龍：〈民國以前的賠款是如何償付的？〉，《中國近代經濟史研究集刊》第 2 卷第 2 期，民國 23 年出版。

4　〈戶部奏擬飛催各省將加徵洋藥釐金儘數提解部庫摺〉，朱壽朋編：《光緒朝東華錄》第 3 冊，中華書局 1958 年版，第 2433 頁。

5　Lian Lin–hsiao，*China's Foreign Trade Statistics*，1864-1949, Harvard，1974，P132-133.

一百萬兩左右的收入[1]。由於中英之間的條約所限，洋藥稅收作大幅度擴張在雙方修約之前暫時還無法實現。

土藥稅釐的整頓較為複雜，自五〇年代末期以來，地方始終控制著大部分的收入。一八六一年初戶部擬定了全國釐務章程八條，其中對鴉片釐金的造報有嚴格的規定：「查洋藥、鹽斤兩項抽釐，應按限分案造報，不得與貨物釐捐銀兩牽涉。洋藥、鹽斤兩項釐捐為撥款大宗，倘與貨物抽釐彼此牽混，易啟映射取巧之弊，應令各省督撫轉飭各局員各收各釐，分別造冊，依限報部。」[2]各省鴉片釐金的造報大多是紙面空文，不足為憑。實際上，福建、浙江、山東等省長期以來並未分冊造報，藥釐與貨釐長期牽混，土藥釐金有時甚至成為一省的主要釐金收入，如山西省的「藥料釐金」就是如此；某些省分即使單獨徵收，但在冊報時，也多與貨釐合報。究其原因，實為抵制中央的染指：「如藥釐附在貨釐項下時，其用途早經規定，如一旦劃與土藥稅項下，則收入將全數解部，或聽部指撥，於各省財政諸多不便，故結果即未完全遵辦。」[3]羅玉東指出，各省貨物釐金報告中附有洋土藥釐金的省分較為普遍，附有洋藥釐金的省分有福建、山東、江蘇、浙江、河南五個省分；附有土藥釐金的省分有山西、陝西、浙江、福建、湖

1　The Chinese Maritime customs: Returns of Trade and Trade Reports, 1888-1894. 此舉粵省督臣張之洞極力反對，因該省舉借外債等數目累加已達 900 餘萬，絕大部分須由本省洋藥釐金歸還（每年還款 85 萬）；由於中英葡三方會商鴉片稅釐並徵，稅務司馬根來議撤廣東六廠（洋藥釐金專徵機構），張之洞請求中央保留，卻遭申斥：「挾持偏見，故作危詞」，見許同莘編：《張文襄公年譜》，第 53、56～67 頁，商務印書館 1947 年再版；《清末外交史料》，第 68 卷，此轉見戴一峰著：《近代中國海關與中國財政》，廈門大學出版社 1993 年版，第 160 頁。

2　〈戶部遵議釐稅大減餉糈不繼酌擬章程八條疏〉，《湖南釐務彙纂》，第 1 卷，此轉見羅玉東：《中國釐金史》，第 31 頁，《近代中國史料叢編》續編，第 62 輯，臺灣文海出版社影印。

3　羅玉東前揭書，第 154～156 頁。

北、江蘇、江西、廣東、甘肅九個省分，但其年限長短有別。地方給中央的冊報中假賬較多，戶部莫可究詰，這是地方搪塞中央的一個手段，多數與事實不符[1]。甲午前後，在華的外國商務人士也認為各省造報的稅釐徵收數目均低於實際，四川省的瞞報情形更為嚴重[2]。

一九〇八年美國《紐約時報》將中央與地方的這種財政遊戲揭穿，該報評論說：

> 財政收入中的大部分都是由各省政府上繳的，而各省的每位官員，從總督到職位卑微的官吏，都努力對所收稅款數額保密，因為這些稅款中的一部分要保留下來，作為他們獲得額外補貼的來源，而那些上級部門如果對任何省分有所懷疑，懷疑他們實際收到的稅款要比上繳的稅款更高，或者認為可以讓他們再多收一些稅款時，這些省裡的官員們就會提出更多的要求了。這種制度通常被稱為「壓榨式」，它總是誘使每一位官員把自己所在地區的稅收數量說成是最少的，而中央政府也不反對這種做法，只要地方政府所保留下的稅款數額合理就行……這種「壓榨式」的財政制度既複雜又精細，的確是政府機關之間彼此相互制衡的產物。[3]

中央與地方財政互為制衡的情形自太平天國運動以後漸趨明顯，至清朝末年已經成型，日本有人對此頗有感慨：「所稱為中國者，實非

1　〈會議政務處覆奏清理財政事宜摺〉，載《華制存考》，1908年12月。
2　從土藥產量和徵稅比例等各種因素計算，川省在1895年稅釐兩項的收入即達69萬兩，而總督上報的數字卻只有30萬兩。「此可見劉秉璋（四川總督）之報告為不實也，而即此更可見各省督撫之報告為失實矣」，《光緒朝東華錄》，第3963頁。
3　鄭曦原編：《帝國的回憶——〈紐約時報〉晚清觀察記》，三聯書店2001年版，第77頁。

一完全整齊之帝國。其二十一行省之地，儼若分為二十一國，而皆各有半獨立之象，又復各相聯絡，而後成此散漫無紀之國也。斯言也，證之於各種政事上皆得顯其實矣，而以財政為尤著。」[1]財政問題中，中央和各省對土藥稅釐的整頓即為顯例，二十世紀初各省對土藥稅釐經略即在此種背景下展開。一九〇三年以後各省對土藥稅釐的整頓頗有特點，在地域分佈上，北方省分較少，南方省分則較為普遍，鴉片產區與非鴉片產區均有所舉措。以浙江、江西、安徽、湖北和廣東等南方五省為例，可以深入探討各省對鴉片稅釐的整頓情形。

　　浙江省的整頓開始較早。一八九八年為了響應戶部的整頓計劃，該省在產土要區設局徵收，由候補道李友梅駐臺州督辦，刊刻示諭廣為招攬[2]。此舉為英人所知，《泰晤士報》出於維護洋藥商人利益，發表評論對浙省的做法不以為然，反對地方官員插手土藥稅的權徵事務，極力推舉總稅務司赫德的徵稅建議，提出土藥稅應由海關來徵收，對戶部刻意遷就各省的利益極為不滿[3]。但浙省未加理會，刻意經徵，紹興一郡用力尤甚，對當地佐雜、官員及差保的需索陋規加以申禁，到一九〇三年以後成效漸著，督辦官員高廷瓚也一再連任[4]。

　　江西省基本上屬於非鴉片產區，為緩解賠款和新政需款的壓力，對土藥過境稅的整頓不敢怠慢。二十世紀初該省土藥稅整頓基本上以戶部支持的統稅制度為基礎，但有自己的徵收特色。其中重要的一項就是杜絕矇混，強化查驗。料土一項原無徵稅辦法，贛省鑒於其價

1　日本東邦協會：〈中國財政紀略〉，總論，此轉見汪林茂：〈清咸、同年間籌餉制度的變化與財權下移〉，《杭州大學學報》第21卷第2期，1991年6月。

2　〈浙省土藥〉，載《集成報》（錄自《蘇報》）第28冊，1898年3月17日。

3　〈論中國財賦〉，譯自《泰晤士報》，原載《國聞報》1898年3月5日，轉載於《集成報》第29冊，1898年3月26日。

4　〈議加膏捐〉，載《申報》1903年10月14日；〈鑒湖近事〉，載《申報》1904年11月7日。

值較低，與土藥不同，僅規定較低的稅率，按照過境統捐減半徵收，料土每千兩徵銀三兩，以示區別。戶部新定的統捐辦法出臺後，該省又將料土的稅率下調，每千兩僅徵收銀二兩五錢。這一更改，形勢大變，土商以土藥冒充料土，賄賂關卡，隨意映射，致使向來冊報較少的料土稅越來越多，而土藥統捐卻愈發減少，迫使贛省不得不更改稅章，「茲擬概照土藥統捐章程，每料土千兩收統捐銀十二兩，膏捐亦照章每千兩收銀十兩，以杜弊端而顧正款」，加強了稽查徵收的力度[1]。另外，根據《申報》訪事員的調查，該省負責徵收土藥稅釐的機構有兩套人馬，一是土藥統捐局，專門徵收土藥過境統捐；另一個是土藥膏捐局，負責對土膏統捐進行徵收，兩者在業務上互有往來[2]，對於鴉片產品來說，既做到對土藥本身的徵稅，又不放過土膏及其他附屬產品的稅款經徵，力圖杜絕稅收徵管中的跑冒滴漏，可謂錙銖必求。

　　安徽省既是一個鴉片產區，又是雲貴川土藥經銷的省分之一。庚子以後，土藥稅釐的整頓舉措基本上按照戶部提出的辦法，實行統捐經徵。新定的統捐章程規定，販運川土來皖省銷售，每百斤應完納統捐稅銀十六兩，照舊另加籌餉捐輸銀二兩，共計（銀）十八兩；如屬過境，則減半徵收；本省出產土藥亦改為統捐，稅率為每百斤（銀）四十兩，並且規定了緝私核查的嚴格辦法。[3]該省土藥釐金總局原來分為皖南、皖北二處，在要隘設立分局，隨著稅政改章，徵稅業務和人員調配亦作出劃一設置[4]。但在執行過程中，局卡人員對稅章執行寬疏，尤其對於印花與運單兩者缺一不可的規定隨意解釋，以圖中飽。

1　〈示定土捐〉，載《申報》1903 年 6 月 7 日。
2　〈潯郡官場紀事〉，載《申報》1904 年 3 月 5 日。此處所見土藥統捐局和土膏統捐局的機構設置情形，係據文中所報導的上述兩個機構的人員調配情況而得出來的。
3　〈示捐土藥〉，載《申報》1904 年 1 月 13 日。
4　〈土藥改章〉，載《申報》1904 年 2 月 24 日。

所以稅章雖改為統捐，但弊端卻愈來愈大。一九〇五年初，該省重新示諭稅章，並將緝私章程作了明確宣示，加大了緝私獎勵的力度[1]。

湖北省的情形較為特別，儘管本省鴉片產量較少，但它卻是雲貴川等地所運鴉片的過境重地，歷來是土藥稅釐整頓的重要地區。由於區位因素的特殊性，該省土藥稅釐的權徵經常與鴉片主產省分發生爭執，中央勢力介入的情況也相對較多，保衛本省利益就顯得尤為重要。在兩湖合辦鴉片統捐之前，該省的整頓措施並無太大起色，但湖北督轅對此始終未敢輕易放棄。

湖廣總督張之洞對土藥稅捐重視的原因較多，有關人士的建議相當關鍵。早在甲午戰爭結束前後，面對中國遲早要籌措巨額賠款的形勢，有人直接條陳張之洞，坦言鴉片捐稅的重要性，稱舉辦煙捐是「治標」之策，每年可收入一萬三千餘萬千文，「行之三年對日賠款可償，行之五年國用足，然後開鐵路、練海軍、設機器、立學堂，諸政次第施行，國胡不強，兵胡不精，器械胡不利，人才胡不出？雄長五洲，力圖報復，彼族自不敢正眼相覷，而今日償款、割地之恥亦可以告無罪矣」[2]。這一建議清廷沒有採納，論者十分惋惜[3]。張之洞卻因之深知土藥捐稅的巨大潛力。一九〇二年前後為了籌措賠款和舉辦槍炮廠，張之洞極力謀劃，對加稅的任何機會均不放過。清廷通諭各省加土藥稅三成，湖北考慮再三，決定加徵二成，既防偷漏，增加稅款收入，也希圖廣為招徠，吸納土商報稅的積極性，隱抵海關染指，並暗牽四川稅利[4]。宜昌土稅局劉道臺未領會張之洞的用意，擔心稅率增加會導

---

1 〈皖省土藥局統捐章程〉，載《申報》1905年3月7日。

2 〈急則治標論〉，楊鳳藻編：《皇朝經世文新編續集》（二），第938～940頁，《叢刊》正編，第771號。

3 〈急則治標論〉一文作者附記，同上書，第941頁。

4 〈致荊州澧道臺宜昌土稅局劉道臺〉，《張文襄公（之洞）全集》，第175卷，電牘54，第12556～12558頁，臺灣文海出版社影印本。

致土商繞越，遲遲沒能執行，海關稅務司方面的不合作態度也是該員猶豫不決的重要原因。張之洞對此極為震怒，電示宜昌土稅局稱：「部文加土稅三成，今湖北關局土稅土釐均只加二成，較部文為輕，已經奏准，何以延不遵辦？若總稅司一兩月不覆，便總不辦耶？此係加土藥稅並非加洋藥稅，何以部文奏案俱不算，必待總稅司耶？」[1]賠款壓力之下，清廷對土藥稅利益不得不加以重視。接下來，湖北創造出「就土預徵膏捐」的新辦法，「膏捐就土預徵，每百斤除乾耗二斤，每土一兩收捐錢七十文」[2]。這是兩湖合辦土膏統捐的前奏，後來湘鄂合辦統捐時就是遵循了這項規定。

　　中英商約談判期間，英方談判代表馬凱（J.L.Mackay）要求中方裁撤各地的釐金局卡、鹽釐卡和土藥卡。清廷任命的商約談判協辦大臣之一張之洞據理力爭，無論是站在清廷的立場，還是立足湖北省的利益，張氏申言絕不能答應撤卡。張之洞致電劉坤一和商約大臣盛宣懷說，「湖北餉項向恃土藥稅為大宗，新案賠款尤大半取給於膏捐，通計在百萬以外，與江蘇情形不同，全省命脈所關，斷難放鬆一步」，否則，「湖北賠款兵餉皆無著矣」，「湖北釐金可裁，而土藥水陸卡斷不能撤」[3]。商約談判中，馬凱亦決不讓步，聲明說：「如果不規定把所有的釐卡一律裁撤，任何加進口稅一倍半的建議，我都不能轉呈英國政府……我個人也曾考慮保留鹽和土鴉片的釐卡，但是英國政府從來不曾同意，而且立刻受到反對加稅的人們的攻擊，認為這是我的建議

---

[1] 同上。
[2] 〈致宜昌土稅局宋道臺〉，《張文襄公（之洞）全集》，電牘58，第12852頁。
[3] 〈致江寧劉制臺上海盛大臣〉，《張文襄公（之洞）全集》，電牘59，第12968～12969頁。

中最大的弱點之一。」[1]為進一步解決談判中雙方的衝突，一九〇二年七月八日，馬凱在武昌與張之洞進行了面對面的交涉，是否裁撤鴉片釐卡是這次會談的重要問題。中方僱員副總稅務司裴式楷（R.E.Bredon，此為漢名）對這次會談作了記錄。張之洞認為，鴉片稅卡並不妨礙中英之間一般貨物的貿易和流通，言外之意，湖北的鴉片稅釐利益不能因裁釐加稅談判而喪失。裴式楷的會談記錄，顯示出該省徵收土藥稅釐的一般程序和稅基類型，此將會談情形節略如下：

馬　凱：據我瞭解鹽釐卡所並不抽徵一般貨物的釐金，鴉片的手續怎樣？

張之洞：各土藥卡也不抽釐。

馬　凱：既不抽釐還要它們做什麼？

張之洞：抽土藥稅，但不抽釐。

馬　凱：鴉片是否可以通運全國，是否這裡設一個卡子抽徵，那裡又設一個卡子查驗來防止漏稅？

張之洞：以宜昌為例，四川的鴉片，運到宜昌付了稅就可以通行全省。

馬　凱：如果運入別省呢？

張之洞：如果它運入別省，再抽徵一次。

馬　凱：那就是在運銷途中徵稅了。

張之洞：一般的辦法是運銷別省的鴉片都用輪船裝運，可以通行全國不再付稅。如果在本省消費，須付土藥稅，如果運銷外省則在洋關納稅。

---

[1] 中國近代經濟史資料叢刊編輯委員會主編、中華人民共和國海關總署研究室譯：《辛丑和約訂立以後的商約談判》（帝國主義與中國海關資料叢刊之十一），中華書局1994年版，第69頁。

裴式楷：（向傑彌遜）湖北省的稅一般都是由省境上的第一道卡子徵收的。

張之洞：商人運來的鴉片供本省消費的，他須付本省的土藥稅，而不付洋關稅。有時他們用民船裝運，稅就由別省徵收。一般的辦法是用輪船裝運，以避免各省所徵的稅。

傑彌遜：陸路運來的鴉片呢？

張之洞：由本省北面的稅卡收稅。宜昌附近另有一卡抽收陸路運來的土藥稅。

馬　凱：如果運入別省呢，是否須在這些稅卡再付一道稅？湖北省內還有別的稅沒有？

張之洞：宜昌附近的下市地方還有一個卡子。如果不能繳驗在宜昌付稅的單照，就須在這裡再付。在老河口和應山縣也一樣。湘鄂邊境上一共有四處稅卡。每一餅鴉片都貼有印花或單照，可以在省內到處通行。

傑彌遜：除去稅以外，鴉片是否還須付釐？

張之洞：鴉片須付稅、釐和捐款，都在宜昌繳納。

馬　凱：如果沒有印花呢？

張之洞：過卡子時須付稅。

馬　凱：究竟還有多少別的卡子？

張之洞：沙市和漢口各有一卡，此外在各地，如較大的村鎮等等還有一些卡子。

馬　凱：我們原先不知道鴉片的徵稅辦法，我們現在明白了。我們可以在條款內規定。[1]

1　《辛丑條約簽訂以後的商約談判》，第91～92頁。

湖北土藥稅釐與各項要需有關，長期以來的苦心經營已有成效，所以馬凱的讓步對湖北省來說至關重要。該省所創辦的土膏捐局，也是謀求土藥財政收入的機構之一，但開辦一年糜費十幾萬金，效果並不理想。端方護理督轅後，迅即裁撤，歸入善後局經理，以節糜費。兩個月後，漢口土稅煙膏局總辦吳涓吉到任，即將該局大加整頓，稅章也有較大的更動[1]。但漢口土商並不配合，整頓的成效並不明顯，這也是後來兩湖地區合辦統捐的背景之一。

　　廣東省是洋土藥輸入的主要省分之一，尤以洋藥為主。徵收洋藥稅釐的主要機構六廠和拱北等海關的稅釐大部分被中央提走後，粵省財政大受影響。捉襟見肘之下，該省仍對洋藥稅釐的整頓抱有希望。一九〇二年夏季廣東省洋藥入口的主要海關——拱北海關洋藥入口商表現得異常活躍，洋藥入口量比往常大為增加。稅務司官員認為，其主要原因是粵省官府允許在本省承辦熟膏包稅制，包稅商有權徵收附加稅，其數額較高，因此迫使洋藥進口的途徑改在拱北。但這種包稅制時間極短，僅僅三個月就因鴉片經銷商的強烈反對而不得不作罷[2]。上述關於包稅制命運的解釋系拱北海關稅務司甘博所言。但是主持操辦該項事宜的許玨卻有不同的解釋。一九〇三年服膺海外的許玨在給岑春煊上書中，認為該項制度（商人包稅制）係「由商人具秉承餉，每年認繳一百二十萬，於粵省派賠之款已得大半。其章程係按照曾慧敏《煙臺條約》續訂專條第五款辦理，並無違礙」，[3]但英國駐華公使

---

1 〈膏捐裁併〉，載《申報》1903年10月28日；〈鄂省官場記事〉，載《申報》1904年1月26日。

2 莫世祥、虞和平、陳奕平編譯：《近代拱北海關報告彙編：1887-1946》，澳門基金會1998年，第81頁。

3 〈上岑雲帥書〉，許玨撰：《復庵遺集》，清末民初史料叢刊第49種，330頁，臺灣成文出版社有限公司1970年印行；但是兩廣總督德壽向清廷匯報所舉原因與此有別，其奏摺認為，查明商辦推廣膏捐情形，並因與條約不符，現已撤銷，另籌辦法等。《德宗實錄》，第509卷，第11頁。

受鴉片商人的饒舌後極力干預此事，給外務部施加壓力，粵省的主管官員德壽不顧承包商的籲請和延請律師的建議，畏避交涉，此事無果而終。許玨惋惜籌款的時機錯失，岑春煊主粵後，他建議岑氏重新審議此一計劃，繼續推行他所提出的這一「膏引」制度（即仿照清末食鹽劃分引地制度），藉此蠲免雜稅，以蘇天南民眾之困絀[1]。這一建議由於種種原因未能實行。一九〇四年春天，黃宣廷條陳督轅，主張將生土、熟膏兩行合作經營，每兩抽銀四分，以八成作辦事經費，二成作司事人員的花紅。善後局傳集土商到署會議，眾商聲稱需要協商後答覆。善後局官員疑其蔑視抗拒，要求上司加重抽稅，如若反抗，揚言實行官膏專賣，封殺私煙[2]。所以官膏專賣一說沸沸揚揚，岑春煊要求善後局十日內議妥章程，準備推行官膏制度。善後局官員提出的章程事實上還是分為兩種方案，在推行官辦還是商辦問題上舉棋不定[3]。其間粵省候補知縣吳孟斐條陳督轅，建議增加粵東地區的煙膏捐[4]。幾種方案迭見，岑春煊亦游移其間。並且，善後局所議定的官膏專賣章程被洋藥商人告發，英人稱其違背煙臺條約。無奈之下，該局決定「專抽白土，不抽洋藥」，並為此展開白土銷量的調查[5]。粵省鴉片商與英人關係密切，官府的舉動時常被其牽制，該項計劃亦不了了之，企圖對洋藥稅進行整頓的計劃也沒有實現。不久，兩廣地區開始合辦土膏統捐，其財政困境暫時獲得解圍。

除此之外，福建也著力整頓膏捐，江蘇、四川、廣西、上海、山

---

1 許玨撰：《復庵遺集》，第 331 頁。
2 〈粵辦膏捐〉，載《申報》1904 年 5 月 27 日。
3 〈粵東譚屑〉，載《申報》1904 年 5 月 28 日。
4 〈丹荔分香〉，載《申報》1904 年 7 月 10 日。
5 〈粵垣雜誌〉，載《申報》1904 年 7 月 16 日。

東等省均對土藥稅釐展開整頓，或開源或節流，不遺餘力[1]。即連產土較少的直隸也不甘落後，袁世凱對李鴻章在九〇年代制定的土藥稅釐徵稅辦法大加批評，並新定四條章程，將徵稅重心放在外來土藥的販銷者[2]，藉此籌款練兵，應付賠款。

儘管各省對土藥整頓全力以赴，省與省之間亦互有聯絡，但隨之而起的練兵新政卻使中央勢力介入進來，各省的整頓計劃不幸被中央支持的八省統捐計劃所肢解，南方省分「暗暗」推行、極富成效的合辦土藥統捐行動被迫打斷，由此引發了各省督撫對抗中央的軒然大波。

二　八省土膏統捐與清廷財權回收

（一）合辦土膏統捐之開端

清末關於鴉片的分類和稱謂比較複雜，「土藥」、「土膏」、「燈膏」等，時常出現報章雜誌以及官員奏摺中。本書所說的「土膏」，係土藥及其所熬煙膏的合稱，在清末官員的行文中，「土膏統捐」的含義就是對土藥和煙膏進行一次性合併徵收的稅捐。[3]土膏「統捐」的由來與晚

1　〈設局收捐〉、〈膏捐豁免〉、〈土業須知〉等，分別見《申報》，1905年3月27日、1903年8月1日、1904年4月23日。以四川為例，該省光緒末年土藥稅釐達（銀）100萬兩以上，僅涪陵土稅分局從1885年至1891年間，年均收取土藥稅即達（銀）10萬兩以上，到光緒末年更高達（銀）30萬兩以上，見《涪陵文史資料選輯》，第2輯，轉見王金香：〈清末鴉片稅收述論〉，載《山西師大學報》，2000年第4期。

2　〈直隸袁宮保奏整頓土藥稅務增訂試辦章程請旨遵行摺〉，《申報》1903年9月18日。

3　1912年1月23日第一次海牙禁煙會議制定的《海牙國際禁煙公約》對「生鴉片」作如下概念上的限定：「由罌粟花之子房內取出之汁自然凝結而成，但略施人工以便包裝及載運」；對「熟鴉片」的規定是：「由生鴉片原料特別製造而成，如溶解、如滾沸、如煎熬、如發酵，經次第加工煉成淨質，可供吸食之用」，這一限定也包括「膏渣」及鴉片吸食後所留下的一切其他灰渣。見〔美〕威羅貝著，王紹坊譯：

清釐金制度和稅章混亂有關。長久以來，各省雖推行「以徵為禁」，但基於各種原因，土藥稅率（土藥釐金、土藥稅和膏捐等）之高低往往有別，且調整無常。就土藥稅釐中的通過稅而言，各地差別極大，並且各省徵稅機構在徵稅過程中盛行折扣做法，明折和暗折並舉，以廣招徠。例如宜昌土稅總局——全國最重要的土藥徵稅機構，在原定稅率的基礎上往往打二折徵課，即原來一百斤鴉片只當二十斤徵稅[1]。根據滿鐵經濟調查會的著述，一九〇三年前後[2]，全國各省的土藥稅率差別較大，茲列舉幾個主要省分的土藥稅率以作比較。

表1-2　1903年前後部分省分土藥課稅比較表（單位：每百斤課徵銀兩）

省分	稅率	省分	稅率
直隸	20	福建	35
河南	33	浙江	48
山西	55	廣東	30
甘肅	16.6	湖北	32
江蘇	30	奉天	50
安徽	20	四川	10（出省）
江西	43	陝西	35（他省移入）
湖南	16 26（過境）	雲南	6 12（出省）

雲南情形係按「價值每千兩」計算，滿鐵經濟調查會：《支那稅制之沿革》，第291-293頁，此轉見吳兆莘著：《中國稅制史》（下），第102-104頁，商務印書館1937年版。

《外人在華特權和利益》，三聯書店1957年版，第674～675頁。按：「生、熟鴉片」僅限於某些嚴格的條約用語，就國內用語的習慣來說，統稱「土膏」，如果詳細區分，「土」一般即指「生鴉片」，「膏」則是「熟鴉片」。本文所論僅指土產鴉片（土藥），進口鴉片（洋藥）則不涉及，此注。

1　林滿紅：〈清末本國鴉片之替代進口鴉片（1858-1906）〉，載《中央研究院近代史研究所集刊》，1980年第9期。
2　由於1903年以後許多省分實行聯省合辦統捐，劃定區域內稅率趨同，故此，本文選擇此前的各省課徵的稅率以作比較。

土膏統捐是對上述混亂稅率進一步整頓的產物。商貨貴於流通，商情錙銖必較，這是一個基本的商業規律。稅率高低不均必然引起土商的偷漏或繞越。為防止土商繞越偷漏，各省土藥徵稅機構絞盡腦汁，形形色色的做法迭經嘗試，但總有缺憾。一八九二年初，劉坤一借鑑山東、四川的經驗，對徐州土藥稅釐徵收進行改革，較早地提出了土藥統捐的做法[1]。由於徐州土藥稅徵收中出現嚴重的漏稅問題，劉坤一提出「各商販如照章報完徐捐銀三十兩之外，再在徐局捐銀三十兩，准其加貼印花，無論運往何省，經過各關卡，但驗有徐局兩次印花者，概不重徵。如僅捐銀三十兩，只能照免本省之釐，經過各省仍各照該省章程徵收稅釐」，這一統捐方案提出後清廷允准。相對於從前的做法，劉坤一所定「合併徵收」的土藥統捐制度算是一大改進，將原來「遇卡抽釐」的多次徵課變為一次性徵收，在特定區域內，既簡化了徵稅的程序，又方便了土商的貿易。儘管如此，徐州統捐的收入反不如前，主要原因是鄰省山東的土藥稅率更低，總括落地稅、釐金和關稅三項各徵銀十六兩，無論運往何省概不重徵，相鄰的安徽也採取類似的做法。這種類似今天所說的「貿易壁壘」和「反傾銷」的做法，使得客土、洋藥紛紛越占徐土市場。不得已，劉坤一又將徐局的徵稅作了調整，以迎戰鄰省土藥之傾銷[2]。調整後的稅收成績仍不見好轉，甚至每況愈下[3]。以致於戶部譏諷其「一再改章，竟同虛設」，並道出中央的苦衷：徒受開禁之名，賦稅未獲徵收之實。甲午戰後中央

1　1892 年，四川和山東亦見有此做法。劉坤一：〈奏請徐州土藥加捐各省概不重徵摺〉，《劉坤一遺集》，〈奏疏〉，第 20 卷，中華書局 1959 年，第 721～723 頁。

2　〈奏請徐州土藥加捐出口銀兩概不重徵摺〉，《劉坤一遺集》，〈奏疏〉，第 25 卷，第 920～922 頁。

3　調整之前，每年收入 24～25 萬銀兩，之後卻跌至 21 萬餘銀兩，〈戶部奏請在土藥繁盛各處設立總局仿洋藥稅釐並徵摺〉，朱壽朋編：《光緒朝東華錄》第 4 冊，中華書局 1958 年版，第 3963 頁。

財政困絀，戶部研究了總稅務司赫德關於土藥稅的整頓意見後，提出了類似徐州方案的計劃[1]，此舉的最大弱點仍是每省各自為戰，沒有規定聯合徵收統捐的辦法，仍避免不了「貿易戰」的困局，而且煙膏徵稅依然沒有納入整頓範圍，再加上各省警惕中央插手地方土藥稅政，均稱窒礙難行[2]。這種自為整頓、以鄰為壑的局面一直保持到一九〇三年底。

一九〇三年底，兩湖合辦土膏統捐首先衝破了土藥統捐制度的困境，它是對劉坤一土藥統捐制度的重大改進，統一稅率所覆蓋的地域更為廣闊，既有土藥貿易區位上的優勢，又有稅章之改良，所以稅收入款劇增。此項制度的更改有三個背景，即張之洞將土藥稅釐收入用於槍炮廠經費、籌措庚子賠款壓力以及湖南槍炮廠擴建經費籌劃三個方面，槍炮廠的擴建經費籌措更是直接的起因。

---

[1] 同上。戶部要求各省：「遴派幹員在各省出產土藥繁盛各處設立總局，略仿洋藥稅釐並徵之法，先行試辦。每擔百斤徵銀六十兩，就近在總局交納，納足之後，發給印票，黏貼印花，任其銷售，無論運往何處，概不重徵」。赫德對土藥稅收的關心除了他自身的原因以外，另有一個關鍵的原因就是戶部對其能力的看重，包括光緒皇帝也交旨尤其經理全國的土藥稅收事項，這項計劃前後籌畫的時間長達一年左右，最後由於各省反對，此事未果。見〈赫德和駐倫敦辦事處稅務司金登幹往來函電〉，第3號〈1896年5月17日北京去函Z字第708號〉，〈1896年6月14日北京去函Z字第172號〉，〈1897年3月28日北京去函Z字第747號〉以及〈1897年7月4日北京去函Z字第758號〉，對外貿易部海關總署研究室編：《帝國主義與中國海關》第八編，《中國海關與英德續借款》，科學出版社1959年版，第3～5、11～12頁；另外張元濟也言及戶部中對赫德經辦土藥稅有爭論和分歧，見上海圖書館編：《汪康年師友書札》（二），上海古籍出版社1986年版，第1691頁。

[2] 當時國內多數人對赫德此人極抱警惕，他所提出的種種改進洋土藥稅收的建議均遭到非議，這些非議不但來自督撫，也有一般士紳，批評的言詞非常尖銳。見桐鄉盧氏校刻：《桐鄉勞先生（乃宣）遺稿》，第383～385、387～390各頁，《叢刊》正編，第357號；楊曾勗輯：《無錫楊仁山（楷）先生遺著》，第23～25頁，《叢刊》正編，第536號；《洋藥土稅》，見葛士濬輯：《皇朝經世文續編》（五），第3060頁，《叢刊》正編，第741號。

首先，將土藥稅用於槍炮廠經費的問題。張之洞督鄂時，對湖北槍炮廠的經費來源極其重視，總理衙門飭令張之洞對該廠的經費自為籌劃，鑒於四川機器製造局係在川省土稅項下奏明支用，湖北援引四川成例，也請求該廠的經費由本省土藥稅項支付撥用，並獲准在案。其實，張之洞將土藥稅釐收入用作槍炮廠經費的原因，除了四川機器局的經驗啟發外，另一個重要的原因是他對鄂省的土藥稅釐大加整頓，較有成效，稅收數額較前劇增，將其挹注於兵工廠也才會有這種可能。[1]

　　其次是庚子賠款的籌措促使湖北土藥稅收制度加以改進的問題。湖北省庚子賠款奉攤數額每年一百二十萬兩，在各省中雖不算最多，但其財政壓力卻較各省為甚，一九〇二年春天在給榮祿和鹿傳霖的信中，張之洞坦言相告：「近來各省籌款皆難，而鄂省為尤甚。因宜昌鹽釐抵還四釐五洋款，除江省外，較之他省實多派還洋款一次，是以尤形艱苦」，該省為籌措賠款來源，多方研究，但「司道會議，心志每不能齊，名目多端，實際了無把握」[2]，在各種羅掘的方法中，土藥貿易稅是張之洞刻意整頓的主要對象。幾經籌劃之後，一九〇二年四月下旬，「就土預徵膏捐」作為籌措賠款的主要措施出臺。這在各省實屬首創，是對土藥稅釐徵收方法所作的重大改進，與以往的土藥徵稅制度相比變化較大，其高明之處是將土藥與煙膏進行一次性合併徵稅，而

---

[1] 〈妥籌槍炮廠常年經費摺〉，《張文襄公（之洞）全集》第30卷，〈奏議〉30，第2251～2257頁，《叢刊》正編，第455號。將洋藥稅釐用於軍事工業的事例極多，而土藥稅釐用於兵器工業的僅見湖北和四川等省。另外，關於土藥稅整頓的問題，鄂省添設隘卡20餘所，派鎮道大員分南北兩路督辦，前此稅收只（銀）7萬餘兩，行之一年，至（銀）31萬兩，次年則因加稅，鄂稅頓絀。見許同莘編：《張文襄公年譜》，商務印書館1946年版，第72頁。

[2] 杜春和等編：《榮祿書札》，齊魯書社1986年版，第256頁；苑書義等編：《張之洞全集》第285卷，〈書札〉4，河北人民出版社1998年版，第10236頁。

不是像以往分開來課徵。鄂省稅章規定「每百斤除乾耗二斤，每土一兩收捐錢七十文」。該制度實施初期，對土藥舊有存貨，張之洞還規定了折扣的具體辦法：「至各棧店現存土膏須派妥員清查，從寬照六成完納，即按七十文收四十二文，以示體恤」[1]。但在執行時，土商「不免繞越湘省，致抽收未能十分暢旺」，估計年收入亦不過二至三十萬兩間，可見此項稅章調整並未一步到位。

兩湖合辦土膏統捐的直接起因是籌措槍炮廠擴建經費，即擬議中的湖南槍炮廠經費之籌措。籌議這一計劃時，正逢張之洞赴京師襄辦要事，故初步籌議時張氏並未參與其中[2]。一九〇四年一月，署鄂督端方與湘撫趙爾巽協商擬稿，由端方主稿上奏清廷，建議以兩省合辦土膏統捐的稅收盈餘辦理湖南槍炮廠。這一兩省合辦統捐的建議應該是清末鴉片稅釐整頓中最具「智慧」的變革，突破了原來各省以鄰為壑的格局，是對張之洞所定「就土預徵膏捐」制度的進一步完善。

端折申具的理由大致有二：一為準備成立的湖南槍炮廠籌集餉項，這是該折的主要理由；二係兩省合辦土膏統捐可防止土商偷漏和繞越，希冀稅項暢旺，「不開源而源足，不病民而國裕」，[3]端折稱此為「一舉兩得」，既供給槍炮廠經費，又使兩省的土藥稅收更有保障。對合辦統捐的籌劃，奏稿說：「將膏捐一項由兩省委員合辦，凡原運湖南行銷及由湖北過境運往湖南行銷土藥，一律均照鄂省章程徵收膏捐。

---

1 〈致宜昌土稅局宋道臺〉，《張文襄公（之洞）全集》，第177卷，電牘58，第12852頁。

2 張氏進京原以為一個月即可竣事，但議商學堂章程，之後受熱而病，又因德商蠆船事件滯留旬餘，前後數月之久。見胡鈞撰：《張文襄公（之洞）年譜》，第216頁，《叢刊》正編，第47號。

3 〈統辦膏捐充槍彈廠經費摺〉，端方著：《端忠敏公奏稿》，第365～368頁，《叢刊》正編，第94號。亦見〈總理練兵處議復湖廣總督端方等擬請鄂湘兩省合建槍彈廠並以土膏捐撥充經費奏稿〉，一檔館：總理練兵處檔案全宗。

此項膏捐本係取之吸食之家,已有成法可循,決不至稍滋擾累」。此外,該折對統捐收入以後的稅款使用問題也有所陳請,「所有徵存土膏捐稅之款,分別撥足鄂湘兩省按年應徵應解之數,其餘悉數儲為新廠常年經費」。奏上之後,練兵處對此項收入極為眼紅,在與政務處議覆時,對此項建議否決了一半:鄂廠繼續擴充鞏固,湘廠緩辦,且湘省應該襄助湖北;兩省土膏統捐可以合辦,但此項收入必須另款存儲,以備練兵處提撥。

　　張之洞由京師返回湖北前後,得知此種結果,立即上奏,援引成案請求以兩省合辦的稅收盈餘辦理鄂廠,折中針對練兵處和戶部的要求,特意解釋說,「此次統捐今年甫經試辦,為數尚難預定,總之不能甚多,斷不敷添機添廠之用,所差尚遠」,「時勢危迫,旦夕千變,其關係中國日逼日緊,應辦各事,繼日待旦猶恐不及,故添機造械之舉萬難猶豫延緩,以致坐誤光陰」,折上允准。[1]這其中有不少玄妙之處,最具要害的是兩省合辦統捐的預期收益問題,張之洞具摺時為一九〇四年九月底,奏稿中稱稅收為數無多,但在此前的五月初,他已知可能收入的大致數目,五月二日端方即告之:「係膏捐所收之款,除撥還兩省舊有正雜各款及鄂省賠款捐外,其增收之數約一百萬,作為南北兩省公之款合辦槍廠」,張之洞又詢問另一知情者朱滋澤,也有相同的說法[2]。張氏奏稿中的說法係為掩飾,以求此款留在湘鄂。張摺入奏之前,端方曾有奏片上達清廷,極力強調湖北槍炮、鋼藥廠的經費困難,以及生產潛力與經費不足的矛盾[3],實際上這是為捍衛土膏統捐利益所作的渲染,而張之洞的力爭則是起到了關鍵的作用。

1　〈請留膏捐餘款添制軍械摺〉,《張文襄公(之洞)全集》,奏議63,第4328～4334頁。
2　〈致長沙趙撫臺〉,《張之洞全集》第258卷,〈電牘〉89,第9139頁。
3　〈槍炮局廠情形片〉,《端忠敏公奏稿》第3卷,第368～370頁。

兩湖合辦土膏統捐的時間始於一九〇四年一月，其實際效益遠遠大於預期的效益。就一九〇五年六月宜昌土膏局總辦孫廷林對稅款收入所作的統計，自一九〇四年一月至一九〇五年一月，湘省各局的收入，扣除局用開支，再扣除湘省歲額二十四萬兩（白銀），「實在溢收銀一百三十二萬四千八百九十七兩有奇」。[1]這一數字已經超出端方等人原來預計的三分之一。兩湖統捐的分配協議規定，合辦土膏統捐的收入兩省平分，鄂省應得款項六十六萬餘兩（白銀），這一數字相當於合辦之前的三倍甚至更多。湖北省的賠款和兵工廠經費大部分藉此挹注，合辦統捐期間，鄂省督轅屢屢向湘省催款[2]，要因就是兵工廠用款甚急，且該廠規模擴張，需款孔急，這筆稅釐更屬救贖之款。

　　聯省合辦土膏統捐的第二個顯例便是湘鄂贛皖四省合辦土膏統捐。這一計劃的籌劃和運作與張之洞有直接的關係。[3]由兩湖合辦到四省合辦的運作，同樣是在中央未加干預之下自然發展的結果。江西和安徽兩省同意將本省的鴉片稅收體系併入四省聯辦，以謀求更多的收入。張之洞之所以主張將安徽和江西納入合辦的體系中，最主要的原因是這兩個省分也是西南土藥行銷的主要地區，皖贛兩省土商的運銷路徑多與兩湖地區有關，若棄置不顧，還會有較多的偷漏，危及兩湖的土藥稅課收入。

　　張之洞與贛、皖兩省撫轅往返籌商，確定了四方合作舉辦的有關事宜。四省合辦的開端時間為一九〇四年七月。具體做法分為兩個部分，一是「鄂、湘土膏統捐，由宜昌經過者，歸鄂並徵；由湖北邊境赴湘、不經宜昌者，歸湘並徵」；二是「贛、皖統捐，由鄂過境者，歸

1　〈致長沙端撫臺〉，《張之洞全集》第261卷，〈電牘〉92，第9335～9336頁。

2　〈致宜昌總局朱道臺〉，〈致長沙陸撫臺〉，〈致長沙端撫臺〉，〈致長沙端撫臺〉，〈致長沙端撫臺〉，分別見《張之洞全集》，第9182、9241、9295、9318、9336頁。

3　《湖北全省財政說明書》，〈歲入部・土藥稅〉，第13頁。

鄂並徵；不由鄂過境者，歸贛、皖自徵」[1]。為達到有章可循而劃一徵收，四方協商制定了「四省合辦土稅膏捐現行章程」，共計五條。[2] 按以上章程規定，張之洞的門生胡鈞統計說，每土百斤徵收統稅膏捐一百一十四兩（白銀）。[3]

四省合辦統捐以後的稅收成績，特別是新加入的江西和安徽兩省的情況，由於此類史料較為零散，難以確切地作出估計，但應加以肯定的是皖省收入不會比原來降低，該省土膏稅捐收入的下降主要在一九〇六年中央推廣合辦制度之後。四省統捐的開辦使安徽能夠解繳各類中央和地方的需求款項，並未見受該項制度的牽制[4]。估計江西省的收入也不會比原來降低。

中央勢力介入之前，聯省合辦較有成效的第三個顯例是兩廣合

1　〈致京戶部〉，《張之洞全集》第 259 卷，〈電牘〉90，第 9209 頁。

2　〈四省合辦土稅膏捐現行章程〉，載《申報》1905 年 7 月 10 日。

3　《張文襄公（之洞）年譜》，第 222 頁；《湖北通志》第 50 卷，第 50～61 頁。林滿紅教授認為，「本國鴉片唯一稅率高於外國鴉片的時期，是一九〇四至一九〇五年間的統稅時期。本國鴉片所有稅收一併徵課，每擔 115 兩，較外國鴉片所繳一擔 110 兩為高」（林滿紅：〈清末本國鴉片之替代進口鴉片〉，載《近代史研究所集刊》第 9 期，第 422 頁）此論籠統而不確切。問題有二，首先，在林教授所列的時限之內，至少有三種以上的徵稅制度（兩湖合辦統捐、湘鄂贛皖合辦統捐、兩廣合辦統捐以及其餘各省的多種徵稅制度），每一種均較洋藥稅率為低。隨後的八省土膏統捐稅率是根據四省合辦統捐的辦法，稅率雖確定為（銀）115 兩，實際執行仍有所變通，如統一實行折扣方法，定為九五折，且民船與輪船的稅率有差別，民船所運的土藥稅率較低（〈四省合辦土稅膏捐現行章程〉，〈八省土膏統捐試辦章程〉，均見《申報》1905 年 7 月 10 日，〈收督辦八省膏捐柯撫電〉，一檔館：練兵處檔案全宗）；問題之二是探討洋土藥稅率之高低，係就整體而言，但不應涵蓋一切，洋藥稅與土藥稅的售賣，風險有別，地方徵收的稅種和勒索名目也有較大的差別，兩種鴉片稅率的比較便是難以措手的事情。

4　《安徽全省財政說明書》，〈歲入部〉，第 36 頁。相對來說湖北省從中受益匪淺，1904 年 8 月張之洞飭各屬免解賠款捐，留辦學堂。賠款的大部分來自土藥統捐的收入，很大程度上解除了該省的財政困境，見《張文襄公（之洞）年譜》，第 225 頁。

辦土膏統捐。兩廣地區消費的鴉片多為洋藥，稅收整頓受英人干預極大，極難有所措置。土藥稅收的整頓在初期也頗有曲折，任何一省的單獨整頓均不見明顯成效，廣東歲收土藥釐金僅僅七萬兩上下，廣西招商承包，每年亦僅六萬兩（白銀）。岑春煊督粵，對土藥稅收大加整頓，沿用張之洞在兩湖地區的新經驗，籌劃兩廣合辦經徵事宜。岑督首先命廣西候補道丁乃揚在梧州設立兩廣土膏統稅總局，並制定有關兩廣合辦的章程，從媒體報導的情況來看，該項章程內容較略：「銷售本省土藥，於入境第一釐卡除去箱簍，每百斤再除皮五斤，按淨土徵土稅庫平銀三十兩，膏捐庫平銀七十兩，逐餅黏貼印花，發給執照，註明土斤稅捐及印花數目各若干，以便經過各局卡查驗放行，不再重徵」[1]。由於柯逢時撫桂省時首先舉辦土膏統捐，較有基礎，故該省加入兩廣統捐體系的時間較早，比廣東提前近一年，於一九〇四年一月開辦，而廣東則從一九〇四年十二月才開始辦起[2]。粵桂合辦之後，稅款的分配規則確定為「東六西四」[3]，這與兩湖合辦實行的「溢款均分」制度是有區別的。

改章以後兩省的收入大幅度增加。按照柯逢時後來的統計，兩廣合辦土膏統捐效益大增，「自查光緒三十年十一月初一兩廣合辦之日起，扣至三十二年十月底，劃辦兩年期滿止，東省共徵收統稅銀一百五十四萬一千四百餘兩；又西省自二十九年十二月開辦起，至三十二

---

[1] 〈兩廣合辦土稅膏捐現行章程〉，載《申報》1905 年 7 月 10 日。該項報導屬於事後追補，並非後來才制定。兩廣合辦統捐，兩省執行新稅率的時間不同，廣西較早；在廣東尚未按合辦以後的新章徵稅時，廣西梧州局徵收統捐的範圍，按照兩廣協定，既包括銷往廣西的土藥，也包括銷往廣東的土藥。廣東本省改章較晚，原因則比較複雜，此不展論。

[2] 〈度支部議覆兩廣劃辦土藥請獎摺〉，一檔館：會議政務處檔案全宗，檔案號：187/1123。

[3] 《廣東財政說明書》第 6 卷，〈土藥稅〉。此項比例後來宣統元年底又有改變。

年十月底止,共徵收稅銀一百六十六萬九百餘兩」[1]。度支部後來清理各省財政時,粵省呈報的財政說明書中,關於土膏統捐稅收的數字雖不完整,但大致反映了兩省合辦的成績:

> 綜計兩廣自收土稅兩年,自光緒三十年十一月至光緒三十一年十月,收銀一百九十一萬五千餘兩;光緒三十一年十一月至光緒三十二年十月,收銀八十萬二千餘兩;又兩廣土稅展限劃辦三年,光緒三十二年十月底限滿起扣至宣統元年十月底期滿,第一年收銀六十八萬三千七百三十三兩九錢三分八釐四毫五絲,第二年收銀七十五萬五千五百一十七兩四錢七分六釐,第三年收銀七十六萬五千九百零二兩零零四釐。[2]

謂其不完整,有媒介報導為證。《申報》在一九〇六年三月底報導說「兩廣土膏統捐局將歲收數目具報督憲察核,計自光緒三十年十一月合辦起至三十一年十月底止,東西兩省共收庫平銀一百九十二萬一千四百九十兩零。內東省徵收稅捐,又應收由宜昌局徵收稅捐撥還五成,共銀一百一十四萬九千二百一十餘兩;西省徵收稅捐,又收一六過境稅捐,共銀七十七萬二千二百七十餘兩」[3],該消息訪自廣州,且有關統計數據剛剛作出,不似有誤。

該項統捐稅款對兩省的練兵、賠款和新政極有裨益。廣西對此項收入甚為看重,對合辦以後的成效也較滿意,「土藥稅包商,歲僅三萬六千兩,光緒二十九年設土膏總局,次年兩廣合辦,以收數九十六萬

---

1 〈度支部議覆兩廣劃辦土藥請獎摺〉,一檔館:會議政務處檔案全宗,檔案號:187/1123。
2 《廣東財政說明書》第6卷,〈土藥稅〉。
3 〈土膏捐歲收巨數之可駭〉,載《申報》1906年3月26日。

兩為定額」[1]；就其用途來說，桂撫李經羲認為它可以挹注於本省的善後和賠款、新政等事業[2]。粵省的各項要需也於此項收入有極密切的關係，「廣東財政異常困難，每年不敷三百餘萬，練兵經費、湊還洋款、軍餉、學費（取）資於原有土膏釐稅者居多」[3]。一九〇六年一月份，粵省在籌措解付中央練兵經費時，瞄準了土膏統稅，請求用這項收入來上繳中央：「粵省財力窘急，常年度支不敷三百餘萬，加以廣西用兵兩年，待給東省為數不少，協撥之款日有加增，一切新政非財政莫舉，窘迫情形遠不如秦晉小省。當與司道反覆籌商，惟有土膏統捐一項東省收入尚見起色，即在於奏准留用之土膏統捐項下勉分出銀二十五萬兩，連前認之十五萬兩共四十萬兩，作為廣東省認解練兵經費，於年內解清」[4]。兩廣合辦之後，其稅款收入在本省的財政地位，與兩湖及隨後的四省合辦相比，按理說應該稍有差別，緣其尚有洋藥稅釐，而且洋藥稅釐收入的規模確實比較大。但在實際上，自一八八七年實行洋藥稅釐並徵之後，洋藥稅釐歸中央支配者較多，土藥稅釐收入就顯得彌足重要，與上述幾省相比，的確是不分伯仲。隨後出現的鐵良南下，並由此引發出八省土膏統捐問題，同樣將兩廣和兩湖贛皖等省分置於跟中央對立的地位。

（二）鐵良南巡

鐵良南巡是清末財政史甚至是新政史上一個重要的事件，考察中

1　《廣西財政沿革利弊說明書》第 1 卷，〈總論〉。
2　〈桂撫李奏陳廣西土捐不便歸宜昌統收電稿〉，載《申報》1905 年 5 月 25 日；《桂撫致柯中丞電》，載《申報》1905 年 6 月 10 日。
3　《廣東財政說明書》第 6 卷，〈土藥稅〉。
4　〈練兵處奏為議覆兩廣總督岑春煊奏於土膏統捐項下認解練兵經費摺〉，一檔館：練兵處檔案全宗。

央集權時也是不可繞過的問題，過往論者亦有探論[1]，惜其未能將該事件與八省土膏統捐問題的因緣作一置評，如此，鐵良南下的歷史內涵便不完整。

歷史是因緣湊泊、環環相扣的變化歷程，鐵良所作所為亦事出有因。庚子之年國內變局，列強構釁，中國蒙受恥辱和巨額賠款，一九〇三年日俄交戰，國土遭受外人踐躪，國防空虛等，均是清廷國策轉換的重要契機，新政方針之確立，練兵籌餉之經略無不與此有關。即就練兵而言，清廷頻頻頒佈懿旨、密令及上諭，中心問題就是籌餉練兵。戶部迭次進行開源與節流的討論，財政處、練兵處這些新機構的設立，也無不與此類事項密切關聯。就連慈禧太后的壽辰問題也與練兵問題扯到一起，壽辰之前，所頒懿旨言之鑿鑿：命本年（1904年）壽辰停止筵宴及進獻，值日俄兩國戰事未泯，諸臣當注目於籌餉練兵、興學育才之事[2]。加意練兵實為當下清廷最重要的事項，盛宣懷在京師的眼線報告說：「慈聖對練兵一事非常著急，因籌款事幾至寢食俱廢。所以停止祝壽，所以廷論京外各官竭力裁併，嚴剔州縣中飽。於是又派鐵（良）君赴各省查庫。於是又飭各省無論報效鉅細各款，均歸戶部另存，歸練兵經費」[3]。清末財政擴張，前以籌措庚子賠款為一大轉折，現則以籌備練兵經費為一高潮，諭令各省整頓田房稅契，仿行直隸辦法抽收煙酒稅，整理內務府經費，提取各省陋規，整理川省土藥稅，等等，均屬籌餉要策。袁世凱左右下的練兵處也以極大的精

1　何漢威：〈從清末剛毅、鐵良南巡看中央和地方的財政關係〉，載《中央研究院歷史語言研究所集刊》第68本，第1份，臺北，1997年3月。

2　參閱中國人民大學清史研究所編：《清史編年》第12卷，中國人民大學出版社2000年版，第347頁。

3　陳旭麓等編：《辛亥革命前後——盛宣懷檔案資料選輯之一》，上海人民出版社1979年版，第12頁。實際情況是，壽禮照收，練兵更當措意（見該書19頁）。

力介入各省的財政事宜，它與戶部及新設立的財政處時常聯袂審理有關稅釐撥解一類的事項，甚至連十萬兩也要考慮[1]。各省面對中央的練兵派款惶惶不安，滯留京師的張之洞發給端方的密電說「練兵處派各省餉款九百六十萬，駭人聽聞，眾論皆不以為然」，端方也驚詫不已，怨言連連：「近日練兵處飭各省籌巨款，並提各省優缺優差及煙酒等稅，今承密示，尤切悚駭。方今天下商民疲睏，人心渙散，償款萬難久支，豈可再滋擾累？」[2]外人注意到，兩江、湖廣和閩浙三總督聯袂合奏，抱怨中央練兵經費的籌集方案[3]。民間言論也對此種搜刮和集權傾向頗有微詞，《中外日報》、《時報》、《順天時報》、《大公報》等媒體的批評言論迭見報端，並經常被剛剛創刊的《東方雜誌》所轉載，形成一定的民意趨向。即使如此，練兵國策已定，礙難更改。鐵良南巡即是搜求練兵經費、擴張中央財政的一步險棋。

鐵良，字寶臣，滿洲鑲白旗人。根據美國駐南京副領事 W. T.

1　《清末民初政情內幕》（上），448～449頁，上海，知識出版社，1986。振興工商屬於新政之要策，但與練兵籌款緩急有別，在籌款高潮期間，農工商部也不得不報效庫平銀一萬兩，以求向外務部和戶部看齊。見〈農工商部奏為擬請報效練兵處經費銀兩摺〉，一檔館：農工商部檔案全宗；練兵處與直隸袁世凱的緊密利益聯繫，外人 Stephen R，Mackinnon 有所研究，見其論著 *Power and Politics in Late Imperial China: Yuan ShiKai in Beijing and Tianjin*（Berkeley, Los Angeles & London: University of California Press, 1980），該文認為，「在供應新增軍隊軍餉方面，只有直隸總督袁（世凱）得到練兵處的援助」，見該文第108頁。

2　〈致武昌端署制臺〉，《張之洞全集》第258卷，〈電牘〉89，第9118頁。這兩封密電均透露京師言官激烈地反對練兵派款的方案，張之洞說，「此事樞府及外廷人人皆痛言其謬，言官諫阻者五人，語皆悚切」，「然眾言官已直言之矣，京師大小臣工皆以此為憂，專望外省匡救。仁和素緘默，此次亦向邸力爭」，見該書第9121、9125～9126頁。

3　此消息見諸於《泰晤士報》（*Times*），此轉見 Stephen R. Mackinnon 前揭文，第110頁。張之洞的應對方案是「外省但就此次戶部奏各條，量力籌辦，即可交卷，至前案以緩復為妥，切切。此眾要人屢次面言者也。總之，本初乃是借俄事而練兵，借練兵而攬權，此外流弊，不敢盡言」，《張之洞全集》，第9125頁。

Gracey 的觀察，鐵良是一位能幹、頭腦清楚、聰明敏銳、性格果斷的強勢官員[1]。在中央大練新軍的國策確定以後，鐵良的仕途扶搖直上，聖眷優隆，一九〇三年五月二十七日戶部改組，擢那桐為尚書，鐵良升任侍郎；五個月後練兵處設立，奕劻為總理，袁世凱擢為會辦，而鐵良則居於襄同辦理的地位[2]，其職責主要是參與擬訂練兵方案，並籌措經費以供中央練兵之用。鐵良南下的使命為何？據一九〇四年七月十七日諭旨云：

> 前據張之洞等奏江南製造局移建新廠一摺。製造局廠關係緊要，究竟應否移建，地方是否合宜，槍炮諸制若何盡利？著派鐵良前往各該處詳細考求，通盤籌畫，據實復奏。並順道將各該省進出款項，及各司庫局所利弊，逐一查明，並行具奏……該侍郎務須破除情面，實力辦理，以副委任。[3]

看來鐵良負有兩項使命，但主次有別，按諭旨的字面意思，主要使命是考察移建新廠問題，而考察各省「財政利弊」則屬於「順道」，充其量算是次要使命。陛辭請訓時，考察新廠與清查財政孰輕孰重，慈禧必有交代，鐵良對內意心領神會，然後開始南巡。一九〇四年八月二十日離京，取道天津，乘輪南下，於二十八日到達上海，一直呆到九月十五日之前；九月十五日至十月五日赴蘇州清查財政，然後返回上海巡閱砲臺和部隊；十月二十一日至十一月二十九日逗留南京，

---

1 轉引自何漢威前揭文，第 100 頁註釋。
2 《清史編年》第 12 卷，第 311、326 頁。
3 《清史編年》第 12 卷，第 350 頁；《德宗實錄》卷 532，第 5 頁；張之洞的移廠計劃詳見〈會籌江南製造局移建新廠辦法摺〉，《張文襄公全集》第 62 卷，臺北文海出版社 1963 年據北平楚學精廬 1937 年藏版影印，第 2～18 頁。

之後赴安徽蕪湖等地；十二月二十八日至武昌，三十一日赴湖南考查新廠設址；一九〇五年一月中旬由湖南返回武昌，觀看兵操和學堂等；新年之後返京復命。[1]

南方省分對鐵良此行極為緊張。以張之洞為例，在鐵良離京六天之後，便急電戶部新任尚書趙爾巽，探聽鐵良南來籌款的數量和指標[2]；八月三十日，急電端方，請其探聽鐵良對湖北的意圖[3]。而且湖北方面還注意到清廷密遣良弼微服前來，以配合鐵良的行動，志在必得巨款。張氏不敢怠慢，立即作出舉動，「遂照練兵處原奏解足五十萬；又遵旨就冗員糜費儘力節裁，認解三萬兩；又率司道廳府州縣報效五萬兩，聽候部撥」[4]。媒介即評論說，張之洞預備好現成的捐獻報銷，以避開中央政府的糾纏，也同時躲開鐵良咄咄逼人的攫取態勢。[5]

湖北力圖避開中央搜刮的計劃不幸落空了，極難預料的一件事使得張之洞、岑春煊、李經羲等地方督撫措手不及。鐵良瞄上了數省聯辦土膏統捐的地方利益領地。此舉的直接起因，據鐵良於十二月十四日的奏摺稱，係其「博訪周咨」「細心探討」的結果。如何訪求，訪求

---

1 《北華捷報》等英文媒介對鐵良之行的報導較為詳細，此處參考 North China Herald and Supreme Court and Consular Gazette，26/81904，P.471；16/9/1904，P.641；7/10/1904，P.811；21/21/904，P.1247；North China Daily News，12/10/1904，P.5；14/10/1904，P.5；15/10/1904，P5，轉見何漢威前揭文第 95 頁；《張文襄公（之洞）年譜》，第 229 頁；朱彭壽：《舊典備徵\安樂康平室隨筆》，第 188 頁；馮恕：《皇清誥授光祿大夫建威將軍前江寧將軍予謚「莊靖」滿洲穆爾察公墓誌銘》搨本，中國社科院《近代史資料》編輯部主編：《民國人物碑傳集》，四川人民出版社 1997 年版；錢實甫編：《清代職官年表》第四冊，中華書局 1980 年版，第 3284 頁。
2 〈致京化石橋吏部張玉書譯出轉送署戶部大堂趙尚書〉，《張之洞全集》，電牘 90，第 9187 頁。
3 〈致蘇州端撫臺〉，《張文襄公全集》第 190 卷，電牘 69，第 17 頁。
4 《張文襄公（之洞）年譜》，第 224～225 頁。
5 〈湖北〉，載《警鐘日報》1904 年 9 月 7 日，第 215 號。

誰人的確是一個祕密。奏摺中鐵良稱其諮詢的官員僅僅是孫廷林，「總局辦理補用道孫廷林頗著能聲，素為湖廣總督臣張之洞、巡撫現署兩江督臣端方所倚任。因電調來寧，面加詢問」。孫廷林到達南京後，給鐵良帶來了什麼信息？鐵良的敘述是：

> 據稱，雲南、貴州、四川土藥行銷各省為一大宗，而宜昌實為商運扼要之地。前由兩湖合力於宜昌設立捐局，抽收土膏統捐，繼又並江西、安徽兩省，合辦創設以來，比較各省分辦之時溢收甚巨等語。[1]

上述言論並非秘不示人，關鍵問題有兩個，首先是鐵良除了關注湘鄂皖贛四省統捐的巨大成效以外，卻將聯辦統捐的範圍擴大到兩廣和蘇閩四省，這一主意是誰首先給他建議的？孫廷林「頗著能聲」，素為張、端所倚任這一信息由誰人告之於鐵良？孫氏本人不大可能這樣毛遂自薦。且看奏摺中的用語：「竊思四省合辦既有成效可觀，至兩廣蘇閩亦係雲貴川土行銷所及之地，若任由各省分辦，恐沿途偷漏，散漫無稽，倘能合八省為一，收數必當有效。當與該員商度八省合辦之法，就原定章程酌加⋯⋯」的確，由奏摺表面意思而言，鐵良與孫廷林在南京協商過八省統捐的舉辦方案，應屬無疑。當時就有媒介報導說，八省土膏的建議就是出自孫廷林，張之洞被激怒，藉此要將其參劾，且看《申報》對此事的報導原文：

---

1 〈欽差大臣鐵奏請試辦八省土膏統捐並派員經理情形摺〉，載《政藝通報》，光緒乙巳（1905 年），〈政書通緝〉第 1 卷，第 4 頁；亦見〈欽差大臣鐵侍郎良奏請試辦八省土膏統捐並派員經理情形摺〉，載《申報》1905 年 1 月 26 日。著重號係筆者所加。

> 八省土膏統捐之議創自孫廷林，因之見惡於張督。聞官場人云，孫前辦川鹽督銷局，收支數目較前辦委員成本既富而收數反少，業經張督飭查。孫彌縫不得，懼不稟覆，後有人為之借箸始潦草塞責。然張督益怒其欺，聞擬專折奏參云。[1]

並且，還有一則材料也證明是孫廷林出賣了四省合辦統捐的利益，亦屬言之鑿鑿，這就是胡鈞所著《張文襄公（之洞）年譜》的說法：「湖北道員孫廷林建議於欽差大臣鐵良……」[2]。這些材料具有足夠的證明力量，但卻不能夠說明鐵良首先從何人那裡探聽到四省統捐的祕密。這就引發出第二個問題：誰走在了孫廷林前面？有關史實證明，鐵良不會在滯留武漢期間得知這一祕密。赴湖北前，鐵良接到清廷不必清查他省款項的諭旨[3]，故其未對湖北的財政進行盤查。深入一步考證，鐵良的奏稿是在十二月十四日上達清廷的，此時他赴湖北的計劃尚未成行。問題出在他在江蘇、上海、南京等地期間。

好在鐵良此行，有關報刊極為關注，許多與鐵良有關的消息見諸報端。仔細排檢有關媒介的報導後可以發現，確有一人向鐵良提供了關鍵的消息，此人就是瑞澂。此事過去將近一年時，《申報》才有如下報導：「八省膏捐之說，創於調任九江道瑞澂，而成之於鐵良……」[4]

---

[1] 〈孫廷林見惡於鄂督〉，載《申報》1905年5月15日。

[2] 《張文襄公（之洞）年譜》，第229頁。

[3] 鐵良在江蘇期間，巡撫端方與其發生爭執，端方認為鐵良如此搜刮，如果蘇省發生意外，費用將安出？〈紀鐵侍郎在蘇籌款事〉，載《大公報》1904年10月18日。由於端方等人的抗議，1904年11月清廷給他發來諭旨：「該侍郎行抵江南……仍將經過地方營務留心查看，至各省司庫局所一切款目，毋庸調查，著即責成該省督撫認真整頓」，該諭旨與鐵良在京時接受的任務相互矛盾，可見各省反對之激烈，見《德宗實錄》卷536，第12頁，光緒三十年冬十月丙寅（1904年11月28日）；鐵良在湖北並未介入該省的財政，見《張文襄公（之洞）年譜》，第229頁。

[4] 〈某督擬約各督撫合劾膏捐督辦〉，載《申報》1905年11月17日。

該項報導的時間較為特別,距離鐵良南下事件已經久遠,真相極有可能浮出水面。鐵良南巡發現四省膏捐的祕密,表面看似屬意外,實則必然。其一,張之洞早先用土膏稅捐作湖北槍炮廠經費,端方奏將兩省合辦土膏統捐的盈餘稅款作新廠經費等,都是經練兵處與戶部等審核的問題,鐵良作為戶部侍郎和練兵處大臣豈能不知?此次南下考察的重要使命即為軍事工業而來,湖北槍炮廠、上海製造總局的情況他當然要詢及經費問題,因之,四省合辦土膏統捐的效益問題遲早要暴露;其二,瑞澂任職九江道之後,正好供職於上海,此正處於鐵良考察和搜刮的範圍之內,江南製造總局經費事宜、上海地區的財政,甚至周邊省分的財政(包括土膏統捐的成效等)問題,瑞澂並非一無所知[1],片言隻語之間,鐵良即可會意神領,電令孫廷林前來詢問即是順理成章的事情;其三,孫廷林的責任在於應鐵良之令前來南京匯報情況,將兩省、四省合辦的具體問題(包括合辦的巨大成效)和盤托出,進而引起鐵良的興趣,然後兩人協商討論如何舉辦八省膏捐的問題。由於《申報》的報導極為簡單,遺留的關鍵史料未能寓目,欲理清此事之頭緒,誠為難事。如上探論,僅為篆測,可靠詳確的論證仍留待後來。

---

[1] 據筆者掌握的資料,瑞澂在庚子年之後外放的第一個官職是九江道,在九江道任內,張之洞運作的湘鄂贛皖四省合辦土膏統捐已經見效,兩廣地區的土膏統捐也已開始,瑞澂作為江西九江道應知曉此事;其後不久就由九江道任移任上海道,《清史稿》列傳及《清代重要職官表》等官書對瑞澂這段履歷有所記載。有人參考上述官書以及許雲撰《訪辛亥年湖廣總督瑞澂的夫人》等材料,認為庚子年以後瑞澂的經歷如下「二十六年,庚子之役,聯軍入京,組法庭於順天,推為臨時地方審判官,後出為九江道,有治聲;移上海道,滬地交涉繁,瑞澂應付縝密,頗負持正名,尤專意警政,中外交誦其能」,見劉紹唐主編:《民國人物小傳‧瑞澂》,載《傳記文學》,第40卷,第4期。這段記載說明,瑞澂在上海和九江均有不凡政績,瑞澂有條件和可能向鐵良建議舉辦八省土膏統捐的事情,在何處提供這種建議,提供的信息途徑是什麼,限於資料條件,這是本書目前無法解決的。

如此，孫廷林的「罪責」即可獲得部分開脫，一九〇五年六月份以後他也才有可能出任宜昌總局總辦一職[1]。此類事項關係到本省的巨大利益，有關各省當然極為關注，各督撫的眼線拚力搜尋，事情的真相終於大白。

對鐵良上奏內容的理解，當然要結合他此行之目的來看。鐵良南下旨在籌款練兵，這一點人所共知。何漢威一文的結論是鐵良奉使南下「厥為短期性的財政擴張」，「整體來說，剛毅和鐵良南巡對有關省分財務的影響，相當有限」[2]。該論點是基於作者考察的特定範圍而言，擴大這一範圍，將南巡與八省土膏統捐一事相聯繫，結論便截然不同，恰恰相反，鐵良南巡行動的結果對南方八省，尤其是兩湖地區、安徽、江西等省分的財政影響是長期性的。按：鐵良關於八省統捐的奏章儘管貫以「試辦一年」的彈性限制，實際上，不僅是「試辦」，次年即果斷地推廣至各省，時間也突破一年的限制，從一九〇五年直至一九一一年，長達六年多；財政搜刮的效益之大是鐵良本人、戶部、財政處以及練兵處當初始料未及的，以至於後來的度支部在禁煙形勢高漲的情況下，仍堅決捍衛土藥統稅的巨大利益。當然，這一切結果的出現首先應該從推求鐵良上奏內容中來瞭解。

該奏摺的核心內容在於鐵良對稅收盈餘分配方法的建議，也就是有關省分與中央部門分別占有的稅收利益。鐵摺建議說：

---

1 〈孫廷林得辦宜昌土膏統捐〉，載《申報》，1905 年 6 月 16 日。孫、柯二人早先即有結納，兩人關係非淺，據《清史編年》（第 12 卷）記載，1903 年 4 月份孫廷林為湖北候補道，護理江西巡撫柯逢時委任其為景德鎮瓷器公司總辦（見該書第 308 頁）。故柯氏甫任督辦土藥統捐大臣即展開運動，為孫廷林解困開脫，土膏統捐局差事權力巨大，有黜陟分局委員之權，結果孫廷林又如願以償。

2 何漢威一文主要側重在鐵良考察蘇州、上海、南京等地的財政問題。何漢威前揭文，第 103、106 頁。

此項收款均照（光緒）二十九年收數作為各省定額，由宜局合收分解，溢收之數零（另）款存儲，聽候撥用。如此，則商民可免沿途苛累，於各省進項亦復無損絲毫，而國家有此進款似於大局不無裨益……此項土膏統捐創始於鄂，本為鄂省攤派賠款之用，間有盈餘，亦俱撥作兵工廠常年經費，出入皆有定數。所有湖北本省擬收之數應請概予免提，以重武備而示區別。俟辦有端倪，再將豫陝徐淮等處土膏分別釐定次序，次第舉行。[1]

此中關節較多，且均可引致爭議。例如，分配給有關省分的稅款數額是一個確定不變的恆值，它以光緒二十九年的收入為基數。就這一年來說，有關省分或者甫經創辦（例如湘鄂贛皖四省，廣西剛創辦一個月不到），或者概未創辦（例如蘇閩粵等省），此項統捐是對土藥和土膏事先徵收的稅釐，且在合辦前提下才可產生顯效。原來各省窮盡心力迭加整頓，但收效不大，有的甫經見效，巨大的潛力尚待發掘，以初辦時期的收入水平作為撥款基數，自然會導致中央與地方的衝突；至於聲稱「於各省進項亦復無損絲毫」，純屬臆測或別有用心，聯繫到中央不斷集權的趨勢，欲藉八省土膏統捐搜括地方財源的用心便不難理解。再如，「國家得此進款似於大局不無裨益」，這項進款的

1　〈欽差大臣鐵奏請試辦八省土膏統捐並派員經理情形摺〉，載《政藝通報》，光緒乙巳，〈政書通緝〉，第 1 卷，第 4 頁；亦見〈欽差大臣鐵侍郎良奏請試辦八省土膏統捐並派員經理情形摺〉，載《申報》1905 年 1 月 26 日。《東方雜誌》第二年第一期所載此摺的用語與《政藝通報》所刊有所不同，前者所用標題為〈練兵大臣兵部侍郎鐵奏請試辦八省土膏統捐並派員經理情形摺〉，且內中有這樣一句話為後者所無：「其餘溢收之數均著另儲候解，專作練兵經費之款，不得挪移。」查戶部和財政處的會奏議復摺件，確有此語，媒介刊布疆臣奏摺時多有不甚完整者，須相互參見，方可斷論。

規模和數量，柯逢時有所預計，即豐年銀二百萬兩，歉歲則可能不及此數[1]。事實上這一預計大大低估了合辦統捐的成效，實際收入超過其預計的數倍。這一點各有關省分理應知之甚詳，根據以往合辦統捐的經驗，也可預計出收入的廣闊前景，將如此巨額的地方稅釐收歸中央作練兵經費，在袁世凱控制練兵處以及其他關鍵部門的前提下，此項大宗進款必然對袁氏攬權、內外爭雄有極大作用[2]。這也極難為南方督撫所認可，張之洞、岑春煊等尤不謂然[3]。深入一步，各省財政均遭此大難，抵制中央關於八省統捐決斷的局面也就自然會出現，鐵良南巡所造成的軒然大波終於使得這項政策未能照原來預計的方案全盤實施，各省的籌畫和抵制呈現多種形式，利益之爭的結果自然各有差別。

（三）明爭與暗對

鐵折入奏，京師的反響如何？就在鐵良返京之前，他於年前十二月十四日入奏的八省土膏統捐一折兩日後即有結果，硃批：財政處、戶部知道。兩部門閱看此摺後，在研究討論議覆奏摺時，由於該折涉

---

1 〈督辦土藥統稅大臣柯奏試辦八省土膏統捐並開辦日期摺〉，載《東方雜誌》第 2 年第 10 期，1905 年 11 月 21 日。
2 據 Stephen R. Mackinnon 研究，練兵處等機構的設置，是要把人和財從其他各省導引至中央所在的直隸的一個舉措和藉口，見 Stephen R.Mackinnon 前揭文，109 頁；何漢威前揭文亦指出，練兵處的組織多仿照袁世凱的軍事施政而建構，練兵處的成員多來源於袁世凱經營的體系，有些媒介言論對鐵良南巡的目的，即稱其抽南方之財練北方之軍。張之洞在京時對此已洞見無餘，見《張之洞全集》第 258 卷，「電牘」89，第 9118～9119，9125～9126 各頁。
3 在各省反擊的運作中，張之洞實屬督撫陣營中的殿軍，這不單是湖北省歲失巨款一因，溯源求解，尚有更深入的隱情，陳夔龍著《夢蕉亭雜記》所言亦道破天機，「癸卯張文襄內招，兩宮擬令入輔，卒為項城所擯，竟以私交某協揆代之，文襄鬱鬱，仍回鄂督任」，可為一語中的，誠為確論。見《夢蕉亭雜記》第 2 卷，上海古籍書店 1983 年版，第 26 頁。

及到練兵經費的問題，練兵處大臣亦得知並介入此事[1]，從而發現了這一籌款方案的巨大潛力，極力主張盡速辦理。春節前後軍機處便速發廷寄一道，對鐵良此項建議褒獎有加：「土藥稅捐統歸一處抽收，既為商民省累，又於進款加增，著財政處、戶部即行切實舉辦，其統捐收數除按各省定額仍照舊撥給應用外，其餘溢收之數均著另儲候解，專作練兵經費的款，不得挪移。至此項統捐應如何遴派妥員統籌辦法，期於推行盡利之處，並著財政處、戶部會商各該省督撫，從速詳定章程奏明辦理。」[2]這一廷寄藉著八省統捐籌措巨額軍費的迫切願望於此可見，當然，儘快控制此項稅款的意圖亦暗含其中。內意要求速辦此事，而財政處與戶部的運作卻長達數月，與各省的溝通和協商頗費時日，極不順利。兩部門均稱「當經通行各該省督撫遵照，並令迅速咨復。迄今數月，復到者尚屬寥寥」，各省對此冷淡處理，不得不使兩部門壓力增大，大宗稅款稍縱即逝，「查川漢等處土藥□運均在七、八月間，故稅捐以秋季為最旺，若非速定章程，及時開辦，則本年收項大宗既去，尾數無多」[3]。在這種情況下，財政處與戶部毅然擬稿入奏，強行決定年內舉辦。

此間，有關省分正在謀求對策。八省統捐直接或間接涉及的省分主要有兩類，一是土藥消費數額巨大、稅收利益較大的省分，如湖北、廣東、廣西和安徽等省，二是鴉片主產區省分，主要是西南地區

---

[1] 雖然上諭要求由財政處和戶部來專門辦理此事，但一檔館存檔的各類全宗中，練兵處檔案中卻有關於八省土膏統捐討論的摺件，其內容與對外刊發的稍有區別。

[2] 〈欽差大臣鐵奏擬請試辦八省土膏統捐並派員經理情形折並廷寄一道〉，載《大公報》1905 年 2 月 9 日。

[3] 〈財政處、戶部會奏遵旨籌議八省土膏統捐請派大員管理剋期開辦摺〉，載《申報》1905 年 4 月 18 日；《財政處、戶部會奏遵旨籌議八省土膏統捐請派大員管理摺》，載《東方雜誌》第 2 年第 7 期，1905 年 8 月 25 日。

的四川、雲南、貴州等省,當然,在謀劃抵制的過程中,其他省分亦有所舉措。

　　湖北省的反擊和抵制尤具代表。鐵折提出在較大範圍內舉辦土膏統捐的問題,早在去年(1904年)九月份,就被該省所否決。首先,對中央控制各省財權的企圖,張之洞堅決抵制。清廷諭令鐵良南下後不久,張氏在祝賀趙爾巽升任戶部尚書的電文中表示,在各省籌款問題上,督撫應有自主權,反對有人駕控,「尊意既令鄙人籌款,則請責成鄙人獨辦,必能仰副宸廑,若有人掣肘則難矣」[1]。其次,對戶部嘗試舉辦全國土膏統捐的意圖,張氏也暗相排拒。鐵良南巡期間,趙爾巽曾與張之洞商度全國舉辦土膏統捐的問題,遭到後者力阻,張氏極力強調舉辦的難度,其回電說:「尊意通國辦土膏一節,尚望熟思詳酌。緝私萬難,擾民太甚。前兩年,朱道創此議,鄙人集眾官籌議兩個月,實無辦法。商、民憤怨愁嘆,乃改為就土徵膏,即現在辦法也。請細詢鄂省官即知。總懇盡籌,層層想到方可舉行。」[2]但是,趙爾巽畢竟是剛從湖南巡撫任上擢為戶部尚書,儘管他對兩湖統捐問題瞭如指掌,但對四省合辦統捐的詳情卻不知悉,當他詢問此事時,張之洞的答覆亦很簡略[3]。

　　軍機處關於土膏統捐的廷寄下達之後,財政處、戶部即行準備與各省協商,並擬定了調查的主要省分,於一九〇四年十二月三十日用兵部火票迅即傳達到有關省分。兩部門所列的調查對象主要有:兩江、湖廣、閩浙、兩廣四位總督,江蘇、江西、安徽、湖南、廣東、

---

[1] 〈致京化石橋吏部張玉書譯出轉送署戶部大堂趙尚書〉,《張之洞全集》,〈電牘〉90,第9187頁。

[2] 〈致京戶部趙尚書〉,《張之洞全集》,〈電牘〉90,第9194頁。

[3] 〈致京戶部〉,《張之洞全集》,〈電牘〉90,第9209頁。由於鐵良介入這一問題且在短期內即有奏議,這與趙爾巽關注的時間距離較近,兩者之間是否有某種機緣,限於史料目前尚無法確斷。

廣西六位巡撫。調查的核心內容並非是否舉辦八省統捐，而是遴派督辦大臣與舉辦細節的籌劃等問題。[1]至此，湖北等有關省分才知道鐵良之奏與清廷命意，內意且要鄂省參與籌辦。

湖北省擬定了八省統捐舉辦對本省財政有可能產生影響的有關問題，張之洞要求下屬必須調查如下事項：

1. 土膏抽收統捐一項，兩廣如何抽收？
2. 究竟改辦八省統捐以後，總共實有溢收若干？
3. 確核經過鄂境土藥數目，行銷外省道路；銷兩廣者共有若干？銷蘇閩者共有若干？
4. 假如繞越陝、豫、貴州等處，有何防範堵截之法？
5. 於鄂省釐、款、捐及兩次奉旨允准捐款溢收留充兵工廠添撥制械用費之款有何妨礙？
6. 以後各州縣及各局卡查緝私土應秉承何處文札？於吏治民生有無窒礙？應如何統籌辦法期於妥善之處？[2]

張之洞對本省的調查是基於做到心中有數，以便確切地評估湖北省在八省統捐推行後所遭受的影響，並非立即響應中央的部署，他要觀看其他省分的舉動。第二年春天，湖北方面即開始就土膏統捐一事與江寧、蘇州、廣州等有關督撫進行聯絡，表面上是遵內意籌辦，襄助財政處和戶部，但函電交馳之內，卻是聲應氣求，共謀對策。

湖北方面對八省土膏統捐一事的氣憤甚至痛恨可想而知。張之洞

1　〈湖廣總督張宮保遵飭查核改辦八省土膏統捐札文〉，載《申報》1905 年 1 月 21 日。按：湖北省巡撫此前剛被裁撤，江蘇與江淮分治亦於醞釀中，且有爭議。

2　同上。張之洞要求參與調查的機構有：湖北布政使司、按察使司、鹽法道、江漢關、宜昌道、善後局、牙釐局和宜昌土膏局等。

在與有關督撫的函電往返中，對最初的獻策者揶揄嘲諷說「八省統辦膏捐，當時獻策者其意只圖見好幹進，不顧各省利害，並不顧自己能否踐言做到。此人向來行徑，江、皖必知其詳」，「上年鄂與皖、贛商辦四省統捐，本係試辦，一年後再定。乃獻策者忽然發此大難，竟欲辦八省統捐。其人素行，皖所深知」[1]。湖北省的擔心全在財政一項，四省合辦時，歲收巨額稅款，賠款與兵工廠經費均有著落，其他省分亦不吃虧；現在推行膏稅新章，中央意在籌措巨款，外銷必然銳減，內銷定會收緊，張之洞的擔心自有其理：「鄂省去年試辦四省統捐，歲收甚巨。今於贛於湘，凡溢收者統歸於內，鄂約歲失的款六七十萬兩」，「至皖土則全行繞越，鄂既無所增收，皖轉失所固有」，「內意此舉責成鄂省籌辦，不惟頭緒紛繁，毫無把握，且預徵極重捐款於數千里上游之地、商貨未銷之時，苟可規避，繞越必多。不惟統捐必不能如願網羅，坐享巨利，恐湖北本省舊有宜昌關稅必然銳減，向來解款，取之何處？」[2]

解款、賠款、練兵和兵工廠等費用確為湖北省財政支出之要項，中央通過八省土膏統捐名義對各省的財權驟行收緊，湖北每年流失七十萬兩（銀）[3]，竭蹶立現，如何從中央手中爭取部分外銷，以求補苴

1　〈致江寧周制臺、蘇州效護院、廣州岑制臺、張撫臺〉，〈致安慶誠撫臺〉，《張之洞全集》第261卷，〈電牘〉92，第9288、9295頁。

2　同上。除了財政本身的原因，張之洞反對舉辦八省統捐是否還有其他原因？聯繫到兵工廠的擴廠經費問題，張之洞不能無慮，袁世凱挾持之下的練兵處對設立北廠較為積極，八省土膏統捐與此有直接的關係，如何對三廠的經費進行合理的配置，一直是張與中央分歧的重要問題。極力反對八省膏捐或許也與此事有關。

3　《張文襄公（之洞）年譜》，第229頁。張之洞在1907年時稱，湖北銅元減鑄及膏捐改章兩項，大宗來源驟短三百萬；各省財權流失的原因，張之洞毫不猶豫地歸結於剛毅、鐵良南下，柯逢時督辦膏捐，陳璧考察銅元等。見〈湖北財政困難〉，載《大公報》1907年3月13日；〈張香帥電陳財政情形〉，載《大公報》1907年6月22日。

是湖北上下探討的問題，但是爭款無名也確實使張之洞甚感憂慮，他傳令下屬將出入款目預算列表，能減則減；對各州縣的平餘銀兩進行調查，將騰出的款項用於本省練兵（中央給湖北省的任務是練足兩鎮之兵）。然而，清查過後，所得款項極少，不得不仍在八省膏捐問題上想辦法[1]。報界人士對中央此舉頗有非議，在連篇累牘報導湖北省籌款動態的時候，對張之洞的做法也表示同情，頗中肯綮的評論迭見報端。在上述報導篇末，記者作了一個評論，其傾向性已很明顯，「記者按：創辦膏捐者張香帥也。原意專備湖北重需的款，今政府改為八省統捐，第集政權、□權於中央，而絕不瞻顧各省之需用，此中國政府之大病也。然香帥之設法酌提，其為公為私非記者所能擬議矣」。不僅如此，該報尚發表「論說」，指責八省統捐與練兵新政的矛盾是顧此失彼，剜肉補瘡：「是統捐之設為練兵而設也，然則當局者必望收數愈多則練兵之費愈充。豈知練兵之費愈充而國民愈弱乎？收數愈多則吸菸者愈眾，吸菸者愈眾則人種愈弱，人種愈弱則兵氣愈不振，豈非膏捐與練兵適相反對之時歟？」[2]八省土膏統捐之舉措，報界與督撫的反對儘管立論有別，但它與各省的抵制行動適成同盟。

看來，直接向中央爭款談何容易！師出無名，苦無藉口此其一，鐵良之奏已將鄂省撥解之款另案處理，尤加惠顧，張之洞自無話說；申明八省舉辦，效果未必俱佳，樞府自無人信其判斷。權衡之下，張之洞只有一策，即由湖北方面保舉督辦土膏統捐大臣由中央任命，並在實質上聽命於自己，以求捍衛地方利益，並可時時窺測內意，此舉做到，自然可以將前述中央財政集權傾向暗暗化消，用心可謂良苦。關於督辦土膏統捐大臣的人選，有一人較為適宜，他就是即將赴任黔

1　〈督鄂擬挽回膏捐〉，載《申報》1905 年 5 月 5 日；〈土膏統捐之影響〉，載《申報》1905 年 5 月 11 日。

2　〈論八省土膏統捐事〉，載《申報》1905 年 4 月 19 日。

撫的柯逢時。

柯逢時，字遜庵，湖北武昌人，一八八三年進士。科考時張之洞為其受知師，自然是張氏門生，後來延入張幕，職責為文案、對摺，既然屬於門生，柯當終生執弟子禮。降及晚清，無論文苑或官界多盛行「拜門」結納之風，張與柯的師生之誼一般人確不可比[1]。柯逢時官拜戶部侍郎以及外放至江西為巡撫，擠入地方疆臣大吏行列，應與張之洞的影響有關。這是張之洞選擇柯逢時的一個重要前提；但更關鍵的理由是一九〇三年四月柯逢時撫贛時，首創百貨統捐，規定「凡已經捐納貨物，黏貼印花，經過下卡，只許查驗，不許補抽」，商民稱便，收效極佳，清廷令各省推廣，剔除中飽，以期裕課恤商，故言辦百貨統捐者實以江西省為篡輿[2]。值此練兵籌款之時，八省統捐如何出色創辦實為篡緣登進的臺階，百貨統捐與土膏統捐原本並無二致，保舉柯逢時理由充足。孫廷林雖然對土膏統捐尚稱熟稔，但當時去之尚不解恨，遑論保舉。在張之洞看來，督辦膏捐一職只有柯逢時足以擔當。從中央一側來看，財政處和戶部醞釀期間，並未見合適的人選，鐵良推薦的孫廷林資歷尚淺，難以統攝大局。上下交通之後，柯氏入選自在張之洞意料之中，媒介的報道亦可為證：

> 本任貴州巡撫柯中丞逢時日前奉電旨，派為督辦八省土膏統捐大臣。因財政處、戶部覆奏八省統捐時，適鄂督張香帥有專折

---

[1] 中國社科院近代史所藏：〈張之洞緊要摺稿〉；第一歷史檔案館編：《清代職官履歷全編》，華東師大出版社1997年版，此轉引自歐陽紅：《張之洞幕府研究》，碩士學位論文，中山大學歷史系，2001年，第8、64頁。對於拜認門生，1906年3月初，某侍御曾有封奏要求禁止此風，以杜植黨營私之弊，但風氣已成，改之極難。載《大公報》1906年3月3日。

[2] 〈西全省財政說明書〉，〈歲入部·統稅〉，第1～3頁；《光緒朝東華錄》，第5012頁；《清史編年》第12卷，第306頁。

陳奏，謂八省膏捐事務繁要，僅派道員孫廷林總辦其事恐不足勝任，必得欽派大員駐紮八省適中地方。因保舉柯中丞辦事認真，且統捐辦法原為該撫所創，應請簡派為督辦大臣，暫令緩赴黔任等語，朝廷遂有是命。[1]

柯逢時雖覺該職為肥缺，但卻是上下矛盾的樞紐，處理棘手，且易叢怨，後聞言此職位充其量是政府中的無聊官職，也就打算具疏辭去該職[2]。但是廷寄不允，飭其力任其難，以圖報效[3]。廷寄未到之前，柯逢時已經於一九〇五年四月六日來到武昌，張之洞得悉，立即派人迎接，並約其夜間在官署密談[4]。在張之洞的操持和影響下，柯逢時確定了八省統捐的機構及辦公處所，並就有關省分的土膏徵收等問題展開調查，並為確定稅率、各省撥款定額等問題進行準備。[5]

---

[1] 〈柯中丞督辦八省膏捐之原因〉，載《申報》1905年4月26日。亦有一說，謂柯逢時得到督辦八省土膏統捐大臣一職係端方和鐵良密保，此恐訪事員之推測，非證實性報導，此備一說，以作參考，見〈柯中丞又萌退志〉，載《申報》1905年6月18日。

[2] 〈柯中丞擬辭督辦膏捐〉，載《申報》1905年5月4日。其實，鴉片稅官並非「無聊職位」，而是肥缺，時人賦詩曰「昔年禁鴉片，土貴黃金賤，去年稅洋藥，民苦官更樂。千取百，萬取千，朝廷歲所入，寧是夷人錢？重日稅，輕日釐，府庫日以瘠，囊橐日以肥，坐關之吏肥如牛」，見朱維幹：《福建史稿》（下冊），轉見王金香前揭文。

[3] 〈柯撫辭辦膏捐差未允〉，載《申報》1905年5月28日。

[4] 〈柯中丞抵鄂〉，載《申報》1905年5月10日。

[5] 〈八省膏捐定設三大卡〉，載《申報》1905年5月16日；〈鄂省膏捐總局將次開辦〉，載《申報》1905年6月3日；〈飭造土膏統捐清冊〉，載《申報》1905年6月10日；〈柯中丞致軍機處電〉，載《申報》1905年6月12日；〈柯逢時奏設土膏統捐設局事宜〉，載《申報》1905年6月27日；〈蕪湖道辦理皖省膏捐〉，載《申報》1905年7月16日；〈八省土膏統捐局落成〉，載《申報》1905年7月31日；〈派呂承瀚為八省膏捐總文案〉，載《申報》1905年8月31日；〈財政處咨查鄂省提撥土膏捐實數〉，載《申報》1905年12月31日。

柯逢時的準備工作並不順利，中央的意圖與各省的壓力均需兼顧，地方省分抵制中央財政攫取的趨向已經比較明顯，柯氏間處其中，處境之難概可想見。正在其著手準備八省統捐問題的前後，廣東的岑春煊與廣西的李經羲又向其發難，迫使他對統捐問題的處理不得不非常慎重。

　　兩廣改辦土膏統捐的時間並非一致，廣東省改章較晚，僅僅一個月之後，京師要求有關省分討論八省統捐的咨文就送到廣州。岑春煊對本省的膏捐成效雖然不可預計，但桂省的巨大成效他是知悉的，因而極力反對鐵良的建議，尤其對鐵摺中以光緒二十九年（1903 年）為各省撥款定額，確定需要照顧的省分中也並無兩廣，因而極為憤慨，表示「鐵侍郎所擬按照光緒二十九年收數作為各省定額，由宜昌局合收分解之議實難遽允」[1]。柯逢時督辦八省土膏統捐大臣的任命傳到廣州，岑春煊對八省統捐本身及對柯氏的任命均不贊成。柯逢時遵照戶部的計劃，一直想把兩廣地區的土膏統捐也納入到總局的範圍內，有報導說，「兩廣土膏捐前經督撫議商劃出自辦後，為八省統捐柯中丞所持，故迄未定議」[2]，柯氏的態度和計劃自然引起粵桂方面的抵制。

　　岑春煊決定參劾柯逢時。恰有廣西水軍右軍統領楊耀缺額扣餉被岑查辦，岑氏即以用人失察之罪名對柯加以參劾，要求交部議處[3]，硃批：柯逢時著交部議處。岑春煊這一參劾立即顯效，迫使柯氏又萌退

1　〈粵督不允膏捐改章〉，載《申報》1905 年 2 月 13 日。反對膏捐改章的重要背景除了顧念地方財政利益以外，另一個直接的原因是兩廣正在為肅清廣西變亂而用款甚巨，這一用項直到 1905 年 10 月份才告一段落，岑春煊也因匪患有功而被授以太子少保銜，李經羲也獲優敘，見劉紹唐主編：《民國人物小傳・李經羲》，載《傳記文學》，第 40 卷，第 4 期。

2　〈奏請分撥西省膏捐〉，載《申報》1905 年 10 月 2 日。

3　〈前撫柯中丞交部議處〉，載《申報》1905 年 6 月 8 日。

志，每見僚屬總稱卸甲歸田，意志極為消沉[1]。更大的麻煩是在五個月後，有關各省的督撫極欲聯合起來扳倒他，他們認為，八省膏捐關係各省利權巨大，而柯逢時近日辦理此事又多暗攬利權，致使各省財權漸失，所以決定臚陳柯氏的一切罪狀入告[2]。估計此事並未成真，但亦概見柯氏所受壓力之大。並且，柯逢時撫贛期間，聲名狼藉，宦途中植下無數荊棘，時人對其也諷嘲有加，去贛後，人贈一聯：伐柯伐柯，上聯是：「逢君之惡罪不容於死」，下聯是：「時日曷喪予及女偕亡」，聯首輕輕箝入「逢、時」二字，天衣無縫，巧不可偶[3]。撫桂期間柯逢時也不洽輿情，官場無以自立[4]。柯逢時人脈處境之險惡，自己未必不知，一旦被參劾，後果堪憂。

桂省巡撫李經羲對八省膏捐的舉辦當然也不同意，該省土膏統捐經過整頓，加之兩省合辦，成效大顯，自不願捨其大利，本省境內迭經遭亂，需款孔急，此項收入正好補苴。所以李經羲義無反顧擬折上奏，要求自辦膏捐，言辭懇切，「況廣西土捐盡收盡解，去年因帑項奇絀，甫經設法，商情漸定，猶可望收數較增，以濟本省無定之支用，倘此時遽改合辦，局勢散漫，窒礙多端，捐章無可再增，查緝難期周密，即幸而比較現收之數無損，先盡本省照撥，亦屬徒勞無補；設收不及數，則雖先盡本省，廣西已受暗虧，從何彌補？至於捐由合辦款項轉撥挹注，既難應時挪移，亦多棘手，種種失宜更不待言矣」[5]。而清廷卻將此事交給柯逢時辦理。李經羲仍不得不求諸於柯氏顧念桂

1　〈柯中丞又萌退志〉，載《申報》1905 年 6 月 18 日。
2　〈某督擬約各督撫合劾膏捐督辦〉，載《申報》1905 年 11 月 17 日。
3　懋謙：《柯逢時》，載劉鐵冷、蔣著超編：《民權素》第 1 集，民國三年（1914 年）四月，《叢刊》續編，第 551 號。
4　沈惠風：《眉廬叢話》，《叢刊》續編，第 635 號，第 58 頁。
5　〈桂撫奏請自辦膏捐〉，載《申報》1905 年 5 月 13 日；〈桂撫李奏陳廣西土捐不便歸宜昌統收電稿〉，載《申報》1905 年 5 月 25 日。

省,要其網開一面,否則直為「絕桂」無疑[1]。由於柯氏剛從桂撫任上卸下,應該瞭解廣西窘困之情,但他卻稱,「劃出自辦諸多妨礙」,建議由總局所收廣西捐款仍歸廣西撥用[2]。後來,岑春煊具奏摺請兩廣合辦,折上,旨准自合辦之日起,劃歸自辦兩年,規定由兩廣收捐並銷往該兩省的雲貴川土藥捐稅可以留歸本省。

江西省係四省合辦土膏統捐的省分之一,對八省合辦統捐一事也極為重視,多方探測中央的命意,且致電蘇省對此看法,試圖爭取增加撥款數額。蘇省屬於洋藥銷售的主要地區,對土膏統捐的關注自然較他省不同,但仍希望每年能夠撥還(銀)20萬兩[3]。福建省聞知八省合辦之事,也加大了整頓的力度,「財政局各司道定自本年正月起將各項捐款歸併為一,由局遴委專員收解,以一事權」[4],希圖在八省合辦體系內爭取較多的撥款定額。

產土省分的阻力則以四川為最大。但這種阻力與他省不同,歸結為一點就是稅率問題。川省若執行新稅章,則每擔須徵正稅(銀)110兩、15兩經費銀、5兩2錢8分鐵路官款股本,共計(銀)130兩2錢8分[5],稅率之重超乎以前較多。四川土藥稅負歷來較低,地方政府長時間以來一直執行著低稅率的政策,否則,稽徵難度極大[6]。八省統捐實行後,不但該省大員對此反對並加以抵制,即連川土商人也極為恐慌。蔡乃煌是辦理川省土稅較久的官員,他所提供的情況足可見證:「弟督辦川省土稅,調查最確,販土巨商,粵人、鄂人各居其半。柯公

---

1 〈桂撫致柯中丞電〉,載《申報》1905年6月10日。
2 〈奏准廣西膏捐歸本省撥用〉,載《申報》1905年6月16日。
3 〈電復贛撫辦理膏捐情形〉,載《申報》1905年3月18日。
4 〈設局收捐〉,載《申報》1905年3月27日。
5 〈光緒三十二年度度支部奏復川督籌議土藥統稅新章摺〉,載《東方雜誌》第3年第11期,1906年12月10日。按此處稅率當指川土出境的稅率。
6 秦和平著:《四川鴉片問題與禁煙運動》,四川民族出版社2001年版,第25~33頁。

未奏准以前，各商百端嘗試向弟力懇，必欲達其減稅目的。弟見棄公家大利且背寓徵為禁宗旨，若代為詳懇，必招奇謗，即令無人指責，亦不敢昧良欺罔，見好行商。」[1]商人奔競之風意在減稅贏利，他們不但對經辦官員求情施惠，而且稟請張之洞，請其轉商柯逢時核減川土之稅。[2]新稅章的阻力大致可以想見。

美國學者在研究該問題時，也認為中央推行八省統捐政策具有冒險性，「它不僅影響到朝廷與各省之間棘手的財政關係，而且引起洋人在思想上對中國未來鴉片計劃的懷疑。另一方面，武昌統稅局（或其他九個局）接管了曾由地方紳士控制的稅收。按每擔115兩庫平銀計算，每年可望得到（銀）1700～6700萬兩鴉片收入。魏爾特估計，清朝得到（銀）5200萬兩，其中3100萬兩（銀）回流到各省。英國駐華公使朱爾典估計每年為（銀）4500萬兩。無論如何，清朝控制了這項資金」[3]。不管這項稅收的數量規模有多大，至少有一點可以肯定，它對中央與地方的新政、賠款和練兵事業極為重要，上下左右爭奪這一財源勢不可免。

（四）柯逢時奏摺

各省紛紛明爭暗對，形成八省土膏統捐推行的巨大阻力，迫使新任督辦土膏統捐大臣柯逢時不得不斟酌損益，在籌劃入奏摺件過程中另起爐灶，貫徹「既符合中央的意圖，又不拂去各省期望」的宗旨，

---

1 〈蔡乃煌致趙爾巽〉，時趙爾巽當為戶部尚書，一檔館：趙爾巽檔案全宗，81/418。
2 〈蜀商請核減土膏統稅〉，載《申報》1905年10月8日。
3 托馬斯·D·萊因斯：〈改革、民族主義與國際主義：1900-1908年中國的禁煙運動與英美的影響〉，該文載《近代亞洲研究》（*Modern Asian Studies*）1991年第25期，譯文見中國社會科學院近代史研究所：《國外中國近代史研究》第25輯。

終於在一九〇五年六月中下旬將奏摺呈寄清廷[1]。比較鐵、柯二摺，讓步地方的成分相當明顯。

最關鍵的一點是徵收稅款的分配計劃，這一點與鐵折有大的不同。首先，它改變了各省撥款定額以光緒二十九年（1903年）收入為標準的規定，建議以光緒三十年的收入作為基數。柯逢時特意解釋說：「查鄂贛開辦土膏稅捐始於光緒二十八年，兩湖合辦始於二十九年十二月，鄂湘贛皖四省合辦始於三十年五月，廣西始於三十年正月，廣東則十一月，蘇閩兩省尚未定章。若以廿九年為額，則已辦者皆係少數，未辦者無額可稽」[2]。細品其說，則有問題，以三十年收入為準，多是對湘鄂贛皖的照顧，廣東開辦雖晚，上述規定似對其不利，但兩廣已經准予劃開自辦，所以廣東並不吃虧，反而屬於暫時的贏家；蘇閩兩省並未實行預徵膏捐的行動[3]，按理說該項撥款的時間確定對其最為不利，但有一點卻是不可忽視的，那就是此兩省的土藥消費總量相對較少，情形與他省有別，當然，兩省的大吏對此前風波介入較少，亦為要因之一。

稅收分配第二個應注意的問題，是該折提醒中央對改章以後的收入不應估計過高，不應對地方省分搜刮過甚，財政處、戶部和練兵處對此不應抱過高的期望值。折中有言「當茲時勢艱難，練兵尤為要政，

---

[1] 〈柯逢時奏土膏統捐設局事宜〉，載《申報》1905年6月27日。
[2] 〈柯中丞奏八省土膏統捐大致辦法並開辦日期摺〉，《申報》1905年7月7日。
[3] 就當時來說，八省土膏統捐是一個習慣化的稱謂。但財政處在研究這一問題的文件中，特別給予更正，建議正式的稱謂是「九省土膏統捐」，該摺說：「原摺所指統捐省分係在蘇淮未分省以前，今應改為兩湖、兩廣、江蘇、江淮、江西、安徽、福建九省合辦……」見〈財政處奏為遵旨籌議土膏統捐事請特派大員管理剋期開辦以裕餉源摺〉，一檔館：練兵處檔案全宗。該摺在正式刊布時將這一段文字刪去，原因大約是蘇淮分省在當時尚有爭議，緣其分省之說純係清廷練兵籌款之需要，而地方督撫對此卻極有看法。

各疆臣公忠體國,當竭力統籌;惟驟提巨款實難支柱,大局所關,不得不統籌兼顧」,關於這一看法的來源,柯氏的解釋是與湖廣總督張之洞及各省督撫協商妥議的結果。這一「協商妥議」,也就影響到該折對各省撥款的數額建議,「江西照適中之數歲撥銀七十萬兩,安徽照額撥五萬兩,湖北係有專款待支,兩廣近來需餉尤急,原奏已示區前(別),均請各歸本省支報。兩廣前經奏請辦理,兩年後再由戶部提撥」,這一改動,是在撥款數字上對各省所作的讓步。

　　柯摺讓步地方的內容,還體現在各省報解方式的規定。柯逢時的建議饒有意味,頗可琢磨,且看其內容:「各省收支數目,按月由各局報明各省,並稟報總局,按季由各省冊報戶部,仍咨總局備案;應解總局之款,由各局專報總局,由臣連同總局支用(之)數按季冊報戶部,並咨明各省,互相查考」,如上所說的程序,實際上將八省土膏統捐總局界定為單純的徵稅資料彙總和備案機構,對各省並無嚴格的限制和監督。總括言之,關於對各省徵稅、撥解款項及撥解程序的建議均屬對各省的照顧,自實質意義上看,該項奏牘的建議與八省統捐推行之前各省原來的做法並無大的不同,所以這份奏摺極其明顯地偏向各省的利益。由於上述建議與鐵摺明顯不同,所以柯逢時對相關變動有必要加以解釋,他的用語意味深長:「以上各節與原奏間有未符,揆度情形,只期允洽」,此種解釋已可略見各省對立、抵制的影響之大。

　　當然,中央的意圖柯氏並非不知,正如他所說的,籌款練兵當屬要政,所以他所建議的舉措是:四省合辦,湖北溢收之款應提解三十萬兩,湖南溢收的款項以後每年撥出(銀)三十萬兩,蘇閩兩省行銷土藥有限,暫緩議撥,「提撥溢收及預徵他省稅捐並子口加收膏捐按月並解總局,由臣分別批解練兵處濟餉,大約豐年可得銀二百萬兩,歲歉減成。俟試辦一年,綜計款目,如可多收自當盡解,萬一溢收無幾,屆時酌量變通」,這就是說,既籌有現成的銀兩可以解作練兵經

費，又有一系列的制度保障，這就是對中央的交差。

　　五個月後練兵需款孔急，財政處與戶部借催款之機，發起反擊，痛斥外省「卻顧」「異視」之心，暗批柯逢時失職失責，態度之強烈，言辭之尖刻非尋常可比。諸如「原以其（指八省土膏統捐一事——引者）挈領提綱，與各省疆臣同舟共濟，乃兩廣旋以軍餉緊迫，奏請自辦兩年，已有卻顧之意；其宜昌總局專辦兩湖，則以兩廣、蘇、閩附於贛、皖，亦不無異視之心」，「若各存疆界之私，兵糈何賴！」，「但以收支造報之不實，久為成例，即如近年各省膏捐溢收之數甚巨，獨兩廣以請獎之故，三個月報收銀五十餘萬兩，其餘各省報部之款仍屬無幾，則徵多報少之情形已可概見」。對柯逢時本人，財政處與戶部也耿耿於懷，特別是對撥解稅款的程序意見最大，稱之為：「各省自為收支，而總局止於備案，並無考成之責，稽核未必認真，恐分局之奉行亦形怠緩，名雖八省合辦，實未有畫一之規，立法尚嫌疏略。」[1]

　　財政處與戶部此折的主要意圖在於強化土膏統捐總局的權力，減少各省督撫介入收支環節，以確保統捐收入掌握在中央手中。為此，它規定：「惟各省收支之數必須由該撫一手經理，俾專責成，應令轉飭各省分局將收支各數隨時報明總局，按季由總局匯齊分晰，開單咨送臣處臣部核辦」，「如分局開報不實，即由該撫查明，指名嚴參，臣部仍不時派員調查，再有各項弊端，定惟該總局是問！」對各省的撥款數量也是兩部關注的問題，所以此摺強調不能含混了事，應明確劃定界限和數量，「梧局徵收之款雖暫歸兩廣應用，亦當由總局匯核開報，並截清兩年定限，勿再推展；其鄂、湘二省撥給若干，蘇、閩二省銷數有限，究竟撥給若干，均應早勒定額，以免含混」，即便是各省以前

---

[1] 〈財政處、戶部奏為八省土膏統捐宜併力籌辦擬將收支各數飭由總局匯核分晰開報摺〉，1905年11月19日具奏，一檔館：財政處全宗檔案。此摺未見刊發。

的稅則和收入也要求柯逢時報明察核。雖然該摺一再聲稱不願對各省竭澤而漁[1]，實際上，上述規定確為「竭澤而漁」的措施，只是在具體執行上，各省合作不足而抵制有餘，盡可能減少自身的損耗。

就在柯逢時摺片入奏之後，中央勢力又想介入北方省分的土膏統捐事務。此項建議出自京師某大員。鑒於南方八省土膏統捐的舉辦極富成效，而北方土藥產區迄今未能有效整頓，「雖有部定章程，稅釐並徵名曰統捐，而運銷各省仍不免節節阻滯」，此人所指的北方省分有九個，即山西、陝西、甘肅、山東、河南、直隸以及東三省，主張辦理北九省土膏統捐[2]。此議一出，樞廷猶豫不決，因其擔心各省阻力，南方八省統捐的舉辦早已釀成風波，於是軍機大臣中就有人力阻北九省土膏統捐計劃，「以為如此搜刮無遺，恐不免有財窮力竭之虞」[3]，實則懼怕各省反對。此事一度置而不論，銷聲匿跡。但半年之後，由南方八省的土膏統捐向北方及西部推廣的計劃再度提上議事日程。

一九〇六年春天，柯逢時奏請推廣土膏統捐的實施範圍，並專門具摺制定推廣的辦法以及各項詳細的章程等。鑒於各省的壓力，他對各省如何使用土膏稅捐問題用心頗苦。關於各省在緊急需款的情況下，能否通融使用此款？他的建議是報請戶部批准可以動用。但財政處和戶部審查時卻將此款否決，兩部確定的條件極為嚴格：

> 原奏所稱如收數增多而該省或有急需，可由各督撫諮商戶部通融挪借一節，與臣等請開辦統捐摺內奏定他省不得援兩湖兩廣為例辦法未免兩岐，況既奉諭旨溢收之數另儲候解，專作練兵

1　同上。
2　〈擬辦北九省土膏統捐之傳聞〉，載《申報》1905 年 7 月 10 日。該消息訪自北京，謂其「傳聞」，估計較有可能。
3　〈北九省膏捐之議未決〉，載《申報》1905 年 7 月 17 日。

经费的款，不得挪移，自應遵旨辦理。若聽其諸商通融，恐將來漫無限制，應請嗣後各省如有軍務急需，准各督撫引廣西成案專摺奏請，由臣部察核酌撥，其別項用款概不准援例率請挪移，以定限制。[1]

關鍵的改變不在於此，對各省稅款撥解制度的調整才是最為重要變化。對非鴉片產區至關重要的過境稅被兩部審查時刪掉，這一更改對湖北、湖南、江西、安徽、兩廣等省的影響極為巨大；並且規定，各地局卡和緝私經費由各省自為支報，中央不予負擔。就撥款本身來說，變動尤大。例如對安徽省的規定，「安徽原撥川雲貴土稅（銀）五萬兩，其本產土藥稅向未報部。現定為安徽本產土藥仍照本省每百斤原收統捐（銀）四十兩之數撥還，其行銷川雲貴土亦按每土百斤撥還銀四十兩，挹彼注茲所得較多，無庸以（銀）五萬兩為歲撥之額」，因之，皖省歲失巨款；湖北省本產土藥稅亦被納入撥款體系考慮，「湖北係創辦土膏統捐省分，且有專款待支，應准照其本省銷數，每擔按一百兩正款全數撥還；又湖北本產土稅如何分撥，應由該侍郎查明原徵稅則及近年收數，另行報部核定」，尚不止於此，柯逢時即面告張之洞，財政處尚有特別提扣，將來提撥扣減為數甚多[2]。這次稅章和撥款制度的更改，表明中央財政集權又發展到一個新的階段。

各省對此的反應不一，南方省分遭受的影響尤為巨大。安徽省的

---

1 〈財政處、戶部會奏議復各省膏捐辦法摺片〉，載《東方雜誌》第三年第七期，1906 年 8 月 14 日。此次稅章之更改以及統捐範圍之擴展極為蹊蹺，柯逢時的奏摺應是內廷囑託，他自己僅限於具體計劃的研究，並負責擬稿；而且未見戶部插手，獨財政處討論議覆，於 1906 年 5 月下旬奏上允准。亦見〈財政處奏定膏捐章程〉，載《大公報》1906 年 5 月 18 日。

2 〈致荊州孫道臺〉，《張之洞全集》，第 9489 頁。

土藥稅收入總量本來不算巨大,但用途廣泛,依賴此款來挹注要政,但此次撥款數量的更改卻使其各方面均受影響,「皖省土藥稅向設專局徵收,仍歸牙釐局彙總。每年額解度支、民政兩部經費銀各二萬兩,又師範學堂經費銀四萬二千兩,支應局充餉銀四萬八千兩,共銀十三萬兩。自光緒三十二年改歸部局,由土藥統稅總辦童道祥熊議定按年照數撥還,實則每年僅約還銀五萬餘兩,以致各款未能如數應付」[1];湖北一省更受搜刮,撥款制度改變以後,鄂省與中央發生的首次衝突即是過境稅的處理問題。湖北省堅徵不讓,財政處的質詢電文便直接傳給鄂省督轅,責令湖北的做法是「紊亂定章」,其電文說:「是過境一項原議章程早已刪去,孫道為宜局總辦,豈不知之?今於贛、閩正耗應解總局之款,並不呈請管理統捐大臣核定,輒按每百斤逕(徑)行劃出十九兩二錢解交湖北,仍作為過境名目,而以其所餘銀二兩五錢零結交總局,似此紊亂定章,果屬何意?應即轉飭該道明白聲復!」。張之洞堅持認為,「統捐本注重在(土)膏過境,名目雖除,其增收膏捐極巨,鄂省原有過境稅自應照數撥還」[2],因而他立即電令仍擔任宜昌局總辦的孫廷林,應立即籌劃如何「措詞頂復」,並令其徵詢柯逢時,以便柯氏面授機宜。六月中旬,張之洞乾脆致電京師樞府,述說鄂省財政之窘況,特別是針對膏捐改章和撥款制度問題意見尤大,聲稱「鄂省風俗微有不同,恐有不能實力奉行之慮」[3],堅請中央須顧及各省利益,但這一籲請結果不問可知。這次將八省土膏統捐推向各省,意味著中央攫取地方財權的程度更為深入,由八省而及全國,將土藥稅利益巨大的西部產土省分也囊括其中,上下紛爭局面持續了較長的時間。

---

1 《安徽全省財政說明書》,〈歲入部・第七節〉〈抵補土藥稅加價〉。
2 〈致荊州孫道臺〉,《張之洞全集》,第 9487～9488 頁。
3 〈鄂督請改膏捐章程〉,載《大公報》1906 年 6 月 11 日;〈條陳改良膏捐辦法〉,載《大公報》1906 年 6 月 22 日。

由鐵良南巡所引發的上下衝突，無法完全用中央集權與督撫權重這一傳統的解讀模式來理解。[1]當然，中央集權或督撫專權兩個趨向是較早影響歷史變動的因素，新時期風雲際會之中依然產生影響。袁世凱在庚子以後迅速崛起，在許多重要事項上，頗有挾天子以令諸侯的氣勢，[2]在其與中央要臣的結納中，造就了一個朋黨網絡，[3]在很大程度上左右著新政機構的運行態勢，而八省統捐所涉及的部分督撫顯然處於其對立面，籌款練兵也就有複雜的政治和區域利益糾紛介乎其中，中央控制各省與各省謀求本地利益必會呈現出離齬對峙的態勢，諸類矛盾互為牽連，根因似可由上述事理中得以尋覓。

---

[1] 據何漢威先生考證，1960年以來，學界對流行經年的晚清地方督撫專政論質疑較多，論者多認為，中央既未如過去所說的大權旁落，督撫也不是為所欲為。批評督撫專政說最全面的論著是劉廣京：《晚清督撫權利問題商榷》，載劉廣京著：《經世思想與新興企業》，（臺北）聯經出版事業公司1990年版，第255～293頁；以及王爾敏：《淮軍志》（臺北），中國學術著作獎助委員會1967年，第347～389頁；Stephen R.Mackinnon, *Power and Politics in Lete Imperial China:Yuan Shikai in Beijing and Tianjin*(Bekeley,Los Angeles & London:University of California Press,1980),esp.P.61;Daniel H.Bays, *China Enters the Twentieth Chang　Chih-tung and the Issue of a New Age*,1895-1909（Ann Arbor:University of Michigan Press,1978），esp.P.4 等。何氏觀點見前揭文。

[2] 即就本文所關注的練兵問題而言，練兵處雖是中央特設統籌全國練兵的中樞，實則與袁世凱私人機關無異，其部將王士珍的行狀中說「其編定營制，釐定餉章，及軍屯要扼，皆公（指王士珍——引者）及馮、段諸公主之，王大臣畫諾而已」，見《碑傳集補》，卷末，尚秉和：《德威上將軍正定王公行狀》。

[3] 黃華：〈紀江春霖〉，載《國聞週報》第13卷第35期，1936年9月。該文透露，江春霖參袁世凱的奏摺中，對袁世凱交通權貴，援結朋黨的內情均有揭露，他稱袁世凱「前後保舉內外大員，如民政部侍郎趙秉鈞、農工商部侍郎楊士琦、外務部侍郎梁敦彥、右丞梁如浩、大理院正卿定成、順天府伊凌福彭、直督楊士驤、吉撫陳昭常、皖撫朱家寶等，皆執贄稱門生，為引進私屬之罪；東三省總督徐世昌為譜兄，江督端方為契友，贛撫馮汝騤為親家，魯撫袁樹勳為宗姓，豫撫吳重熹為世交，為糾結疆臣之罪；北洋新軍為直省冠，世凱既入軍機，引起門生楊士驤代為直督，諸事不得自專，悉皆受其節制，為遙執兵柄之罪」等。

第三節　鴉片專賣與禁政決斷

一九〇六年九月二十日，清廷發佈了禁煙上諭，決心以禁政推動新政。決定實行禁政的原因，過往論者強調輿論籲請對清廷幡然變計的作用，但鴉片稅釐卻係各項新政事業的重要財源，無論是中樞機構的戶部、練兵處，還是各省督撫，卻沒有梗阻這一決斷。練兵與新政需款在在孔急，禁政推行的財政風險是中央決斷禁煙時必須考慮的重要問題，鴉片專賣便是中央與地方官員籌劃解決這一難題的要策，決定禁煙的要因亦可從中得以窺見。

一　借鑑境外

庚子之前，鴉片專賣方案已經有人鼓吹，一九〇四年之後中央內部、各省督撫甚至民間人士均有言論刊布，聲勢由小到大，至一九〇六年禁政上諭發佈前，鴉片專賣已經最大限度地引起朝野各派關注。鴉片專賣之風興起後，國人對域外專賣經驗和做法時加關注，瞭解的側重點不同，對域外專賣做法也就各有取捨。總而言之，中國香港模式、中國臺灣模式和印度模式均對各省的專賣思路產生影響。禁政之前朝野討論鴉片專賣時多是針對外來鴉片，土藥專賣雖有措意，但不占主體。十九世紀八〇年代，中英《煙臺條約續增專條》簽訂之前，李鴻章派馬建忠赴印度調查鴉片問題並謀求解決方案，各種專賣方案頻頻出現，最終以洋藥稅釐並徵方案取而代之[1]。進入九〇年代，駐外

---

[1] 吳汝綸編：《李文忠公（鴻章）全集》，第 1281～1282、3137～3142、3155、3293 等各頁，《叢刊》續編，第 70 輯；李圭：《鴉片事略》，第 74～79 各頁。

使臣薛福成對國外的鴉片專賣加以注意，並向國內作過介紹[1]。一八九二年民間有人也主張實行專賣管理，宋恕曾提出「官煙」計策，他說，「鴉片目前難以禁絕，宜暫立官煙局。民欲開張煙館者，令其到局計燈報捐，由局給帖開張。於帖內填明燈數，開張後按燈收月捐」[2]，這一建議已經看到土藥稅收的財政價值。甲午戰後，各省對土藥稅釐整頓過程中，專賣議論再度出現，一八九七年臺灣日據時期的鴉片專賣甫經實施，即被各省媒介所關注，專賣章程也被登出並轉載宣示[3]。一年後，在戶部籌措賠款的討論中，黑龍江副都統景祺對土藥和洋藥的稅釐整頓計劃提出自己的看法，建議戶部在全國範圍內，仿照食鹽引地制度，實行專賣管理，藉以籌措巨款[4]。世事紛紜，各省皆有不同的經略，專賣一說暫被擱置。

　　庚子年以後，不但中央和各省加大對鴉片利益的追求，外人也插手國內的鴉片專賣，希圖牟利。法國派員運動於京師要員、兩江和湖廣總督，要求將內地十八個省的鴉片專賣權交由法人經理，獲利均分，中國每年可得（銀）2000萬兩，有裨於賠款，張之洞等地方督撫予以拒絕[5]。鑒於鴉片專賣的巨大效益，劉坤一與張之洞擬定的《江楚會奏變法三摺》中，將「官收洋藥」列入採擇西法的範圍，認為別的籌款舉措皆屬零星羅掘，惟此法最為顯效，「此事任重款巨，而其事甚

1　薛福成：《出使英法義比四國日記》，岳麓書社1985年版，第404、896各頁。
2　宋恕：《六字課齋卑議（初稿）》，變通篇，《官煙章第二十七》，見胡珠生編：《宋恕集》上冊，中華書局1993年版，第28頁。
3　〈臺灣禁煙章程〉，共計14條款，總督向外發佈的時間是明治30年2月30日，國內首由《福報》刊出，後又被《集成報》轉載，見《集成報》第4冊，1897年6月4日，影印本第190～192頁。
4　〈戶部議覆請徵鋪稅藥牙摺〉，載《集成報》第30冊，1898年4月5日，影印本第1776～1680頁。
5　〈致軍機處、外務部、戶部、保定袁制臺、江寧劉制臺〉，《張文襄公（之洞）全集》，第5780～5781頁。

簡」，建議清廷簡派大員速行實施[1]。此事久未實行，度支部後來解釋說：「查東西各國凡消費品多由公家專賣之法，蓋專賣者即加稅之極端辦法也。前江鄂督臣會奏變法條陳，即有官收洋藥之說，特以造端宏大，急切難得辦法」[2]。實際情況並非如此簡單，對英交涉極不順利是一個主要的原因。一九〇二年中英舉行商約談判期間，中方提出由中國官方全權購買進口印度洋藥，歸官專賣，但未能達成協議[3]。中英雙方磋商期間，德國瑞記洋行的蘭格又來京師和各省要員中活動，旨在獲得國內鴉片專賣的主辦權，並不惜血本報效中國一百萬兩白銀，而且許諾借給中國數千萬兩白銀以作開辦經費。張之洞速將此事電知軍機處等，提醒要警惕外人攬辦中國財政[4]。自此以後，專賣議論亦入沉寂。

　　日俄戰爭前後，專賣問題再度興盛。有關言論首先強調對域外經驗進行調查，借鏡西法，以便更有效地加以整頓。二十世紀初年國內興復海軍呼聲甚高，朝臣權貴外出遊歷時，除了對艦船器械加以考察以外，海軍經費的籌措亦不得不注意。經費需數量十分龐大，如何羅致確實犯難。一九〇四年貝子溥倫考察南洋諸島時，對新加坡、中國香港地區鴉片專賣的成效甚感興趣，對內地鴉片稅收現狀極為不滿。歸來後，極欲以西法整頓洋土藥稅收，以籌措海軍經費，鴉片專賣便是其條陳中最重要的建議，揆其大要約有三端：

1　劉坤一、張之洞撰：《江楚會奏變法三摺》，《叢刊》續編，第 471 號，第 175～181 頁。
2　〈度支部奏統籌禁煙事宜及土藥稅仍舊辦理摺〉，載《東方雜誌》第 4 年第 2 期，〈內務〉，1907 年 4 月 7 日，第 46～48 頁。
3　英國駐華使館參贊黎枝：〈報告中國禁煙事宜說帖〉，錄自《英國藍皮書（為中國禁煙事）》，載《外交報》第 228 期，1908 年 11 月 28 日。
4　《致軍機處、外務部、戶部、保定袁制臺、江寧劉制臺》，《張文襄公（之洞）全集》，第 5780～5782 頁；《致京袁制臺、江寧劉制臺》，同上書，第 12825～12826 頁。

一、其源之法：
洋藥進口應請與英國政府商定，改由官辦，在新加坡設立局所，限以擔數，有減無增。香港左右之海口嚴查私販，則內地土藥雖嚴禁重徵而不為虐。
二、截其流之法：
各省土藥改由各省採買，設立公司，商民不得私販私熬，其有輾轉販賣，准由公司購買黏貼印花。印花紙設於此，試辦土藥價值仍不得高於洋藥。
三、暫定權宜之法：
各省查明土藥出產實數，暫定土藥專稅，則一稅收足任其所之，核定總收數目分攤各省，向收數目照數撥還，庶免偷漏侵漁之弊。[1]

　　三種方法中，前兩種純係專賣方式，第三種則是後來各省聯辦或中央控制的各省統捐模式。此奏動因在於羨慕西法之美備，收入之豐厚，「新加坡煙膏公司每月交稅四十萬元，中國香港煙膏公司每月交稅十萬元，實無流弊。若中國各省舉辦，當百倍於新加坡等埠」。溥倫所稱香港等埠鴉片專賣收入極豐，誠不刊之論，但其數字多係約略之數，與英國官方的統計有較大差異。二十世紀初期，港埠鴉片實行包稅制，由廣福、萬福、振華等煙土公司承包，每屆承包三年，其間每年的稅額為一確定數目，一九〇一年至一九〇四年為一屆，年收包稅額 75 萬元，但下一屆的數額大幅度增長，達 204 萬元，占香港歲入的 29.5%[2]。難怪該摺對香港的鴉片專賣成效推崇有加。該摺奏上，內意

---

[1] 〈貝子溥奏敬陳管見上備採擇摺〉，一檔館：總理練兵處檔案。
[2] 英國殖民部檔案：CO133，《香港藍皮書》，20 世紀初年各卷，轉見石楠：《略論港英政府的鴉片專賣政策：1844-1941》，載《近代史研究》，1992 年，第 6 期。

如何反應不得而知，不久京師傳出要設立膏捐總局的消息，有人主張在各省通商地面設立分卡，鴉片商人只有領取引票方可營業，此項收入中的一部分，用於撥解練兵經費[1]。估計此項建議與前述權貴的奏摺有一定關係。此前，兩廣總督岑春煊曾關注香港的專賣成效，並試圖在廣東加以效仿，但由於英人阻撓，未能實行[2]。此後港府的鴉片經營方法和歲入情形漸為國內要員所偵知。從庚子至禁政推行之前，港英政府的稅收統計中，鴉片歲入所占比重極為突出，且越來越高，此將英國殖民部的有關統計列表如下，以資觀覽：

表 1-3　1900-1906 年香港鴉片歲入比例表（單位：港元）

年度	鴉片稅入數量	占歲入總數之比例
1900	372000	8.8%
1901	687000	16.3%
1902	750000	15.3%
1903	750000	14.3%
1904	1945000	28.6%
1905	2040000	29.5%
1906	2040000	29.0%

資料來源：CO133,《香港藍皮書》，1900-1906 年各卷，此據石楠前揭文列表整理。

在籌劃鴉片專賣的高潮中，香港專賣模式及其巨大成效最先為各大員所矚目，私下或公開派遣幕僚前往調查者不在少數。一九〇六年初某督撫建議外務部調查香港專賣章程，以便取法資照[3]；一個月後，

1　〈京師議辦膏捐總局〉，載《申報》1905 年 3 月 6 日。
2　〈粵辦膏捐〉，載《申報》1904 年 5 月 27 日；〈粵東譚屑〉，載《申報》1904 年 5 月 28 日；〈丹荔分香〉，載《申報》1904 年 7 月 10 日；〈粵垣雜志〉，載《申報》1904 年 7 月 16 日。
3　〈鴉片專賣將見實行〉，載《大公報》1906 年 2 月 15 日。

英國駐華公使將香港專賣章程呈遞外務部，並對此表示關心[1]，他向外務部傳遞了一個消極的信息：港英政府認為中國舉辦專賣難度太大，「香港總督之意，以中國舉辦洋藥專賣一項頗難實行，蓋地方太大，不若香港及臺灣之區區小島易於嚴防也」，這件事暗示英人對中國圖謀專賣鴉片的不快。疆臣多知英人常生阻力，所以後來的調查多集中於中國臺灣和印度，一九〇五年前後籌劃鴉片專賣時，各省督撫更加矚目這兩個主要區域。

臺灣專賣辦法受到重視，與日本官方對清廷大員的活動有關。早在一九〇二年四月，日本駐滬總領事小田切萬壽之助運動於張之洞等人，建議中國官收洋藥實行專賣，並稱日本商人在臺灣有熬膏秘法，「一可摻藥料，用土少出膏多，既可獲利，亦可減癮。如募用日工師當相助。但此事必與英商妥，如中國願辦，可趁此議商約之際，與之議添此一條，以為酬報，日本當助中國與英議之。此乃代我籌餉，勸中國官辦，非日商攬辦，既不攬權，亦不借款，如有成效，優給日工師薪水花紅而已」[2]。清廷欲採其議，但英人遏阻，官收之說作罷。將近兩年之後，日本駐華公使內田康哉又舊話重提，對內廷和戶部進行遊說，仍建議「議一籌款之法，援日本政府專賣菸草之例，將鴉片煙膏盡行收買，復由政府批發，不准民間私行運售」[3]，不久，清廷表示有意仿照日本之法舉辦專賣[4]。由此臺灣專賣之方法和成效自然成為朝野關注的問題。

借鏡臺灣專賣經驗，直隸總督袁世凱比較熱心，屬僚唐紹儀、梁士詒自印度談判藏約歸國後又極力進言，[5]所以袁氏更有抱負，極欲嘗

---

1 〈中英參酌洋藥專賣章程〉，載《大公報》1906年3月15日。
2 〈致江寧劉制臺〉，載《張文襄公（之洞）全集》，第12855～12856頁。
3 〈日公使提議鴉片專賣〉，載《申報》1905年4月16日。
4 〈阿片煙膏擬歸政府專賣〉，《申報》1905年5月8日。
5 岑學呂：《三水梁燕孫（士詒）先生年譜》（上），臺灣文海出版社有限公司，第56頁。

試此事，他對唐紹儀的建議反應頗佳，認為：「事故應為，但恐朝貴以為得罪外人，不肯為耳。今仗子三寸不爛之舌，先從外交上著手，予當與燕孫商定，分函各朝貴，力促成之」。[1]在京師內外運動各樞臣要員，並謀求對英交涉有所突破，此為袁氏籌劃之一；派員赴臺考察專賣事宜係其籌劃之二。一九〇五年八月袁世凱委派陳曉庵前往臺灣調查日本殖民當局官賣煙膏章程，意欲取法辦理[2]。

日本在臺灣專賣的成效是督撫大員極欲偵知的重要問題。按：成效評估厥有兩端：即控制吸食的成效和專賣收益的大小。臺灣是清末吸食鴉片風氣較盛的地區[3]，根據日本人一八九五年二月對臺灣鹿港十三家鴉片煙館的調查，煙民每日平均消費金額為日金六錢[4]，就旅館來說，如將宿費計入，鴉片吸食的總費用占日均工資的 37.5% 至 45.11%[5]。看來臺灣鴉片之害確實嚴重，日本在臺推行鴉片專賣以後，吸菸人口的比例即有不同幅度的下降，列表如下：

表 1-4　臺灣鴉片專賣之後吸菸人數比例變動表（單位：人）

年代	煙民人數	煙民占總人口的比例
1897	5097	1.90%
1898	95449	3.70%
1900	173394	6.32%
1901	164915	5.83%
1902	180859	6.23%

1　同上。
2　〈袁督委員查臺灣官賣煙膏章程〉，載《申報》1905 年 8 月 14 日。
3　伊能嘉櫃：《臺灣文化志》（中卷），中譯本，臺中：臺灣省文獻委員會1991年版，第162頁。
4　陳其南：《臺灣的傳統中國社會》，（臺北）允晨1987年版，第242～243頁，此轉見王良行著：《近代中國對外貿易史論集》，（臺北）知書房，1997年版，第286頁。
5　同上。

年代	煙民人數	煙民占總人口的比例
1903	142741	4.88%
1904	148479	4.99%
1905	144201	4.62%
1906	130615	4.14%

資料來源：1897-1898 年，采自周憲文：《日據時代臺灣鴉片史》，《臺灣經濟史十集》，第 140 頁，臺北，臺灣銀行，1966 年；1900-1906 年，採自臺灣省行政長官公署統計室編：《臺灣省五十一年來統計提要》，第 1374 頁，臺北臺灣行政長官公署統計室，1946 年。

上述數字顯示，專賣制度對減少吸菸者數量有緩慢的制約作用，能夠保證吸菸人口的數字不再增多。各省派遣調查的人員以及外人等對臺灣此項成效的評價各有區別，數字亦不相同，多數人對此表示認可和肯定。有報紙評論說：「其法係將外洋所有進口洋藥盡行歸官收買，有官設局製造煙膏，轉賣於民，無癮者不許販食，於是舊癮漸除，新染者漸絕……此法行之數年，已減去吸菸之人四萬二千三百七十九名矣」[1]；報界還有人反對當時正在籌備的八省統捐，呼籲實行臺灣的專賣辦法，認為前者純粹屬於籌款之法，而後者則是禁煙與籌款並舉的辦法[2]。鴉片專賣風氣鵲起後，報刊社論專門就此表態，基本上肯定的言論占多數。

專賣風潮使當時出現了新的禁煙氣象，「自鴉片歸政府專賣之說起，於是吸菸者亟謀所以戒除之道，友朋親戚互相勸喻，或立社以資提倡，或著論以廣勸戒。事會所乘，似不難藉此以漸除煙毒」[3]。美國亦有媒介給予褒評：「迄於今日已及七載，禁煙之成效漸有可觀……吾

---

1 〈袁督委員查臺灣官賣煙膏章程〉，載《申報》1905 年 8 月 14 日。

2 〈論八省土膏統捐事〉，載《申報》1905 年 4 月 19 日。

3 〈戒煙說〉，載《申報》1906 年 3 月 23 日。

知二十年內，日本之新領土煙毒可以盡除，然則逐漸禁煙之合宜亦可見矣」[1]。反對和懷疑的聲音相對較小，以教會為背景的《萬國公報》對各省督撫意圖傚做臺灣專賣法極力批評，關於臺灣以專賣方法推行禁煙的成效，該報評論說，「煙既歸官，彼官將以為利藪，果能嚴行約束弊絕風清乎？即政府驟得一項進款，遲之又久，且將恃煙稅為歲入大宗，而禁絕之反有不便矣。故日本之治臺灣，其專賣章程施行已數年，而吸菸人數之多如故」[2]。《東方雜誌》亦有社論對朝野致力於臺灣專賣一法，以此解決國內鴉片問題表示懷疑，認為專賣受諸多條件的限制，內地與臺灣一島情形不同，不可盲目照搬，「滌此數百年積染之污垢，決非但仿區區臺灣限制之法即可有效」[3]。同是國內言論，對仿行臺灣專賣之法進行禁煙的評價卻大相逕庭。相對來說，八省土膏統捐大臣柯逢時的態度頗可玩味，朝野對洋藥專賣一事推崇備至，柯逢時反而主張與英國談判增加洋藥稅率，以解決鴉片問題[4]。這一建議未見下文，估計是不了了之。可以看出，柯氏的看法悖逆於專賣潮流，彰顯自我的意圖較為明顯。

　　鴉片專賣的收入效益是督撫大員更為看重的問題。臺灣專賣的成效比較可觀，袁世凱派出大員赴臺考察之後，內地有影響的報紙隨後就有統計說，「日人行此法於臺灣，自戊戌年至壬寅年，共得利五百七十七萬四千三百四十三元，在國家既獲大利，而民間吸菸之人又歷年遞減，即可以幾於滅絕，誠為善法」[5]。從美國報界後來的報導中，

---

1 〈論日本在臺灣禁煙事〉，載〔美〕《拿呼美報》1909年2月，《外交報》第241期，1909年5月14日。
2 〈論鴉片為中國之大害〉，載《萬國公報》第207冊，1906年4月。
3 本社撰稿：〈禁煙私議〉，載《東方雜誌》第3年第4期，1906年5月18日。
4 〈柯逢時奏報與英外交部商辦洋藥稅政事宜摺〉，一檔館：軍機處錄副，〈外交類‧中英〉，膠卷編號2，案卷號186。
5 〈袁督委員查臺灣官賣煙膏章程〉，載《申報》1905年8月14日。

亦可概見臺灣鴉片專賣之巨大效益，一九〇三年獲利 300 萬日元[1]。區區臺灣一島即可獲此大利，內地若舉辦專賣，當十幾倍於臺灣。所以，不待日人相邀，封疆大吏與京師權貴即趨之若鶩。直隸派遣大員赴臺不久，臺灣人王石鵬以日本在臺灣專賣章程為藍本，參以己意，擬成有關章程呈遞給袁世凱，以備在大陸境內採擇實施。[2]其內容共有五章，分別包括：（一）洋藥及土膏；（二）官局及大小販賣館；（三）製膏及吸食；（四）雜則；（五）違犯罰則[3]。此項章程規制尚算完備，基本可以付諸實施。經過數月醞釀，袁世凱確定了鴉片專賣的方法和原則，宗旨是「近可以抽大宗之膏捐，遠可以為自強之基礎」[4]。

除了袁世凱對臺灣專賣情有獨鍾，兩廣總督岑春煊亦頗感興趣，由於粵省財政支絀異常，學堂和警政在在需款，相比之下，臺灣專賣鴉片的收益也就極具誘惑力，《字林西報》傳來的消息說，「粵督現在查得臺灣政府行鴉片專賣法，為歲入一大宗；並查得臺灣警察辦理此事成效卓著，甚堪信用，因思兩廣亦即可以鴉片歲入之款興辦警察」[5]，於是，岑春煊選派廣東法政學堂教務長前赴臺灣考察鴉片專賣和警政事宜。

儘管出洋遊歷考察是清末一大景觀，但如此重視考察境外鴉片專賣實屬罕見。除香港、臺灣外，下一個考察對像是印度的鴉片專賣經驗。兩江總督周馥和直隸總督袁世凱策劃實施了這一計劃。此事緣起，據報界稱，以土抵洋是一個重要的因素：「中國各省雖有本土，而

1　〈論日本在臺灣禁煙事〉，載《外交報》第 241 期，1909 年 5 月 14 日。
2　〈袁督委員查臺灣官賣煙膏章程〉，載《申報》1905 年 8 月 14 日。
3　〈王石鵬參考臺灣專賣煙膏章程〉，載《申報》1905 年 10 月 2、03 日。
4　〈札知議除煙毒〉，載《申報》1906 年 2 月 3 日。
5　〈粵督派員赴臺灣考察鴉片、警察〉，《申報》1906 年 8 月 23 日；〈粵督擬以鴉片歲入辦理警察之傳聞〉，載《申報》1906 年 8 月 30 日。

暢場曾不逮印土十之三,坐失大宗利權,何以處商業競爭之世界?」兩江督轅所設商務局官員劉聚卿特意協商南洋顧問官賴發洛,然後協同精於「西學」的人員兩名,前往印度尋求鴉片製造之法[1]。考察人員乘法國公司輪船沿香港、新加坡一線,向印度進發。派遣鄭世璜(浙江慈溪人)為總辦,洋員賴勿洛(英國人),翻譯沈鑑(江蘇青浦人),文案陸浩(江蘇常州人),此外尚有茶司茶工、僕從等[2]。仔細推敲,這一報導疑點不少,首先,此事非商務局人員所能決斷,各省專賣呼聲甚囂塵上,周馥不能不加意講求[3],袁世凱與周馥為姻親,結納與交通甚勤,袁力主實行專賣,周的行動背後可能有袁;其次,考察人員赴印度取經製造茶土說法疑為掩飾,主要的目的在於調查印度鴉片專賣和徵稅做法。從鄭世璜所上說帖內容來看,言種植之法內容極少,而談論印度徵稅、拍賣以及國家從中收益的內容則極為全面[4],周馥後來的奏陳也全都是印度的鴉片稅則與拍賣情形。看來,此行招牌與事實頗難契合。一九〇四年赴印度談判藏約問題的唐紹儀一行,也對英屬印度的鴉片專賣問題進行了詳細的調查。代表團中翰林院修撰梁士詒具體組織了這一行動。梁士詒年譜的撰者強調譜主本人的因素是這次調查印度鴉片專賣的主要原因,《年譜》說:梁士詒在經過家鄉時,其弟有所囑託,「兄在京供職,宦海升沉,自有定命,此可不論;今赴

---

1 〈派員赴印度研究制土製茶〉,載《申報》1905年5月10日。

2 〈兩江委派茶土各員已過香港〉,載《申報》1905年6月12日。

3 無標題,係一檔館所藏:政務處第2794號檔,約計1905年11月份呈,附周馥奏片,該奏片稱:「欲知印度辦法,非派專員切實考察不知詳細。凡私家記載僅得崖略,《星軺日記》仍未詳明,本署大臣於今年三月委派鄭道世璜赴錫蘭、印度考察茶葉,飭其並將印度洋藥徵稅辦法查明具報。」

4 外界所看到的鄭世璜的說帖是刊於《東方雜誌》第3年第2期上的〈鄭觀察世璜上兩江總督周條陳印錫種茶暨煙土稅則事宜〉,該文內容與周馥所上鄭世璜的說帖內容並不一致,文字簡略不同,有較大的差異。

印度，想在印地有長時間耽擱。夫印度之為患我國者，厥為鴉片煙，望我兄驅除之，以救國人，此不世功業也」，於是梁士詒答應下來。[1] 在印期間，梁士詒經常與唐紹儀商度此事，唐亦甚加贊許。年譜這一說法恐有不全，由於這次在印度對鴉片問題的調查，局面規宏，牽扯較多，若無上層示意，必不能圓滿解釋此事。在印期間，梁氏組織調查印度鴉片的種植、稅則和收入等，不遺餘力，「皆作成詳細報告。大約每年印度政府收入鴉片煙稅約四千萬盧比（每十五盧比合英金一鎊）」[2]。一九〇五年十一月，唐紹儀等歸國後，在袁世凱的授意下，梁士詒等四處運動，周馥是袁世凱的圈內人士[3]，自應首先獲知有關唐紹儀的調查結果。兩江總督周馥擬稿時也反映了唐紹儀等人的意見。按周馥奏陳所言，唐紹儀極力強調印度軍費與鴉片稅收的密切關係：

> 印度養陸軍二十二萬五千，其兵費半取於洋藥地稅、洋藥出口稅、製藥官廠三處，專指此三項為練兵的款，總計近十年之數共得稅（銀）二百四十三兆兩有奇。是以滅緬甸、侵滇邊，倡聯軍，攻西藏，其蠶食中土之策皆印兵是賴。印度養兵之費，非英人養之也，吾國吸洋藥者養之也。英人慮三島不足以殖民，將以印度為立國之中心點，而以藏地、廓爾喀、緬甸、暹羅、巫來由、阿富汗為附庸，內顧中華，又注目於川黔兩粵，

---

[1] 岑學呂：《三水梁燕孫（士詒）先生年譜》（上），第46頁。
[2] 岑學呂：《三水梁燕孫（士詒）先生年譜》（上），第51頁。
[3] 周馥與袁世凱的不尋常關係，時人多有感知，鄭孝胥即為其一，鄭氏日記中有所記載「昨聞愛蒼誦《南京百字詩》，曰：『昔日一科房，今朝督部堂。親家袁世凱，恩主李鴻章。瞎子兼聾子，南洋屬北洋。金陵舊遊處，瓦石響叮噹』，吳人嘲周馥之作也」，中國歷史博物館編，勞祖德整理：《鄭孝胥日記》第2冊，中華書局1993年版，第1052頁。

即將洋藥所贍之印兵為之前驅。」[1]

周馥迫切強調專賣的重要性，並不僅僅依據鴉片稅對印度軍費的支撐作用，亦不單純強調專賣的巨大效益，他還惋惜地回顧說，時至今日，各省土藥稅整頓遠不奏效，後悔當初李鴻章與印度即將達成的專賣協議被朝臣所梗阻，「議已垂成，聞有人言，歸官收買有失政體，議遂中輟，蓋不知印度辦法亦歸官收買，若不歸官收買，加稅愈重，偷漏愈多」[2]。周馥將鄭世璜和唐紹儀的考察結論一併咨呈，堅請政務處主持專賣之議。

幾乎在同一時期，知識界及有關官員也注意到，美國對鴉片專賣也有自己的操作辦法。一九〇六年春天，由美國人主持制定的《菲律賓報告》被譯成中文，刊於《字林星期週刊》[3]。這項關於鴉片專賣的文件是歷經五個月的時間，調查了日本本土、日據時期的臺灣和上海地區、香港地區、以及西貢、緬甸、爪哇、新加坡和菲律賓群島以後，由布倫特主教草擬的。布倫特總結說：「我們見到的唯一有效的法律是日本在其帝國本土和殖民地臺灣的法律，我們可以仿照它的經

---

[1]　無名稱，一檔館：政務處第 2794 號檔案。《申報》的消息儘管靈通，對上述鴉片稅與印度軍費的內容予以節錄刊報，但卻有張冠李戴之嫌，將唐紹儀的來函說成是鄭世璜考察印度的結果，見〈江督咨稱洋藥專賣〉，載《申報》1906 年 1 月 16 日。

[2]　同上；王伯恭：《蜷廬筆記》，第 26 頁，轉見孔祥吉：《晚清佚聞叢考——以戊戌維新為中心》，巴蜀書社 1998 年版，第 130～131 頁。

[3]　托馬斯·D·萊因斯：《改革、民族主義與國際主義：1900-1908 年中國的禁煙運動與英美的影響》，該文載《近代亞洲研究》(*Modern Asian Studies*) 1991 年第 25 期，譯文見中國社會科學院近代史研究所：《國外中國近代史研究》第 25 輯，第 14 頁。譯稿載《字林星期週刊》1905 年 4 月 14 日，第 88～89、104～106 頁；4 月 20 日，第 133～139 頁；4 月 28 日，第 193～195、211～212 頁；5 月 5 日，第 243～244 頁；5 月 12 日，第 295 頁；5 月 26 日，第 374～375、402～403 頁。

驗提出自己的建議」[1]。針對鴉片專賣的收益問題，文件制定者建議：「政府專賣的收入應遵循以下原則，即從鴉片所得收入不得超過與此有關的支出。其目的在於控制、抑制和鴉片的使用和貿易，而不是斂財」[2]。該項報告總的精神是制定三年的鴉片漸禁政策，三年期間美國政府實行專賣鴉片，三年後則完全禁止。這一規定既借鑑了日本在臺灣的專賣模式，又有所區別，即將禁絕鴉片視為專賣制度的靈魂，而將稅收規模限制在特定的範圍之內，這一做法將美國與日本、法國等專賣制度區別開來[3]。隨著美國對中國影響的加強，這一專賣模式在國內也有一定號召力[4]。自此以後，中央和各有關省分對鴉片專賣事宜就緊鑼密鼓地籌備起來。

二　朝野推崇

清廷欲推行鴉片禁政難度較大。對英交涉尚無把握，此其一；官場歷來因循故事，欺上瞞下，上下政令能否暢通亦未可料定，此其

---

[1] 布倫特 1904 年 2 月 6 日致塔夫脫，BP，container 6，轉見戴維・F・馬斯托著，周雲譯：《美國禁毒史：麻醉品控制的由來》，北京大學出版社 1999 年版，第 37 頁。

[2] 美國陸軍部島國事務局：《菲律賓鴉片調查委員會報告》（*Report of the Philippine OpiumInvestigation Committee*），華盛頓特區：政府出版局，1905 年，第 53 頁。轉見托馬斯・D・萊因斯前揭文，第 13～14 頁。

[3] 就專賣收入來說，法國在越南等地實施的鴉片專賣收入頗豐，「惟鴉片一物為法政府之專賣品，故其餉源甚巨，一九〇四年至一九〇七年，所得鴉片稅共六十七萬二千四百鎊，除開支外，尚餘四十二萬〇四百鎊」，載《外交報彙編》，第 92 頁；日本的情形亦不例外，「明治三十年度只有一百五十三萬九千七百六十六元，到大正八年度，竟達六百九十四萬七千三百二十二元。以後雖說逐漸減少，然而在大正十二年度也還有五百〇二萬二千八百〇三元之多」，劉光華：《殖民地財政政策的特殊性》，載國立中山大學法科社會科學論叢編輯委員會：《社會科學論叢》第 2 卷第 8 號，1929 年 6 月 15 日出版。

[4] 〈美使願助專賣鴉片〉，載《申報》1906 年 2 月 23 日。

二；煙農和土商對抗禁政，各省能否應付自如，確難把握，此其三；禁政推行必將喪失過多的財源，籌備與抵補的能力如何，無法預料，此其四。禁政決斷之前，此類難題不可迴避。尤其是中央、地方的新政經費與鴉片稅釐密切相關，禁政決斷尤難作出。分年限期推行鴉片專賣能夠巧妙地將上述難題一一化解，朝野自然積極推崇。

專賣收益龐大、財政賴以支持是朝野推崇的要因。庚子前後各類專賣方案陸續推出，對鴉片歸官專賣的收益也就有各種不同的推求和估計。

庚子之前，清廷根據總稅務司赫德的調查和建議，預計對土藥稅釐加強整頓後，能夠獲取的有效收入是 2000 萬兩（白銀）[1]；民國初年，美國一家雜誌對清廷每年鴉片稅釐收入的總數曾有估計，「政府統共收入之鴉片稅，連印度鴉片之進口稅在內，約計自三千萬金元至四千萬金元」[2]。如上兩種數字不可相混，前者係指土藥稅收入，後者則包括洋藥稅在內的一切鴉片稅收入。一九〇二年法國西貢稅務司有人來華活動，並請法國駐華公使代為出面，要求包辦中國鴉片專賣，所開出的代價是 2000 萬兩（白銀）；德國瑞記洋行蘭格也拚力爭取此事，並開出巨額回報，志在必得[3]。劉坤一在與張之洞討論官收洋藥進行專賣時，擔心虧本難行，建議緩議此事；張之洞則躊躇滿志，認為先與英國議定，將來華洋藥承包兩年，「事甚活便，斷無賠折之理，更無慮洋款難還矣」，極力強調此策十分重要，系籌款大策[4]。鴉片專賣

---

1 〈戶部奏請在土藥繁盛各處設立總局仿洋藥稅釐並徵摺〉，朱壽朋編：《光緒朝東華錄》第 4 冊，第 3963～3965 頁。

2 陳庭銳：〈鴉片問題之結束〉，譯美國《評論之評論》雜誌，載《大中華》第 2 卷第 12 期，1914 年 12 月 20 日。

3 〈致軍機處、外務部、戶部、保定袁制臺、江寧劉制臺〉，〈致京袁制臺、江寧劉制臺〉，《張文襄公全集》，第 5780～5782、12825～12826 頁。

4 〈致江寧劉制臺〉，《張文襄公全集》，第 12473～12474 頁。

的收益，《江楚會奏變法三摺》中的推求較為詳明，該項收益包括兩個部分，一是成本和稅釐，總計5000萬兩；二是「二成加價」收入，「除稅釐照數撥還海關外，計每年可得盈餘一千萬兩」。開辦專賣之初，必須籌銀1000萬兩，分十年歸還，還款期間，每年得銀700萬兩，借款還清之後，「歲盈八百萬兩，洵為巨款」[1]。這僅僅是針對來華洋藥的專賣收益，十幾倍於洋藥的土產鴉片尚未計算在內。

一九〇四年貝子溥倫對鴉片專賣的利益亦有推測。他在列舉新加坡鴉片專賣利益巨大的情形後說：「若中國各省舉辦，當百倍於新加坡等埠」，按其所論，「新加坡煙膏公司每月交稅四十萬元」，一年之內即有近500萬元，照其「百倍」理論推算，中國每年則能夠獲得4億至5億元收益[2]。四個月後，日本駐華公使內田康哉建議戶部收買鴉片煙膏，歸官批發，「每一兩徵收費用二錢二分，約計每年可得一萬萬兩，以供賠款及新政經費之用」[3]。對洋藥實行專賣的收益計算，較為著名的是黃遵憲一八九六年前後所作的計算，黃氏去世後，其建議設官局以銷售洋藥的主張被《東方雜誌》刊布，廣為傳播，影響巨大。其計算方法如下：

> 由中國設立官局，凡洋藥買賣統歸於局，照通行賣價酌加一倍，以當課稅。以百斤價（銀）五百兩計，准六萬擔為則，初年可增稅（銀）三千萬兩。以三十年通計，逐年減一分，共增稅四十六千五百萬兩。初辦十年應增稅二十五千萬又五百萬兩，中間十年應增稅十五千萬又五百萬兩，後十年應增稅五千

1　劉坤一、張之洞撰：〈江楚會奏變法三摺〉，第175～177頁。
2　〈貝子溥奏敬陳管見上備採擇摺〉，一檔館：總理練兵處全宗。
3　〈日公使提議鴉片專賣〉，載《申報》1905年4月16日；〈阿片煙膏擬歸政府專賣〉，載《申報》1905年5月8日。

五百萬兩。[1]

　　看來僅洋藥專賣一項的收益每年可達（銀）3000萬兩，土藥產量十幾倍於洋藥，專賣的利益更不可限量。從京師到各省，朝野上下積極醞釀專賣一事，大有取代各省統捐的趨勢。一九〇五年五月初，清廷對日本公使的專賣建議就有善意回應，態度積極[2]。兩江總督周馥對印度的專賣調查結束以後，摻以袁世凱、唐紹儀等人的意圖，擬稿入奏，請求舉辦全國的專賣事宜。商部對此態度積極，初次對鴉片專賣表態是在一九〇五年十二月底，該部在向各省督撫諮商的事項中就有鴉片專賣的問題；中國駐墨西哥參贊梁詢建議由中央收買洋土藥，歸官專賣。商部對這一建議極為支持，批示「洋煙流毒耗神損財，該參贊所著論議多有可採」[3]；在致各省督撫的咨文中，要求各省對收買洋土藥一事進行籌備，並飭令各省州縣切實辦理土藥收買的前期準備事項[4]。戶部亦有良好的回應。此前，張之洞的幕員蒯光典曾建議戶部尚書鐵良，以日本的專賣經驗來指導中國實行鴉片專賣，一為籌款良策，二為禁止鴉片之法，集成巨款後，可以撥歸海陸軍經費，亦可用於路礦建設。蒯氏稱，鴉片專賣應當作為「直接專賣品」，利益巨大[5]。這一說辭對鐵良影響至大。鐵良計劃在年底以前將專賣章程定妥，明

1　〈擬設官局以販洋藥議〉（嘉應黃公度先生遺著），載《東方雜誌》第3年第9期，1906年10月12日。
2　〈阿片煙膏擬歸政府專賣〉，載《申報》1905年5月8日。
3　〈商部咨各省督撫文（為曉諭赴墨華工及官賣鴉片事）〉，載《申報》1905年12月28日。
4　〈商部為鴉片專賣事致各督撫電〉，載《申報》1906年2月11日。
5　蒯光典著：《金粟齋遺集》，第302、304頁，《叢刊》正編，第304號。

年（1906）春天開辦[1]。兩江總督既看直隸舉動，又探測湖北底細[2]，聲氣應求之中，有關省分開始步入運作階段。

影響禁政決斷的因素中，鴉片專賣收益巨大僅僅是一個方面。此外，尚有兩個非常關鍵的因素，對禁煙上諭的制定起了決定性的作用，這就是戶部奏摺與駐英使臣汪大燮的籌劃，兩者交相影響，各有不同的作用。

一九〇六年初戶部提出「分年禁煙」的計劃，其宗旨是「以榷煙為禁煙」，該部解釋說：「與其求徵稅之方，稅仍不旺，不如行禁煙之策，害可永除。況乎不言徵而稅實徵於無形之中，民之蒙其利者猶或俟諸異時，國之收其利者不啻得之今日」，此項宗旨儘管未能確定禁煙的具體期限，但畢竟提出了禁煙的問題[3]。戶部此摺的背景較為複雜，趙爾巽甫任尚書，即與湖廣總督張之洞探討全國辦理土藥統捐的問題，張氏持消極態度[4]，通國辦理之議不得不作罷；此前，出使意大利大臣許珏奏陳該國榷煙大略，請求中央先將國內土藥試辦專賣；袁世凱也奏請中央飭令戶部籌議整頓鴉片膏稅。兩摺奏上，內廷諭令戶部籌議，故有此奏。這一奏摺實質上仍是追逐鴉片利益，但手法有別於前。其核心的部分仍是推行國家壟斷、官膏專賣的計策。

禁煙必有財政風險，戶部非不知之。既可化解風險，又能禁絕鴉片者，只有專賣一法。在規定的年限內[5]，由此法所獲得的收益當然十

---

1 〈奏請開辦官膏〉，載《大公報》1906 年 1 月 5 日。
2 〈南省鴉片官賣先聲〉，載《申報》1906 年 2 月 1 日；〈江督擬實行鴉片專賣法〉，載《大公報》1906 年 2 月 20 日。
3 〈戶部奏洋藥土藥害人耗財擬嚴定分年禁法畫一辦法摺〉，載《東方雜誌》第 2 年第 2 期，1905 年 3 月 30 日；《政藝通報》，「光緒乙巳」，第 8~11 頁。
4 〈致京戶部趙尚書〉，《張之洞全集》，第 9194 頁。
5 此摺並未明確地確定禁煙的年限，只是有模糊不定的說法，「數十年後，內地無復吸菸之人，而洋藥土藥自然禁絕」，這一期限的說法與次年八月清廷確定的「定以十年為限」截然不同。

分巨大，戶部計算的結果非常誘人：「臣嘗考內地種煙之地，約計五六十萬頃，產土近四百萬石。每擔售銀近五百兩，照二成收取，每擔近百兩。合四百萬石計之，抽銀近四萬萬兩。就令收成不及分，抑或藥料充數，臣且折半計算，歲入亦近二萬萬兩。即再減半，亦一萬萬兩。」如此巨大收益，用於新政、償款，等到大局漸定之後，禁煙方能無後顧之憂。禁政的財政風險即藉此化掉，一舉兩得。當然，趙爾巽擬稿時，亦充分考慮了各省督撫的立場，特意解釋此舉對各省並無窒礙，反而有益，諸如款項回籠時間提前、充納之數較舊時提增多、戶部可以明確知曉各省的虧款之數並給予劃撥等等。並且，此等妙計出臺，正遇上朝野對鴉片專賣推崇有加，加之日本公使的倡言，內廷自然樂得從事。

三　禁政諭旨發佈的內外因檢討

清末鴉片禁政是一個與新政改革相因應的重要問題，禁政所涉及之諸問題多與時局變遷、以至中外關係的流變甚且相關，尤其是一九〇六年九月二十日樞垣上層進行禁煙決策並發佈禁政諭旨的導因問題，與內政、外交均有兼涉，更具典型。上推近賢，下迄今人，承學之士於此多有精當著述。無庸諱言，禁政決斷之遠因近因與決斷牽制因素的討論，其中的故實認定和考證均不應含混。但既存中外著述中，就禁政諭旨的緣起與導因的判斷而言，許多關鍵環節的討論似有疑問，揆諸史料，咫尺之間的物事猶易傳訛，含混記述與誤作判斷之處在在皆有，恐不足徵信。此處僅就一九〇六年九月禁煙諭旨的直接起因問題試作梳理，欲求盡量還原歷史之真相，在尊重前人研究的基礎上，著重就幾個語焉不詳或判斷有誤的關鍵問題進行了梳理和分析：

一是唐紹儀對九月二十日禁煙上諭發佈的影響和作用問題應作如

何評價。該問題的提出源於西方學者多肯定唐氏對上諭制定的直接影響。本文則從唐紹儀一九〇五年初赴印度談判至一九〇六年九月二十日上諭發佈前的主要外交活動問題入手，考證此間鴉片政策的變動情況，進而認定唐紹儀與禁煙上諭的制定和發佈並無直接的關聯。

二是汪大燮六月初禁煙奏摺問題的討論。論者多肯定汪摺對上諭發佈的直接影響，但在英國政府並未就改變對華鴉片政策向中國主動作出保證的前提下，清廷卻「單方面」作出了禁煙的決定，就以往歷史來說，這是一種反常的舉動。清廷對國內媒介關於英國議會禁煙的信息與對汪大燮傳遞的禁煙信息做了不同的處理，本文據時人函札材料等旁證了汪氏兄弟（汪康年和汪大燮）與對禁煙決策起決定性影響的軍機大臣兼外務部尚書瞿鴻禨的非常交往關係，並試圖推測這種非常交往關係對樞廷接納汪摺所起的關鍵作用。

三是討論美國傳教士杜布西（H. C. Dubose）等人的聯名請求對禁煙上諭的影響問題。過往論者多主張杜布西等人的上書直接對禁政決策產生影響。本書據當時媒介的有關報導以及清外務部的有關答覆，對學術界流行的這種判斷作了否定的考證，從而認定杜布西等人的聯合上書並未對禁煙上諭的制定產生直接影響。

一九〇六年九月之前，鴉片禁政活動即已推展多次，但終因未具規模，或虎頭蛇尾而未成正果。究其原因，除了英國鴉片政策的負面牽制以外，財稅餉項上的過分依賴是一個主導性因素，各地新政事項之推行，更強調了對鴉片稅釐難以捨棄的黏連狀態。從中央到地方，或明或暗地貫徹「寓禁於徵」的所謂禁煙政策，于恩德在其《中國禁煙法令變遷史》中仔細考察了當時的禁煙法令和各地的實踐，據此認為，鴉片為害甚巨的主要原因在於鴉片弛禁與抽稅政策。洋藥、土藥重抽稅釐，開始尚有寓禁於徵的本來意味，但其後則變本加厲，直以鴉片作搖錢樹，禁煙初衷早已拋諸腦後，為了最大限度地聚斂財富，

從而別立種種稅名，濫抽民財[1]。即便是在清廷作出禁絕鴉片政策的前夕，一九〇五年戶部在有關奏摺中雖下決心禁止鴉片，但種因相陳，此摺主旨仍對有利可圖的鴉片稅源戀戀不捨，其禁煙方針的大意是，欲禁洋藥，當先自禁土藥，請求採熬膏由官專賣，以達到減少土藥數量的目的。根據籌劃，專賣局在此交易中，凡土藥售銀一兩，局中提取二錢二分，以二錢解司庫，以二分充局用。所謂「寓禁於徵」的真實意圖從其奏疏中可窺見一斑：

> 國家既得此大宗款項，舉新政，償債金。數年之後大局漸定，用款漸少。於斯時也，分年酌減種地畝數，設熬膏局，以握准吸准買之權，不准商民干預。初並不收膏捐，但令吸食者先買票，彼少壯無癮之人不准買。若無癮而買票，則與有癮不買票者同科以重罰。罰重而人不敢犯，故十年後內地無復吸菸之人，而洋藥、土藥自然禁絕……與其求徵稅之方仍不旺，不如行禁煙之策，害可永除。況乎不言徵，而稅實徵於無形之中，民之蒙其利者猶或視諸異時，國之收其利者不啻得之今日。[2]

遞降而論，類似的言論在外省督撫和幕僚中迭見不鮮。西人所辦的《時報》對袁世凱醞釀中的鴉片專賣計劃作了透露：「北洋大臣已議

---

[1] 于恩德：《中國禁煙法令變遷史》，（臺北）文海出版社1973年版，第108頁。
[2] 這份奏摺為文周納，頗費安排，開始部分反鴉片的意味極濃烈，「竊自洋藥之毒已深，土藥之禁已弛，始圖抵制，終至氾濫。內而年增數千萬無形之惰廢，外而年鑠數千百萬立罄之膏脂，國計民生兩受其害。故中西智士咸謂中國欲為自強計，為致富計，均非禁煙不可」，「與其求徵稅之方仍不旺，不如行禁煙之策，害可永除」；奏摺中有一句話當為關鍵，即「一禁則百難畢集」，可供選擇的方案自為推行「寓禁於徵」，不過折中已改為「官膏專賣」。見〈戶部奏洋藥土藥害人耗財擬嚴定分年禁法劃一辦法摺〉，載《東方雜誌》第2年第2期，〈內務〉。

定鴉片專賣之法，擬從英國購買製造鴉片絕大機器，其價額百四十萬元，計此等機力每日能造鴉片煙三萬斤，按目下計劃實行專賣法，則每年可得一億元，此亦國家之一大利源也。」[1]至禁煙上諭發佈的前一個月，鄭孝胥猶向端方進言鴉片專賣之策，「余為午橋言製械之急，可議官包進口洋藥，而加抽土藥稅，既為禁吸菸之預備，十年之內，所得足資制械之用矣。申言其理致，舉座皆然之」[2]。鼎革之際，近賢籲請變革時局，新政之見粲然具陳，而舉百端大政無不需資，晚清的工商發展滯緩，鴉片重稅徵禁之思路種因悠久，故導致新政經費羅掘的方法也易涉雷同，鴉片問題遂呈禁與不禁的弔詭之態。

一九〇六年為朝廷推行新政改革的關鍵年代，百廢待舉，需款孔殷，作為朝廷財政中樞的戶部與各省的財政機構均被各種新政要項所困擾，騰挪挹注，捉襟見肘。恰在此時，朝廷作出了反鴉片問題的重大決策，顯然已將禁煙運動納入新政改革的框架之內，它意味著樞廷上層已下決心逐步地放棄鴉片稅釐這一不可或缺的財政支柱。無論從朝廷的鴉片政策史角度，抑或是晚清的財政史方面，這個諭令的宣佈均可視作重大的政策性的轉軌——以致於英國駐華公使朱爾典倍感吃

---

[1] 《時報》1906年3月21日。國內的媒介比《時報》更早地關注到此一問題，但在報導時，礙於時流，不得不作了巧妙的處理，「據西報云：某省因創辦洋藥專賣事宜，已由英國定造燒膏機器一具，價值更計四十萬元。聞此種機器每日可出煙膏三十萬斤」，見〈實行洋藥專賣之先聲〉，載《大公報》1906年3月18日。

[2] 中國歷史博物館編，勞祖德整理：《鄭孝胥日記》（第2冊），（北京）中華書局，1993年版，第1051頁。1909年2月的上海萬國禁煙會上，鄭孝胥為中國首席會議代表端方擬定的演說詞，又將鴉片專賣問題視為會議討論的主要議題，「然禁煙而不專賣，則人數無可調查，即政令權力無可設施」，《中國代表端午帥演說詞》，載《申報》1909年2月2日。

驚，認為這無異於「自殺」政策[1]。「鴉片問題」是中英之間在近代國際貿易問題上的產物，一端是拚力抵制鴉片的中國，另一端則是策劃、支持和縱容對華鴉片貿易的英國，作為全球貿易的主要媒介，鴉片對英屬印度和英國本土具有戰略性和全局性意義，[2]他們歷來曲意維

1　《申報》1906年9月23日報導了朝廷於20日發佈的禁煙上諭：「自鴉片煙弛禁以來，流毒幾遍中國，吸食之人廢時、失業、病身、敗家。數十年來日形貧弱，實由於此，言之可為痛恨。今朝廷銳意圖強，亟應申儆國人咸知振拔，俾袪沈（沉）痾而導康和，著定限十年以內將洋土藥之害一律割除淨盡。」該上諭發佈10天以後，駐華英使朱爾典以驚訝的心態評價該政策變化：「數年以來，中政府方欲搜此（指鴉片稅餉）以歸中央，蓋或為朝廷所用，或為地方要需（如修濬上海浦江之類），或還各省所舉之債。現今中國國帑即已如此，一旦實行禁煙，必至財力不濟，較之印度政府之棄其餉源實有過之。況山、陝、川、滇四省，固以盛植罌粟為農業，一旦禁之，有不異常掣肘也！」見〈駐華英使朱爾典致英外部大臣葛雷公文〉，載《外交報》第223期，1908年10月9日，該文1906年9月30日發自北京。

2　關於鴉片的重要地位，有學者作了這樣的描述：英國人在中國發現了吸鴉片的陋習，馬上在印度大量種植，以印度鴉片換取中國茶葉和白銀，茶葉運至北美售得高價。19世紀英國人搞工業革命，開出匯票到已獨立的美國買棉花，美國人則憑藉英國匯票到中國買茶葉，中國人然後以匯票購食鴉片，不夠則以白銀補足；英國人以中國白銀買到生絲，用不完的白銀則又運回印度鑄造銀幣，絲茶運回歐洲發大財。這是澳洲學者黃宇和先生描述的英國鴉片的「妙用」。參見澳大利亞悉尼大學黃宇和教授未刊稿：《全球一體化旋風中的近代中國：從葉名琛檔案談起》。在英國鴉片政策改革之前，單就對印度餉源而論，鴉片的「妙用」仍不遜色，根據1906年10月29日英國《斯丹達報》對鴉片與印度財政關係所供資料，舉證如下表：

1899-1906年印土出口與印度所得餉額表（價值單位：鎊）

年代	1899	1900	1901	1902	1903	1904	1905	1906
出口	4750674	5649143	6303624	5681990	5344623	6980110	7082295	6314511
餉額	2220308	2670589	3312663	3240068	2846869	3506178	4050999	3590600

資料來源：〈論中國禁煙〉（譯自英國1906年10月29日《斯丹達報》），載《外交報》，第167期1907年1月18日。

職是之因，印度總督額爾金伯爵才聲稱：「英政府果為此舉（令印度減種、減運鴉片——引者），是實侵犯個人之自由，捨棄浩大之軍餉，而使謀利者不滿於英廷，且印度之屬英者，雖得禁止，印人之私有土地亦何不可私自營運耶？」（《外交報》同上期）。

護這一貿易，兩次鴉片戰爭、鴉片經濟的膨脹等皆起因於此，朝廷過去推行鴉片禁絕和弛禁政策的交替輪迴，主要的原因也在於此。據此可以判斷，一九〇六年九月朝廷決定推行禁政的直接導因，除了國內籲求改革的道德、輿論壓力之外，另一端的英國鴉片政策的調整當屬要因。在這一基本的邏輯判斷上，中外鴉片史專家沒有太多分歧。但在具體還原歷史真相的過程中，西方史學界與國內學者的觀點卻大相逕庭。

約略而論，對影響九月二十日禁煙上諭直接有關的重大因素，過往研究者見仁見智，各自認定不同的根因。西方學者多強調晚清外交重臣唐紹儀在向慈禧轉述英國鴉片政策變化中，對朝廷鴉片方針的更新起了決定性影響，且將這種行為的時間提前到一九〇五年後期[1]。其次，認定一九〇六年五月末英國議會變更對華鴉片政策，從而導致了英政府對華發出了積極的改變以往鴉片政策的照會，且對此大加渲染，認為樞垣上層的決策賴其影響極大[2]。幾乎大部分鴉片問題著作均

1　托馬斯・D・萊因斯：《改革、民族主義與國際主義：1900-1908 年中國的禁煙運動與英美的影響》，該文載《近代亞洲研究》（*Modern Asian Studies*），1991 年第 25 期。此結論依據之史料有四：即《近代中國史事日誌》（下冊），第 1238 頁；唐紹儀：《在英國禁煙委員會上的演說》（1909 年 2 月 12 日，倫敦），載《中國之友》第 26 號，1909 年 4 月；《中國（第 1 號）1908 年》，英外交部《有關西藏的進一步報導（第 3 號）》；〔英〕Lim, Margaret Julia Beng：《英國與印中鴉片貿易的終結（1905-1913）》（未刊博士論文，倫敦大學，1969 年）。近人岑學呂編：《三水梁燕孫（士詒）先生年譜》在記敘 1905 年 9 月以後，譜主與唐紹儀的有關活動時，也多強調唐氏對朝廷決策的影響，見該書第 56～57 頁。

2　馬丁・布思：《鴉片史》，第 179 頁。文中認為：「1906 年，在英國聲明的促進下，中國皇帝宣佈了一個律令，要求禁止吸食鴉片並關閉所有的煙館」；民國時期的禁煙名士羅運炎在其《中國煙禁問題》（大明圖書公司，1934 年）也持此觀點；蔣秋明、朱慶葆：《中國禁毒歷程》引述羅運炎的材料同樣堅持認為，英國政府在議會辯論之後立即給中國一個照會，影響中國的禁煙決策。

提到美國傳教士杜布西等人的聯合上書對朝廷禁煙決策的決定性或直接性影響，儘管各種表述的方式有差別[1]。部分學者肯定了清朝駐英國公使汪大燮上達政府奏摺的直接影響，但對該奏摺背後樞臣的決策等問題未加釐清，僅轉述近人劉彥所著《中國近時外交史》中的斷語：「軍機大臣瞿鴻禨以汪（大燮）駐倫敦，主張禁煙必有把握，遂議決」作為交代，含混表述尤為明顯。平心而論，以往之研究著述，已大體勾畫了禁政決策前後的歷史脈絡，惟重要故實之認定與辨誤確為必要，茲循序考證如下。

（一）唐紹儀作用的認定

如前所論，單獨認定唐紹儀對清廷禁煙決策產生直接影響的學者主要來自西方國家。一九九一年美國學者托馬斯·D·萊因斯在《近代亞洲研究》（*Modern Asian Studies*）第二十五期上發表《改革、民族主義與國際主義：一九〇〇至一九〇八年中國的禁煙運動與英美的影響》一文，其中有如下斷語：

清廷禁絕鴉片的決定顯然是一九〇五年九月以後才作出的，而且以唐紹儀的報告和請求為依據。一九〇五年，唐紹儀在印度調查榮赫鵬西藏探險隊的影響時，瞭解到英國可能同意停止其對華鴉片貿易。一九〇五年九月十六日，唐紹儀從加爾各答回國，向慈禧報告了英國對半個世紀以來的舊鴉片政策的驚人改變。但他同時指出，英國這個政策的轉變將以中國停止種植和吸食鴉片的證據為前提[2]。無庸諱言，

---

1 這一點，在禁煙政策史和基督教傳教士等問題的著述中尤為明顯，于恩德所撰《中國禁煙法令變遷史》更具代表性。

2 譯文見中國社會科學院近代史研究所：《國外中國近代史研究》，第 25 輯。這是其博士論文《1900-1937 年中國與國際的鴉片政策：改革、稅收和不平等條約的影響》（未刊，克萊爾蒙特研究院，1981 年）中的一部分。

該結論基本上是清末英國駐華公使朱爾典看法的翻版[1]，相對於禁煙上諭的發佈，朱爾典來華任職的時間較為短促，且一直與外務部侍郎唐紹儀交往，關係自來密切[2]，其他影響因素的消長互動為其忽略實屬自然，僅在這一點上朱爾典的看法也不無偏至。

唐紹儀在一九〇五年後關注鴉片問題，實與梁士詒有關。一九〇四年十月清政府組成以唐紹儀為首的處理西藏問題的談判班底，其中即有翰林院編修梁士詒。十二月份梁士詒赴印度途經廣東三水岡頭鄉里省視親人，其弟梁士欣囑其「今赴印度，想在印地有長時間耽擱。夫印度之為患我國者，厥為鴉片煙，望我兄驅除之，以救國人，此不世功業也」[3]。在印度談判間隙，梁士詒「日感於五弟士欣臨別贈言」，猶急謀驅絕鴉片之計，在唐紹儀的支持下，梁氏派人調查與鴉片有關的一切信息，「凡種煙地點、時期、割膠、製土、稅則等，皆作成詳細報告」，「先生既明內容，乃計劃交涉，籌擬種種方略，以備回國後施行」，在返回國內途中及其以後一段時間，梁氏即與唐紹儀磋商，唐擔心兩點：一為對英交涉之難，一為樞臣之阻撓。梁即申論：

> 第一點，英國以印度煙土禍害中國，不惜在廣州開戰；此皆怡和、太古（Butterfield & Swire）兩洋行之中外人助成之，為

---

[1] 1906年9月20日清廷發佈禁煙上諭，10天之後朱爾典就上諭問題向英國外務大臣葛雷作了第二次匯報，認定「此次宣播諭旨，實為唐侍郎紹儀所提議，唐在印度得聞鴉片詳情，彼與印度財政員柏嘉及印度政府各員……印度部大臣馬黎，近在下議院演說，足見其有意於此，意謂華人既求助於英，亟欲禁煙，而願停運印度洋藥也」，見〈駐華英使朱爾典致英外部大臣葛雷公文〉（1906年9月30日自北京發，11月17日到），載《外交報》第223期，1908年10月9日。

[2] 趙淑雍：《人往風微錄》中認為「（唐紹儀）復去高麗，隨袁世凱主持交涉，因與英使朱爾典為莫逆交」，見《古今》（半月刊），第19期，1943年3月出版。

[3] 岑學呂：《三水梁燕孫（士詒）先生年譜》（上）（以下稱《年譜》），(臺北)文海出版社，第46頁。

英國政治上留永久污點。英國有識之士至今猶以為恥。然印度政府每年收入煙稅不過四千萬盧比。倘中英合議，能籌出一筆款項，以抵此款，外交上當無問題。至第二點，樞臣之是否贊助，不過因疆吏所管關稅之收入，主張慎重。查自煙臺修約後，印度煙土每六百顆為一箱，每箱徵稅銀一百一十兩。為數亦屬有限。只需有力者提倡而堅持耳。[1]

唐紹儀一時無法決斷，即將希望寄予袁世凱，[2]回國以後遊說於袁，袁即表示：「事故應為，但恐朝貴以為得罪外人，不肯為耳。今仗子三寸不爛之舌，先從外交上著手，予當與燕孫商定，分函各朝貴，力促成之」。[3]在袁授意下，梁士詒「四處運動，事機漸熟」。在國內籌劃期間，由於朝中百事乖弛，度支窘困，梁氏原來的思路在與樞臣結納運動中隨世俱變，原來「中英合議，籌出一筆款項，以抵此款」的計劃漸為「鴉片官方專賣」計劃所替代。按鴉片專賣的構想實導源於一九〇一年「江楚會奏變法三摺」，其第三摺「採用西法十一條」中即主鴉片官局專賣。這一專賣計劃在提出以後幾年並未實行，[4]卻以唐紹

---

1 《年譜》，第 56 頁。
2 長期以來唐與袁的關係至為密切，關於兩者之結納情況，夏敬觀研究後認為，「紹儀初游朝鮮，值袁世凱充商務督辦兼理交涉事宜，一見契合」，「紹儀留美久，特嫻習國際情勢，賴袁世凱援引，一躍而位登卿貳，私恩最深」，見夏敬觀：《唐紹儀傳》，《國史館館刊》第 1 卷第 2 號，1948 年 3 月出版；李恩涵先生也持同樣的觀點，見李恩涵：《唐紹儀與晚清外交》，臺北中研院近代史研究所：《近代史研究所集刊》第 4 期，1973 年。
3 《年譜》，第 56 頁。
4 劉坤一、張之洞：〈江楚會奏變法三摺〉，（臺北）文海出版社：《近代中國史料輯刊續編》，第 471 號，第 175～181 頁。儘管 1902 年 7 月，法國和德國商人提出「請不論洋藥、土藥，概由商人熬膏發賣，獲利均分」的誘人計劃，且「謂每年中國可得兩千餘萬，足敷賠款」，但張之洞以「慮其深入腹地擾民滋事」為由，未加

儀赴印度談判為契機，大張旗鼓地推展開來，尤以一九〇六年一月份以袁世凱領銜，各省總督聯名電請外務部，要求與英談判，以掃除鴉片專賣的外部障礙這一事情為標誌，這是當時堅拒鴉片的梁士詒折衝樽俎、「四處運動」的唯一結果，其背後的政策底蘊已暗暗改觀，《大公報》和《萬國公報》的報導即判然有別。《大公報》一九〇六年二月一日在《中英議商煙土辦法》的標題下作了如下報導：

> 聞各省總督聯名電請外務部，擬於中國各省舉辦洋藥專賣權，請即與英使開議，一面漸漸減少印度煙土進口之數目，一面限止本國種煙，仿日人在臺灣舉行之法，務使中國人吸菸之害於三十年內斷絕。英國與中國睦誼既深，諒亦樂助中國以掃除此弊也。

《萬國公報》的報導較晚一些，但與《大公報》的門徑不盡一致，一九〇六年四月份（第 207 冊），該刊以《論鴉片為中國之大害》為論說標題，對該行動作了說明並作了切中肯綮的評論：

> 近聞北洋大臣袁慰帥聯名呈請外務部，擬商諸英國，減少由印度進口鴉片。英國公使答以俟中國確有禁煙之憑證，如各處自種之土實已減少，則英國政府必可照辦云云。可見外人疑中國之行此新章者（指鴉片專賣計劃——引者），乃貿利之主義，非禁煙之主義也……今英國公使之為此言，正中國禁煙之絕大機

允准；在此期間，日本駐上海總領事小田切萬壽之助亦建言張之洞：「官熬煙膏，可籌巨餉」，張同樣未作首肯。可見，「官局煙膏專賣」自「江楚會奏」之後，中外朝野人士均甚看重，但亦僅限於思想和言論層次，並無見諸行動。見許同莘：《張文襄公年譜》，（上海）商務印書館 1946 年版，第 156 頁。

會，此次之宗旨果出於利己之心與？抑出於愛民之心與？誠萬國所同注目者也。

河山依然，門巷如故，鴉片專賣之策依然風行於樞廷上層，戶部、商部、直隸、廣東、江蘇等中央、外省大員陸續籌謀鴉片專賣事宜，從而導致英國公使、各地領事與中方的外交糾紛，抗議照會往來不絕，迭見報端[1]。至於唐紹儀的作用問題，在一九〇六年十二月之前主要是主持和參與了幾項重要的外事談判[2]，並大獲聲譽，令政界側目。梁氏在「四處運動」中，或許得到唐之鼎助，但恃外交襄助其後，從而解除樞廷禁政的困境。唐紹儀介入鴉片問題的正式談判，應該不早於一九〇六年十月份。媒介報導即為旁證，《申報》對唐紹儀的行蹤

1　此類糾紛和英國的抗議主要見諸各種媒介的報導，例如：《（戶部）奏請開辦官膏》，載《大公報》1906 年 1 月 5 日；〈中英參酌洋藥專賣章程〉，載《大公報》1906 年 3 月 15 日；〈實行洋藥專賣之先聲〉，載《大公報》1906 年 3 月 18 日；〈某國干預膏捐之糾葛〉，載《大公報》1906 年 3 月 19 日；〈電覆岑督膏牌費事〉、〈（商部）咨查各省鴉片〉，載《大公報》1906 年 3 月 27 日；〈商務匯志〉、〈外務部覆江督言鴉片專賣事〉，載《外交報》第 136 期，1906 年 3 月 25 日等。時至 1906 年 11 月份《泰晤士報》仍對中國的鴉片專賣事宜耿耿於懷，見〈西報對於中國禁煙之評論〉，載《申報》1906 年 11 月 25 日。

2　唐紹儀署外務部侍郎（1905 年 11 月 16 日）之後，畢力從事的外交談判主要有：參與中日東三省善後會議談判，約至 12 月 29 日前後；與俄使璞科第談判東北善後問題，1906 年 1 月 23 日開始，約至 1907 年 8 月；同時與英使薩道義談判西藏問題，1906 年 4 月初 4 日簽約畫押；2 月 25 日至 6 月 20 日與法使談判南昌教案問題；另外，1905 冬與英使朱爾典、濮蘭德議滬寧路管理權問題，至 1907 年 3 月時仍無具體協議；1906 年 7-9 月與中英公司談判廣九鐵路借款合同。如上談判事項，見李恩涵前揭文。這些談判，誠使其獲譽非少，出使英國的汪大燮即至為佩服，「唐少川實當今外交最高等之人，有心思，有手段，不多見也」，見上海圖書館編：《汪康年師友書札》，（上海）上海古籍出版社 1986 年版，第 842 頁。另據近人劉彥在其《中國近時外交史》中認為，袁世凱以增大中央財源為主義，致使中英鴉片問題談判失敗。此為一說，史料不足，存疑。

就有所關注，其一九〇六年十二月二十五日的報導稱：

> 署外部侍郎唐紹儀赴營口新民廳，與日本官員商議鐵路各事，已於本月十二號回京。不日將與英使開議減少印度鴉片進口，以及限制各省種植土藥之法。[1]

臺灣李恩涵先生在研究了唐紹儀與晚清外交問題後，也得出了類似的結論[2]。據如上考證可以認定，一九〇五年九月十六日自印度回國後，至一九〇六年九月二十日禁煙上諭發佈，唐紹儀對上諭的影響並非是決定性和直接的。當然，近兩個月以後，會議政務處擬定的禁煙章程則是唐氏直接參與和影響的結果，此後的對英鴉片問題談判也賴其力甚大。

（二）汪大燮六月初奏摺討論

中外學術界對清末禁煙的原因均有所討論，國內學者多強調汪大燮奏摺的直接性影響，另有部分國內外學者則突出五月三十日英議會辯論所導致的英國給中國發去的照會產生的影響，也有兩種因素雜糅一處，含混表述者，未加釐清之判斷在在皆有。恰好在禁煙上諭發佈

---

[1] 《申報》1906 年 11 月 18 日在〈美教士入都提倡禁煙善舉〉一文中，隱約也提到此事：「外部侍郎唐紹儀擬派人赴各省普勸眾人戒煙，並云，以後數年中國辦理禁煙一事亟需有人設法相助也。」

[2] 李文認為：「同年（指 1906 年——引者）九月廿一日，唐氏雖然轉任為郵傳部左侍郎，主管鐵路與郵政等事，但仍兼署外務部右侍郎及會辦稅務大臣；並實際主持清廷禁絕鴉片流毒的計劃」，「同時期內唐紹儀也極力敦促政府採取有效地禁絕鴉片流毒的措施。光緒卅二年 1906 年 10 月 15 日，上諭頒佈唐氏草擬的禁煙章程十條，定期十年完成禁煙；先一日，外務部並以節略遞交英使，請其合作。此後唐氏又奉命全權辦理此事」，見李恩涵前揭文，第 82、103～104 頁。

近一個月後，《申報》曾就上諭發佈的原因專門作過報導：

> 朝廷前聞英國志士創議禁止鴉片煙，深嘉其用意之仁厚；駐英汪使亦有電奏，力陳英之輿論均以禁煙為請，英政府亦甚韙其議。我國宜乘此時機，下詔禁煙，使多年痼疾一旦捐除，實為切要之圖等語，故而特降上諭，嚴禁鴉片煙，並以十年為限云。[1]

此處有幾點疑問，首先是該報導未提到意味著鴉片政策鬆動的英國政府照會——此照會被後來者廣為引用，以證明它對禁煙上諭產生了影響；其次，報導儘管突出了汪大燮奏摺的作用，但汪摺所論同樣未對英國政府的態度作出明確的說明（該報導中「政府亦甚韙其議」一語，意思顯然，但未必是指英政府已經改弦更張，緣議會之討論結果與政府之政策更迭當有距離），考慮到這一外交難題尚未解決，而它對清廷決策又具有決定性影響，這篇報導恰恰未對此作出說明。解釋這些疑問，不得不集中在對汪大燮奏摺的理解和樞臣對它的處理這一關鍵性問題上。

就國內信息的來源而言，與五月三十日英國下議院鴉片問題辯論有關的不僅僅是汪大燮奏摺一個渠道，在汪摺尚未到達國內以前，在中文媒介中，與樞廷保持密切聯繫的《外交報》於七月中旬就率先透露了這一信息：

---

[1] 〈紀奉諭限期禁煙原因〉，《申報》1906 年 10 月 19 日。按此文中「電奏」用語不確，事實大誤，汪摺並未以電報形式傳遞，奏摺擬具後僅憑國際郵政途徑達於朝廷，歷時月餘。上海圖書館編的《汪康年師友書札》中，汪大燮對中英間信函傳遞所需時間屢屢提及。

> 閏四月初十日《字林西報》云：英議員條議請禁止鴉片貿易，議院深然其議。印度部大臣摩利謂：中國如能禁止吸菸，印度自當廢止鴉片貿易，雖損一己之利在所不恤。記者竊謂此議今竟出自英議院，誠中國禁止吸菸之絕好機會也。[1]

此後，《外交報》仍圍繞英國下議院的辯論刊發譯論，且著加「按語」警示上層：「按：鴉片貿易，英人亦自知其非理，況印人亦以迫於政府嚴命而始植之乎。我國當局，正宜乘此時機，與之熟商禁煙之策也」，「按：英下議院此議，所關至大，我政府當事，其亦急起直追，善謀其後，以挽回國運於萬一也」[2]。對這些信息，朝廷並未立即作出明確的反映，解釋的原因似乎只有一個，即在此之前，朝廷對《外交報》的報導質量頗有微詞，繼而不加信任，並有收歸官辦的意圖；此時的外務部尚因循乖弛，部員疲沓不振，汪大燮即說「使署自近年久不譯報寄部，部中亦從無人看。敝處近日譯一二段自看之，無關本國者不譯也」[3]，這可以算是解釋樞廷未作反應的理由之一，且未必準確。在這期間，《泰晤士報》駐北京記者莫理循也關注到這一信息，並將其面告唐紹儀，但罔有回應[4]。這是我們理解樞廷對汪大燮奏摺處理

---

[1] 〈論禁煙與外交之關係〉，載《外交報》第147期，1906年7月6日。

[2] 徵引按語見〈論鴉片貿易〉、〈記鴉片貿易問答〉，《外交報》第152期，1906年8月24日。朝廷認為《外交報》報導的信息錯誤率較多，未可遽信，且準備收歸官辦，見〈《外交報》擬歸官辦〉，載《大公報》1906月4月22日。

[3] 上海圖書館編：《汪康年師友書札》（一）（下文稱《書札》），上海古籍出版社1986年，第861頁。

[4] 莫氏於1906年9月8日寫信給瓦•姬樂爾，信中稱「鴉片問題毫無進展。莫萊的令人讚歎的演講和《泰晤士報》上的同樣令人讚歎的社論都已經由外務部一位姓楊的人譯成了中文（我已經把它們拿給唐紹儀看了），現在已為中國人所熟知。但是中國人對於這一質問感到非常難辦，他們目前無意限制他們的鴉片稅收」，駱惠敏編：《清末民初政情內幕》（上），（上海）知識出版社1986年，第464頁。

的基本背景。

汪大燮擬折上奏的原因，論者多主英國下院鴉片問題的辯論為其機緣，此僅一個方面，猶不完整。揆諸汪與其弟汪穰卿的函札往返，汪使之意，在此之前的國外禁煙輿論和跡象對其感觸亦極深。在具折之後，他曾言及此事，約略有兩點：

其一，有感於新加坡對鴉片問題的處理。新加坡是英屬殖民地，華人居多，鴉片流毒極嚴重，儘管新加坡當局賴鴉片稅收為餉源大宗，慶幸的是坡督有袪除鴉片意向，稍加外力影響，可能會收大效。汪使有鑒於此，曾致函中國駐新加坡領事，勸諭禁煙。如果付諸實行，清除流毒，振興華人則是我方收益之一；另外，藉此行動也可偵測英國政府的對華鴉片貿易政策的底線，其時英國下院尚未就鴉片問題辯論，政策走向終未明朗，英國國內輿論與政府所奉行政策間有距離，汪大燮預計此事可兼收兩益。從實際情況看，該項謀畫的實施確實振奮人心，汪氏在來函中說：

> 兄前囑坡領勸人戒煙，孫銘仲請英坡督相助。蓋坡埠所收土稅亦不少故也。英督慨允，毫無異言。英醫生且視為義務，不收錢而為之戒。今商人已集有成數為戒煙會之用，且已租定房一所，可望有效，亦可以卜英人之意見，決不因此要求也。[1]

此事足以證明，英國極力維護的鴉片利益並非堅冰不可消融，其對汪氏之影響可知。中國的禁政較此複雜，因循守舊，虛應故事的積習和依賴毒品稅釐的財政窘況遠非新加坡可比，但朝廷推行新政，朝

1　《書札》，第858～859頁。

野風氣稍有改觀則是一大契機，具摺上奏雖屬冒險，但尚有把握[1]。

其二，英國國內禁煙跡象之促動。汪摺中論及英國人心目中的華人形象，概略言之就是嗜煙、聚賭和纏足，三種惡習被世人詬病，英國知識界中多人知之且多引以為憾，尤其嗜食鴉片積習的養成與英國政府有關，撇開商務和宗教利益不論，僅從道德、風俗層面，英人即憤慨有加，遂遷怒於其政府的淺薄政策。遠溯鴉片戰爭之前，近迄二十世紀初年，英國禁煙輿論和組織即綿延不絕。更使英人羞辱的是後起的日本和美國走在了他們的前面，日本在臺灣禁煙，美國則在菲律賓禁煙，美國在一九〇四年尚有聯日促英禁煙的外交意向，此間媒體曾給予關注：

> 近日美國改正黨特致函於日本公使，略云，方今日俄戰事必有一日之議和，而議和時關係最大者即為中國之一大問題也。故本會之意，日本於此際當與美國同心，且合詞以請於英國，禁止在中國販售鴉片一事……所望今日有志竟成，徑出而勸英國，此乃美人之公見，而亦即世界各文明國之公見。吾知為海約翰（時任美國國務卿——引者）者固無庸膽怯，以有億萬人在其後，而所與除去者，實又為英國最羞辱之一端，以合乎凡從基督教國之本意也。彼俄於滿洲猶不准其人民吸菸，英國則行吸菸之法於中國本部，其為名譽何如？[2]

1　1906 年 11 月前後，汪大燮即道出自己的擔心：「兄自上摺請禁煙時，即籌至此不敢遽，恐有阻力也。萬一辦不到如此，則兄亦可告無罪於天下矣」，《書札》，第 892～893 頁。

2　〈中國除煙之希望〉，《萬國公報》第 192 冊，1905 年 1 月。按美國在此以後承當了發起東亞鴉片問題調查和上海萬國禁煙會議的重任，「意外地」走在英國之前。

所以，英議會辯論鴉片問題之前，反鴉片言論日益興起，且時時給駐英華施以道義上的壓力，促其對朝廷施加壓力，轉過來又極力在媒介和議會中擴張影響。汪使日日為此所浸染，發回國內的信函中極有感觸：「至此間學界、議員中人，兄能鼓動之使我助，斷無別項要求，至多不過請其一飯而已。緣本有多人為兄言，允相助也。」[1] 考慮到英國議會中兩黨對華政策的差異，汪使認為議會之新黨（指自由黨）於我有利，設若其政府更迭，不肯放棄鴉片利益，禁政之發動便孤掌難鳴，故應抓住此一機會，況我國前途始終與此問題相因應，「此事為我國一線轉機，其作用不僅在戒煙已也」。適逢五月三十日英國議會辯論，禁與不禁，傾向明瞭，儘管英政府尚未付諸行動，但印度部大臣摩萊的表態卻是政策轉軌之信號，加之此間媒介推波助瀾，故擬折上奏朝廷實屬必然。

仔細研究汪大燮奏摺的內容，可以發現他所傳遞給樞廷的信息與光緒中期的禁煙奏摺並無實質之不同，折中甚至連五月三十日的議會辯論結果都未提及，英國政府的鴉片政策是否轉變更未加明確之言語。而這些問題恰巧是軍機處討論制定禁煙政策所不可繞過的，以往的禁政皆因投鼠忌器，都未能徹底實行。一九○五年中，唐紹儀的擔心之一即是此外交難題，況且，一九○六年九月禁煙上諭頒佈之前，中英之間因鴉片專賣屢起齟齬，單方面制定禁煙政策談何容易。

事實上，汪大燮奏摺的出現，仍有大吏表示懷疑，只有軍機大臣兼署外務部尚書瞿鴻禨為砥柱，堅信汪摺所言，瞿乃成為這項決策中的關鍵。因此，單由奏摺本身入手難以解釋全部原因。汪大燮在摺子發走以後，對其建議是否能被採納尚抱有疑慮，儘管他認為自己的計劃完美無缺，「自謂章程頗詳密，和平易辦。如果肯行，必可辦到，英

---

[1] 《書札》，第859頁。

亦必無他言。如不欲禁，但欲加稅，反恐有要求也」[1]。汪此時的憂慮主要不在於英國之阻力，而是對朝廷內部百事乖馳，不尚進取之積習抱有擔心，「惟我國向來局於小就，言大則駭聽，為可慮耳」。基於此項考慮，汪在此後即給其弟汪康年和瞿鴻禨分別緻函，著加解釋，特別懇請汪康年在穆公左右暗中策應，裏助善化。[2]

謎結看來只有從瞿鴻禨與汪氏兄弟波譎雲詭的結納中得以解開。雖然瞿氏遺留的該段史料付諸闕如，難以兩面為證，但汪氏兄弟往來密函，卻大量地涉及到他們與瞿氏的密切交往，視自己為瞿師之「切言扛幫」，瞿氏由汪大燮處獲得了大量外交機密，汪也通過其弟向瞿密薦人才，評點樞臣，不遺餘力，為瞿廣為結納，虛與委蛇。從一九〇五年底汪初使英國至一九〇六年九月二十日上諭發佈之前，在致汪康年的信中，屢屢密商此類事項，汪大燮對瞿的私恩和評價也時時提及，略舉數證：

一、瞿師所薦之人，兄豈有不遵者，且瞿師必不薦無用之人，其人又在香帥幕中，更無疑義。前出京時，本欲與瞿師言，求弗放差，但彼時毫無影響。放差一事人且以為美談，烏知必輪到我，是以囁嚅未言，不意今竟及此，然彼時所慮者奧、義、比也。然與其來英，不若義、比多矣。

---

[1] 《書札》，第858頁。
[2] 汪於6月25日擬就兩函，一通專致善化帥（汪稱瞿師），函內語氣，表面為與其弟言事，實則道與瞿鴻禨聽，涉及英、法與日本關於威海衛、廣州灣事、滇緬界務事、英人出遊實為外交事、波斯立憲事和禁鴉片事等。前四事屬信息上達，惟有第四事迫在眉睫，信中明言：「此摺（指禁煙奏摺——引者）七月內必到，請代求師主持」；另一通雖同時擬就，卻獨立成篇，言及他事，但信首即道明其原委，「前信所以另紙者，備弟攜往呈師閱看，既省多說，且更易明白，更易記得，亦可留下也」，《書札》，第858～859頁。

惟奧則與此同，因奧之物價亦昂，而酬應亦大也。【按：此為汪初至英國，於一九〇五年十二月二十九日給其弟信中所言。其時朝廷的外交人員中，以英國為出使的首善之區，汪未加運動即獲致此缺，殊感意外。】

二、比見報章，欣悉善化師相榮協揆，喜慰無似。當朝明白事體，胸中有為國之見存者，曾無幾人。瞿、徐兩樞不可謂一時之傑，居然聯翩直上，時局尚有可望，不特私淑之虛慕已也。想師相渥承優眷，其膽氣必加壯，吾弟在穆公之側，能極力贊助為盼……茲有上師相一函，乞飭呈。此函請弟一閱，閱後封送，見師相時，但言未見信內所言所語，不必說明也。【按：私下臧否人物，連樞臣亦不放過是汪大燮與汪穰卿信函往返中的一個內容，但如此推重瞿，實屬罕見；致瞿函，卻有意途經汪穰卿，為其在左右建言瞿鴻機構築了空間】

三、瞿師意新而行甚穩，實今政府必要之人，弟在左右，能盡力匡扶為妙，此非特我輩恩私之見也……尊言瞿無肩膀，無手段，誠然，吾輩仍不能不望之。比瞿明白而自好者，更無人也。惟有切言扛幫之而已。否則奈何！[1]【按：清末

---

[1] 三段引文均見《書札》，第 835～842、873 頁。劉禺生撰《世載堂雜憶》，曾述及瞿子玖開缺始末，要因即與汪康年有關。1907 年，御史趙啟霖奏參慶王及段芝貴獻楊翠喜於振貝子各案。慶王惡名在外，對慈禧有礙，人皆以為瞿所報復。慈禧乃面諭瞿，要其在軍機處多擔責任。瞿聞命下，以為肅王將取代慶王，遂忘記謹慎，語及夫人。汪康年夫人、曾廣銓夫人在瞿府門牌，瞿夫人將慶王即將例徵之事言及汪、曾兩夫人，汪康年與曾廣銓分別從夫人處得知此信息，汪將刊於自己在北京的小報；曾為《泰晤士報》訪事員，亦將此電告《泰晤士報》。汪之小報影響稍狹，曾廣銓卻為此惹下大禍。見劉禺生：《世載堂雜憶》，（北京）中華書局，1960 年版，第 92 頁。據劉宗向：《瞿鴻機傳》記敘，汪康年為瞿氏門人，假瞿之力，設

廷臣之間，風雲際合，宗派營生，瞿在上層結好肅王、春煊，為慈聖側目，而與慶、袁為敵，中下層則援門生為營壘，廣其結納，上與下均桴鼓相應，汪氏兄弟、曾廣銓等實為中介，「切言扛幫」何能卸責！】

汪大燮奏摺到達軍機處。[1]樞廷大臣得以討論。前述五月三十日英國議會辯論之結果，六月一日即由上海的《字林西報》作了簡短的英文報導，《外交報》先後以不同形式三次報導該消息，七月份的《萬國公報》也間接言及英國政府人員摩萊在議會上的表態，越洋呈遞的汪摺由於也涉及同一問題，才使樞臣重視此摺。但由於尚未得到英國

《京報》抨彈時政。慶邸佯欲乞休，瞿因密奏載灃可繼，而家人瀉其語於康年，康年瀉其語於《泰晤士報》訪員，某公使妻入見孝欽詢之，孝欽驚，遂怒瞿，故被參暗通報館，授意言官，陰結外援，分佈黨羽。參見劉宗向文，載《辛亥人物碑傳集》第 13 卷。此事表面雖夫人外交，然卻足證瞿與汪之密切關係。另據朱啟鈐撰《姨母瞿傅太夫人行述》中說「文慎最為僉邪所惡者，惟主持輿論一事。汪君康年之在滬辦《中外日報》也，遠在庚子以前；汪君，文慎門下士之夙邀賞拔者也。不惟汪君，其時吳越兩省名流以言論係時望者，類皆瞿弟子籍，有知遇感也」，此轉見（臺）蘇同炳：《中國近代史上的關鍵人物》（下），百花文藝出版社 2000 年版，第 798 頁。

[1] 汪摺到達的時間，論者多主陰曆八月初三日到。是根據《德宗實錄》關於 1906 年 8 月 3 日的記載。但汪大燮信中對摺子到達的時間卻做了極有把握的估計，認為此摺七月份必到。此前的信函往返時間，他曾多次計算過，故有此肯定的估計。奏摺到達當日即有上諭似乎不可能。當時英中之間信函、文件往返的時間為 30-45 日（此據汪氏信函大量的記載所推算），汪摺於六月初發出，最遲為七月下旬到達，距離上諭發佈還有一段時間。這段時間裡，汪使於六月二十五日寫給瞿鴻禨和汪康年的兩封信可以到達，瞿可以充分考慮汪氏兄弟的意見，然後對禁煙決策施加影響。由於檔案閱讀的限制，如上分析僅屬推測。

的正式照會[1]，群臣多有疑慮，擔心英國政府從中作梗阻攔，瞿鴻禨本不諳熟外交及國際情勢[2]，但汪氏兄弟的言論非他人可比，對瞿來說，其可信度更高於他人，多種信源均與英國五月三十日議會辯論結果有關，故可力釋群疑，獨當一面，故近人劉彥稱：「軍機大臣瞿鴻禨以汪（大燮）駐倫敦，主張禁煙必有把握，議遂決」。[3]九月二十日的禁煙上諭因而面世。

1　民國時期羅運炎著《中國煙禁問題》和馬丁·布斯所著《鴉片史》，兩書均認為英議會結束後，英外交部立即給中國發去照會，英國願意與中國就鴉片問題談判。後來研究者也據此引述。筆者查閱有關檔案，仔細翻檢當時主要的報紙報導，均未發現有如此照會，倒是有幾則報導可旁證此事之有疑問。首先是《萬國公報》在1906年7月（第210冊）《鴉片毒之源流》一文中說「英國善士則不願久待，故於新議院集議時，特提此款（即要求政府禁煙——引者），不欲再留此遺憾。而政府則謂：必俟中國實有與人民除害之心，而後可允」。其次，《申報》於1906年12月25日的第3-4版，分別報導了兩則禁煙消息，茲錄如下：【1】〈英外部對於中國禁煙之評論〉初七日（即西曆12月22日——引者）倫敦電云：英外部愛華德·格雷伯爵在下議院宣言，英國已通告中國，謂若有擬定鴉片進口及抽稅之辦法，則英國當表同情，預備商議；且自發照會後，已接到中國所擬之辦法矣。譯自《字林西報》。【2】〈西報訪員報告京津禁煙情形〉西十二月北京訪函云：日前駐京英公使朱爾典到外務部會晤慶親王，告以中國如實欲在其境內禁止鴉片煙，則英政府願助中國辦理。政務處擬定之章程十條，已於兩日前送交英公使，電達英政府矣。另外，據《申報》1907年4月17日對禁煙條約簽字一事的報導稱，「當慶邸未病之初，曾偕那、瞿兩中堂往英公使府會議鴉片煙進口遞年減數一節，當時英使朱爾典適接印督來文，於我國禁煙一事頗為反對，故英使未遽允諾，彼此往返磋商數次，漸有端倪，而慶邸已請病假，此事遂從緩辦理矣。」查《英國藍皮書·為中國禁煙事》所載外交函件，1906年10月17日發自倫敦的《英外部大臣致駐美英使達蘭公文》也稱：美要求英國協同調查遠東鴉片事宜及禁運鴉片等事，「本大臣謂須商之於印度部，乃可答覆」，見《外交報》第223期，1908年10月9日。
2　李恩涵前揭文，第84頁。
3　劉彥：《中國近時外交史》，第506頁，此轉引自陳志奇：《中國近代外交史》（下），（臺北）天南書局1993年版，第1160頁。

（三）傳教士杜布西聯合請願書討論

一九〇七年八月三十日的《字林星期週刊》根據杜布西（H. C. Dubose）事後的解釋，作了一篇報導，文中援引杜布西的話說：中國的禁煙法令可以說是一九〇六年八月二十一日近一千四百位傳教士向皇帝提交請願書的複印副本；一九一〇年《教會年鑑》對杜布西此行作了肯定的記載。據此，民國時期於恩德在《中國禁煙法令變遷史》一文中確認其「與政府之禁煙諭旨甚有直接關係」，其後的絕大部分著述均沿襲此論[4]。此事實看來亦大誤，當時媒介報導的外務部對此事的處理情況可大體證明杜布西聯合請願書並未影響九月二十日禁煙上諭的制定和發佈，緣其在時間上有誤差，上諭發佈在先，請願書到京在後。此據有關報導試作梳理分析。

---

[4] 僅有一個例外，王宏斌先生在其《禁毒史鑑》一書中，認定杜布西等人的聯合請願「對於當時清政府將要發動的全國性禁煙運動應當產生了一定的影響」，此論出語謹慎，未對它是否影響禁煙上諭的制定作出判斷。該文懷疑請願書是否遞達清廷，或留中不發，但未確論，這是目前所見到的對杜布西上書問題較為深入的探討。按清制，奏疏「留中」有兩種性質，「一為重視其事，因辦法未定，暫不發出；二為認為無價值，置之不理……又留中辦法亦有兩種：一留於宮中，二留於軍機處，如封奏之件而又留於宮中，則軍機大臣亦無從寓目矣」（岑學呂：《三水梁燕孫先生年譜》，第61頁），杜布西聯絡一千三百三十三人上書，事非尋常，但送達樞廷遲延，禁煙諭旨頒下，遂可發抄，無留中之理。深入發掘，亦可從《大公報》有關內摺是否發抄的報導情況來推論，「向來內閣每月收到之摺片，惟外摺發抄，內摺悉秘不宣。凡各省督撫、將軍之摺為外摺，京中各衙門之摺為內摺。今年因有人向軍機王大臣建議，謂內折有關係政治者甚多，除應秘密外，餘應宣佈以供考求。然近來於內摺連日所奉硃批，雖一律發抄，而奏摺則仍多祕密，甚至有與外交毫無關涉之事亦不宣佈，或謂如吏部之補缺、處分，戶部之報銷等事，多有不可使外人得知者，且軍機章京，即六部中人，如一律宣示於本衙門，同事多有不便，故仍設法擱起云」，見該報1906年1月4日。據此報導來看，如果屬於正常情況，外摺無不發之理，端方之咨文以及杜布西之上書請求一事應該公諸於眾，故《申報》後來才可以報導。

一九〇六年八月十九日杜布西呈遞兩江總督衙門的聯合請願書的特徵有二：一為簽名者之眾，計有一千三百三十三人；二為理由申訴，情詞懇切，約略內容如下：鴉片本為藥品，用以療病，無病之人食則受害，敬求嚴諭禁止，俾百姓去其數百年之痼病。教士等來遠方，受塵貴國歷有年所，凡有益於中國者，理當效野芹之責，故不揣冒昧，敬抒愚見，謹請代奏等。此請願書遞達兩江總督衙門的時間較為特別，恰逢前總督周馥與繼任總督兼南洋通商人臣端方之間進行職位交接，且多有耽擱，端午橋（端方）對是否代奏猶豫不決，不得已以南洋通商人臣名義札開准外務部咨文，連同請願書送交北京。杜布西請願書到達外務部的準確時間是禁煙上諭發佈後的第六天，即光緒三十二年八月九日（農曆）。由於上諭已經下達，外務部認為勿庸再奏，故專文通知南洋通商大臣端方：

> 查該教士等本力勸人為善之，誠存除惡務盡之意，應否據情代奏之處祈核明酌辦等因，前來。查鴉片流毒中國，為害甚多，該教士等呈請嚴禁，情詞懇切，深堪嘉尚，惟此事已奉諭旨，限十年以內將洋土藥之害一律革除，並由政務處妥議禁煙章程在案。該教士第所呈自毋庸再行代奏，相應咨復貴大臣查照轉知該教士。[1]

1　〈蘇州關道致杜教士函（為禁止鴉片事）〉，載《申報》1906 年 12 月 15 日，該報導首先稱：「前奉南洋商憲札開准外務部咨：八月初九日接准咨稱，據美國教士杜布西暨英、德等國教士等呈稱，鴉片本為藥品……」此可確證，外務部於 8 月 9 日方接到杜布西等擬定的請願書及南洋大臣端方請示上奏的公文。1906 年 8 月，端方繼任兩江總督兼南洋大臣，參見〔美〕慕恆義：《清代名人傳略》（下），西寧，青海人民出版社 1995 年版，第 516 頁。

兩江總督兼南洋大臣端方接到外務部的咨文後，查知杜布西等寓居蘇州養育蒼教堂，即飭蘇州關道專函告知杜布西等人。這就是朝廷對美國傳教士杜布西等人聯合請願一事的處理。

實際上，杜布西專門就鴉片問題的上書有兩次，一九〇六年八月十九日呈請嚴禁鴉片煙是第一次上書，由於時間誤差，這次上書並未影響到皇上和軍機處的禁煙決策；九月二十日上諭下達後，會議政務處擬定禁煙章程歷時較長，為了對樞臣制定具體的禁煙政策有所影響，一九〇六年十一月，他又就各地禁煙情形和禁政中的稅收抵補問題專程赴京與外務部交涉，並遞交稅釐短收彌補之策的書面建議。但這次赴京，並非「聯合請願」，與首次有別。關於該善舉，《申報》亦有報導：

> 美國教士杜布西博士因提倡禁煙事，親赴北京報告禁煙踴躍情形。駐京美使柔克義、參贊柯立基、衛廉明皆竭力贊助。杜博士曾向外務部請謁日久，始得與各堂官會見，頗為滿意⋯⋯杜教士撰有禁煙後稅釐短收如何彌補之策，由美使署代為分送外務部及各督撫。夫泰西友人之所以與中國愛國之士同力合作者，亦只盼此億兆黎民脫離煙害耳。[1]

清末鴉片問題，既涉本土，又與英國統治的香港、印度及澳門有關係，清政府就鴉片問題討論期間，傳教士不僅以上書形式對中國政府施加影響，且於該年的十一月份分別上書請願港英政府和英國政

---

[1] 〈美教士入都提倡禁煙善舉〉，載《申報》1906 年 11 月 18 日。

府[1]，在英國及其各殖民地政府改變鴉片政策方面，形成了一個強大的壓力集團，並且屢屢波及英議會和政府，從而產生多方影響。

出使英國期間，汪大燮籌劃禁煙的背後原因甚多，關注鴉片社會問題、抓住外交良機來實行禁政僅是其中的原因之一。除此之外，他尚有更宏觀的計劃，禁煙僅是這些計劃中的一個環節。

據汪氏觀察，中國當務之急有兩件事，一是財政難題的解決，財源足則新政興；二是海軍問題的解決，海軍立則杜日本窺測[2]。兩者均與內政、外交有至為密切的關係。財政難題的解決途徑較為繁雜，籌款大策中的鴉片專賣是其他辦法不可替代的，其成效不可限量。汪大燮通過鴉片專賣來實現籌款的計劃是：

> 籌款非空言所能濟，而因此厚斂又增民怨，然則惟於洋土藥中籌之。禁煙事已定，計實行交涉，想不甚難辦。今洋藥歲約六萬擔，土藥倍之，共約十八萬擔之譜。即少算，亦必在十五萬擔之上，若歸官收買發賣，只籌本千五百萬金可資周轉。蓋一面收一面發，不過過手而已，且尚可將貨抵押銀行，故須本並不甚多也。倘定計官收官發，於禁煙亦有把握，每擔加價二百

---

1 「中國中省、北省、西省、山東及香港英教會各主教具稟英國干德堡大主教，其意欲請轉達英政府核議中稱，鴉片與政府之種種關係，因鴉片為害劇烈，致華人均怨恨英國及各教會云云……」〈主教稟請英政府禁止鴉片出口〉，載《盛京時報》1906 年 11 月 13 日。該報導並且記敘了香港英主教霍亞等人向港督遞交聯合請願書的事情，該「稟詞」除了霍亞簽字以外，尚有多數教士具名，「所稱各國現均拒敵鴉片，香港亦應就認捐、專賣之例悉行除去……故望政府勿以區區之稅致受人輕視而遭誹謗」。該報 17 日在題為《英教士請禁鴉片貿易》的報導中，對來國內的傳教士集體上書的影響問題作了說明，「（英國）康大教士將此函轉交外部，請禁英商販運鴉片至中國，乃外務大臣援印度總督之言以答之曰：『清國上諭嚴禁吸菸並欲專賣鴉片等事，政府知之而未接照會，故難奈何云云』。」

2 上海圖書館編：《汪康年師友書札》（一），上海古籍出版社 1986 年版，第 968 頁。

金實不為多，十五萬擔可得三千萬金，歲減一成，十年可得百六十兆金，連稅釐約得二百兆金，計將近三百兆元矣。即籌足三百萬元亦有把握也。[1]

由鴉片專賣來籌款，並非純為財政補苴及化解禁政帶來的財政風險，更直接關係到海軍經費的來源問題。據汪氏看來，海軍興復的關鍵在於經費之籌措，籌措的主要途徑就是鴉片專賣之款，「海軍既需如此巨款，非借貸所能為功。即使借貸，亦必須準備償還，是籌款為要矣」，「兄思惟有洋土藥加價一事所得頗多，而不擾民。已具節略呈師矣」[2]。如此觀之，以鴉片專賣實行禁煙、解決財政難題以及籌劃海軍經費，三者之間，既互為犄角，又相互交融，不可孤立視之。汪大燮進一步認為，「中國現在第一件是財政，第二件是海軍。兩事有眉目，乃能立於不亡之地。故上年具奏焚煙（內有財政問題），又條陳金幣，又具海軍計劃於政府。海軍計劃與禁煙有相關處，因禁煙後約可由煙中籌三萬萬金也。有表上之政府」[3]。

表面上看，三件事雖然不太相干，實際上卻是三位一體，加之英國對華鴉片政策的鬆動，奏請政府禁煙實屬必然。反映在汪大燮禁煙奏摺中，即有關於鴉片專賣的建議：「故無論為徵為禁，必當先之以稽查，繼之以限種。稽查必須得人，限種便於專賣。既有稽查之人，又有限種專賣之法，則戒癮給照，亦可一氣相承。」[4]可見，在汪氏入奏之前，有兩個舉動頗引人注目，一是將國內鴉片專賣的巨大收益擬為「節略」，並選擇禁煙奏摺到京前後這一關鍵時間，將此「節略」上達

1　上海圖書館編：《汪康年師友書札》（一），上海古籍出版社1986年版，第890頁。
2　同上書，第890、903頁。
3　同上書，第968頁。
4　〈出使英國大臣汪奏革除煙禍摺〉，載《盛京時報》1906年11月7日。

軍機大臣兼外務部尚書瞿鴻禨，以助其參考；具奏禁煙之後，特將鴉片專賣的細節和三萬萬金的收益以及海軍籌款問題，一併擬具說帖上達清廷。這兩個舉動，對化解內廷在禁煙問題上的優柔寡斷應會產生相當影響。

　　新政時期，禁政觀念中，馳禁言論漸入頹唐，而禁絕主張日漸興起；中央與各省的整頓辦法，歷經聯省合辦統捐、中央勢力介入及專賣之風的興盛，疆臣關於禁政的看法亦隨之改變；戶部與汪大燮處心積慮的籌劃，均屬推動禁政決斷的基本因素。自此以後，新政與禁政同處一個時代，兩大運動契合與衝突的矛盾仍未消匿，發展的樣態更趨複雜。

第二章

禁政名義下的專賣與統稅

　　禁政期間，鴉片專賣與鴉片統稅成效不同，引發的糾紛也各有區別。專賣制度在全國範圍內並未實行，僅在部分區域內，或作為籌款，或作為禁政手段零散地付諸實施。戶部（度支部）對專賣的態度由積極轉向消極，並極力阻止，各省則是屢有建言，積極籌備。清廷最終否決專賣決策，導致各省督撫與樞臣對立起來，矛盾日趨複雜。鴉片統稅的成效相對顯著，外省對鴉片統稅的爭奪，以及中央對統稅的控制，反映了清末新政時期中央與地方在政治經濟方面的疏離傾向。縮期禁種、禁運鄰土、裁局撤卡顯示出清廷與各省對鴉片問題的處理大不相同，禁政與財政的對峙以及中央與地方的糾紛更顯得淋漓盡致。本章從鴉片專賣和鴉片統稅兩個層面展開，深入剖析清末中央與地方圍繞著禁政與財政矛盾所引發的一系列爭執，意在說明鴉片禁政對上下矛盾的刺激和催化作用，並間接說明禁政對地方新政財源的嚴重衝擊。

第一節　鴉片專賣的籌計與展開

　　鴉片專賣是禁政時期清廷與各省籌劃較多的一個問題。戶部（度支部）、民政部、商部、外務部、禁煙大臣甚至後來的攝政王載灃均曾介於此事，軍機大臣在會議政務處也屢有討論，態度和立場各有區別。度支部繼續實行中央財政集權，以土藥統稅制度排斥各省推行專賣的要求，京中大員對此看法不一，使這一問題變得撲朔迷離。各省

對鴉片專賣的興致始終不減，具體利益或有區別，但態度卻不無趨同。一九〇九年初，端方作為清廷欽派大臣，在出席萬國禁煙會期間，極欲在全國舉辦專賣，代表的卻是地方省分的財政利益，他與京師有關部門的經畫交涉，更能體現清廷內部處理該問題的不同立場。

一　京師專賣：興致之低昂

國家對特種商品實行專賣，久已有之。清末朝野對專賣並不陌生，況且清廷實行的食鹽運銷政策即類似於專賣。有人稱，食鹽和鴉片專賣均是籌款的極端做法，但食鹽專賣僅僅是間接專賣品，只有鴉片是直接專賣品[1]。鴉片專賣作為外來經驗，涉及對英交涉，處理棘手。但此項專賣兼有雙重效益，既可禁煙，又可籌款，是為數不多的籌款大項，頗具誘惑力。一九〇六年九月禁煙決斷之前，各省與中央部門已有取法外洋之舉，謀劃歷時既久。直隸省在袁世凱的授意下，甚至已開始步入具體操作階段，其他省分亦不甘落後，紛紛籌款募員，以求早圖大利。在各省積極運作的同時，京師各部紛紛介入此事，態度較為積極。一九〇七年底之前清廷並未全面規劃，各個部門的舉措並不統一，部與部之間也較少溝通。京師介入鴉片專賣事宜的部門主要有商部、民政部、戶部（後期為度支部）、外務部、禁煙大臣、欽派萬國禁煙會首席大臣等。其中，度支部對此事影響最大，在很大程度上控制了專賣事態的發展。

（一）商部、戶部與民政部的專賣籌議

商部介入此事是在一九〇五年底至一九〇六年初，時間較短。一

1　蒯光典著：《金粟齋遺集》，第302頁，《叢刊》正編，第304號。

九〇五年底商部向各省部署專賣問題,要求各省籌備款項準備購買進口洋藥,並按市價收購土藥,分年遞減[1]。直隸省率先進入籌備階段,定購製膏機器已經提上議事日程。江蘇巡撫得悉商部咨文後,比照直隸舉措,決定先在全省預作宣傳,「此事現在直隸先行開辦,以北省民情較南省強悍,如能貼服成效,則南省即當仿行,因令先行曉諭,諄切告誡,俾屆時無所窒礙云」[2]。各省接到商部的咨文後多有籌劃。商部介入此事時間雖早,但也僅僅是向各省發出專賣的指令,並未發現有下一步的動作。後因清廷進行官制改革,改商部為農工商部,職責變動較多,禁煙並非該部專賣,因而未再插手鴉片專賣。

戶部一向直接經管鴉片稅釐的徵收,專賣也是其積極籌備的事項。該部準備從機構調整開始,將各省膏捐的推廣與鴉片專賣的籌備相聯繫,初步確定北方省分的籌辦中心放在京師,設立京師總局,南方省分則以宜昌為樞紐,計劃將來由土膏統捐的原班人馬承辦專賣事宜,這是戶部與柯逢時協商的結果[3]。隨後戶部尚書鐵良專管稅務處和陸軍部事務,戶部改為度支部,溥頲繼任尚書,他對專賣事宜並不熱心。河南道監察御史趙啟霖的有關奏摺涉及設立禁煙總局、鴉片專賣等事宜,度支部與民政部分頭審議,度支部的主張是「(禁煙屬於)地方行政之事,稽查一切又關巡警,應由民政部妥定章程,奏明辦理」[4]。審議之後,兩部採取的行動截然相反,度支部對專賣問題不太積極,沒有將鴉片專賣視為實行禁煙的主要途徑,在一九〇七年七月份之前,該部重視的是土藥統稅問題,對鴉片專賣事宜則較少介入。

---

1 〈商部為鴉片專賣事致各督撫電〉,載《申報》1906年2月11日。
2 〈南省鴉片官賣先聲〉,載《申報》1906年2月1日。
3 〈戶部預籌鴉片專賣法〉,載《申報》1906年4月23日;〈政府擬改膏捐大臣〉,載《大公報》1906年2月4日。
4 〈光緒朝東華錄〉,第5623頁。

各方醞釀和籌備之際，九月二十日禁煙上諭頒下。以此為契機，京師各方對專賣一事更加重視，朝野條陳此事者越來越多。汪大燮在奏請禁煙時提出鴉片專賣的思路，各種條陳對汪氏的專賣方法提出補充，有的甚至另起爐灶，年限和做法也超過了汪大燮奏摺原定的界限。有人主張「由明年起，中國各省禁種鴉片，凡今年所收及舊存之土均由國家設局買盡，重價出售；並由官局向英國訂購若干，均於明年輸入，以後即不再訂購。預算此項，僅供十年之需，使人咸知不速戒煙，十年後中國絕無此物」[1]，這種依靠專賣實施禁煙的建議提出後，在督辦政務處會議上得到多數軍機大臣的贊同，但卻沒有定論。法國商人在廣州灣躍躍欲試，準備開設洋藥公司進行專賣，法國駐廣州領事且照會兩廣總督周馥，要招華商參股[2]，此事促使清廷不得不重視鴉片專賣問題。但專賣制度與單純的禁煙仍有不同，專賣經常被人看作是籌款之策，而禁煙則屬社會改革，清廷在宣佈禁煙上諭之後，時常游移於兩端之間，或主張專賣，或側重禁政，長期議論不決。膏捐大臣的改名問題就可反映出朝臣矛盾之心態，有建議改為專賣大臣者，也有主張改為禁煙大臣者，更有建議改為稽查土膏大臣者[3]，紛議迭見。

御史趙啟霖奏摺中提出了鴉片歸官專賣的問題，各省對此又興致極高，民政部尚書徐世昌以及後任尚書善耆秉承了袁世凱的意圖積極提倡，較多地介入此事。一九〇六年十二月中旬，京師鴉片專賣事宜列入民政部考慮的範圍之內，決定按照臺灣專賣的基本原則確定京師

---

1 〈禁止鴉片問題〉，載《時報》（上海）消息，《華字彙報》第471號，1906年10月25日。
2 〈禁煙紀聞〉，載《外交報》第165期，1906年12月30日。
3 〈政府擬改膏捐大臣〉，載《大公報》1906年2月4日；〈擬改膏捐大臣之名稱〉，載《大公報》1907年2月20日。

專賣細則,並徵求各個巡警分廳的意見,飭令其條陳專賣良策[1],以備採擇。並且,民政部尚書徐世昌與稅務處鐵良、唐紹儀共同商度後認為,臺灣專賣方法是禁煙必須採用的辦法[2]。因之在京師設立鴉片專賣局,開始調查煙店和銷膏數量,並著手籌備款項,預作專賣準備。輿論對此舉反映良好,稱專賣一策在京師實行,是「拔本塞源之計」、「雷厲風行之舉」[3]。民政部亦電令各督撫一律試辦[4]。該部對京師地區的專賣事宜尤加關注,專門制定了鴉片專賣法,共計七節:「一、設總局於京師;二、嚴禁私運煙土;三、商明提署,外城門均交提署稽查;四、火車到時,崇文門監督稽查;五、京師城內外歸內外總廳稽查;六、凡洋藥局之洋藥由總煙膏專賣局收回;七、凡吸菸者均發給憑照註冊。」[5]儘管民政部已經制定京師鴉片專賣章程,但卻遲遲沒有實行,原因之一是巨款難籌,「營業司核算此項收買股本,即京師一隅至少亦須百五十萬,方能敷用,一時籌款無著,故遲延至今」,並且英國加以干預阻梗[6]。一年之後,民政部仍不放棄所定辦法,決定在一九〇八年七月二十八日開始舉辦,但時限過後,還是決定推延一個月。這次推遲的原因是「煙膏在北京每日銷售之數以及吸菸戶口均未查明」[7]。實際上,三個多月後,民政部計劃設立的「北京官膏專賣局」也未開張,

---

1 〈警廳對於禁煙辦法〉,載《申報》1907 年 1 月 12 日。
2 〈擬仿行煙膏專賣法〉,載《申報》1907 年 1 月 28 日。
3 〈籌設鴉片官賣局〉,載《大公報》1907 年 7 月 29 日。
4 〈通飭開辦鴉片專賣局〉,載《申報》1907 年 7 月 23 日;〈議擬試辦鴉片官賣法〉,載《大公報》1907 年 8 月 5 日。
5 〈擬定煙膏專賣辦法〉,載《大公報》1907 年 8 月 7 日;〈鴉片專賣定章〉,載《申報》1908 年 6 月 17 日。
6 〈京師鴉片專賣〉,載《申報》1907 年 9 月 12 日。
7 〈官膏專賣局之改期〉,載《大公報》1908 年 8 月 05 日。

巨額的開辦費迫使該部無可奈何[1]，只得緩設此局，從此民政部較少過問鴉片專賣的事情。宣統年間出於禁煙和籌款的需要，民政部制定「禁煙章程」，其主要手段仍是實行鴉片專賣，該項章程共計三章三十六條，主要是針對京師地區的禁煙事宜。禁煙章程的架構全部以鴉片專賣總局、分局的運作為中心；關於籌措開辦經費，它規定「開辦經費，暫由官籌二成用資提倡，不敷之款先盡土商認股，或竟以工作抵，再或不足，續招他商，抑另撥官款，統俟臨時酌定」[2]，其實，這一籌款設想亦屬空懸標的，極難實現。

　　民政部對專賣問題抱有如此大的興趣，介入時間較久但卻無果而終，這不僅僅是趙啟霖所講的禁政職責所關，更深刻的緣由在於藉此解決部務經費之緊張。民政部屬於新近設立並且與新政息息相關的部門，警政建設是該部經管的新政要項，需費浩繁，僅此一項已使該部經費捉襟見肘，「聞民政部經費異常支絀，今年將內外城警官巡丁裁去幾及四成，仍屬入不敷出，預算款項至八月底已庫空如洗矣」[3]，這是該部介入專賣事宜的一個重要背景。此前，向清廷申請撥解警政經費時，民政部早已看到鴉片稅收的巨大潛力，「警政之修舉與否，全視款項之贏絀，現在警餉待用之急如此，臣部款項之絀如此，是不特未辦者難於擴充，且恐已辦者將行廢墜」，「臣部前經奏准，有膏捐二成一款，上年十二月準度支部咨，膏捐溢收銀一百七十萬兩，論二成全數應有三十餘萬兩，雖撥臣部銀十五萬，核計僅及二成之半項。又查八月間督辦土藥統稅大臣柯逢時等奏稱：一年屆滿，溢收解部銀三百七十萬兩，是較度支部原咨數目又溢二百萬之多，前撥十五萬之數尚不

1　〈官膏尚難專賣〉，載《大公報》1908年10月20日。此時專賣開辦費預算金額，民政部有關人士測算，光京師一地的開辦費就需（銀兩）一千餘萬。

2　〈民政部所擬禁煙章程〉，一檔館：禁煙總局檔案。

3　〈民政部財政困難之原因〉，《申報》1908年9月13日。

及二成之什二」[1]。土藥統稅溢收款項之巨大，無疑對該部有極大的吸引力。禁煙上諭儘管給民政部主持專賣事宜造就一個絕好的機會和藉口，可以順理成章地通過專賣來實施禁煙，無奈籌劃經年，卻因需款過巨而不得不暫緩舉措。

民政部舉辦專賣的阻力不但與經費困難有關，而且與度支部的態度有密切關係。鎮國公載澤官拜度支部尚書後，對專賣事宜日趨重視並排斥民政部。日俄戰爭後，載澤權勢益隆，欽派出洋考察憲政事宜，歸國後承眷特隆。自一九〇六年十一月八日至一九〇七年五月十八日短短的半年時間內執掌武備院，五月十八日後即擢為度支部尚書，一直到清朝滅亡，中央的財政、鹽政多尤其把持[2]，權貴攬權莫此為甚。載澤主政度支部後，鴉片專賣主管權的重心開始由民政部轉向度支部，兩部對鴉片專賣經管權的爭奪自此開始，一直到一九〇八年八月尚有爭議。

鴉片專賣是一個與禁煙、籌款均有關係的大問題，會議政務處對鴉片專賣經管部門的確定也進行了多次討論。一九〇七年十二月會議政務處籌議由度支部主持設立官膏局，妥籌專賣章程，切實辦理，官膏局由膏捐大臣柯逢時任總辦，程儀洛副之[3]。度支部的設想是明年實行鴉片專賣，臺灣的專賣辦法成績卓著，極可取法，所以部內各堂憲研究後向清廷提出自己的建議：準備派遣土藥統稅大臣柯逢時赴臺灣調查專賣辦法，調查結束後即開局辦理專賣事宜，並推薦柯氏擔任該

---

1 〈民政部奏為外城添募巡警經費無著指撥專款摺〉，1907 年 10 月 7 日具奏，一檔館：會議政務處全宗，檔案編號為 61-89。
2 胡思敬著：《退廬全集：箋牘・奏疏》，851～856 頁，《叢刊》正編，第 444 號；胡思敬著：《退廬全集：驢背集・審國病書・大盜竊國記・丙午釐定官制芻議》，第 1290 頁，《叢刊》（正編）第 445 號。
3 〈決定官膏局由度支部籌辦〉，載《大公報》1907 年 12 月 13 日。

局總辦[1]。會議政務處對專賣主管部門並未作出決斷，儘管度支部暫佔上風，但仍有軍機大臣從禁煙角度主張由民政部主持辦理專賣事宜，「以專賣煙膏係為注重禁煙，並非是整頓洋藥稅，似不必兩部合辦，應專歸民政部辦理，以一事權」[2]。因此，民政部仍有相當的理由可以介入專賣事宜。一九〇七年十一月有巨商張榮臣稟請民政部，計劃設立「公益局」，試辦土膏專賣，請求民政部核准，該部斷然拒絕，理由是「煙膏專賣本非商家所得擅請」[3]，此時仍對本部舉辦專賣抱有希望。京師地區的鴉片專賣權即尤其把持，所定章程中明確宣稱，「本部為民事總匯，禁煙專賣自無旁貸。現在開辦（煙膏專賣總局——引者）之初，權限亟宜分清，擬請咨會提督衙門專司門禁，凡各種土膏來源，除東、西兩車站由商稅衙門稽查外，順天府有管轄地面之責，應請將京城以外地段禁煙事項劃歸辦理。其實行專賣、查禁各事宜，則統歸本部，督飭內外兩廳及各段警區分司其責」[4]。儘管它對京師的專賣抱有一線希望，但後來度支部態度堅決地反對各省和京師地區的專賣舉措，民政部的努力仍是無果而終。

（二）度支部與鴉片專賣

　　清末新政期間，度支部無疑是一個推行中央集權的急先鋒，諸如清理財政、鹽政集權和鴉片稅政集權等，均反映了該部積極滲透各省財政的意圖。鴉片稅政包含的範圍較廣，較為重要的有兩項，即鴉片統稅和鴉片專賣。載澤任職期間，度支部對專賣問題的態度較為複

1　〈議派柯大臣赴臺調查鴉片專賣〉，載《盛京時報》1907 年 12 月 26 日；〈官賣煙膏議採日本辦法〉，載《盛京時報》，11-29。
2　〈提議官膏專賣辦法〉，載《正宗愛國報》第 615 期，1908 年 8 月 13 日。
3　〈駁請試辦煙膏專賣〉，載《順天時報》1908 年 1 月 31 日。
4　〈民政部所擬禁煙章程〉，一檔館：禁煙總局檔案。

雜，前後的變化較大。這種變化與兩個問題直接相關，一是保衛鴉片統稅並排斥專賣制度；二是發現各省藉專賣鴉片固守己利的意圖後加以抵制，以鞏固中央的財政利益，儘管各省督撫與京中要員聯袂堅請，但度支部仍不為浮言所動，它對鴉片專賣的影響是決定性的。

載澤就任度支部尚書後，對鴉片專賣的首次表態是一九〇七年初，他建議繼續推行鴉片統稅制度，或與英國談判增加稅率，不必實行專賣制度。一九〇六年十二月初，河南道御史趙啟霖奏請設立禁煙總局、實行專賣制度等四條。由於趙啟霖的奏摺內容既涉及民政部，又與度支部的職責有關，按照慣例，應由兩部協商主稿議覆，但實際情形並非如此。民政部與度支部單獨表示了對相關部分的意見[1]。度支部在議覆折件中，比較了增加稅率與專賣制度的優劣，表示鴉片專賣難度較大，因而婉拒此議，該折比較說：

> 查東西各國，凡消費品多有由公家專賣之法，蓋專賣者即加稅之極端辦法也。前江鄂督臣會奏變法條陳，即有官收洋藥之說。特以造端宏大，急切難得辦法。竊曾一再思維，專賣之法當合洋土各藥調查明確，預籌收買成本，其煩難十倍於加稅。聞日本於草專賣之法，前後籌之十年，固非貿（冒）然所能從事。前辦八省膏捐，嗣又改為土藥統稅，推行各省，正擬藉以調查，固不僅為籌款起見，近來逐加總核，始於產土行銷各數略得梗概。洋藥一層，現在外務部正與英使提議，自當相度情形再定辦法。[2]

---

[1] 民政部的奏摺見《光緒朝東華錄》，第 5623～5624 頁；度支部的奏摺見《申報》1907 年 2 月 1 日。

[2] 〈度支部奏統籌禁煙事宜及土藥稅仍舊辦理摺〉，載《申報》1907 年 2 月 2 日；《東方雜誌》第 4 卷第 2 期，1907 年 4 月 7 日。

度支部一折稱趙啟霖的建議是「陳義甚高，於事實仍未及十分體察」，對專賣建議表示消極。度支部對專賣如此消極，除該部申述的原因外，另有隱情，這就是土藥統稅的巨大效益已經體現出來，柯逢時每個季度的土藥統稅溢收款項的奏片源源不斷地到達京師，解款數量越來越大，至度支部這次上奏之前，已經解到庫平銀270萬兩，溢收甚巨，遠遠超出原來的預期收益[1]。土藥統稅效益之高與鴉片專賣手續繁雜適成對比，度支部的態度於此可解。

但是，在這以後，度支部卻受到了種種壓力，對待專賣的態度不得不再度調整。

壓力之一是各省要求舉辦專賣的呼聲甚高，柯逢時對專賣的支持以及與載澤有交遊關係人士的專賣陳請等，迫使度支部不得不作出新的調整。

自一九〇六年九月二十日禁煙上諭發佈之後一年間，鴉片專賣由原來的討論階段已經發展到籌備階段，涉及的省分越來越多，或注重香港做法，或借鑑臺灣經驗，或有所折衷，沸沸揚揚，大有不專賣不足以禁煙的勢頭。各省對中央政府亦施加影響，上下互有促動，京師地區也形成一種專賣的潮流。一九〇七年二月，清廷電商張之洞鴉片專賣的事宜，開始醞釀專賣規則的制定問題[2]。七月，清廷各主要軍機大臣認為，禁止鴉片事關重大，各省做法必須統一，「不然，此處專賣，彼處仍局卡林立，必至掣肘」，於是分別電商張、端、袁三督撫[3]，徵詢目前應該實行專賣還是維持統稅制度。張之洞、端方、袁世凱實是鴉片專賣的主要倡導者，其建議內容已可想見。八、九兩月，

---

1 柯逢時1906年3月31日、7月28日、12月20日奏片，一檔館：軍機處錄副，光緒朝，財政類，財政雜稅，第490、491卷。
2 〈電商專賣鴉片規則〉，載《大公報》1907年2月23日。
3 〈鴉片專賣事宜續聞〉，載《申報》1907年8月4日。

各省督撫對英國阻撓專賣一事，紛紛要求外務部據理力爭[1]。膏捐大臣柯逢時在張之洞影響下，也轉而支持專賣，呼籲外務部向英國力爭鴉片專賣權，他甚至提醒外務部，「此事為我內政，外人不能藉詞干預，如某國執強，不妨邀請相宜之第二、第三國出而評議」[2]。這類事情與度支部雖無直接的關聯，但度支部必有所聞。特別是有兩件事直接影響了載澤本人和該部的態度。

一九〇七年七月，奉天農工商局長熊希齡致函載澤，對整頓清廷財政提出一系列建議，其中就有整理專賣事業一條，著重就食鹽和鴉片專賣提出自己的建議。關於鴉片專賣，他獻策說，土稅統捐制度偏重徵稅，對禁煙作用不大，而日本的專賣制度則兼及財政與禁煙，較有成效，「是宜籌措巨資，仿日本章程，無論洋土藥，概由國家收買製膏，售之於民，雖近繁難，而無此巨款，然即貸借外債，似亦比他項易於歸還……鈞部倘能擇而行之，則中央所得必贏，不必再求於地方稅矣」[3]。熊氏對鴉片專賣的財政前景極為看好，建議度支部仿照日本辦法實行鴉片專賣。他所獻策的內容較多，從後來載澤對各省採取的

---

[1] 端方：〈光緒三十三年七月二十一日致外務部電〉，一檔館：端方檔案全宗，專34號〈禁煙去電〉；〈江督力爭實行官膏專賣〉，載《申報》1907年9月9日；張之洞：〈復外務部〉，《張之洞全集》，第10322～10324頁；〈續志英使要求停賣官膏事〉，載《盛京時報》1907年9月21日。

[2] 〈條陳力爭鴉片專賣〉，載《大公報》1907年10月13日。

[3] 〈上澤公論財政書〉，熊希齡著：《熊希齡先生遺稿》，〈電稿〉，第4031～4032頁；〈熊觀察希齡上澤公論財政書〉，載《盛京時報》，1907年8月31日。熊氏申論說：「近時禁煙之政，雷屬風行，薄海人民莫不震服。然職猶有過慮者，竊以我之禁煙方法，監督機關尚未完備，而立法過嚴，操之過急，人民或有暴動，外人必藉以為詞，是反益我禁令之阻力矣。查日本於臺灣行專賣條例，一由政府籌款收買煙土，製為煙膏；二由地方調查吸菸人口，分為三等，注之冊籍；三由政府限制人民吸食多寡，及其年度；四由製膏局摻合藥料，既醫痼疾，又獲厚利。其定法也完密，故其收效也神速。今我雖設由膏捐大臣，然近於抽收統捐，於專賣禁煙之法尚未合也。」

財政集權措施來看，這些建議對載澤的影響相當大。鴉片專賣的建議對其當有一定的影響，迫使其不得不對原來的消極態度有所反思。

柯逢時的舉動也引人注目。作為中央派出的統捐大臣，柯逢時對湖北省的鴉片專賣籌劃極為支持。張之洞與柯逢時協商制定了湖北省鴉片專賣的詳細章程，計總綱十五條，細目百餘條[1]；而且張、柯商定，從土藥統稅存積項下借款（銀）20萬兩[2]，又從善後局撥款（銀）12萬兩作為專賣局的開辦經費[3]。此一時期，將鴉片統稅放歸各省自辦的呼聲越來越高，連八省統捐的倡議者鐵良也堅請放權給地方，令其積極籌辦專賣事宜[4]；張之洞對裁撤統捐局卡態度也很堅決[5]。裁局撤卡，放權各省，一時成為京內京外爭執的焦點[6]。在這種形勢下，柯逢時與程儀洛商度後，於一九〇七年九月十二日鄭重上奏清廷，要求裁撤土稅部局，改辦專賣，建議度支部早作決斷[7]。此事在京師內外反響較大。

柯摺請求裁撤統稅局卡的理由，主要是土藥稅收陷入困境，「各省實行禁煙，土商停運，不獨溢收全無，即應撥各省額款，已難依期應付。歲需經費百餘萬，更無從徵收。再四思維，部臣既不允派監督，擬仍歸各省自辦，或由部設法統籌，庶辦理既無牽制，款項較有著

---

1 〈鄂省鴉片專賣章程入奏〉，載《申報》1907年8月1日。
2 〈湖北將實行煙膏官賣之計劃〉，載《大公報》1907年8月13日。
3 〈鄂省官膏專賣局開辦確聞〉，載《申報》9月13日。
4 〈膏捐大臣年終裁撤〉，載《申報》1907年6月18日。
5 〈開議裁撤統捐〉，載《大公報》1907年9月23日。
6 〈奏裁土藥統捐局〉，載《大公報》1907年9月22日；〈開議裁撤統捐〉，載《大公報》1907年9月23日；〈議准裁撤膏稅部局〉，載《大公報》1907年9月28日；〈膏捐暫不裁撤〉，載《大公報》1907年10月23日；〈議決裁撤土膏大臣〉，載《大公報》1907年11月3日等。
7 〈咨訂官膏章程〉，載《盛京時報》1907年9月25日；〈諮商鴉片專賣章程〉，載《申報》1907年9月25日；〈咨訂官膏章程〉，載《大公報》1907年9月20日。

落」,不管是歸各省自辦還是由度支部統籌,總之要舉辦鴉片專賣,柯折說,「各省辦理官膏,應由部妥定劃一章程,咨行各省照辦,商人有所適從,不致各懷疑阻,亦可稍資補救」。[1]柯逢時此奏,以及他建議外務部據理與英國交涉鴉片專賣問題,使得他的所作所為必能對度支部產生較大的影響。

壓力之二是清廷對專賣的積極態度。在京師內外影響下,清廷已經認識到鴉片專賣的必要性和緊迫性,一九〇七年十月十一日諭旨直截了當地令度支部籌備鴉片專賣的事宜:「諭軍機大臣等:官膏專賣自是禁煙扼要辦法,惟須調查詳細方有把握。所有洋藥進口、土藥出產及行銷數目,均應考求詳確。著度支部遴派明幹得力司員,逐項分別確切調查。此事期在速行。著予限六個月,至遲亦不得逾一年,務須依限查明,妥擬辦法,請旨施行。」[2]

度支部只得遵旨籌備,十月二十六日後度支部派出十位大員赴各省調查[3]。十一月中旬,內閣學士文海呈遞封章,力陳官膏專賣是禁煙的要策,應飭令各省制定切實章程,迅速實行。京師內外對長時間調查洋土藥情況,頗覺難以等待。一九〇八年四月初,由於京中和各省對專賣的急切企盼,度支部又不得不電令調查員抓緊調查,並向朝廷

---

1 〈柯逢時等奏請土稅由各省自辦或由部設法統籌摺〉,《光緒朝東華錄》,第5734～5735頁。
2 《德宗實錄》,卷579,6頁;《光緒朝東華錄》,第5746頁。
3 〈度支部奏遵旨派員調查各省洋土藥片〉,載《政治官報》第11號,1907年11月05日。這十位大員是度支部郎中劉煦照、員外郎銓秀、主事李維熙、王應堂、袁緒欽、宋美瑛、趙鉁俊、饒之麟、顧熒光、謝桂聲等。另見〈派員調查洋土藥數目〉,載《大公報》1907年11月15日。

匯報了調查的難度[1]。柯逢時關於統稅局卡經費極度困絀，甚至要動用統稅正款的咨報，更使得鴉片專賣成為緊迫的事情[2]。

在這種情況下，度支部已經意識到專賣煙膏是大勢所趨，並把專賣視為本部的職責，應該有所舉動。力爭全國專賣煙膏的主管權是該部首先考慮的問題。這一問題十分複雜，禁煙上諭發佈之前，戶部和商部已經介入；其後民政部又力圖控制此項權限，並已進入籌備階段；各省的情形更為棘手，多將鴉片專賣視為統稅局卡撤銷以後本省處理鴉片問題的替代措施，以固守本省財源。度支部卻認為，土膏統稅已經由國家經營一年有餘，各省撤卡以後，對其稅務整頓應仍歸中央來經畫，度支部專職司農，自然有權接管此事。爭奪專賣主管權的矛盾在一九〇七年下半年以後開始顯露，一九〇八年一月度支部尚書載澤提出，全國專賣應歸本部管理，由部派專員赴各省督飭，部署一切，如此可綱舉目張，但這一看法卻遭到某些軍機大臣的反對[3]，看來各省自辦專賣在中央上層也有不少人予以支持。但是，度支部卻擁有自己的尚方寶劍，這就是調查各省洋土藥問題的「上諭」，其中明確規定由度支部來「妥籌辦法」，專賣主管權歸度支部就這樣確定下來。

藉答覆柯逢時裁卡辦理專賣建議之機，度支部對鴉片專賣作了第二次正式表態。前述柯逢時建議裁撤局卡舉辦專賣奏摺到京的時間是一九〇七年九月十二日，度支部的議覆卻經歷了近三個月，直到十二月八日才提出。這次表態自然受到上述諸種因素的影響。與兩年之前

1　〈度支部抄咨電催各員上緊調查洋土藥出產行銷數目片〉，一檔館：會議政務處全宗，第143-777號；〈度支部奏遵旨調查洋土藥電催各該員上緊調查片〉，載《政治官報》第166號，1908年4月15日；〈電催趕緊調查土藥〉，《正宗愛國報》第587期，1908年7月16日。

2　〈又奏各局經費不敷暫動正稅片〉，載《政治官報》第260號，1908年7月18日。

3　〈專賣煙膏之意見〉，載《大公報》1908年1月18日。

答復趙啟霖奏摺時相比，該部的觀點有較大調整，但仍未立即同意專賣的建議，對各省積極籌辦鴉片專賣也未一口回絕，態度複雜。這裡有幾個值得關注的問題。

一是將各省積極舉辦專賣的原因歸結為各省自顧其利，恐怕統稅繼續實行，中央撥款不足。奏摺稱：「自奉詔禁煙，各省恐撥款之未必足額，皆思自顧其利，至創為商土官熬、官膏商賣之法」[1]。由此可以讀出兩種信息，其一，鴉片專賣是禁煙的一種有效手段，各省積極倡導專賣，背後卻在於發掘其籌款功效，籌款與禁煙側重點的不同，結果自然有別；其二，八省土膏統捐推行後，延續下來的地方與中央的財政關係，對峙依然，互有戒備，原來財政處所稱各省存在「異視之心」的狀態仍未改觀。因此度支部對鴉片專賣的實施就不能不抱有戒心。

二是度支部將土膏統稅收入銳減的原因歸結於各省專賣的惡劣影響。該部聲稱，各省的做法導致土商觀望囤積，稅款收入自然下降，它援引柯逢時的電奏說：「該督辦電稱，漢贛滬幫土商相率停運，宜昌、徐州收數不及往年三分之一等因，是各省官膏辦法不見信於商人，確有明證。」言外之意，若專賣之風不起，統稅入款當會大增，至少不會下降，所以該部實際上是傾向於維持土膏統稅制度。針對各省貿然舉辦專賣、懼怕統稅的現狀，該部仍強調各省在統稅撥款上不會有虧，「所有各省關撥款項，仍遵統稅定章，按額撥還，不及遞減。如此，則各省原餉無甚出入，而辦理亦不致為難矣」。抵制和反對各省專賣之意即暗含其中。

三是對舉辦鴉片專賣一事的表態。度支部雖然沒有像以前那樣拒絕，但明顯可以看出，在揣測內意後，該部雖然奉旨表示同意，但能否舉辦，如何舉辦尚未定論，警告各省不得擅自舉辦，「現臣部欽遵諭

---

[1] 〈度支部奏覆土藥稅紬請裁部局摺〉，《申報》1907 年 12 月 27 日。

旨，遴派司員分投各省，調查洋藥進口、土藥出產及行銷數目，俟考求詳確後，再行體察情形奏明辦理。現在無論何省不得奏請自辦，以杜紛歧」。可見，該部對專賣問題儘管有所調整，但仍未斷然決定舉辦，為下次表態預留了迴旋的空間。

推行鴉片專賣制度，日本在臺灣的專賣經驗較有參考價值，內地欲行此策，必須首先籌備巨款以購買洋土藥。如何在短期內籌措巨額款項關係重大。媒介報導稱，度支部態度游移於專賣與統稅之間的原因與巨款難籌有關。一九〇八年五月下旬，載澤等人在兩宮召對時，即對籌款問題犯難，試看有關報導：

> 聽內廷人說，二十五那天，□□召見度支部尚書澤公、紹侍郎英，□□兩宮垂詢專賣煙膏及畫一幣制事宜，對以專賣煙膏一事將來勢在必行，惟資本過重，一時巨款難籌，況此時各省種地及洋藥進口確數尚未查清，礙難刻即興籌，應請暫從緩議。[1]

度支部在兩宮面前對籌款問題的擔心，看來純係藉口。專賣方法不同，資本的籌措也就隨之不同，譬如香港，政府不必投放巨資就可實行專賣，而且效益顯著。各省此前已經對香港、臺灣的專賣方法作過調查，度支部不可能毫無所知；即便不知域外方法，國內屢屢提出的專賣良策亦應有所知曉。

朝野關注鴉片專賣已久。甲午以後鴉片專賣的建議較多，名稱雖有不同，但多屬變相專賣，各類專賣方案中資金的籌措反而並不棘手。一八九八年四月，戶部曾討論過由黑龍江副都統景祺提出的「膏引」之法，即仿照清廷對食鹽專賣鹽引政策，將土藥和熟膏劃分引地，

1　〈澤公等召對述聞〉，載《正宗愛國報》第 538 期，1908 年 5 月 27 日。

由部發給官帖，州縣劃為繁盛、次盛、簡僻三等，派定數額進行銷售。景祺估計，全國照此法實行後，每年收入不下（銀）千萬兩[1]。庚子年之後，廣東補用道許玨在辦理粵省籌餉事宜中，借鑑景祺的「膏引」之法，略加改進，在廣東實行「就土計膏」，洋藥在洋關稅釐並徵之後，由公司發給「膏引」作為納捐憑證；土藥則在局卡領取膏引，收入頗豐。[2]後來由於多種原因，此法未能推行下去。這些做法，當時的戶部均能知悉。

　　兩宮召見載澤之前，有兩人曾向度支部等條陳專賣的具體辦法，籌款問題是兩項條陳的主要內容。一九〇八年四月初，廣東典史鄭嘉謨條陳鴉片專賣事宜，報界說深得載澤的嘉獎，稱其「審度周詳，調查詳確」，飭令筦榷司存檔備查[3]。媒介報導與度支部有關檔案的批示頗不相同，鄭嘉謨的鴉片專賣條陳，同時稟呈度支部和民政部。從批示來看，兩部的態度有較大差別，民政部對此評價極高，而且態度積極。兩部批示用語亦可琢磨。

　　民政部的批示：

> 據稟及章程俱悉。採用日本辦有效果之成規，斟酌內地創興之辦法，分別部屬，調理井秩，足見留心時務，深堪嘉尚。章程存部備采。此批。

　　度支部的批示：

---

1 〈戶部議覆請徵鋪稅藥牙摺〉，《集成報》第 30 冊，1898 年 4 月 5 日。
2 許玨撰：《復庵遺集》，清末民初史料叢書第 49 種，臺灣成文出版社 1970 年影印，第 304～318 頁；「許玨札」，杜春和等編：《榮祿存札》，齊魯書社 1986 年版，第 331～332 頁。
3 〈澤公嘉納條陳阿片專賣章程〉，《大公報》1908 年 4 月 10 日。

據呈已悉。本部業已遴派司員，分赴各省調查洋土藥產銷數目，應俟調查員回京，察看再行核議。原呈請折存案備查可也。[1]

按：鄭氏對條陳緣起的說明，重點是就鴉片專賣中最困難的籌款問題進行籌議，「專賣局設，而後禁煙可以實行，當軸諸公諒籌之熟矣。故遲遲不舉者，慮創辦無款耳」[2]。針對籌款維艱，鄭氏專門擬定了兩種不同的專賣、籌款方案。

首先是針對土藥專賣的「批發零賣法」。鄭氏認為，全國吸食鴉片者不下 2000 萬人，年費約計 6 億元，以人口 5 萬人設批發人 1 人統計，統計全國批發人可至 8000 人，欲充批發人者，可令繳納保證銀 1000 元，政府可先收保證銀 800 萬元；以人口 4000 人設零賣人 1 人統計之，統計全國零賣人可充至 10 萬人，欲充零賣人者，可先令繳納保證銀 200 元，政府可先收保證銀 2000 萬元。二者合計，政府可先收保證銀 2800 萬元，這項收入可以彌補專賣局開辦經費；由批發人歲入坐賈捐統計，可收入 176 萬餘元；由零賣人歲入之坐賈捐統計，可收入 1200 萬元；官膏專賣的利潤，以賣價 6 億元增加二成利益銀統計，歲入之款當有 1 億 3 千餘萬元[3]。土藥專賣所需資金問題輕易解決，而且利益不菲。

其次是針對洋藥專賣的「洋藥包辦保證金法」。這就是動員國內巨商大賈出資購買或者由私人向國外募集資金解決，因鴉片專賣而募集外債並不可怕，「特近年吾國人目外資為洪水猛獸，談之色變。本

1　鄭嘉諓撰：〈鴉片專賣條陳〉，北京大學圖書館藏 1908 年鉛印本。
2　〈鄭嘉諓按〉，見〈鴉片專賣條陳〉。
3　〈稟稿〉，見〈鴉片專賣條陳〉。

國富商誠如三井氏者，出而肩此巨款，則不至駭人聽聞而大生阻力。策之尤者，苟無其人，權宜之計亦不能不行專賣局，以民法上私人之資格，向外人募集社債，勿動國際交涉，他日按期清還，何後患之有！」[1]

除了鄭嘉謨的條陳以外，就在載澤等人被兩宮召見之前半個多月，代理江西按察使慶寬也就鴉片專賣問題作了條陳，上諭要求度支部議奏[2]，該部應知此事。慶寬上奏的時間大約是一九〇八年五月初。其條陳緣由與鄭嘉謨如出一轍，也是針對鴉片專賣中的資金籌措問題進行籌劃，慶折說：「查洋藥進口歲至五萬三千箱，成本至四千餘萬；土藥更逾此數，姑以一萬萬計之，至少亦須有二成的款始能周轉收買，益以制膏及設局各費大抵須籌二千萬金，方能開辦。故議者以款巨難籌，今尚延擱」[3]，關於籌款問題，慶折斷言自己提出的做法妙不可言，有利無弊，「可不須借貸而取之不窮，可不煩勸募而自然樂就，且舉洋債虧耗、國債煩憂之弊悉掃而空之，則舉行膏票是已」。關於「膏票」的具體做法，慶折說，「按照每一盒貯膏若干數定價值若干，即定膏票若干種定例。凡行店煙戶購買官膏，無論多寡，限定必用此票；凡購票至若干元以上，分別予以回扣，使凡作此項生理者，非以現銀購票則無由得膏，其力能多購者，且可因票為利，自然不待招徠，行用普遍。官膏有數千萬之出，膏票即有數千萬之入，藉膏行票，即藉票得銀購土，輾轉交易，自可循環不窮」[4]。此法提出後，經

---

1 〈鄭嘉謨按〉，見〈鴉片專賣條陳〉。
2 上諭要求度支部議奏的時間是5月5日，「四月初六日奉硃批度支部議奏，單並發。欽此」，見〈代理江西按察使慶寬奏條陳官膏辦法摺〉，載《申報》1908年5月14日。
3 〈代理江西按察使慶寬奏條陳官膏辦法摺〉，《申報》1908年5月14日。
4 同上。慶寬稱膏票辦法是受外國「銷貨票」的啟發而來的，他說，「查各國有大公司，每自製一種銷貨票，使人預購存之，隨時照票購貨，既足取便往來，亦實隱助

傳媒推介，流傳甚廣。盡管有言論頗不謂然[1]，但若結合鄭摺與慶摺的做法，可不失為專賣之良策。

如上兩法，操作雖有區別，但均不必籌措巨款即可推行專賣。既然民政部與度支部兩者均以為可行無誤，而度支部仍在籌款問題上對兩宮欺飾朦混，則是別有隱衷，所稱待調查員回京後再議，實其藉詞拖延之術。

一九〇八年八月下旬，赴各省調查洋土藥的度支部司員先後回京銷差。各省能否實行專賣已經到了關鍵的時候，有關各方對京城動態極為關注，各種傳媒也多有探訪，有利的消息不斷傳向民間。有一則報導即稱，度支部已經決定在全國舉辦專賣，咨告各省督撫早作籌備[2]。此前，尚有多種報導也說明度支部有意舉辦專賣[3]。

調查員返京一個多月後，十月四日度支部丞參廳突然擬稿上奏，堅決請求清廷不可實行專賣。這是度支部對鴉片專賣問題的第三次正式表態。

該部反對鴉片專賣的理由有三：其一，外人已經放棄租界的鴉片稅收，中國若行專賣，跡近爭利，必會招致外人反對；其二，度支部調查結果顯示，吸食鴉片者數量已經銳減，按約收買洋藥，必致浪費，無從銷售；其三，國內警政並不完備，若行專賣，富家必有貯

資本，市肆樂其利便，故銷行極廣。今以除害之大政，握專賣之利權，人民信從，必較公司為易，似可仿其貨票之意製出膏票」。

1 有人說，此法的問題是「不能有信用也，即使有信用，洋藥土藥豈能收買盡絕耶？可謂想入非非矣」，見〈禁煙問題〉，載《政論》，第5號，1908年7月8日。
2 〈禁煙問題匯志〉，載《盛京時報》1908年8月27日。
3 〈幫辦大臣擬不簡放〉，載《大公報》1908年2月12日；〈度支部不准各省自辦官膏〉，載《盛京時報》，6月13日等等。

存，巡丁搜查必定多滋紛憂[1]。度支部警告說，「若一經專賣，專滋轇轕，且十年之限亦不能縮短，於禁煙本旨反形鬆懈，似不如乘此業經見效之時，力為掃除，其成功自必較速」。度支部的建議比較含混，折曰：

> 為今之計，為民除害而不為民累，惟有隱師專買之意，按照政務處奏定章程，凡販煙之店、吸菸之人分給憑照、牌照，其不領照而私販私吸者，從重懲罰，並將憑照、牌照各費按照臣部會同民政部奏定之數，酌量加重，一面分年分省全行禁種，以期縮短禁煙年限……並不于禁煙一事稍存籌款之意。[2]

光明正大的言論之背後，度支部已經保住了鴉片統稅。後來該部為了繼續徵收統稅，反對各省合理的禁煙主張，尤其是在反對禁運鄰土和裁撤稅卡問題上的頑固表現，即可證明上述言論遠非其本意。

作出反對鴉片專賣的決定，度支部將自己置於各省的對立面，各省督撫對其極為不滿，清廷內部，尤其是禁煙大臣對這種決斷頗有看法，對度支部的主張抨擊最力。圍繞著鴉片專賣問題，度支部與主張專賣的督撫、大員紛爭不斷，對立明顯。

山東巡撫袁樹勳在十月提出官收洋藥政府專賣的建議[3]，電奏清廷應將專賣從速辦理，「不惟大利可圖，且可使煙患早絕」[4]。在政務

---

[1] 〈丞參廳九月初十日具奏覆奏查明各省洋藥進口、土藥出產及行銷數目酌擬辦法摺〉，一檔館：會議政務處檔案全宗，〈財政〉67-89；《光緒朝東華錄》，第6001～6003頁；〈度支部奏洋土藥產銷數目及辦法摺〉，載《盛京時報》1908年11月6日。

[2] 〈丞參廳九月初十日具奏覆奏查明各省洋藥進口、土藥出產及行銷數目酌擬辦法摺〉，一檔館：會議政務處檔案全宗，〈財政〉67-89；《光緒朝東華錄》，第6001～6003頁；〈度支部奏洋土藥產銷數目及辦法摺〉，載《盛京時報》1908年11月6日。

[3] 〈禁煙問題匯志〉，載《申報》1908年10月6日。

[4] 〈催辦鴉片專賣〉，載《大公報》1908年10月22日。

處討論該項建議時，多數人贊同實施，但仍有人認為各省情形有別，應徵詢各省意見，慶親王奕劻即命政務處提調電令各省研究，兩個月之內提出意見[1]。其間，度支部認為若舉辦專賣，光京師一地需款即達一千萬，難以籌措，於是極力阻止專賣主張。[2]會議政務處受度支部的影響，便擬摺準備緩辦專賣，並計劃於十月二十四日入奏。但軍機大臣袁世凱、鹿傳霖各從不同的角度加以駁斥，尤其鹿傳霖以禁煙大臣的身分加以反對，迫使會議政務處大臣不得不推遲入奏[3]。專賣紛爭可謂複雜多變。隨後端方在萬國禁煙會期間，極力主張舉辦專賣，運籌帷幄，函電交馳，代表的卻是地方財政利益。京師各部的表現頗不一致，概見清廷內部態度之紛亂，度支部對此事的影響是決定性的。

萬國禁煙會期間（1909年2月1日至2月26日），清廷欽派萬國禁煙會首席大臣端方力主實行鴉片專賣，與京師各部函電交涉，活動頻繁。會議之前，端方即搜求有關專賣問題的材料，主張按照日本在臺灣專賣辦法辦理[4]，並準備在禁煙會議上提出。會議開幕時，端方致詞的主調即是建議以鴉片專賣來解決中國的禁煙問題[5]。端方演說後，他所提出的以專賣手段處理禁煙的主張，並未遭到各國會員的反對，端方因而深受鼓舞，所以他建議清廷應對此密切關注，並應擬具說略，以備會議討論。他甚至有把握地說，「現派出與議各員，皆一時之

---

1 〈京師近事〉，載《申報》1908年10月14日。
2 〈官膏尚難專賣〉，載《大公報》1908年10月20日。
3 〈政務處議復禁煙摺件之波折〉，載《申報》1908年11月1日。此摺最終議覆的結果是拒絕該省督撫的建議，且看原文的措詞：「至包買、專賣，跡近爭利，窒礙甚多，度支部奏牘可稽，與臣等意見相同，應請無庸再議。」
4 〈光緒三十四年十二月初十日致東京胡欽差電〉，一檔館：端方檔案全宗，專34〈禁煙去電〉。
5 李振華輯：《近代中國國內外大事記》，第568～569頁，《叢刊》（續編）第67輯。

選,細心料理,必可有成」[1]。在端方的授意下,蔡乃煌、瑞澂、劉玉麟等在上海參與會議的成員積極致電京師各部,極力遊說,結果阻力重重,呼應不暢。度支部的反對態度尤為堅決,這從外務部的一系列來電中即可看出,「專賣必先包買,如歸官辦,度支部既不謂然;如歸商辦,恐不能擔任,設有巨虧,仍為官累,究竟有何善策,務先妥籌請示酌核」[2]。一九〇九年二月十四日度支部且專門致電端方「上年本部奏調查洋土藥銷數,力言官膏專賣、包銷洋藥之不可行,業經奉旨允准,知照在案。此事應始終遵照奏(明)辦理,萬不可另生枝節,轉滋繆轕,至要」,堅決反對端方的專賣計劃[3]。

三天后上海方面給端方來電,對度支部阻撓專賣的原因揣測說,「度支覆電不以專賣為然,想系以財政困難,且慮包銷洋藥致受巨虧起見,不知實行之法寓禁於徵斷難見效」[4]。交涉之中,外務部見度支部反對堅決,也就撒手不管,將決策權交給度支部,向端方鄭重聲明:「專賣各節自為禁煙扼要辦法,惟此事關乎財政,應由度支部主持,本部已咨該部統籌核覆……官膏專賣事已由度支部逕復」[5]。萬國禁煙會結束前夕,端方等人計劃國內禁絕土藥後,應仿照臺灣專賣辦法,僅對洋藥實行專賣[6]。度支部對此頗感不悅,便在二月二十三、二十四日鄭重向端方提出若干質詢,語氣之嚴厲超乎尋常:

---

1 〈宣統元年正月二十一日致北京禁煙大臣、外務部、度支部電〉,一檔館:端方檔案全宗。
2 〈宣統元年正月二十二日上海來電〉,一檔館:端方檔案全宗。
3 〈宣統元年正月二十四日度支部來電〉,一檔館:端方檔案全宗,專33號〈禁煙事來電〉。
4 〈宣統元年正月二十七日上海來電〉,一檔館:端方檔案全宗。
5 〈宣統元年正月二十五日外務部來電〉,〈宣統元年正月二十六日外務部來電〉,一檔館:端方檔案全宗。
6 〈宣統元年正月二十九日上海來電〉,一檔館:端方檔案全宗;仿照臺灣專賣辦法問題,早在1908年下半年時,載澤就已經宣稱:日本在臺灣專賣官膏是針對殖民地的辦法,與中國內地的情形不合宜。見《大公報》,1908年11月11日。

若全禁土藥，專賣洋藥，有數問題：

一、洋土藥味之厚薄、癮之輕重迥不相同，東南各省雖吸洋藥者多，而吸土藥者亦不少，若不概令其改吸洋藥，使（便）是洋藥癮愈添愈多，何苦為之！

二、現在各省禁種罌粟，洋藥價已奇漲，若議專賣洋煙，其價必更有增無減；

三、洋藥不僅來自印度，若他國有私運，將何法以處之？

四、西北各省向無洋藥輸入，現第專賣，專為東南各省計，既西北各省可以驟斷吸食，豈東南各省獨不可驟斷吸食乎……若認真禁止吸食，則吸食之人必銳減，按照現定洋藥之數包買，所剩必多，作何辦理……應亟亟以禁吸為先務，至於專賣窒礙甚多！[1]

直到上海萬國禁煙會結束，端方等人的專賣交涉也未成功，度支部的梗阻影響最大，此後不久，度支部就咨行各省、外務部、民政部等：「（官膏專賣）窒礙甚多，易滋流弊，決議毋庸舉辦」[2]。

萬國禁煙會結束以後，兩江總督端方、江蘇巡撫陳啟泰、吉林巡撫陳昭常等人再度籲請舉辦專賣。此事的緣起是一九〇九年三月清廷再度申禁鴉片，諭令各省如有抵補良策，應奏上備採。藉著這個機會，端方與陳其泰聯袂奏請將洋藥實行專賣。他們建議在京師或通商便利之區設立總公司，各省設立分公司，欽派煙膏專賣大臣督理其事，以各省督撫為幫辦大臣，由此提出了頗具體系的專賣計劃，並制

---

1 〈宣統元年二月初四、初五日度支部來電〉，一檔館：端方檔案全宗。
2 〈阻止官膏專賣〉，載《大公報》1909 年 3 月 8 日。

定了詳細的專賣規則[1]。摺上,攝政王載灃的態度是「甚以為然,當批該衙門妥議具奏」[2]。閱看此折的部門有度支部、外務部和禁煙大臣,三方協商時間較久,歷時一個月,六月十三日才擬摺入奏,仍以度支部的意見為主。所列反對專賣的理由與度支部二月二十三、二十四日的質詢電內容基本相同[3]。看來,度支部已將鴉片專賣列為最不認可的問題之一[4]。吉林巡撫陳昭常隨後也提出專賣「先行試辦,俟有成效再行推及各省」的建議,同樣沒有得到度支部的贊同[5],各省督撫對專賣問題的影響力日漸式微。

度支部從禁吸入手,反對洋藥專賣的主張被媒介刊發後,引來一片聲討。有言論稱度支部的主張為「莠言亂政」、居心叵測,並對該部所列的五個反對專賣的理由,逐一駁斥[6],對度支部的舉措極不滿意。

在專賣問題上,禁煙大臣的態度很重要。禁政改革包括禁運、禁吸和禁種,三位一體,缺一不可。各省督撫提出專賣建議時也多以禁煙相標榜。度支部對各省的專賣主張一再反對和議駁,最終引起京師禁煙大臣的不滿。該大臣欲將禁煙與專賣結合起來的主張也被度支部所阻遏,兩者的衝突不可避免。儘管各省力爭鴉片專賣有強調籌款

---

1 〈遵辦禁煙情形摺〉,《端忠敏公奏稿》卷14,第1688~1701頁,《叢刊》(正編)第94號。

2 〈續志江督奏陳煙膏專賣辦法〉,《申報》1909年5月2日。

3 〈度支部會奏議覆江督奏遵辦禁煙各節並籌擬情形摺〉,《申報》1909年6月30日。如有不同,僅僅是所列問題的序號由原來的四個問題變為五個,將最後一句話列為第五個問題。

4 〈澤貝子不認可之三事〉,載《盛京時報》1909年3月18日。載澤決定不准各省舉辦三事:一、開辦實官捐;二、舉辦官膏專賣;三、輕易舉借洋債。咨行各省不得以此為請。

5 〈官膏專賣之難行〉,載《大公報》1909年4月3日。

6 〈論度支部議駁煙膏專賣事〉,載《申報》1909年6月28日。

的傾向[1]，但專賣制度對禁煙事業確實有效，一九〇九年七月下旬禁煙大臣溥偉在其衙門的禁煙例會上表示，禁售和查吸「非由官膏專賣辦起無以挈其綱要，因與度支部商定辦法，實行試辦，以促禁煙之進步」[2]，但次年二月中旬時，此事仍不能解決，該大臣不斷催促度支部必須考慮實行專賣計劃[3]。度支部的態度可想而知。一九一〇年七月，正當中英雙方對洋藥進口問題進行談判時，國內的禁煙成效屢遭人們指責，欽派禁煙大臣面臨著巨大的壓力。恭親王溥偉極力主持官膏專賣及強迫禁煙，但卻遭到載澤的阻攔，載澤強調從禁吸入手，反對禁運，致使禁煙大臣不得不對其質詢[4]，矛盾十分尖銳。

一九〇九年後鴉片專賣或作為籌款之術，或側重禁煙，只有少數地區得以貫徹實施[5]，全國範圍內終因度支部阻撓，未能舉辦。載澤等新興權貴擅權專控，影響越來越大；各省與中央部分督撫、要員雖然處心積慮，但最終被迫放棄。其間雙方矛盾的複雜化、尖銳化趨勢非常明顯。後期鴉片統稅問題上的紛爭，其矛盾類型亦可由此演變和衍生，局面之繁雜，矛盾之深刻，實在不是清廷決斷禁煙時所能預料的。

---

1 〈今日財政困乏之評決〉，載《時報》1909 年 6 月 21 日。
2 〈主張官膏專賣〉，載《大公報》1909 年 7 月 21 日。
3 〈擬催辦煙膏官賣〉，載《大公報》1910 年 1 月 15 日。
4 〈鴉片煙之命運〉，載《大公報》1910 年 7 月 9 日。
5 就各省情形來說，四川省在禁煙後期實行了鴉片專賣，促進了禁煙的有效實施；其他省分的個別地區有所實行，例如奉天之營口，吉林、山東部分地區等；另外，官膏專賣的替代形式則有多種多樣，例如，土藥公行制度就在較多地區獲得實行。洋藥情況相對特殊，真正的專賣制度未見實行，替代性的措施也引致了中外鴉片商人和英國使領人員的干預，較為曲折。

二　外省專賣：命運之跌宕

地方專賣的情形與京師大不相同，各省督撫希望藉此暗中抵制清廷主辦的鴉片統稅。京師地區受控於度支部，運作空間較狹，難以有所伸展。而各省則憑藉禁政旗號，或側重籌款，或注重禁煙，或兼涉兩端，規劃的形式多種多樣，運作的高潮時期是在一九○七年至一九○八年。正當各省紛紛規劃實施之際，英國駐華公使、領事橫加干預，度支部再三阻撓，各省經畫不得不偃旗息鼓，只有個別地區得以實施。

根據目前掌握的資料，進行鴉片專賣籌備或部分實施的省分有江蘇（蘇、寧兩屬）、廣東、四川、山東、奉天、浙江、吉林、福建、湖北、貴州、黑龍江、湖南、江西、安徽、直隸等十五個[1]。各省在籌備中互有聯絡，專賣方式各有千秋，英人干預的力度、籌備或實施的方式也不相同，成效自然大相逕庭。此僅將部分省分的專賣情形略作考察，以求管中窺豹。本文選擇省分的依據，首先是根據鴉片專賣籌備、實施、結局和阻力等各種主要因素的綜合作用來劃分類型，而不以傳統的區域劃分為依據；其次，限於史料，對被選省分的分析詳略有別，惟求將主要的特徵作大略分析；再次，鑒於有關省分目前研究的實際情況，本書採取不同的對待辦法，以求詳人所略。

根據上述設想，本書著重分析江蘇、福建和山東省三個省分。江蘇省鴉片專賣籌備時間較早，呼聲最高，蘇、寧兩屬情形各有不同，並各自具有較廣的代表性，多數省分受其影響。兩屬在專賣阻力和模式上各有差異，不妨看作是兩個省分的問題；福建省屬於洋藥消費的

---

[1] 依據的史料主要是當時出版的報刊，媒介對各省關於鴉片專賣的報導較多，本書統計各省情況多依據這類報導，毋庸諱言，這種統計方法不算科學，遺漏必然較多，但在沒有直接有效的史料前，選擇這種方法應屬合理可行。

主要省分之一，在專賣問題上，該省的做法與他省有較大的區別，商人介入的情形較多，且受英人的干預，成效較少；山東省則洋土藥兼有消費，以土藥為主，在北方省分中，專賣形式和暴露的問題較為明顯，具有一定的區域代表性。從專賣的規模和成效來看，較有特色的省分是廣東和四川兩省，前者係洋藥消費大省，毗鄰香港，尤為英國政府所關注，外交糾紛較各省為多；四川省作為全國鴉片的主產區，在禁政後期，也採取專賣方式，在各省中惟有該省實行得最為徹底，對禁政推動較大，在出產鴉片的省分中頗有代表性，但兩省專賣問題已有學者作過相關研究[1]，此不展論。

（一）江蘇

江蘇省包括蘇屬和寧屬兩部分，江蘇巡撫衙門設在蘇州，兩江總督衙門則設在江寧，形成兩個不同的行政區域，兩者在很多方面差別較大。就鴉片專賣來說，儘管兩屬互有聯繫，但由於種種原因，雙方還是實行了不同的政策。

在各省中，江蘇省的鴉片專賣籌備較早。一九〇五年五月，兩江總督周馥就曾派鄭世璜等人赴印度考察鴉片專賣事宜，十一月份周馥向清廷奏請專賣鴉片[2]。當直隸省開始進行專賣的具體籌備時，江蘇也有開始進入宣傳籌備階段[3]。一九〇六年二月上旬，舒繼芬向江督提出

---

[1] 關於廣東省專賣問題，較有代表性的研究是王宏斌：《清末廣東禁煙運動與中英外交風波》，載氏編：《毒品問題與近代中國》，當代中國出版社 2001 年版；關於四川省專賣問題，秦和平所著：《四川鴉片問題與禁煙運動》也有所涉及，四川民族出版社 2001 年版。

[2] 政務處檔案，此檔無名稱，形成時間大約是 1905 年 12 月份。一檔館：政務處第 2794 號檔案；〈江督咨戶商兩部請將鴉片歸官專賣〉，載《申報》1905 年 12 月 4 日。

[3] 〈南省鴉片官賣先聲〉，載《申報》1906 年 2 月 1 日。

專賣籌款的方案，要言之，就是採取「款由商集，權自我操」的辦法，並申明這一方案的優勢在於「既易稽查，又便周轉，不籌本而利自厚」[1]。但該省較長時間內專賣籌備並無進展。端方督兩江後，在接受日本大阪的訪事員採訪時對鴉片專賣頗感興趣，認為「山西、陝西地方童稚且有嗜好，驟行禁絕實不容易，擬仿貴國治臺灣之法，一歸政府專賣」[2]。於是，江蘇兩屬分別在各自的區域內，探討鴉片專賣的不同做法。

一九〇七年二月初，江蘇巡撫陳啟泰出于禁煙需要，決定在省城設立官膏局（負責稽徵官膏事宜），委派盧懋善為該局提調，進入實際籌備階段[3]。蘇撫對香港專賣做法極為重視，迭次電令滬道調查香港專賣的有關章程[4]，以求對本省的稽徵官膏做法加以完善。一九〇七年四月九日，蘇省禁煙總局在蘇州發出告示，對原辦膏捐的徵收進行改革，納入官府控制，並增加捐款數量，每膏一兩收捐錢 50 文[5]。但此令一出，土商立即釀出風潮，廣幫土商帶頭堅決反對，迫使捐價減收十文，並免去盧懋善的提調職務，風潮始息[6]。蘇屬地區的專賣由此大受影響。七月初，蘇省接到端方札文，希望蘇屬要按照寧屬專賣辦法，設立官膏局，以機器熬製煙膏專賣[7]。但由於籌款困難，專賣煙膏事宜

1　〈舒繼芬觀察條陳江督擬官收洋藥籌備資本辦法〉，載《申報》1906 年 2 月 11 日。
2　〈最近要政之真相〉，載《華字彙報》第 469 號，1906 年 10 月 23 日。
3　〈蘇撫派員設立官膏局〉，載《申報》，1907 年 2 月 6 日。蘇省設立的官膏局，在有關報導中有時被稱為「稽徵官膏總公所」，該所兼管禁煙事宜。
4　〈調查香港、臺灣禁煙章程〉，載《申報》1907 年 2 月 27 日；〈電催香港禁煙章程〉，載《申報》，1907 年 4 月 13 日。
5　〈禁煙示諭〉，載《申報》，1907 年 4 月 11 日。
6　〈煙館大集會議之餘聞〉，載《申報》1907 年 4 月 16 日；〈議通煙膏加價辦法〉，載《申報》1907 年 4 月 17 日；〈煙館聚眾風潮已平〉，載《申報》1907 年 4 月 18 日。
7　〈江督札飭設立官膏局〉，載《申報》1907 年 7 月 6 日。

遲遲未決。八月中旬，六位紳士聯合起來，籌巨款希圖在省垣設立總局，專門辦理長、元、吳三縣以及太湖廳四屬的官膏專賣事宜，並許諾每年向官府報效（銀）10萬兩[1]，此事長期議論不決。十一月初，英國駐上海總領事阻止蘇屬專賣鴉片，雖經交涉，英人仍執約不允，加之廣幫土商暗中阻撓，與洋人串通一氣，導致中英雙方爭執不休。無奈之下，一九〇八年二月下旬，蘇省決定仍實行煙膏加捐的做法，並移交商辦，實行包稅制辦法[2]。蘇屬實行逐步減銷加捐的做法，更能與以往的稅政相銜接，並帶有「為禁煙而加捐」的氣息。蘇屬在推行包稅制的過程中曲折頗多，包稅商唯利是圖，致使膏捐徵收弊竇叢生，土商哄鬧，風潮迭起[3]；加之候選道許玨向清廷條陳說蘇屬膏捐由商辦理，貽誤地方禁煙，所以，六月二十九日以後不得不收歸官辦[4]。蘇屬對官辦膏捐進行改革，「決議自本年起，每年減售煙膏一成，每兩再加捐錢十文」，即在原來四十文的基礎上加收至五十文[5]。這種加捐方法實行了兩個半月後，禁煙公所官員認為膏捐增加十文，不足以達到禁煙的效果，於是決定從十一月九日起，每年減銷二成，膏捐加至二倍，計每兩共徵捐錢100文[6]，均由吸食者負擔。這種變相的專賣辦法一直延續下來，變化較少。

江蘇寧屬地區的專賣事宜直接在兩江總督端方的規劃下進行。

---

1 〈蘇省專賣官膏已有成議〉，載《申報》1907年9月13日。

2 〈英領詰問專賣官膏〉，載《申報》1907年11月12日；〈英領又請停辦官膏〉，載《申報》1907年12月29日；〈催辦官賣公膏公司〉，載《申報》，1908年2月5日；〈膏捐移交商辦〉，載《申報》1908年2月23日。

3 〈各幫煙店反對包辦膏捐〉，載《申報》1908年3月25日；〈拒煙會請撤膏捐董事〉，載《申報》1908年4月1日。

4 〈蘇省膏捐收歸官辦〉，載《申報》1908年7月2日。

5 〈蘇省准加膏捐〉，載《申報》1908年7月16日。

6 〈禁煙公所加徵膏捐〉，載《申報》1908年11月2日。

與蘇屬相比，專賣籌備的路徑頗不相同。端方飭令江寧府對本區的土藥、土膏店經營情形詳加瞭解，官府傳集該商開會，預計專賣經費至少亦需（銀）100萬兩。經與商人討論，確定由土商承擔三分之二。關於專賣機構，兩江總督決定在省城設立總公司，各府縣鎮設立分公司，各土商設立子店，由土商子店向總公司或分公司批發，然後零售給吸食者[1]。如上業務均由新成立的江寧官膏局管轄經營。該局制定了江寧專賣章程，仿照日本在臺灣的專賣規章，注重招商承辦，土藥和土膏雖由官專賣，但限於資本，只得徵求「資本較充、眾望素孚者」出款承辦，由官府發給營業牌照，徵取牌照費和營業稅[2]。這一辦法僅限於在江寧府試行。不久，端方批准在徐州設立官府所辦的煙店土行，並設立戒煙專賣官膏分局，委派翁德菜為該局坐辦，截留徐州土藥稅款（銀）3萬兩作為開辦經費，使土藥生產區也可以推廣專賣辦法[3]，另外在鎮江也批准設立官膏局，對煙膏進行專賣[4]。江寧官膏局開辦經費的籌措是專賣問題必須解決的首要問題。端方決定先從裕寧官銀錢局籌備官本銀（銀）50萬兩[5]，又在籌賑局賑餘項下撥借錢4萬串[6]，此外，尚從江寧運庫借鹽稅款項（銀）10萬兩，「分六月初、七

---

1 〈議行專賣煙膏政策〉，載《盛京時報》1907年5月4日。江寧官膏局的全稱是「江南戒煙籌辦專賣官膏局」，負責收購鴉片、售賣煙膏和戒煙事務。見《江督示諭官膏專賣章程》，載《申報》1907年8月23日。
2 〈江寧官膏專賣章程十條〉，載《申報》1907年4月29、30日。
3 〈批准設立官辦煙店土行〉，載《申報》1907年5月12日；〈截留膏捐以充官膏分局經費〉，載《申報》1907年8月16日。
4 〈批准設立官膏局〉，載《申報》1907年5月23日。
5 〈江督示諭官膏專賣章程〉，《申報》1907年8月23日。
6 端方札知藩司，首次先借錢12000串，陸續撥借4萬串為止。〈飭撥官膏經費〉，載《申報》1907年7月23日。

月初兩次交清,俾官膏局可以立時開辦,以應急需」,籌款進展順利[1]。

正當籌款事項正在緊張進行時,揚州府屬清江等處卻違背專賣歸官經理的原則,電請招商承辦,被端方加以制止。[2]八月初,江寧土商老德記等十餘家計劃申請成立土藥公司,由他們購進土藥,供給官膏局使用,並建議照本加收 7 釐後雙方交易,端方鑒於官膏局專賣利潤受損,對其建議和章程立予駁斥[3],拒絕了這些土商的要求。通州禁煙會作為民間組織也曾計劃辦理「官膏」,同樣被端方駁回[4]。江寧經營專賣事宜,得罪了不少紳商,阻擋了他們賺錢的途徑,因此向度支部和民政部控告。度支部迭次電詢,均經端方解釋,或陰相抵制,或堅持原案[5],度支部此後也未再電詢。上海寶山縣羅店鎮紳士潘鴻鼎本想設立官膏公所,被蘇省藩司拒絕,故上告民政部。該部追查後,端方指責說,該紳「實不知命意所在」,「未免誤會,不足置辯」[6]。江寧方面基本掃清了國內各方勢力的阻礙,專賣事業準備就緒。

恰在此時,禍從天降,英國使領人員認為官府舉辦專賣對洋藥貿易構成侵害,橫加阻攔,釀成中英外交事件。事情緣起,係上海、江寧的洋藥商人中勢力較大的潮幫、廣幫對專賣一事耿耿於懷,勾結老沙遜、新沙遜洋行,向英國駐上海領事饒舌鼓噪,試圖借英國官方力

---

1 〈光緒卅十三年五月二十日復揚州趙運臺電〉,〈光緒三十三年五月二十日給漢口督銷局范道臺電〉,一檔館:端方檔案全宗,專 34 號〈禁煙去電〉。

2 〈光緒三十三年五月二十四日給清江楊道臺電〉,〈卅三年五月二十四日給蘇州陳撫臺電〉,一檔館:端方檔案全宗。

3 〈批駁開辦土藥總公司之章程〉,載《申報》1907 年 8 月 7 日。

4 〈光緒三十三年六月二十九日給通州恩直牧電〉,一檔館:端方檔案全宗。

5 〈光緒三十三年五月初四日電度支部〉,〈光緒三十三年五月二十七日給度支部電〉,〈光緒三十三年六月初二日給北京度支部電〉,〈光緒三十三年五月二十七日給柯逢時電〉,一檔館:端方檔案全宗。

6 〈光緒三十三年七月二日給北京民政部電〉,一檔館:端方檔案全宗。

量干預專賣事宜。並私下達成協議,決不向江寧官膏局售運洋藥[1]。上海老沙遜洋行更是對中國推行鴉片專賣懷恨在心,他們不但饒舌英國駐上海總領事,而且稟控英國政府,之後又奔走串聯於各個土行,呼風喚雨,在發給各個土行的傳單中,老沙遜洋行聲稱,駐華英使決不讓中國人的鴉片專賣得逞,「常馬雷君已有信給本行愛德華・沙遜君,云渠已與倫敦外務部合辦鴉片之問題,於專賣之事自當更加仔細留意,斷不能使其設立也」[2]。

事情發生後,中英雙方各執一詞,各據條約據理力爭。英方意見在英國駐華參贊黎枝(斯蒂芬・利奇)所作《中國禁煙事宜說帖》一文中有所反映,該文援引《南京條約》和一八五八年的《中法條約》說,「凡英國商民在粵貿易,向例全歸額設行商亦稱公行者承辦,今大皇帝准其嗣後不必仍照向例,凡有英商等赴各該口貿易者,勿論與何商交易均聽其便」,「將來中國不可另有別人聯情結行、包攬貿易,倘有違例,領事官知會中國設法驅除,中國官宜先行禁止,免敗任便往來交易之誼」,根據上述約章,英方認為,中國舉辦鴉片專賣「固非盡力禁煙,殆欲藉以謀己利耳」,聲稱:「中國若未得有約各國之承諾,斷不能使洋藥付之官賣」[3]。英國駐華公使朱爾典親自到外務部官署,稱中國方面實行專賣係違約之舉,這一點英國政府決不承認,「前有答覆洋藥十年減盡之辦法,於貴國禁煙之舉足有把握。倘兩國尚未商定,南京即於八月初一日開辦專賣,係貴國自行破壞,所有以前答覆

---

1 〈光緒三十三年七月廿一日致外務部電〉,一檔館:端方檔案全宗。
2 〈英商對於中國專賣鴉片之函牘〉,載《申報》1907 年 8 月 28 日。
3 〈駐華英使朱爾典致英外部大臣葛雷公文〉(附:使館參贊黎枝:「報告中國禁煙事宜說帖」),1907 年 11 月 27 日由中國北京發,《英國藍皮書(為中國禁煙事)》,《外交報彙編》,第 29 冊,臺灣廣文書局 1964 年第 49～51 頁,。

各節概須另議,務電囑南京停緩辦理」[1]。

中國外務部與英國駐華公使多次交涉,並致函端方瞭解有關情況。端方此前尚有僥倖,因為英國駐寧領事已經閱看江寧專賣章程,並無提出異議[2]。豈知事情並未完了,端方接到外務部咨文後,方知事態嚴重。一九〇七年八月二十九日專門給致電外務部,也據有關條約駁斥英人的要求,端方援引《中英善後條約》的第五款說「洋藥准其進口,惟該商止准在口銷賣,一經離口即屬中國貨物,只准華商運入內地外國商人不得護送」,《天津條約》第九條中所說的英民持照前往內地通商以及二十八條所載內地關稅之例也與洋藥無涉;端方說,《煙臺條約》第三條也規定:「洋藥一宗准為另定辦法,與他項洋貨有別,令英商於販運洋貨入口時,由新關派人稽查,封存棧房或躉船,俟售賣時,洋商照則完稅,並令買客一併在新關輸納釐稅,以免偷漏」;制定較晚的《煙臺條約續增專條》第三節明確規定:在完納正稅、釐金之後,貨主可在海關將洋藥拆改包裝,如果此時請領運貨憑單,海關即當照給,這類運貨憑單只准華民持用,而洋人牟利於此項洋藥者,不許持用憑單運寄洋藥,不許押送洋藥同入內地。端方駁斥說,洋藥向來自有專門規定,與他項洋貨不能並論。英使所引《江寧條約》第五款、《法約》第十四款皆係指各項洋貨而言,與洋藥無涉,具體到江寧的專賣,端方稱:江寧專賣官膏局規定,各土商凡是自行販運藥土者,應一律准其承辦官膏用土,由局給予營業牌照,不收照費,以後所運之土專由官膏局向其收買,門市不准擅售,這一規定目的在於配合禁煙,「江寧現在辦法實與條約無悖,英使所稱不無誤會。求鈞部將

---

1 〈光緒三十三年七月二十七日外務部來電〉,一檔館:端方檔案全宗,專字 31 號〈禁煙事來電〉。

2 〈光緒三十三年六月二十九日給上海瑞道臺電〉,一檔館:端方檔案全宗,專 34 號〈禁煙去電〉。

以上所陳婉商英使，乞其贊成，以惇睦誼，中國幸甚」[1]。

但清廷外交疲軟無力，仰人鼻息[2]，憚懼英人，又怕英國毀約，只好阻止江寧方面暫停專賣，端方也就只得暫時放棄，靜待外務部與英人談判[3]。此後端方對外務部不無微詞，一年之後，他對人說：「外務部電以專賣煙膏一事正擬與英使妥商，現當未定辦法之際，江南專賣之舉務希緩辦等語，因此停辦。駐滬英領曾有照會來詢，取設局章程，尚無明阻之語，徒因部電不允施行，因而作罷。」[4]言辭之中，不無惋惜。

中英議商專賣一事渺無期限，度支部又對各省專賣加以阻攔，江寧只能借鑑蘇屬辦法，以稅捐增浮來籌措款項，並達到禁煙目的。一九〇八年五月江寧財政、官膏、自治三局協商後決定：「每售煙膏一兩，酌定捐錢三十文，按旬收繳，解交財政局，充作戒煙及省垣要政之用，係為寓禁於徵、藉資稽考起見。」[5]為了進一步對鴉片吸戶、土膏經營者控制，後來寧屬又發放牌照，增加監控力度。一九〇九年七

---

1 〈光緒三十三年七月廿一日致外務部電〉，一檔館：端方檔案全宗；〈照覆官膏辦法無礙土商〉，載《順天時報》，1907 年 9 月 13 日；〈江督力爭實行官膏專賣〉，載《順天時報》，1907 年 9 月 15 日。端方派官膏局總辦孫詞臣赴漢口與張之洞議商此事，張之洞也認為「此事並無違約，不容外人干涉，盡可先由江寧試辦，無庸過慮」。

2 《申報》專門刊文痛斥外務部對英交涉之無力，見〈綜論中國之外交〉，《申報》，1908 年 3 月 21 日；1908 年 4 月份，有人諷刺清廷的外交家有八個秘訣：磋磨、退讓、推諉、欺飾、趨避、仰承、應酬、謅媚，見〈論中國外交家有八訣〉，載《盛京時報》，1908 年 4 月 8 日；清末甚至有人稱中國衰弱很大因素系由於外務部「媚夷」：「考世變者，當知中國之弱不弱於甲申、甲午、庚子之失敗，而弱於總理衙門外務部之媚夷，可嘆也！」見胡思敬：《國聞備乘》卷 2，〈教案〉，上海書店出版社 1997 年版。

3 〈光緒三十三年七月二十一日致外務部電〉，一檔館：端方檔案全宗。

4 〈光緒三十四年九月四日致廣州張制臺電〉，一檔館：端方檔案全宗。

5 〈江督批定各州縣膏店收捐辦法〉，載《申報》1908 年 5 月 5 日。

月底八月初，英方對這種限制性的禁煙措施提出抗議，蠻橫聲稱這是「有意抑勒」，「難昭平允，並有違條約」，「應請貴部院轉飭該管局，明白曉諭軍民人等，此項新章不過僅為中國土膏而設，與印度鴉片決不相干，以保例准通商之自由」[1]。英人這次抗議的對象雖針對蘇屬地區，由於江寧實行同樣的控制辦法，自然也遭到英方的干預。

鴉片專賣江蘇呼聲很高，最終未能實行。究其原因，國內因素以度支部、外務部的阻攔為要因，英國政府刻意保護印度鴉片利益則是關鍵，國內鴉片商幫（以廣幫、潮幫為最甚）與英國鴉片商人相勾結，英國駐華使領官員受其唆使，力為保護，專賣之舉最終放棄。江蘇省的專賣起因、阻力和結局，在各省中較有代表性，成為東部地區洋藥消費省分的一個縮影。

（二）福建省

福建省基本上屬於非鴉片主產區，大部分依靠進口外來鴉片，其中洋藥的數量較為龐大。根據度支部一九〇五、一九〇六、一九〇七三年的調查統計來看，本省出產的鴉片分別有 1500、1514、1324 擔，在各省產量中份額相當少，土藥消費主要來自外省，三年期間洋土藥銷售量對比如下（洋藥銷量／土藥銷量）：6600／6000；7007／6324；7064／5334[2]，洋藥消費數量較大。由此看來，福建省若要跟隨全國興起的鴉片專賣潮流，洋藥問題仍是一個敏感的問題，其面臨的風險僅次於廣東和江蘇兩省[3]。

1　〈駐滬英領干涉禁煙執照〉，載《申報》1908 年 8 月 3 日。

2　〈（度支部）丞參廳九月初十日具奏覆查明各省洋藥進口、土藥出產及行銷數目酌擬辦法摺〉，一檔館：會議政務處檔案，檔案號：61/89。

3　1911 年初許珏根據洋藥消費量多少，對有關省分進行了一個排序，「查向來洋藥銷數，廣東與江蘇為最多，閩浙次之，沿江贛皖各省又次之」，見許珏：〈上督院稟交

一九〇七年八月份前後，各省遵照清廷諭令先後禁閉本省的煙館，如何對煙膏和土藥的銷售進行控制？多數省分提出用專賣來加強控制。福建省在這種情況下開始醞釀鴉片專賣問題。

該省專賣的重要特點是官府處於被動狀態，巨紳富商則積極主動，極願包攬，多次參與專賣事宜。五月份，福建禁閉煙館事項基本完成[1]。閩省商人認為官府雖欲行專賣，但資金不足，所以「善營利者均揮其敏腕運動官場，以冀博得專賣之利益」，隨後本省時有商人招股承辦的傳聞。廈門某巨紳提出，願出巨資包辦全省的煙膏專賣，許諾每年向政府交款30萬元，以取得對專賣的控制權[2]。幾經奔競和磋商，最終成為泡影。十月份，又有廈門某富紳計劃集資50萬元，包辦漳州、泉州二府的煙膏，成立煙膏專賣局。並且對官膏的等級也有所計劃，「局價分為上、中、下三等，上等一兩二元，中等一元六角，下等一元二角，煙灰仍由官局收回，每兩約計三、四角，無論華洋人等均不得私煮私賣」[3]，這一計劃準備提請福建巡撫批示，但卻未見下文。

一九〇七年冬季，福建省財政局決定仿照蘇省辦法，對售賣煙膏的業主加收膏捐，每位業主每天繳納膏捐銀六角，計劃於一九〇八年二月七日起實行，並刊發傳單廣為宣傳。該項計劃實施後，紳商巨賈見有利可圖，積極運動其中。某巨富準備募集巨款承包煙膏官局，許諾的條件是「每年所得息銀以五成充鐵路經費，三成分充學堂及去毒

卸禁煙局差並請赴江蘇將牌照捐聯絡開辦〉，《復庵遺集》影印本，第486頁。專賣鴉片的風險是一個模糊不清的概念，從大的方面來看，清廷、本省的政策風險、本省洋土藥商人的反對或支持的力度、外人介入反對的程度、禁煙風險的程度等，此處判斷考慮了上述因素的綜合作用，係相對而言，資料所限，無法進行量化比較。

1 〈閩督奏報禁煙成績〉，載《申報》1909年5月28日。
2 〈閩商願繳巨款包辦煙膏專賣〉，載《申報》1907年8月31日。
3 〈包辦專賣官膏之辦法〉，載《申報》1907年10月24日。

社之用,二成為該局用費」[1],要求財政局刊給諭文,稟文報到財政局處批示,卻不見結果。七月份,又有泉州人李秉儀等五人聯合起來運動於官府,要求包辦本省的鴉片專賣,並獲得該省藩司的准許。在籌資計劃中,日本三井洋行積極提供資金支持,「隨時墊付,議定額限五十萬至一百萬,以洋藥作抵,九八折收銀,四十日內不計利息,逾期則按日計息」[2]。章程確定鴉片專賣的方針是「官督紳協商辦」,並將專賣機構命名為「福建全省洋藥專賣公司」。正當舉辦之際,李秉儀卻因假冒商號名義到處招股籌款,被福建省商會查處,三井洋行也借端收回投資[3],該專賣計劃又不得不夭折。

福建省的禁煙成績在各省中頗具卓著,官設戒煙局與民間去毒社互為支持是一個主要的原因。各地廣設戒煙局,每縣多有去毒分社,雷厲風行,頗有成效。但經費問題時常困擾該組織的活動開展。儘管去毒社的經費多由官府籌款補助[4],但時有困絀之虞。這也是某些州縣籌議專賣鴉片的主要背景。福安縣的專賣籌劃就是其中的代表。一九〇九年三月初,該縣採取紳商集資承包的方式辦理煙膏專賣,由在城殷商富戶四家集股,首先在縣城設立專賣局,然後在各鄉設立分局,原有的清膏店一九〇九年二月後一律閉歇,售賣煙膏的業務由專賣局統一經營,「闔邑煙戶須持所給購煙牌照,逐日赴官膏局,按數填買。每兩官膏定加售價制錢二百文。除開銷局用,並原有之膏捐照額批解外,所得盈餘,以七成充去毒社、戒煙局各經費,以三成酬勞股東及辦事人等」[5]。限於史料,此項專賣實行的結果不詳。

1　〈稟請包辦清膏官局〉,載《申報》1908年2月15日。
2　〈鴉片專賣之怪現狀〉,載《申報》1908年7月6日。
3　同上。
4　〈閩督奏報禁煙成績〉,載《申報》1909年5月28日。
5　〈試辦專賣清膏官局〉,載《申報》1909年3月9日。

由於整個福建省屬於洋藥消費大省，不管以何種方式舉辦專賣，英人反對甚多，所以，折衷的辦法是仿照蘇省辦法，煙膏經營由官府加以控制，並增加膏捐價格。就全省來看，這一做法各地實行的時間不同，福州辦理較早，廈門較晚才實行此項煙膏加價，每年的收入約計千元，數量不大。即便如此，英國駐廈門領事仍對此項措施耿耿於懷，一九一〇年十二月底，該領事照會廈門官府，指責有關措施違背煙臺條約，要求撤銷此項膏捐。主管官員郭月樓在答覆英領的公文中說「福州已抽膏捐多年，且所抽在膏已成熟之後，並不背約」，嚴詞拒絕英人的無理要求。英國領事仍照會道轅，反對甚力[1]，估計此項膏捐也化為泡影。福建省的鴉片專賣事務，紳商雖然積極介入，但各地官府並未允准，推測其原因，一係官方受控於中央的禁令，不敢輕易舉辦；二是英國駐該省的領事極為反對，不但是江寧模式的專賣不能舉辦，即便是採取專賣替代性的監控措施，例如仿照蘇省加捐方法也屢屢引發交涉。

（三）山東省

山東省系鴉片產區，在北方省分中，產量居於前列。從行銷比例來看，土藥與洋藥相差懸殊。根據度支部對一九〇五至一九〇七三年各省鴉片行銷狀況的調查，山東省這三年的洋土藥之比分別是：440 / 5217，627 / 6319，375 / 2489，洋藥約占土藥的十分之一。

該省籌備和設立專賣鴉片機構始於一九〇七年九月。為了控制煙膏銷售的數量，省垣首先成立土膏專賣局，按照巡撫衙門的統一部署，各地州縣也派遣委員會同地方官逐步開辦，煙膏銷售由官膏局控制，土藥銷售則由各地分設官營土行來管理。原來的土莊或承辦官

---

[1] 〈英領事續請撤銷膏捐〉，載《申報》1910 年 12 月 31 日。

土，或承銷官膏，分別納入官方控制的範圍之內。在籌備過程中，官土行照費多寡是一個難以解決的問題，官府希望增加照費數額，而土商則希冀費用節省，雙方相持不下，甚至有抗不遵辦者[1]，後來不得不變通處理。

官膏局屬於專賣鴉片的專門機構，京師和其他省分多將其隸屬于禁煙總局之下，以配合禁煙稽查的實施，但魯省的官膏局多數以盈利為目的，「官膏局之設立，不過以寓禁於徵之善名藉籌巨款，於杜絕煙害絕未注意」，「惟恐吸菸者之日少而巨款難籌，乃為掩耳盜鈴之計」[2]。該省以專賣為盈利的做法，主要表在以下幾個方面：

其一，煙館改為官膏店，換湯不換藥。省城濟南在禁閉煙館之前，全城有煙館五六百家，閉歇之後多數改為官膏店，名義上是推行鴉片專賣，實際上則是以籌款為目的，私人煙商藉此繼續營業，私吸私販的現象司空見慣。

其二，禁煙總局與官膏局互相配合，為盈利大開方便之門。專賣開始時期，禁煙總局將吸食牌照分為四等，上等納洋銀十元，然後依次是八元、六元、二元，希圖對煙膏吸食量加以限制，但後來卻因礙於官膏銷量，此項收費額度不得不調低，以迎合籌款需要。其三，官膏店與官營土行章程形同具文。該省的官膏店章程規定，每店每年繳照費五兩，後來恐怕領取牌照者太少，影響官膏銷路，就改為幾個人合領一個牌照；官府雖有稽查之責，但萊州府屬的官膏分局並不稽查，官膏店與煙館無異。官土行章程規定，售煙一兩，繳制錢二百四十文，比江寧多三倍，土商並不積極參與其事。後來加以變通，改為每縣每日繳制錢五十千。按照此數來計算，全省每年可得二百萬串巨

---

1 〈土膏官賣尚難就緒〉，載《盛京時報》1907年9月10日。
2 〈山東（禁煙要聞匯志）〉，載《盛京時報》1907年10月16日。

款[1]。這種暗中取利的專賣辦法遭到世人訛病，媒介大加痛斥，開辦不足一年，恰逢度支部勒令各省停辦[2]，該省的專賣事業亦隨之停辦。停辦官膏之後，山東省的財政大受影響，巡撫袁樹勳在一九〇八年九月下旬上奏清廷，要求在各省實行包買洋藥、專賣官膏，「於禁煙之中仍寓籌款之意」。該折比較詳細地論述了兩種專賣做法。關於包買洋藥，折中分析說，這一辦法前駐墨參贊梁詢曾論及此，[3]現在洋藥進口已經定額，每年包買經費約需銀二千餘萬兩，若擔心經費困難，「或由國家舉行公債票，仿照北洋辦法，令官商一律認購；或暫借洋款，按年認真分期歸償」；舉借外債後若擔心償款困難，「則洋藥年減一成，本自日輕一日。況包買洋藥在禁煙第三年內舉行，如初次須銀二千一百萬，次年遞減一成，即可抽銀二百六十餘萬還本，按年遞抽，約八年即可歸楚包買之約」[4]。關於專賣官膏的做法和效益，該摺更有深入的分析，「國家在上海或漢口設立專賣官膏總局，用外洋機器熬膏，裝箱分發各省，設所專賣，酌定價值，遞年加增。售膏須參商法，多用司事，少用委員，以免浪費。購煙之人必須領牌報明吸數，方准賣給」，「土藥既絕，洋藥又復由官包收，捨官膏無可購吸，而又遞昂其值，不獨貧民無力吸食，窮鄉僻壤無從購買，即殷實之戶亦必力難持久，計必日少一日，將不及十年，而吸菸之戶不禁自絕，倘恐十年限滿，銷售不完，即以餘土留配藥料，化無用為有用」，「煙膏專賣餘利

---

1 〈山東（禁煙要聞匯志）〉，載《盛京時報》1907年10月16日。
2 〈阻止官膏專賣〉，載《大公報》1909年3月8日。
3 見《申報》於1905年12月28日刊發的〈商部咨各省督撫文（為曉諭赴墨華工及官賣鴉片事）〉，中國駐墨西哥參贊梁詢提議官膏專賣中，有包買洋藥之說，商部的意見是基本同意，要求各省督撫討論研究。
4 〈山東巡撫袁樹勳電奏禁種罌粟包買洋藥專賣官膏摺〉，一檔館：會議政務處檔案全宗，〈民政〉155。

必巨,不但可以彌補借款利息,且可稍補洋土藥稅釐之闕」[1]。九月二十五日,會議政務處與度支部研究後,作出答覆:「至包買、專賣,跡近爭利,窒礙甚多,度支部奏牘可稽,與臣等意見相同,應請無庸再議」[2]。

　　此事京師內外皆有不同的看法,禁煙大臣從其職責出發,甚願各省專賣,此且不論,即便各省亦嘖有煩言,藉口稽查難周,硬性舉辦專賣者大有其人,山東巡撫袁樹勳即是其一。一九〇八年十一月下旬,該省禁煙總局與籌款總局秉承袁樹勳的旨意,共同研究新的土藥專賣規章,決定省城內外共保留土莊十一家,官為控制,城內八家,每家各繳底稅銀 1200 兩,城外三家,每家各繳(銀)800 兩,共計(銀)12000 兩。吸菸者必須購辦執照,三個月一換新,購煙膏必須登記,並逐步遞減。專賣的初步計劃是試辦一年[3]。並準備向各州縣推廣。在擴大這一專賣的實施範圍時,也有的州縣不準備實行專賣,而採取對土店一律關閉的政策。但袁樹勳的批示反對這種激進的政策,他解釋說,這次專賣與以前不同,「並不以銷數多寡為各牧令考成,業經札飭籌款局通飭遵辦在案。仰仍分飭所屬,善體此意,分別情形斟酌辦理,毋得但圖省事為要」[4],所以各地州縣很快即開始舉辦。

1　〈山東巡撫袁樹勳電奏禁種罌粟包買洋藥專賣官膏摺〉,一檔館:會議政務處檔案全宗,〈民政〉155。又見〈袁中丞奏稱禁煙政見〉,載《盛京時報》1908 年 10 月 11 日;〈禁煙問題匯志〉,載《申報》1908 年 10 月 6 日。
2　同上。按:這種答覆係官樣文章,實際上,會議政務處多數大臣較為贊同袁樹勳的看法,但度支部反對甚力,不得不如此;袁世凱和鹿傳霖的介入,更使得事情複雜化,會議政務處各大臣本將摺件擬就,袁、鹿大加駁斥後,諸臣六神無主,不得不延緩上奏,後因度支部堅持原議,不可動搖,袁樹勳的建議最終被否決。見〈政務處議復禁煙摺件之波折〉,載《申報》1908 年 11 月 1 日。
3　《實行禁煙之新政策》,載《盛京時報》1908 年 11 月 28 日。
4　〈官膏開辦之先聲〉,載《申報》1909 年 4 月 10 日。

這次專賣與初辦專賣時並不一樣，各州縣設立官膏店，由原來的官土店改成，允許商人設立經營，只准賣膏，不准賣土。全省在省城濟南、青島和煙臺三處設立公行，「藉公行以為總匯，而後外土、本土皆有歸束，不能私行買賣」[1]。這種設立土藥公行的做法，與江寧所定專賣規章相吻合，該規章即有土藥公行的相關規定[2]。並且，山東所推行的官膏專賣做法，也與民政部在一九〇八年所確定的針對各省的禁煙方法有關，在這些禁煙方法中，實行專賣官膏是一個最重要的政策[3]。

　　在上述所列的三個省分中，山東省的情形較為特殊，作為土藥消費大省，受控於英人較少[4]；但因近靠京師，不能不受度支部的影響，專賣舉措動輒為清廷所知，難有隱瞞。袁樹勳對專賣極為熱心，積極擘畫，該省的專賣才時斷時續，較之前述兩省的專賣歷程，風波較少，但最終為度支部所阻遏。其他省分的專賣情況，與此三省間或有所不同，但大致情形類似，此處特別就三省專賣進行描述，意在以點窺面，約略能夠反映出各地固守本省利益，以對抗中央統稅控制的政策，中央控制與各省疏離的特徵較為明顯。

1　〈山東巡撫孫寶琦奏山東禁煙成績暨辦理土藥營業憑照情形摺〉，《清朝續文獻通考》（一）卷52，〈徵榷〉24，浙江古籍出版社1988年版，第8072頁。
2　〈江南變通禁煙章程〉，《東方雜誌》第5年，第11期，1908年12月18日。
3　〈各直省禁煙辦法大綱〉，一檔館：禁煙總局檔案。
4　外人干預專賣事宜，山東較少，但也有例外。1907年底，煙臺設立售煙公所被法國公使所干預，據英人敘述，「凡入口之洋藥、土藥均歸公所辦理，而公所且設有堆棧，為之存貨，若欲提出銷售，必得公所允許而後可。久之，以此等辦法之有違1858年中法條約第十四款，法使出而結（詰）問，公所章程於是重加修改，申明洋藥不在此例，是年三月公所亦閉」，《外交報彙編》第29冊，第95頁。

第二節　土藥統稅

　　為了籌措巨額練兵經費，一九〇五年清廷以鐵良南下為契機，強力控制各省的鴉片稅釐收入，推行備受各省反對的八省土膏統捐，次年又將八省範圍擴大到全國主要省分，並將「統捐」更名為「統稅」，以求名實相符。[1]一九〇八年六月後，清廷確定了邊遠省分的土藥統稅稅率，這些省分也被納入全國土藥統稅體系。[2]總體上看，土藥統稅為中央提供了數量龐大的稅款，成效巨大。在財困背景下，各省為了籌措練兵和新政經費，十分重視土藥稅釐的整頓，反對清廷對地方土藥稅款的控制。禁政期間各地出現的歸省自辦、爭撥稅款問題，反映了中央與地方財政利益的對峙，強化了清末中央與地方財政關係惡變的趨勢。

一　部辦和省辦的爭執

　　「部辦」即度支部掌控土藥統稅的徵管權力，全面控制稅款撥解；「省辦」即歸省自辦，係指外省要求清廷將土藥統稅的徵管權放歸各省，由各省獨自經辦，藉此獲得稅款收益。土藥統稅歸省自辦出現的背景，首先是中央與各省紛紛醞釀和籌備鴉片專賣的影響，各省亟欲自辦專賣事宜，統稅徵管由中央下放給各省即是必然的要求；另外，全國統稅稅率的確定，使得各省有能力自己處理鴉片統稅，並不需要中央設置有關機構凌駕各省之上，徒費周折，虛糜巨款。歸省自辦的呼聲儘管在八省土膏統捐醞釀時期就已開始，高潮卻出現在禁煙諭令

1　〈膏捐經費改稱統稅〉，載《大公報》1906 年 6 月 28 日。
2　〈咨復邊省土稅辦法〉，載《申報》1908 年 6 月 6 日。

发佈之後。各省的呼聲雖然強烈，度支部卻始終控制了土藥統稅的徵管權[1]，上下爭奪鴉片稅源的糾紛相當激烈。

歸省自辦是許多省分共同的呼聲，一九〇五年八省統捐出臺後各省反映強烈，極力要求放歸各省自辦；一九〇六年春天清廷強力將八省統捐推向各省，除了湖北、四川反對以外[2]，明確向清廷表示反對的意見尚不多見，原因可能與上層許諾只試行一年有關。隨著禁煙上諭的頒佈，鴉片專賣的趨勢已定，各省聲應氣求，準備以舉辦專賣來取代統稅，暗中排斥度支部對土藥稅收的控制，在這一背景下，各省自辦的要求越來越強烈。

一九〇七年五月，度支部內部對各地興起的土藥統稅歸省自辦熱潮有不同的認識，兩位侍郎主張土藥統稅改章之後，各省自辦並不難操作，中央再設立督辦大臣其實是徒擁虛名，建議裁撤土藥統稅大

---

[1] 兩廣合辦土藥統稅與川滇土藥統稅劃出自辦是兩個特例，儘管度支部有駕控意圖，但因為有特別難以解決的困難，最終不得不如此。

[2] 〈財政處戶部奏議復四川總督錫電奏籌議川省土藥統稅新章情形分別准駁摺〉，《東方雜誌》第 3 年第 11 期，1906 年 12 月 10 日；重慶海關稅務司譚安（C. E. Tanant）在 1908 年 3 月所作的海關報告中說，「我的前任，在他 1906 年的報告中，已清楚地預見到一旦新稅（即每擔 115 海關兩的稅）實徵之日將會發生的事情。新稅於 2 月 14 日開徵，由於種植者和吸食者都與本稅有利害關係，更不用說另一項籌建鐵路而徵的稅了，本省老百姓開始騷動不安，並逐漸拒交這些雜稅……署理總督趙爾豐意識到這些問題，因而敦促政府廢除統稅。到 6 月 10 日重新恢復了每擔 20 海關兩的出口稅」，周勇、劉景修譯編：《重慶近代經濟與社會發展：1876-1949》，四川大學出版社 1987 年版，第 296 頁；關於鴉片商人抵制土藥統稅的情況，見《外交報彙編》，第 29 冊，66～67 頁；1906 年時，辦理四川土藥稅收的蔡乃煌曾上書戶部尚書趙爾巽，要求將雲貴川三省的土藥稅劃開單獨辦理，對柯逢時的徵稅主張深表不滿，見一檔館：趙爾巽檔案全宗，〈蔡乃煌致趙爾巽函〉；湖北省的情形，見《鄂督請改膏捐章程》，載《大公報》1906 年 6 月 11 日；《條陳改良膏捐辦法》，載《大公報》1906 年 6 月 22 日。

臣，放歸各省自辦，度支部尚書溥頲一時未定。[1]鴉片主產省分之一的甘肅認為土藥統稅新章實行後，對本省賠款的籌措影響極大，因而要求中央增加土藥稅的撥還數量，言下之意，歸本省自辦便不存在這一困難[2]。督辦土藥統稅大臣柯逢時的態度較為關鍵，湖廣總督張之洞對其影響不可忽視。一九〇六年春天柯逢時在關於土藥統稅推廣各省的奏摺中，就裁撤土藥局卡曾作過相應的說明，建議將土藥統稅推廣到各省的試行期確定為一年，然後即歸各省自辦，戶部僅僅是派遣監督協助各省舉辦[3]。一九〇七年五月初，一年屆滿，這一問題再度提出，柯逢時具摺上奏說「此項土稅專為練兵經費之需，而撥還各省額款歲及千萬，關係極為緊要，此時雖稍有溢收，深慮難於持久，且地方遼潤（闊），耳目實苦難周，主客異宜措置，殊形竭蹶，設有貽誤咎奚能辭？仰懇天恩，飭部查照臣逢時上年原奏，由部派員作為監督，並將武昌總局裁撤，以省虛糜；抑或仿照銅幣廠辦法，每省各派司員管理一切，庶幾事權歸一，必有實效可觀」[4]，折中「主客異宜措置，殊行竭厥」一句頗可琢磨，連度支部對這一說法也頗有體諒之意，各省對中央介入土藥統稅的反感由此可見。度支部在研究後對柯逢時提出的派員監督一事仍予否決，建議他與各省督撫和衷共濟，協商辦理。

一九〇七年八月底，柯逢時再度具摺上奏，請求清廷裁撤部局，歸各省自辦，這次具摺的直接原因是產土省分本銷難以整頓，總局撥款窮於應付，賠累超過二百萬兩，統稅制度勢已難支，裁撤部局，歸各省自辦勢所必然。柯折申述說「各省財政同一困難，未便拘泥定章，

---

1 〈議裁膏捐大臣〉，載《大公報》1907年5月14日。
2 〈(陝甘總督升允)奏將土藥統稅撥還賠款摺〉，載《順天時報》1907年7月4日。
3 〈度支部為議覆柯大臣奏各省土藥統稅試辦屆期懇飭部派員辦理摺〉，一檔館：憲政編查館檔案全宗。
4 同上。著重號為筆者所加。

致有滯礙。第稅章較前酌減，而撥款較前加多，此贏彼絀勢所必至」，綜計一年屆滿，徵收正稅不過銀 900 餘萬兩，其中解部銀 370 萬兩，各省撥款達 560 餘萬兩，「函電交催，無從挹注；復值各省實行禁煙，土商停運，不獨溢收全無，即應撥各省額款已難依期應付，歲需經費百餘萬，更無從徵收」[1]。長期虧累無贏的局面亟應改觀，柯逢時對前一奏摺的建議未被採納深感遺憾，這份奏摺中又再度專門提出裁局卡，歸各省自辦的問題，「部臣即不允派員監督，擬仍歸各省自辦，或由部設法統籌，庶辦理既無牽制，款項較有著落。即於本年九月，將總局及各省分局一律裁撤，督飭迅速銷冊，以免糜費巨款」[2]。

京中討論此摺時，意見分歧，莫衷一是。陸軍部、度支部以及軍機處各員多有不同意見。陸軍部尚書鐵良在召見部員討論時，認為膏捐大臣和雲貴分局等應先行裁撤。但度支部卻認為，此舉對中央庫儲大有妨礙。還有大臣擔心土藥統稅推廣到各省方有端倪，現在遽行裁撤，恐有紛擾。[3]與此事關係極為密切的湖北省的表現尤為引人注目。六月份張之洞即電奏清廷說，「各省款絀已極，新政均無從舉辦。前自剛毅、鐵良南下已搜括無遺，今既派柯逢時督辦膏捐於前，又派陳璧考察銅元於後，各省財源全失其所恃，倘有變故，何堪設想」；[4]這一電奏旁敲側擊，使清廷在研究柯折時不能不顧及各省的態度。九月份，軍機處徵求張之洞對土藥統稅歸各省自辦的意見，張之洞即主張應立即裁撤土藥統稅局，歸各省自己辦理。[5]前述度支部內就有兩位侍

---

1 〈（會議政務處）抄咨會議土稅大臣奏土藥稅收日絀請裁撤部局歸各省自辦摺〉，一檔館：會議政務處檔案全宗，檔案編號：91/313。
2 同上。
3 〈膏捐大臣年終裁撤〉，載《申報》1907 年 6 月 18 日。
4 〈張香帥電陳財政情形〉，載《大公報》1907 年 6 月 22 日。
5 〈開議裁撤統捐〉，載《大公報》1907 年 9 月 23 日。

郎主張裁撤膏捐大臣，這一時期，度支部也游移不定，曾一度主張按照柯逢時的建議辦理，而且准備具折入奏，已有裁撤部局的意圖。[1] 軍機處與兩江總督端方等議商此事，端方等人提出兩個方案供政府考慮，一是煙膏專賣是一至善辦法，但要籌措巨款以資周轉；另一個是從禁煙角度看，應與英使協商，看能否變通縮短洋藥入口的時間。十月份，外務部與度支部研究此事，認為後一個辦法難度較大，且易惹英人藉口滋事，所以便傾向於籌款專賣辦法[2]。京中一時議論紛紛，遲遲不能作出決斷。

中央是否將土藥統稅下放給各省經辦，決定因素甚多，比較重要的是統稅成效大小以及度支部對各省土藥產銷量所作的調查和評估，這是清廷決定歸省自辦時兩個主要依據。茲就這兩個方面略作分析。

（一）土藥統稅的成效

如何評估土藥統稅的成效，稅收規模能否對中央財政和練兵新政提供較有力的支持是中央是否放權的依據之一。下面根據督辦土藥統稅大臣給軍機處的奏報，並結合有關材料，對八省統捐開辦以來至一九〇九年第一季度為止，土藥統捐、統稅的成效試作分析。

督辦土藥統捐大臣柯逢時向軍機處等部門的各種匯報，將八省土膏統捐的溢收銀兩與一九〇六年六月以後的各省土藥統稅溢收銀兩分別奏報，報解的次數也分別單算。從奏報時限看，八省土膏統捐大致自一九〇五年六月至一九〇六年五月，適屆一年。雖然柯逢時對溢收稅款的奏報較為詳細，但全部收入數字卻無法計算，主要原因是他將兩湖、兩廣留歸本省的數字未包括在內，除了這四省以外，「總共收正

1　〈議准裁撤膏稅部局〉，載《大公報》1907 年 9 月 28 日。
2　〈會商專賣煙膏事宜〉，載《大公報》1907 年 10 月 6 日。

項庫平銀二百七十五萬六千七百餘兩」，溢收銀兩達到 207 萬 8800 餘兩，已經超出柯逢時原來的預計數字[1]。兩湖、兩廣截留稅款數字在各省中算是較多的，如果將此計算在內，數字當會有較多的增長。這些解款的去向，主要是練兵處、財政處、戶部和巡警部等四個部門，因而可知此項稅款的大致用途。

一九〇六年六月以後由總局經管的各省統稅溢收款項比較複雜，在本書統計期限內，共有五十五次解款，這些解款主要是解往中央部門的「溢收款項」（指改章之後比原來收入增加的稅款），度支部與陸軍部分別使用此款之一部分。此外撥還各省的稅款遠大於此數。嚴格來說，中央與各省具體的分配數字比較模糊，中間有無變化，在有關奏摺中並無明確的反映，尤其是四川、雲南和貴州三省，中央允許留歸自用和由中央撥還的數字必然相當龐大；另外，湖北省的情形也有一些變化，奏摺中亦無詳細的反映。這些收入並不包括邊遠省分的收入。現將土藥統稅溢收款項中解往中央部門的次數和數量列表如下：

表 2-1　1906 年 6 月至 1909 年 4 月土藥統稅解款次數表（單位：庫平兩）

撥解次數	解款局所	解款數量	備註
第 1 次	江蘇徐州局	40 萬	匯費 3600 兩，衡豐商號解往京師義善源商號
第 2 次	湖北宜昌局	40 萬	匯費 6400 兩，由戶部銀行漢口分行領解
第 3 至 16 次		290 萬	未見原摺，係後來奏報時提及

1　〈光緒三十二年三月初七日柯逢時奏〉、〈光緒三十二年六月初八日柯逢時奏〉、〈光緒三十三年四月初七日柯逢時、程儀洛奏〉，一檔館：軍機處錄副，〈光緒朝・財政類〉，第 7 冊，〈財政雜稅〉，第 490 卷。按照柯逢時的奏報，八省土膏統捐共向中央解過 11 次，每次數目不等；〈督辦、幫辦各省土藥統稅大臣柯、程會奏稅銀截數報解摺〉，《東方雜誌》，第 4 年第 12 期，1908 年 2 月 23 日。除此之外，尚有一些零星收款，也有（銀）10000 餘兩，後來並且對 1906 年春季的尾數收款也匯解清楚，共計（銀）193500 餘兩。

撥解次數	解款局所	解款數量	備註
第17次	陝西分局	20萬	1907年10月，匯費在外
第18次	徐州分局	20萬	同上
第19次	山東分局	20萬	同上
第20次	河南分局	10萬	同上
第21次	武昌總局	20萬	同上
第22次	武昌總局	20萬	1907年12月，匯費在外
第23次	甘肅分局	20萬	同上
第24次	陝西分局	20萬	1908年1月，匯費在外
第25次	山西分局	10萬	1908年2月
第26次	武昌總局	30萬	1908年2月
第27次	武昌總局	30萬	1908年3月
第28、29次	甘肅局去年兩次解抵山西協銀	50萬	1908年3月份甘肅局解抵山西協銀6萬，另列次數
第30次	武昌總局	40萬	1908年4月
第31次	陝西分局	20萬	同上
第32次	武昌總局	10萬	1908年6月
第33次	武昌總局	10萬	同上，去年，貴州分局冊報，黔省借撥銀17萬兩；總局解京城戒煙所經費共9萬兩；解還川省墊解滇餉銀206000兩。至1908年7月止，已解過銀7226000兩，內有526000兩未列次數。此外，蘇皖兩局正在籌解江北練餉30萬兩
第34次	武昌總局	40萬	1908年8月
第35次	山東分局	20萬	同上
第36次	陝西分局	40萬	同上
第37次		526000	原來未列次數的解款（甘肅分局解抵山西協餉銀6萬兩除外）
第38次		9655餘	遵部電，劃撥雲南省銀
第39次		1800	山西、甘肅調查員川資
第40次		137700	由部借撥陝西省銀
第41次		5萬	撥解湖北兵工、鋼藥兩廠經費銀
第42次	武昌總局	40萬	1908年11月
第43、44次	武昌總局	25萬（兩次劃撥）	兩次劃撥給雲南省編練新軍常年經費

撥解次數	解款局所	解款數量	備註
第45次	陝西分局	40萬	時間同上
第46次	河南分局	10萬	同上
第47次	山西分局	10萬	同上
第48次	山西分局	10萬	同上
第49次	武昌總局	80萬	1909年1月
第50次	甘肅分局	30萬	同上
第51次	武昌總局	5萬	係撥解湖北兵工、鋼藥兩廠經費銀
第52次	甘肅分局	6萬	甘肅分局解抵山西協餉銀
第53次	武昌總局	40萬	1909年3月
第54次	甘肅分局	10萬	係甘肅分局劃抵山西協餉銀
第55次	陝西分局	40萬	時間同上
合計	55次	解款總數	1182.5萬餘兩，此外，尚有奉撥江北練餉30萬兩，由蘇皖兩局正在籌解

資料來源：《光緒三十二年十一月初五日柯逢時奏》、《光緒三十三年十二月二十日柯逢時等奏》，中國第一歷史檔案館（以下簡稱「一檔館」）藏：軍機處錄副，〈光緒朝・財政類〉，第7冊，〈財政雜稅〉，第491卷；《柯逢時報土稅溢收數目等》，光緒三十四年六月奏，一檔館：硃批奏摺財政類，第四分冊，《經費、貨幣金融》，縮微卷號53-002319；《督辦土藥統稅大臣柯逢時奏報各省土稅溢收銀兩片》，《政治官報》第99號，1908年2月8日；《又奏本年提解土稅溢收項下銀數片》，《政治官報》第260號，1908年7月18日；《又奏解各局溢收稅款等片》，《政治官報》第427號，1909年1月1日；《督辦土藥統稅大臣柯逢時奏土稅溢收解部次數片》，《政治官報》第514號，1909年4月5日；《柯督辦奏解土藥稅情形》，《申報》1909年1月9日。

　　如上所列僅為柯逢時上解中央各部門的收入數量，各省從土藥統稅中受益的數量，限於史料，目前無法作出具體的統計。一九〇八年四月份解給中央的稅款已經達到（銀）680萬兩，而柯逢時此時稱各省已撥解（銀）1000餘萬[1]；至十二月底時，總共解給中央的款項約為

---

1 〈新授浙江巡撫兼辦土稅事宜（柯）致軍機處請代奏電〉，載《政治官報》第177號，1908年4月26日。

980萬兩，柯逢時在另外一個奏摺中則稱「查開辦土稅兩年以來，徵銀至二千餘萬兩，撥還各省居其大半」，中央與地方的占有比例可見一斑[1]。一九〇九年春天，當度支部要求各省籌議對鴉片稅的損失進行抵補時，又透露了國內土藥統稅全年的稅收總數為（銀）2800餘萬兩[2]。

由於清廷撥還給各省稅款數目的史料並不完整，總稅收數字還無法作出完整的統計。早在十九世紀九〇年代，何啟和胡禮垣估計說，「今中國所急者財用，而釐稅之入，以鴉片為大宗。洋藥進口釐稅六百萬兩，土藥釐稅名雖（銀）二百二十餘萬兩，而實則二千餘萬兩。是合洋藥土藥而計，每年值（銀）二千六百餘萬兩」，[3]九〇年代的稅率並不見得有後來那樣高，而且土藥產量並達到後來的規模，土藥稅釐被估計為（銀）2000萬兩，各地上報給中央的數字僅僅占十分之一。一九一五年有人對一九〇七年前後的清廷鴉片歲入也作過估計，認為「政府統共收入之鴉片稅，連印度鴉片之進口稅在內，約計自三千萬金元至四千萬金元」，[4]若拋除海關洋藥稅釐「（銀）七百數十萬兩」外，

---

1 〈督辦土藥統稅事務柯逢時等奏遵解湖北土稅撥款並陳明以後照章辦理摺〉，《政治官報》，第427號，1909年1月1日。王金香計算說，「以1906年為例，當年行銷土藥約13.6萬擔，以每擔（100斤）收稅釐115兩計，可得稅銀1564萬兩；行銷洋藥5.4萬擔，可得稅600萬兩，洋土藥稅釐合計約2164萬兩」，洋土藥稅與當年的海關貨物稅收入之比為3：5。見王金香：《清末鴉片稅收述論》，載《山西師大學報》第27卷第4期，2000年。這一計算方法只能是理論上的，實際數字恐不會如此簡單，這項統計也忽略了其他鴉片稅種的收入。
2 〈咨請各省籌補藥稅〉，載《大公報》1909年4月3日。
3 何啟、胡禮垣：《新政真詮・勸學篇書後・去毒篇辯》，第五編，上海格致新報館1901年鉛印本，第30頁，轉見趙豐田撰：《晚清五十年經濟思想史》，（臺北）崇文書店1967年版，第215頁。
4 陳庭銳：〈鴉片問題之結束〉（譯美國《評論之評論》雜誌），載《大中華》，第2卷第12期，1915年12月20日。

[1]大約也有2200～3200萬兩。一九〇七年十一月末,英國駐華使館參贊黎枝悉心蒐羅有關的情報,對中國土藥統稅的收入有個說法,他認為,「據政界之諳練者言,則謂徵收土藥之稅,歲可獲英金六百五十萬鎊,而輸入中央政府者僅一百七十五萬鎊,餘歸各省自用」[2],按照一九〇七年1英鎊約合7.5庫平兩的貨幣比率[3],650萬鎊約合庫平銀4875萬兩。這一說法應該是包括了各省自己徵收的其他土藥、土膏稅種,例如牌照捐、憑照捐、土藥畝稅等,或者也包括西南省分自己在其境內徵收的土藥稅釐等。按照度支部的說法,洋土藥稅釐每年收入總量為(白銀)2000萬兩,[4]則是僅指由中央控制分配的稅款數量。最初兩年多的時間內,中央就從各省手中蒐羅1000餘萬兩(白銀),各省被撥還的數額當遠遠大於此數。英國人的估計大致可信。

　　清廷對稅收成效的評價是關係到中央能否讓各省自辦的關鍵問題。度支部對這項稅收的成效是基本滿意的。一九〇七年十二月該部在議覆柯逢時請求土藥統稅歸各省自辦的建議時,曾有如下褒評:「各省土藥稅釐自改歸統稅大臣設局徵收後,一年之內,計解部溢收銀三百餘萬兩,練兵經費賴以接濟,督辦已有成效。茲據該大臣奏稱,開辦以後,稅章較前酌減,而撥款較前加多……綜觀目前情形,銷數並

1　此係外務部的計算結果。〈外務部具奏覆陳籌議禁煙與各國商定辦法摺附奏藥稅抵借洋款現議禁煙應另籌備抵補片〉,一檔館:憲政編查館檔案全宗;〈又請飭度支部籌款抵補洋土藥稅片〉,載《政治官報》第146號,1908年3月26日。
2　〈駐華英使朱爾典致英外務部大臣葛雷公文(附:報告中國禁煙事宜說略)〉,載《外交報彙編》,48頁。
3　許毅主編:《從百年屈辱到民族復興——清代外債與洋務運動》,〈清代貨幣折算一覽表〉,經濟科學出版社2002年版,第546頁。
4　〈度支部謹奏為財用窘絀舉辦新政宜力求撙節以維大局摺〉,1909年;《度支部清理財政處檔案(下冊)》,第56頁,鉛印本,印製年代不詳,中國社科院近代史所圖書館藏件。

未大減」,「此項土稅為練餉大宗,近來各省認解練兵經費之數多未照解,尤恃此統稅溢收之項源源接濟」,「若將各省本銷一律切實整理,則歲入奚止倍蓰」[5]。由於柯逢時督辦全國土藥統稅出力較多,勞怨不辭,陸軍部和度支部認為應該對其加以獎賞,經奏報清廷後,於一九○八年三月五日賞給柯逢時尚書銜[6],以表示對這項稅收的重視。一九○八年四月,度支部奏明正月部庫存款的基本情形,所列的主要款目中,土藥統稅專款數量雄居前列,土藥統稅專款庫存 407 萬餘,占庫存總數 1200 萬兩(白銀)的 34%,[7]所列「練兵專款」258 萬兩(白銀)也多是由土藥統稅項下撥解,如再加上這一部分,比例當會更大。既然此項稅款潛力巨大,又與清廷練兵經費密切相關,裁撤部局就顯得「輕率」了。

(二)土藥產銷量的調查

能否下放土藥統稅的經管權,還應對各省禁煙背景下土藥出產和銷售總量作一調查,以便能以「確鑿的證據」拒絕各省的要求。因此度支部處理柯逢時的建議時比較慎重,採取兩個措施,一是在議覆柯折時,對柯逢時的裁局卡建議給予否決,而要求對各省的本銷加以整頓[8];二是鑒於各方興起的專賣鴉片呼聲日高,對各省的土藥產量和貿

---

5 〈(會議政務處)抄咨會議土稅大臣奏土藥收稅日絀請裁撤部局歸各省自辦摺〉,一檔館:會議政務處檔案全宗,編號 91-313;〈度支部奏復土藥稅絀請裁部局摺〉,《申報》1907 年 12 月 27 日。按:兩者實際上是一份奏摺,但奏摺原件與發表在報刊上的內容,在用詞、說法上稍有區別。

6 《德宗實錄》,卷 587,第 2 頁。

7 〈度支部庫存款目清單〉,載《順天時報》1908 年 4 月 18 日。

8 〈(會議政務處)抄咨會議土稅大臣奏土藥收稅日絀請裁撤部局歸各省自辦摺〉,一檔館:會議政務處檔案全宗,編號 91-313;度支部本不願裁撤局卡,1908 年 2 月下旬,部內官員對柯逢時一再提出撤廢統稅局卡的建議極為不悅,見〈度支部不以裁撤統稅為然〉,載《大公報》1908 年 2 月 22 日。

易數量應加以細緻的調查，以確定中央是否放棄這項稅收，「竊以洋藥進口各數，每歲海關冊報雖略有統計可稽，自奉嚴旨禁煙，影響所及，其銷數實難預定；土藥一層，近來辦理統稅，惟大宗商販略可計算，至產土省分辦理本銷久未就緒，而自種自吸為數益繁，自非切實調查無由知其確數」[1]。由此可見，一九〇七年八月開始的這項大規模的調查，真正的目的有兩個，一個是為應付中央和各省專賣的要求，這是正面的理由；另一個則與度支部是否放棄這項稅收歸各省自辦間有密切的關係，兩種意圖一明一暗，相通不悖。

從這項歷時一年的調查看，各省土藥出產和貿易量下降甚快。度支部丞參廳對調查數據進行彙總的結果如下：

表2-2 1905-1908年度支部調查全國土藥出產行銷略表統計（單位：擔）

年度	出產數量	丞參廳結論	行銷數量	承參廳結論
1905	142698	互相比較，計（光緒）三十三年分出產土藥，比（光緒）三十一、三十二年兩年均減二成。	141525	互相比較，計（光緒）三十三年分行銷土藥，比（光緒）三十一、三十二年兩年約減二三成。
1906	148103		135693	
1907	119983		97738	

資料來源：《（度支部）丞參廳九月初十日具奏覆奏查明各省洋藥進口、土藥出產及行銷數目酌擬辦法摺》，一檔館：會議政務處檔案全宗，財政，編號67-89。

度支部據此聲稱，禁煙步伐明顯加快，土藥稅收不可能有大的增長。相對而言，時人與後來者對此調查結果的看法頗不相同。日本學者認為一九〇五至一九〇七年，每年土藥的生產總量約在33萬擔，僅四川一省的產量就在20～25萬擔，一省產量即為印度鴉片輸入總量的四、五倍[2]。當時，唐紹儀對一九〇六年的鴉片產量曾有一個估計，認

---

1 〈度支部奏遵旨派員調查各省洋土藥片〉，載《政治官報》1907年9月30日。
2 〔日〕新村蓉子：〈清代四川鴉片の商品生產〉，載《東洋學報》1979年3月。

為該年度全國鴉片的產量總數達到50餘萬擔[1]。英國駐華公使朱爾典對該年度的鴉片產量也有一個估計，他估計能達到325270擔[2]。國際鴉片調查委員會對一九〇六年度全國鴉片產量的調查結果是584800擔[3]。早在度支部調查結果公佈之前，一九〇八年六月份，具有日本背景的中文媒介就公佈了中國國內鴉片產量的調查數字，這項調查結果認為，「亞洲鴉片出產，中國、印度、波斯三國每年共達四千萬基羅，中國有二千萬至二千二百萬基羅，波斯有一千二百萬基羅，印度有五百至六百萬基羅」，「輸入中國者，共有二千五百萬基羅」[4]。日語「基羅」係「公斤」之意，按照這項調查結果，中國國內的鴉片產量換算為「擔」，按每擔100斤計算[5]，約為40萬至44萬擔。對於度支部的調查數字，各方人士皆不抱信任，估計數字超出度支部奏報規模的三倍以上。由於度支部調查期間，各省縮期禁種罌粟的計劃並未付諸實施，萬國禁煙會尚未召開，吸食和種植總量的變化並不明顯，一九〇八年土藥出產和行銷的總量與一九〇六年相比，縮減的總量相當有限。看來，這次調查的質量似有重大缺陷。

各省督撫對此項調查結果也很難相信。一九〇八年十月度支部的調查結果公佈後，十二月二十一日寧夏將軍檯布等人即對此數字大加嘲諷，稱其為「官面文字」，他舉例說，度支部調查員對寧夏的調查就

1　《北華捷報》1906年9月14日。

2　《北華捷報》1908年7月18日。

3　Report of the Internationnal Opium Commission，1909 VolII，P.57，轉見李文治編：《中國近代農業史資料》第1輯，三聯書店1957年版，第457頁。

4　〈亞洲鴉片出產調查〉，《順天時報》1908年6月19日。

5　時人在計算鴉片重量時，一般有幾種重量單位，例如「擔」、「箱」和「馱」等，以「擔」為計量單位時，各地的重量有所不同，在官方公文中，「擔」一般相當於100斤，但也有地方高於此數，例如雲南，每擔約為1600兩，見秦和平：《雲南鴉片問題與禁煙運動》，第75頁。

是敷衍了事:「查甘省者至八月半方到寧夏,彼時煙花早已收割淨盡,無從清查,不過憑州縣冊報,並各稅局徵收捐稅數目萬不足憑。只寧夏滿城,每年即非二十萬兩(白銀)煙土不敷吸食,四十五擔只七萬二千兩(白銀),並區區一滿城尚不足,而謂全省本銷止此,將誰欺乎?」度支部就是根據這項敷衍了事的調查就斷言「吸食之人業經銳減」,「數年之內當可盡祛沈痼」;檯布又列舉江西省的情形說,調查員根據德化縣冊報歲出土漿六百六十兩(白銀),也就是說德化一縣只有三、四畝地種煙。「質諸路人,其誰信之!」檯布進而推論說「甘省與江西如此,他省之敷衍可知」[1]。此奏證明度支部的調查結果大可懷疑。

　　檯布等人的奏摺上達清廷,其影響之深自不待言。清廷與地方的隔閡已非一日,如此瞞報數字,度支部堂官決不會信以為真,該部決策的依據也不會是根據這一敷衍了事、漏洞百出的調查結果,而是另有所本、別有企圖。中央與地方財政運作的遊戲,該部知之甚深,駕輕就熟,在積極推行中央集權的背景下,面對如此龐大的土藥出產和貿易量,度支部作何決斷不問即知。所以在該部入奏的摺片中,既否決柯逢時歸省自辦、舉辦專賣的建議,又有所藉口,憑藉長達一年之久的鴉片產銷量調查,該部巧妙地化解了各省對此項稅款染指的企圖。

二　稅款回撥的齟齬

　　各地專賣鴉片的要求被度支部阻遏以後,禁政從一九〇八年下半年起發展速度加快,統稅款項的縮減速度也隨之加快。按照統稅制度的規定,度支部必須按照相應的比例,將部分稅款撥還各省使用。禁

---

[1]《寧夏將軍檯布等奏戒煙辦法》,1908年12月21日,李振華輯:《近代中國國內外大事記》,《叢刊》(續編)第67輯,第446~447頁。

煙進程加快後，中央撥還地方的款項越來越少，直接影響了各省賠款繳納、軍工建設及練兵整軍的開展，清廷與外省的矛盾再度緊張。圍繞稅款撥解問題，多數省分以各種理由要求清廷允許他們截留稅款，或增加撥款的力度，函電交馳，爭執不絕。較為突出的省分主要有湖北、雲南、山西[1]、直隸[2]、浙江[3]、甘肅等[4]。其中雲南和湖北爭款最為突出，但兩省情形差別較大。雲南係因本省縮期禁種，境內土藥稅款缺失嚴重，其行銷外省的土藥稅款，大部分仍須由中央解還。在全國禁政背景下，度支部的撥款亦受影響，滇省與部臣矛盾即圍繞著統稅稅款的撥解留存而展開；湖北省係土膏統捐創辦省分，賠款與兵工廠經費均賴土藥統稅支持，後期因禁政加速推行，兩者在稅款撥解問題上的矛盾不斷激化，釀成清廷與外省地方的激烈衝突。下面著重以雲南和湖北為例，就撥款問題所引發的上下衝突略加考證，以探討兩者關係在禁政加快背景下的惡變趨勢。

（一）雲南省

雲南省的情形較為特殊，作為邊疆省分，練兵和善後事宜久為清廷所重視，長期以來一直被列為受協省分，每遇重要需款，一般會得到上層的關照；作為土藥主產省分，本省財政幸賴鴉片稅為支柱，「滇省商務大半依靠本省輸出土藥與外省交易百貨……雲南全省釐金收入

---

1 〈山西巡撫奏籌辦禁煙善後事宜請截留土藥稅項摺〉，一檔館：會議政務處檔案全宗，檔案號：278/2211；〈度支部議覆晉撫截留土稅摺〉，會議政務處檔案全宗，檔案號：319/2321。
2 〈徵收土藥稅之新章〉，載《華字彙報》1906年10月23日。
3 〈財政處、戶部議覆浙省土藥改歸統稅摺〉，載《華字彙報》1906年9月28、29日。
4 1907年6月下旬，清廷據陝甘總督升允奏，甘省賠款無著，請將土藥稅撥還。《德宗實錄》卷574，第1～2頁；〈奏將土藥統稅撥還賠款摺〉，載《順天時報》1907年7月4日。

在光緒年間大約在（銀）300000兩上下，而中以土藥稅收占其大半。據一九〇六年四月《諭折匯存》所載光緒三十年滇省土藥釐金收入共銀216834兩，約占全部釐金收入三分之二」[1]。禁煙令下，該省民情驚異，據外人記述，「雲南因禁煙，眾皆慌恐，以鴉片一禁則商業必衰，而人必有被其所累者」[2]，雲貴總督錫良對禁煙一事甚為認真，雷厲風行，堅決推行縮期禁煙政策，於一九〇八年底就開始實行徹底禁種，在全國所有省分中遙遙領先。

關於統稅稅款的使用，雲南省享受著較為優惠的政策。禁政前期，雲南曾一度加入全國土藥統稅體系，因本銷整頓久不見成效，後被劃出獨自經管，省內稅率實行單獨的低稅政策。因該省地處邊疆，加之經濟發展水平相對落後，清廷允准其可以將部分內銷的土藥稅款截留自用。禁政推行的第一年，滇省就採取截留政策，將應解部的土藥稅款留歸本省。一九〇六年度，該省境內土藥稅共徵至266395兩，除去派款加稅76112兩（白銀）、報部候撥104655兩（白銀）、賠款38056兩（白銀）、局用開支3792兩（白銀）四部分後，餘款為43777兩（白銀），雲南省的請求是「照案留滇備用，仍照部議於各省欠解協餉項下照數劃撥解部」[3]，因之，留歸本省使用的稅款占總數的比例為16%左右。一九〇七年該省仍實行這一政策，留歸本省的稅款為28777兩（白銀）[4]，占總數的17%，這一比例一直變化不大，至一九〇八年時仍是如此。雲南享受的土藥稅數量，除了這一部分外，尚有行銷外

---

[1]　羅玉東：《中國釐金史》，第424～425、428頁。

[2]　〈雲南煙害宜除〉，載《申報》1907年4月4日。

[3]　〈雲貴總督錫良奏請留用滇省土藥釐金仍於各省欠解協餉內劃撥解部摺〉，一檔館：硃批奏摺，「財政類」，縮微膠卷53，檔案號：1081/071。

[4]　〈護理雲貴總督沈秉堃奏請將土藥釐金銀兩留用仍由各省劃撥歸部摺〉，一檔館：硃批奏摺，〈財政類〉，縮微膠卷53，檔案號：1089/061。

省的土藥統稅撥還、本省境內土藥稅收應留歸外銷部分以及土膏捐、煙館捐等。一九〇八年六月，為了解決雲南的善後事宜，清廷又決定將該省的捐納虛銜、翎枝等延長一年，允准省轄境內的土藥和煙膏釐捐照原來辦法加徵一、二成[1]。因而該省的財政尚未因禁政而竭蹶不振。

土藥縮期禁種之後，雲南將土藥稅堅決停徵，錫良在停徵土藥稅的奏摺中說「據雲南釐金總局司道核明，請自光緒三十五年正月初一日起，通省局卡均一律停收土藥釐稅」，對這項決斷的後果及解決方法，該折預計說，「惟是滇省著名邊瘠，常年內外開支各款均恃土藥釐稅為大宗，計數在四五十萬兩，現既按限禁煙停收釐稅，而一切用款若僅恃鹽斤加價以資抵補，所絀尚多，應候飭由該司局通盤籌畫，另行詳辦」[2]。實際上，該省所採取的財政抵補措施在初期很難見效。鹽斤加價收入有限，一度想增加鹽課中的「馬腳銀」（每百斤加馬腳銀五錢），而滇省諮議局議員堅決反對，督撫與議員爭執不下，釀成諮議局的鹽政議案風潮，呈請資政院裁決，資政院支持該省諮議局的意見[3]，督撫奏請清廷決斷，後為度支部駁回[4]；欲開採礦藏增加收入，籌議舉

---

1 〈籌議滇省善後需款之辦法〉，載《盛京時報》1908年6月14日。
2 〈雲貴總督錫良奏縮限禁煙停收土稅片〉，載《政治官報》，第417號，1908年12月22日。收入中國科學院歷史研究所第三所主編：《錫良遺稿》卷6〈奏稿〉，中華書局1959年版，第840頁。錫良對縮期禁煙必然導致的滇省民生和財政困難有所擔心，他在給中央請求縮期禁煙的奏摺中說：「滇為貧瘠省分，常年所收土藥稅釐恆四五十萬兩，各用於為取資，禁絕則款從何出？而民間亦素罕出產，持煙為輸入巨資，非亟為別開利源無以抵補，此又戒煙而善其後之難」，見《滇督再請改縮禁煙期限》，載《申報》1908年9月27日。
3 〈資政院奏核議雲南鹽斤加價請旨裁奪摺〉，載《盛京時報》1910年12月6日；〈滇諮議局續呈鹽斤加價之害〉，載《申報》1910年11月17日；〈滇省官民又因鹽斤加價爭執〉，載《申報》1910年11月18日。
4 〈鹽政大臣查明雲南鹽斤礙難加價並辦理此案原委摺〉，一檔館：會議政務處檔案全宗，檔案號：922/8254。

辦滇礦公債，請求歸度支部承擔，度支部又加以勸阻和拒絕[1]；滇礦公債未能舉辦，該省又請求由清廷撥款支持，奏摺轉至農工商部，該部認為此舉甚佳[2]，對該省提出派遣礦業專門人才的請求，農工商部只答應「隨時物色考驗，實能勝任，即行遣派赴滇」[3]，但農工商部無款可撥，在會商度支部後，按照該部的意見答覆說，「臣部（指度支部——引者）因該省改煉京銅，添撥銅本，業經實力提倡；個舊錫礦既得公司承辦，暫無庸公家撥款，所請提撥巨款之處，應從緩議」[4]，開採個舊錫礦也因款絀而困難重重；此前尚有開辦田房稅契之策，準備於一九一〇年二月開始舉辦[5]，但因收入較少，遠遠不足抵補土藥稅款的流失之數；清廷勒令各省舉辦牌照捐，該省禁政較為徹底，因而無法舉辦[6]，與他省相比，收入又少了一個財源。看來，滇省財政困難的挑戰是相當嚴峻的。

　　縮期禁煙之後，雲南省多方籌措和抵補，仍不見成效。其土藥稅款流失甚巨，百業凋敝，因禁煙而導致的毀滅性災害即將到來，《字林西報》的評論說：

1　〈度支部議駁雲貴總督奏試辦滇礦公債由部全認摺〉，一檔館：會議政務處檔案全宗，檔案號：798/7055。

2　〈農工商部議覆滇督奏禁煙情形並籌辦礦務摺〉，一檔館：會議政務處檔案全宗，檔案號：460/3824。

3　〈農工商部會奏議覆雲貴總督奏滇省禁煙情形並懇籌辦礦務以資抵補摺〉，載《政治官報》第616號，1909年7月16日。

4　同上。該折係由農工商部主稿，度支部參與意見，因而係〈會奏議覆〉。雲南採運京銅之投資和運費多由本省的土藥稅釐支持，見全廉等校勘：《度支部通阜司奏案輯要》（全一函）卷1，第5頁，京師精華印書局鉛印本，印刷年代不詳，原件藏中國社科院近代史所圖書館。

5　〈護理雲貴總督沈秉堃奏開辦田房稅契摺〉，載《政治官報》1909年12-14；〈滇督定期開辦田房稅契〉，載《申報》1909年12月21日。

6　〈雲南吸菸者竟已戒絕〉，載《盛京時報》1909年12月10日。

> 先前種罌粟的地方現在看到在種豆子。它們的價值與鴉片價值無法相比，而且不能列為輸出產品……鴉片沒有了，雲南不得不支付現金購買輸入物品。可是該省的現金數量非常少，使可怕的經濟危機不可避免，其後果至少是有人知道的。中國政府確實想通過分發蠶繭來鼓勵絲綢工業，現在又傳說設法種植棉花。但是這些措施得在多年以後，才會產生結果。當前，禁止鴉片貿易無論如何會給雲南帶來整個的毀滅。[1]

土藥稅釐大量流失，導致本省財政幾至坍塌，新政與練兵均受嚴重影響。滇省練兵經費的數額，上交中央部分每年 20 萬兩，並確定由煙酒稅提 10 萬兩，中飽提 10 萬兩來籌措。後來本省只認解 12 萬兩，籌款措施有四項，其中土藥加稅占 58%[2]，這僅僅是上交中央的部分。編練新軍經費是該省最主要的財政支出，這筆經費主要由本省土藥稅款以及度支部撥解的土藥統稅等款項來解決。現在禁政加速推行，稅款流失巨大，不但影響清廷練兵經費專項的上交，更嚴重的是本省練兵經費缺口太大，向清廷邀款自不可免。滇省請款的時間比較集中，多在一九〇九至一九一一年間，主要的有五次，下面依次考察。

一九〇九年二月底請款

練兵係各省要政，雲南省自不例外。按照陸軍部的計劃，該省應編練一鎮，以固西南門戶。根據雲貴總督錫良與陸軍部的協商，雲南編練一鎮的需費情況，初步預計共需要（銀）240 餘萬兩。這一預算

---

1 〈雲南禁煙〉，載《字林西報》1909 年 2 月 10 日。轉見《清末民初的禁煙運動和萬國禁煙會》，第 150～151 頁。
2 〈練兵經費表〉，載《政藝叢書》，光緒乙巳〈政治圖表〉，卷 3，第 2 頁；〈練兵處籌款清單〉，《政藝叢書》，光緒丙午〈政治圖表〉，卷 2，第 4 頁。

並未將工程、輜重、醫院等項計入，後來通算，開辦費共需銀（銀）370 萬兩，常年經費共約（銀）140 萬餘兩。陸軍部、度支部與雲南省協商確定，開辦經費中有（銀）130 萬兩、常年經費中有（銀）26 萬兩係由該兩部直接籌撥。一九〇九年四月，護理雲貴總督沈秉堃上奏清廷，請求將這一款項撥給雲南。清廷對此尤為關注，諭旨諭令度支部特別給予支持，「雲南地方邊務重要，著該部妥議具奏」[1]。新授雲貴總督李經羲暫時在京，尚未赴任，在沈摺奏上不久，也就近請求中央撥解練兵經費[2]。本來，度支部對各省的請款限制極為嚴格，動輒議駁，各省嘖有煩言。滇省這次請款，度支部對兩位總督的答覆卻較為爽快，五月十四日所定的撥解辦法中，滇省新軍開辦經費由大清銀行官息餘利、雲南抵補藥稅四文鹽斤加價應解部庫一半銀、四川抵補藥稅四文鹽斤加價應解部庫一半銀、宜昌局溢收土稅等多方籌措撥給，共計（銀）120 萬兩；新軍常年經費則指定鎮江等八個海關籌措 26 萬兩（銀）撥給；該省防營經費指定由四川鹽務、廣東鹽務溢收、長沙等四個海關洋稅湊足 30 萬兩（銀）撥給，度支部在議覆奏摺中還說「如果前項撥款實有不敷，再由該督將詳細陳奏，臣部仍當設法籌措，以資接濟」[3]，看來該部對雲南練兵確實備加照顧。

度支、陸軍兩部給雲南爽快積極的撥款舉動，外界反應頗為複雜，既對兩部的撥款舉動頗感到吃驚、忿忿不平，但又無可奈何，自嘆弗如。立足於東三省的《盛京時報》對這一現象頗為注意，刊發短

---

1 護理雲貴總督沈秉堃：〈奏為雲南添練陸軍成鎮原撥經費不敷請飭部加撥摺〉，硃批，檔號 04-01-01-1098-045，宣統元年二月初八日；〈護滇督奏請添撥陸軍經費〉，《申報》1909 年 4 月 20 日；又見〈滇護督請撥陸軍經費〉，載《盛京時報》1909 年 3 月 19 日。

2 〈度支部籌撥滇省款項詳數〉，載《盛京時報》1909 年 6 月 4 日。

3 〈度支部籌撥滇省款項詳數〉，載《盛京時報》1909 年 6 月 4 日。

評認為，李經羲邀款能夠順利達到目的，與其受到內廷眷顧的背景有關，「其所注意者，在聖眷之優隆否，權勢之烜赫否。聖眷苟隆，權勢苟赫，則百萬羅掘以供給之，否則，推諉復推諉，且坐視其呼號潰敗而不以援手。且所浸假而任此事者之升沉，異勢位更，則部中之所以對付之者亦變」[1]。這篇〈雜感〉確實是有感而發，頗具針對性，意在對比雲南和吉林請款的不同結果。此前，東三省總督徐世昌、吉林巡撫陳昭常兩次請求度支部籌撥吉林邊防經費，第一次奏入，度支部藉口曾經在東海等關洋稅藥釐項下撥過一次，對這次請款則消極應付，稱「部庫支絀，無款可籌，議令就地籌措，奉旨允准」[2]；吉林第二次請求撥款，度支部在答覆中，刪削挑剔，本來請款（銀）四十七萬兩，最後該部籌撥不足（銀）四十萬兩[3]，算是交差。《盛京時報》這一「雜感」，即對比此事之不同結果，坦言同是邊疆省分，均為需款孔急，朝中態度卻冷暖有別：

> 所異者，同為防邊之用，而有應有不應耳。其應也，非以其事之不能不辦，款之待用孔殷也；其不應也，非以其事之可以緩辦，款之猶可支持也……某不敢謂滇防可以不需款，某特因滇防而念及他處之邊防，某且憶及他處邊防費之責令自行籌措也，不以事之輕重緩急為衡，而以任其事者之有勢力與否為衡，是非視國事如兒戲，斷不至此。[4]

這一論者的地域背景亦可顯見，所謂抱不平者原為洩「私憤」也，

1　〈雜感二〉，載《盛京時報》1909年6月8日。
2　〈度支部奏議覆東督等奏請分籌吉林邊務經費摺〉，載《盛京時報》1909年6月12日。
3　同上。
4　〈雜感二〉，載《盛京時報》1909年6月8日。

估計其代表性也不僅是東北一隅，兩江、四川和浙江等省也曾有類似的經歷。這一指責性議論還是剛剛開始，滇省以後的請款屢遭朝野駁難，輿論指責更是屢有發生。

一九〇九年四月底再度請款

護理雲貴總督沈秉堃藉匯報雲南禁煙情況之機，再次請款。雲南停收土藥稅的政策剛實行不久，滇省深慮財政缺口太大，故有此請。附片申述說：「本年停收土藥稅，驟減銀（銀）四十餘萬兩。向來外省商民以百貨來易土藥往去，歲貨釐因此短收亦在二十萬兩（銀）以外。而奉文抵補之鹽斤加價一款，留滇者僅只八萬餘兩（銀）……歲實短銀一百三十餘萬兩，細核用款，非關軍需即屬要政，不僅難絲毫撙節，並無一可緩須臾，羅掘殆盡」[1]；與前次請款相似，尚在京師的新任雲貴總督李經羲也就近上奏清廷，請求撥解新政經費[2]。李摺申述說：「（滇省）防軍歲餉，向恃藥稅、貨釐以為常年的款，今則藥稅停收，貨釐銳減，餉源頓涸，暨交涉要需，每年短銀一百萬兩。懇請再撥五六十萬兩，先救危機」[3]。看來，沈秉堃與李經羲已事先有所協商，撥解款額也經過細心斟酌後提出。

度支部的議覆奏摺主要是針對著李經羲的請求而相應作出反應。針對雲南省土藥稅短缺和財政困難，度支部首先要求該省加意抵補，並認為貨釐銳減是暫時的困難，由於兩摺的請求非常急切，度支部決

---

1 〈（護理雲貴總督沈秉堃）又奏滇省稅釐銳減艱窘萬狀懇飭部撥濟片〉，載《政治官報》第 542 號，1909 年 5 月 3 日。
2 〈度支部撥款之忙碌〉，《申報》1909 年 6 月 13 日。李經羲奏摺的稱謂是〈奏滇省缺款太巨緩撥難濟急需摺〉。
3 〈度支部撥款之忙碌〉，《申報》1909 年 6 月 13 日。李經羲奏摺的稱謂是〈奏滇省缺款太巨緩撥難濟急需摺〉。

定部分滿足李經羲的請求,「惟既據迭次聲請,需款急迫,自應提前酌撥,以濟要需。擬由土藥統稅項下再行撥銀五十萬兩,如蒙俞允,即由臣部電知督辦統稅大臣,迅行解滇,以期無誤」[1],這就是說原摺請求中央先撥解五十萬兩的目的已經實現;對於另外虧短五十萬兩的請款,度支部答覆說,「所有該省防餉及交涉籌款,仍應俟該督到任以後,體查情形,究能酌減若干、實需若干,再行奏明辦理」,餘款的撥解看來也有希望。

按照有關規定,土藥統稅的使用和撥解十分嚴格,一九〇六年制定的土藥稅款使用制度就規定說:「溢收之數另儲候解,專作練兵經費的款,不得挪移,自應遵旨辦理,若聽其諮商通融,恐將來漫無限制,應請嗣後各省如有軍務急需,准各督撫引廣西成案,專摺奏請,由臣部查核酌撥,其別項款概不准援例率請挪移,以定限制」[2];一九〇七年二月份,度支部重申土藥統稅之溢收款項必須解部,專作練兵經費,不得挪移[3],事關軍餉部分,則絕不能含混[4]。一九〇八年三月,陸軍部還有將各省土藥稅釐全部解作練兵經費的要求[5]。在這種情況下,雲南兩次請款所涉及的項目,大部分為練兵,但也有其他新政事項,度支、陸軍兩部網開一面,較為通融,在別省來看的確是出乎意料之外,因而深懷嫉妒和不滿。

媒介的評論即反映此類「官意」。前述《盛京時報》的言論傾向於指責度支部的撥款不分輕重緩急,對第二次雲南請款的反應,《申報》

---

1 同上。
2 〈財政處、戶部會奏議覆各省膏捐辦法摺片〉,《東方雜誌》第 3 年第 7 期,1906 年 8 月 14 日。
3 〈統稅盈餘不准挪移〉,載《大公報》1907 年 3 月 2 日。
4 〈澤公注重軍餉〉,載《嶺東日報》1907 年 6 月 20 日。
5 〈陸軍部擬請撥款〉,載《大公報》1908 年 3 月 13 日。

的言論沒有將批評的矛頭指向清廷，而是對李經羲的行為大加揶揄：「前滇督錫良督滇數年，事事以節儉為本，今錫督往矣。而告急乞款之奏已迫切上陳，李未往也，而緩不濟急之折已悚惶入告，足既未入乎滇境，款已籌及。諸未來何事當興，何事當革，何事有利，何事有弊，何款有餘，何款不足，何項可撙，何項當減，既未能一一了然，而曰一百萬、一百萬，是何所見之明也」，「顧滇處萬里之外，既未到任，則其地方之財政及興革利弊必有所未知，何至迫不及待，乃於未到任之前，先行奏請。既准撥矣，又嫌不足而至再請。當此司農仰屋、羅掘俱窮之際，既不為大局計，又不為一省計，而輒曰：撥款，撥款，試思有何款之可撥也！」[1]此一「論說」又諷刺李經羲「抱著金盆要飯吃」，文中說雲南省地大物博，礦產可以開採，荒地可以開墾，鐵路可以興築，森林可以墾殖，滇省可以從試辦一個方面開始，徐圖推進，始有成效。聯繫到後來度支部的態度，這一篇論說似乎是由該部的屬僚加以操縱，或是為其捉刀，絕非一般清議性社論可比。

一九一〇年春季請款

雲貴總督李經羲鑒於中央所轄的土稅局卡即將撤銷，因擔心土稅撥解不足而再度請求撥解練兵經費。

洋款就是海關稅款，由各省海關稅務司經收；應解中央的練兵經費則是派令各省上交的款項，兩類均由中央控制收支，地方不准截留。度支部在一九〇九年十二月，又重申洋款關係緊要，各省不准截留。土藥統稅日漸縮減的情況下，陸軍部與度支部也曾飛催各省迫令將應解練兵經費解部，不得拖延。雲南省洋款數額每年約計47000兩（白銀），上交練兵經費12萬兩（白銀），李經羲恰恰是要求截留這兩

---

[1] 〈論新滇督奏請撥款以濟急需事〉，載《申報》1909年6月11日。

部分款項歸本省使用。度支部在研究李摺後，僅允許該省截留練兵經費，而對洋款留省的要求則未加允准[1]。

此後，全國土藥統稅形勢日漸萎縮。一九一〇年一月督辦土藥統稅大臣柯逢時上奏清廷，建議裁撤部分土稅局卡，江蘇、安徽、山東、山西、浙江以及福建等省分局均已裁撤或側重查驗，稅款因而大減[2]。因此，柯逢時向度支部聲明，上一年撥解雲南的 50 萬兩（白銀）土藥統稅已經解清，此後已無款再解。滇省聞知土藥稅局裁撤後稅款大減，本省財政受到嚴重威脅，因而再度電請中央籌撥經費 80 萬兩（白銀），原來確定的土藥統稅 50 萬兩（白銀）應繼續撥解滇省，並在附片中重申截留洋款[3]。度支部雖有不滿，但仍舊允准雲南截留洋款，並電商柯逢時本年的土藥稅款 50 萬兩（白銀）仍舊設法續撥。對 80 萬兩（白銀）經費的請求，度支部則沒有答應。

李經羲屢次請求撥款，或電奏，或專摺，或附片，多以滇省軍餉支絀為名，有時則以各省海關解款不到位為由，款項用途中新軍編練經費占主要部分，但有時也聲明是為開發滇省礦產籌集資金[4]。所以有人對雲南藉開發實業名義行邀款之實的做法頗表不滿，專門撰文加以駁斥[5]，指責其請款興辦實業純係藉口，言論傾向與度支部的看法如出一轍，疑為其同調捉刀。

1　〈度支部議覆雲貴總督奏滇邊餉項支絀情形摺〉，一檔館：會議政務處檔案全宗，檔案號：832/7484。
2　〈柯大臣奏請裁撤土稅各分局〉，載《申報》1910 年 2 月 22 日。
3　同上。
4　雲貴總督李經羲：〈奏請借撥部款興辦滇省實業摺〉，硃批，檔號 04-01- 36-0115-030；〈奏為籌擬滇礦改良擴充及經營辦法大概情形片〉，硃批，檔號 04-01-36-0115-029。
5　〈滇督李經羲電奏請款大興實業感言〉，載《申報》1910 年 2 月 18 日。

一九一〇年九月請款

　　禁煙與練兵使雲南財力困絀非常嚴重係這次請款的主要原因。雲南因練兵新政用款猛增，土藥稅款日見其少[1]，據報界探訪，該省電奏中聲明本省請款的緣由和要求是：「滇省貧瘠遠逾他省，又承禁煙之後釐金銳減，民力艱難，憲政進行更增用項，軍政一項更占歲出大宗，鐵路、巡警、開礦、防營亦需巨款。今歲不敷之（銀）八十萬兩實屬無可籌抵，擬請再敕部分認（銀）五十萬兩，其餘（銀）三十萬兩則暫借商款應付；至明年軍需餉項，請援照北洋姜桂題軍餉例，概由部籌撥。此外要政需款勉由滇設法籌補。」[2]

　　度支部對滇省接二連三地請款行為十分不滿，僅答應在土藥統稅項下撥給50萬（兩白銀），「近日財政艱難，臣部實窮應付，惟朝廷眷念邊疆，該督情詞又實形迫切，自不能不於無可設法之中為暫顧目前之計，擬請仍由現存土藥稅項下照數撥給銀五十萬兩，以資應用」[3]。在度支部要求各省清理財政的背景下，該部的議覆奏摺著重要求雲南著手進行清理財政，不必動輒亂喊入不敷出。對李經義的屢次請款已有厭煩之意，「查該督抵任以來，前後未滿一年，臣部協撥之款已多至數百萬兩，此不獨近來各省之所無，亦該省從前之未有」，對於度支部要求的清理財政事宜：「該督不此之務，而日以飛章告急，但使臣部

1　李摺強調說：「（錫良督滇時）所擬新軍開辦費亦未估足，其時庫幣尚有積存，土稅猶未全停，貨釐未甚減色，鹽款歉收亦尚無幾，今則情見勢絀，挪無可挪，較之舊惜困難何啻倍蓰。臣鈞稽溥領，諮詢僚屬，滇省財政急切無可補救，實以新軍重耗、禁煙縮限為近年最大原因」，見〈奏為滇省本年款缺勢危待協孔急懇恩飭部迅撥的款解濟以期勉維邊局摺〉，一檔館：宮中硃批奏摺，〈財政類〉，縮微膠卷54，第000515號。

2　〈國家果忍棄滇乎〉，載《申報》1910年9月13日。

3　〈度支部議覆雲貴總督奏滇邊餉支絀情形摺〉，一檔館：會議政務處檔案，檔案號：832/7484。

果堪設籌，則出內帑以贍邊軍，何一非臣部所應為之事。屬以財源窘竭，岌岌堪虞，而予取予求，幾欲以一隅而牽動全局，臣等所為極慮焦思，正不知其所屆也。該督世受國恩，素有精核之名，似不應除請款之外別無擘畫！」[1]

李經羲敢於屢次請款，言行舉措有別於他省督撫，蓋有原因可稽。李在京時，被簡為雲貴總督，遲遲未能赴任，原因甚多。滇省本屬邊遠窮瘠之區，此職實非優缺，誰人肯去？所以在赴滇之前，軍機處答應撥銀二百萬兩練兵經費給滇省，度支部亦知此意，初步答應每年撥解（銀）50萬兩，李才抵任。[2]這次請求撥款，李經羲氣勢悲壯，大有與度支部決一雌雄之勢，「電達度支部，力請撥款，詞極憤激，謂滇省財政拮据萬分，無米為炊，巧婦所難。並云，官即不做，命即不要，亦須請大部設法撥款，以應急需」[3]；要求將滇省撥款之奏「請特開御前會議聽候處斷，欽遵云云。聞有旨交度支部議奏，仲帥又恐度支部仍主駁議，特於日昨再行電奏，略謂滇省今年行政經費無論如何撙節，出入兩抵尚不敷銀八十餘萬，此八十萬之虧短，實減無可再減，節亦無可再節。如果部臣不以為然，即請先將臣革職調京面質，內中如查有一絲一毫之冒濫，當此財政支絀，疆臣不知公忠體國，無故虛糜巨費，不論處臣以何等之罪，皆所甘心」[4]。度支部尚書載澤也不示弱，媒介報導說，「澤尚書接電後，知其惶急，笑謂：彼既能拼官拚命敢來請款，我又何嘗不可拼官拚命籌款，但實在無款可籌，亦徒喚奈何而已」[5]，部臣與疆吏之爭愈演愈烈。

1　同上。
2　〈滇督李經羲電奏請款大興實業感言〉，載《申報》1910年2月18日。
3　〈滇督電請撥款之惶急〉，載《申報》1910年9月9日。
4　〈滇督爭款之倔強〉，載《國風報》第1年第22期，1910年8月11日。
5　〈滇督電請撥款之惶急〉，載《申報》1910年9月9日。

一九一一年一月請款

這是見諸報導的最後一次請款。這次請求撥款的緣由係與一九○九年四月初的請款目標未能實現有關。當時確定由部分省分的海關按確定數額撥解，事後許多海關並未向雲南照數解款，致使該省練兵經費中的常年經費久無著落，度支部雖電催各關如數撥解，卻罔有回應。李經羲奏摺透露，各關欠解情形如下：蕪湖關一九○九年欠解 2 萬兩（白銀）；鎮江關一九一○年欠解 3 萬兩；蕪湖關、九江關、金陵關一九一○年分文未解。各關未能協解的原因，摺中說，九江關道已由贛撫奏明免解；安徽巡撫則說，蕪湖關遵照部電應先盡京餉和洋款撥解，有餘再向滇省協解。如此辦理後，蕪湖海關 6 萬兩（白銀）、九江海關 4 萬兩（白銀）均不能向雲南撥解。柯逢時也電稱，一九一一年的土藥統稅因撤銷局卡，滇餉無可再撥。如此看來，財政虧損必然影響該省軍費支出，「事關計授，全軍恃為的餉，非他項指撥可比」，所以李摺強調雲南目前的困難，聲稱本年虧款即達 80 萬兩（白銀），明年預算案內虧款更巨，「年關逼近，苦無大宗現銀可以挪借；明年的餉若再虛懸無著，軍心動搖，邊局難支」[1]，由於形勢危迫，李經羲要求清廷敕令度支部，選擇款項較充裕的部分海關承擔雲南練兵常年的款，並飭令各海關將尚未解完的餘款解足，以固戎政。

一月十一日，度支部向清廷提出答覆意見，拒絕再為該省選擇入款較多的海關來提供練兵經費，「年來庫儲奇絀，各省亦自顧不遑，土藥溢收本以供中央練餉，前後撥給該省藥稅巨款，其別無他項開款足供指撥，不問可知」[2]。對李摺中所說的九江海關、蕪湖海關欠款一

---

[1] 〈度支部不允滇省再撥缺款〉，《申報》1911 年 2 月 7 日。
[2] 同上。中央撥解給雲南的款項儘管有洋款稅收部分，但大部分卻是土藥稅，在度支部看來，此項稅款比洋款更能夠解決問題，海關稅此時大多用於賠款支出，只有土

事，度支部表示將再度協商，不能使該項撥款落空。對李經羲屢屢請求中央撥款的舉動，度支部極不滿意，答覆意見中的語氣已顯示出督撫與部臣之間情緒的嚴重對立：「竊維該督自抵任以來不過年餘，以編練新軍，前後由部撥給並准予截留各款，約計四五百萬兩，部中已不遺餘力，該省則仍然覬望臣部總攬盈虛，實未便專顧一隅，致礙全局！現在預算將次定案，其應增應減各款由該督另行估計。」[1]

土藥統稅縮減趨勢愈發明顯，儘管度支部仍舊重視這一稅源，電咨各省將土藥稅收編入本省的預算統計冊中[2]，但在整體上，它已經不是清廷控制各省的主要財源。該稅對雲南財政的支持日漸式微，別項稅款或緩不濟急，或不可動撥，部臣與雲南疆吏之間的財政糾葛已發展到另外一個階段，即雙方在清理財政和鹽政方面的對峙糾葛。雲貴總督李經羲對度支部攬權專擅以及朝中乖蹇不悟、固執己見的形勢已洞見透徹，一九一〇年八月意圖聯合各省督撫「將各省情形以及所辦新舊各政，究竟財力如何，能否辦到，通盤籌劃，切實上奏，請朝廷速籌辦法」[3]，這是李氏在邀款絕望之餘，對朝政糜爛局面的一次重要干預，但其影響力度亦可想見，朝政崩塌趨勢，如何能夠阻遏？

（二）湖北省

湖北省與雲南省的情形有所區別，儘管兩省與清廷樞臣發生的糾

藥稅可以挹注，但 1910 年時此稅收入已經式微，導致度支部對雲南的撥解也頗受掣肘，故有此語。著重號系筆者所加。

1　〈度支部議覆滇督奏軍餉無著請部撥常年的款摺〉，一檔館：會議政務處檔案全宗檔案，編號 967-8790；也見〈度支部不允滇省再撥缺款〉，載《申報》1911 年 2 月 7 日。
2　〈度支部咨（札）行各省督撫（監理官）土藥稅由各省徵收編入預算統計文〉，載《內閣官報》1911 年 9 月 9 日。
3　〈滇督通電各省籌商要政〉，載《國風報》第 1 年第 22 期，1910 年 8 月 11 日。

紛性質相同，時間也大致相同，但兩省在爭款用途、爭論內容和後果方面卻相差較大，雲南係鴉片主產區之一，本省的禁種對其財政影響至深；而湖北省的土藥產量較少，只有西南地區總體禁種時才會對其產生較大的影響。就後果來說，土藥統稅的銳減，滇省主要是影響練兵問題，而湖北則會對賠款、兵工企業等產生較大的影響。當然，兩省督撫對抗部臣的力度和方式也有所區別。下面就湖北省與度支部在土藥統稅的撥解方面產生的層層糾葛試作申論。

湖北省土藥統稅的撥解比較特殊，有兩個因素影響較大。首先，就土預徵膏捐制度係該省的首創，聯省合辦土膏統捐亦由該省首先發起。一九〇五年八省土膏統捐籌備時期，湖廣總督張之洞遵照內廷的旨意，參與籌備和政策制定，由於土膏統捐一直與湖北省籌措庚子賠款密切相關，八省土膏統捐的稅款分配政策規定：「此項土膏統捐創始於鄂，本為鄂省攤派賠款之用，間有盈餘，亦俱撥作兵工廠常年經費，出入皆有定數。所有湖北本省擬收之數應請概予免提，以重武備而示區別」[1]。由八省土膏統捐推廣到全國以後，這一撥款的特殊優惠政策並未作大的改變，財政處和戶部在「支報條款」中規定，「惟湖北係創辦土膏統捐省分，且有專款待支，應准照其本省銷數，每擔按一百兩正款全數撥還」[2]；根據後來度支部的解釋，鄂省的土藥統稅撥解定章如下，「財政處會同臣部奏定土藥統稅章程，以鄂系創辦膏捐省分，該省撥款按照行銷擔數，將每擔正稅一百兩全數歸鄂，嗣該省請歲撥銀一百二十萬，經財政處咨明，如果銷至一萬二千擔應准照撥，

---

[1]〈欽差大臣鐵奏請試辦八省土膏統捐並派員經理情形摺〉，載《政藝通報》，光緒乙巳，〈政書通緝〉，第1卷，第4頁。

[2]〈財政處戶部會奏議覆各省膏捐辦法摺〉，《東方雜誌》，第3年第7期，1906年8月14日。

不及遞減。局費等項由所撥款內扣除，此鄂省撥款定章也」[1]，儘管這一解釋將湖北省土藥統稅撥款的優惠程度有所降低，但在各省中，湖北省的特殊性仍不容置疑。

其次，湖北一省區位優勢明顯，西南鴉片產區與東部、華南等鴉片銷售區域的主要貿易通道就是湖北省境，尤其是宜昌、漢口的交通地位非常重要。宜昌是長江貨運的樞紐，而漢口則是鴉片貿易的集散地之一，一九〇六年有人曾撰文說：

> 漢口為內地絕大市場，其位置在揚子江中流，當漢水匯合之處，故上至四川、雲南、貴州，下至江蘇、安徽、江西各省，莫不以漢口為通衢，且南至湖南可以達兩廣，北溯漢水可以出河南以達於陝西、甘肅，故四方貨物之自東而西或自西而東者，莫不以漢口為東西之沖。由是觀之，則雖以漢口為十八省貨物之集中點，為十八省貨物之倉庫亦無不可。固不獨九省之會而已，然則漢口之於商業猶心臟之於動物也，即名為商業機關之心臟，誰曰不宜？[2]

該文列舉了在武漢活動的十二個商幫，其中大多數商幫的業務均與土藥貿易有密切關係[3]。基於此種原因，清廷所設立的土藥統稅總局就在武昌，全國最大的土藥稅收機構就是宜昌土稅局，其本身下轄的

1　〈度支部議覆湖北土藥撥款摺〉，一檔館：會議政務處檔案全宗，檔案號：356/2514。
2　楊蔭杭：〈漢口商幫之大勢〉，載《商務官報》第20期，1906年11月1日。
3　這十二個商幫依次是四川幫、雲貴幫、陝西幫、山西幫、河南幫、漢幫（亦稱湖北幫）、湖南幫、江西福建幫、徽州太平幫、江南幫及寧波幫、山東幫及迤北一帶商人、潮幫廣幫及香港幫等。

湖北土藥稽徵稅卡有老河口、應山、均州、平善壩、黃麻、來鳳、武穴、安陸等十處[1]。這些稅卡係宜昌局完成土藥徵稅稽查的主要保障機構，確保了該局實施土藥統稅稽徵目標的實施。庚子以後，中央攤派給湖北省的賠款總數為每年120萬（銀）兩，籌款措施包括十項[2]。一九〇四年九月以後，由於湖北省與湖南省聯合舉辦土膏統捐，收入大增，張之洞適時決定將籌措賠款的各種雜捐一併蠲除，僅以土膏捐、銅元餘利、簽捐三種收入用於賠款支出，張之洞很有信心地說：「查土膏捐一項，近年來收數尚旺，又有鑄造銅幣一項頗有盈餘，簽捐一項尚足取信遠邇，合計此三項必可籌出一百二十萬兩抵補通省賠款，既別有籌款之法，即不忍以此重累吾民，特此飛札通飭，自本年八月為始，所有各州縣賠款捐均予免解省城，以蘇民困。」[3]此後，清廷在各省推行土藥統稅制度，湖北歲失巨款，但因度支部撥還土藥稅款比較及時，一九〇八年上半年前，本省賠款的支付尚未受到嚴重影響。一九〇八年下半年以後，各地關閉煙館，嚴格執行鴉片禁種計劃，土藥統稅的收入開始下降，撥回地方的稅款數量不斷被壓縮。這是湖北與中央在稅款撥還問題上爭執不斷的背景。總括來說，雙方爭執的焦點，一是每年撥還的稅款數量和撥還時間，二是湖北兵工、鋼藥兩廠的經費保障問題。有四方人員介入此事，他們分別是湖廣總督陳夔龍、督辦土藥統稅大臣柯逢時、度支部尚書載澤以及陸軍部官員等。

1　《湖北通志》卷50，《經政志八·權稅》，第1385頁。
2　〈各省奉攤賠款表〉，《政藝通報》，光緒乙巳，〈政治圖表〉，卷2，第9頁；各項措施的說明見〈試辦簽捐票片〉、〈規復丁漕減徵並加提平余酌抽契稅湊解賠款摺〉、〈開辦房捐、鋪捐、膏捐片〉，張之洞：《張文襄公（之洞）全集》，卷55，第3853～3862頁。
3　〈札各屬免解賠款留辦學堂〉，載《張文襄公（之洞）全集》卷105，第7477頁。

1　兵工廠經費爭執

　　湖北省財政支絀局面自一九〇六年以後趨向嚴重，有兩件事情使湖北財政形勢發生惡變，一是膏捐改章，清廷提走大量膏稅，不到一年戶部與練兵處就提走鴉片稅款 400 餘萬（銀）兩，[1]湖北雖享受較為優惠的撥款政策，但比以前減少許多；二是銅元餘利漸入頹唐，鑄額銳減，利潤已不如前。張之洞曾就此致函練兵處說：「鄂省自銅元減鑄後，本省指撥要需，皆苦無從應付。加以膏捐改章，鄂省進項驟失巨款，更有何法可以籌抵？本年鄂軍因照練兵處章制改變，已歲增六十萬兩；調汴秋操，需款約八十萬，又係新增巨費，現欠懸欠挪借，絲毫尚無著落。統計本年入不敷出者（銀）二百萬兩，年內正不知如何支持。」[2]張之洞此言因係對付練兵處的搜刮，所論自然誇張，但亦顯示土藥稅改章和銅元餘利漸失對該省的不利影響。一九〇七年三月，度支部催湖北省速解甘餉，張之洞電陳本省支絀情形說，軍餉歲增（銀）60 餘萬，調汴赴操約需（銀）80 餘萬，加以萍醴剿匪需用更巨，況銅元減鑄，膏捐改章，大宗來源驟短（銀）300 萬，年終僅恃息借商款[3]，窘困局面無以應對。

　　胡思敬後來稱，張之洞虧淮北官帑（銀）1300 萬兩[4]，媒介後來的報導也說，湖北因財政支絀，屢借洋商款項為行政經費，「歷年所欠洋款逐一調查，為數約二千萬，惟恃後湖地皮變價償還，難資彌補」[5]，

1　武漢大學歷史系中國近代史教研室編：《辛亥革命在湖北史料選輯》，湖北人民出版社 1981 年版，第 240 頁。
2　〈致練兵處〉，《張之洞全集》，第 9526～9527 頁。
3　〈湖北財政困難〉，載《大公報》，1907 年 3 月 13 日。
4　胡思敬：《退廬全集：驢背集・審國病書・大盜竊國記・丙午釐定官制芻議》，第 1289 頁，《叢刊》（正編）第 445 號。
5　〈鄂省地方債息借洋款之巨〉，載《國風報》第 1 年（1910 年）第 35 號。

亦可旁證湖北財政之窘困。

　　這一虧累局面導致湖北兵工廠經費嚴重不足。該廠常年經費的構成，一九〇〇年之前包括六項，諸如：宜昌土藥稅、川淮鹽局江防加價鹽釐、江漢、宜昌二關洋稅、郎中劉國柱捐款、湖北藩庫火器新捐、鐵政局繳還官本、湖北土藥過境稅等[1]。八省統捐舉辦之前，按照湖廣總督陳夔龍的介紹，該廠常年經費相對較足，財源構成亦有所變化：「惟查該兩廠經費由歷年奏准動撥者，本有宜昌土藥正稅銀二十萬兩，川淮鹽江防加價銀約十六萬兩，江漢關洋稅銀十萬兩，宜昌關洋稅銀五萬兩；由本省就地自籌者，又有土藥過境銀每年約十餘萬至二十餘萬兩不等，米穀釐金銀每年約十餘萬至二十餘萬不等。統計常年款項將及百萬。」[2]

　　京中部門介入土藥稅收之後，土藥過境稅被清廷勒令停收，米穀釐金時多時少，該廠的經費就出現嚴重不足，一九〇七年四月媒介報道說，「現在土稅已撥歸度支部，故該廠進款已減三分之二，財政支絀情形於此可見」[3]。這一報導大致可信，根據後來度支部審核該廠（含鋼藥廠）自一九〇一年至一九〇七年經費使用的情況看，各年度經費數量均不相同，一九〇五年土膏改章以後，該廠經費數額呈現下降趨勢。茲列表如下：

1　〈度支部抄咨核覆湖北兵工廠收支各款摺〉，1909 年 3 月 29 日，一檔館：會議政務處檔案全宗，檔案號：409/3042。該摺係度支部審核湖北兵工廠 1898 年第二案和 1899 年第三案有關經費的收支情況。

2　《兵工、鋼藥兩廠請撥款接濟摺》，陳夔龍：《庸盦尚書奏議》（三），948 頁，《叢刊》（正編）第 507 號第 948 頁。

3　《兵工廠裁減經費續聞》，載《申報》1907 年 4 月 5 日。這項報導中的數字僅指兵工廠的常年經費數字。

表 2-3　1901-1907 年湖北兵工、鋼藥廠入款簡表（單位：庫平兩）

入款年代	入款數量
1901	848685
1902	980142
1903	1640565
1904	1682004
1905	1479624
1906	1225774
1907	772588

資料來源：《度支部核覆湖北兵工等廠收支經費各款摺》，一檔館：會議政務處檔案全宗，編號：776-7477。按：此案共報銷庫平銀 919 萬餘，歸陸軍部審核報銷的有 637 萬餘，歸度支部審核報銷的有 281 萬餘。

　　常年經費多數用於薪金發放等，生產、購料等費用隨著入款縮減而捉襟見肘，停工待費的情形恐怕時有發生。一九〇八年已勢難支撐下去，甚至面臨中輟局面，「有著之收款僅有川淮鹽加價、漢宜兩關洋稅、米穀釐金，全年約收不過四十萬兩」，「若不綢繆未雨，瞬將停工待款，坐廢已就之全功」。一九〇八年七月陳夔龍力請朝廷撥款支持，「准予飭下陸軍部、度支部籌撥常年大宗的款，俾得源源製造，以免輟廢」[1]。折上，清廷令陸軍部與度支部會商湖廣總督，協商的結果，確定由湖北土藥稅項下撥給（銀）20 萬兩，江漢、宜昌兩關各撥洋稅（銀）10 萬兩以資接濟。[2] 這 20 萬兩土藥稅（銀）係由土藥統稅總局直接撥給，並不占有中央撥給湖北省的土藥稅款，這筆土藥稅按季分撥給兵工廠，以資接濟。

　　這一撥款暫時緩解了兵工廠經費支絀局面，但並未從根本上解決

1　〈兵工、鋼藥兩廠請撥款接濟摺〉，陳夔龍：《庸菴尚書奏議》（三），第 949～950 頁。
2　《德宗實錄》卷 594，第 5 頁；也見《光緒朝東華錄》，第 5956 頁。

困難。即便如此，20 萬兩土藥稅（銀）只撥解一年便無法支撐下去。一九○九年十月，統稅大臣柯逢時專門給度支部發去咨文，申訴土藥稅款撥解困難，「現在禁煙日嚴，土稅銳減，各處局卡已經分別裁併，所有向日認解之各處經費實已無法籌認」[1]，特請度支部和陸軍部設法將兵工廠收歸部辦，另款支付。與此同時，柯逢時將此咨文告知湖廣總督陳夔龍。隨後陳夔龍即具折請求陸軍部和度支部另撥款項支持兵工、鋼藥兩廠，摺中說：收到柯逢時咨文，「不勝焦慮。伏查此案係經部臣奏定奉旨歲撥之款，鄂廠待用孔殷，豈能遽歸無著……現在極力核實尚苦難資應付，若短此二十萬兩之協款，不獨無望擴充，且將立形窘迫」，「惟是目下兩廠經費萬分艱窘，惟有仰懇天恩飭部切實籌商，另行指撥的款，以濟要需」[2]。度支部對這項請求極費琢磨，收歸中央辦理自然不行，因而傾向於仍由湖北省財政來解決。度支部認為，湖北省的財力尚有潛力可以發掘，特別是該省一九○四年定造艦炮等款係分年償付，至一九一○年可以付清，這筆款項多達 52 萬兩，[3]騰出的款項自然可以派上用場。所以，度支部與陸軍部協商後提出，鄂廠經費目前的確困難，暫時仍由土藥統稅撥解，以渡過難關，然後由湖北自籌款項繼續舉辦，度支部主稿的奏摺說：「然當此庫儲匱竭之秋，另撥一層實屬無從設法。現在鄂省財政該督正在極力整理，將來必可騰出的款以濟要需，惟目前該兩廠待用方殷，不得不暫為籌集，擬咨明督辦土藥統稅大臣即在應解部庫土稅項下撥銀二十萬兩，分批

---

[1] 〈咨請兵工廠改歸部辦〉，載《大公報》1909 年 10 月 15 日。

[2] 〈湖廣總督陳夔龍奏兵工、鋼藥廠加撥土稅無著懇由部另行指撥摺〉，載《政治官報》，第 733 號，1909 年 11 月 10 日；另見〈度支部等奏湖北兵工、鋼藥廠加撥土稅款項無著另指撥的款摺〉，一檔館：會議政務處檔案全宗，檔案號：593/4992。

[3] 〈度支部核定湖北土稅撥款另籌抵補摺〉，一檔館：會議政務處檔案全宗，檔案號：279/2027。

解交該兩廠應用，以解足一年為度，以後應由鄂省勉力自行籌措」[1]。

這一決定對湖北兵工、鋼藥兩廠來說，仍舊不是徹底的解決方案，一九一〇年以後，鄂省財政更趨艱窘，這一軍工企業最終沒有擺脫掙扎殘喘的命運。外人的研究也證實，土藥稅收短缺導致兵工廠生產經營上的巨大犧牲：「一八九五至一九〇五年，張之洞的湖北槍炮廠每年平均 30%的收入來自鴉片稅。禁煙法令頒佈之後，槍炮廠的鴉片收入降至預算的 13%以下，其後果是中國近代槍炮生產停滯不前，而該廠本可以生產出世界最新式的槍炮」[2]。湖北與中央的交涉最後也沒有挽救兵工廠的困境。

2 統稅撥款之爭

湖北省督轅、督辦土藥統稅大臣以及度支部三方，在土藥統稅撥還數額及撥款時間方面發生激烈爭執。這是與兵工廠經費糾紛同時發生、規模更大的紛爭事件。矛盾糾紛涉及撥還土藥稅款的數額和撥款時間的確定兩個方面。以下分別考論。

撥還數額爭執由湖北省攤派賠款而引起的土藥統稅撥解糾紛始於一九〇八年九月。督辦土藥統稅大臣柯逢時等電知湖廣總督陳夔龍說，自各省舉辦土藥統稅以來，撥還鄂省的土藥稅款已經超出 80 餘萬，此後不得不緩撥此款。此時正值該省籌備十月份賠款，突接此

---

[1] 〈度支部等奏湖北兵工、鋼藥廠加撥土稅款項無著另指撥的款摺〉，一檔館：會議政務處檔案全宗，檔案號：593/4992。

[2] 托馬斯・L・肯尼迪（Thomas L.Kennedy）：《毛瑟槍與鴉片貿易：1895-1911 年的湖北槍炮廠》，載喬舒亞・A・福格爾（Joshua A.Fogel）與羅威廉（William T.Rowe）合編《展望變革的中國：韋慕庭教授退休紀念文集》（Perpectives on a Changing China:Essays in Honor of Professor G.Martin Wilbur on the Occasion of His Retirement），布爾德：西方觀察出版社，1979 年版。

電，督轅頗感意外，雙方交涉無果，湖北只得暫時息借商款墊匯上海。十月十日，鄂省電奏清廷，要求「飭下督辦土藥統稅大臣，將八月以後應解鄂省藥稅仍按每月十萬兩籌解足額，俾免償款無著」[1]。十月十二日，柯逢時接度支部的諮詢電後，就湖北撥款問題進行解釋，認為土藥統稅溢收款項越來越少，由度支部、陸軍部所擔負的雲南款項、江北練兵餉項、湖北兵工廠經費每年均需（銀）120 餘萬兩，概由土藥稅款承擔，文電交催，土稅總局無法周轉。湖北土藥稅款的撥還，既然原來已經逾額多達 80 餘萬兩，所以從本年九月起請求扣除，暫停撥解。

柯逢時所稱多撥給湖北省 80 餘萬（銀）兩這一結果的計算是一個關鍵問題，柯氏與鄂省的矛盾與此有關。按照土藥統稅大臣的計算方法，自一九〇六年六月分起，迄一九〇八年一〇月分，共計二十八個月，行銷湖北的土藥共有 21812 擔餘，以每擔正稅銀 100 兩計算，應撥還（銀兩）218 萬餘，但實際撥還的數字卻達 280 萬兩，由此看來，多撥給該省的數額已經超出 61 萬餘（銀兩）；此外，按照新稅章和財政處、戶部的規定，鄂省統稅局卡的經費也要計算在撥款正額之內，因而柯逢時說，局費已達 33 萬餘兩，「以上二款共溢解銀九十餘萬兩，為數太巨，且應扣除本年九月以後薪費，即一年不解尚屬有贏，此皆各處挪移，無可延宕。」[2]

---

1 〈度支部核定湖北土稅撥款另籌抵補摺〉，一檔館：會議政務處檔案全宗，檔案號：279/2027；〈柯大臣為解款事請軍機代奏電〉，《盛京時報》1908 年 11 月 19 日。
2 〈督辦土藥統稅事務柯逢時等奏遵解湖北土稅撥款並陳明以後照章辦理摺〉，載《政治官報》第 427 號，1909 年 1 月 1 日。柯逢時不無譏諷地說：「惟徵稅與禁煙決無兩全之策，近日論禁煙則咸稱為盛舉，論撥款則咸指為要需，申禁將近兩年，停辦已經數省，而斤斤計較，仍以原額相繩，各局若能取盈，則禁煙更復何望？」這段話明顯是諷刺湖北省的。見〈度支部議覆湖北土藥撥款摺〉，一檔館：會議政務處檔案全宗，檔案號：356/2514。

鄂省督轅堅決反對柯逢時的計算方法，並不認為已經多撥（銀）八九十萬。一九〇九年初，度支部根據柯逢時的意見，將有關決定電知湖北後，陳夔龍也根據湖北布政使李岷琛與善後局官員的討論結果，向度支部聲稱：土膏改辦統稅，原來認定湖北係創辦省分，酌定每年撥銀 120 萬兩，按月撥局，專解賠款之用。在有案可查的二十八個月內，撥還的稅款數額，按每年 120 萬兩計算，應該達到 280 萬兩，實際撥解的稅款數額也就是此數，並未逾額[1]。張之洞創辦兩湖土膏統捐或湘鄂贛皖四省統捐時，湖北歲入 140 餘萬兩，現今則減為 120 萬兩，已屬有減無增，鄂省虧累巨大自不待言[2]。如果按照銷售土藥的擔數來確定撥款的數量，湖北省認為調查本省的銷售數量極為繁雜，不易操作，陳夔龍強調說，每年撥款 120 萬兩「歷經奏明，並咨度支部有案」，湖北省過去即是執行這一辦法[3]。

矛盾癥結在於雙方所持的計算方法大相逕庭。這個問題的成因較為複雜，扼要言之，有兩個方面。八省土膏統捐籌辦時期，張之洞遵旨參與籌辦，極力維護本省利益，在與戶部、柯逢時討論籌劃的過程中，柯逢時提出每年包認撥解鄂省稅款 120 萬兩，張之洞雖然覺得湖北省吃虧不少，為了顧全大局還是勉強同意，但卻提出一個條件，即不論各省土藥統稅徵收盈絀多寡，對湖北省撥解數額每年不變，不能減少[4]。前述八省統捐稅章中已有載明，執行一年之後，改為推廣各省土藥統稅，新的稅章中仍沿用舊例，張之洞且為此專電中央，申述膏

1　〈土稅溢撥各款懇准就款開除摺〉，《庸菴尚書奏議》（三），第 1033～1034 頁。
2　同上。媒介報導說，張之洞創辦膏捐，歲入 190 萬兩，除去土藥過境稅 30 萬兩，再除去局用費（銀）20 萬兩，尚有（銀）140 萬兩。見〈鄂督與柯大臣之惡感情〉，載《盛京時報》1908 年 11 月 3 日。
3　〈土稅溢撥各款懇准就款開除摺〉，《庸菴尚書奏議》（三），第 1033～1034 頁。
4　〈鄂督與柯大臣之惡感情〉，載《盛京時報》1908 年 11 月 03 日。

捐改章對鄂省的不利影響[1]。因此,「土藥統稅」稅款的撥還,仍舊是按照 120 萬兩(銀)的標準撥還湖北省,並不是柯逢時目前所稱根據湖北省境內土藥銷量,每擔撥還(銀)100 兩正稅的標準。柯氏現在所持的觀點,表明他已經改變了與張之洞達成的協議[2]。另外一個背景,係張之洞已入朝拜相,鄂省利益隨後難得保障,柯逢時儘管是武昌府籍人士,但權力運作的遊戲變幻無常,張之洞入京後,柯逢時決定以度支部尚書載澤為奧援,所以他必須迎合中央的財政利益;加之張之洞離鄂後,繼任督撫陳夔龍對上下左右調護乏術,官界經略手段與影響能力均遜一籌[3]。

度支部奏摺傾向於柯逢時的說法而反對湖北省的觀點,認為陳夔龍所說「統稅減撥即請賠款無著,似不盡然。該省歲收簽捐為數甚巨,銅元雖已減鑄,上年留省六成盈餘,尚得銀二十七萬九千餘兩」[4],並且,鄂省即便是沒有土藥稅款的撥解,賠款照樣能夠完成,度支部「啟發」陳夔龍說「自實行禁煙以後,土稅驟形短絀,前經臣部奏以鹽斤加價抵補,現又另折奏明推廣牌照捐,核計鄂省兩項所入歲約可得銀四十萬兩,加以撥給土稅銀八十四萬兩,共一百二十四萬兩,核與賠

---

1 〈鄂督請改膏捐章程〉,載《大公報》1906 年 6 月 11 日;〈條陳改良膏捐辦法〉,載《大公報》1906 年 6 月 22 日;〈鄂督力爭疆吏財政權〉,載《嶺東日報》1907 年 6 月 20 日。

2 〈鄂督與柯大臣之惡感情〉,載《盛京時報》,1908-11 月 3。

3 陳夔龍自述說:「辛丑簡任漕督,移撫汴吳,升督護湖廣,遂領北洋,前後十年。時抱慄慄之懼,而不願居赫赫之名。所可以自慰者,厥有三端:一不聯絡新學家,二不敷衍留學生,三不延納假名士。衙齋以內,案無積牘,門少雜賓,幕府清秋,依然書生本色。連圻僚友,有譏余太舊者,有笑余徒自苦者,甚有為以上諸流人作介紹者,均一笑置之,寧守吾素而已」,見陳夔龍著:《夢蕉亭雜記》,第 2 頁。揣摩此言,與當時官場奔競之風適成反例,即與張之洞比,亦不可同日而語。

4 《度支部核定湖北土稅撥款另籌抵補摺》,一檔館:會議政務處檔案全宗,檔案號:279/2027。

款一百二十萬兩之數,已屬有餘,而簽捐及銅幣盈餘尚不在內」[1],尚不止此,該部又列出湖北省一九〇四年訂購艦炮的償款問題,此款至一九一〇年完全可以償付完畢,這筆償款的數額多達 52 萬兩,包括鹽道庫川淮鹽練餉正雜款銀 23 萬兩,官錢局盈餘銀 29 萬兩,一旦此款償清,也可用於支付賠款。所以,該部贊同柯逢時的看法,在以後撥給湖北省的土稅款額中,應扣除多撥的部分,按照每月(銀)7 萬兩的標準進行撥付,如此計算,該省以後每年土藥稅(銀)的收入將減少 36 萬兩。

湖北省對度支部做法立即作出反應,極力維護現有的撥款利益。關於度支部提到抵補土藥稅的鹽斤加價問題,該省強調「(此款)業經劃歸艦艇經費,既屬無可撥抵;牌照捐能否收有成數尚無把握。每年驟短(銀)三十六萬兩,已苦乏術騰挪」。既然鹽斤加價和牌照捐已經不可能用於賠款支付,而度支部又傾向於扣除原來所謂多撥的部分,所以,湖北省的策略只能是保住現有的撥款數目,盡量減少損失。度支部認為,撥給湖北省的土藥稅款中應包含局卡經費,此外還超出(銀)60 餘萬兩,這兩部分多撥的稅款應在以後撥款中扣除。陳夔龍請求將此項業務經費從撥款中扣出,而由專門的「一五經費」稅款來支付[2],並且也應將過去多撥的部分開除,其奏摺說「惟有懇請奏咨,所有土稅溢解及開辦局卡員弁薪費,二共銀九十五萬餘兩,准在溢收應解部餉及隨徵一五經費內,分別就款開除,以後仍照部議,自本年

---

1 同上。
2 1906 年以後的土藥統稅稅率為每百斤土藥徵收正稅銀 100 兩,並隨收(銀)15 兩作為局卡經費開支,稱作「一五經費」。按度支部的說法,中央撥給湖北省的稅款中,應包含湖北省境內所有局卡經費的開支數目。陳夔龍的意圖是將這筆局卡經費以及所謂多撥的稅款,從已經撥給的款項中扣出,由正稅之外的「一五經費」來承擔,即將這項負擔轉嫁給中央。

九月起明年八月止按月提前撥解銀七萬兩，以一年解足八十四萬兩為度，藉資挹注而免貽誤」[1]。陳摺奏上，度支部勉為其難，一九〇九年一月十八日的答覆中基本同意了湖北省的請求，但卻對每月 7 萬兩的撥款標準能否長期實行，不敢保證，轉而要求湖北督轅與柯逢時就近商酌，「總期練餉、賠款兩無貽誤」[2]。如此，三方即確定了鄂省撥款的基本辦法，約定自一九〇八年十月至一九〇九年九月一年之內，柯逢時應向湖北省撥款 84 萬兩，每月撥解 7 萬兩。

不料，一九〇九年七月份，湖北督轅意外地接到柯逢時的咨文，告知土稅總局撥解鄂省土藥稅款不得不截止到本年五月份，餘下六、七、八、九四個月無法再撥還，提醒湖北省方面另籌款項。陳夔龍立即與之交涉，柯逢時解釋說「現在局勢，鄂中償款似須設法另籌，決非土稅所能挹注，敝局早晚亦必裁撤，萬難久支」[3]。無奈之下，督轅只得電請度支部支持，鄂電說：

> 以貴部准撥之款忽歸無著，殊出意料之外。惟西九月份賠款，本月二十日（指七月二十日——引者注）即須匯解，為期已迫，稍有愆誤，誰任其咎？惟有電請大部迅電柯大臣，將五月份應撥之七萬兩即日續解湊濟，其餘未撥之二十一萬兩亦希設法騰挪，按月撥解。現值鄂省水災，趕辦急振（賑），羅掘已空，柯大臣目擊窘狀，當能勉圖共濟。倘仍不允，瞬屆賠款之期，事關緊要，只得在司、關各庫，無論何款先其所急，暫行提解，俟有稅收再行歸還。至柯函有早晚亦必裁撤之說，似此有意為

---

[1] 〈土稅溢撥各款懇准就款開除摺〉，《庸盦尚書奏議》（三），第 1033～1034 頁。
[2] 〈度支部議覆湖北土藥撥款摺〉，一檔館：會議政務處檔案全宗，檔案號：356/2514。
[3] 〈鄂督電部請將土稅歸鄂自辦〉，載《申報》1909 年 9 月 9 日。

難，不如早歸鄂省自辦，尚可挹注。迫切待命，鵠候示覆。」[1]

此電所言，極帶要挾之意，司、關之款多為度支部直接控制，該部曾嚴令各省不准動支，鄂省情急之下，欲不顧禁令，使用此款，自然給該部以極大的壓力，使其意識到問題的嚴重性，此法當屬今人常說的「揭房頂戰術」[2]。度支部接到鄂省急電後，立即給土稅總局去電徵詢，要求柯逢時仍舊按原議撥款方案，撥足84萬兩稅款後，再議改變[3]。柯逢時來電中，對此十分為難，「自鄂局開辦牌照捐，土商益少，收數短絀為從來所未有，往年收不敷撥，尚有他省溢收可以挪解，現已停辦八九省，均改為查驗局。既無收數，每月津貼經費甚巨，近又撥解滇餉一百二十四萬，存款一空」，柯氏的解釋言辭懇切，「況居父母之邦，彼此相繫相維，尤宜竭力籌措，無如收少解多，力有不足，長期敷衍豈有了期？只得俟宜局將五月後銷數報明，扣除溢撥及各月開支，再行儘數撥解。鄂中償款應請大部另行設法，以免為難」[4]。

柯電內容鄂省迅即知悉，陳夔龍仍電請度支部主持撥款，並對柯逢時違抗度支部之意，極為不滿，「既准部電允撥，何至靳而不予，諒

1　同上。著重號系筆者所加。
2　欲進窗戶，主人不許，威脅要揭去房頂，主人無奈，許進窗戶。1909年12月份，度支部接連向各省申明不准隨便動支部款，首先是12月8日，度支部尚書載澤面奉諭旨：「各省應解款項，如京協各餉及各項洋款關係緊要，無論何項用款，均不得任便挪移，嗣後凡動撥款項，應統由度支部奏咨核定」，見〈度支部抄奏遵旨電飭各省凡動撥款項統由本部核定片〉，一檔館：會議政務處檔案全宗，檔案號：608/5064；隨後，度支部又奏請清廷，嚴令各省不准動支和截留洋稅款項，即便原來已經答應截留的廣西、雲南、四川等省，亦嚴定期限，不許延長。見〈度支部奏鎊價奇昂洋款緊要將各省截留洋款仍應照解摺〉，一檔館：會議政務處檔案全宗，檔案號：608/5069。
3　〈鄂督與柯大臣爭撥土稅〉，載《申報》1909年9月20日。
4　同上。

非柯大臣夙昔之本心。近日收數衰旺，本督無從過問，亦未便與聞，仍懇轉商設法籌撥濟用，以免貽誤」[1]。三方函電交馳，久未商妥，至十一月下旬仍未達成協議。度支部建議每月撥給 6 萬兩，不敷款項由鄂省土膏牌照捐和舉辦印花稅來加以抵補[2]。湖北方面疑慮重重，經藩司與善後局等官員研究，決定賠款款項由土藥稅、牌照捐和印花稅三部分構成，印花稅甫經舉辦，收入難以預定，暫時先在藩鹽關庫借支款項，一旦印花稅收入較多，再撥還補足[3]。其中土藥稅的撥解數額，本省並無決定權，仍得協商度支部和柯逢時。揆諸鄂省財政說明書，三方再度交涉仍無結果，自一九〇九年十月後，每月撥給該省的土藥稅款僅僅為 1、2 萬（銀）兩，一九一〇年夏秋之後，分文未解。[4]該省籌措賠款「係在漢關道、簽捐局等處合力湊濟」[5]。唯一的例外是此前四月份，湘省發生搶米風潮，柯逢時遵照度支部的要求，曾撥給湖北 20 萬兩土藥稅（銀）[6]，以作為湘省的善後經費，但這已經與鄂省的賠款無關。

撥解時間糾紛這一問題雖然不如前一問題重要，但由於涉及到賠款籌措，湖北省仍然主張每月撥解一次。按：庚子賠款的償付辦法規定，中國應每月按照確定數額將賠款匯往上海交付，各省也遵循每月匯款的辦法，將認解賠款數額提前匯給上海道，再由該道兌交各國[7]。

---

1 〈鄂督與柯大臣爭撥土稅〉，載《申報》1909 年 9 月 20 日。
2 〈籌議抵補賠款之計劃〉，載《申報》1909 年 11 月 19 日。
3 同上。亦見〈印花稅與賠款之關係〉，載《盛京時報》1909 年 11 月 16 日；〈湖北司局會詳鄂督文〉，《東方雜誌》第 6 年第 3 期，1909 年 4 月 15 日。
4 〈湖北全省財政說明書〉，〈歲入部·土藥稅〉。
5 《京津時報》，1910 年 8 月 18 日。
6 〈湘亂善後近事紀〉，載《申報》1910 年 5 月 7 日。
7 〈美國駐華代辦柯立芝致美國國務卿函——與中國會談之經過〉，《美國外交文件》，1905 年，第 146～149 頁；〈外務部致外交使團照會——同意庚子賠款按金

湖北省每月支付的賠款金額為 10 萬（銀）兩，當時財政窘困，籌措這筆款項的確非常棘手，每月賠款的籌措不能不算是本省的重要事項。土藥稅款能否每月撥還到位，自然是該省關注的問題。

八省土膏統捐時期，根據張之洞的建議，柯逢時執行每個季度撥款一次的做法。後來湖北省的財政窘況愈來愈嚴重，按季度撥款已不敷周轉，陳夔龍與柯逢時商定提前撥款。此法執行不久，即因禁煙進程加快，稅款周轉不靈，「即如八月之款，分局須十一月始能解省」，撥款時間因此受到影響，款項不能按時到位，雙方矛盾隨之激化，「鄂中未經查明，遽以相責」，所以柯氏向度支部聲明：「惟嗣後收數益少，應付為難，必須三月後方能照撥」[1]。這一辦法提出後，湖北斷然不可接受，雙方協商多次，柯逢時才勉為採納，但此時的土藥稅款數量已經日趨式微，重要性大大降低。

如上紛爭均圍繞土藥統稅的撥還問題展開。清廷相關機構與湖北省在兵工、鋼藥兩廠經費和賠款問題上屢經交涉，爭論不為不激烈，最終仍無善果。究其原因，約有數端，鴉片禁政必然導致稅款流失，清廷推行的禁煙大計確實要經受財政、民食等經濟和社會利益方面的考驗；在土藥稅款大幅度縮減的背景下，清政府始終推行財政集權，各省的利益俱受損害，湖北省尤為突出；柯逢時作為欽派督辦土藥稅大臣，介於湖北與北京之間，其態度急遽偏移，傾向於鞏固中央財政利益，深刻影響了地方與中央爭執的結果，在土藥統稅紛爭中，也算是一個關鍵的人物，上下糾紛，輸攻墨守，均有其影響和制約，不應小覷。

償付〉，〈北洋政府財政部公債司檔，賠洋款總卷〉，此轉見中國人民銀行參事室編著：《中國清代外債史資料》，第 938～939、944 頁，中國金融出版社 1991 年版。

1　〈度支部議覆湖北土藥撥款摺〉，一檔館：會議政務處檔案全宗，檔案號：356/2514。

第三節　財政與禁政的對峙

　　清末禁政大致以禁種、禁吸和禁運為要端，三者密不可分。各省提出縮期禁種、停收稅釐、禁運外省土藥以及速裁統稅局卡等要求，度支部則奉行土藥稅釐至上主義，或駁議，或拖延，置各省呼籲於不顧，我行我素。民間對此種稅釐至上、財政為先的主張隱為抵制，屢有物議。清廷與各省在鴉片禁政問題上政見分途，甚至對立的態勢日趨明顯。

一　縮期禁種

　　一九〇六年九月二十日清廷發佈禁煙上諭，明確宣示十年之內禁絕鴉片[1]，十一月三十日會議政務處擬定禁煙章程，對禁種土藥事項作出規定：「現定以十年禁絕吸食，自當先限栽種，庶吸食可期禁絕……其業經栽種者，給予憑照，令業戶遞年減種九成之一」，「其憑照一年一換，統限九年內盡絕根株，違者即將原地充公。如未滿十年之限，能將轄境內種煙地畝勒禁，全行改種他糧，查明屬實，准將地方官分別奏獎」[2]。按照此項規定，各省必須於一九一五年之前全部禁絕罌粟種植。此一規定甫經出臺，有人即對這一期限提出疑問，認為時間愈久，愈難禁絕，因而主張縮限禁種。一九〇八年三月中旬，雲貴總督錫良專折奏請清廷，將雲南於本年年底前徹底禁種的主張剴切入告，並建議全國應在一九〇九年之前全部實行禁種。錫良對此解釋說：「訪諸輿論，皆以限期過寬，反形棘手。擬請趁此人心激發之日，改縮期

1　《光緒朝東華錄》，第 5570 頁。
2　同上，第 5593～5594 頁

限」[1]。縮期禁種主張一經刊布，輿論反應極佳，有人稱「滇督錫良之疏最中肯綮」[2]。其實，早在十九世紀八〇年代，張之洞在山西實施禁煙時，錫良就是一位熱衷於禁煙的官員，出力尤多[3]，這次所提縮期禁種實各省縮禁之嚆矢。四月二十日翰林院侍讀周爰諏亦奏請清廷，飭令各省督撫，凡種鴉片煙之地限兩年一律禁絕[4]。越來越多的人主張縮限禁種。

會議政務處對雲南縮期禁種的主張深表贊同，「滇省即稱踴躍禁煙，自不必拘定十年之限」。此後滇督錫良又有奏陳，請求各省應一體動作，縮期禁種才可有效[5]。雲南省因有錫良主持禁政，雷厲風行，至一九〇八年底基本實現土藥禁種的計劃。自雲南提出縮期禁種後，一九〇八年九月黑龍江亦提出縮期禁種的計劃[6]；十月山西省咨議局談論本省禁煙方案時，各區主張立時禁種者占十分之九，而主張分年遞減者僅占十分之一，遂決定自明年起一律禁種土藥[7]。其他如山東[8]、貴州[9]、四川[10]、直隸[11]、江蘇[12]等省均提出縮期禁種要求，其他各省亦有大

1　〈政務處奏議覆滇督錫良奏實行禁煙改縮期限摺〉，載《盛京時報》1908年5月29日；〈政務處議覆雲貴總督奏禁煙改縮期限摺〉，載《申報》，1908年5月30日。
2　〈禁煙問題〉，《政論》第5號，1908年7月8日。
3　《張文襄公全集》，奏議（光緒八年十二月至十二年二月），第778頁。
4　《德宗實錄》卷588，第15頁。
5　〈滇督再請改縮期限〉，載《申報》1908年9月27日。
6　〈徐督等奏江省種煙地畝請縮短期限摺〉，載《盛京時報》1908年9月17日。
7　〈諮議局禁煙議案〉，載《盛京時報》1908年10月4日；〈煙禁之嚴厲〉，載《盛京時報》10月22日。
8　〈袁中丞奏陳禁煙政見〉，載《盛京時報》1908年10月11日。
9　〈清朝續文獻通考〉，（一）卷52，〈徵榷〉24，第8070頁。
10　〈川督奏請川省禁煙縮期禁種等摺〉，載《政治官報》第447號，1909年1月21日。
11　〈直督等籌辦禁煙請自明年一律禁種摺〉，載《政治官報》，第447號，1909年1月21日。
12　〈商議縮短禁煙期限情形〉，載《盛京時報》1908年10月9日。

致的要求[1]。

各省提出縮期禁種的方案不能不涉及到徵稅問題，這一問題由度支部審核。該部對縮期禁種的主張頗不謂然，在討論錫良和袁樹勛縮期禁種的奏摺時，載澤表示，「立法貴乎能行，為期過近，恐徒減稅釐，與事毫無實際」[2]，建議各省體察本省實際，再行定奪。當各省紛紛提議縮期禁種時，度支部極欲阻攔，認為禁吸優於禁種[3]，載澤申明說，「禁煙之期限以十年，各省於斯十年中果能斷絕根株，固足徵信於各國，倘輕易縮減，未能實踐其行，恐各國又啟輕視之，漸轉於信用上自失價值」[4]。一九〇九年九月，該部針對各省縮期禁種呼聲較高，鄭重地向禁煙大臣提出自己的意見，認為各省的主張有害無益，「殊不知土藥已禁而洋藥仍來，吸戶求土藥而不得，勢必購取洋藥，是於禁煙要政毫無裨益，而專使財政利權添一絕大漏卮。因擬申明辦法，通飭各省仍於查禁吸戶一事，切實舉辦，以期輕重成宜，克收效果」[5]。看來，在清廷內部，度支部是縮期禁種主張的主要阻力。

一九〇九年八月上旬，護理雲貴總督沈秉堃具折請求清廷飭令貴州、四川、陝西、甘肅和山西五省必須於本年內實現禁種，以配合雲南省的縮期禁種計劃；此後，東三省總督錫良亦有類似請求。度支部遵旨對這兩份奏摺進行了併案答覆，基本上否決了兩位總督的請求，答覆中仍斷言縮期禁種有害財政稅收，「惟以禁種為第一要著，似尚非探本窮源之論」，「禁吸一層視禁種尤關緊要。今各省於禁種一層既已不遺餘力，期限必不致延長，但恐種者雖淨而吸者未斷，土藥雖經絕

---

1 〈十九省禁種罌粟期限〉，載《申報》1908 年 11 月 5 日。
2 〈商議縮短禁煙期限情形〉，載《盛京時報》1908 年 10 月 9 日。
3 〈度支部禁煙之意見〉，載《大公報》1909 年 5 月 5 日。
4 〈澤貝子對于禁煙之意〉，載《大公報》1909 年 5 月 31 日。
5 〈申明禁煙辦法〉，載《盛京時報》1909 年 9 月 11 日。

跡，洋藥更可居奇，十年期限為日方長，沈痼不除，漏卮轉巨，此臣等兼權熟計，不能不鰓鰓過慮者也」，[1]對各省縮期禁種的言行加以阻攔。

一九〇八年下半年後提出縮期禁種土藥的奏摺連續不斷，會議政務處在討論時意見紛歧明顯，度支部尚書載澤尤為反對，迫使慶親王奕劻不得不妥協，再度徵詢各省對這一問題的看法。稍後，會議政務處提調決定折衷辦理，「縮短年限須體察各省情形，禁種土藥亦須由寬而嚴，以免紛擾」，這一措詞遭到袁世凱和鹿傳霖反對，謂之不倫不類，沒有針對性，遂至於擱置不論[2]。直到一九〇九年初，清廷才根據會議政務處的意見作出決斷，全國各省可以根據情形劃區分期禁種，這一方案實際上是以度支部的意見為藍本，該部於一九〇八年十月初曾就各省調查的情況提出本部意見，要言之，即是分省分期禁種[3]，反對各省統一縮禁計劃，也就能夠保證度支部對土藥稅釐的盡量徵收。外人對清廷以禁煙為名搾取稅釐的做法極不讚成，萬國禁煙會在上海召開時，美國禁煙會代表丁義華向中國官方坦言說，「中國欲禁絕煙毒以救國民，則有絕大之問題應須解決，蓋必全棄其鴉片入稅始能有戰勝之日也，政府失此巨帑，必求所以補救之道」[4]，度支部因中央財政窘迫，極難做到道義與財政兩相兼顧，實行起來必然是偏顧一端。所以，萬國禁煙會尚在進行之中，該部就提出「各省土藥稅照原價加增十分之二，以裕國庫而示限制」[5]，儘管這一提議未能付諸實施，但財政至上的做法顯而易見。

---

1 〈度支部會奏併案議覆滇督東督奏請將鴉片煙縮期禁種摺〉，載《盛京時報》1909年9月14日。
2 〈政務處議復禁煙折件之波摺〉，載《申報》1908年11月1日。
3 〈(度支部)丞參廳九月初十日具奏覆查明各省洋藥進口、土藥出產及行銷數目酌擬辦法摺〉，一檔館：會議政務處檔案全宗，檔案號：67/89。
4 〈美代表禁煙之卓論〉，載《申報》1909年1月29日。
5 〈決議加徵土藥稅〉，載《大公報》1909年2月20日。

一九〇九年底，貴州巡撫龐鴻勳提出要仿照雲南辦法，在年底前堅決停收本省的土藥稅，以斬斷煙農的觀望心態，促其體察政府禁煙的決心，推動禁政切實有效地進行。龐鴻勳奏稱：「惟是利之所在，終難盡絕根株，並以釐稅照常徵收，民間每昧為以徵為禁之意，誤會公家藉此籌款，遂視禁令為具文，相率觀望」，「為今之計，惟有將土釐一項先行停止，使民曉然於禁令之必行，而後能收其效」，「現擬仿照雲南辦法，截至本年底止，即將釐稅停收，所有存土限期出境，過期由釐卡查獲，即報明總局，全行焚燬⋯⋯ 明知財政窘迫，區區土釐未嘗不恃以應急，然除毒務盡，稍一躊躇既無以示信於民間，即難望收效於日後」[1]。有人曾研究貴州鴉片稅對該省的重要作用問題，認為它「在相當長的時期裡，補償了貴州財政收入的不足，並在某種程度上活躍了市場，促進了商品的流通，繁榮了經濟，抵補了貿易上收支嚴重的財政赤字」[2]，既然土藥稅對貴州一省「功勳卓著」，而龐鴻書卻主張停收鴉片稅釐，可見黔撫立意之高，決心之大。摺上後，事關財政，清廷交由度支部審核，該部斷然否決了貴州的這一請求，反對該省照搬雲南的辦法，責令土藥稅釐應繼續徵收，牌照捐等亦應著力實施，度支部的依據主要還是「以徵為禁」理論：「若全省種煙地畝尚未全行勒禁，遽將釐稅停收，是適為種煙者輕其成本，不特小民貪利，偷種之情弊難防，恐煙價日低，吸戶之查禁匪易」，「請飭下該督撫所屬，仍將土藥釐稅照常徵收，並將吸戶牌照捐，妥定稽查章程，俾收徵禁並施之效」[3]。

同相的理論不但約束貴州禁政，甘肅省亦遭到同樣的待遇。該省

---

[1] 〈黔省禁煙仿照雲南辦法〉，載《申報》1910年2月17日。

[2] 吳敦俊：〈近代貴州經濟的支柱——煙稅〉，載《貴州文史叢刊》1986年第4期。

[3] 〈度支部議覆貴州巡撫龐鴻書奏籌議禁煙定期停收土藥稅辦法摺〉，一檔館：會議政務處檔案全宗，檔案號：626/5299；也見《清朝續文獻通考》。

請求停收鴉片畝稅，陝甘總督對度支部動輒以徵收鴉片稅釐為準繩，裁量各省禁政措施的傾向也表示反對。所以，度支部在核覆甘肅的請求時，不得不為自己辯解，「自實行禁煙以來，各省禁吸、禁種無不為之申明賞罰，懲勸兼施。即各省土稅分局，亦經次第裁撤，從不以稅項稍存瞻顧」[1]，然後對甘督此奏大加反對，答覆中嘲諷揶揄：「該督既以甘省產土，不欲流毒他省，而忍聽甘省之民自種自吸，以沉湎於鳩毒乎？該督既知近年土價陡漲，收買愈多，偷種愈廣，又豈知畝稅一停，局卡一撤，則無稅之土獲利愈厚，私種私販日益加多，可徒恃文告以禁絕之乎？」[2]後來刊布的《清朝續文獻通考》一書撰者劉錦藻亦注意到度支部此奏，特加按語評論說：「部臣此奏可謂辯言亂政矣。陝甘為產土之區，禁種自當嚴於禁吸，但販應並禁，販與種相表裡也。不禁販而禁種，其弊與不禁等。前此，河南請止外土入境，竟遭部駁，今陝甘復以為言，可見事之當行，不謀而合。乃部意且以不諒，責該省督臣。其言不諒者令人百思而不得其解。豈以煙禁為籌款之變相？寓禁於徵者特其名，寓徵于禁者乃其實歟！」[3]

「稅釐至上主義」明顯表現在一九一一年四月度支部將各省土藥統稅局卡一律裁撤後，載澤具折向清廷聲明，本部對禁煙已經沒有責任。媒介引述載澤的觀點報導說「該部對於禁種一事並無直接之權限，礙難參與，應請飭下民政部及各省督撫切實辦理，嗣後如有種種情弊，度支部概不負責」[4]，此項報導雖是道聽途說，但揆諸該部往常表現，此事尚足憑信，不似遊戲怪誕之論。

---

1 〈度支部奏議覆甘督電奏禁煙情形等摺〉，載《政治官報》，第869號，1910年2月23日；《清朝續文獻通考》（一）卷52，〈徵榷〉24，第8071頁。
2 同上。
3 《清朝續文獻通考》（一）卷52，〈徵榷〉24，第8071頁。
4 〈度支部卸卻禁煙責任〉，載《大公報》1911年4月19日。

二　禁運外土風波

「外土」係一相對概念，並非指洋藥，而是外省所運來的土產鴉片。禁運外土與縮期禁種有密切關係，否則，此處禁種而彼處仍運銷倒灌，縮期禁種必成徒勞之舉。揆諸清末禁政事實，禁運外土的成因較為複雜，扼要言之，約有數端，一為各省土藥生產的多寡、禁令之寬嚴不同、地方政府的應對方法等各不相同，導致土藥生產的數量和種植時間長短不同，隨處可以運銷，此省之土可進彼省，並可輾轉運銷數省。縮期禁種一經實行，必須對此加以約束，故有禁運外土之說；二是出於自我保護，本省財源不容他省侵越，肥水不流外人田。這一類型的省分較少，並不占主流；三則是暗中對抗度支部的統稅利益，在撥還各省土藥稅愈來愈少的情況下，各省不能不無動於衷，隱瞞土藥產量、稅收造假等均係慣用的對抗手法。一九○九年十一月，度支部根據舉報，發現江西、安徽兩省「藉減種土藥為詞，暗中有隱瞞土藥稅款情事，於稅課大有妨礙，擬即由部簡員，分赴該兩省嚴密查訪，以免朦混」[1]，所以，禁運外土的複雜情態不能一言道盡。

禁運外土風波，始於一九○九年底，迄於一九一○年底。謂其「風波」，自然意味著上下糾紛複雜而又激烈。捲入此次風波的省分主要有福建、山東和河南三省。度支部堅決反對各省禁運外土的要求，面對各省屢次堅請，毫不動搖，且敢於冒輿論譴責之風險。度支部在議覆各省禁煙奏摺時，經常使用「拔本塞源」一詞，該詞的確切含義，按照度支部的解釋是禁吸為先，禁止吸食鴉片是解決禁政問題的不二法門，其他禁種、禁運僅僅是輔助，不可過分強調。該部以司農為己任，深知三個環節均可產生財政效益，尤其是不能過分強調禁運土

---

[1] 〈擬密查贛皖土稅〉，載《大公報》1909 年 11 月 9 日。

藥，只要統稅政策未被取消，土藥運銷即會鞏固中央財源。看來，該部政策傾向於對土藥運銷加以保護，實屬「分內之事」。

福建省是提出禁運外土動議較早的省分。該省鴉片禁政頗具特色，民間禁種、禁吸進展較快，「去毒社」組織遍於全省，一九一〇年四月份，該省士紳極力催促閩督松濤向清廷提出禁止外省土藥入境的請求。松濤一摺奏上後，清廷允准。此後，閩省海關不斷抓獲偷運土商，鴉片商極力向度支部和督辦土藥統稅大臣告狀饒舌，度支部為解決此事，即電知閩督松濤放行，其第一電中說：「現查各省完稅土商尚多販運，如入閩境銷售時，希飭各關卡一律准其通行，以符定章」[1]。

閩督接電後，對度支部維護土藥稅則，而不管本省禁政頗表不滿，迅即去電，再度請求禁運鄰土[2]，強調本省禁政正有起色，省內官紳極力要求禁止外土輸入，以保證閩省禁吸禁種實行。度支部對該省接二連三請求禁運外土，十分不悅，仍舊強調「拔本塞源」舊調，其第二電中對此作了解釋，稱「惟禁煙扼要辦法首在嚴禁吸食，吸者無人，則種者、販者自不禁而絕。若禁吸尚無把握，徒從事於禁運，恐禁令雖嚴，於事實上終難期收效，致為洋藥驅除，種戶藉口又不待論」，根據這一套理論，度支部說「對於各省禁煙，凡有主張禁種、禁吸者，無不極力贊成，獨於禁運，則以為必待禁吸收效之後，始可議及。是以近年陝、甘、黔、豫、魯、湘等省倡議禁運，均經先後分

---

1 〈中國時事匯錄·記福建拒土會原始〉，《東方雜誌》第 7 年第 8 期，1910 年 9 月 28 日；林萬里：〈論閩省鄰土入境事〉，載《申報》1910 年 8 月 9 日；〈度支部何堅為土上作護符耶？〉，載《申報》1910 年 8 月 26 日。度支部給閩省的第一封電報中說，部中已電令閩海關稅務司，對完稅土藥應放行，看來該海關並未執行這一命令。電文稱「本年四月間，貴督奏請禁止各省土藥入境，當經本部咨閩，遇有完稅之土運銷閩境，應仍查定章准其放行。嗣接土稅大臣來電，據土商稟，閩海關禁止土藥進口，復經本部片行稅務處轉稅司遵章放行」。

2 〈閩督復度支部電〉，《東方雜誌》第 7 年第 8 期。

諮議駁，令專就禁吸、禁種兩端切實辦理」，對福建省的一再請求，該部強調說「閩省目前禁種即可淨絕，禁吸亦日形起色，自應由貴督飭屬推行，必收煙害廓清之效。至禁運一層，仍希查照本部前次咨電辦理，以免紛擾」[1]。該省民眾對度支部違背清廷旨意，意圖稅釐，偏重財政的傾向極為憤懣，抗議之電往紛紛湧向京師，特別是諮議局、紳士代表、各界社會人士分別致電度支部、軍機處等[2]，申述本省禁政成效，對度支部抗旨不遵進行嚴厲譴責，並針對「旨准部駁，行政兩歧」的情狀表示疑惑不解，民情震駭的程度可以想見。

有撰稿者評論說，度支部此舉純為財政之計，若各省對度支部的意圖隱為抵制，堅拒外土，則該省將來向清廷請款，度支部自然拒撥有辭。只禁吸食不禁販運，輿論稱之為「不啻割勢以止姦淫，斷手以防偷盜」，稱度支部的主張直為鴉片商人之護符[3]。極有意味的是閩省禁運外土請求，已經獲得清廷的允准，而度支部仍舊阻攔，意欲暢銷完稅土藥，實為抗旨不遵。這一矛盾現象極為複雜，殆至晚清，權貴擅權，載澤權勢正隆，監國攝政王載灃不能駕馭全局，據傳，隆裕太后優隆載澤，係挾制監國攝政王載灃，「宣統初，載澤、溥倫皆緣妻寵出而任事。載則尤橫，以其夫人與隆裕為同胞姐妹，時往來宮中，私傳隆裕言語以挾制監國也」，其朝政之糜爛以及親貴專政情弊，後人曾有洞見[4]，評論頗中肯綮，此可解釋諭旨與部文互為矛盾的原因。社會

---

1 〈度支部復閩督電〉，《東方雜誌》第 7 年第 8 期。
2 〈閩諮議局致度支部電〉，〈福州各社會上軍機處等電〉，〈閩省紳士致度支部電〉，均見《東方雜誌》第 7 年第 8 期。
3 林萬里：〈論閩省鄰土入境事〉，載《申報》1910 年 8 月 9 日。
4 胡思敬：〈一門兩皇后兩福晉三夫人〉，見《國聞備乘》卷 2；沈雲龍說「晚清政局，自載灃以帝父攝政，操持國柄，演成親貴爭權之勢，而親貴之間，復分列門戶，相互傾軋，馴致黨中有派、派中有系，彼此勇於私鬥，卒為顛覆宗社之主因。其始也，載灃之弟貝勒載洵、載濤，於宣統元年五月，一則籌辦海軍，一則管理軍諮府

人士對度支部所謂的「拔本塞源」言論最是反感,輿論視之為「司馬昭之心」:「度支部之意,不過以為禁吸禁種本為題中應有之文章,而禁運一層,有礙於本部眼前之生意。前電之一則曰完稅之土,再則曰完稅土商,蓋已明示用意之所在矣。夫欲保一部有限之稅釐,而不惜遺全省無窮之煙害。果其此稅應保,則禁煙之舉不已太多事乎?」[1]

由於土商繼續將外省土藥運銷入閩,對該省禁政威脅太大,一九一〇年八月十九日閩省再度請求禁運外土,松濤奏摺主要陳述了必須禁運外土的三個理由:

第一,目前正臨近秋季,罌粟即將播種,如果任聽鄰省土藥入境,「是同一禁種,此省遵禁,頓失厚利,而他省轉得暢銷。小民重利必生覬覦之心」;第二,旨准而部駁,政令兩歧,難以服眾,「閩省禁止鄰土入境係奏明奉旨在前,閩人固習聞之,今忽放行,必疑長官禁令兩歧,將來或犯種煙,懲勸幾窮於術」;第三,本省土商已經具結不販外土,不應辦法兩歧,無法操縱禁政,「近日閩中各地方籌議抵制鄰土,眾情固結,福州土商公幫聯具稟結:自願永遠不販鄰省土藥,以息浮言,若一旦放行,民心浮動,隱患何窮」![2]

度支部的議覆奏摺藉口閩省尚有土藥種植、土藥販運,因而仍堅

(等於參謀本部)事務,且先後於是年九月及次年二月份赴歐美考察,冀挾海、陸軍權以自重;而隆裕太后之妹夫鎮國公載澤,職司度支,頗事苛斂,下而與督撫爭利,專以集中各省財權為亟務;至若奕劻、那桐等輩,則廣納苞苴,賄賂公行,恬不知恥,並結疆吏,互為聲援,遂致形成上行下效之貪黷政風,終於魚爛土崩而不可收拾」,見氏著:《徐世昌評傳》(傳記文學叢刊之52),傳記文學出版社1979年版,第123~124頁。

1 林萬里:〈論閩省鄰土入境事〉,載《申報》1910年8月9日。
2 〈閩省請禁土藥入境仍未邀准〉,載《申報》1910年10月8日。福州元濟堂土商公幫聯合向閩浙總督具稟具結,聲稱永遠不販鄰省土藥,並請將奏禁以前進口鄰土,由官檢查,以便一律銷售。見〈閩督照會去毒社文〉,載《時報》1910年9月9日。

持原來的意見,且口氣愈來愈強硬,議覆摺稱,「該省禁種禁吸並未實力奉行,專欲先禁鄰土,徒累商戶,於禁煙亦未必實有裨益;且國家既收統稅,斷無各省自分畛域之理。應請旨飭下閩浙總督遵照奏定土藥統稅章程,將已完統稅之商土准其放行,倘該省地方滋生事端,該督亦不能辭其咎也」[1],開導與威脅並施,駁回了閩省的請求。這次請求被度支部駁回,影響極為惡劣,導致福建省的土藥種植又有反彈,一九一一年二月份,福建省某些州縣的土藥種植較往年為多,主要的原因是土藥價格陡升,洋藥價格也持續飆升,利潤豐厚,所以民人相與偷種[2],這對閩省禁政構成沉重的壓力。山東省與度支部禁運外土的糾紛也是一個明顯的事例。一九一〇年六月,山東巡撫孫寶琦援引福建等省成案,要求禁止外土入境,孫摺稱,「所慮者,內地存土日少,土價日昂,萬一外土蜂擁而至,貽害殊無底止。近年東、膠兩海關土藥進口之數業已年增一年,漏卮不塞,後患何窮?再四思維,禁吃須先禁運,擬請援照晉、閩各省辦法,自本年秋季起,一律禁止外省土藥入境」[3],清廷諭令度支部研究此事,該部強調禁吸為先,「扼要辦法尤在禁吸,蓋吸者禁除,種者、販者無利可圖,自不禁而止」;山東吸食者並未減少,「若因銷場暢旺,徒以禁運為挽救之策,恐外土雖經禁絕,而吸者未已,種戶貪利偷種,為害無窮,防維不易」,無人吸食則外土自然不來,在土藥統稅尚未廢止之前,不可禁運外土。度支部咨請該省巡撫著力解決吸食問題,而不僅僅是對外來土藥實施禁運,

---

1　同上。
2　〈禁煙近事片片〉,載《申報》1911年3月5日。
3　〈(山東巡撫孫寶琦)又奏請禁運銷外土入境片〉,載《政治官報》第960號,1910年7月2日;〈山東亦將禁止外土入境〉,載《申報》1910年7月7日。

對該省提出禁運外土的請求依舊議駁[1]。前述該部議駁閩省禁運外土的請求，已不洽輿論；現在又對山東的請求再度拒絕，報界人士特撰文予以譴責，《申報》〈時評〉專欄曾刊文說：

> 禁種、禁吸、禁販三者均為禁煙扼要之圖，顧禁吸、禁種其勢散漫而難為力；獨至禁販，則一省隘口有限，稽查易密而收效亦較速而且巨，此理固昭然而為國人所共喻者也。異哉！度支部之駁魯省請禁運外土入境也。曰：吸者禁除，販者無利可圖自不禁而止。不知禁煙最終之目的不過在禁絕吸食者，吸者既已禁除，則禁煙事已告成，復何待於禁販？所以，欲禁販者正為吸者一時未易禁除，故將藉以絕吸者之望，而為禁吸之後盾耳。且也禁吸雖嚴，而外土之來既一日不絕，則何處不可得煙？……大部職在度支，苟可增國家之歲入，其他利害所不必問，計臣之知足國固有足自誇者，雖然其如全局何？[2]

河南省因請求禁運外土也與度支部糾紛不斷。在各省中，山西、雲南、福建三省縮期禁種進展極速，成效之大令英人亦不得不歎服，各省爭相援引效仿[3]，河南省就是其中之一。一九〇九年十二月，河南省巡撫吳重熹上奏清廷，提出為順利實現縮期禁種，必須禁止鄰省土藥的倒灌，即便是納稅後的土藥，違背本省的禁運之令，亦須被視為

---

[1] 該部的議駁奏摺載《政治官報》第1007號，1910年7月14日。〈度支部堅不以禁運外土為然〉，載《申報》1910年8月23日。

[2] 〈時評‧其一〉，載《申報》1910年8月23日。

[3] 〈英政府讚美晉省撫藩〉，載《正宗愛國報》10月4日。山西省的禁煙成效聞名於外，英人初不相信，英國駐華公使朱爾典派遣人員密往晉省暗訪，結果該省禁種成效的確明顯，特撰文報告英國政府，稱山西巡撫和藩司辦事認真而且迅速，實可佩服。

私土而予沒收。其主要依據是煙農意存僥倖，偷種不絕，地方官無法施以禁種之令，即便嚴詞申禁，亦無濟於事。軍機處飭令度支部對此折研究答覆。度支部仍以其「拔本塞源」之論，對豫撫奏摺進行駁議，「若徒以禁止外土輸入為主，實非拔本塞源之道」，「現在西北各省所運土藥尚未能驟時杜絕，統稅勢不能不照常徵收，倘不問原土完稅與否，概令扣留充公，是不惟不足以示信於商人，抑且與統稅以徵為禁之意殊屬未合，該撫所奏禁止外土輸入之處應請毋庸置議」[1]。

一九一〇年五月十九日，該省鑒於縮期禁種的最大阻力，仍是鄰近省分的土藥倒灌，民間偷販偷植鴉片的情形屢禁不止，開缺豫撫吳重熹不得不再度請求清廷對禁運鄰省土藥加以約束，度支部依舊給予議駁[2]。該部對禁運鄰土的處理，引起民間人士的極大反感，有人在報刊上發表時評，對此提出批評[3]，各地因禁種土藥導致的民變層出不窮，儘管具體原因各有差別，而鄰土禁運不順，煙民貪利，官府強行鏟煙不能不是一個重要的原因[4]。

此一時期，清廷有兩個部門最受民間輿論指責，一為度支部，其反對禁運外土的政策備受訾病；二是外務部，與英人談判鴉片廢約問題毫無進展，妥協退讓，極受攻擊。相比之下，度支部較外務部處境更壞，既有各省督撫的指責，更有民間輿論的譴責，並且因清理財政，專擅攬權，清廷各部也頗有微詞，互為齟齬。該部尚書載澤淪為孤家寡人，樹敵尤多。各省提出的禁運外土奏摺猶如雪片，聯翩而

---

[1] 〈度支部奏核覆豫省禁種土藥並禁止外土輸入摺〉，載《政治官報》，第 802 號，1909 年 12 月 8 日。
[2] 〈度支部奏議覆開缺豫撫奏禁煙漸著成效仍請禁止鄰土輸入摺〉，載《政治官報》第 950 號，1910 年 6 月 22 日。
[3] 〈時評·不可解〉，載《申報》1911 年 1 月 7 日。
[4] 〈再論煙約不廢禁煙萬無收效之理〉，載《申報》1911 年 4 月 12 日。

至，載澤窮於應付，辭職的傳聞亦屢見報端。[1]清末禁政時期，禁運外省土藥是土藥稅政引致糾紛較多的一個問題，與土藥稅款撥解之爭、八省統捐等問題稍有區別，禁運鄰土風波不僅將度支部置於各省督撫的對立面，而且也為禁煙組織、民間紳士尤其是知識界所詬病，處處不得人心。下述統稅局卡裁撤問題亦為該部所導控，更可見矛盾運作之情態。

三　裁局撤卡糾紛

　　土藥統稅局卡是土藥統稅制度的執行機構，清廷在武昌設立土藥統稅總局，在各省設立分局，每省境內設有或多或少的關卡，構成一個垂直統轄體系。研究禁政時期的土藥統稅局卡，涉及的問題較多，如總局與分局以及各個關卡的工作程序，稅收數量的造報與變動等，目前此類史料還較為零散，無法進行深入的研究，容待以後加以注意。此處僅關注各省局卡設立和人員變動、局卡經費縮減趨勢、度支部對裁撤局卡的意見傾向以及裁撤以後的稅政處理、紛爭等。

　　各省統稅局卡設立的時間先後有別，一九〇六年十一月十六日督辦土藥統稅大臣柯逢時向清廷奏報了各省設立分局的情況。截至奏報時為止，由清廷直轄的統稅總局在武昌設立，全國主要省分，如湖北、江蘇、安徽、江西、湖南、直隸、山東、河南、山西、陝西、甘肅、浙江、福建、廣東、廣西、雲南等省也已經設立統稅徵收機構，四川、貴州正在設立的過程中，但東三省和新疆尚未設立，柯逢時正派人前往考察[2]。統稅總局管理各省土藥統稅的徵收、造報和撥解稅

---

[1] 〈澤尚書辭職述聞〉，載《大公報》1910 年 8 月 15 日；〈澤尚書決計乞退矣〉，載《申報》1910 年 8 月 27 日。

[2] 《德宗實錄》卷 565，第 2 頁。

款,由土藥統稅大臣全盤經畫,總局內部設立坐辦、總文案、幫辦及提調等職。總局坐辦設立於一九〇六年十月,由柯逢時向軍機處保舉降謫山西按察使候選道程儀洛充任[1];總文案一職,八省土膏統捐時期係由湖北武昌人呂承瀚充任[2],至各省推廣土藥統稅後,估計仍由該員充任。總局幫辦一職開始並未設立,至一九〇八年七月,由於總局事務繁重,柯逢時又請求增加此職,保舉江蘇補用道原山西分局正辦方碩輔充任此職,另外總局尚設有提調數員,以資襄助經理[3]。各省分局正辦、幫辦以及提調等員均由柯逢時遴委選派,各省督撫亦協同辦理。總局、分局人員或因丁憂,或調任他處,人員構成多有變動[4]。西南三省由於產土較多,民眾自種自吸,散漫難稽,本銷整頓久不見效,後來劃出獨自辦理,各該省分的統稅分局亦相應撤銷,此處所稱裁撤局卡不包括這三省的問題。一九〇七年夏天柯逢時提出裁撤土藥統稅局卡問題,起因是各省紛紛籌備鴉片專賣,裁局勢所必然;並且因各省醞釀專賣,土商相率觀望,土藥貿易量大受影響,各分局開始出現收不抵支的情形。隨著各省推行縮期禁種,土藥來源已經日漸減少,裁局問題再度提上議事日程,這次擬議裁局的原因是總局、分局經費支出龐大,收入減少。一九〇八年七月,柯逢時向清廷匯報各局

---

[1] 〈八省膏捐大臣咨會電奏保用程儀洛充總局坐辦電稿〉,一檔館:巡警部檔案全宗,第306號。1906年10月3日柯逢時向軍機處推薦說:「查有降謫山西按察使候選道程儀洛廉明縝密,公而忘私,勘以派令坐辦土藥統稅總局,籲懇天恩賞予對品京秩,俾得專心駐局考成」,尋據奏,程儀洛加恩著賞給四品京堂官秩。

[2] 〈派呂承瀚為八省膏捐總文案〉,載《申報》1905年8月31日。總文案一職十分重要,不但總局內部文案各員受其節制,即便是各分局查辦、坐辦官員亦受其控制,直接經手統稅日常業務,事權頗重。

[3] 〈督辦土藥統稅大臣柯逢時奏派員接辦山西等省土稅分局摺〉,載《政治官報》1908年7月18日。

[4] 同上。

經費竭蹶情形時說,「上年土稅驟絀,支用不敷,經臣飭令將局用一律刪減,以免虛糜。惟部定章程本極核實,量加裁併,為數無多」,「現在實行禁煙,收數益少,而稅局不能遽撤,則經費實苦難支。浙、閩兩局向由總局賠墊,汴局不敷之款已在正稅挪用;直隸一局上年撥給十萬金,尚須隨時接濟,此外各分局本無盈餘」,「本年三月以來,土商漸多改業,私販繞越偷漏防不勝防,幾於無款可解。查定章,各局開支只准動用經費,不許擅挪稅款。惟此後按年遞減,則需用者無可取盈,已挪者更難彌補,惟有仰懇天恩,俯准暫挪正稅以濟目前」[1]。在這種情況下,柯逢時對裁局撤卡一事開始重視起來,在與軍機處、度支部的來往函電中屢屢提到此事。一九○八年十一月中旬,他在給軍機處的電文中稱「禁煙與收稅萬難兩全,屢請通飭各省設法籌抵,近又縮短期限,本年即須停撤多局,大半徵無可徵」[2],柯氏本人與度支部就裁撤局卡問題有所討論,但未形成一致的看法,該部對裁撤局卡非常慎重;而柯逢時則較為積極,從一九○八年下半年起,由於局卡經費收支不敷甚為嚴重,曾就局卡撤廢問題多次向清廷奏報,清廷基於有關省分開始實行縮期禁種計劃,責令度支部重視研究柯逢時的建議。

　　局卡裁撤之說也有外國因素介乎其中,尤其是各國對清廷依賴鴉片稅提出警告,當土藥統稅政策剛剛實行時,懷疑中國藉土藥統稅挽救財政的觀點在外人中頗有市場,美國駐華使館工作人員的看法頗具代表性,其發往國內的電文說「隨著統一徵收鴉片稅的實施,其他所有鴉片稅均被廢止。各省也在嚴厲懲罰下被絕對禁止收稅。甚至種植罌粟的田賦也被取消,而種植糧食的田賦反而保留下來,這種做法令

1　〈又奏各局經費不敷暫動正稅片〉,載《政治官報》,第 260 號,1908 年 7 月 18 日。
2　〈柯大臣為解款事請軍機代奏電〉,載《盛京時報》1908 年 11 月 19 日。

人費解。這些事實使得人們認為：政府並不注意從根本上去抑制鴉片貿易，並不希望在短時期內以重稅扼殺政策把國家從鴉片世界中解救出來」[1]。這一擔心自有道理，統稅政策取代重稅扼殺政策，偏重財政而忽視禁政是外人得出的主要結論，他們對鴉片統稅政策的初步反應，往往認為實行統一稅收政策肯定會帶來巨額的財政收入[2]。所以，英國對中國禁煙總抱有一種不信任感，這直接影響到中英雙方對印度鴉片減少進口的談判，況且英人對中國實行的土膏統捐也頗有意見，並導致雙方的交涉[3]。上海萬國禁煙會召開期間，美國也以各種方式提醒中國放棄鴉片稅收[4]，這是土藥局卡裁撤的國際背景。

一九〇八年底因各省開始縮期禁煙，統稅收入總量開始大幅度減少，裁撤局卡一事顯得更加緊迫。度支部雖不願裁局，但因稅款日漸短少，不得不關注此事，一九〇八年十二月下旬，載澤開始飭令有關官員著手籌劃如何裁撤以及如何兼併的事項，以備與柯逢時協商。[5] 清廷這一動向，很快即被各省偵知，於是有的省分已經開始注意裁局以後的稅項去留問題。早在十一月份山西省建議將裁撤局卡以後的土藥稅收歸本省支配，用於縮期禁煙以後的善後事項。晉撫寶棻的奏摺說「今統稅即擬撤卡，應即援照四川、雲貴、東三省辦法，由本省接辦，責成印委各員照章徵收；至土藥地畝來年即擬禁種，稅項已成弩末……相應仰懇天恩，俯念晉省為難情形迥非他省可比，准將此後徵

1　《美國外交文件》，1906 年，第 1 部分，華盛頓特區政府出版局，1909 年，第 357～359 頁。

2　同上；這一看法也見《字林星期週刊》，1909 年 9 月 14 日；斯蒂芬‧R‧麥金農的論文：〈北洋軍閥、袁世凱與中國近代軍閥主義的興起〉，載《亞洲研究雜誌》，第 32 號，1973 年 5 月。

3　〈膏稅交涉〉，載《申報》1905 年 3 月 5 日。

4　〈美代表禁煙之卓論〉，載《申報》1909 年 1 月 29 日。

5　〈擬裁土藥捐局〉，載《大公報》1909 年 1 月 1 日。

收土藥稅款均由晉省截留，專備禁煙善後之需」[1]。度支部在研究晉省的要求後認為，該省土藥局卡是否需要裁撤，目前還難以確定，並要對其禁煙成效調查詳確後，方可決定是否裁撤。對各省縮期禁煙成效進行調查，原本由禁煙大臣和民政部負責實施，但實際情況是由度支部決定併負責執行的，這是一件微妙的事情。此事機緣，一是柯逢時建議裁撤局卡。早在一九〇八年七月柯氏就同度支部就裁局一事交換過意見，一九〇九年二月他在向清廷請病假的片奏中又提及此事，「方今煙禁森嚴，各疆臣亦切實整頓，歲收無幾，似應將各局一律通裁，以免藉口；如一時未能遽撤，伏乞聖慈俯准派員接替」[2]，對裁局一事甚為企盼。度支部則認為至少要作實地調查後，才可確定是否裁局，該部曾於一九〇九年二月三日專折解釋此事，認為「各局裁撤遲速之期，應以各該省禁種之有無成效為斷。江南、安徽、河南、山東、山西五省定議於明年禁種，則於本年冬季、明年春初，凡種煙之田即不准再行布種，惟恐小民貪利私販禁令，必於明年三四月間煙苗發生之時，週曆調查始能得其實在，屆時擬由臣部奏派專員前往，切實查勘……至各該省統稅分局應否裁撤，一俟臣部奏派之員查勘報明後，再行分別辦理」[3]，該部已經將查勘之權收歸己有，其他部門已不便插手此事；二是禁煙大臣促成此事。報界對此事曾有報導，且報導的時間早於官方出版的《政治官報》，其消息來源是由禁煙大臣周邊的人所提供的。這項報導說，禁煙大臣在研究禁煙事宜時，認為各省種煙地畝，如果僅靠各省的奏報，不管是面積減種，還是收漿數量，均不足

---

[1] 〈山西巡撫奏籌辦禁煙善後事宜請截留土藥稅項摺〉，一檔館：會議政務處檔案全宗，檔案號：278/2211；又見〈山西巡撫寶棻奏請截留土藥稅籌辦禁煙善後事宜摺〉，載《盛京時報》1908年11月17日。

[2] 〈攝政王不允柯逢時開去差使〉，載《申報》1909年3月6日。

[3] 〈又奏各省土稅分局應俟派員查勘再行裁撤片〉，載《政治官報》1909年1月3日。

據,「決定會同度支部,於明春選派正直官員,按季分赴各州縣,親歷調查所種地畝及收漿數目,俾得核實遞減,以免朦蔽而絕根源」[1],從查勘動機來看,禁煙大臣與度支部有較大的距離,禁煙大臣強調禁煙成效,而度支部則是為是否裁局作實地偵測,因度支部首先包攬,故後來派員查勘均由該部一手經理。

一九〇九年三月,查勘行動進入實施階段。度支部簡派方碩輔帶隊,由武昌總局前往江蘇、安徽和山東三省實地查勘,福建、雲南和黑龍江等省則由本省統稅分局協同地方官查勘[2]。方碩輔在赴江蘇等省前,專門就查勘的事項電知有關省分督撫,請其預先令各州縣官員將本地查煙的結果冊報本地統稅局卡,以備檢查。報界在報道此事時,注意到方氏所開的複查項目,並未列有種煙戶名、罌粟種植畝數等,所以訪事者評論度支部查勘禁煙的真正目的與土藥統稅有關,「蓋度支部此舉注意於土藥統稅也」[3]。這次查勘行動歷時三個月,至六月份一律結束。上述五省對這次查勘結果抱有較大的希望,等待度支部儘快就裁局問題提出方案。但該部並不急於奏報,事隔三個月後,才不得不向清廷匯報調查結果。度支部在總結中說,「總計以上五省於禁種土藥均已實行,必能遵照限期悉行禁絕……至此次查勘五省禁種土藥情形,原以各省禁種之虛實關係土稅分局之去留,今禁種既已實行,則土稅之來源日絀,所有各省分局應如何分別酌裁,業經該幫辦詳報督辦土藥統稅大臣查核,應俟該大臣酌量情形,咨明臣部,另案辦理」[4]。這一「另案辦理」的結果,就是盡量拖延時間,不放過一絲徵

---

1 〈擬派員詳查種煙地畝〉,載《盛京時報》1908 年 12 月 25 日。
2 〈又奏請派員前往江南等省查勘禁種土藥情形等片〉,載《政治官報》1909 年 3 月 7 日;〈度支部奏請派員查勘禁演情形〉,載《盛京時報》1909 年 3 月 19 日。
3 〈查勘禁種土藥辦法〉,載《盛京時報》1909 年 4 月 4 日。
4 〈度支部奏派員查明江南等省禁種土藥及辦理牌照捐情形摺〉,載《政治官報》1909 年 9 月 3 日。

稅的希望。對浙江省土藥局卡裁撤之後的統稅安排，足以顯示該部對土稅的重視，它要求浙江省對已經完稅的土藥「仍應按照統稅定章辦理，不得再行徵取分毫」，對未經土藥局卡徵稅者，「自應准由該省自行委員稽徵，每擔共收稅費百十五兩」[1]。如此「關照」浙江省的土藥稅政，背後正顯示出部臣與疆吏之間的隔閡。

柯逢時如何處理五省的土藥局卡去留也是一個令疆臣關心的問題。柯氏對裁局一事的抉擇，時時受到度支部的約束，其處理結果也並非如柯氏原來設想的一律裁撤，而是採取保留、裁撤、變相徵稅等形式，完成了對五省土藥統稅局卡的「裁撤」。土藥總局的處理意見，遲至一九一〇年一月中旬才奏報到清廷，從處理情況看，度支部的影響較大，奏報稱：江蘇等五省「禁種殆盡，無土可徵，該五省所設土稅分局本可同時停辦，惟西北各省所運土藥尚未盡絕，河南為南北要沖，鐵軌四達，上海、蕪湖等埠輪運利便，私銷私販不可不防」[2]，這實際上是為變相保留預作鋪陳，對五省處理的具體結果如下：

江蘇：

十一月份裁撤本省分局，上海分卡改為查驗緝私分局，委派湖北試用道劉定榮駐滬辦理，每月經費（銀）200兩。

安徽：

本省分局專管查驗，原辦道員童祥熊聲明不領薪費辦理此事，留下安慶、蕪湖、廬州三卡，每月經費（銀）500兩；一九一〇年三月初，蕪湖、廬州兩分局因稅源日絀而裁撤，剩餘的徵稅和查驗事宜交給省垣勸業道經管[3]。

1　〈度支部對於土藥稅之慎重〉，載《申報》1909年12月16日。
2　〈督辦土藥統稅大臣柯逢時奏裁撤土稅各分局情形摺〉，載《政治官報》1910年1月30日。
3　〈裁撤土稅局之先聲〉，載《申報》1910年3月6日。

河南：

不必裁撤，但辦理人員有所調整，原分局道員胡翔林調農工商部，以該局提調分省試用道周錫綸接辦，各卡留存較多。

山西：

十月份停辦。

山東：

雖於十月份停辦，但巡撫孫寶琦要求將土藥印花交給本省籌款局代辦。

另外，還裁撤了浙江和福建兩省分局，柯逢時特意強調，對未經原分局徵稅的土藥，該兩省仍需經徵，按統稅章程辦理，並不准徵收過境稅、落地稅等，也不得留難需索[1]。這一處理結果，度支部自然比較滿意，但它也特別囑託柯逢時說，山東分局雖名義上裁撤，但實際上仍與不撤無異，以後再徵收土藥統稅時，該省必須嚴格按照統稅章程徵收，並重申已經納過統稅的土藥無論銷往何處，均按照原來的辦法辦理，不得另行徵取[2]。

如上土藥統稅分局的裁撤僅涉及七個省分，若不計東三省、新疆以及西南三省，尚有較多的土藥統稅分局未經裁撤，各該省分非常不滿，稅項財政所關，這些省當然要求盡速去之或改歸自辦。一九一〇年四月上旬，甘肅省與度支部的衝突就是一例。三月十九日，陝甘總督長庚電奏清廷，申明甘肅禁煙應從禁販入手，請求裁撤甘肅分局，並要求停徵畝稅[3]，電奏中對度支部駁議河南省禁運鄰土要求，以及對

---

1 〈督辦土藥統稅大臣柯逢時奏裁撤土稅各分局情形摺〉，載《政治官報》1910年1月30日；〈柯大臣奏請裁撤土稅各分局〉，載《申報》1910年2月22日。

2 〈度支部奏遵核各省裁撤土稅分局情形等摺〉，載《政治官報》1910年4月1日；〈度支部核議各省裁撤土稅分局情形〉，載《申報》1910年4月7日。

3 〈澤公與甘督意見之衝突〉，載《申報》1910年4月9日（該報自標時間為「庚戌二月三十日」）。

該部依賴土藥統稅的傾向提出指責，稱之為「圖廣招徠」，土商手持度支部所發土藥印花和稅單到處傾銷害人，甘督稱之為「執持護符」，對土藥統稅大加詬病。電奏達京，當日即由軍機處交部議覆。載澤閱看後，極為憤慨，立即擬摺駁議，對疆臣的指責一一辯解，「滿腹委屈」，語甚憤激：

> 上年駁議河南禁止外土入境，原以西北各省土藥尚未淨絕，土稅既未便停徵，販運又勢難驟禁，案經奏定稅局刊單曉諭，何得謂之「圖廣招來」？土已納稅，商販遵章行運，何得謂之「執持護符」？事理昭彰，無庸深辯。今該督籌議禁煙，不先以禁吸、禁種計，而徒以土藥統稅為詬病，且歸咎於度支部議駁河南禁土入境一案，抑何不相諒之甚！[1]

對甘督提出的撤局卡、停畝稅的要求，度支部當然要加以痛駁，摺中說，甘督「豈知罌粟畝稅一停，土稅局卡一撤，則無稅之土獲利愈厚，將私種私販日益加多，可徒恃文告以禁絕之乎」？度支部在駁議時的邏輯荒唐之極，「禁煙必以禁吸、禁種為正當辦法，吸者既絕，種者改業，罌粟畝稅自立時可停；種者既淨，販者絕跡，土稅局卡又不撤何恃」？[2]度支部自我辯解以及對甘肅省要求的議駁，無法澄清該部對土藥統稅的追逐和倚重，某些省分的土藥分局明目張膽的張貼文告，勸令人們多種罌粟，以擴餉源[3]，卻未聞該部予以嚴查，輿論所稱

---

[1]〈澤公與甘督意見之衝突〉，載《申報》1910年4月9日（該報自標時間為「庚戌二月三十日」）。

[2]《清朝續文獻通考》（一）卷52，〈徵榷〉24，第8071頁。

[3] 1907年4月直隸土藥統稅局頒發文告，勸令人們多種罌粟，以圖擴充稅項，此事發生在京畿地區，度支部卻不知曉，也算別有意味。見〈駐華英使朱爾典致英外部

的「司馬昭之心」已不待言。

　　七月份柯逢時又專摺具奏，請求將其他各分局一併裁撤，這已是距離五省裁九個月以後的事。土藥統稅總局經過調查後認為，剩餘的土藥統稅分局中，只有湖北、湖南、陝西、甘肅以及兩廣等六個省分的分局收入大於支出，其餘分局，如直隸、安徽、河南、江西、上海五個分局則專管查驗，雖經極力裁併，而經費仍需（銀）60餘萬；兩年來國內銀根趨緊，土商大多歇業，土藥貿易經常處於停滯狀態；根據湖北宜昌分局、甘肅蘭州分局和湖南洪江分局五月和六月份電報來看，這些分局的稅收尚不到往年收入的一成，入不敷出更為嚴重。總局建議，在收入愈少糜費愈多的情況下，「自應將各省分局一律定期裁撤」，餘土如果已經納稅，准其行銷，如未納稅，則由地方官查拿焚燬[1]。此折到達京師的時間是七月份，八月六日奉旨交度支部議覆。度支部對這份建議顯然十分慎重，表示應否裁撤土藥稅局，只有一個標準，那就是「稅局之應否裁撤必以有無稅項為斷，而統稅之應否停徵必以有無產土為衡」[2]；度支部稱，本部正奉上諭調查各省禁煙成效，應該等到這次調查結束後，再行討論裁撤局卡的問題。

　　度支部再次調查各省禁煙成效以及清廷所頒諭旨兩事值得注意。兩個問題均與十月份將在荷蘭海牙召開的萬國禁煙會有關。為了籌備這次會議，荷蘭政府請中國政府派員參加，外務部敦促清廷應充分注意這一會議，特別是各省禁煙的成效均要事先調查，以備與會人員向荷蘭禁煙會提交[3]；另外，與國內掀起的廢除中英鴉片條約運動有關[4]。

　　　大臣葛雷公文（附件：報告中國禁煙事宜說帖）〉，載《英國藍皮書（為中國禁煙事）》，《外交報》，第228期，1908年11月28日。
1　〈奏覆土藥稅局未便即議全裁〉，載《申報》1910年8月26日。
2　《清朝續文獻通考》（一）卷52，〈徵榷〉24，第8073頁。
3　〈電飭各省查報禁煙情形〉，載《申報》1910年8月26日。
4　〈中國國民禁煙總會擬呈外務部稿〉，載《申報》12月23日。

所以才會有查驗各省禁煙成效的諭旨，一九一〇年四月十九日上諭：各省禁種究竟有無成效？奏報一律禁種，各省果否屬實？著度支部詳查具奏[1]。十月份這項調查告竣，從度支部對此調查結果的奏報來看，各省禁種、禁吸等均有不盡不實之處，謂各省督撫「行不踐言」，因之大為光火，奏章中頗有嘲諷之語，關於各省禁種的具體情形，該部稱，「各省嚴行禁絕無私種者實為直隸、山東兩省；若奉天、山西、湖北、廣東諸省，禁種非無明效，然均有一、二處煙苗之發現，雖係鄉民私種，究不得謂已收全功；黑龍江、江蘇、安徽廣西、福建諸省，亦各有二、三縣仍復栽種；若河南、浙江、江西、湖南諸省竟至有數府十數州縣煙苗均未盡拔者；至若吉林、新疆、雲南三省名為禁絕，而種者仍復不少；他若縮限禁種之陝西、甘肅、四川、貴州諸省，惟四川禁令較嚴，可期漸淨，餘則尚無速效之可言」[2]。

既然各省禁種如此欺瞞，種植尚復不少，土藥統稅就有徵收的必要。具體到度支部關心的土藥產量，該部也有統計，此數字足以證明度支部的觀點：土藥稅局不應驟然裁撤。茲將重要統計數據列表如下：

表2-4　1910年各省土藥產量和消費數額調查表統計（單位：擔）

省別	土藥產量	土藥消費量
直隸	3437	6130
江蘇	9857	11034
安徽	4534	4417
山東	6040	5768
山西	11620	11880
河南	3962	2760

1　〈奏覆土藥稅局未便即議全裁〉，載《申報》1910年8月26日。
2　〈各省禁種土藥之真相〉，載《申報》1910年10月6日；〈度支部奏報查明各省禁種土藥情形清單〉，《申報》1910年10月8、9日；李文治編：《中國近代農業史資料》第一輯，三聯書店1957年版，第905～907頁。

省別	土藥產量	土藥消費量
陝西	10779	4650
甘肅	6403	45
新疆	166	166
福建	15007	6162
浙江	4220	5211
江西	78	9082
湖北	2547	10951
湖南	139	3249
四川	54299	25817
廣東	83	8075
廣西	1	4062
雲南	7351	9744
貴州	12241	3672
奉天	3371	3371
吉林	595	600
黑龍江	1775	1775
合計	158505	138621

資料來源及說明：此表系根據劉錦藻所列土藥調查表編制，各省土藥產量一般包括舊年存土。原表見《清朝續文獻通考》（一）卷55，〈徵榷〉27，浙江古籍出版社1988年版，第8104頁；原表尚有洋藥調查數據，因與土稅局卡裁撤問題關係不大，故未錄。

若按統稅章程規定的稅率計算，15萬餘擔土藥的稅款數量約合庫平銀1822萬兩，數額仍十分巨大，土稅局卡只得暫時保留，各省欺飾清廷，不但是為邀功請賞，重要的是與本省的財政考慮有關，而清廷暫不放權，各省只能再度掀起禁煙運動，此後的稅款數量節節下降，在度支部制定的一九一一年財政預算案中，土藥統稅的溢收款額是（銀）384萬餘兩[1]，這一數字並不包括撥還各省的稅款。

---

1 〈度支部宣統三年預算案撮要〉，載《申報》1911年1月20日。

一九一一年三月份度支部才徹底考慮全國土藥統稅局卡的裁撤問題。督辦土藥統稅大臣柯逢時在這一問題上力主裁局，多次與度支部協商，在各省強烈要求裁局的壓力下，度支部不得不考慮禁煙的需要，態度發生扭轉。這一扭轉的契機與甘肅省再次請求撤銷土稅局卡一事有關。二月中旬，陝甘總督長庚電奏清廷，提出「禁煙不先禁運，民情不順，請仍將甘肅土藥統稅局裁撤，以免匪徒藉口」[1]。長庚此奏的確與甘省民眾抗拒禁煙有關，尤其與土藥稅的徵收有直接關係，例如一九〇八年十月份時，該省武威縣農民數千人湧進縣城，要求豁免鴉片稅，攻打警崗，並搗毀總警紳房屋[2]。甘肅官員對土藥統稅的徵收承受了巨大的壓力，所以陝甘總督長庚才接連電奏請求撤廢局卡。度支部在研究後，初步決定於三月底各省土稅局一律裁撤，「督辦膏捐大臣柯逢時因連日與度支部電商，以禁煙縮短期限，土藥稅收數無多，不必另設專局，以節靡費。聞度支部已經議准，所有土藥統稅各局於二月底一律裁撤」，「其裁撤後，應辦事宜由各督撫飭司擔負責任」[3]。對撤局之後的土藥徵稅，度支部認為應由各省督撫接收後，交由地方官經辦，但需奏明朝廷後實行徵稅。各省對撤局以後的徵稅機構規劃各有區別。例如江西省境內，有的由百貨統稅局經管，有的由保商局承辦，辦法不一[4]。撤局後的土藥稅款由各省經收，度支部對這項稅款仍十分重視，要求各省將稅款數量上報，並必須列入各省預算，該部發給各省督撫和財政監理官的公文說：「查土藥統稅向由總局統徵，故宣統三年預算另造專冊，不編入各省預算冊內。現在總局既經裁撤，

1　《宣統政紀》卷48，臺灣華文書局1970年影印本，第29頁。
2　政協甘肅省委員會文史資料研究委員會編：《甘肅文史資料選輯》第10輯，甘肅人民出版社1981年版，第22頁。
3　〈裁撤土藥統稅局〉，《盛京時報》1911年3月31日。
4　《裁撤土藥卡業已大定》，《申報》1911年6月5日。

改歸各省經徵，自應將徵收之數按照宣統三年預算實行，簡章第四條：按月報明清理財政局，由局按季編入簡明報告冊內，統行報部。其編制次第，應於正雜各稅類下添列『土藥稅』一項，將來一並決算，以昭核實。」[1]

裁局撤卡意味著度支部將不能直接控制這項稅款，對該部來說，自然是「無可奈何」的財政損失。至裁局撤卡時，該部統計近年土藥稅款的結果，「宣統元年稅額實有三百四十二萬三千九百九十三元之譜，而去年只有二百四十萬九千二百六十九元之譜，較之前年減一百〇一萬九千二百六十九元之譜」[2]，儘管縮減幅度較大，但仍有為數可觀的一筆稅款，按照度支部一貫的思路，實在是不應撤局。稱其「無可奈何」，係有深刻的背景使然，各報紛紛推測該部允准撤局的原因，約有數端：

> （一）各省屢請裁撤，察其情形，若該局一日不裁，則禁煙之舉一日無效，故亟須裁盡，以免貽人口實；（二）現在廢約之議已經紳民呈請舉辦，該局裁撤後，更足以徵本部對於禁煙一事實力贊成，免致受人激刺，且使外部有所藉口；（三）禁煙要舉已印入紳民腦筋，本年資政院開院，必有種種之提議，該局既裁之後，本部對於禁煙各事已無直接辦理之責任，免致各議員多有質問。[3]

---

1 《度支部咨（札）行各省督撫（監理官）土藥稅由各省徵收編入預算統計文》，《內閣官報》1911年9月9日，臺灣文海出版社影印，第49冊，第179～180頁。
2 《中國禁煙實效之證明》，載《盛京時報》1911年9月26日。
3 《土稅局趕速裁撤之原因》，載《大公報》1911年4月20日，三天後，《盛京時報》也以同樣的標題予以報導，其他媒介亦有所介紹。所列三種原因中，第三種原因恐怕是非常直接的，因為1910年11月份召開的資政院會議對禁煙議案進行了審議，並對禁煙章程予以修正，該章程修正案第三條即規定「販運土藥限至宣統三年六月

从這份報導來看，除鴉片稅源減少這一主要原因外，裁局撤卡還是全國禁煙形勢高漲與憲政進程加快的結果。此後，中英新的禁煙條款簽訂，洋藥稅率提高到每擔（銀）350兩，土藥稅率亦隨之加至每擔（銀）230兩[1]。新舊稅章交替、鴉片雜稅（主要是指洋藥方面）勒令停徵以及裁局撤卡等，使得各省土藥稅收一度出現混亂[2]，而且部分省分又發起爭取截留更多稅款的風潮[3]，度支部也隨之陷入窮於應付、財政頻臨崩潰的窘困局面。

底一律禁止，其各省土藥統稅，限至宣統三年六月底一律停止徵收，所有稅局同時一併裁撤」，見〈資政院審查禁煙案之結果（附禁煙章程修正案）〉，《國風報》，第1年第32期，1910年11月21日。

1　王彥威、王亮：《清宣統朝外交史料》，卷20，轉見中國人民大學清史研究所編：《清史編年》第12卷，中國人民大學出版社2000年版，第576頁。

2　〈外度兩部對於洋土藥徵稅之意見〉，載《申報》1911年6月30日；〈宜昌土局委員違章苛稅〉，載《申報》1911年7月9日；〈鎮郡土藥加捐案致釀交涉〉，載《申報》1911年7月29日；〈派員調查土稅〉，載《申報》1911年8月10日等。

3　〈粵省籌抵賭餉仍無的款〉，載《申報》1911年6月18日；〈度支部議定粵省應得土稅分數〉，載《申報》1911年7月9日；〈浙省停止土膏雜稅之手續〉，載《申報》1911年6月18日。

第三章

財政抵補籌策及其困境

鴉片稅釐包括土藥和洋藥兩部分，土藥所帶來的財政收入除了土藥稅釐和膏捐之外，尚有各種名目的捐稅，諸如鴉片畝稅、燈捐、煙館捐等；洋藥收入主要是由海關進行的稅釐並徵，個別地區尚有其他項目的捐稅，但不占重要地位。禁政深入推行必然要求對鴉片稅釐進行抵補。外務部一九〇八年三月提出每年抵補 80 萬兩的說法被大部分著作徵引，認為禁政時期全國鴉片稅釐的抵補數額只有這些，這一說法尚欠周全，如上數字僅是外務部針對鴉片稅釐用於償付庚子賠款部分而言，並非全部抵補目標，需要抵補的實際數字遠遠要大於外務部提出的款額。

鴉片稅釐的財政抵補措施，清廷確定的措施主要包括印花稅、鹽斤加價、牌照捐、田房稅契等；各省的抵補措施各不相同，五花八門，確具實效的抵補措施並不多見。由於清廷和外省實行的抵補措施見效不多，稅釐收入縮減甚巨，清廷與各省的財政運行均受到嚴重制約，各種財政矛盾與政治矛盾交互影響，愈演愈烈。

第一節　籌辦印花稅

印花稅是國家對因商事行為、產權轉移或社會關係確認所書立或使用的憑證進行徵收的稅種，基本做法是在有關憑證上黏貼印花稅票，故有其名[1]。此稅起源，各有不同的說法。清末人士對這一稅種認

---

[1] 此一定義轉見李玉：〈晚清印花稅創行源流考〉，載《湖湘論壇》1998 年第 2 期。

識較早，認為起源於西國者居多數，[1]亦有認定其創始於中國者[2]。有關言論均認為此稅為財政大稅，對國家度支極有裨益。中法戰爭以後，清廷與各省財政均進入擴張時期，印花稅的重要性一再被提及[3]。概而言之，隨著晚清朝政的演變，朝臣疆吏將印花稅賦予了四種功能：一九〇一年前後清廷籌措庚子賠款，此稅曾作為重要的開源措施提出，承當賠款功用；一九〇二年中英加稅裁釐的談判期間，為籌補釐金裁撤後的稅源空缺，一度對印花稅給予極大期望，此謂裁釐加稅抵補功能；一九〇三年後清廷在袁世凱的促動下，加意籌款練兵，該稅又被提及，且進入具體的籌備階段，此為該稅籌措兵餉功能；一九〇七年以後則是鴉片稅釐抵補功能，四種功能均關度支大項。從實施情況看，多數情況屬於議論和醞釀，間或付諸實施，亦因阻力重重，未具實效。在印花稅籌議的四個階段中，清末禁政時期，印花稅操作的時間最長，商界、政界風潮也最具影響力，涉及的政治、財稅和社會矛盾亦最為深刻。

---

1 例如較早提及此事的李鴻章，1889 年 9 月 23 日在其〈擬試行印花稅〉條陳中，認為此稅係「東西洋印花稅」，吳汝綸編：《李文忠公（鴻章）全集》，〈海卷函稿〉，卷 3，《叢刊》（續編）第 696 號，第 3466 頁；亦可參見〈光緒十五年十一月十六日臣奕劻等奏〉，《題本・中央財政》（1）第 265 號，中國社科院經濟研究所藏，第 111-113 頁；1896 年御史陳璧〈請仿行印花稅摺〉，亦認為該稅係「創自荷蘭，盛於英吉利」，《萬國政治藝學全書》，〈政治叢考〉卷 66，稅政考之一〈稅則奏議章程〉，第 1 頁；1898 年伍廷芳的看法與此相同，見〈請仿行各國印花稅摺〉，丁賢俊、喻作鳳編：《伍廷芳集》，上冊，中華書局 1993 年版，第 55 頁；等等。
2 盛宣懷即認為「印花稅之法始於中國」，中國早先實行的稅契「即為外國印花稅之祖」，見盛宣懷：《愚齋存稿》卷 3，〈奏疏〉3，第 54 頁。
3 奕劻：〈奏請飭下總理各國事務衙門妥議仿照外國籌徵印花稅專辦海軍摺〉（光緒十五年九月二十五日），錄副，檔號 03-9394-063；奕劻：〈奏為遵旨議複印花稅就目前而論似難遽議施行摺〉（光緒十五年十一月十六日），錄副，檔號 03-9379-013 等。

一　印花稅創辦之籌議

　　印花稅的籌議時間較久，前後歷經十八年有餘（1889 年 9 月至 1907 年 12 月）。[1]其間，倡議者多，實施者少，原因頗為複雜，即便一九〇七年十二月份有關章程規則批准實施，亦屬倉促決斷。本文對該過程略為剖論，以證明在禁政時期，雖然並不具備舉辦印花稅的條件，但由於洋土藥稅縮減太巨，不得不被迫出臺的情形。

　　第一階段，係自中法戰爭至庚子籌款時期。較早提出舉辦印花稅的是直隸總督兼北洋大臣李鴻章。一八八九年清廷重整海軍，需款浩繁，各省分攤甚巨，再令其出款已極其困難，「近年農部極意搜括，各省無不報之款，亦即無盈餘之數，即使照議飭行，恐不過以一紙空文回覆，必無實濟」[2]，這是李鴻章籌議印花稅的財政背景。他對該稅雖有籌議，卻憂慮重重，恐阻力太大無法實施，奏章措詞也顯得底氣不足：「不得已，擬仿東西洋印花稅一項，令各口試行，或可漸集成數。但事關創舉，聞者以為煩擾，推行或有窒礙，只可姑存是說」，「仍聲明恐與中國政體不合，如不謂然，即請刪去」。儘管如此，李鴻章還是擬具細則，以備採擇。由於朝野阻力太大，此事果不見行。十九世紀後期，印花稅問題仍有餘議。甲午戰後，清廷需款孔急，作為開源之策，印花稅舉辦方案迭見奏呈，一八九六年御史陳璧專摺奏請清廷，

1　此一時間確定系大概估測，起止時間分別見於李鴻章 1889 年 9 月 23 日提出的〈擬實行印花稅〉，1907 年 12 月 18 日〈度支部奏定研究印花稅辦法酌擬稅則章程摺〉，一檔館：會議政務處檔案全宗，鉛印本，檔案號：93/322。

2　李鴻章前揭文，3466 頁。亦可參考總理海軍事務王大臣奕劻：〈奏請飭下總理各國事務衙門妥議仿照外國籌徵印花稅專辦海軍事〉，錄副，檔號 03-9394-063，光緒十五年（1889 年）九月二十五日；總理海軍事務王大臣奕劻：〈奏為遵旨議複印花稅就目前而論似難遽議施行事〉，錄副，檔號 03-9379-013，光緒十五年（1889 年）十一月十六日等。

建議在各省省城普遍設置督銷局，並確定以「所取至微，而罰則至重」為原則，陳璧估計此稅推行後，每年收入可達數千萬兩[1]。同一時期江蘇補用道程儀洛也向督撫建議，他稱印花稅為「暗稅」，「最便於民而所收至廣」，「縱初行之始，風氣未開，微有窒礙，但使持有大信，久之必可相安，以視抽釐之弊不可同年而語矣」[2]。

陳璧一摺奏上以後，清廷批示由總理衙門議奏，該衙門也認為印花稅利國便民，宜可仿辦，於是分飭出使各國的使臣結合所在國家情形，迅即條陳印花稅章程和具體做法。駐外使臣遵旨蒐羅籌備，陸續寄達國內[3]。目前所見，僅伍廷芳敘論精詳，較有特色，伍氏參考外邦理財之書，撰就〈請仿行各國印花稅摺〉，特意就該稅的優越性詳作說明，概括為「十便」，極力推重。他深知此稅推行的阻力，建議從寬辦理：「如驟擬普行，猶恐紛擾。則請飭令總稅務司各關監督，於通商口岸先行試辦。推崇簡易，不尚煩苛，於籌款之中，仍寓便民之意」[4]。

---

1 《餉需孔急請仿行印花稅之法以集巨款而濟時艱摺》，陳璧著：《望岩堂奏稿》卷1，《叢刊》(正編第 93 號，第 61～64 頁。收入此摺的《望岩堂奏稿》對中國每年推行印花稅的收入數字估計為數千萬兩，但此摺被收入《萬國政治藝學全書》時的估計數字與此大相逕庭，「約計每歲所集當不下一萬萬」，這一數字與該摺被收入《光緒政要》一書的數字正好相同，見《光緒政要》卷 22，第 24 頁。另外，近人羅玉東所著〈光緒朝補救財政之方策〉（載《中國近代經濟史研究集刊》第 1 卷第 2 期）稱陳璧此奏的時間為光緒二十一年（1895 年），與《望岩堂奏稿》一書記載不同，後面所說的總署復奏的時間亦不相同，羅氏此說似誤，今人王樹槐《庚子賠款》一書轉引自羅玉東此文，自然亦有不慎之嫌。

2 席裕福、沈師徐輯：《皇朝政典類纂》卷 95，〈徵榷〉13，雜稅，第 336～337 頁，《叢刊》（續編）第 882 號。

3 羅玉東：〈光緒朝補救財政之方策〉，載《中國近代經濟史研究集刊》第 1 卷第 2 期。多數論著僅提到伍廷芳一摺，實際上，清廷駐外使臣中尚有駐英、法、德、俄、日欽使均亦抄送總署，張之洞曾函托各使，將擬就的印花稅章程各自寄鄂省一份，見〈致西安行在軍機處〉，《張文襄公全集》第 173 卷，〈電牘〉52，第 12419 頁。

4 〈請仿行各國印花稅摺〉，丁賢俊、喻作鳳編：《伍廷芳集》上冊，57 頁。時伍廷芳奉命出使美國、西班牙、祕魯三國，但常駐美國，此折作於 1898 年 7 月 19 日。

民間留心時務者對舉辦印花稅也抱有積極的態度，尤其是曾經遊歷、經商海外者，對國外商務運作見解較深，將實行印花稅作為自強之道，極力主張在國內實行，「今能仿此法附郵政而行之，一年小效，三年大效，其入款必有過於釐稅者，其利孰甚。可惜當代之主持其事者，不能急其所急，為可慨也」[1]。官方、民間雖然多有提議，適值戊戌政局突變，此議終不果行。

庚子之後清廷須賠付外人巨額外債，在籌劃償款時又想到舉辦印花稅問題，政界與民間皆有將印花稅列入籌款計劃者[2]。一九〇一年四月十九日徐壽朋建議先在通商口岸試辦印花稅，赫德等人估計印花稅推行後，每縣每月收入180餘兩[3]。江西巡撫李興銳也電奏軍機處說：「印花稅若各省一律舉行，不難驟盈千萬巨款」[4]。張之洞本人對軍機處的決斷頗有影響，他對印花稅的巨大效益已有瞭解，但為本省利益自保之計，主張淡化清廷對印花稅的希望，函電二則可資證明：

一九〇一年五月二十七日對軍機處說：
印稅若行，即須酌免釐金、常稅，除抵釐外，所贏不能甚多，但省留難，且中飽或略少耳……中國商貧民苦，則抽稅微矣。此事頗繁密，初辦亦甚煩擾，隱匿膠葛，一二年內斷不能多，

---

1 上海圖書館編：《汪康年師友書札》第1冊，吳桐林致汪康年函，353～354頁，上海古籍出版社，1986。

2 〔日〕松岡忠美：〈論清國財政〉，載《國民報》第1期，〈外論類〉，1910年6月10日發行。

3 〈赫德函〉，《庚辛議約稿·賠款辦法》，見《外交清檔》，1901年4月19日，此轉見王樹槐：《庚子賠款》，中研院近代史所專刊（31），1974年，第124頁。

4 〈江西巡撫李興銳致軍機處電——贛省財匱賠款不能遽定請辦印花稅〉，《西巡大事記》第8卷，第3頁，轉見中國人民銀行總行參事室編：《中國清代外債史資料：1853-1911》，中國金融出版社1991年版，第951頁。

十年以後當可較旺。此等事仍須從畫城鎮鄉村細圖、查戶口、設警察起，若細圖成，戶口清，警察設，則印稅可行。[1]

粗看此電，張之洞似主舉辦，是為軍機處精細籌劃。琢磨之餘，實不盡然，張之本意和手法係「以後論否決前言」，關於城鎮鄉村圖示之操作難度且不具論，即查戶口、設警察兩項，就將軍機處的熱情澆涼，查戶口與設警察系當時尚未舉辦的兩項新政大事，實行猶難，韜晦和老謀之術於此可見。一九〇一年八月二十七日張氏對劉坤一說：「至印花稅，此電內斷不宜提。若提及此，部中將指此為有著巨款，責令即日開辦，則畝捐、房捐等事皆將沾名不辦，是外省自窘之道也。只可先趕籌目前必得之款，再催定議速辦印稅」。[2]張之洞的意圖基本實現。一九〇一年九月五日，張之洞在西安的眼線即密示：「政務處謂江鄂會奏，印稅、郵局兩事雖可籌款，緩不濟急，仍須籌速得巨款」[3]。印花稅議論至此告一段落。一九〇二年直隸候補道陸樹藩又上書外務部，請求代奏印花稅事宜；同年，金陵釐捐局、蘇州牙釐局、江寧布政使江南派辦處、江蘇布政使江蘇派辦處以及蘇州派辦處官員等研究劉坤一交議的印花稅章程[4]，均對該稅的實施有所籌劃，著眼於籌措賠款，而最終未能實行。

第二階段，係自中英裁釐加稅談判至鴉片禁政之前。

一九〇二年前後中英談判裁釐加稅，中方商約大臣和會辦大臣亦將印花稅視為裁撤釐金後的抵補大策。一九〇二年五月呂海寰、盛宣

1　《致西安行在軍機處》，《張文襄公全集》第 173 卷，〈電牘〉52，第 12419 頁。
2　《致江寧劉制臺》，《張文襄公全集》第 174 卷，〈電牘〉53，第 12500～12501 頁。
3　同上，總 12512 頁。
4　席裕福、沈師徐輯：《皇朝政典類纂》卷 95，〈徵榷〉13，〈雜稅〉，第 338～353 頁，《叢刊》續編，第 882 號。

懷認為，中國歲入釐金大約為 1700 萬兩，若推行印花稅、營業稅、鋪戶稅等，每年收入「數百萬以至數千萬，似不難得此」[1]；一個多月後，兩位大臣又說，「土貨自銷另收內地稅，洋人除租界外亦收印花稅，似此可得三千萬，抵釐有餘」[2]。中英雙方的談判久不見成效[3]，印花稅問題也就僅限於議論。況且，疆臣中亦有人反對舉辦，河南巡撫錫良即是其一。一九○二年八月，錫良致函榮祿說：「至於印花稅，外國稅務盡數包羅，別無徵取，故可暢行。中國契稅、貨稅、房捐、畝捐，種種搜括，無微不至，再加印花重徵迭索，民力不支。各報紛紛議論，未知究竟有無其事？」[4]民間對此稅的籌議更有看法，謂之「知泰西之枝節，而不知泰西之本原」，「尤為窒礙難行」[5]。論者對國內欲行印花稅持否定態度，要因在於國內條件尚不具備，害處太多，「竊恐其害甚於房捐，其弊甚於釐卡，騷擾將遍於閭閻，而曾無裨益於國家也」，「而印稅條款則政府與疆臣主之，於民間之願否亦悍不顧也；而任事之員復多貪黷，則中飽侵漁之弊更易於釐卡也；警察不行，而任胥吏差役為查察，則□□□□敲索平民，雞犬將不寧也。況開辦之始，隱匿必多，不得不為稅輕罰重、懲一儆百計，則商人買客隨時隨地無不有究罰之慮；使意存寬厚，則一二年後成為具文，將如郵政之摺閱，而無補於國家之度支，不如其已也」。同一時期，民間反對舉辦印花稅者大有其人，有人對陳璧和程儀洛曾經條陳印花稅一事評論稱，外洋印花

---

1 〈呂大臣盛大臣來電〉，《張文襄公全集》卷 84，〈電奏〉12，第 5775～5776 頁。
2 〈呂大臣盛大臣來電〉，《張文襄公全集》卷 181，〈電牘〉59，第 12941 頁。
3 有人斷言，英人與中國談判加稅問題實係騙局，英人在中國的商務利益太大，難以答應中國加稅的要求，裁釐加稅談判本身很難有好的結果。見周家祿著：《壽愷堂集》，《叢刊》（正編）第 83 號，第 647-648 頁。
4 《錫良札》，杜春和等編：《榮祿存札》，齊魯書社 1986 年版，第 168 頁。
5 〈論中國仿行印花稅利弊〉，《文言報》，第 11 號，1902 年 10 月 16 日，廣州文言報社編。

税並不適合中國，對兩項條陳中提出的舉辦理由逐一反駁[1]，頗有影響。

民間反對的呼聲並不弱小，但朝臣與疆吏中樂此不疲者仍大有其人。袁世凱即是其中的一位，一九〇三年一月遵照清廷印花稅先從沿（二），《叢刊》（正編）第七八一號，第 944～948 頁。海省分開辦的旨意，作為唯一的試點省分，直隸率先籌劃準備，由於事屬初創，規章不宜過細，條令不可過嚴，該省確立了「大要以輕而易舉、簡而易行為宗旨」，將商埠地區與內陸腹地加以區別，制定了印花稅的試辦章程。該章程包括規章八條、罰例十條，商埠地區的稅種定為二十八種，腹地徵稅範圍稍有縮減，暫定十五種，袁世凱親自審定印花稅票的樣式，確定了六種面值的票樣[2]。二月初，據日本媒體報導，日本國家印刷局接到了直隸定製印花稅票的任務，具體的票值種類和數量有：值銀錢二釐者 9000 萬張，一分者 2000 萬張，五分者 400 萬張，一角者 300 萬張，半圓者 200 萬張，一圓者 100 萬張，共有 1.2 億張。這項印刷業務初步於一九〇二年十二月中旬確定，直隸要求日本分期交付，首期於一九〇三年四月交付 1600 張，以作試辦之用[3]。這一報導大致不錯，但與事實稍有不同。印花稅票樣不是六種，而是四種，日本印製首期票樣後的交付時間，不是四月份而是三月中旬。頭批印花票紙由日本交還後，袁世凱即向外務部等提出了咨文，以作說明。[4]但此稅甫經實行，商民拚力抵制，迫使清廷於四月十一日諭令暫行取消

---

1 〈外洋印花稅中國能否仿行議〉，楊鳳藻編：《皇朝經世文新編續集》。
2 〈北洋大臣酌擬印花稅試辦章程〉，載《申報》1903 年 1 月 22、23 日。
3 〈創製印花〉，係轉載日本媒介的報導，《申報》1903 年 2 月 7 日。
4 〈直隸總督袁世凱為呈送印花票樣事致外務部咨呈〉，1903 年 3 月 22 日，見中國第一歷史檔案館：《清代兩次試辦印花稅史料》，載《歷史檔案》1997 年第 4 期。咨文中袁世凱所佩的頭銜有如下幾個：欽差大臣、太子少保、參預政務大臣、督辦商務大臣、電政大臣、鐵路大臣、兵部尚書、都察院右都御史、辦理北洋通商事宜以及直隸總督。

這一試行辦法：印花稅恐滋擾累，著從緩辦理，其餘苛細雜捐，即行停止，「如有不肖官吏，藉端科派，巧立名目，勒罰侵漁，一經發覺，著即請旨就地正法」。[1]

日俄戰爭爆發，清廷加意籌款練兵，印花稅再度受到關注。袁世凱以練兵籌款而權傾一時，對外省財源亟欲搜求，一九〇三年十二月下旬，他不但注意到對土藥熟膏稅進行整頓[2]，而且又重提印花稅。印花稅雖經懿旨明令禁止，但籌款緊迫，主事王伊試探性地提出舉辦「商捐」，政務處在研究時認為，商捐應視同印花稅，是否舉辦尚未確定；順天府伊沈瑜慶也有類似的條陳[3]。袁世凱與奕劻計劃練兵數十萬，軍費籌劃方法包括印花稅等五個方法，由此每年可籌款數千萬兩[4]。兩人的條陳稱印花稅係各國人士首舉的稅政大項，「推為最便最良之法，中外諸臣條陳舉辦者甚多」，「現值籌餉綦難，急苦燃眉，亟宜請明降諭旨，飭令各省仍行舉辦」[5]。

戶部在議覆此摺時，態度複雜。按其本意，不準備舉辦此稅，它對中外情形作了對比，闡述了不可舉辦的四個原因：「惟各國上下情通，中無口隔；警察胥有學問，有稽查而無擾累。中國警察尚未普辦，其舉行之處亦多以捕兵、巡役改充，警學尚未精深，稽核恐難得

1　《光緒政要》卷29，第10頁。
2　袁世凱與奕劻奏請清廷，徵收熟膏稅為籌款大宗，請招致南洋華商，定章試辦。清廷批令督辦商務大臣袁世凱本人妥籌辦理，見《德宗實錄》卷523，第7頁。
3　〈政務處議覆籌款辦法摺〉，載《東方雜誌》，第1年第1期，該期是創刊號，出版時間為1904年3月11日，但會議政務處議覆時間應大大的早於此時間。
4　〈戶部奏各省鹽斤加價情形請飭催從速奏報片〉，載《東方雜誌》第1年第1期。這五個方法包括：提官員中飽、舉辦印花稅、增加煙酒稅、指撥海關加稅、仿辦膏捐。
5　〈戶部議覆籌款練兵事宜摺〉，1904年1月16日，一檔館：練兵處檔案全宗。袁世凱等人的奏摺係1903年12月24日由軍機處批令戶部討論的，見《德宗實錄》卷523，第7頁。

力；兼以人情浮動，謠諑易興。今春直隸甫議舉辦，即不免遠近惶惑，幸蒙懿旨從緩辦理，是現在民情尚未大順，擬請仍遵三月十四日懿旨將印花稅從緩辦理，一俟各省警察辦成之時，即由沿江沿海各督撫……妥定章程奏明試辦」[1]。戶部此意已甚明確，但這份交議摺件非同一般，練兵籌款所關，軍國重大，所以，該部在最後又模糊表示說：「正核議間，復奉諭旨，以練兵需項，責成臣部統籌妥擬，就公家固有之利嚴杜中飽，除弊節流等因，事體重大，頭緒紛煩，擬由臣等悉心籌議，詳細另陳，總期款集而民不擾。」值得注意的是，練兵處所存的這份檔案與媒體發表出來的相比，內容和標題均不甚相同，發表時的標題被改為「戶部奏議復加稅不能指撥印花稅不能即辦摺」，在內容上，發表時已經刪去後面一段文字，而這段文字正好表明該部猶豫不決的立場和態度。這一變化的原因，只能是說明戶部在後來對印花稅已經作出不可舉辦的決斷，並且發表的時間較晚，才有這種變化[2]。

戶部反對舉辦印花稅的原因，摺中已有說明。實際上尚不止這些，比較重要的原因與當時練兵經費的構成和來源有關。適有一件事與此有關，頗可注意。一九〇四年三月總稅務司赫德條陳整頓全國地丁錢糧，每年可得收入四億兩，但各省討論時多不認可，內意雖覺可以試辦，但因阻力太大，終未實行。這份「籌餉節略」當時引起的爭論相當大。十年之後，中華民國稅務處督辦梁士詒決定重印這份檔案，並加按語說：「檢閱管卷內，有前清光緒三十年總稅務司赫德籌餉節略一件，稽其內容，以整頓地丁錢糧為唯一之宗旨，其時適日俄啟

---

1 〈戶部議覆籌款練兵事宜摺〉，1904 年 1 月 16 日，一檔館：練兵處檔案全宗。袁世凱等人的奏摺係 1903 年 12 月 24 日由軍機處批令戶部討論的，見《德宗實錄》卷 523，第 7 頁。
2 〈戶部奏議復加稅不能指撥印花稅不能即辦摺〉，載《東方雜誌》第 1 年第 7 期，1904 年 9 月 4 日。

饗，正如今日歐戰情事相同，內省反觀，尚覺赫德所陳不為無見，今付印以備採擇。」[1]赫德所陳辦法儘管多數人覺得空想，不切實際，但它卻有一定的合理性。未能付諸實施的原因甚為複雜，朝臣疆吏反對是一個主要的原因，背後的原因尚須發掘，這就是當時各省繳納給中央的練兵經費中，尚有銅元餘利一項，各省對土藥稅的整頓正開始見效，鎊價尚未虧累，所以清廷雖然覺得赫德所陳不為無見，由於有上述經費來源，已不再堅持己見。這也是印花稅屢屢提出，而戶部和疆省熱情均不高漲的重要背景。

此後籌款練兵與新政事項愈來愈繁密緊迫，大臣中甚至有人提出至為荒唐的籌款辦法，欲以社會墮落為籌款途徑[2]。印花稅問題也一再被提及。一九〇五年初，由數位疆臣聯名呈請新政事宜，所擬辦法中，即有「嚴禁貪墨，仿行印花新稅」一說，建議印花稅舉辦所得之款，可部分用於津貼官吏之資[3]。津鎮主要的媒介《大公報》且發表推動印花稅舉辦的專論，與北洋官界的主張相配合，該論對印花稅財政利益的計算頗值一提，「姑以每一方里之產業可納印花稅小洋一角計算，則十方里可納一元，推廣至一兆方里即可納十萬元，共計可得有一百六十三萬元；人口以四分一計之，每人每年納印花稅一元，亦即有一萬萬餘元」，於是該文對印花稅理財方法推崇備至，「分之則其數甚微，合之則成款甚巨，理財之法孰有過於是者耶」？[4]該文對印花稅效益的計算，已經遠遠地超過了陳璧所作的預期收益，也大大地超過

---

1 〈重印總稅務司赫德條陳籌餉節略〉，1914年鉛印單行本，原件存於中國社科院近代史所圖書館。
2 內務府候補郎中某大臣提出籌款六策，請本衙門堂官代為呈奏，六策包括：開禁小押、開放戲院、開禁賭博、開禁娼寮妓院、開禁鴉片煙館、開禁煙酒飯莊等，一律實行徵稅管理，可收巨款。見〈籌款六策〉，載《申報》1904年9月21日。
3 〈疆臣請行新政〉，載《大公報》1905年1月29日。
4 〈論印花稅亟宜仿行〉，載《大公報》1905年11月1日。

了梁啟超、何啟與胡禮垣等人所作的預計[1]。此時戶部的注意力已經轉移到土藥稅的整頓問題,對鴉片專賣與八省統捐問題著力籌劃,印花稅問題反而不太重要了,直至一九〇七年國內鴉片稅開始下降時,方被提上議事日程。

第三階段係自鴉片禁政開始至度支部出臺印花稅章程。在鴉片稅釐縮減之前,某些開闢財源的計劃不能實施,而銅元減鑄和銑虧又使中央、地方財政頗受影響,這是印花稅出臺的重要背景。土藥稅收整頓是諸多人士著意籌劃的一個問題,土藥與洋藥的稅負頗不一致,洋藥加稅成為外務部、稅務大臣對外交涉的一個重要問題。但此事交涉極有難度,英使與美使均予以拒絕。[2]接下來就是銅元餘利漸失,江蘇寧屬、浙江和湖南等省首先因銅元鑄數減少,銅元餘利日漸式微,對本省的練兵與新政均構成影響。例如浙江省的銅元餘利有一部分要交給巡警部作經費,至一九〇六年初,此項利潤已不足敷用[3];一九〇六年三月中旬,該省又因銅元失利,導致清廷攤派的練兵經費也無法認解[4]。江蘇寧屬的銅元餘利也日漸減少,如何抵補成為該屬官府的重大事項[5]。湖南銅元局鑄數減少更快,本省的練兵經費與浚浦款項均受到

1　梁啟超認為印花稅可以立時舉辦,其效益每年可得 200 萬兩;何啟與胡禮垣則認為,印花稅若實行,每年可得 1800 萬兩。均見趙豐田撰:《晚清五十年經濟思想史》,第 273、275 頁。

2　〈英使薩照會外務部文(為紙卷煙徵稅事)〉,〈美使康覆外務部函(為紙卷煙徵稅事)〉,載《申報》1905 年 3 月 10 日。英國不但不允加煙稅,後來還對中國民間推行的禁吸紙煙活動加以干預,福建省的學堂生徒禁吸紙煙活動即受到駐閩英國領事的干涉,閩督松濤嚴詞拒絕。見〈英領干涉勸戒紙煙〉,載《時敏新報》1909 年 6 月。

3　〈浙撫覆警部經費難籌電〉,載《申報》1906 年 2 月 7 日。

4　〈浙江巡撫張曾敭奏陳停鑄銅元原認餘利項下練兵經費無可籌解摺〉,〈浙江巡撫張曾敭奏報停鑄銅元無法籌解練兵經費摺〉,一檔館:硃批奏摺,「財政類」,檔案號:1377/049、1378/005。

5　〈移商預籌抵解練兵處經費〉,載《申報》1906 年 2 月 7 日。

越來越大的影響,至一九〇六年十一月時,湘省巡撫岑春蓂就請求停解這兩類款項[1]。與此同時,賠償外人債款中的鎊虧問題越來越嚴重。一九〇五年二月十七日外務部就向清廷提出了鎊虧的嚴重性,「至本年三月屆滿,虧欠數仍一律以四釐計息,算至三十九年之後,將又積成數萬萬之巨款,不如設法補苴,以期年清年款」。戶部無法挪解,因而只能向匯豐銀行借英金 100 萬鎊,其他再由戶部騰挪彌補[2]。這筆撥補鎊虧的借款還款期限定為二十年;一九〇五年七月,外務部議定賠款辦法,指明每年必須騰出 300 萬兩彌補鎊價之用[3]。至度支部制定印花稅章程時,海關奏報稱,鎊價呈現飛漲的態勢,還款受虧極為嚴重[4]。故鎊虧問題也是清廷財政產生虧短的重要原因。

印花稅出臺最重要的原因是鴉片禁政實施後,稅釐漸失,收入縮減。尤其是一九〇七年六月份前後,各省遵照清廷的指令,將各地鴉片煙館一律封禁,土商貿易因之頓絀,稅款來源漸漸減少。這是威脅清廷財政中最嚴重的事項。

清廷本來於一九〇六年九月二十日確定了禁止鴉片的政策,而對稅款抵補問題並未專門籌議。外人反而頗感擔心。禁煙上諭發佈後第十天,英國駐華公使朱爾典就此事向英國外交大臣葛雷匯報說,「中國禁煙一事吾國自宜與表同情,夫欲嚴定法律,改革民習固自為難,今且置此不論,而財政問題亦與此大有關係,此亦為華人之所重視,無

---

1 〈湖南巡撫岑春蓂奏報停鑄銅元請停解練兵經費及黃浦工款銀兩摺〉,一檔館:硃批奏摺,財政類,檔案號:1377/066。
2 〈外務部、戶部摺——息借洋款備償鎊虧〉,《戶部奏檔抄本》,光緒三十一年(1905 年)分,上卷,會奏,此轉見《中國清代外債史資料》,第 772 頁。
3 〈戶部摺——還鎊虧借款由滬酌量勻撥摺〉,《戶部奏檔抄本》,光緒三十一年分,下卷,《中國清代外債史資料》,第 773 頁。
4 孫寶瑄著:《忘山廬日記》,下冊,第 1101 頁。

異於西國政府也」,中國每年從洋藥中的收入「計五百七十一萬一千七百十一兩(合英金八十五萬九千一百三十六鎊),土藥則十倍之。是以所徵之稅約有四千五百萬兩(合英金六百七十六萬八千七百五十鎊)」。這些稅款的用途,朱爾典稱:「數年以來,中政府欲搜此以歸中央,蓋或為朝廷所用,或為地方要需(如修濬上海浦江之類),或還各省所舉之債。現今中國國帑既已如此,則一旦實行禁煙,必至財力不濟,較之印度政府之棄其餉源,實有過之。況山陝川滇四省固以盛植罌粟為農業,一旦禁之,有不異常掣肘耶?」[1]十一月份朱爾典仍未看見中國注意此事,於是又說:「惟尚有一大憾在焉,蓋中政府所失鴉片之餉為數甚巨,而亦未嘗設法彌補,或者他日無鴉片之中國,其財政之充裕遠勝於今,亦未可知。所慮者,未經改革以前,辦理財政必愈棘手,是以財政事宜亦須先為研究也。」[2]一九〇七年很長時間內,清廷對此事仍未採取有效的措施,負責調查中國禁煙事宜的英國駐華公使館參贊黎枝的報告對此疑惑不解,「至其餉源雖失,中央政府亦不甚注意,且又未訂章程以為補償之地,各省以餉源支絀、財政損失,而禁煙之舉遂未免因循敷衍,難期進步矣」[3]。不但英人對清廷的舉動不可思議,日本人也提醒中國應注意鴉片稅的抵補問題,大阪《朝日新聞》撰文說:「依中國今日之煙稅計之,僅彼印度鴉片輸入之一項,每歲已有八百三十萬元,當此國庫支絀之際,中國亦決不能輕視。自

---

1 〈駐華英使朱爾典致英外部大臣葛雷公文〉,1906年9月30日由中國北京發,載《外交報》第223期,1906年11月1日。

2 〈駐華英使朱爾典致英外部大臣葛雷公文〉,1906年11月22日由中國北京發,載《外交報》,第223期,1906年11月1日。

3 〈駐華英使朱爾典致英外部大臣葛雷公文〉,1907年11月27日由中國北京發,載《外交報》,第228期,1907年12月9日。

後當以何款相抵,十年之內必先預計。」[1]

內閣學士兼禮部侍郎吳郁生最先提出以印花稅收入來抵補鴉片稅收短少的建議。一九〇六年底,他具摺上奏清廷應注意鴉片稅的抵補問題。吳郁生對土藥稅釐及各省的鋪捐、燈捐收入估計為數百萬兩,鴉片漸禁煙稅漸失,此項收入「大部既視為正款,外省亦資以辦公,度支所關豈可無備。若禁減種植,而歲入之計又確然有所抵補,則中外皆知此事之決無反顧而一意遵行」[2],因而他建議清廷舉辦印花稅,作為鴉片稅短少抵補的對策,「竊思印花稅一法,行於東西各國,凡戶婚田土、商民交易之事,皆以此為納稅之總機關,前經奉旨停止,無非體恤民艱,將來加稅免釐,似收稅之法仍以印花為便。擬請飭下部臣、疆臣,考察各國新章,或擇要先行試辦,以為抵補土膏稅釐之地,抑別籌良法抵補」。度支部在答復吳郁生奏摺時,認為可以實行印花稅,但要慢慢研究、協商,沒有視之為迫切之舉,「惟查各國舉辦此稅,亦有屢經作綴(輟)而後成者……今者禁煙之意期於逐漸遞減,則印花稅之行亦宜期於徐議舉辦。應由臣部與各省考察各國章程,體察本國情形,屆時奏明辦理」[3]。這一結果,報界在報導時,乾脆稱之為「印花稅暫緩實行」,暫緩舉辦的原因,度支部稱「實行印花稅須待警章妥定,實業發達之後乃能就緒」[4]。此時土藥統稅入款並無明顯的縮減,縮期禁煙之議也未提出,因而度支部並不覺得急切難耐。該部在答覆吳郁生時主要是提醒各省對土藥稅款的使用,應做到撙節核

---

1 〈禁止吸菸問題〉(譯大阪《朝日新聞》),《華字彙報》第455號,1906年10月9日。
2 〈度支部奏議復內閣學士兼禮部侍郎銜吳通籌禁煙辦法摺〉,《東方雜誌》第4年第3期,1907年5月7日。
3 〈度支部奏議復內閣學士兼禮部侍郎銜吳通籌禁煙辦法摺〉,《東方雜誌》第4年第3期,1907年5月7日。著重號為筆者所加。
4 〈印花稅暫緩實行〉,《大公報》1907年3月4日;《盛京時報》1907年3月7日也以同樣的標題予以報導。

實，不能濫冒虛支，「即如土藥稅統稅一項，除撥練兵經費外，各省所用誠如諭旨所謂浮收濫廢之處當亦不少。應請飭下各疆臣，務皆撙節核實，但期目下少一分濫費即將來少一分抵補，是亦別籌抵補之一端也」[1]。

土藥統稅大臣柯逢時不斷奏報土藥稅釐短少、局卡經費收不敷支後，度支部才感到稅釐抵補的緊迫性。一九〇七年九月度支部鄭重提出要研究印花稅舉辦問題，「臣部現設財政研究所，擬將此項印花稅辦法詳加研究，以期無滋流弊，再行妥慎訂章，奏請舉辦」[2]，該摺特別之處，一是沒有強調中國戶口沒有調查、警察未備、產業不發達等不利因素，也未特別強調鴉片稅釐短缺甚巨、亟待抵補的情形；二是暗示研究和舉辦印花稅的原因與新政立憲事業有關，「方今屢奉明詔，預備立憲，百度維新。凡有益於民而利於國之事，莫不次第設施，以立富強之根本。臣部職備度支，值此庶政繁興之際，自應從事裕課之方」[3]。這一奏章僅僅是提出研究考察的必要性，並未立即決定舉辦。

度支部財政研究所關於印花稅研究的結果，體現在該部於一九〇七年十二月八日上奏的《度支部為遵旨研究印花稅辦法並酌擬稅則章程摺》中。此折未具奏之前，清廷曾經於十月十一日諭度支部：「國家歲入洋土兩藥稅釐為數甚巨，均關要需，現既嚴行禁斷，自應預籌的款，以資抵補。前據度支部具奏，研究印花稅辦法，當經允准。惟煙

1　〈度支部奏議復內閣學士兼禮部侍郎銜吳通籌禁煙辦法摺〉，《東方雜誌》第 4 年第 3 期。
2　〈度支部為議覆請行印花稅摺〉，一檔館：會議政務處檔案全宗，檔案號：275/121。
3　〈度支部為仿行各國印花稅預為研究辦法奏摺奉旨允准事致會議政務處咨呈（附件：度支部為擬請仿行各國印花稅預為研究辦法事奏摺）〉，中國第一歷史檔案館：《清代兩次試辦印花稅史料》，載《歷史檔案》1997 年第 4 期。

害必宜速禁，款必宜速籌，著度支部詳細調查東西各國成法，迅速研究，漸次推廣，期於可行。限兩個月內條例辦法章程，奏明辦理，勿得稍涉延宕。」[1]朝旨已經明確地提到以印花稅收入來抵補鴉片稅。奉旨以後近兩個月，度支部加意研究，終於在限定的期限之前，提出本部對印花稅問題的看法。自九月份注意對印花稅的研究，至十二月八日提出具體意見，其間經歷了三個月。諭旨的發佈當然起了推動的作用[2]。所以該部不得不強調印花稅係專為鴉片稅之抵補這一目的，「至此次辦理印花稅，係為籌補洋土藥稅釐起見，將來收有成數，在當由臣部分別酌量撥給各省，以資彌補」[3]。

關於稅則和章程，度支部在奏摺的兩個附件中，分別制定了《印花稅則十五條清單》和《印花稅辦事章程》十二條，前一文件規定了印花稅具體的實施辦法細則，確定票據種類有三種，「一赭色，二十文；二綠色，一百文；三紅色，一千文」。規定度支部係制定印花稅票的唯一機構，各省實施的期限是奉到部文三個月之後開始實施。後一文件，對印花稅實施的機構、管理、發售、費用等詳作規定，決定在度支部設立印花稅局專門經理此事[4]。至此，印花稅的籌備已基本結束，開始進入籌劃和部署階段。

---

1 〈奏定研究印花稅辦法酌擬稅則章程摺〉，一檔館：會議政務處檔案全宗，檔案號：93/322。
2 一般來說，這份諭旨的產生，與度支部的活動有關，但也不排除有關御史和翰林院等官員，甚至外人的督促提醒。
3 〈奏定研究印花稅辦法酌擬稅則章程摺〉，一檔館：會議政務處檔案全宗，檔案號：93/322。
4 〈度支部為仿行各國印花稅預為研究辦法奏摺奉旨允准事致會議政務處咨呈（附件：度支部為擬請仿行各國印花稅預為研究辦法事奏摺）〉，中國第一歷史檔案館：《清代兩次試辦印花稅史料》，載《歷史檔案》1997年第4期。

二　督催推行與極力抵制之間

　　印花稅出臺之前，清廷財政已經匱乏；各省因鴉片稅釐減收甚巨，財政狀況更趨窘絀，看來印花稅作為抵補手段應儘早實施。一九〇八年三月中旬，由於鴉片稅與洋款賠償有關，外務部提醒朝廷必須注意預作抵補，奏片說：

> 各新關每年徵收稅數內，洋藥一項係稅釐並徵，計共徵銀六百餘萬兩；土藥一項，未歸土藥統捐以前，其由稅務司經徵者，多收年分計銀一百二十萬兩，統計洋土藥稅共銀七百數十萬兩。此項稅銀本來抵借洋款，現在籌議禁煙，洋土藥已定有年減一成之辦法，切實施行，則所有稅項自必因之逐年遞減，事關抵款，不能不預先籌備，以免應付為難。查此項稅收，即以每歲（銀）八百萬兩計，分作十年籌備，依次遞加，逐年設法增添之數不過（銀）八十萬兩計。[1]

　　外務部一摺所稱每年（銀）80萬兩的抵補任務被今人有關著作廣為徵引，多數著作認為中央鴉片稅抵補的全部任務只有這些，似乎並不沉重。實際上外務部所提到的鴉片稅收入僅僅是與洋款抵押和償還有關的由海關所徵收的鴉片稅，包括洋藥稅釐並徵和土藥經過海關部分的稅收，它在整個鴉片稅收結構中並不占主體，大量的是經由各地土藥統稅局徵收的鴉片稅，這個數目十分龐大，僅土藥統稅一項每年

---

[1] 〈外務部具奏覆陳籌議禁煙與各國商定辦法折附奏藥稅抵借洋款現議禁煙應另籌備抵補片〉，一檔館：憲政編查館檔案全宗；又見〈外部奏查新關土藥稅款數目片〉，載《大公報》1908 年 3 月 26 日。

可達二千萬兩以上，其餘各省的鴉片畝稅（部分省分徵收此稅）、與鴉片相關的憑照捐、牌照捐等，儘管預定十年遞減，但數目亦十分可觀。由此可知，整個鴉片稅的抵補任務十分艱巨。不管如何，外務部此折提醒中央加以重視，說明印花稅必將承當重任，辦理也更趨迫切。

但是，印花稅章程和辦事規則公佈以後，朝野紛議頓起，圍繞著應否實行、如何實行以及印花稅用途等問題，朝中大臣、各省督撫、各地商會以及知識界等均有不同表現。度支部作為主管部門，力主實施，鼓吹督催不遺餘力，但該稅的實行卻一波三折，度支部由此成為眾矢之的和矛盾焦點。隨著鴉片稅釐收入越來越少，財政抵補的任務愈發艱巨，而印花稅的實行卻渺無頭緒，後期度支部與陸軍部、海軍部等矛盾嚴重激化與財政抵補乏策關係匪淺。

（一）各方疑阻

印花稅章出臺後，遭遇前所未有的各種抵制，提出不同主張的朝野勢力，既有京中言官、軍機大臣甚至攝政王載灃，也包括外省督撫；在野力量主要有商人組織、各省諮議局以及知識界的反對言論等。

京師言官是反對印花稅舉辦的重要力量。首先發難的是都察院御史。一九〇八年初當印花稅章剛剛出臺後，該院某御史聯合同道對印花稅之舉加以反對，認為目前銀價不定，民生困苦，勉強實行有導致民亂之虞，決定公舉兩位御史聯袂奏上，將民生困苦之情形剴切入告，加以阻止[1]。面對言官阻力，載澤在慈禧面前，強調必須實行印花稅，「至印花稅一事，亦審慎再三，但求簡易可行，決無窒礙，若再以人言中止，則將無實行之日，請宸衷獨斷，決計開辦，以裕財政」[2]。

1　〈臺諫擬請緩辦印花稅〉，載《申報》1908年1月13日。
2　〈度支部決行印花稅〉，載《申報》1908年1月16日。

除了都察院御史首先發起的反擊以外，京師言官中至少還有數人單獨擬摺上奏，主張停辦或修改印花稅章。翰林院學士惲毓鼎等人要求對印花稅章程進行修改，以恤民艱，反對印花稅由官府經手，「一經假手胥吏，無不公費浩繁，甚至差役勒買加費，希圖中飽，弊將不可勝言」，對胥吏之弊尤為痛恨，並反對徵收當票印花[1]。載澤閱看此折後深感焦灼，表示目前所奏印花稅章較之國外已經甚輕，該稅甫經開辦，「實難預斷其毫無窒礙，然所有應行酌量改訂之處，亦須俟實行之後，揆厥辦理情形，詳酌損益，此時仍令各省按照原章試辦，無庸預為更張，致使耽延時限，轉無實行之日」[2]。五月初，御史俾富芝也奏請緩行印花稅，認為京師物價飛漲，百物騰貴，各省民情困苦，要求變通印花稅章，或暫緩實行。度支部議論此折時，多數人主張緩辦[3]，載澤卻沒有同意。一九〇八年下半年，御史石敬潢要求緩辦印花稅，理由有三：一係本年粵、鄂、湘、皖、閩水災氾濫，而直、魯、滇、黔、甘、川等省水旱災害亦頗嚴重，民生困苦；二是新政以來，地方官只知徵稅籌款，雜捐叢出，但卻罔顧民隱；三為釐金苛政，層層朘削。他建議清廷，「飭下度支部將印花稅暫緩舉辦，俟數年後煙稅截止，釐金裁撤，再議實行」[4]。這一份奏摺由軍機處批轉給度支部，該部在研究時頗感棘手，既難對原折加以推翻，又覺不能不辦，特請各

---

1 〈度支部奏遵議印花稅辦法擬請仍照奏定章程試辦摺〉，《申報》1908 年 5 月 1 日；對胥吏擾民問題有人專門加以闡論，見魯一同著：《通甫類稿》（一），「胥吏論」，第一至五篇，《叢刊》（正編）第 368 號。

2 〈印花稅則仍按原章辦理〉，載《大公報》1908 年 4 月 12 日；〈印花稅之焦灼〉，載《盛京時報》1908 年 4 月 5 日；〈澤尚書對於印花稅之意見〉，載《盛京時報》1908 年 4 月 20 日。

3 〈實行印花稅之困難〉，載《大公報》1908 年 5 月 4 日；〈印花稅多主緩行〉，載《盛京時報》1908 年 11 月 8 日。

4 〈御史石敬潢奏印花稅恐多窒礙請飭部緩行摺〉，載《政治官報》第 373 號，1908 年 11 月 8 日；〈御史請緩行印花稅〉，載《申報》1908 年 11 月 13 日。

省於明年正月起試辦三個月。載澤矛盾心理反映到媒介的報導上，便出現了截然相反的消息，駐北京訪事員只好將載澤兩種不同的主張編發為一條消息予以報導[1]。十一月份，某御史乾脆具折參劾度支部尚書載澤，稱其不恤民隱，固執成見。摺上後，留中未發。訪員推測此事與印花稅有關[2]。同一時期，以石敬潢反對舉辦印花稅為契機，都察院各科道也交章論諫，認為印花稅事關全國生計，必欲阻止實施[3]。後來又有御史建議，將各省雜捐濫稅停徵後，才可實行印花稅，「惟查各省雜捐種類甚多，若再加以印花稅，則小民之困苦益覺不堪，殊非體恤民情之道」，「請先將各項雜捐分別停止，然後再行舉辦印花稅，庶民間之擔負稍輕，皇上之恩施愈厚」，否則必將民不聊生[4]。

軍機處官員對印花稅的舉辦頗有分歧。度支部對印花稅的規劃和籌備，在政界引起不少的爭論。軍機處大臣中，袁世凱力主舉辦，並建議先從直隸省辦起，然後加以推廣；而張之洞甚為擔憂，分歧已見端倪[5]。張之洞係軍機處反對印花稅最力的官員之一，一九〇八年五月份，內廷研究印花稅問題時，張之洞即表態說，此稅驟然舉辦，恐怕民心積怨，「況南省匪蹤不靖，倘假此煽惑，印花稅恐不能推廣，反生阻力，必俟各省督撫認可，咸無異議之後再行舉辦」[6]。慶親王奕劻

---

1 〈試行印花稅消息〉（北京），載《申報》1908 年 11 月 6 日。
2 〈澤公被參姑志〉，載《大公報》1908 年 11 月 15 日。
3 〈都察院反對印花稅〉，載《大公報》1908 年 11 月 12 日。
4 〈免雜捐以行印花稅〉，載《盛京時報》1909 年 10 月 22 日；《大公報》1909 年 10 月 19 日相同標題報導。
5 〈某中堂慎重印花稅〉，載《正宗愛國報》1908 年 2 月 3 日；〈印花稅擬先從直隸試辦〉，載《大公報》1907 年 12 月 19 日；〈印花稅須議防弊章程〉，載《大公報》1908 年 1 月 22 日；1907 年 8 月份以後，軍機處大臣中，袁與張因國事互生意見，早已不是祕密，外界屢有傳言，見《忘山廬日記》（下），第 1110 頁。
6 〈印花稅之未舉辦〉，載《順天時報》1908 年 5 月 24 日；〈印花稅之爭議〉，載《大公報》1908 年 7 月 20 日；〈印花稅之爭議〉，載《盛京時報》1908 年 7 月 23 日。

態度已發生微妙的變化，原先曾襄同袁世凱提出舉辦印花稅的主張，這次討論時，他卻贊同張之洞緩辦主張；度支部尚書載澤與直隸總督楊士驤則主張立時舉辦。關於抵補土藥稅的籌款方法，張之洞立場鮮明：「現在京外各衙門遵旨籌報抵補土藥稅款，其中所籌之辦法不一，將來必須由樞垣及度支部決定唯一之方針，惟本閣現已決定：凡有害於民生，如增加日用必須之物稅課等項，決不承認」[1]。由於各省力主緩辦，朝中各大老對印花稅已不抱急切態度，建議等到各省清理財政之後，再作籌議[2]。軍機大臣中，世續反對在天災頻仍情況下強行舉辦印花稅，否則民亂堪憂[3]。徐世昌入樞後，對印花稅問題也有自己的看法，一九一一年八月份的內閣會議上，他認為不可輕易舉辦，理由有三：一是各省偏災，民力難紓；二是各省雜捐未停，負擔過重；三是各省地方多故，恐易釀成風潮[4]。徐世昌歷數他在東三省時遇到的種種困難，載澤不得不對此表示理解。柯逢時將裁局撤卡逐步實行後，稅款的收入更趨式微，度支部官員因抵補乏策，印花稅問題一再成為朝中大臣討論的熱點，載澤因抵補困難、庫款支絀，數次提出辭職。一九〇九年八月十二日，**攝政王召見度支部官員**，該部有關人士傾訴本部難處，聲稱「各部如不量入為出，請撥款項漫無限制，應請另簡賢員繼斯巨任，臣等當同時辭職」[5]。清廷財政已陷入夾縫之中，度支部的壓力越來越大。

皇太后以及攝政王本人對印花稅的態度極為複雜。早在一九〇八

---

1 〈張相國籌款之方針〉，載《大公報》1909 年 6 月 12 日。
2 〈印花稅之爭議〉，載《大公報》1909 年 2 月 25 日。
3 〈世中堂仍請緩行印花稅〉，載《申報》1909 年 9 月 11 日。
4 〈徐協理對於印花稅之公言〉，載《盛京時報》1911 年 8 月 4 日。
5 〈國家財政困難〉，載《盛京時報》1908 年 6 月 25 日；〈交議度支部奏請撙節財用辦法〉，《申報》1909 年 8 月 22 日；〈澤尚書決計乞休再志〉，載《申報》1910 年 9 月 9 日；〈澤尚書辭職述聞〉，載《大公報》1910 年 8 月 15 日。

年下半年，醇親王載灃在與載澤討論時就認為，「大事方定，人心初安，此項稅課應暫緩實行，如果巨款難籌，不妨極力節省靡費，以期彌補」[1]。但該部尚書載澤堅持認為，此稅係專為土藥稅虧累而設，實在是萬不得已，務請於明年照章先行試辦，「若經停辦，則虧累無從抵補」。載灃對此實無良策，意猶躊躇，不能決斷[2]。一九〇九年三月份，攝政王擔心立時舉辦印花稅事宜恐遭民亂，即有緩辦之意，但度支部提出將各省情形調查後，再作決斷。不得已，載灃只得要求該部「先將印花稅草章覆發各省，編成粗淺文字，遍貼城鄉市鎮，以釋疑阻」[3]。清廷內部實際上形成以攝政王為主，反對舉辦印花稅的主要力量。五月下旬，清廷決定將印花稅款提出四成作海軍經費，一旦該稅收有成效，即行提撥。為此，攝政王特意囑咐載澤說，「興復海軍本為保民，而印花稅終嫌累民，萬不可因保民反累民，亟宜改辦統捐而免口實」[4]，這樣統捐又成為替代印花稅的一種方式，但它僅在部分省分得到實施，大部分地區仍未實行。隆裕皇太后對朝中議論不決的印花稅問題也較為關心，一九〇九年十月特召見攝政王專門瞭解印花稅問題，表示對印花稅應採取慎重態度，不可貿然舉辦[5]。實際上，載澤對朝中大臣的反對意見並不以為然，對攝政王的勸諭也持陽奉陰違態度，隆裕皇太后優隆於載澤，所以載澤貫徹中央集權時亦有恃無恐，

---

1 〈印花稅殆將緩辦〉，載《大公報》1908 年 12 月 1 日；〈印花稅將歸緩辦〉，載《盛京時報》1908 年 12 月 4 日。

2 〈印花稅勢難停止〉，載《大公報》1908 年 12 月 17 日；〈印花稅仍須試辦〉，載《大公報》12 月 29 日；〈攝政王躊躇印花稅〉，載《盛京時報》1909 年 1 月 16 日。

3 〈飭催考察印花稅情形〉，《正宗愛國報》1909 年 3 月 5 日；〈攝政王對於印花稅之慎重〉，載《盛京時報》1909 年 4 月 15 日。

4 《實行加稅記》，馬鴻謨編：《民呼、民籲、民立報選輯》（一）河南人民出版社 1982 年版。

5 〈皇太后垂詢印花稅舉辦情形〉，載《申報》1909 年 10 月 23 日。

攝政王之柄政頗受其掣肘，自然對度支部的主張限制較少[1]。資政院開院之後，對印花稅問題也沒有太大的約束力，只能給有關爭論提供一個論壇。一九一〇年九月份，河南省關於印花稅的爭議就擺在資政院的議事會議上，欽選議員與互選議員爭論激烈，態度和主張分歧明顯，「河南咨呈之印花稅案，汴撫主執行，汴局（指河南諮議局——引者）主緩行。當報告時，度支部特派員忽越席發言。互選議員援議事細則，謂其無發言權利，斥之。當時有欽選議員力為之辯護者，彼此舌戰，不肯稍讓」[2]。

在清廷官員中，地方督撫大部分持消極抵制態度，要求緩辦或修改稅章者居多數。首先公開提出異議的是安徽巡撫馮煦，他主張緩辦印花稅的理由有釐稅未裁、憲政未行、警察未普、實業未興四個方面，此外皖省尚有特別的財政困難，他主張「遲之數年，俟警章完善、實業振興、人人知有國家義務，乃可緩議施行」[3]。度支部對馮摺與御史石敬瓆一摺基本上採取冷處理態度，時隔半年多後，該部才併案議覆，卻未提出極有說服力的觀點，抱有不屑一顧、不值辯駁的意味，「該撫原奏稱，現定部章所稅，專在證據，故為避重就輕之計，將來漸密，百貨之外加印花者又當接踵而起等語，似為過慮。該御史（指石敬瓆——引者）原奏稱，長江運貨須稅十餘次，再加印花稅，恐多重複之弊等語，似尚未悉印花辦法及臣部奏定章程，均應毋庸置議。總之，徒法不能自行，得人方可辦理」[4]。

---

1 攝政王受各方掣肘的情形，見陳詒先、陳冷汰譯：《清室外紀》〈叢刊〉（正編）第722號，第198～199頁。
2 〈資政院議事摘要〉，載《國風報》第1年第26期，1910年9月21日。
3 〈安徽巡撫馮煦奏印花稅驟難舉辦摺〉，載《申報》1908年8月21日；〈皖撫請停印花稅〉，載《大公報》1908年8月17日。
4 〈又奏議覆前皖撫等奏印花稅驟難舉行請毋庸置議片〉，載《政治官報》1909年5月5日。

一九〇八年九月份廣西巡撫張鳴岐電奏清廷，懇請本省緩行辦理印花稅，強調桂省作為邊疆省分，民情困苦，無法增加此項稅收，該撫為民請命的姿態和奏詞婉轉的情形，在請求緩辦印花稅的督撫中別具一格。[1]一九〇九年七月份，東三省總督錫良具摺瀝陳財政困絀情形，而本區捐稅尤重，力請緩辦印花稅[2]。半年之後，四川總督趙爾巽也請求緩辦，極力強調民氣未開，川省的電文說：「川省印花稅前展至三月開辦，當即剴切遍諭。茲據商幫稟，川省風氣未開，雖再三切實開導，民情依然震駭，刻如舉辦，勢必疑沮僨事，事關重大，不得不加意審慎，擬求再准展緩數月開辦，以期萬全，而免隱患。」[3]度支部本於一九〇九年六月中旬電咨川省來京領取印花稅票[4]，六月二十日該省雖然派人領回印花稅票，但並不主張立即實行。度支部的答覆也無可奈何，「本部奏定印花稅章程，立法寬簡苑（「苑」疑衍字），逐漸試辦，當無疑阻之事，原章具在，無難覆按。茲為加意審慎起見，自應略再展緩，仍希設法推行，以開風氣」[5]。度支部深知，允許各省展緩，實際上就是停止辦理此稅，所以在給各省的回電中，仍是盡量要求選擇時間先行試辦，並未輕易允許停辦，強調除非迫不得已，不准請緩[6]。

各省商會和諮議局對印花稅的反對最力。南方省分的商會認為，印花稅本為抵補洋土藥稅而設，但目前洋土藥稅仍未停止，應該抵補

---

1 〈桂撫請緩印花稅〉，載《大公報》1908 年 9 月 8 日。
2 〈核議東省印花稅之緩急〉，載《大公報》1909 年 7 月 7 日；〈緩行印花稅之省分〉，載《大公報》1909 年 7 月 8 日。
3 〈督憲致度支部電文〉，載《四川官報》第 6 冊，〈要電類〉，第 2 頁，1910 年 3 月中旬。
4 〈度支部來電（宣統元年四月三十日）〉，一檔館：趙爾巽檔案全宗，81/418。
5 〈度支部來電（未見時間）〉，一檔館：趙爾巽檔案全宗，81/418。
6 〈印花稅之敦促〉，載《大公報》1909 年 10 月 31 日。

多少，餘款用途如何，辦有成效後，雜捐苛稅能否蠲除，這是眾多商會關心的問題。常州商務分會給蘇州總商會會長的質詢函中說「夫土稅膏捐有用之於中央政府者，有用之於各省政府者，其為何種用款，及每歲所收之捐稅以抵支出之用，贏絀者何？此主權操之於政府，民間均不深悉。此次印花稅發行，其始固未必驟能踴躍，行之久而所入之稅，必能有餘於昔日之土稅膏捐，可斷言也」。那麼該商會提出的問題就是「竊謂印花稅辦成，而土稅膏捐仍不裁撤將若何？印花稅辦成，而較從前之土稅膏捐為有餘，則此有餘之款將若何？」，商會擔心「印花稅雖實行抵代土膏捐稅，而有餘之款不為撙節，則以吾民膏血徒揮霍於無何有之鄉」，於是常州商會警告說：

> 警告各團體必與政府約：印花稅不能移作他用，要求各團體調查以前之土稅膏捐年有若干，並調查此後之印花稅年得若干，一俟印花稅足以抵數，則土稅膏捐立時停止；一俟印花稅較已前之土稅膏捐為有餘，則以之預定興辦何種要政。[1]

杭州商務總會則認為印花稅犯有重徵之弊，主張廢除釐金之後方可實行，目前只能選擇「事較簡易、無礙民商者」酌量試辦，度支部的奏定章程不可能在大範圍內普遍實行，否則，擾累將無休止[2]。

---

[1] 〈常州商會為印花稅款用途質疑來函〉，華中師大歷史研究所、蘇州市檔案館合編：《蘇州商會檔案叢編》第 1 輯，第 1127～1128 頁，華中師範大學出版社 1991 年版。按該書斷定此檔形成的時間是「約宣統元年七八月（1909 年）」，實誤，應為光緒三十四年二月下旬至三月初（1908 年 3 月底 4 月初），見〈常州商務分會致各團體函〉，載《申報》1908 年 4 月 4 日第三張第四版所載，該報導係將此質詢函之一部分予以刊報，未將全函刊出。另外，該期的要聞報導〈商會研究印花稅問題〉亦有對此事的報導；其次，該節標點有不妥之處，此處引文已作更正。

[2] 〈商務總會查覆印花稅之難行〉，載《申報》1908 年 7 月 10 日。

北方省分的民意組織關注的重心稍有不同，緣其鴉片稅收的依賴程度較輕，所提問題自然不同。天津議事會認為，「直隸一省藥稅數較其餘各省皆輕，若實行印花為數當逾十百倍；況印花只以一紙為憑，且經外人製造，其流弊所及更不免假票充斥之慮；即應貼印花之十五項，種類名目既多且繁，當此紳民凋敝之餘，益恐無所措手，似宜將印花稅停止，於民間庶較便益」[1]。山西省的印花稅票是一九〇九年夏季從度支部領回的，但因事屬創舉，沒有貿然實行，而是觀望直隸和湖北。在調查直、鄂兩省的動態後，十月份諮議局開會討論本省印花稅問題，總的主張是建議緩辦，「印花稅為彌補洋土藥稅而設，在今似需用為亟，然值本省商民交困之時，各種釐卡稅率、典賣田房稅契又疊次新增，兼營並取，恐民力不堪負擔。直隸財力較晉素優，猶請緩辦；山西在昔僅一中省，近更負累重重，安能方駕各省增進財賦？請予暫行緩辦，俟民力稍舒，各省辦理漸有次第，再行試辦」[2]。各省上至督撫、藩司，下到諮議局、商會，對印花稅多採取觀望、攀比的做法，督撫之間函電往返，互有聯絡，以致於相互影響，晉省如此，其他省分也是如此，被觀望、模仿、攀比的省分，北方為直隸省，南方多是江蘇、湖北和廣東[3]。度支部深知各省普遍存在觀望傾向，也曾對個別省分提出指責，如山東省在所定的印花稅實施規則第八條中說，「俟京師、天津實行以後，即由省城辦起，次第推廣省外大縣、大埠各地方」，度支部則認為，奏定印花稅章程已經寬大，決不至有所窒礙，「似無彼此互相觀望之理」[4]。

---

1 〈記天津議事會請緩行印花稅〉，《東方雜誌》第 6 年第 11 期，1909 年 12 月 7 日；也參閱吳兆莘：《中國稅制史》（下冊）第 119～120 頁。
2 《山西全省財政沿革利弊說明書》（上冊），緩辦印花稅之意見，第 48 頁。
3 趙爾巽檔案全宗第 81 卷中，各省督撫對於印花稅態度之類的函電較多，茲不一一列舉。
4 〈魯省試辦印花稅近狀〉，載《申報》1910 年 3 月 17 日。

民間輿論對印花稅的態度也十分複雜。印花稅開徵的主要目的是為了抵補洋土藥稅的短缺，洋土藥稅釐的短缺係由禁煙而引起，輿論既然全力支持政府禁煙，按理說印花稅的舉辦也應獲得輿論的支持。實際的情形卻與此相反，原因甚為複雜。有人將其看作是官民之隔閡，「近歲以財政奇絀，試辦印花稅以期補救，而群相疑沮，民力固有未贍，而民信亦苦不孚」[1]，這種說法僅僅揭示出一部分原因。另外尚有言論認為，印花稅作為一種良稅從西方傳入，但中國卻未具備推行的條件，勉強實行則有可能變成秕政。度支部將印花稅票發給各省後第三天，有人評論說，「今中國將行印花稅矣，取於民無傷，利於國甚大，誰謂其不當行者？然試問：以我國今日之官吏及其屬下之胥役，能保其不擾民乎？以各省民智之未盡開，與夫民力之方絀，能使其不怨上乎？杜其流弊，酌其緩急，吾知經始之當事諸公必有以處此」[2]。報界關注印花稅問題的報導非常多，個別報導中還加入了自己的批注和評論，諸如對度支部推行印花稅的理由，訪員所加的批注卻不以為然，反映了知識界對度支部運作此事的一種牴觸情感：

> 監國攝政王以印花稅一事於民生財用大有關係，本擬從緩，度支部因財政困難，統籌全局力請開辦。惟各省情形不同，前已電致各省督撫，詳查地方情形，斟酌損益，總以財可聚而民不擾（沒那麼漂亮事）方為妥善，迄今多未查覆……[3]

在商言商，從政論政，知識界關注的角度與其他階層稍有不同，

---

1 〈論中國財政支絀之原因宜亟籌補救之策〉，載閻毓善著：《龍沙鱗爪》，《近代中國史料叢編》（正編）第907號，第61頁。
2 〈時評一〉，載《時報》1909年4月7日。
3 〈飭催考察印花稅情形〉，載《正宗愛國報》1909年3月5日。

他們往往憑藉當時流行的憲政觀念對印花稅加以評騭，有人稱：「惟觀各國仿辦此稅，大都在頒行憲法之後，國家各種財政機關早已清理苛政、悉捐，地方稅與國家稅截然分清，無絲毫紊亂之狀，故頒行印花稅，既免繁複之弊，亦無暴虐之譏。今我國財政尚未清理，各省雜捐口稅名目繁多，商民因無力擔負，而鬧捐滋事者已屢見不鮮」，「在度支匱乏、百務待舉之時，部臣籌劃全局，其不得已之苦心固人民所當共諒，然民力之盈絀，擔負之輕重亦應計及者也」[1]，也就是說，中國尚未具備舉辦的條件。對各省紛紛抵制一事，報人基本上持諒解態度，例如有社論稱，「我國政府徒知倣傚東西之新法，而不知革除我國之舊法，新舊並用，徒取紛擾」[2]，論者對政府推行印花稅，怨恨苛政與企盼革新的複雜情感已可概見。

（二）催辦與抵制

日本人諷刺中國舉辦新政的慣用手法有四種：「曰調查、曰考察、曰會議、曰訂章程」，或有另一種說法，「曰開會，曰打電報」[3]。這是對官場人士虛應故事做法的諷刺，可謂入木三分。國內也有人對政府「雷聲」與「雨點」的現實頗有感慨：「今日當軸諸公之有權者，無實心任天下事則已，其果有實心也，吾贈以兩言：一曰實行，一曰改良。蓋非實行，不知辦事之難；又非時時改良，不能獲進步之益也」[4]；輿論界經過數年的觀察，對清廷敷衍拖沓的官場習慣，乾脆譏之以「會議政治」的稱謂[5]。就印花稅本身來說，度支部倒不是推行「會

1　〈讀印花稅議案感言〉，載《申報》1909年10月23日。
2　〈論中國今日之內情外勢〉，載《申報》1909年11月14日。
3　〈寸鐵〉，載《時報》1910年9月16日。
4　孫寶瑄著：《忘山廬日記》（下冊），第898頁。
5　〈時評〉，載《申報》1910年7月12日。

議政治」，而是與各省函電交馳，急如星火，但各省卻屢催罔應或敷衍塞責，其中別有隱情。

印花稅雖係專為抵補鴉片稅釐而設，但它與中央財政集權的背景有密切關係。印花稅章奏定以後，度支部庫儲支絀程度已趨向嚴重，甚至到了無法周轉的地步。一九〇九年四月各省土藥縮期禁種已見成效，稅釐短缺更加嚴重，「度支部各堂憲近因庫款異常支絀，即以閏月及三月兩月而論，非有五百萬兩不敷應用，刻下頗為焦急，故連日進署籌劃財政，並電催各省速將撙節經費數目詳細報部，以憑核辦」，載澤稱，清理財政最重要的就是舉辦印花稅[1]。既知庫款支絀嚴重，又將希望寄託於舉辦印花稅，可見其財政集權之用心。有京官對度支部的集權意圖憂慮不已：「今日政府持中央集權主義，漸欲以部臣干涉地方要政而削督撫之柄，幸部員猶未如前之紛紛四出也。設一旦復有此等事，吾見各行省之騷然不靖，殆有甚於今日者矣。噫！」[2] 概而言之，印花稅推行的政治環境不容樂觀，中央控制與地方抵制的因子已經潛伏其中。由於袁世凱積極主張由直隸先行試辦，所以清廷首先確定直隸省為試點省分。一九〇八年初直隸省開始試辦[3]。其間，津埠與保定商人極力抵制[4]，試辦印花稅不得不陷入停滯。

此後清廷財政危迫情形越來越嚴重，印花稅政推行已不容延宕。一九〇九年六月，稅票向各省發行標誌著印花稅政已步入全面實施階段。六月十七日，度支部向各省督撫發出咨電，要求各省派員來部領

1　〈澤尚書清理財政之宗旨〉，載《申報》1909 年 4 月 5 日。

2　孫寶瑄著：《忘山廬日記》（下冊），第 1200 頁。

3　《天津商會檔案彙編：1903-1911》（下冊），天津人民出版社 1989 年版，第 1681 頁。

4　同上書，第 1688～1695 頁；《民呼、民籲、民立報選輯》，第 277～278、297 頁；吳兆莘：《中國稅制史》（下冊），第 119～122 頁；1908 年 11 月份，保定十一行要求商務總會反對印花稅，並請商務總會上請督撫核奪的情形，見〈公請停止印花稅〉，載《大公報》1908 年 11 月 20 日。

票：「印花票已經裝箱封固，因係有價紙票，未便逕交驛遞，除另將票數咨達外，希先由貴省派員到部承領，以期妥速」[1]，度支部此刻的急切心理可用其自己的說法，就是「飛咨各直省將軍、督撫一體欽遵辦理。」[2]由於貧富不同和經濟發展水平的差異，所以各省分配承領的稅票數目亦不相同。從四月四日承政廳初步對各省區分配的稅票數目來看，江蘇一省遙居榜首，而察哈爾則位居最末，全國計劃實施的省區有二十六個，度支部將其分為十類標準，按照數量多寡依次是：

一、江蘇：共計 860 萬枚，合制錢 181 萬餘千文。

二、直隸、湖北、廣東、四川：共計 750 萬枚，合制錢 157 萬餘千文。

三、浙江：共計 550 萬枚，合制錢 118 萬餘千文。

四、福建、江西：共計 520 萬枚，合制錢 112 萬餘千文。

五、湖南、河南、奉天：共計 500 萬枚，合制錢 107 萬餘千文。

六、山東、山西、安徽：共計 320 萬枚，合制錢 68 萬餘千文。

七、吉林、雲南、陝西、廣西：每省共計 220 萬枚，合制錢 47 萬餘千文。

八、甘肅、貴州、黑龍江、新疆：每省共計 150 萬枚，合制錢 30 萬餘千文。

九、順天：共計 180 萬枚，合制錢 38 萬餘千文。

十、庫侖、熱河：每處共計 50 萬枚，合制錢 10 萬餘千文。

十一、察哈爾：共計 30 萬枚，合制錢 6 萬餘千文。

　　以上共頒發印花票 9700 萬枚，合制錢 2061 萬餘千文，部存 300

1　〈度支部來電〉（宣統元年（1909 年）四月三十日），一檔館：趙爾巽檔案全宗，81/418。

2　〈度支部承政廳等為印花稅票製成請頒各省試用等事奏摺奉旨准行事致堂上呈文〉，中國第一歷史檔案館：《清代兩次試辦印花稅史料》，載《歷史檔案》1997 年第 4 期。

萬枚，合制錢 60 萬餘千文。兩部分共計 1 億枚，合制錢 2122 萬千文[1]。度支部首次在美國定製的印花稅票有 120 箱，上述各省的分派數量係一初步計劃，後來又有所調整，六月上旬，度支部將分派數目重新排定，江蘇最多，廣東次之，直隸和四川居第三，湖北和山東居第四，其餘各省釐定不均，但無太大區別[2]。度支部擔心各省對印花稅缺乏重視，特意請求朝廷頒下諭旨，要求各省必須切實舉辦，《申報》派駐北京的訪員記述說：「近日又奉諭旨：籌款抵補洋土藥稅，自應多方籌集，迅速舉行，該部堂憲乃一再籌商，以為自庚子賠款加以新練陸軍，各省款項業經竭蹶不遑，此時再事搜羅，實恐難以湊齊。惟印花稅一事前奏章程先從寬簡入手，但使經理得法，逐漸推行，誠為有利無弊，自應及時試辦，以資抵補」，「洋土兩藥稅釐向皆分撥各省濟用，各該督撫亦應遵旨力籌抵補良策，庶不至展顧進款，稍涉因循」[3]。

各省領回印花票後，舉措不一，基本上是持觀望態度。遭災省分和邊疆省分率先請求緩辦，計有甘肅、吉林、新疆、貴州等省被允准緩辦[4]。各方請求停辦或緩辦的呼聲甚高，指責印花稅有重徵之弊，認為它必定會加重地方稅捐。度支部為實施印花稅，與各省交涉不遺餘

---

1 〈度支部承政廳等為印花稅票製成請頒各省試用等事奏摺奉旨准行事致堂上呈文〉，中國第一歷史檔案館：〈清代兩次試辦印花稅史料〉，載《歷史檔案》1997 年第 4 期，《附件：各種印花稅票清單》。
2 〈京師近事〉，載《申報》1909 年 6 月 14 日。
3 〈度支部請頒印花票〉，載《申報》1909 年 7 月 7 日；〈度支部奏印花票制成請頒發各省試辦摺〉，載《政治官報》第 592 號，1909 年 6 月 22 日。
4 〈緩行印花稅之旨允〉，載《盛京時報》1909 年 7 月 13 日；〈印花稅有變通展緩之說〉，《盛京時報》，1909 年 11 月 19 日；〈京師近事〉，載《申報》7 月 19 日；杜岩雙：〈我國印花稅制史之研究〉，載《直接稅月報》，第 1 卷第 4 期，轉見周育民：《晚清財政與社會變遷》，第 434 頁。

力。第一個回合就是與各省督撫協商蠲除各種雜捐雜稅，為實行印花稅創造條件。

這一建議出自度支部。早在印花稅票頒發之前，載澤就有此意，不過他向各省督撫所提的要求是先將印花稅辦起來，然後裁撤雜捐[1]。都察院御史贊同這一主張，十月份諫垣具奏清廷，也建議將各省雜捐一概蠲除，為印花稅開辦鋪路[2]。十月底會議政務處各大臣與度支部尚書協商，初步確定由該部出面，咨請各省督撫，將一切雜稅酌量裁免，然後印花稅可以舉辦無憂[3]。此時祛除惡稅以行良稅的輿論呼聲愈發高漲，各類媒介紛紛刊布此類言論，有社論稱，「各省之反對印花稅，非不知印花稅為文明國最輕稅則，施行又無中飽之弊。第以中國一切苛細病民之惡稅則未除，而徒增此以加重人民之負擔也。苟在上者有實心整理稅法之意，欲以良稅則代從前之惡稅則，而先有以取信於民，則人民將歡迎此印花稅於不暇，又何反對之有？」「朝廷果欲以此良稅則易去種種惡稅則地步，則宜先裁去一切惡稅則之意見，手續公表於世，而定期實行之，則印花稅之施行自無窒礙」[4]。報人議政，隔靴搔癢，並未涉及雜稅雜捐問題的根本所在，一廂情願而已。

各省苛捐雜稅多如牛毛，已是不爭的事實，度支部由此作為突破口正中要害。一九〇九年年初，該部就警告各省嚴禁私徵濫捐，計劃將每省應徵稅則及徵稅數目一一登報聲明，「使人民知國稅有限，不准再有隱匿私徵事情」[5]，但各省在向度支部的咨文中均強調本省並無苛

---

1 〈部咨酌裁各項細捐名目〉，載《申報》1909 年 5 月 4 日。
2 〈免雜捐以行印花稅〉，載《盛京時報》1909 年 10 月 22 日；〈外省籌辦印花稅之困難〉，載《申報》1909 年 10 月 22。
3 〈電咨各省再議印花稅辦法〉，載《申報》1909 年 11 月 2 日。
4 〈評事·反對印花稅之研究〉，載《申報》1909 年 11 月 17 日。
5 〈嚴防私徵雜稅〉，載《大公報》1909 年 1 月 17 日。

捐雜稅。度支部的初步計劃是以各省商會作為依靠,對各地的雜捐作一個調查,以觀事情之真相[1]。事實上,該部深知地方督撫的隱情,載澤揭露說,「此項稅課係抵補虧款之大宗,而各省督撫各懷觀望,蓋此稅一行,則一切雜攤苛派之陋規必悉數豁除,若果如此辦法,彼商民亦何樂而不為?所苦者惟地方之官吏耳。故現在督撫中反對此舉者,大半出於私心。應仍奏請實行,以重度支而除苛稅」[2],言外之意,各省財政中,以雜捐雜稅為入款大宗,辦理地方新政以及官員津貼甚至官場奔競、中飽之風盛行的經費,均以該項稅款挹注,地方政府必然堅守。軍機處大臣要求度支部再度與各省協商,蠲除各項雜捐苛稅[3],外界對此頗有擔心,認為各省必定不能照辦,「惟各州縣入款多不敷辦公」,令其刪減雜稅,而卻無經費保障,有人提議說,應該仿照奉天、廣西、四川三省加給州縣津貼的辦法,使各地在祛除雜稅之後,免致虧累[4]。度支部為使印花稅儘快付諸實施,也多次要求各省仿辦奉天式的統捐[5],而各省多不見行。地方省分的雜捐雜稅與諸多事項相關,教育經費、警政建設,甚至贖回鐵路借款之抵押等。就最後一項來說,一九〇八年十月,郵傳部為了贖回京漢鐵路,多方籌措資金,其中就有向英國匯豐、法國東方匯理兩銀行辦理「振興實業借款」一項,其抵押措施中規定有「指定直隸、湖北、江蘇、浙江各省雜捐進款為頭次抵押……先經臣部電商各該省督撫,臣擬以雜捐進款作為抵押,皆

---

1 〈究竟有無苛稅〉,載《大公報》1909 年 2 月 26 日。
2 〈澤貝子論印花稅〉,載《大公報》1909 年 2 月 28 日。
3 〈果能實行減徵耶〉,載《大公報》1909 年 11 月 1 日;〈飭議酌減雜捐〉,載《大公報》1909 年 11 月 4 日。
4 〈果能辦到耶?〉,載《大公報》1909 年 11 月 7 日。
5 〈度支部決意實行各省統捐〉,載《大公報》1909 年 11 月 20 日;〈澤尚書議實行各省統捐〉,載《大公報》1910 年 8 月 5 日。

准覆電,均允贊成」[1],此項規定雖是虛作抵押,但亦概見此項收入之重要。

各省抵制的原因,除了堅守地方財政利益外,更重要的是印花稅收入不是撥還地方,而是較多地用於海軍興復之用。在印花稅章程制定之前,軍界就已盯上了這一籌款辦法,要求將印花稅款收入全部用於海軍軍費,朝中有人也贊同此意[2]。一九〇九年六月中旬,諸大老再次確定印花稅收入的四成撥解給海軍使用[3]。除了海軍經費以外,各省諮議局還有意爭奪此項稅款,一九〇八年十月份某侍御專摺建議:「近來各省籌設諮議局,需款孔多,雖准作正開銷,而外省庫儲支絀,應付維艱,又以諮議局為憲政基礎,士商樂於觀成,勸輸較易……應請飭下度支部,通飭各省切實試辦,所收稅項全數撥充各該省諮議局之用,無論何項要政不得挪移,以地方之款辦地方之事」[4]。然而,各省督撫對本省諮議局建設並未置於特別重要的地位,督垣與諮議局的衝

1　岑學呂編:《三水梁燕孫(士詒)先生年譜》,《叢刊》(正編)第75輯,第77~79頁。
2　〈擬以印花稅籌辦海軍〉,載《大公報》1907年12月4日。
3　在1909年4月分時,政界對印花稅的用途問題就有所醞釀,載澤等人計劃將印花稅款預計收入的1500萬兩全部用於海軍建設,見〈印花稅之用途〉,載《盛京時報》1909年4月14日,也見〈印花稅之用途〉,載《大公報》1909年4月11日。至6月份時,這一稅款的用途雖與海軍經費相關,但並不是全部撥解為海軍經費,見〈提印花稅充海軍經費〉,載《時報》,1909年6月21日;〈京師近事〉,載《申報》1909年6月21日。《盛京時報》的報導說,籌劃海軍大臣認為,「朝廷以五年期限將海軍規模籌畫大備,其經費一節尤為籌劃之先著。聞該大臣已籌有四項的款以充經費,其一係度支部印花稅將來實行後,即將此項稅款提出四成撥歸海軍經費。該議各王大臣皆為贊成,故已咨行度支部核辦」,〈提印花稅充海軍經費〉,載《盛京時報》1909年6月15。至8月分時,載澤在奏陳將來財政困難的摺片中,仍舊認為印花稅的收入將用於海軍建設,摺上後留中,見〈奏陳將來財政困難〉,載《大公報》1909年8月16日。
4　〈請辦印花稅充諮議局經費〉,載《申報》1908年10月10日。

突時有發生¹,儘管清廷要求各省須設立憲政機構,但從自身考慮來看,這一事項遠遠不是最重要的;況且,度支部也不會贊同將印花稅款用之於地方憲政建設,該部後來乾脆將印花稅劃為國家稅²,按照該部規定,國家稅不能用於地方性事業。一九〇九年萬國禁煙會結束以後,度支部通盤核計,土藥稅收入每年達到2800餘萬兩,適逢各省縮期禁種鴉片高潮時期,收入遞減的速度更快,而印花稅的舉辦迄無眉目,所以載澤對此事極為焦急³。電催各省籌辦印花稅的消息迭見報端⁴。度支部於是準備對印花稅作一妥協性修改,飭令先由各海關實施,「聞其推行之法,係擬先行試辦於海關,如無阻力再行推之各省商埠,

---

1 〈資政院決議桂省禁煙爭議事件〉,載《國風報》第1年24期,1910年9月1日。廣西巡撫與廣西諮議局就禁煙問題發生爭執,矛盾上交到資政院處理,結果諮議局的主張獲得通過。該報第26期稱,資政院開過七次會議中,這一問題的解決是最有效力的。另外,河南省印花稅的舉辦,在該省諮議局與巡撫之間產生尖銳矛盾,這一矛盾在資政院也爭執激烈,見〈資政院議事摘要〉,載《國風報》第1年第26期,1910年9月21日。

2 1910年4月,載澤說,印花稅舉辦係抵補土膏稅釐的大宗入款,該稅為本部所奏辦,應該定為國家稅,見〈申明印花稅之性質〉,載《大公報》1910年5月1日;5月底他又表示,印花稅款應該是將來行政經費的重要組成部分,應將其劃為國家稅,見〈印花將定為國家稅〉,《盛京時報》1910年6月1日。這一稅種的性質,資政院中的各省代表有不同的看法,對度支部的主張提出質詢,見〈印花稅究竟是何性質〉,《盛京時報》1910年10月27日。後來各省編制的財政說明書中,均將此稅定為國家稅。

3 〈咨請各省籌補土藥稅〉,載《大公報》1909年4月3日。

4 以《大公報》為例,此類報導非常之多,重要者如:〈印花稅勢難停止〉、〈印花稅仍須試辦〉、〈印花稅之爭議〉、〈印花稅之近聞〉、〈監理官兼辦印花稅〉、〈印花稅之白話示諭〉、〈印花稅實行日期〉、〈請派印花稅專官〉、〈催辦印花稅〉、〈印花稅限期通辦〉、〈印花稅分別緩急〉、〈議定印花稅入手辦法〉、〈議再統飭慎重實行印花稅〉、〈電催各省實行印花稅〉、〈議頒布印花稅之詳章〉、〈印花稅之敦促〉等等,均見《大公報》1908年12月17日、12月29日,1909年2月25日、3月22日、4月8日、4月13日、4月21日、4月24日、5月22日、6月12日、7月18日、9月4日、10月21日、10月30日、10月31日等。

並預計一年之後即可通行全國矣」[1]。其實這一辦法也未能貫徹下去。

度支部與各省交涉的第二個回合，就是自動妥協退讓，令各省就難以貫徹的印花稅條款加以變通，選擇能夠實施的條款予以實行，並出臺一些優惠和鼓勵政策。

一九○七年印花稅章奏定後，度支部當時還是較有信心的，侍讀學士惲毓鼎奏請變通印花稅章時，度支部在答覆中堅不允准[2]。其後各省久不見實行，反而紛紛請求緩辦或停辦，不得已，軍機處只好特設獎勵辦法，「如各省中有首先開辦並無風潮者，則將督撫以下承辦官一律奏請獎敘，以示優異」[3]。即便如此各省仍不抱熱情。經過會議討論，一九○八年八月份度支部決定對印花稅章的實施進行變通處理，要求各省首先「擇各商場民間一般最要事項暫行籌計，試辦俟有成效，商民均屬相安，再力謀大加推廣」[4]，「其原定條款內，如有礙難照辦之處，准其逐款聲明，分別緩辦，仍擇其可行之條款，一律實行」[5]。各省討論後，仍無從下手，申述印花稅窒礙難行的函電仍源源不斷的傳到京師。由於請求緩辦或停辦的省分較多，言官又交章彈奏，一九○九年五月清廷不得不將各種要求修改印花稅的奏章和請求緩辦的函電、說帖集中研究，以檢討問題的症結[6]，直到一九一○年四月份，度支部並未拿出切實可行的變通措施。

按清廷規定，印花稅票發行係由商人承辦，度支部為了促進各省印花稅的開辦，聲稱「如有總承領售商人備價領取印花在二千元以上

---

1 〈印花稅實行之次序〉，載《大公報》1909年6月15日。
2 〈印花稅則仍按原章辦理〉，載《大公報》1908年4月12日。
3 〈實行印花稅之苦心〉，載《大公報》1908年9月4日。
4 〈諭商變通試辦印花稅〉，載《盛京時報》1908年8月8日。
5 〈度支部仍擬實行印花稅〉，載《盛京時報》1908年8月25日。
6 〈擬檢查各省緩辦印花稅公牘〉，載《正宗愛國報》1909年5月10日。

者，應准通融半年繳款一次，以利推行」[1]。由於印花稅與田房稅契兩種稅則極易混淆[2]，各省就印花稅的操作難度多次向中央提出，御史奏章也稱印花稅與田房稅契相互衝突，實犯有「重徵之弊」，度支部因而多次向有關省分瞭解具體困難，並指責有關疆吏說：「該督撫等並未聲明何種難行，殊非鄭重國課之要」，但又不得不表示要求「將本省難辦情形，皆係何種不適宜於本地民情，當詳細開列，咨報到部，以憑查核而期改良」[3]。一九一〇年五月份該部建議各省在籌議實行印花稅時，應採取慎重妥善的態度，將原定稅章中所列的懲罰性條款減半實施，以求變通，免遭民亂[4]。儘管變通幅度較大，在民變蜂起的背景下，各省更不可能輕易實施。

儘管清廷壓力加大，將印花稅付諸實施的省分仍然較少。湖北省是較有實際舉措的省分之一，該省將官府內部作為試點，並希望藉此推動民間實行，推行「由官及民」的策略。湖廣總督瑞澂向四川總督趙爾巽介紹說說：「鄂印花稅於上年八月望日開辦，由武漢三鎮入手，一切均遵部章，先由官學軍界貼用，以為之倡，現逐漸推行各屬，據報開辦尚占多數」[5]。至一九一〇年底該省正好實行一年，所報印花稅

---

1 〈印花稅更無緩行之望〉，載《申報》1910年4月13日；〈度支部電咨印花稅辦法〉，載《盛京時報》1910年4月14日。
2 契稅與印花稅當時極易混淆，但兩者之間仍有差別，契稅只在財產轉讓或典押時徵取，而印花稅的範圍不單包括契據，也包括其他文件，如匯票、當票、合約和提單等；其次，契稅徵收率高於印花稅，在大多數省分，典押契稅是按百分之三的比率徵收，而轉讓契稅徵收率，則為百分之三至六。印花稅是按千分之二的比例徵收；再次，印花票由度支部發行，而契尾及戶管則由地方發行。參見《清朝續文獻通考》，第8020～8023頁。
3 〈查辦印花稅之難行條款〉，載《盛京時報》1910年4月20日。
4 〈變通印花稅章只此〉，載《大公報》1910年5月23日。
5 〈致瑞澂電〉（宣統二年〔1910年〕三月四日），一檔館：趙爾巽檔案全宗，81/418。

收入中，官府、學界和軍界所繳印花稅制錢 2 萬餘串，漢口和武昌商民所繳稅款只有制錢 1 千餘串[1]。該省後來將印花稅實行的範圍又加以推廣[2]，估計收入不會太多。湖南省的情形大致相似。宣統四年的財政預算中，僅列有 93187 兩收入[3]。其餘各省情形各異，或有舉辦者，成效大概也不會顯著。

各省抵制印花稅推行使中央的財源越來越少，地方財政也因鴉片稅釐的撥還減少而捉襟見肘，請求動支正項稅款的函電也越來越多。度支部為迫使各省注意土藥稅釐的抵補，推動印花稅的落實，決定對地方用款作出限制，強令各省不准隨便將公款用於拓展地方實業和辦理憲政。一九〇九年五月份該部的一份咨文說，「各直省所屬州縣因地方籌款維艱，難期實行，或者動撥公款舉辦各要政，若不嚴行限制，將來各該省分州縣均以畏難苟安，紛紛稟請動撥公款舉辦新政，將必不可收拾等因，當即轉飭所屬：嗣後舉辦一切新政，該州縣務於萬難籌劃之中，妥慎設法籌款舉辦，不得擅挪公款，以示限制」[4]。責令地方籌款辦理新政，卻不准動用正項稅款，這必然導致該部與各省矛盾更加尖銳。這一遏制地方財政的政策，不但沒有使地方重視印花稅的開辦，反而促進了雙方頂牛的態勢。有論者在探討印花稅未能在各省獲得推廣的原因時，單純強調各地苛捐雜稅的負面影響，以及清政府

1　〈印花稅實行推廣之計劃〉，載《申報》1910 年 12 月 22 日。

2　《湖北通志》，卷 50，《經政志八・權稅》，第 1349 頁，此轉見《辛亥革命在湖北史料選輯》，第 241～242 頁。其餘各省的情形，若從其編制的財政說明書中列舉的稅政情形來看，絕大多數並未實行，當然，各省的財政說明書形成於 1910 年的占多數，其後的舉辦情況並不能反映出來。翻檢各種報刊也未能發現其他省分舉辦的實際效益。

3　《湖南全省財政說明書》，〈歲入部〉，正雜各稅類，第 16 頁；周棠：《中國財政論》，第 270 頁；賈士毅：《民國財政史》第 2 編第 619 頁，均轉見周育民：《晚清財政與社會變遷》，第 434 頁。

4　《公款不准移辦新政》，《時敏新報》1909 年 6 月 12 日。

的橫徵暴斂，印花稅係稅上加稅，「純屬巧立名目」[1]，故此未獲實效。若從商人角度看，此言不謬。但地方財政與官員利益與雜捐雜稅收入密切相關，清廷試圖予以蠲除，各省豈容干預？印花稅款與土藥統稅入款的分配並不一樣，地方財政並不沾惠，各省的積極性如何能調動起來？

無論是清廷還是外省官員，印花稅作為抵補洋土藥稅的重要措施，雙方均應實力奉行，但時局波詭雲譎，上下矛盾已因清廷推行財政集權而日趨激化，印花稅政遂墮入頹廢不振之境地，難以峰迴路轉。時人對清朝覆亡原因曾有斷論，亦揭示了問題的一個方面：「清之亡，亡在皇綱不振，威柄下移，君主不能專制，而政出多門，人人皆得自專耳」[2]。「人人自專」當指兩個方面，一係朝中權貴擅權，妄侵地方之權；一系督撫專權，暗中對峙於清廷。形成這種局面非一日之功，既已形成，則影響甚廣，印花稅作為鴉片稅釐抵補的首策，無果而終，原因雖多，但上述矛盾運作演化，實不應忽視。

第二節 鹽斤再度加價

鹽斤加價是清廷籌補鴉片稅釐的第二個措施，係在各省食鹽原有價格的基礎上，每斤再加四文予以銷售[3]。鴉片禁政加速推行的直接後果，就是財政收入愈發萎縮，要政拓展受到較大影響。印花稅雖然已經進入實施階段，但阻力重重，成效莫可預計，鹽斤加價因而推出。

1　李玉：《晚清印花稅創行源流考》，載《湖湘論壇》1998 年第 2 期。
2　胡思敬：《退廬全集・審國病書》，《叢刊》（正編）第 445 號第 1310 頁。滿漢大臣在清朝開國之初與光宣以來皆有不同的表現，清朝覆亡之原因皆有所本，見黃濬著：《花隨人聖庵摭憶》，上海書店出版社 1998 年版，第 55 頁，。
3　李文治：《中國近代農業史資料》第 1 輯，三聯書店 1957 年版，第 355～356 頁。

此策出臺之後，朝野紛議頓起，督撫飛章反對，各地抵制不斷，加價一策愈行棘手。度支部加意推行鹽政集權，更導致督撫聯盟一體，奮起反擊，鹽斤加價也隨即陷入招惹風潮，漸入頹唐的地步。

一　失之煙者收於鹽

一九〇七年十月，英、德、法、荷、日、美各國駐華公使照會外務部，擬派人至沿海和內地省分調查禁煙情形，並責令各商埠領事就本地鴉片稅的抵補措施進行調查，有關公文說，中國「各項要需均恃土稅撥付，華官商請禁煙，已否籌有備抵之法，電飭各領事調查覆奪」[1]。此時，清廷已經確定了以印花稅為抵補大策，不料朝野非議極多，各地隱加抵制。制定新的抵補措施來替代印花稅，增加入款的途徑，勢在必行。

外務部提醒朝廷注意鴉片稅釐抵補一折係鹽斤加價出臺的直接誘因。清廷飭令度支部加意講求，具奏妥善辦法。一九〇八年六月二十三日該部鄭重奏請實行鹽斤加價，關於這一政策的籌劃緣起與設想，度支部奏摺中明說：

> 現查藥稅指抵各款，以練兵經費及各省額款為大宗，今實行禁煙，稅項日減，向時指抵各款亟應另籌抵補，以備應付。雖印花稅一項前經奏明辦理，現在甫議開辦，恐未必驟收成效。臣等日夜籌思，際此財力奇窘，苦無長策。必不得已，惟有酌加鹽價，尚可集成巨款。議者謂：東西各邦通例，凡為國家必要之需，無不由國民共其擔荷，就鹽攤派，天下無不食鹽之

---

[1] 《禁煙紀聞》，載《外交報》第189期，1907年10月2日。

人,即無不同盡義務之人。其說頗中肯綮。茲擬按照向來加價之數,酌中核議,無論何省,通行每斤暫加四文,實屬輕而易舉。倘使各省實力疏銷,每年當可得銀四五百萬兩,以一半解部,抵補練兵經費,以一半劃歸產鹽、銷鹽省分,勻撥濟用,雖於練兵經費及各省額款未能全數抵補,亦可暫濟目前之急。[1]

國家必須的經費由國民「共其擔荷」,這是度支部制定此策的依據。按「共其擔荷」的形式前後是有區別的。鴉片戰爭以來,軍興籌款、外債及賠款籌措均與食鹽稅捐增加有關。「共其擔荷」早先的形式多為鹽商報效捐輸,光緒初年,鹽商報效數目多寡不同,每次捐輸之數介於60萬兩至100萬兩之間[2]。甲午之後,籌款維艱,食鹽加價更是朝臣矚目的對象[3],所行之策已不是鹽商報效,而是採用鹽斤加價這一強迫性「共其擔荷」的政策。加價之多,次數之眾,為向來所罕見。度支部所稱「由國民共其擔荷」,係一概略說法,遠遠沒有將此策之「優勢」闡述透徹,倒是一九〇二年湖南巡撫俞廉三的解釋頗為詳盡,鹽斤加價「有總綱可攬,只就原設局卡代徵,隨課分解,既無騷擾,亦免侵漁,其善一;鹽為日用所需,以日食三錢計之,每斤加錢八文,每人月捐不及五文,取之至纖,集之至巨,其善二;食力傭工授餐,主者所捐,無庸自納,貧富調劑無形,土著、旅居一律捐納,其善三;商本不致虧折,而食戶出於自然,其善四」[4]。此法之善有斯

---

1 《光緒朝東華錄》,第5930頁;亦可參見一檔館:趙爾巽檔案全宗,第505卷。
2 劉雋:〈道光朝兩淮廢引改票始末〉,載《中國近代經濟史研究集刊》第1卷,第162頁。
3 羅玉東:〈光緒朝補救財政之方策〉,載《中國近代經濟史研究集刊》第2卷,第189〜270頁。
4 《諭摺匯存》,1902年8月22日,俞廉三奏。

四端,難怪度支部首先即想到這一辦法。

但是,鹽斤加價的弊端日加明顯,產鹽地區與銷售區域均不願增加成本,否則,私鹽盛行,稅課頗受影響[1]。在緝私制度不能有效加強的情況下,鹽斤加價即無優勢可言。況且,各省統一加價,殊不公平。各地鹽價歷來就有差別,負擔最重者為雲南省,其次為兩淮食鹽銷售區域[2],據一九〇七年六月份度支部奏稱,各省鹽稅多寡不一,淮南鹽課鹽稅每擔高達(銀)3兩,四川則是1.25兩,廣東為0.83兩,福建僅有0.22兩[3]。王樹槐評論清末鹽斤加價最不公允,「各省鹽斤加價,固不公平,但尚屬輕微,而最大之不公允,則為貧富不分,幾按同一稅率徵收。富人雖然用鹽較多,但究屬有限。就社會正義原則而言,國家開支,應按個人收入比例負擔。若以近代的公平原則,更應按收入累進比例負擔。而鹽斤加價,以食用多少為準,距比例的原則已很遠,距累進的比例更遠」[4]。

度支部制定鹽斤加價政策,部內官員也有不同的看法。有人向載澤條陳說,應該重徵洋土藥稅,並增加煙和酒的稅率,對日用必需品則需要減輕課稅,以恤民艱。載澤也同意此策,在會商兩位侍郎後,令丞參廳加以研究[5]。隨後的事實卻打破了該部的幻想。一周之後,御史常徽奏請加稅紙煙以抵補洋藥稅,「洋藥稅為歲入大宗,現在逐漸除盡,必須有大宗進款方足以抵稅而裕度支。紙煙一項從前所銷無多,今則無人不吸,以每人每日一匣均匀計算,日可銷四百兆匣,以每匣加稅實錢二文計之,每日可得實錢八百兆文,合計歲入甚巨,足以抵

1　《諭折匯存》,1902年3月6日,第699頁。
2　王樹槐:《庚子賠款》,第173頁。
3　《東華續錄》卷206,第12頁。
4　王樹槐前揭文,第173頁。
5　〈條陳增減稅課〉,載《正宗愛國報》,1908年9月3日。

洋藥稅而有餘,請飭度支部、稅務大臣會同議妥章程,以維正課而資抵撥」[1]。就當時來看,紙煙銷售價值銀約計(銀)700萬兩以上,其來源有兩部分,一為本國所產,一係外洋輸入。本國所產包括民族企業與外商生產,稅則變化較大,外人據約干預,外務部不敵壓力,改為洋人所產與民族企業的稅率相同,出口每百斤徵正稅4錢5分,若復進他口,則徵進口半稅,入內地改由釐卡課稅;由外洋輸入者,向來作免稅看待。辛丑以後,中外議改約章,計算方法是每千根價值4兩5錢以上者,收稅5錢,不足則稅收9分。稅務大臣對常摺的按匣徵稅方法予以批評,建議還是實行印花稅和鹽斤加價,其議覆奏摺說:「且洋藥稅所虧之款,前已由度支部奏辦印花稅,並酌將各省鹽斤加價四文,當可稍資彌補,此項紙煙加稅應請從緩籌辦」[2]。看來鹽斤加價非實行不可。度支部對鹽斤加價收入估計為(銀)五百萬兩,距離洋土藥稅收入(銀)二千餘萬兩尚差甚遠,僅為應抵補數字的五分之一[3]。度支部將這一電文咨請各省執行時,受到各方官員的反對和抵制,這是該部始料未及的。各省應對的方式各不相同,有申請再度加價者,有反對加價者,不一而足[4]。

清廷鹽斤加價政策出臺之前,有的省分就已奏請食鹽加價以籌措款項。如安徽省在一九○六年初,為籌措鐵路礦務經費奏請鹽斤加價,諭旨准自一九○六年一月十日起所有皖岸食鹽一律加價四文[5]。一

---

1 〈稅務大臣會奏議復常徵奏請紙煙加稅緩辦摺〉,一檔館:會議政務處檔案全宗,檔案號:216/1677。
2 〈稅務大臣會奏議復常徵奏請紙煙加稅緩辦摺〉,一檔館:會議政務處檔案全宗,檔案號:216/1677。
3 〈度支部奏為財用窘絀舉辦新政宜力求撙節以維大局摺〉,《度支部清理財政處檔案》,第56頁。
4 〈鹽斤加價問題〉,載《大公報》,1908年8月29日。
5 〈安省開辦鹽斤加價以充礦路經費〉,載《申報》,1906年1月5日。

九〇八年六月該省京官又領銜奏請皖省再度加價[1]。一九〇八年初河南省也以籌措鐵路經費的名義奏請鹽斤加價,「豫民購鹽無論官運商運,每斤均抽捐款四文,雖一時不免自食貴鹽,而積少成多,有裨路政」,摺上以後,奉旨允准[2]。六月份湖北省奏請鹽斤加價四文,用於軍艦餉費,「庶幾款集而民不擾,於財政軍務均有裨益」,這一請求很快得到清廷的允准。[3]七月中旬,山東巡撫袁樹勳奏請鹽斤加價,這是在度支部奏請加價四文之後提出的申請,其所持主要理由,就是抵補藥稅的鹽斤加價稅款撥還本省的數目較少,而本省的財政需款又極為孔急,「與其另籌他款,不如專注鹽斤,與其日後續加,不如歸併一次,且他項籌捐皆不如鹽斤事溥而無弊」,因而請求加價二文,也奉旨允准[4]。此前,兩江總督曾請求加價二文,並得到批准。[5]廣西對早先請求增加鹽斤價格卻被度支部議駁一事,極為不滿,十月份再度提出鹽斤加價要求,聲稱即便再增加二文之收入,僅僅占土藥稅收入的五分之一,不敷甚巨,所以仍要求增加此項捐稅[6]。十二月份為籌措津浦鐵路經費,都察院山東籍官員致函袁樹勳,建議魯省再度增加食鹽價格,但袁樹勳恐怕鹽價太高而未能同意[7]。

這些省分以不同的名義要求實行鹽斤加價,實際上是給度支部的加價政策出難題。在山東奏請增加鹽價得到批准後,御史王履康具摺

---

1 〈鹽斤加價充作路股〉,載《盛京時報》,1908 年 7 月 7 日。
2 〈豫省自辦鐵路酌加鹽捐摺〉,《閩縣林侍郎(紹年)奏稿》(二),《叢刊》(正編)第 301 號第 721~724 頁。
3 〈加抽鹽價以應要需摺〉,《庸庵尚書奏議》卷 9,第 939~942 頁。
4 《光緒朝東華錄》,第 5944~5945 頁。
5 同上。
6 〈桂撫再請抽收米穀鹽練兵經費〉,載《申報》1908 年 11 月 11 日。
7 〈山東京官致魯撫電〉,〈魯撫覆電〉,載《申報》1908 年 12 月 01 日。

反對各省援山東成案，加以攀比，致使釐政敗壞[1]。度支部也以此為藉口，議駁個別省分的請求；在全國實行加價四文之前，度支部曾稱，各省無論何項要政，均不得以食鹽加價來作為籌款手段[2]。山東等省的申請能夠得以批准，係清廷按照「特例」來審批的。其實，遏制個別省分申請鹽斤加價的要求似乎不難，棘手的是如何應付多數省分反對鹽斤加價政策。

　　直隸省首先反對鹽斤加價政策。直隸總督楊士驤與袁世凱會商以後，認為直隸鹽商反對加價的呼聲甚高，困商之策不可實行，「加稅之舉殆作罷論矣」[3]。八月份，兩江總督端方、直隸總督楊士驤、湖南巡撫岑春蓂等紛紛致電度支部，請求緩辦鹽斤加價，岑春蓂的覆電說，「本省鹽稅於髮賊擾亂時已課加價三文，較他省以（已）昂，今再加價四文，商民困苦不堪設想」；端方電奏說，「食鹽關係民命，每斤加價，細民困苦直不忍見，擬請另設法籌款」[4]。四川省屬於土藥稅抵補任務較重的省分，總督趙爾巽接到瀘州方面的來電，要求不能突然增加鹽價，「惟川計，不減無以敵私，即無以保邊……查此一文為產鹽省分應占之數，可否暫仍邀免，俟開辦數月後，查酌情形，或俟下綱起一律加收，辦理較為畫一」[5]，該省其他州府也電請免予執行，於是趙爾巽電咨度支部說，「川省情形與兩淮不同，歸丁州縣甚多，壤地犬牙相錯，引票並行，最易充塞，加以各屬井灶林立，處處產鹽，私售私

---

1 〈協理遼瀋道監察御史王履康奏山東增加鹽斤他省不得援以為例摺〉，載《政治官報》第 288 號，1908 年 8 月 15 日。
2 〈議禁鹽斤加價〉，載《大公報》，1908 年 6 月 18 日。
3 〈會商鹽斤加價〉，載《大公報》，1908 年 8 月 21 日。
4 〈鹽稅加價之請緩辦〉，載《盛京時報》，1908 年 8-15 日。
5 〈瀘州來電〉（光緒三十四年〔1908 年〕六月二十四日），一檔館：趙爾巽檔案全宗，81/427。

熬，隨地浸灌，禁不勝禁，防無可防，且引貴票賤，官滯私多，腹地官鹽早受影響，上綱之鹽必待下綱始能運竣，可為明證。若再按斤加價，成本愈昂，私販愈熾，勢必滯銷，課稅短絀。明為加收，實則暗折，非特有妨鹺務，抑且有礙餉源，更於川省商情大有關係」。除了鹽價甚高以外，鹽斤挑販聚眾滋鬧也是該省頭疼的問題，趙爾巽稱「票釐取之挑販，資本既微，獲利有限，人數最多，半皆強悍，釐金過重無利可圖，保不聚眾滋鬧。上年屢辦加釐，每次至多不過三文，不免毀局，幾釀重案。驟加四文，數較歷屆最多，恐難唯唯聽命。大局攸關，勢有不得不辦而又不敢期其必行者也」。加價公文送達的時間太緊也是一個現實問題，「況瞬屆七月初一，為期過於迫促，川省各局有遠至一二十站者，刊票、行文萬趕不及，更不能不通融辦理，以期兩全」[1]。度支部覆電諮詢該省應如何辦理，趙爾巽即請求減少一文徵收，而且要求從八月一日起實行，迫切希望度支部支持該省的請求[2]。部接此電，只得允許該省暫加價三文[3]。直隸總督楊士驤奏請對鹽斤加價變通處理，對銀元與制錢的兌換進行調適，按照一九〇三年的銀錢比例進行徵收，或留省，或交部，均按此一比例處理。若如此辦理，度支部自然受虧[4]，但也無可奈何。十二月份，山西巡撫寶棻奏請截留蒙鹽銷晉部分的額款，極力爭奪度支部撥還的稅款[5]。此類函電對度支部原訂計劃形成衝擊，載澤屢接此電，自然著急莫名，於是將此類問

---

1 〈致度支部電〉，一檔館：趙爾巽檔案全宗，82/427。
2 〈附呈遵擬二次覆電〉，一檔館：趙爾巽檔案全宗，82/427。
3 一檔館：趙爾巽檔案全宗，82/427。
4 〈直隸總督楊士驤奏鹽斤加價援案變通按引呈交摺〉，載《政治官報》1908年12月28日。
5 〈山西巡撫寶棻奏行銷晉省蒙鹽加價請照部章辦理摺〉，載《政治官報》1908年12月30日。

題提交至會議政務處召開的朗潤園會議上解決。會上張之洞反對實行鹽斤加價，他認為，食鹽自漢代起即由政府專賣，關係民生要需，此次加價雖然迫不得已，但仍需有再加慎重研究之必要[1]，其他政界要角亦贊同此議。隨後，度支部只得設想以增加酒稅來取代鹽斤加價[2]，由於部分省分災害嚴重，度支部亦體諒分省辦理的意見[3]。鹽斤加價政策處於搖擺不定狀態。

與此同時，各地鹽幫紛紛抗議鹽斤加價，表示無法實行。福建省的鹽幫說，加價並不難辦，只是官府必須將緝私問題解決，如任憑官鹽加價，而私鹽暢銷，不啻為淵驅魚[4]。兩廣鹽業巨商溫肇祺直接上書度支部筦榷司，稟請允許粵商每年報效30萬兩，然後取消這次鹽斤加價政策在兩廣的實施[5]。浙江省鹽商對這次加價也深表不滿，迭次向鹽運道提出抗議，迫使該省將以前推行的練軍加價取消[6]。其實該省私鹽暢銷仍如從前，鹽梟橫行無忌，屢釀風潮，「勢甚猖獗，往往千百成群，志在私立卡局」[7]，浙省不得不派兵堵剿。

各種壓力一齊彙集到度支部，載澤意猶躊躇，一再向各省督撫表示說，這次加價實為抵補藥釐，既然實施禁煙，不得不預為抵補；此後不管何項要政決不再從鹽斤加價上著想[8]，以打消地方督撫的顧慮。

---

1 〈山西巡撫寶棻分奏行銷晉省蒙鹽加價請照部章辦理摺〉，載《政治官報》1908年12月30日。
2 〈鹽稅改為酒稅之風聞〉，載《盛京時報》1908年8月16日。
3 〈鹽斤加價有分省辦理之說〉，載《大公報》1908年7月18日；《鹽政最近消息》，載《盛京時報》1908年8月8日。
4 〈請免鹽斤加價之意見〉，載《盛京時報》1908年9月5日。
5 〈關於鹽斤加價事宜兩志〉，載《盛京時報》1908年10月1日。
6 〈浙鹽停止練軍加價〉，載《申報》1908年11月2日。
7 〈鹽斤加價之惡果〉，載《大公報》1909年1月28日。
8 〈鹽斤加價之續聞〉，載《大公報》1908年9月5日。

後來他又聲稱，只要清理財政順利實行，各省鹽斤加價之舉必將豁免[1]。針對部分省分撇開部定章程，亂加鹽價的傾向，度支部建議清廷應密為查察，嚴加懲處，該部所設的鹽政處專門提出研究意見，由鹽務大臣領銜入奏，責令各省不得在部議加價之外濫行加價[2]，以加強對加價政策的監控。

實際上，各省的加價還是處於失控狀態，部分省分有加至一二十文不等。江西省加價尤多，本省是淮鹽銷售區域，自甲午至一九〇八年共加價八次，官價每引由（銀）21兩漲至（銀）28兩餘[3]。湖南省除了部議加價4文之外，尚有鐵路經費口捐加價4文，統限於一九〇八年七月底實施，鹽商早得此消息，囤積居奇，每斤加至106文之多[4]，該省不得不從山東緊急調運食鹽來湘，以求補救。江蘇蘇屬除遵行藥稅抵補加價4文之外，一九〇八年底又實行興學練兵加價2文，用於蘇省學務經費[5]。廣西一省的鹽稅名目多達八項，即西稅、鹽稅、潯州北河護商經費、長安勇餉捐、廣雅經費、舊案鹽斤加價、新案鹽斤加價、鹽斤練兵經費等[6]。兩浙鹽區在歷次全國省加價之外，尚有本地的外銷鹽斤加價、外銷償款加價、外銷浙餉加價、外銷抵稅加價等[7]。這就必然出現清廷只知加價4文，而地方則加至數十文之多的情形[8]。各

---

1 〈鹽斤減價之提議〉，載《大公報》1909年6月6日。
2 〈度支部限制鹽斤加價〉，載《盛京時報》1910年2月4日。
3 〈鹽斤加價之餘聞〉，載《大公報》1908年11月6日；何漢威：〈從清末剛毅、鐵良南巡看中央與地方的財政關係〉，第59頁註釋8。
4 〈嗚呼！鹽斤加價〉，《盛京時報》，1908年8月28日；《湖南財政說明書》卷4；陳子劍：《湖南之財政》，第1章，轉見胡漢生著：《四川近代史事三考》，重慶出版社1988年，第140頁。
5 〈蘇屬財政說明書〉，省預算，甲編，《蘇屬省預算說明書》，第2～3頁。
6 《廣西財政沿革利弊說明書》卷1，〈總論〉，第5頁。
7 《清鹽法志》卷177，《兩浙・徵榷門》。
8 《己酉大政記》卷2，轉見李文治：《中國近代農業史資料》第1輯，第356頁。

地如此加價的結果，導致鹽價劇烈上漲，如天津蘆鹽加價是正課的十九倍以上，淮南四岸加價則為正課的十三至十六倍，四川邊計各岸由十餘倍漲至二十餘倍不等[1]。

鹽斤加價之策的目的在於對鴉片稅釐加以抵補，各省由此項加價所獲得的收益，是否能夠抵補所失也是一個值得探討的問題。按部章規定，鹽斤加價撥還給各省的數目僅為加價部分的四分之一（解部2文，產鹽省分1文，銷鹽省分1文），換言之，各省從這項加價行動中，僅僅獲得每斤一文的收效。清廷和各省對這項收入能否抵補鴉片稅各有所評。

一九〇八年十一月分度支部判斷：直隸、山東、河南、安徽、福建、浙江六省足敷額撥，且屬有餘，不必再由土稅總局撥款；其餘省分，如湖北、江南、江西、湖南、兩廣均不敷額撥，且差距甚大；四川、貴州、陝西、甘肅、山西等省，問題嚴重，定然不敷額撥[2]。一九〇九年三月份清廷上諭中認為：洋土藥稅釐關係軍餉大宗，惟鹽斤加價合計不過四五百萬兩，不敷尚多[3]。梳理相關文獻後，可以發現，各有關省分推行鹽斤加價的抵補成效差異明顯，雖可有裨本省財政，但基本上不敵鴉片稅收益。

安徽省：該省巡撫一九〇九年說，「所有宣統元年應解前項銀兩（民政部攤派經費——引者），因值禁種罌粟，土稅停辦，款無所

1　《中國近代鹽務史資料選輯》，第1卷，丁長清主編：《民國鹽務史稿》，人民出版社1990年，第17頁。加價倍數計算，以蘆鹽銷售區為例，天津蘆鹽正課為0.21兩，加價則為4.05兩，故曰加價為正稅的19倍；直隸省蘆鹽銷售正課0.63兩，而加價則達4.05兩，故曰加價為正稅的6倍。

2　〈度支部具奏土藥稅收不敷酌擬推廣牌照捐以資撥補摺〉，一檔館：會議政務處檔案全宗，檔案號：279/2028。

3　〈度支部奏整頓田房稅契抵補洋土藥稅釐摺〉，一檔館：會議政務處檔案全宗，檔案號：505/3843；〈諭旨〉，《中國國民禁煙總會雜誌》，宣統元年（1909年）三月號。

出……現於無可設法之中,在鹽斤加價項下動撥庫平銀一萬兩」[1];本省財政說明書對此作了一個說明,全省統稅之前的大宗解款和用款多在土藥稅釐項下支報,每年多達(銀)13萬兩,改辦土藥統稅後,收入大幅度減少,每年約為(銀)5萬兩,影響了本省的解協各款運作,鹽斤加價「歲得多寡無定數,據各處先後具報,約略核計,不過(銀)九萬兩之譜」[2]。

四川省:本省土藥統稅時期,部定撥還的標準是(銀)96萬餘兩。後統稅停徵,全省徵收土藥稅數目為(銀)104萬兩,「合計鹽道票釐計岸加價之數,每年川省攤留(銀)四十萬兩,以之抵補土藥稅項,歲約不敷銀六十餘萬兩」。[3]

雲南省:一九〇八年底錫良估計說,「(滇省)常年內外開支各款,均恃土藥釐稅為大宗,計數在(銀)四五十萬兩,現既按限禁煙,停收稅釐,而一切用款若反恃鹽斤加價以資抵補,所絀尚多」[4];一九一〇年因官府議加鹽價,諮議局群起反對,致資政院的電文說「滇省鹽政敝壞、鹽價昂貴均為各省所無」,撫憲迫於財政困絀,極欲加捐[5],雙方幾乎釀成滇省政潮。

湖南省:一九〇九年六月份湖南巡撫岑春蓂估計說,「惟抵補一事苦無良策,竊計鹽斤加價約可抵補(銀)五六百萬兩(疑為印刷錯誤,當為五六十萬兩),不敷尚巨」[6]。

1　〈安徽巡撫奏籌解民政部經費銀兩片〉,一檔館:會議政務處檔案全宗,檔案號:666/5726。

2　《安徽全省財政說明書》,〈歲入部〉,〈鹽課稅釐〉,第36頁。

3　一檔館:趙爾巽檔案全宗,82/427。

4　〈雲貴總督錫良奏縮限禁煙停收土稅片〉,載《政治官報》第417號,1908年12月22日;

5　〈滇諮議局續呈鹽斤加價之害〉,載《申報》1910年11月17日。

6　〈湘撫奏報禁煙情形及籌議抵補辦法摺〉,載《申報》1909年06月18日。

贵州省：一九〇九年七月份媒介报导说，「惟该省歲入釐稅虧短實多，抵補不易」，「鹽斤加價，他省可資挹注，黔中則仰給四川，所獲幾微，無濟於事」[1]。

湖北省：一九一〇年七月份報界分析說，湖廣總督瑞澂論及湖北省財政困難時說，「鄂省原有歲入一千五六百萬，不為不多。然近來大宗進款不可恃者，如土稅膏捐」，「撥補鹽釐一項，無著甚多，蒂欠尤巨」[2]。

總括來看，各省從鹽斤加價中所獲得的收益，一般而言應該不會超過土藥稅釐的收入，所差者僅僅程度不同而已。產土較多的省分，例如西南三省、甘肅以及山西等省，鹽斤加價的收益僅是其鴉片稅入的較少部分，一般不會達到一半；兩湖地區等行銷土藥的省分以及廣東、江蘇等洋藥銷量較多的省分，鹽斤加價收益與藥稅藥釐及膏捐加價相比，亦僅占少數。只有極其個別的省分，由鹽斤加價所獲取的收益能夠達到度支部撥還本省的土藥稅款，即便如此，該省也不可能實現對土藥稅釐的完全抵補，所差尚多。

二　除一害與增一害

柯逢時辦理膏捐，深知抵補藥稅的重要性，他曾提出加徵地丁錢糧的建議，江西撫臣也請求加徵丁漕，這些建議均被御史上書力阻[3]。無可奈何之中，鹽斤加價政策被迫出臺。在朝臣看來，禁煙作為一種良政，係為民除害之舉，為保障禁煙政策順利實施，增加鹽稅應該不

1　〈黔省辦理禁煙情形〉，載《申報》1909 年 7 月 11 日。
2　〈鄂省預算歲出入不敷之巨〉，載《申報》1910 年 7 月 19 日。
3　孫寶瑄著：《忘山廬日記》（下冊），第 1130～1132 頁。

會有人反對，這是度支部制定這一政策的邏輯。不料，民間輿論卻謂之「除一害，卻增一害」，批評的聲音一浪高過一浪。

度支部鹽斤加價主張甫經宣佈，輿論大嘩。不但各省疆吏抵制，報界反對的言論也甚激昂，窮人與富人問題，斂財集權問題，救窮與速窮問題，鴉片煙害與鹽斤加價之害問題均成為輿論關注的熱點。

度支部入奏鹽斤加價之初，有人就抵補藥稅問題專門撰文評論，認為清廷禁煙需要十年，鴉片稅的遞減每年僅占十分之一，如要籌劃抵補之策，也要與此相對應。部議食鹽加價每斤四文，實際上是超前超量抵補，政府因禁煙而收穫意外之財，國民卻因此受虧巨大[1]。洋土藥為毒品，加重稅賦亦不為虐，報人對此皆有同感，

《正宗愛國報》在報導有關加徵土藥稅的新聞時，特加按語表達此類看法，試看該消息原文樣式：

> 度支部澤公日前與紹、陳兩侍郎會議籌款事宜，擬將土藥稅再行加抽，提作辦理新政之用，並決定按年遞加一倍，以示寓禁於徵之意（越加重稅越好，嫌貴的別抽，抽不起自然就斷了）。[2]

輿論對鹽斤加價的反應正好相反，由於食鹽是生活必需品，增昂鹽價政策是南其轅而北其轍，實屬「不權輕重，不審緩急」之策，輿論諷刺說這是「為民除一害，卻反增一害」，「禁煙之所以為美政者，無他，為其除民害耳。然煙土之害固甚劇烈，而為所害者，究不過十之四五，未嘗延及於全國人民也，乃害之未及於全國人民者，政府尚

---

1 〈論加鹽價以抵藥稅事〉，載《申報》1908年7月8日。
2 〈擬加收土藥稅〉，載《正宗愛國報》第854期，1909年4月21日。括號部分為訪員所加按語，原文無著重號。

欲掃而去之；害之普及於全國人民者，政府乃竟忍而行之，去一害而又增一害，已不足為實心為民。況煙土之害並未掃除，而鹽斤加價之害已及於全國乎」？[1] 論者認為，政府抵補鴉片稅的方法只能實行寓禁於徵，重徵膏捐，加增洋土藥稅以求彌補，一舉兩得。

鴉片稅釐是否已經真的短絀？報界密切關注海關報告冊等文件，認為度支部出臺鹽斤加價時，洋藥稅已經短收（銀）31767 兩，但土藥稅卻較之去年春天增加（銀）39621 兩，兩者相權，鴉片稅釐並未減少。所有數字彰彰在目，論者斷言，「彼不過藉口於藥稅短絀，以行其斂財之謀，而非藥稅之果已短絀也」[2]，諷刺朝臣此策為愚民之舉。在所有稅捐中，有人稱鹽斤加價是「最無度用」、「最無節制」的秕政，食鹽迭次加價，對富人尚無大礙，但對窮人卻窒其生存，「概行加價，則貧民之負擔無殊於富民。而自富民出之則甚裕，自貧民出之則甚苦，社會之富民少而貧民多，則害之所中，不在少數之富民，而在多數之貧民」，輿論從稅源涵養角度譏諷清廷鹽斤加價政策是「貪目前之小利，不計將來之大難」[3]。更有京中御史諫阻此策，認為各省普遍加徵鹽稅，立時引致數患迸發，耽誤稅課，困頓商人，迫令民困，滋生盜賊等連鎖反應，一舉而數患生，「所害未有甚於此者也」；屢屢以食鹽為籌款對象，計臣尚在自鳴得意，視為籌款善策，救窮良策，該御史反其道而言曰：鹽斤加價是「速窮之弊政」[4]。度支部藉浙江鹽商要求改用洋碼之契機，抑勒銅元，暗中取利，此舉激起更大的民憤，辯

---

1 〈論鹽斤加價以抵藥稅事〉，載《申報》1908 年 7 月 8 日。
2 同上。
3 〈論鹽斤加價〉，載《申報》，1908 年 7 月 14、15 日；相同的觀點亦見〈論籌款不當專注意於鹽稅〉，載《申報》，1909 年 3 月 21 日。
4 〈御史三要摺節錄·詳陳鹽斤加價之弊〉，載《申報》，1908 年 10 月 10 日。

駁、諷刺的言論迭見報端[1]，這是因鹽斤加價，輿論界及商人團體對政府發起的又一次烈度更大的反擊。揆諸民間鹽價上漲情形，亦可略見歷次鹽斤加價對民生影響之深刻。清末民間對鹽斤價格上漲情形多有感慨，揆舉數例如下。兩淮鹽區的個案：

> 予家世居兩淮泰屬之伍佑場，本場居泰屬十一場之首，從前產鹽最旺，售價低廉，二文錢一斤，即如今之銅元一枚可買鹽五斤，有時三文錢可買二斤……嗣予由外假歸，鹽價逐漸加增，已較前多至四十倍。客歲又假歸，見商店已附帶售官鹽，每斤須價二百六十文，且係市稱，產鹽之區較前已增至百二三十倍之多，詎不駭人聽聞？米價增至二十餘倍。此兩物為民間日用所必須，乃竟貴至百數十倍，貧苦小民其何以堪？據此以觀，是近數十年來，一鄉一邑之間，一邦一國之內，其變化更可推知。再屠數十年後，其遷流尚不知其何極也！[2]

蘆鹽銷售區情形：

> ……其後加價日多，雜款亦繁。例如攤還外債謂之賠款加價（說明性文字此略，下同），抵補藥稅謂之通行加價，籌辦鐵

---

[1] 洋碼係因銅元貶值甚烈，鹽商詭稱虧累太巨，唆使度支部改用銀幣計價，該部見此有利可圖，隨即改為以銀幣計價，可以用制錢繳納，但要折價，洋碼對財政的益處就在於折價的計算上。輿論集中對此批評的情形，以《申報》為例，〈時評〉、〈論說〉等欄目，在1910年上半年針對度支部改洋碼之舉大加撻伐，重要者如〈鹽政問題〉，〈論鹽斤陡改洋碼之影響〉，〈鹽政處之妄言〉，〈蘇商會再爭鹽斤加價之病民〉，〈論鹽政處堅持鹽斤改售洋碼之非計〉，〈論鹽斤增價之害〉等，見該報1910年1月30日、6月1日、6月18日、6月26日、7月5日、8月17日等。
[2] 蔡雲萬著：《蟄存齋筆記》，上海書店出版社1997年，第121頁。

路謂之鐵路加價；其豫省加價各款又有豫引加價及一文復價之目，皆加價之名色也。至於雜款各項，曰初次平價，曰二次平價，曰鹵硝稅，曰魚鹽課，曰輪駁運腳，曰津武報效，曰歲修官道，曰公櫃餘利，曰官運餘利，曰豫省歸公，此又雜款之名色也。雜款之外，又有商捐商用各款，若緝費、若巡費、若汛費，皆係咸同時相沿舊例；若平價緝私、若灘鹽公所經費則系光緒時所定新例，凡此之類總曰商捐，商捐一曰雜捐，蓋即雜款之附屬也。由此成本日重，鹽價愈貴，較之咸同年間情形又異矣……及宣統季年，長蘆正雜各款歲入五百二十三萬六千八百餘兩，較之光緒前增加數倍。[1]

  區區長蘆鹽區銷售稅課即達到（銀）520 餘萬兩，約為光緒後期全國鹽稅總收入的三分之一[2]，有關冊籍將此顯效稱為「整理之效」，毋寧說是加價之效。清末民變因鹽斤加價而揭竿者比例較大，不為無因。抵補藥稅加價（通行加價）係光緒朝末年全國僅有的全局性鹽斤加價，

---

1 鹽務署編：《中國鹽政沿革史（長蘆）》，《叢刊》（正編）第 636-637 號，第 51～53、60 各頁。
2 1901 年 4 月 19 日中國官員徐壽朋、那桐和周馥一同到德國駐華使館晤見法使、德使、英使、日使，討論庚子賠款事宜，應法國使臣詢及中國鹽款的收入，徐壽朋答曰每年鹽款鹽釐收入共計 1300 萬兩，見〈會議賠償事宜述略〉，《西巡迴鑾始末記》第 4 卷，第 277 頁；1901 年 5 月 13 日英國駐華公使薩道義根據英國駐上海總領事傑美森、海關稅務司職員美人希比斯雷的估計，對中國的鹽稅收入作過推算，「大家公認最易提取的是鹽稅。傑美森把此項估計為 13659000 兩（他的報告第 53 頁）而希比斯雷則估計只有 12000000 兩。眾所周知，此項稅收是有可能提供較大數額的，即按最低估計，也可提高百分之五十，即 16000000 兩（註：疑誤，提高百分之五十應為 18000000 兩——引者）但從另外兩個互不相關的消息來看，好像如果有一個正直無私的管理機構，多收 12000000 兩，是同樣可以預計的」，見〈薩道義關於賠款的備忘錄〉，《美國外交文件，1901 年，附刊》，第 113～116 頁。以上兩條材料均轉見《中國清代外債史資料》，第 857、890 頁。

此前的鹽斤價位已極高,再行增加稅負,各省督撫即紛紛反對,遑論民間輿論?

三 督撫共謀抵制鹽政集權

十九世紀洛雪爾(Wilhelm Georg Friedrieh Roscher)與瓦格納(Adolph Wagner)提出了「公共支出膨脹原則」(The Law of Increasing Public Expenditure),認為一般政府支出有普遍增加的趨勢,這種情況不單是限於戰時,承平年代亦然,證之古今中外,很難發現例外[1]。新政時期,由於練兵和各種憲政改革事業的推進,財政支出規模愈發龐大,加劇了這一膨脹的趨勢。一九〇四年以後,練兵經費是清廷支出的大項,當時清廷支出多以銅元餘利來挹注,但此項收入漸趨式微,一九〇五年後隨著八省土膏統捐的實行,土藥統稅入款大增,取代了銅元餘利的地位,成為中央練兵經費支出的主要支柱[2]。鴉片禁政加速推進,這項收入也呈萎縮狀態。清廷欲行印花稅籌措款項,這項新稅計劃收入 1500 萬兩,藉以彌補土藥稅款縮減,但各省與民間加以抵制,該政策極難貫徹下去。食鹽加價是清廷推行的第二個抵補政策,這項政策阻力重重,成效之低已如上述。一九〇八年當土藥統稅撥款給各省的份額並未有大額減少時,多數省分的財政已有不支之勢,總計江蘇、直隸、湖北等十幾個省分歲虧款額達(銀)1400 餘萬兩,其中江蘇蘇屬虧款最多,達(銀)448 萬兩[3],而各省應辦事項繁雜龐大,新政能否舉辦全賴財政是否充盈,地方財政對新政的重要性屢屢被時

---

1 周玉津:《財政學新編》,第 4 章,第 70～80 頁,此轉見何烈:《清咸、同時期的財政》,第 287 頁,(臺北)國立編譯館中華叢書編審委員會 1981 年編印。

2 吳廷燮:《清財政考略》,第 22～24 頁。

3 閻毓善著:《龍沙鱗爪》,第 56～57 頁。

人論及。[1]鹽稅整頓不但清廷關注，各省也莫不矚目。上下矛盾日漸激化，督撫聯袂反對中央鹽政集權就在此種背景下展開。

鹽政集權思路有一個發展過程，鴉片稅收短少是一個關鍵的促動因素，清廷內部開源與節流的討論持續升溫，集權財政的聲音再度出現。一九〇八年底御史齊忠甲奏請將中央與各省的財政收入與支出統歸度支部掌握監控[2]，為了籌措抵補藥稅的款項，一九〇九年春天，有人甚至以行鈔新法來實行財政節流：「常年所入之款以庫平為法則，其內外支發之款以二兩平為準則，至所餘六分減平，通盤量計積數重巨。惟歲出者不得無所區別，除欽工、內帑以及購船、製械、洋債、賠款並銀幣各局照常動支外，一切支發，無論內外文武官兵、旗、綠、練營、邊協……一律通行二兩平，以歸劃一。設仍不敷應用，或由二兩平中，每兩劃扣三分，積少成多，無傷政體。」[3]這一獻策並非新近發明，咸同戰爭時期曾有實施，十九世紀八〇年代中法戰爭期間也有人專門建議此事[4]，時下此策過於冒險，無人敢接受，始終沒有實行。現在有人居然飢不擇食，朝臣誰敢採納？印花稅作為中央最重要的開源政策推出後，朝野均予抵制，久不奏效，這對清廷打擊甚大。開源以充裕財政的思路受挫，傾向於節流政策者開始居多數。與此同時，外人也有此類言論，主張對舊有的入款途徑進行整頓，必見大效，《紐約時報》的社論稱：「海關總稅務司赫德先生估計，大清國如果對其財政管理制度進行改革，那麼，在不增加課稅的情況下整個財

---

1 《汪康年師友書札》（一），第 243～244 頁。
2 〈御史齊忠甲奏財政困難亟宜開源節流以裕國幣摺〉，一檔館：會議政務處檔案全宗，檔案號：253。
3 〈荊州副都統抄奏禁煙要政籌款維艱敬陳管見摺〉，一檔館：會議政務處檔案全宗，檔案號：428/3202。
4 〈行鈔法以濟餉需論〉，邵之棠編：《皇朝經世文統編》卷 84，〈經武部〉15，〈軍餉〉，第 3395～3396 頁，《叢刊》（續編）第 718 號。

政收入可以提高到 6 億美元。其他一些專家已經計算出，在不加重稅收的情況下，大清國能保證一年有 10 億美元的財政收入。有了這樣一筆財政收入，再加上節儉的行政管理模式，大清國的財政狀況將好於大多數國家。」[1]

度支部被迫注重節流政策。一九〇九年八月度支部官員憂心忡忡地向清廷匯報了近年財政竭蹶的幾個原因，諸如邊省用款大增、軍費支出增大、新政規模鋪張、鎊價跌落甚速，虧款太多、土藥稅款漸趨弩末、銅元餘利大不如前等，對印花稅和鹽斤加價，度支部說，「查禁煙命下，臣部即設法預籌抵補，於是有仿辦印花稅及鹽斤加價之奏。印花稅當創辦之始，立法盡從寬簡。現各省始將印花稅票陸續領去，將來能否集款未可預期；鹽斤加價一項雖約略可以預計，然以每歲洋土藥稅並計二千萬，以區區加價抵補，僅得五分之一，而近日如江南興築要塞，四川、雲南等處練兵，業經先後提撥湊用」[2]，言下之意，單純的鹽斤加價並不能從根本上解決財政困難，一邊緊縮財政，一邊對鹽稅進行大刀闊斧地整頓就是必然的選擇。

一九〇九年都察院代遞分部郎中朱有濂的奏陳，更加劇了度支部對食鹽稅務進行整頓和壟斷的決心。朱摺鑒於鴉片專賣沒有實行，而禁煙又使煙稅遞減，提醒朝廷加意抵補，所提出的七個開源節流政策中，第一個就是食鹽專賣之策[3]。鄭孝胥對清廷大員也有所建言，倡議度支部實行鹽政集權，他說，「度支部宜總攬鹽政，先於部中設鹽法局，以張季直為局長，調查報告，再定辦法，奏明施行，誠整理財政

---

1 〈沉重負荷下的帝國財政〉，載《紐約時報》1908 年 7 月 5 日。
2 〈度支部咨奏財用窘絀舉辦新政宜力求撙節摺〉，一檔館：會議政務處檔案全宗，檔案號：523/4107。
3 劉錦藻：《清朝續文獻通考》卷 55，〈徵榷〉27，第 8094 頁。

最巨最速之良策也。不過三年，可增歲入二萬萬矣」[1]。此前他已經向端方等人建議過鴉片專賣的問題[2]，惜清廷不能實行，這次又建言鹽政集權及其巨大成效，卻被度支部相中。藉鹽稅籌款的主張，民意輿論反對甚力，但清廷內部有人認為民意輿論係「低等人」製造出來的產物，不應被其牽制[3]，因而決意實行此策，終於導致清廷與外省鹽政矛盾糾紛的爆發，而矛盾糾紛始於鹽政新章程的制定。

　　新章程的制定與度支部派晏安瀾等人赴各省調查鹽務積弊直接相關。晏安瀾一九〇九年三月充憲政編查館參議官，不久署右參議，官四品。他上書度支部載澤建議鹽法改良，分別闡述食鹽官賣、就場徵稅以及官運商銷等三種方法，條分縷析，指陳利弊得失，甚有道理，他建議說「以上三法關係重大，其中有無窒礙，亦非切實調查不可」[4]。

---

[1] 中國歷史博物館編，勞祖德整理：《鄭孝胥日記》（第3冊），中華書局1993年，第1219頁。同一時期，日本人根岸氏也對中國的鹽務整頓屢有建言，在輿論界曾有佳評，見《論治鹽政策》，《申報》，1910年2月3日；《中國鹽專賣之概觀》，載《申報》1910年4月18日。

[2] 至禁煙上諭發佈的前一個月，鄭孝胥猶向端方進言鴉片專賣之策，「余為午橋言製械之急，可議官包進口洋藥，而加抽土藥稅，既為禁吸菸之預備，十年之內，所得足資製械之用矣。申言其理致，舉座皆然之」，中國歷史博物館編，勞祖德整理：《鄭孝胥日記》（第2冊），第1051頁。1909年2月的上海萬國禁煙會上，鄭孝胥為中國首席會議代表端方擬定的演說詞，又將鴉片專賣問題視為會議討論的主要議題，「然禁煙而不專賣，則人數無可調查，即政令權力無可設施」，〈中國代表端午帥演說詞〉，載《申報》1909年2月2日。

[3] 早在1908年7月，輿論對食鹽專賣極不贊成，見〈論政府與民爭利之非計〉，《申報》1908年7月4日。對輿論的態度，有的京官頗不在意：「今之所謂輿論，乃最不可恃之一物也，皆社會中極淺之知識所製造而成。何也？天下普通人占多數，其所知大抵膚淺，故惟最粗最淺之說，彌足動聽。而一唱百和，遂成牢不可破之輿論，可以橫行於社會上，其力甚大，雖有賢智，心知不然，莫敢非之……苟非當局者沈毅獨斷，百折不回，將誤國禍民，伊於何底！」見孫寶瑄：《忘山廬日記》，第1132～1133頁。

[4] 金兆豐撰：《鎮安晏海澄（安瀾）先生年譜》，《叢刊》（正編），第491號第173～180頁。

有人對此項條陳評價說,「是書洞明古今中外大勢,提綱挈領,經緯萬端,吾國鹽政幾幾致統一之效者,實以是書為發軔」[1]。載澤接受了晏安瀾的建議,首先派他率員調查各省鹽政中存在的問題[2]。這次調查項目包括鹽務積弊、鹽課滯銷原因、鹽引銷數之比較、鹽官應否裁併、鹽質應如何改良以及晾鹽法之改善等。[3]其間度支部尚有再次增加鹽價的想法,但各省紛紛力阻,加價之策作罷[4]。這更加促使該部決心實行鹽務壟斷。

晏氏鹽務調查時間是一九〇九年七月至十一月份,歷時近半年,調查範圍主要集中在江蘇、浙江、河南、安徽、江西、湖南、湖北七個省分。載澤對這次調查極為重視,九月份專門致函晏安瀾,闡述鹽務整頓的必要性以及為實行鹽政集權尋求岑春煊支持的意圖,「鹽務有掃地之虞,淮北尤迫切整頓,必不容緩。唯一切組織辦法尚望會同仲清□生諸位統籌全局,悉心擘畫,免致顧此失彼,滯礙滋多,是為至要……此舉更張得人為難,聞抵滬,順拜西林,藉觀動作,其人究竟可用不可用,肯出不肯出於此事,相宜不相宜,均望留意,預為密告為盼」[5]。十二月份調查成員全部返京,將調查結果報告度支部,闡明了鹽政改革的基本思路。報告核心部分主張鹽務整頓不應「規目前之小效」,而當「務根本之遠圖」,將用人和行政實權控於中央:

> 今為整頓鹽務計,而徒於淮浙一隅畫地為理財,爾疆我界,仍有灌注之虞,此盈彼絀,公家又乏酌劑之術,政令既涉紛歧,

---

1 同上,180頁,這是年譜撰者金兆豐對條陳意義的評語。
2 〈國家專賣鹽之先聲〉,載《盛京時報》1909年7月21日。
3 〈考察鹽務辦法大綱〉,載《盛京時報》1909年7月27日。
4 〈鹽斤無加價之舉〉,載《盛京時報》1909年10月3日。
5 金兆豐撰:《鎮海晏海澄(安瀾)先生年譜》,第189~190頁。

> 辦法亦多牽掣，自非總持全局、統一事權不足以肅鹺綱而齊權政。應請將各省鹽務用人、行政事宜厚集中央，以資整飭。[1]

度支部尚書載澤遂其意，剴切入告，於是有督辦鹽政處之設。一九〇九年十二月度支部奏請整理鹽政，根據晏安瀾等人的建議，向朝廷奏報說，「各省鹽務，糾葛紛紜，疲敝日甚，非統一事權，修明法令，無以提挈大綱，維持全局」，建議設立督辦鹽政大臣，「凡鹽務一切事宜，統歸該督辦大臣管理，以專責成」。旨下，命度支部尚書載澤為督辦鹽政大臣，產鹽省分各督撫授以會辦鹽政大臣，行銷食鹽省分的督撫為兼會辦鹽政大臣銜[2]，就近考核疏銷和緝私。晏安瀾因考察、建議有功，擢為督辦鹽政處提調，載澤十分倚重晏氏，凡章奏公文多為其捉刀[3]。這一機構設立之後，載澤向各省督撫申明說，「今為改革鹽政，實係以鹽務而填補鴉片稅之項，且籌練兵經費及復興海軍費，並為其他之新政費等皆取諸其中也」[4]。按照度支部的預測和計算，一九一〇年中央經費缺款大約為（銀）3000餘萬兩[5]，載澤即憂慮萬端地說，「近來款項甚形支絀，出款日多，如應籌海軍、禁衛、添練新軍、出洋考察等款，關係緊要。自戒煙後，土稅減少，以上用款難以籌撥，先

---

1 同上書，第197～199頁。晏安瀾在鹽務考察情形報告中，對各省鹽政積弊概括為六個方面：鹽官之弊、鹽商之弊、鹽斤加價之弊、鹽價不一之弊、鹽引滯銷之弊以及私梟充斥之弊等，見〈晏參議條陳鹽務六弊〉，載《盛京時報》1909年12月15日。
2 《宣統政紀》卷26，第482頁。
3 《鎮海晏海澄（安瀾）先生年譜》，第199頁，晏安瀾力助載澤成就鹽政集權，載澤亦保舉其為清理財政處總辦，這預示著他必然會捲入朝臣與疆吏的政爭漩渦中。
4 〈整頓鹽務之宗旨〉，載《盛京時報》1910年2月1日。
5 〈度支部之籌款〉，載《盛京時報》1910年2月1日。

盡各省鹽務加意整頓，核計增近（進）之數可抵十分之三四」[1]，可見，鹽務整頓承擔著鴉片稅釐缺失後抵補虧空的任務，係抵補鴉片稅收的重要決斷。督辦鹽政處的設立，以及新的鹽政改革措施出臺，揭開了清廷與各省在鹽政問題上的矛盾糾紛。

督辦鹽政處設立後的第一項措施，就是首先強調鹽斤加價的審核奏報紀律，堅決杜絕各省隨便增加鹽價，地方新政籌款決不能在食鹽銷售上做文章，如有地方官員與鹽商串通一氣，舞弊造端，鹽政處將嚴厲處罰[2]。為了約束和糾正各地鹽政中的混亂，督辦鹽政處著手起草制定整頓鹽政辦事章程。該部稱，「臣部執掌鹽法，本係責無旁貸，現在積弊至此，更不能不實力整頓，擬請將各省鹽務用人、行政一切事宜悉歸臣部直接管理……如蒙俞允，即由臣部通盤籌畫，酌擬章程，請旨辦理」[3]。章程制定係度支部尚書載澤和督辦鹽政處提調晏安瀾協議的結果，共計三十餘條，基本上包括行政用人和稅款使用兩個大的方面。在這兩個方面，清廷與相關省分均形成嚴重的對立。各省督撫發起反擊，表面上是針對鹽務整頓辦事章程表示不滿，根因卻在於度支部對各食鹽出產、行銷省分的加緊控制。

當時出產和銷售食鹽的重要地區和省分，主要有長蘆、兩淮、山東、閩浙、粵東、四川、山西等。度支部調查人員發現了這些地區匿報收入現象非常嚴重，度支部發給這些省分的電報說，「各省鹽場積弊甚深，凡各鹽田、鹽灶、鹽井、鹽柵，繳納正稅之外尚有多數規費，歸於公者十之三四，歸於私者十之五六；而走漏鹽私之弊即由各場貪利私規而起。兩淮、五河、山東以及直省海口、江省十二壚、廣東六門等皆為漏私要道。以故各處鹽場釐局，有每歲出息至數萬、十數萬

---

[1] 〈度支部之籌款辦法〉，載《盛京時報》1910 年 3 月 30 日。
[2] 〈度支部限制鹽斤加價〉，載《盛京時報》1910 年 2 月 4 日。
[3] 〈度支部請將各省鹽務歸部管理〉，載《申報》1910 年 1 月 12 日。

者，而緝私之弊尤不可究詰」[1]。走私之弊僅僅是該部瞄準各省規費的藉口，下一步則是介入各產鹽、銷鹽省分的重要官員選拔任命上，力圖從組織上先將稅款的流失趨勢加以遏制[2]。各省暗中截留鹽稅，隱匿收入的情形，因晏安瀾赴廣東調查鹽稅商包問題而予以暴露，隱匿程度之深、數額之巨令度支部深為震驚[3]，於是責令各省督撫剔除陋規，嚴查本省私匿情形，據實上報[4]。

度支部籌議對各省鹽務積弊進行整頓時，各省督撫也函電往返，密為聯絡，形成暫時的「督撫聯盟」，籌商對付度支部的條陳。領銜者為東三省總督錫良，奏摺尤其主稿，參與督撫聯盟的有：東三省總督錫良、直隸總督陳夔龍、兩廣總督袁樹勳、雲貴總督李經羲、兩江總督張人駿、四川總督趙爾巽、山東巡撫孫寶琦、山西巡撫丁寶銓、黑龍江巡撫周樹模、浙江巡撫增韞等十員[5]。督撫聯盟函電籌商的情形，此僅擇兩個電報略作說明。

其一，係錫良致趙爾巽電，針對度支部起草的整頓鹽務辦事章程，研究如何批駁，怎樣擬稿：

> 原稿「用人權限」一條內，擬改為：除鹽官補缺應仍按班次外，一切委署委差概由督撫主持；又「奏事」一條，擬添入一曰「奏

1　〈度支部整頓鹽政記〉，《申報》1910 年 2 月 29 日。
2　同上。
3　《鎮海晏海澄（安瀾）先生年譜》，第 202～224 頁。
4　晏安瀾在結束廣東之行後，建議度支部說，「擬懇附奏請旨飭下袁督（指兩廣總督袁樹勳——引者），將鹽務各項規費，上自督署，下至場官，旁及於各府州縣各官暨紳士、書差，凡私行取給於鹽商之款，未經提歸公項造報開支者，切實逐款查明，和盤托出，詳細造報，以憑考核」，見《鎮海晏海澄（安瀾）先生年譜》，第 225 頁。
5　〈督撫反對鹽政〉，載《盛京時報》1910 年 4 月 23 日；〈各督撫反對鹽政處詳聞〉，載《申報》1910 年 4 月 9 日。

事權限」一句，以清眉目；而另添「撥款權限」一條，文曰：「鹽務正雜各款照章固不得擅動，然遇有緊急要需，亦實難過於拘泥，應請准由督撫奏明指撥，分咨查核；又度支部前經奏明外銷款項果係實安（在）應用，用（應）予劃留；現在外銷均經報部，一省之大，鉅細用款幾乎無日不漸，若概須咨准始得動用，必至諸事束手，以後凡實在應用之款，應請准在報部外銷鹽款內隨時支用，切冊匯咨查核，如督辦撥用各省款，亦知照各省備案」等語。祁照酌。良。漾。[1]

其二，係張人駿致趙爾巽電，答覆趙爾巽詢問，表明自己的態度：

漾電悉。來電言簡意賅，敬佩無似。清帥養電尊處想已接到，弟已覆請會同電達鹽政處矣。駿。敬。[2]

聯銜上奏的主要目的就是反對中央鹽政集權，摺內認為，「若僅集權中央，而揆諸吾國歷史及地方各種關係，以求適應，恐新章頒佈後，督撫之命令既有所不行，督辦之考察又有所不及，機關窒滯，庶務因循，將成一痿痺不仁、渙散無紀之鹽務。理辭益紛，其害蓋有不可勝言者」。對錫良等人聯名力爭奏摺的反應，攝政王批飭督辦鹽政大臣載澤與各省有關督撫共同研究，詳細籌劃。根據御史胡思敬的敘述，實際情況是「該尚書並不會商，堅持初議，將原奏議駁，逕行復奏，且不准各督撫單銜條陳鹽務利弊，阻遏封疆建言之路，乃知該尚

---

1 〈錫良來電〉，一檔館：趙爾巽檔案全宗，第82卷。
2 〈張人駿來電〉，一檔館：趙爾巽檔案全宗，第82卷。

書憑藉宗支違旨專擅，寢露驕蹇之能，較各部把持為尤甚也」[1]。觀覽雙方往來電報，胡思敬此言不虛。三月二十四日軍機處交出錫良原奏，載澤並未與督撫們虛心商酌，即將原奏各節，進行辯駁，奏上交差。度支部議復折件對如下問題進行了辯駁：一、派署運司鹽道即派充鹽局總辦問題，度支部強調先由督撫保舉，再由本部核定任命，不可能貽誤日期，指責有關督撫過慮；二、鹽官補缺問題，督撫要求由本省查核人員，然後可以補缺，度支部議駁；三、撥款問題，度支部強調督撫若動用鹽款，必須飛電相商，否則不予批准[2]。

度支部執意拒絕督撫的請求，惹致了規模更大的糾紛，督撫專擅與部臣擅權相互衝突的報導迭見報端[3]。除了督撫聯盟向度支部發起挑戰外，御史言官也加盟其中。言官挑戰以胡思敬為主將，四月二十日胡思敬參劾度支部尚書載澤，指責其專擅攬權，為督撫立場爭辯，關於鹽官的任免權，胡氏認為度支部的做法是將疆臣逐一架空，以便獨攬其權，「將鹽運使以下各官歸其任用，夫一省之大，至重要者只此數事，而皆劃界分疆，一任部臣包攬而去，督撫孤居於上，已成贅疣，遲之又久，將上無一可申之令，下無一可使之員，四方鋌險，好亂之民伺隙而動，一朝有變，欲以疆事責之一人，呼應不靈，束手待盡，蓋不能不為前途慮矣」，鹽政中央集權徒令疆臣袖手，蕭牆之患甚可憂慮，「任疆寄者誰不解體」，因而他責難載澤獨斷專行，要求慎重研究督撫之奏，「奉旨會商之件，竟一人獨斷獨行，殊非人臣恪恭之道，可

---

1 〈各省督撫為鹽政新章請軍機處代奏電〉，載《國風報》第1年第10號；《退廬全集·箋牘·奏疏》，《叢刊》（正編）第444號第851～852頁。
2 此電無標題，一檔館：趙爾巽檔案全宗，81/418。
3 〈時評·其一〉，載《申報》1910年4月9日；〈督撫反對鹽政〉，載《盛京時報》1910年4月23日；〈一網打盡政策〉，載《申報》1910年3月16日等。

否將錫良等電奏，另交政務處覆議，並將該尚書載澤照例議處」[1]。胡思敬一摺奏上，立時引起軒然大波，督辦鹽政大臣載澤面臨的壓力極大，聲言要辭去督辦大臣兼差，「另簡賢員接替，以避嫌怨」，晏安瀾也有辭職之說[2]。有軍機處大臣認為，鹽政與別項要政不同，並非中央集權所可奏效，督辦鹽政處制定的章程有欠妥善，無怪乎各省督撫不予承認[3]。

由於載澤對錫良等人的質詢並未認真加以解決，督撫聯盟不得不發起的第二次反擊。這次領銜電奏者是兩江總督張人駿，此電對鹽政章程的弊端條分縷析，指陳要害，認為載澤對外省的情形僅知十分之一，因而要求將督撫們的奏章以及鹽政章程一起交給會議政務處研究決定。但攝政王仍將此折批飭督辦鹽政大臣與各省督撫會同商量[4]。度支部亦一時不可能更改原章，雙方僵持不下。輿論對此莫衷一是，朝臣似乎有操縱輿論的嫌疑，有些媒介評論明顯是受度支部的影響[5]。但支持督撫的觀點占居多數，譴責度支部居上控下，不明實情，「度支部所定鹽政章程，督撫爭之，部臣持之，而督撫又爭之。爭之者是耶？持之者是耶？非記者所敢言矣。然而部臣居京師，僅恃部員之條陳、報告以定議，終不若各督撫之於本省情形較為親切也。竊願澤尚書勿

---

1 〈劾度支部尚書載澤把持鹽政摺〉，此折留中不發，見胡思敬：《退廬全集·箋牘·奏疏》，第849～857頁。
2 〈澤尚書擬辭督辦鹽政〉，載《大公報》1910年4月15日。
3 〈樞臣對於鹽務處章程之抗議〉，載《大公報》1910年4月17日。
4 〈各督撫又聯銜奏抗鹽政章程〉，載《申報》1910年5月1日。攝政王對督撫迭次反對鹽政集權甚為震驚，曾下令傳旨申斥，見《宣統政紀》卷40，第9～11頁。
5 與度支部同調者在媒介上刊發支持中央集權言論的現象十分明顯，例如在《申報》上即有相應的言論，見〈中國中央集權問題〉，認為過去規定督撫的權限太大，極力主張中央集權，為度支部辯護的傾向十分明顯，見該報1910年10月15日。

膠執成見」[1]。

　　輿論責之，諫垣錚之，疆吏亦不能容忍，度支部載澤極力貫徹聚斂主義，置自己於四面楚歌之中，樹敵越來越多。疆臣中早有人感慨此事，「歷朝之季，無不因國用不足，重取於民，當其時亦萬不得已而行之，而國已莫保。所以聖人垂訓必曰：與其有聚斂之臣，寧有盜臣，蓋盜臣不過蠹國，所損猶輕；聚斂無不病民，所失至巨也」[2]，將矛頭直指度支部等清廷部臣。

　　一九一〇年五月中旬，督撫聯盟第三次致電京師，這次是應度支部的諮詢而發，電奏銜名的督撫有錫良、陳夔龍、張人駿、趙爾巽、袁樹勳、李經羲、丁寶銓及增韞等八員。該電著重從五個方面直指鹽政章程的核心弊端。

　　其一，章程第一、二兩章中規定，督辦大臣管轄全國鹽務官吏，總理全國鹽務事宜；凡鹽務用人、行政事宜均由督辦主持。督撫們的理解就是全國鹽務「固已專屬於督辦一人矣」，督撫為會辦大臣，僅僅有會辦之名，並無會辦之實，雖然章程中規定督撫的責任是疏銷和緝私，但它與用人、行政不可分割，否則督撫職責就是紙上空談。電文中說，「尊旨既為中央集權起見，不知督撫之權皆係中央之權，未有可專制自為者，若至督撫無權，恐中央亦將無所措手」[3]；這一說法，體現出雙方對「集權」理解的差異，更將督撫視為「中央」同調而非「中央」之對立面。

　　其二，用人權限。督撫電中要求對鹽局總辦一職的遴委派任，不必經由督辦鹽政大臣奏派；其餘大小鹽官的任命、升格，京中督辦大臣並不瞭解具體情形，仍由督撫主持派任，報鹽政處備案。

1　〈時評・其二〉，載《申報》1910 年 5 月 3 日。
2　《閩縣林侍郎（紹年）奏稿》，第 804 頁。
3　〈各省督撫反對鹽政處第三次電〉，載《申報》1910 年 5 月 17 日。

其三，行政權限。督撫們要求說，當關係規劃全局事宜或變更涉及數省利益的問題時，督撫應該有絕對的參與權，督辦大臣不能獨斷專行。

其四，奏事權限。重大事項允許督撫單銜奏請，或聯銜具奏，均無不可，以求內外相維之道。

其五，用款權限。電文力爭督撫有靈活用款的權利，外省入不敷出的情形已很嚴重，新政與練兵在在需款，事無鉅細，不可能事事奏請以後方可動支，否則掣肘甚大，無以應付緊急需求。

這一時期上下紛爭中，大概以鹽政之爭為冠，政界風潮之烈，參與人數之眾，輿論反映之廣，時間之集中，均屬清末罕見的現象。報界諸多欄目闢有專欄以表達民間政見，雖有官界人士操縱其間，但也的確反映出知識界的一些傾向。對第三次督撫抗爭，有人稱，「顧鹽政處自設立已（以）來，除研究、調查二者外，惟以集權聞。權不可以一朝集也，則挾中樞以自重，而各省始怨咨矣」[1]，言論之傾向性顯而易見。載澤初任度支部尚書時，亦想改善朝臣與各省的關係[2]，但鴉片大稅漸失，彌補維艱，上下需款迫切，藉此度支艱窘之際，遂致衝突，又是其所不可預料的變局。

第三節　抵補陷入困境

一九一〇年上海同文書院院長日本人根岸佶在《支那財政整理論》

---

[1] 〈時評・其一〉，載《申報》1910 年 6 月 20 日。
[2] 〈澤公之經濟學〉，載《嶺東日報》1907 年 6 月 19 日。該消息說，「澤公因各省財政廢弛，必使部省聯絡直接，方能漸漸改良，不僅改革部制，即謂得其要領，曾於日前在度支部提議」，部臣與疆臣之爭，以度支部為最，這恐怕不是載澤事先能料到的事情。

一文中認為，在中國新舊各項稅目中，「將來最可厚望者惟煙、酒、印花三種，自不得論」，關於印花稅，文中說，「印花稅雖稍遜於煙酒，然東西各國亦嘗倚為重鎮。中國自拳亂後，頗有建議行此稅者，以反對者多，未能實行。至禁止鴉片後，歲入驟減，遂決意舉行印花稅以補其缺。然究因太不順於民情，督撫不敢興辦，故今之收入未有可觀者。若將來措施得宜，縱令不能以之代鴉片稅，千萬內外可坐致也」[1]。這時正是禁政推行的高潮時期，清廷抵補之策已有多端，可惜根岸氏預計得過於樂觀，不但印花稅不具成效，即令隨後出臺的鹽斤加價也紛爭迭起，難以達到清廷預期的抵補目標。一九〇八年下半年以後，又相繼出臺鴉片牌照捐和田房稅契的整頓措施，兩者阻力頗不相同，成效也各有千秋，但概未達到清廷預期成效。各省抵補政策紛紜不一，或微有成效，或流於形式，徒致紛擾。樞廷要臣及各部大員紛紛提議各種對策，付諸實施的卻不多見，禁政帶來的稅釐抵補終於跌入困境。

一　推行牌照捐

　　牌照捐是一種向鴉片消費者徵收的捐稅，它不是直接向鴉片消費者徵收，而是由鴉片熟膏店和土膏店在吸食者購買煙膏或煙土時代替政府加以徵收，並定期彙總上交官府的一種稅課。清廷推行牌照捐政策的緣起，一是禁政加速推行後，土藥統稅撥款數量不得不減少；二是鹽斤加價實施後，各省情形差別較大，多數省分的入款並不能抵補土藥稅款的減撥幅度。各省財政差額巨大，必須設法尋求其他抵補辦法。一九〇八年十月末度支部借鑑江蘇省的牌照捐辦法，建議清廷令

1　〈日人論中國整理財政策〉，載《國風報》第 2 年第 3 號，1911 年 3 月 1 日。

各省加以推廣。關於辦理牌照捐和各省撥款的辦法，該部奏章說：

> 蘇省定章自明年起，每膏一兩捐錢六十文。[1]現擬定為無論膏土各店，凡來購者均須驗明牌照，每土一兩向購者捐錢四十文，每膏一兩向購者捐錢六十文，作為牌照捐。現當各省禁種罌粟，土價飛漲，加收牌照捐，即為嚴禁吸食地步。
> 此外，各地方官不得再有別項徵收名目。其膏土各店憑照費仍照民政部會同臣部奏定數目辦理，亦不得再行加徵。倘有故違定章，查出從嚴參辦。
> 每屆年底，核明該省繳回藍執照，所有填土數目，以各省應得鹽斤加價、牌照捐及補收土稅儘數作抵；如核與該省原徵科則除撥抵外尚有不足，仍由統稅總局核明，照數撥補。惟各省運銷土藥，須遵照臣部調查洋土藥奏案，照光緒三十三年銷土之數，遞年減銷二分以上，如不遵章遞減，即按藍執照所填擔數減撥一半。[2]

由於牌照捐係向消費者徵收，東部省分因產土較少，牌照捐的管理尚不犯難，西南和西北各省屬於鴉片產區，民人自種自吸，散漫難稽，牌照捐不大可能在這些省分得到實施，度支部只得規定這些省分的督撫嚴定稽查章程，實行徵禁並施之策。

---

1 據許珏稱，廣東禁煙總局遣人前往江蘇，將該省牌照捐章程抄錄，發現蘇省實行的是「銷數遞減，膏捐遞加」的政策，自 1909 年 12 月份起，每膏一兩加抽至 300 文，並奏咨有案，1910 年 6 月還要遞加；寧屬則是將牌照捐責成土市公行在銷售時，按數代收。見許珏：《復庵遺集》卷 11，〈禁煙存牘〉5，影印本，第 408 頁。

2 〈度支部具奏土藥稅收不敷酌擬推廣牌照捐以資撥補摺〉，一檔館：會議政務處檔案全宗，檔案號：279/2028；〈度支部奏陳土稅辦法〉，載《申報》1908 年 11 月 15 日。

面向鴉片吸食者的牌照捐與針對土膏店的憑照捐是互為依託、相輔相成的。在牌照捐政策出臺之前，民政部在禁煙稽核章程中規定，各省禁煙公所應在土店和膏店中推行營業憑照捐，「各省應印製鴉片營業憑照，由各地方官發給膏土各店收執，每年更換一次。其未領憑照私行開設者，一律查禁。口膏土各店於承領營業憑照時，應按照成本分上、中、下三則，成本一萬元以上者為上則，每年繳照費六元；成本不及萬元及五千元以上者為中則，每年繳照費四元；成本不及五千元者為下則，每年繳照費二元」[1]。牌照捐與憑照捐共同構成鴉片營業的主要稅種，就收入規模來看，牌照捐顯然是其中收入的大項。

牌照捐政策出臺之後，各省的實施並不均衡，最具成效的省分是廣東和江蘇兩省，其餘各省或因鴉片銷售規模較小，或被土商風潮所阻隔，致使該項政策實施困難重重。牌照捐導致的土商風潮各地均有發生，其中安徽省首先惹致土商風潮。該省巡警道釐定新的牌照捐收款辦法，超出度支部所規定的收捐數額，規定每膏一兩捐錢 100 文，每土一兩捐錢 50 文，並且對各土商膏店的帳薄稽查極為嚴密，各土膏店均不願承擔，相率罷市，共同釐訂協議，概不出售[2]，導致鴉片吸食者騷動不安，對官府的政策極為不滿，釀成牌照捐政策出臺後較早的土商風潮。接下來湖北省又爆發了規模更大的土商風潮，對該省牌照捐的實行影響較大。

湖北省的土藥稅款已經遞年減撥，牌照捐的實行恰好為本省解困創造了條件。湖廣總督陳夔龍在有關奏章中稱，「查推廣牌照捐，業經度支部指定抵補土稅不敷之款，而土膏營業憑照收費屈指可計，為

---

[1] 〈民政部等奏酌擬禁煙稽核章程嚴定考成辦法折（附清單）〉，載《東方雜誌》第 5 卷第 7 期，1908 年 8 月 21 日。

[2] 〈皖省膏土抽捐之風潮〉，載《申報》1908 年 12 月 29 日。

数實亦無多，自應照民政部原奏，撥為鄂省禁煙經費等項之用；如牌照捐抵補土稅仍有不敷，則先盡償款撥補」[1]，這是湖北省解除土藥統稅危機的一個良機，官府備加重視。湖北禁煙公所制定了嚴密的憑照和牌照章程，對查驗稅章的規定尤為嚴格，諸如「各店代收牌照捐，須令按日匯繳，如有藉詞拖欠情事，報明本公所，照章議罰」，再如「武漢三鎮膏土各店一律發給循環印薄，飭令按旬更換，繳由本公所查核。各警察局應每夜分派員司，攜帶本日所發各項憑照單存根，赴各店稽核，以杜弊混。稽核之法以循環薄與該店流水薄並存根互相校對為緊要關鍵，如查有彼此不符，即係舞弊，應即報明本公所，分別照章議罰。各市鎮及各州縣均應仿照辦理」[2]。這一周密嚴格的規定正是武漢三鎮土商風潮爆發的主要原因。武漢三鎮禁閉煙館以後，土店生意明顯火爆，各類鴉片吸食者紛紛到土店挑膏吸食[3]，致使土膏價格節節上漲。漢口土膏店數量眾多，大小膏店一百一十餘家，數日之間就有9萬餘兩膏土成交[4]，並且價格迭次上漲；武昌則出於招徠顧客的考慮，遲遲不予提價。但因漢口方面迭次漲價，武昌土商也轉變策略，爭取在政府採取限制性行動以前，盡量賺取較高的利潤，於是，省城的各類土商共同議決將鴉片價格每兩增加100文[5]。可惜這一生意良機僅僅持續了三個多月，湖北督轅就要令其按照既定規則代收牌照捐。土商各幫對這一規則頗有怨言，「商人因章程內有代收捐款，每家給循環薄，逐日清查存貨售貨數目，盤算出入帳據各條，與商情不便，一再懇求刪改，均未奉允」[6]，土商對抗官府牌照捐的風潮就在官民交涉

---

1 〈開辦土膏營業憑照捐及購煙牌照捐摺〉，《庸庵尚書奏議》（三），第1031頁。
2 〈湖北禁煙公所發給憑牌照章程〉，載《東方雜誌》第6年第3期，1909年4月15日。
3 〈煙膏暢銷〉，載《漢口見聞錄》1908年9月17日。
4 〈漢市土膏營業之發達〉，載《申報》1909年2月11日。
5 〈膏鋪公漲議價〉，載《漢口見聞錄》1908年9月17日。
6 〈記漢口土膏店滋擾事〉，載《東方雜誌》第6年第3期。

過程中孕育產生。

　　武昌城土膏牌照捐自一九〇九年三月十日開辦，當日到禁煙公所領取牌照者寥寥無幾，即便有少數人持牌照前往土膏店購買，各店均不允售，無牌照者前往購買，則被警察阻滯[1]。土商各店在領取憑照一事上並不一致，規模較大、資本雄厚的土店多遵章及時領取，而中小型土店則拒不領照，且廣發傳單相約罷市，對大店遵章開業極為不滿，糾集多人前往滋擾，以抗議牌照捐規章嚴格限制[2]。漢口海關道建議鄂督陳夔龍，舉辦官膏專賣可避免此種居奇挾制的弊端，陳督甚韙此議[3]。官膏專賣的建議對各類土商震動很大，湖北督轅採取派兵巡查，並對遵章開業者予以保護的措施較為得力，這一風潮始趨於平息[4]。晚些時候，湖北沔陽州仙桃鎮也發生土商抗拒牌照捐的風潮[5]，只是由於規模不大，很快就由督轅派人查辦平息。這次土商抗拒牌照捐風潮過後，湖北省對原來徵收牌照捐的做法作了一些改進，在漢口、沙市、宜昌各大埠設立土市公棧，作為「稽核土商繳捐總匯之區」，未設立專局者，則由各州縣代收，一九一〇年開始在武漢三鎮設立查緝局，專門稽查武漢地區的憑照捐和牌照捐事宜，並將牌照捐的徵收標準增加一倍，聲稱「以徵為禁」，實際上是對廣東牌照捐的大量收入極為羨慕，「聞粵省試辦膏牌捐，歲收有二百萬之多，而鄂省預算尚不及

1　〈土膏牌照風潮〉，載《漢口見聞錄》1909年2月28日。

2　〈土膏商罷市風潮詳紀〉，載《申報》1909年3月3日。

3　〈記漢口土膏店滋擾事〉，載《東方雜誌》第6年第3期；〈土膏罷市風潮續志〉，載《申報》1909年3月05日。

4　《盛京時報》的報導對這次土商風潮的成因有不同的說法，雖然該報也論及土商對牌照捐的不滿，但卻認為風潮發生的一個重要原因是「太守挨戶開導，並將挺抗之戶所有土膏概行拿出，以致大動公憤，相邀一律停賣。兼之廳弁袁盛祥從中恐嚇，藉茲漁利」等，這是該報與其他媒介報導有別的地方。見〈武漢反對土膏捐〉，載《盛京時報》1909年3月12日。

5　〈委查仙桃鎮土商罷市風潮〉，載《申報》1909年4月19日。

二十分之一」[1]，所以對仿照廣東辦法徵收牌照捐非常熱心，後因廣東方面的做法導致英人幹涉，湖北試圖通過牌照捐實現增收巨款的計劃亦不得不作罷。

廣東省在度支部出臺牌照捐之前實行的是「膏牌費」，徵收對象是已經售出的熟鴉片膏，徵收辦法和標準是由政府確定的承包商根據鴉片煙膏的銷售所得，每售銀一兩，徵收膏牌費四分，在中央推行牌照捐之前的一九〇八年一年中，這項膏牌費共收入（銀）19 萬餘兩[2]。這項制度的弱點是「煙土價值隨時漲落，則膏價亦無一定，是以商人包飾，委員承辦，均隨時以意增減」，「商人承辦志在牟利，多半不實；委員又敷衍了事，弊端難免」[3]。度支部制定牌照捐政策後，廣東省並未立即執行，而是仍在實行膏牌費政策，為期一年之久。按照度支部規定的牌照捐徵收標準，廣東每年可以收入 223 萬餘兩，之所以未能舉辦，原因較為複雜。有學者認為，這項制度的實行「有賴於嚴密的牌照制度，由於吸菸牌照發售繁瑣，變化較大，查驗不易，所報又多不實，自然難於有效徵收」，[4]若按照廣東禁煙總局會辦許玨的觀察來看，情況又稍有不同。主管廣東膏牌費事宜的是善後局，該局對推行膏牌費制度情有獨鍾，儘管收入水平不及牌照捐收入的零頭，但仍不思改進，「部催開辦牌照捐，稽延已及一年，倘因區區二十萬元之膏牌，致生瞻顧，于禁煙固多阻力，於籌款復甚懸殊，揆諸輿論，則易起群疑，證之大局，則尤為失算」[5]，看來善後局有人可能從這項膏牌

---

1 《湖北全省財政說明書》，〈歲入部〉，〈土藥稅〉，第 13～14 頁。
2 〈稟督院詳陳煙膏加價並無流弊〉，許玨：《復庵遺集》，〈禁煙存牘〉四，影印本，第 386 頁。
3 同上。
4 王宏斌：〈清末廣東禁煙運動與中英外交風波〉，載《毒品問題與近代中國》，當代中國出版社 2002 年版。
5 〈稟督院詳陳煙膏加價並無流弊〉，許玨：《復庵遺集》，〈禁煙存牘〉四，影印本，第 385 頁。

費中獲益匪淺。

擺在廣東面前的有兩種改進辦法，一種是度支部提出的牌照捐制度，另一種是許珏等人提出的煙膏加價辦法。許珏認為，度支部的牌照捐制度在廣東省實施有一些問題，籌備工作較為緩慢，「查廣東各廳州縣吸菸領牌人數至今未冊報者尚有二十一屬；其冊報土店間數、稟請本局給照者僅有三十三屬，若待一律冊報齊全尚需時日，且所報亦多不實不盡」，既然有此種種困難，他認為若要遵照度支部的辦法舉辦牌照捐，只能是將部定辦法和程序變通處理，可以仿照落地捐的方式進行徵收，即便收不足額，每年至少也可入款（銀）160 萬兩（合洋元 222 萬餘元）[1]。當然，許珏等禁煙總局官員傾向於採取煙膏加價辦法，也就是按照江蘇蘇屬加價的辦法來執行，這是響應香港方面的建議，令廣東與香港的煙膏價格持平，防止走私偷漏[2]。加價的計劃包括三個步驟，初步的加價是每煙膏一兩收取價加銀三錢六分，這樣加價以後，該省每年從這項稅款上獲得的收入，至少可達 432 萬兩（合洋元 600 萬元）。[3]許珏等人之所以對煙膏加價的做法較有信心，也是受江蘇寧屬與蘇屬辦法不同結局的啟發：蘇屬採用加價辦法，外人並未橫加干涉，且目前每兩已經加價至 300 文，勢頭良好；而寧屬採用官膏專賣的辦法，卻受到英人的刁難和外務部的制止[4]，因此煙膏加價之法的確可行。禁煙總局為推行煙膏加價與善後局屢有交鋒，爭論相當激烈，督院最後傾向於實行度支部的牌照捐制度，即在禁煙總局與善後局之間取折中態度。粵省牌照捐章程擬定以後，正準備於一九一〇年五月上旬開辦，英國駐廣州總領事就挑起事端，釀成了牌照捐制度

1　同上，388 頁。
2　〈稟督院請招商設立稽徵公司〉，《復庵遺集》，〈禁煙存牘〉四，影印本，第 383 頁。
3　〈稟督院詳陳煙膏加價並無流弊〉，《復庵遺集》，〈禁煙存牘〉四，影印本，第 388 頁。
4　〈上督院稟另擬煙膏加價章程〉，《復庵遺集》，〈禁煙存牘〉四，影印本，第 397 頁。

推行過程中最大的一起中英外交爭執事件，影響之大實難以估量，這次外交鬥爭與一九一一年的中英禁煙條約的簽訂有直接關係。關於這一問題已有學者作過相關研究[1]，此不展論。

其他省分的牌照捐情形暫因資料闕如，不可詳論。但大體可以說，雲南省由於縮期禁種較為徹底，牌照捐已不可能推行。[2]四川省因種植和吸食的數量均超出一般省分，川省禁煙總局建議採取官膏專賣的辦法[3]，徵禁並施，但其收入規模受較多因素的限制，諸如土藥出產數量的遞減，官方投入的資本總量限制等。即從後者來看，四川省官膏專賣的資金運作經常受到其他因素的制約，周詢給趙爾巽的電報說明了官膏局經費被擠占挪用的情形，「價貴銷疲，繳本遲滯，停運不得，少購不能。前開運本二百六十餘萬，再三覆核，實難短少。前、去兩年，每值關期，尚須息借，情形可想。抵藥一項收僅及半，即須陸續撥解，不能恃作運本，各項預墊又有月份可以查算，實不為寬。倘餘款提撥過多，勢難周轉⋯⋯頃接藩函，詳提練軍置械四十萬，又撥邊務廿萬，似此巨款如何騰挪，務懇酌裁」[4]。

川省專賣入款相當於舉辦牌照捐的收入，對這項收入應加以注意。根據秦和平的研究，川省官膏專賣的盈利並不像想像的那樣巨大，巴縣作為較為重要的官膏專賣基地，一九〇七年半年期間，盈利（銀）7300餘兩[5]；重慶官膏局也是該省重要的專賣經營機構，該局自

1　王宏斌：《清末廣東禁煙運動與中英外交風波》，「毒品問題與近代中國學術研討會」論文，收入氏編：《毒品問題與近代中國》，當代中國出版社2002年版，第1～29頁。
2　〈雲南吸菸者竟已戒絕〉，載《盛京時報》1909年12月10日。
3　四川巴縣檔案，1907年7月7日戒煙總局擬定官膏專賣章程詳稿，轉見秦和平：《四川鴉片問題與禁煙運動》，第122頁。
4　〈周養庵觀察來電〉，一檔館：趙爾巽檔案全宗，74/375。
5　四川省巴縣檔案，1908年4月重慶府重慶警察局：巴縣遵札會銜稟請劃撥官膏局所賺息銀案，轉見秦和平前揭書，第127頁。

一九〇七年九月至一九〇八年三月半年期間，盈利（銀）9300餘兩；省城的官膏總局在一九〇八年至一九一〇年期間運作的情形有較大的差別，初始時期鴉片價格較低，銷售數量並不大，從一九〇八年九月份至十二月份，每月剩餘利潤介於（銀）617～1209兩之間，而官府每月所墊付的資本是18萬兩[1]；隨著禁煙形勢的加緊，鴉片價格越來越高，民間的存土也逐漸減少，導致官膏局的銷售量節節上升，利潤增速加快，至一九〇九年十月份時，有關統計的數字猛增，計「收入九七庫平銀111424兩7錢零，支出九七庫平銀25368兩零，存九七庫平銀86056兩零，外存土存膏值銀42317兩零」[2]，看來每月毛收入也達到十幾萬兩。另外，除了該省官膏專賣的利潤以外，尚有各地官府開設煙土公行經營的利潤，這部分收入也可劃抵牌照捐收入一類。該省大員極力要求對本省土藥稅進行官方壟斷[3]，督院派辦處曾建議四川總督趙爾巽設立煙土公行，主要目的是禁煙與盈利兩相兼顧，「其目的須注重禁絕一面，不言利而利在其中」[4]，這項利潤的數目究有多少，目前尚未得知，不過，根據禁煙形勢的發展情形和專賣經營的有關數據來推算，這項收入應不會太多。作為生產鴉片的大省，四川這兩項收入的總數，當不會超過廣東省的牌照捐收入。

　　貴州省是西南地區的鴉片主產區之一，在縮期禁煙問題上，該省仿照雲南省辦法，執行盡速儘快禁絕的政策，至度支部制定牌照捐政策時，鴉片種植亦大為減少。一九〇九年護理雲貴總督沈秉堃向清廷

1　〈光緒三十四年八月份省城官膏總局官膏調查表〉、〈光緒三十四年九月份省城官膏總局官膏調查表〉、〈光緒三十四年十一月份省城官膏總局官膏調查表〉，一檔館：趙爾巽檔案全宗，62/316。

2　〈四川省城官膏總局出入銀數月表・宣統元年九月份〉，一檔館：趙爾巽檔案全宗，62/316。

3　〈整頓土藥芻議〉，一檔館：趙爾巽檔案全宗，62/316。

4　〈川省派辦處呈趙爾巽節略〉，一檔館：趙爾巽檔案全宗，62/316。

申述說，本省無法舉辦牌照捐，「毒苗既絕出產，毫無薹售之商，零販之店靡不依限歇業，實無買賣煙膏、煙土之人，牌照捐無憑開辦」[1]。這一說法受到度支部的責難，貪戀稅釐的傾向使得該部對地方省分的禁政決策橫加干預，所持理由亦荒唐無理，「至牌照捐係稽查吸戶扼要辦法。該省民人，煙癖素深，辦理尤關緊要，豈可以籌辦為難，一再延緩。臣等公同商酌，該撫所請於禁種之先停收土藥稅釐及吸戶牌照捐難以實行各節，揆諸目前情勢，均有窒礙」，要求貴州省加強對牌照捐的徵收[2]。清廷內部有人對度支部的這一無理做法頗不謂然，認為雲南和貴州等省執行縮期禁種的政策行之有效，為配合禁種，要求取消牌照捐有其合理性，「國家對於鴉片，果實心禁之耶？抑觀望遷延，冀捐稅之不無小補也。不捐牌照，私販私吸者尚凜然於功令之未可違抗，否則，明目張膽死灰復燃矣。秉塑毅然拒之，固猶愈於希風承指者」[3]。儘管度支部苛責，黔省對牌照捐的整頓並無起色，遠遠不能與廣東等省相比擬。黔撫與度支部對牌照捐問題的不同處理，說明禁毒改革的邏輯遇到了財政困頓的挑戰，禁政之策與財經擴張顯然難以調適。

其他省分因警政辦理滯後以及禁煙進程加快等原因，收入並無明顯增加。湖南在一九一○年下半年財政虧款彌補的六項計劃中，有兩項涉及牌照捐的整頓，但不敢保證收入的數量，包括牌照捐、印花稅在內所有六項收入，也僅僅是希望達到（銀）140萬兩[4]，牌照捐一項的收入之少已可想見；隨後，湖南藩司估計，如盡最大力氣對牌照捐加強稽徵，每年可達（銀）30萬兩[5]。這也僅僅是希望而已，並未見諸

---

1 《清朝續文獻通考》（一）卷52，〈徵榷〉24，第8070頁。
2 同上。
3 同上。
4 〈湘財政之各面觀〉，載《民呼、民籲、民立報選輯》1910年11月13日。
5 〈湘省之最近大事〉，載《民呼、民籲、民立報選輯》1910年11月18日。

事實。該省實際推行牌照捐的時間是一九一〇年十二月份，確定的徵收標準是每膏一兩徵洋銀三角，煙土的徵收標準同煙膏相同，只是這項收入的數量很難預料[1]。安徽省的牌照捐開辦於一九〇九年六月十八日，取法江寧，依靠土市公行來稽徵該稅，在安慶、蕪湖和廬州分設有關機構，收入稅款用於辦理禁政、巡警和勸業等新政事項，估計此項收入不會顯著。該省對依靠牌照捐來開拓財源的做法不以為然，而是建議實行鴉片專賣，既可有裨禁政，又可增加稅款，益處極大[2]。山東舉辦牌照捐的收入一九〇八年僅僅為（銀）963兩[3]。清廷欲依靠舉辦牌照捐來抵補鴉片稅釐的計劃，看來並未顯效。

二　提高田房稅契稅率

全國性鴉片稅釐抵補的政策中，出臺最晚的是田房稅契整頓政策。進入一九〇九年後中國財政愈顯不穩，內債無法舉辦，外債籌議又受到外人的懷疑和責難[4]，會議政務處與度支部大臣均感棘手，除了印花稅以外，度支部各堂憲對各省的釐金收入也頗欲染指，「擬先調查各直省歷年奏報釐金收數後，再行稽核常、洋各關額徵稅課正款」。這一舉措緩不濟急，清廷不得不再度要求各省注意鴉片稅的抵補問題。

1　《湖南全省財政說明書》，〈歲入部・雜捐類〉，第8頁。

2　《安徽全省財政說明書》，〈歲入部・土膏牌照捐〉，第41～43頁。對於鴉片專賣之利益，安徽省認為至少有四個方面：即減少社會吸食量、減少輸入量和防止漏稅、抑制商人壟斷之弊，禁煙效果明顯。

3　《山東清理財政局編訂全省財政說明書》第4冊，〈歲入部・土藥稅〉，第3頁；對牌照捐的抵補效益，輿論早就認為成效不可能明顯，有人曾作短評說，「各處所辦土膏照，領照者寥寥，而挑膏運土者未必寥寥也。此事之結果概可想見：始則人民視為具文，終則官吏緣為利藪，嚴既足以鬧事，寬亦適以滋弊，吾不知何以善其後也」，見〈說土膏照〉，載《時報》1909年6月24日。

4　〈外人論中國財政紊亂情形〉，載《申報》1909年1月13日。

一九〇九年三月十五日內閣奉上諭：洋土藥稅釐關係軍餉大宗，近據度支部奏請酌加各省鹽價以為抵補之策，當經允行。惟鹽斤加價合計不過四五百萬兩，不敷尚多，其抵補稅釐一事責之度支部悉心擘畫，此時籌款誠艱，要當權其利害輕重，多方籌集，迅速舉行。各省如有抵補良策，亦著奏陳備采[1]。上諭下達後，度支部仰屋興嘆，計無所出，不得不向各省徵詢抵補良策，並催促各省迅速奏報抵補的措施[2]。會議政務處大臣甚至奉旨通知各省，特意要求將各省對鴉片稅釐抵補的具體辦法列表呈送，各省對此多數視若罔聞，慶親王奕劻不得不再度要求各省限期兩個月咨報到京[3]。從各省咨報的情形來看，能夠真正起到抵補實效的政策並不多見，茲將部分省的抵補措施列表如下：

表 3-1　部分省分籌抵鴉片稅釐計劃措施簡表

省分	抵補措施或設想	資料來源
甘肅	該省的奏報未言及抵補辦法。	〈升督奏陳甘省禁煙情形〉，《申報》1909 年 2 月 30 日。
貴州	設立紅葡萄糖公司，仿照西方辦法生產；鹽斤加價微不足道，計劃創設礦務總公司，開採硃砂、水銀和銻礦以作抵補。	〈禁種阿片之抵補品〉，《申報》1909 年 4 月 4 日；〈黔省辦理禁煙情形〉，《申報》1909 年 7 月 11 日。
山西	鹽斤加價、旱煙糖酒加捐。	〈晉撫奏陳辦理禁種土藥情形〉，《申報》1909 年 4 月 23 日。
湖北	無妥善之法。	〈奏報鄂省禁煙情形〉，《申報》1909 年 4 月 25 日。
雲南	興辦錫礦。	〈滇督抵補土稅之計劃〉，《申報》1909 年 5 月 8 日。

1　《宣統政紀》卷 8，第 31～33 頁。
2　〈籌補土藥稅良策〉，載《大公報》1909 年 3 月 23 日；〈咨請各省籌補藥稅〉，載《大公報》1909 年 4 月 3 日。
3　〈整頓稅釐匯聞〉，載《申報》1909 年 2 月 6 日。

省分	抵補措施或設想	資料來源
江蘇	無抵補大策。	〈蘇撫奏陳辦理禁煙情形〉，《申報》1909年5月12日。
廣西	仿照四川設立經徵總局辦法，接管和整頓原來由藩司經管的各項雜稅，並對各州縣原徵「牛判」加以整頓。	〈桂撫奏報禁煙辦法〉，《申報》1909年5月13日。
安徽	未言及抵補。	〈奏報皖省禁煙情形〉，《申報》1909年5月16日。
福建	鹽斤加價為數不多，等待中央撥款。	〈閩督奏報禁煙成績〉，《申報》1909年5月28日。
陝西	植棉、發展桑蠶、開採石油以及中央確定的鹽斤加價、舉辦牌照捐。	〈奏報陝省禁煙情形〉，《申報》1909年6月6日。
山東	認為中央確定的鹽斤加價、印花稅足資抵補，未列有他項措施。	〈魯撫奏報禁煙成績〉，《申報》1909年6月10日。
湖南	鹽斤加價不敷甚多，牌照捐難以憑恃，建議清廷仿照土膏憑照捐辦法辦理工商各業憑照捐，以集巨款。	〈湘撫奏報禁煙情形及籌議抵補辦法摺〉，《申報》1909年6月18日。
江西	鹽斤加價與牌照捐收入，不敷尚多，擬加徵出口米稅、穀稅，整頓田房稅契，加徵典稅。	〈贛撫續陳禁煙辦法〉，《申報》1909年9月3日。

上述各省提出的措施，或因部駁不准，或因經費、技術不足，多未見成效。倒是廣西和四川設立經徵局整頓田房稅契的辦法直接而有效。四川最先設立此局，經營成效明顯，入款大增，「截算上年冬季，稅契收數已達五十萬兩有奇，以之撥給公費、提補額款、續增新加三項，稅契尚足敷用」[1]。趙爾巽對川省整頓這項稅收抱有較大的期望，認為抵補稅款短缺的措施中，田房稅契的整頓是一個有效的選擇[2]，一

---

1 〈川督奏陳經徵局變通辦理情形〉，載《申報》1909年5月10日；軍機處檔，第177133號。

2 《政治官報》第359號，1908年10月25日；軍機處檔，第166767號。

九〇九年的收入激增至 239 萬餘兩，成效卓著[1]。湖北省鑒於四川省稅契收入劇增，也援引成案試圖整頓本省的田房稅契，度支部此時雖未向各省推廣這一辦法，但顯然注意到這一做法的重要性，在研究湖北省的請求時態度積極，認為這一稅種優勢明顯，「惟前項契捐，究係取之有力之家，尚與貧民生計無礙，如果辦理得宜，則凡能置產者生心疑阻，自可准其試辦」，表示該部正在研究各省的田房稅契辦法，一旦理出頭緒，即可入奏[2]。隨後，廣東省尚有本省因辦理契稅顯著，保舉部分官員奏請獎敘一事[3]，這更加堅定了度支部出臺新的田房稅契辦法作為抵補大策，而且財政集權傾向使度支部對各項開源節流之策均十分關注[4]，田房稅契整頓政策出臺意味著新一輪對各省財源搜刮的開始。

度支部雖然已經注意到此稅，而未能立即奏辦的原因，主要是各省田房稅契的徵收比例極不統一，如何酌量一個被各省所接受的稅率十分麻煩。根據何漢威的研究，各省對這一稅種的經營時間久暫不一，稅率多寡不同，且屢有改變。在度支部提出統一稅率之前，各省契稅稅率情形如下：

表 3-2　1909 年新契稅稅率出臺之前各省情形表（稅率：％）

省別	年度	轉讓稅率	抵押稅率
安徽	1904 年確定	6.6	
奉天	1906 年確定	5.3	

1　軍機處檔，第 187650 號。
2　〈度支部議准鄂督請加契捐〉，載《申報》1909 年 5 月 15 日。
3　〈粵省整頓稅契之獎章〉，載《申報》1909 年 5 月 31 日。
4　何漢威著有專文探討度支部對財政集權的經營情況，涉及多種稅款的整頓和提撥，見 "A Final Attempt at Financial Centralization in the Late Qing Period，1909-1911'" Paperson Far Eastern History（Department *of Far Eastern History*，Australian National University），32（Sept.1985）.

省別	年度	轉讓稅率	抵押稅率
福建	1909 年前	3.0	3.0
甘肅	1909 年前	3.0	
廣東	1904 年確定	6.0	3.0
廣西	1907 年確定	4.5	4.5
黑龍江	1904 年確定	6.6	
河南	1904 年確定	6.0	3.0
湖北	1904 年確定	6.0	3.0
湖南	1904 年確定	5.0	5.0
江蘇	1904 年確定	6.6	
江西	1905 年確定	6.5	
吉林	1908 年確定	6.0	3.0
陝西	1909 年前	3.0	
山東	1907 年前	3.6	1.8
山西	1909 年前	3.0	
四川	1909 年前	9.0	
浙江	1909 年前	3.0	
直隸	1904 年確定	4.95	2.45
雲南	1909 年前	4.5	
全國	1909 年 7 月度支部確定	9.0	6.0

資料來源：根據何漢威：《清末賦稅基準的擴大及其侷限——以雜稅中的煙酒稅和契稅為例》（臺北，《中央研究院近代史研究所集刊》第 17 期下冊，1988 年 12 月，第 96～97 頁）一文所列表格整理。

隨後，度支部對各省田房稅契的稅率進行研究，認為各省的稅率不一，辦法紛歧，亟需整頓，「現當清理財政之時，稅契一項未便任令各省自為風氣，此其亟需整頓者也；且此項稅收，究係取之多財有力之家，與貧民生計無礙，不妨酌量加多，定為通行之稅則」，七月十五日該部建議以田房稅契的整頓收入作為鴉片稅釐抵補措施[1]。前述各省

1　〈度支部整頓各省田房稅契抵補洋、土藥稅釐摺〉，一檔館：會議政務處檔案全

契稅稅率不一，現在度支部統一釐定為買契徵稅九份，典契徵稅銀六分，稅款分配的方針是「其前由此項稅收內支用之款，應即如數劃還各省，並准於加收項下扣提一成以為辦公經費，此外儘數存儲，聽候部撥，專為抵補洋土藥稅釐之用」[1]。該部奏章為了打消各省的顧慮，證明此稅並不累民，專門解釋說，「議者謂事屬加徵，恐係害多利少，殊不知力能典買產業者必不吝此區區之費，且無典買之事官吏即無從過問，是與輿情為不擾。各省若實力奉行，辦理得宜，亦可集成巨款，是於公帑為有益」。

這一看法與真相相去甚遠，來自下面行省的說法是「社會之害莫此為甚」，「稅契一項取之有力之家，稍有增加原不為過。惟典當田房，納稅雖係富民，而負稅實在貧民，且自典當稅契之法行，富戶因憚於手續繁瑣，不願典當，貧民不得已，賣絕產業以救燃眉者，往往而有坐使富者益富、貧者益貧。社會之害莫甚於此」[2]。是否累民成為判斷稅種好壞的重要標準，行省與清廷的觀點大相徑庭。但稅源減少，財政亟待擴張，是否真正累民已無暇顧及。度支部很快制定了田房契稅試辦章程，共計二十條，下發各省參照執行[3]。看來，田房稅契的收入中，各省能夠使用的款項是增加稅率以前的稅款，而增加的部分則由度支部提撥使用。對這項規定，該部多次向各省重申強調[4]。各省對部頒稅章的反應不一，由於部定稅率系取各省中的最高值，原來

宗，檔案號：505/3843。
1 〈度支部整頓各省田房稅契抵補洋、土藥稅釐摺〉，一檔館：會議政務處檔案全宗，檔案號：505/3843。
2 《直隸清理財政局說明書》第6編，〈雜稅雜捐〉，第2頁。
3 〈度支部奏定酌加各省田房契試辦章程二十條〉，載《申報》1909年7月28、29日。
4 〈田房稅契歸作正款〉，載《盛京時報》8月19日；〈度支部奏遵議湘撫奏歷年整頓釐金並催提田房稅契摺〉，一檔館：會議政務處檔案全宗，檔案號：665/5906；另見《申報》1910年4月10日的有關報導。

實行低稅率的省分對此頗有意見。江蘇諮議局在審議本省田房稅契稅率時說,「部頒試辦新章稅則係照四川、湖廣奏案,從其多數推行各省,但各省情形不同,江蘇田房價昂,耕種、居住、營業不易,極費較量,故四川、湖廣舊則最重之契稅不能施之江蘇,猶江蘇最重之田賦不能施之四川、湖廣……部頒新章收稅重,則隱匿取巧之弊必更甚於前」[1],因而反對過高的契稅稅率。直隸省認為,度支部所確定的契稅率比日本的同一稅率還高出許多,極易導致隱匿之弊[2]。多數省分對契稅稅率之高感到難以接受,紛紛以有害於民生為由電請清廷降低徵稅比率,但度支部不為所動,一再強調此稅係取之有力之家,與貧民實無妨礙,「應仍遵照實行,勿再藉端干請」[3]。

四個月後,多數省分的態度發生扭轉。隨著各項新政鋪陳拓展,各省需款浩繁,原來的反對態度不得不收斂。江蘇省甚至計劃再度加徵六成,用於新政事業的舉辦經費,「現據諮議局員紳議決案,議將蘇屬稅契正稅大加整頓,一律擬照部章加徵六成。是以此項正稅銀兩截留一半儲庫,抵作本省新政經費,又以三成撥充地方公益之用。其餘如上海等處道契加徵三成,及蘇、滬船埠等項概行加收稅契銀兩,係為籌劃新政的款,業經該局咨會蘇撫,通飭蘇、滬各屬,剋日趕速造冊詳報」[4]。不但江蘇如此,浙江省部分地區也搭車收費,在部頒新章實行後,隨收警、學各費,辦理新政事項[5]。這類趁機變相增加稅負的做法愈演愈烈,迫使度支部不得不迭次向各省強調聲明,新章稅則既定,超出這一標準之外「絲毫不准多收取,恐不肖官吏陽奉陰違,致

---

1 〈江蘇諮議局議決撫臺交議整頓稅契辦法案〉,載《申報》1909年11月26日。
2 〈直隸清理財政局說明書〉第6編,〈雜稅雜捐〉,第1～2頁。
3 〈部駁各省請緩加契稅〉,載《大公報》1909年10月8日。
4 〈蘇省加徵稅契銀兩議充新政經費〉,載《時報》(上海)1910年4月2日。
5 〈稅契帶收警學經費〉,載《申報》1910年6月13日。

有浮收擾累商民情事,應即重申禁令,以防流弊而重定章」[1]。

各省實行部定新章後,收入情形較難估計。有學者對四川等十六個省分的收入數據進行統計後,認為一九〇九年以後每年的收入約為(銀)1100餘萬兩[2],較之鹽斤加價入款多出一倍有餘,在各種抵補方策中,實為入款大宗。細心核對即可發現,這一入款實際上包括了各省原有的收入,按部章規定,這些稅款中應允許各省截留一部分歸本省使用,歸中央支配的部分並不充足,所存缺口仍十分巨大,抵補意圖遠遠沒有實現。如此搜括,民眾負擔必然非常沉重,若加上各地搭車收費,田房稅契已成為僅次於釐金的第二大稗稅,與其他苛捐雜稅一起構成清末財政中最招人詬病的稅種。鴉片禁政本為善政,而抵補稅釐卻使它變為清廷擴張財政的一種藉口,各地民變迭起,與此類苛政不無關係。

三 紙上談兵

禁政期間,關注鴉片稅釐抵補者多是清廷重臣,各省疆吏雖然在清廷一再催促下擬具各類抵補措施,此後罕有再條陳者。上下內外的立場和表現迥不相同,令人深思。禁政初期,輿論界曾有人注意到鴉片稅的抵補問題,提出通過土膏價格逐年提高的途徑來加以補償,他所提出的對策直接而又簡單,對抵補大事信心百倍:「以官膏之加價補土捐之損失。本法之最簡便者,土捐逐年減則膏價逐年加,待至十年之後,土捐膏價雖已兩無所收,而民間驟少此四五千萬之花銷,則金融之機關必靈,金融之機關既靈,則工商業必驟形發達,而國家之進

---

[1] 〈重申田房稅契之定章〉,載《大公報》1910年4月27日。
[2] 何漢威前揭文,第94頁。

款自裕，此乃計學之公理，即吾國民足、君足之說也」[1]。態度樂觀，前途光明，有人乾脆簡潔直言地概括說「實行禁煙就可以富強了」[2]，可見時人對鴉片稅釐抵補的心態。

樂觀的心態不久就被事態發展所頓挫。英國人對中國加徵洋藥稅釐極力反對，聲稱如此辦理「有礙公益」[3]。對中方提出洋藥需要加徵一倍稅釐的建議，印度當局認為，「此等辦法實於禁煙無效，且印度不能使在華鴉片價值陡漲也」，「蓋中國政府雖已聲稱，增稅之舉非欲多獲餉源，然中國政府擬將洋藥重徵稅釐，期與土藥相等，則亦未嘗無因。是以中國政府增稅之議，駐華英使不宜輕允也」[4]。中英雙方關於增加鴉片稅釐的談判持久但卻無果而終。

儘管如此，清廷內部仍對鴉片加稅計劃興趣盎然。一九〇七年四月初稅務處擬實行鴉片稅釐加徵計劃，曾擬具章程，並起草奏章準備入奏，認為鴉片稅釐必須按年加徵，既可以寓禁於徵，又可以補助財政，度支部對這一舉動也表示支持[5]。該建議久無成果，估計是遭到英人的反對。七月份有人對鴉片畝稅的加徵表示支持，要求度支部與各省督撫協商，「嗣後種煙地畝即按現在稅則，一年加二倍，二年加三倍，逐漸遞加，以業戶不願種煙為度」，政府內部還對加徵畝稅計劃中派員稽查以及考核辦法等問題有所籌劃[6]。但各省畝稅的情形較為複雜，土藥統稅實行後，多數省分並未徵收此項稅課，而且罌粟種植稅的徵收難度非常之大，此議不得不作罷。一九〇八年五月禁煙大臣鹿

1　〈論禁煙之前途〉，載《申報》1907年2月21日。
2　《漢口見聞錄》，1908年10月16日。
3　〈英大臣覆答鴉片問題〉，載《順天時報》1907年3月10日。
4　〈英印度部致英外部說略〉，載《外交報彙編》影印本，第25～26頁。
5　〈議擬加徵鴉片稅額〉，載《大公報》1907年4月4日。
6　〈度支部通飭加徵煙稅〉，載《申報》1907年7月10日；《盛京時報》1907年7月19日同名報導。

傅霖與恭親王溥偉協商後認為，上年議定遞年加徵罌粟畝稅的辦法對禁煙有利，準備咨請度支部支持舉辦[1]。度支部卻認為，這一加稅計劃與土藥統稅章程衝突，此議作罷。

一九〇八年八月後各省土藥統稅局卡已經醞釀裁撤，稅款不可依賴勢成定局。度支部對抵補一事開始重視起來。印花稅久無成效，鹽斤加價沒有完全抵補的把握。載澤向清廷提議，不足之額可以將煙酒糖茶稅率酌量增加，並計劃在各省諮議局和資政院議員中開徵所得稅，據說所得稅舉辦章程也列入度支部的議事日程[2]。稍後度支部司員中有人建議載澤說，應該對洋藥和土藥稅同時加徵，奢侈性消費品如煙酒類的稅負也應該增加，這一建議得到多數人的同意[3]。稅務大臣鑑於洋土藥稅越來越少，也提出加徵奢侈品稅負的建議，認為可以仿照日本關於「奢華品稅則」辦理，凡是貴重品、奢華品等進出口稅負均應提高[4]。這一時期，類似於加稅之類的建議不勝枚舉，見諸報導的奏章紛然雜陳，但真正實行的並不多見，雷聲大與雨點小的現象早已被輿論所詬病，以致於有人譏之為「會議政治」：

> 今日之政治僅「會議之政治」也。一事之興，一議之創，諸大老相通告曰：某日在會議政務處會議矣，某日開御前會議矣；外間亦交相傳曰：某事果將於某日會議矣，某事且將於某日決議矣，乃遲至某日以某軍機未到，故會而不議，改某日。至日又以某尚書未到，故議而不決，又改某日。蓋改期三數次，而

1　〈重徵種煙地畝之計劃〉，載《盛京時報》1908 年 5 月 31 日。
2　〈度支部籌款新法〉，載《盛京時報》1908 年 8 月 5 日；〈度支部籌抵土藥〉，載《大公報》1908 年 8 月 12 日。
3　〈條陳增減稅課〉，載《正宗愛國報》1908 年 9 月 3 日。
4　〈擬加重奢華品賦稅〉，載《盛京時報》1908 年 9 月 18 日。

所議之事即可視為了畢矣[1]。

這些議而不決的建議所涉及問題頗不相同，但性質類似，均屬開源一類的對策，隨著鴉片稅釐越來越少，相同或者相似的條陳、要求陸陸續續提了出來，根據報界的有關報導，茲將一九〇八年下半年以後各類鴉片稅釐抵補的建議分類統計如下。

表 3-3　土藥稅釐加徵類建議簡表

建議者	建議時間	建議內容	資料來源
李參議	1908 年 8 月	逐年加倍徵收鴉片出產稅，每年僅本銷一項可收入（銀）2000萬兩，土藥溢收稅款不在其內。	〈李參議請籌禁種土藥〉，《申報》，1908 年 9 月 4 日
徐世昌	1908 年 10 月	東三省境內銷售的土藥準備加倍徵收土藥印花稅，開辦吸菸有償牌照，挪作辦公經費。	〈土藥稅加倍徵收〉，《大公報》，1908 年 10 月 25 日。
禁煙大臣	1909 年 1 月	要求度支部議定土藥稅加徵章程，本年加徵十分之一二，有裨禁政。	〈土稅加徵之風說〉，《大公報》，1909 年 1 月 29 日。
度支部堂憲	1909 年 2 月	今年擬將土藥稅照原價加徵十分之二，以裕國庫而示限制。	〈決議加徵土藥稅〉，《大公報》，1909 年 2 月 20 日。
禁煙大臣與度支部	1909 年 4 月	禁煙大臣的加徵建議度支部初步接受，確定要加徵煙土煙膏，各省劃一增加稅率，作為抵補各省土稅缺額。	〈咨行加抽菸土煙膏數目〉，《時報》（上海），1909 年 4 月 18 日。
載澤與紹陳兩侍郎	1909 年 4 月	擬將土藥稅再行加抽，提作辦理新政之用，決定按年遞加一倍。	〈擬加收土藥稅〉，《正宗愛國報》，1909 年 4 月 21 日。
載澤與各堂憲	1909 年 4 月	每年將土藥稅釐按三倍遞加，如此，一切煙酒等稅可暫緩加稅。	〈土膏加稅之近聞〉，《大公報》，1909 年 4 月 17 日。
禁煙大臣	1909 年 6 月	嗣後鴉片稅每年增長一倍，禁煙之令一年加嚴一等，相互配合。	〈鴉片增價之一說〉，《大公報》，1909 年 7 月 3 日。

1　〈時評・其一〉，載《申報》1910 年 7 月 12 日。

這些土藥稅釐加徵建議或要求，多數處於醞釀和籌劃階段。未能付諸實施的原因甚多，各省土藥統稅局卡的稽徵力量相對薄弱是一個重要的原因，走私偷漏的問題不可能有效地解決；各地土商對加稅的抵制不遺餘力，風潮迭見，也是阻礙加稅行動不可忽視的原因；關鍵的一個原因與督辦土藥統稅大臣柯逢時本人的傾向有關，一九〇六年春天，當土藥統稅章程醞釀制定之時，每擔（銀）100 兩正稅，並隨征經費銀 15 兩的主意就是柯逢時力主決定的，曾經辦理四川土藥統稅稽徵事項的蔡乃煌曾透露說，鴉片商人中行商盈利最多，萬金之本即可盈利六千金，此類商販百般運動，希望達到減稅的目的，而柯逢時順其籲請，不願多加稅釐[1]；另外一個原因是各省督撫的態度，加徵罌粟畝稅的做法只有山西、山東等少數省分始終執行，但也是地區性的政府行為，與中央的意圖並無太大的關係，其他大部分省分則認為，種植稅的稽徵不易操作，阻力也大，所以儘管中央部門議論較多，而各省卻杳無回應。

表 3-4　煙酒奢侈品加稅類建議簡表

建議者	建議時間	建議內容	資料來源
度支部司員	1908 年 9 月	應對煙酒稅加徵，核減日用品稅負，以恤民艱。	〈條陳增減稅課〉，《正宗愛國報》1908 年 9 月 3 日。
度支部	1908 年 8 月	辦理印花稅和鹽斤加價阻力太大，擬以加徵煙酒稅來補苴鴉片稅釐的短缺。	〈度支部籌抵土藥〉，《大公報》1908 年 8 月 12 日。
稅務大臣	1908 年 9 月	仿照日本的奢華品稅率，無論上下官民均一律增加徵稅，使捐稅傾向於富人，免除窮人重負。	〈擬加重奢華品賦稅〉，《盛京時報》1908 年 9 月 18 日。

1　《蔡乃煌致趙爾巽函》，一檔館：趙爾巽檔案全宗，81/418。

建議者	建議時間	建議內容	資料來源
陸軍部王廷楨	1908年9月	建議舉辦奢侈稅,以籌措軍政經費,條陳奢侈稅舉辦章程八條。	〈王主政請辦奢侈稅補助軍費條陳〉,《申報》1908年10月6日。
度支部	1908年9月	鹽斤加價抵補藥稅,不敷太多,擬加徵酒稅,以補不足。	〈擬請酌加酒稅〉,《大公報》1908年10月1日。
政府與度支部協商提出	1908年10月	土稅日少,印花稅未辦,奢侈品一律重稅加徵,日用必需品一概免徵,以恤貧民。	〈擬加奢侈品稅〉,《大公報》1908年11月2日。
稅務大臣	1908年12月	鴉片稅課日形虧短,擬議將一切奢華物品加重稅課,以補虧短。	〈決議加重奢華品稅〉,《盛京時報》1908年12月25日。
載澤	1909年3月	載澤與世續協商增加菸草、糖、酒各捐以作藥稅抵補之用,世續擔心外交上難以交涉。	〈抵補土藥稅之計劃〉,《大公報》1909年3月18日。
有人條陳	1909年3月	將茶葉和菸草兩項稅釐再行加重,以補藥稅虧累;張之洞認為屬於累商之舉,反對。	〈張相國體恤商艱〉,《大公報》1909年3月26日。
外務部與度支部	1909年3月	內廷要求度支部籌抵藥稅已見明諭,載澤提議加徵煙卷和酒稅,軍機大臣中有人贊成此舉。	〈度支部籌抵禁煙款項〉,《盛京時報》1909年3月27日。
那桐	1909年5月	紙煙加稅的交涉極不順利,外人皆不認可,現在只能先調查各國現行的紙煙關稅細則,再作交涉。	〈紙煙加稅之續議〉,《大公報》1909年5月6日。
載澤	1909年8月	繕具整頓全國常洋各關稅課一摺,著力整頓各關稅釐,可增收兩倍,足補禁煙土藥稅的短缺部分。	〈京師近事〉,《申報》1909年8月20日。
那桐	1909年9月	由於加稅裁釐難以實行,載澤要求先將煙酒及各種奢華用品增加稅釐,以補助洋藥稅的虧累,即將與稅務大臣協商辦法。	〈會議實行加稅之辦法〉,《盛京時報》1909年10月2日。

建議者	建議時間	建議內容	資料來源
稅務大臣	1909年12月	那桐與各國駐京公使協商加徵煙酒稅率，力爭各國關稅一律公允公平，以求增加稅課，有裨於中國禁政。	〈加徵紙煙稅之近聞〉，《大公報》1909年12月22日。
稅務處與度支部協商	1909年12月	稅務大臣那桐與內廷決定實行加徵奢華品稅率，要求總稅務司妥議辦法，再與各國公使交涉。	〈加徵華奢品稅之將決〉，《大公報》1910年1月1日。
度支部、外務部、稅務大臣	1910年1月	煙、酒兩項均係奢華品，加徵不算過分，計劃於1910年實行加徵一倍。	〈煙酒稅之再加一倍〉，《盛京時報》1910年1月14日；《大公報》1910年1月12日同名報導。
度支部	1910年2月	籌辦海軍缺款甚多，必須加徵煙、酒兩項稅課，但洋煙和洋酒也要一律加徵。	〈煙酒稅課仍擬增加〉，《大公報》1910年2月23日。
度支部	1910年3月	自戒煙後，土稅日減，練兵等款關係緊要，該部各堂憲建議由洋酒糖茶和洋貨等項加增二倍徵收稅課，方可抵補。	〈度支部之籌款辦法〉，《盛京時報》1910年3月30日。
那桐、載澤	1910年8月	各國公使皆反對清廷增加煙卷稅率，載澤催促稅務大臣和外務部繼續設法與各國談判，希望達到加稅目的。	〈煙卷加稅之抗議〉，《大公報》1910年8月8日。
度支部	1910年9月	載澤多次要求稅務大臣那桐與外人談判紙煙加稅問題，那桐表示此事外人皆不同意，必等到裁釐加稅談判完成後，方可實行，此時再談，必無成效。	〈那相對於紙煙加稅之政見〉，《大公報》1910年12月4日。
度支部	1910年9月	宣統三年預算案中，虧款五千四百餘萬兩；磋商之後，確定三項抵補措施：增徵酒稅、開辦營業稅、舉辦所得稅。	〈度部增稅彌補虧款詳聞〉，《申報》1910年10月14日。
江蘇巡撫程德全	1910年10月	其奏陳整理財政一摺中提出整理財政六策：仿行所得稅、確立國庫制度、舉辦公債、整頓稅制、振興官業以及菸草專賣等。	〈度部奏覆整理財政方法〉，《申報》1910年12月13日。

對煙卷、酒類和其他奢侈品增加課稅，是清末外務部及稅務處長期謀求解決的問題。禁政推行以後，該部門更加密切緊迫地關注此事，藉以補償稅釐短缺，這一願望最終沒有獲得解決，主因在於外國列強對此強力阻撓；另外國內釐金關卡鱗次櫛比，稅章混亂不堪，裁釐加稅的談判長期沒有結果，致使清廷從加稅中獲取補償的希望破滅了。清廷內部，尤其是掌管財政的度支部極力推動有關談判，但外人阻力太大，不易成功。報界報導此事連篇累牘，上表所列僅是部分事實，遺漏必多。報導出來的事情多半不會捕風捉影，而是多有所本。有人對報紙言論有所評價，認為「雖不盡可據，然必有可據者存焉。久之，必能辨別」[1]，聯繫到洋土藥稅釐遞減的嚴酷現實，這一類報導可信度較大。其實問題並不在是否可信，而在於其所報導內容的完整性如何，這是研究有關問題時不得不加以注意的。

　　紙上談兵，終非現實。增稅計劃無果而終，度支部執掌司農，壓力和緊張可以想見，迫使其到處徵詢抵補良策，迭次電催各省籌備抵補，隨後壓縮各部院經費開支，致使該部與各部門關係極為緊張，載澤甚至以辭職相威脅[2]。迫不得已之下只能鋌而走險，該部在一九一〇年下半年，醞釀提出許多不切實際的危險計劃，例如，六七月份該部欲從改革幣制中獲取補償，市面通用的銀元本來可兌換銅元 130 枚，醞釀中的新幣制規定，每元僅兌換 100 枚，其折扣率「不啻扣一七五折矣」，這一計劃若能實施，每年的餘利為 100 萬元[3]；一九一〇年九

1　孫寶瑄《忘山廬日記》（下冊）第 917 頁。
2　〈籌補土藥稅良策〉，載《大公報》1909 年 3 月 23 日；〈咨請各省籌補藥稅〉，載《大公報》，4 月 3 日；〈度部何伸於外省而屈於各部耶〉，載《申報》1910 年 8 月 22 日；〈度支大臣因節費叢怨〉，載《申報》，1911 年 6 月 12 日等。
3　〈度支部暗行扣成發款之計劃〉，載《盛京時報》1910 年 7 月 30 日；〈度支部之勝算〉，載《盛京時報》8 月 20 日。這一計劃若要實施，必致肇亂，對軍餉影響之大

月,度支部又試圖從全國官吏收入中徵收所得稅[1];與此同時,該部試圖突破祖宗成法,作加賦之舉,載澤命承參廳與田賦司等研究增加全國的地丁稅則方案,準備專摺入奏,請旨施行[2]。諸如此類,概可顯示財政困頓的嚴重程度。清廷各部本不願紙上談兵,但時勢使然,亦不得不如是,奈何!

極難預計,致使該部不敢輕易實行。
1 〈度支部發現新稅源〉,載《盛京時報》1910年9月9日。
2 〈度部竟作加賦之計劃〉,載《申報》1910年9月9日。

第四章

禁政與新政的牴牾

　　清末禁政與新政改革相伴推行，兩者瓜葛相連，交互影響。新政涉及的範圍較廣，核心改革主要有練兵、警政、教育、財政清理和憲政等幾個方面。每一改革均需要有可靠充足的財源做保障，這是改革能否成功的決定性因素。晚清以來的練兵、新政經費與鴉片稅釐密切相關，一九〇五年實行的八省土膏統捐及此後舉辦全國土藥統稅的收入成為練兵經費的主要構成部分；各省包括練兵、興學、警政在內的各項新政也較多地倚賴鴉片稅釐收入。鴉片禁政，特別是縮期禁種罌粟所帶來的稅收短絀，對上述新政事業影響甚巨，部臣與疆吏、中央各部之間由此形成嚴重的矛盾和衝突，制約了新政改革的進程。本章側重分析與鴉片稅釐相關的整軍經武、警政、教育以及圍繞經濟發展和整軍經武孰先孰後、孰輕孰重等問題所產生的層層糾葛和矛盾，充分揭示清末禁政對新政改革的財政制約。

第一節　禁政時期的整軍經武

　　英國《泰晤士報》駐華記者莫理循曾經轉述過嚴復對清末新政的一個評價：

> 十多年前，先有普魯士亨利親王，後有一名日本軍官向滿族王公們建議，中華帝國的當務之急和首要任務是要擁有一支現代化的軍隊；其次，將權力完全集中於皇室中央政府。滿族王公

們努力照此行事十二年,除此之外無所作為。誰能說這些建議是錯誤的?……他們恰好將一件鋒利的武器給小孩玩耍,或拿一塊馬錢子鹼當補藥給嬰兒吮吸。[1]

民國時期的學人沈金鑑研究清末編練新軍經費問題時,也有一個發人深思的觀點:

軍事滔滔(指辛亥革命時期南北軍隊作戰——引者),由發內帑而至於變賣瓷器,真不難想像國家財政是到了個什麼地步,不必革命軍以武力克服滿清,財政的走上絕路已是自傾覆而有餘了。因拯救危局而練新軍,因練新軍而增加財政上的極大負擔,卻招來了新軍的叛變與自身的覆亡,更是意想不到的結果……[2]

上述兩人對清朝覆亡的原因均有所論,皆將練兵與清朝覆滅密切聯繫,實非偶然。練兵求強是新政改革的重要目標,軍費膨脹勢所必然,但軍費根基卻因鴉片禁政而緩慢坍塌;重興海軍的經費籌措本來計劃以鴉片專賣收入為大宗來源,一九〇八年後因縮期禁種罌粟,海軍經費的籌集遭受重挫。部臣之間因軍費問題衝突頻仍,禁政對軍事的衝擊不但是財政性的,而且已經影響到政治層面。

---

[1] 《清末民初政情內幕》(上冊)第 781 頁;蘇同炳:《中國近代史上的關鍵人物》(下冊)第 562 頁。其實,建議清廷大練新軍的不僅有日本軍官,國內人士也有亟亟以練兵為要者,例如維新言論家汪康年即大聲疾呼「明詔天下,自今以後惟武是事」,將軍備視為內政第一位應注意的問題。見汪康年:〈論宜令全國講求武事〉,載《時務報》1898 年 8 月 8 日。

[2] 沈金鑑:〈辛亥革命前夕我國之陸軍及其軍費〉,載《社會科學》第 2 卷第 2 期,國立清華大學出版 1937 年。

一　鴉片稅釐短絀與練兵經費

編練陸軍是清末新政最重要的事項之一，日俄戰爭是擴張新軍的重要機緣。日俄開釁之前，為防不測，清廷能夠應付東北局勢的只有北洋三萬兵力，防局岌岌可危，「防之不力，守局立隳，而兩強構兵，逼處堂奧，變幻叵測，則今日所處之勢尤難。如欲慎固封守，非十數萬人不克周密，又須聲勢聯絡，互相策應，方免疏虞」[1]。軍力不支，清廷頗感憂慮，認為練兵實當今急務，不容緩議。袁世凱獻策中央集權也是一個重要機緣，袁密示樞臣：以編練新軍而收兵權和財權。《時報》評論此事說：

> 夫練兵一事，其主動之力似不在政府，而在政府以外之人。而此人者，其權勢、魄力轉足以驅使政府；又所建之策極契上意，故悍然以令天下而不疑。所謀之事與主謀之人，皆儼然與政府不相屬矣。與政府不相屬，而其所謀之事又必假政府之手，以令天下，則政府之失位可想而知，其事既終不能與政府相離，而關係之巨，頭緒之繁，又終不能不與諳此道者謀，遞演遞推，因果相生，而朝局之波瀾必起矣。[2]

揆諸後來事實，這一預測相當到位。該報所言「此人」當指袁世凱，「所建之策」應是實行中央集權。王士珍「行狀」中亦有類似的說法：「二十九年，袁公倡中央集權，收天下兵編為數十鎮」，即指此

1　《容菴弟子記》卷3，轉見羅爾綱：《晚清兵志》第4卷，〈陸軍志〉，中華書局1997年版，第193頁。
2　《論朝局將有變動》，載《時報》1904年10月21日。

事[1]。練兵國策因袁氏獻策而確立，有關機構次第設立後，餘下最要緊的事項就是籌措巨款練天下之兵，以固中央集權。在籌款計劃中，最具顯效的措施莫過於鴉片稅釐的整頓和經畫。

鴉片稅釐用於軍事開支起源較早，鴉片貿易合法化之前就有地方政府率先私自徵收洋藥稅捐，用於軍事項目[2]。鴉片貿易合法化，特別是洋藥稅釐並徵之後，稅款收入大增，海防經費中較多地使用這一稅款，各省創辦的機器局、船政局也大量地使用洋藥稅款[3]。直至清末禁政期間，洋藥稅款雖然主要用於支付各種賠款和外債，但仍有部分收入用於各類軍事項目，茲舉數例列表如下：

---

1 尚秉和：〈德威上將軍正定王公行狀〉，《碑傳集補》卷末，轉見羅爾綱前揭書，第197頁。

2 于恩德：《中國禁煙法令變遷史》，第90～91頁。

3 羅爾綱：《晚清兵志》第6卷，《兵工廠志》中有關的介紹；龐百騰：《沈葆楨評傳》，第307～308、321各頁；張俠等合編：《清末海軍史料》，第635～638、第660～661、684各頁，海洋出版社1982年版；李恩涵：《曾紀澤的外交》，第255、290各頁；丁日昌撰，范漢泉、劉治安點校：《丁禹生政書》，第567～568頁，（香港）丁新豹出版社1987年版；《集成報》第1冊，影印本，第21～22頁；《張文襄公（之洞）全集》，第2254～2256、第2862～2869、第3381～3383、第4328～4334各頁；《李文忠公（鴻章）全集》，第784、第1279～1281、1474、1674、1760～1761、1784、1791、2049各頁；林崇墉：《沈葆楨與福州船政》，第410～420頁，臺灣聯經出版事業公司1983年版；魏允恭編：《江南製造局記》，第503～505、520各頁，《叢刊》（正編）第404號等。

表 4-1　部分海關洋藥稅釐用於軍事項目支出簡表

時間	海關	軍事項目	文獻來源
1907年10月1日至12月31日 1908年4月1日至6月30日 10月1日至12月1日 1909年4月1日至6月30日	鎮江海關	支付上海機器局三廠常費、移建江南製造新廠經費以及海軍經費等。	〈江蘇巡撫抄奏鎮海關一百八十九結期內徵收洋藥稅釐銀兩繕具清單摺〉，一檔館：會議政務處檔案，編號 179/1310；〈江蘇巡撫抄奏鎮海關一百九十一結收支華洋稅鈔又該關是結期內洋藥稅釐收支各數摺〉，編號 514/4040；〈江蘇巡撫抄奏鎮海關一百九十三結收支華洋稅鈔又該關是結期內洋藥稅釐收支各數摺〉，編號：603/5054；〈江蘇巡撫抄奏鎮海關一百九十三結收支華洋稅鈔一案又該關是結期內洋藥稅釐收支各數摺〉，編號 790/7025。
1908年1月1日至3月31日	蕪湖海關	匯解奉天、吉林邊防經費	〈安徽巡撫奏蕪湖關洋藥稅釐第一百九十結收支數目摺〉，一檔館，會議政務處檔案全宗，編號 255/1626。
1907年	江海關	洋務發審各局經費、文武職月課獎賞以及善後局經費等。	〈江蘇巡撫抄咨酌提洋釐辦理善後三十三年收支款目摺〉，一檔館：會議政務處檔案全宗，編號 273/1992。
1908年10月1日至12月31日	江海關	解北洋海防支應局，奉撥天津機器局經費（改充北洋各軍餉）、東北邊防經費等。	〈江蘇巡撫抄奏江海關百九十三結加徵洋藥釐捐數目報銷摺〉，編號 736/6422。
1904年	江海關	武衛軍月餉等	〈兩江總督札諭蘇松太道袁樹勳提撥江海關三十年藥釐銀二十六萬兩分行查照摺〉，一檔館：練兵處檔案全宗。
1899至1902年	閩海關	船政經費	〈戶部為議奏福建司案呈本部議復福州將軍兼船政大臣崇奏閩廠接造輪船光緒二十五、六、七、八等年收支各款摺〉，政務處檔案全宗，第 3101 號。

時間	海關	軍事項目	文獻來源
1909年前三季度	東海關	山東海防軍餉、緝私經費等	一檔館：山東巡撫衙門檔案全宗。

　　上述洋藥稅釐用於軍事項目的開支並非是大量的，一九〇四年以後練兵經費來源中，洋藥稅釐所占比重較少，各省土藥稅釐收入則占主體。練兵處攤派給各省上繳中央的練兵經費總數有846萬兩，各省認解的總數為613萬餘兩[1]。在認解這項經費時，儘管各省提出的籌款措施多未將土藥稅列入其中[2]，但在實際籌措時，大部分省分卻將土藥稅釐加意整頓，稅收成效開始顯著，因而這項收入對籌款練兵影響巨大。

　　八省統捐時期清廷確定了土藥統捐溢收款項專作練兵經費的方針。一九〇六年又將八省統捐推廣至各省，稅款使用方針依然未改，至各省縮期禁種土藥高潮的一九〇九年之前，土藥統稅（統捐）收入

1　〈練兵經費表〉，載《政藝通報》，光緒乙巳，〈政治圖表〉，卷3，第2～3頁。
2　〈練兵處籌款清單〉，載《政藝通報》，光緒丙午，〈政治圖表〉，卷1，第1～4頁。中央練兵經費的籌措，戶部原來的辦法主要是通過兩種途徑，即加派和整頓煙酒稅共計640萬兩、優缺優差浮收的提歸公、整頓田房稅契共計（銀）320萬兩（《清朝續文獻通考》卷71，第8277頁），各省後來實際的籌款措施，周育民在其《晚清財政與社會變遷》一書中注意到有所變化，例如，河南是靠司庫挪湊、陝西是通過鹽斤加價、酌提中飽、官吏報效，江西省是通過整頓煙酒稅、丁漕錢價、漕糧腳耗、巡撫司道報效等辦法籌措，山西是靠零星拼湊，湖南是靠銅元餘利等等（見周育民：《晚清財政與社會變遷》，第394～396頁），周氏依據的材料主要是1905年4月至10月份的督撫奏報。實際上，1905年對練兵經費的來源來說是一個轉折性的年份，此後銅元餘利的減少速度極快，代之而起的是推廣各省的土藥統稅收入，這項收入已如前論，解赴中央的部分達到數千萬兩，主要用於京畿六鎮的練兵支出以及江北練餉等，各省名義上雖認解數百萬兩，但多數並未籌解，中央主要是依靠這筆土藥統稅溢收款項來挹注，度支部在有關奏摺中已有明確的說明，1905年冬季以後編練完成的第五和第六兩鎮，其經費中就有八省土膏統捐的稅收溢款；江北一鎮和雲南練兵經費中，亦使用較多的土藥統稅稅款。

提供給中央的練兵經費達（銀）千萬兩以上，撥還各省的土藥稅款更遠遠超過此數，練兵經費方可藉此挹注。關於土藥統稅收入對練兵經費的重要作用，早在一九〇七年底度支部就比較滿意地總結說：「各省土藥稅釐口改歸統稅大臣設局徵收後，一年之內，計解部溢收銀三百餘萬兩，練兵經費賴以接濟，督辦已有成效……此項土稅為練餉大宗，近來各省認解練兵經費之數多未照解，尤恃此統稅溢收之項源源接濟。」[1]練兵處、財政處、戶部刻意籌辦的土藥統稅厥功甚偉，使清廷財政於危難處得以救護，清廷矚目的京畿六鎮練兵經費中大量的使用鴉片稅，此外，清廷特別支持的軍事項目等也得益於土藥統稅的撥解，如江北練餉、湖北兵工廠、東三省移駐軍隊、延吉邊務、川滇邊務、藏衛要需、雲南河口軍務、廣西、雲南、四川、熱河、察哈爾編練新軍、籌練禁衛軍等等[2]。非軍事性的項目，如中央各部經費，賑災，賠款、出使經費、吉長開埠經費等也大量地使用這一稅款。撥還各省的稅款以及本省對土藥稅的各種整頓收入，同樣也是各該省練兵經費和其他軍事項目的重要保障。

按照練兵處編練三十六鎮的計劃[3]，每一鎮的常年需款數量至少

---

1 〈抄咨會議土稅大臣奏土藥收稅日絀請裁撤部局歸各省自辦摺〉，一檔館：會議政務處檔案全宗，檔案號：91/313。

2 〈度支部咨奏財用窘絀舉辦新政宜力求撙節摺〉，一檔館：會議政務處檔案全宗，檔案號：523/4107。

3 三十六鎮可分為四個等級：一等，近畿四鎮；二等，四川三鎮；三等，直隸、山東、江蘇、湖北、廣東、雲南、甘肅七個省分分別編練兩鎮；四等，江北、安徽、江西、河南、湖南、浙江、福建、廣西、貴州、山西、陝西、新疆、熱河、奉天、吉林、黑龍江十六個省分各編練一鎮，以上共編練三十六鎮。見陸軍部：〈奏定陸軍三十六鎮按省分配限年編練章程〉，見《光緒新法令》，第八類，〈軍政〉。

為（銀）183萬兩左右[1]，開辦費需款亦不會少於此數。在各省庶政待舉、賠款和外債沉重的情況下，這項支出的確龐大，實難咄咄立辦。此外，中央練兵款項由各省負擔，中央警政和教育事項等亦同樣由各省共荷擔負；各省除了練兵新政以外，尚有其他新政事項亦不容緩，自督撫至州縣官員的考績升黜均與此有關，各省自不敢怠慢。支撐這種局面，非有源源財力絕難鋪陳。在清廷嚴令督催下，各省對練兵一事均視為急務。土藥稅款在禁政高潮之前尚稱豐盈，或解繳中央，或用於地方，不可或缺。從現存檔案材料來看，各省將土藥稅款用於撥解中央練兵經費的事例較多，茲擇取數例，列簡表介紹如下：

表4-2　外省土藥稅收撥解中央練兵經費簡表

省分	撥解時間	軍事用項	文獻來源
山西省	1899-1900 1905-1906 1908	動撥旗兵加餉、董軍行餉、武備學堂經費、軍裝局用項等；動支武備學堂經費銀、陸軍小學堂經費銀；晉省徵收土藥畝稅，六成收入解繳中央作練兵經費。	〈晉撫奏報光緒二十五年抽收藥稅藥釐銀數核實報銷摺〉，一檔館：硃批奏摺財政類，第53卷，編號：001287；〈張人駿奏光緒二十六年山西省抽收藥稅藥釐銀數及核銷摺〉，編號001294；〈山西巡撫張人駿奏為查明光緒二十六年分山西省抽收藥稅藥釐銀數核實報銷摺〉，編號：001299；〈山西巡撫奏為查明光緒三十一年分山西省抽收藥稅藥釐銀數核實報銷摺〉，一檔館：會議政務處檔案全宗，編號：587/5305；〈山西巡撫查明晉省抽收藥稅藥釐銀數核實報銷摺〉，編號：644/5890；〈度支部抄諮議覆晉撫奏截留土稅摺〉，一檔館：會議政務處檔案全宗，編號：319/2321。

---

[1] 這項數據的計算係根據1904年9月12日總理練兵事務慶親王奕劻、會辦練兵大臣直隸總督袁世凱、襄辦練兵事務兵部左侍郎鐵良會同兵部尚書裕德等奏定的營制餉章的有關規定，對第三類雜支活款並未計算進去。

省分	撥解時間	軍事用項	文獻來源
廣東省	1905 1907	認解中央練兵經費	〈練兵處奏為議覆兩廣總督岑春煊奏於土藥統稅項下認解練兵經費摺〉，一檔館：練兵處檔案全宗；一檔館：硃批奏摺財政類，貨幣金融部分，編號 002083。
山東省	1903.6-1904.5 1906-1907	解付武衛右軍先鋒隊月餉銀；統稅開辦前，東海關徵收土藥關稅，解繳中央練兵經費和緝私經費。	〈魯撫奏報光緒二十年五月至三十年四月山東省土藥稅釐收支銀數摺〉，一檔館：硃批奏摺財政類，編號 002671；一檔館：硃批奏摺財政類，貨幣金融部分，編號：000271。
四川省	1910.3-4	解繳中央練兵經費	一檔館：硃批奏摺財政類，貨幣金融部分，編號：000357。
江西省	1904.1-2	協解廣西軍餉	一檔館：硃批奏摺財政類，貨幣金融部分，編號：000306、00432 兩件.
江蘇省	1905-1906 1908	徐州加徵膏捐解繳江北練餉；解付江北練餉	〈江北提督劉永慶咨收到淮安管練兵經費銀兩數目日期轉咨查照咨文〉，〈江北提督劉咨徐州膏捐局解繳練兵新餉數目日期轉咨查照咨文〉，〈江北提督咨呈徐州膏捐局解到三十一年分兩次加捐尾款銀兩日期咨文〉，均見一檔館：總理練兵處檔案全宗；〈度支部等抄諮議覆奏江北提督奏餉短請撥的款摺〉，一檔館：會議政務處檔案全宗，編號：195/1097。
湖北省	1898-1899	宜昌土藥稅解付湖北兵工廠經費	〈度支部抄咨核覆湖北兵工廠收支各款摺〉，一檔館：會議政務處檔案，編號：409/3042。
直隸省	1905-1907	支解陸軍第二鎮餉銀、常備軍第一鎮餉銀、練兵處及陸軍部經費	〈度支部奏為核覆直隸籌款局光緒三十一、二、三等年分收支藥酒等稅銀兩數目摺〉，一檔館：會議政務處檔案全宗，編號：562/4667。
熱河	1903-1905	設立求治局，徵收罌粟等稅，六成作練兵餉械、強盛軍劃撥餉銀之用	〈奏為熱河造報光緒二十九年至三十一年十二月十四日止練軍兵餉第一案報銷摺〉，一檔館：練兵處檔案全宗，軍政司財務檔。

上表（限於史料，其他省分未列）所示，這幾個省分籌措攤派的練兵經費，較多地從土藥稅款中撥解出一部分匯解。其實每省土藥稅支出的事項較多，清廷練兵經費僅是其中的一項，各省練兵經費也與這筆稅款密切相關。這種情形在鴉片利益較多的省分更加明顯。

　　一九〇七年之前，各省支付練兵經費的財源除了鴉片稅以外，尚有銅元餘利一項，這是二十世紀初年各省財政進項中較大的一個部分。一九〇六年九月份禁政推行之前，鑄造銅幣的省分多達十六個，有的省分鑄造銅幣局多至二三個[1]。至考查銅幣大臣陳璧一九〇六年底南下巡查整頓時，這項收益已漸趨式微。銅元餘利逐步喪失後，各省財政頗受影響，這是清廷練兵經費所遭受的第一個打擊。由於銅元餘利撥解練兵經費多在一九〇六年之前，與本文關係不大，此不展論。此後，各省能夠籌措中央和地方練兵經費渠道不得不主要集中到土藥稅釐的經營上。度支部也有將各省所有土膏稅款「自本年起一律解交本部，歸庫存儲，用作練兵經費」之類的想法[2]。載澤還表示，練兵是當務之急，各省動撥款項嚴令禁止在軍餉項下指撥，「如有擅自動用者，准其指名開參，以重軍需」[3]。但是，接下來的打擊卻是鴉片稅釐入款大減，這是對中央和各省練兵新政更為嚴重的打擊。

　　禁政與練兵的矛盾在一九〇八年六月以後開始激化。因鴉片稅款減少，廣東省最先請求放緩練兵步伐，兩廣總督認為，「目今實行遞減土藥之際，收稅自必日短，不敷必定更巨」[4]，迭次徵詢陸軍部，要求減少練兵經費的撥解數量，但未獲允准。陸軍部的咨文說：「粵省向稱饒富，僅練二鎮新軍，實係極從少數，區區餉額諒亦不難設籌。無論

1　〈考察各省銅幣事竣恭覆恩命摺〉，陳璧：《望喦堂奏稿》卷六，第 491 頁。
2　〈度支部擬提土膏稅款〉，載《大公報》1907 年 3 月 18 日。
3　〈電飭慎重餉項〉，載《大公報》1907 年 6 月 1 日。
4　〈核明練兵費不敷數目〉，載《申報》1908 年 6 月 10 日。

如何情形，務請將應練新軍按期編足，即在年內外編足一鎮新軍，所餘一鎮即接續開徵編練，萬不可再涉遲延，致防備久形空虛。」[1]粵省練兵壓力開始增大。其他省分也因土藥稅款的不足越來越嚴重，致使本省的練兵新政延擱下來，或者乾脆截留解繳中央的練兵經費。陸軍部儘管對各省嚴詞督催，而各省督撫「有上摺奏駁者，亦有始終不覆一字者」[2]，由於經費不支，多數省分不得不採取拖延一術。面對各省紛紛停解或緩解中央練兵經費，陸軍部十分著急，早在一九〇八年三月份時，該部就計劃控制各省土藥稅款的全部收入，「請自本年春季起，將各省土藥稅釐悉數截留解部存儲，留為擴充陸軍之用」[3]，這一意圖因各省反對甚力，最終未能實現。清廷責令度支部在指撥各省要需時，概不准在軍餉項下動支，確保練兵經費不被侵蝕[4]。

針對各省拖延練兵計劃，陸軍部尚書鐵良重新確定了全國練兵成鎮的時限，督催各省嚴格執行[5]，稍後又將這一時限大大提前，自一九〇八年起全部縮短至二年內編練完成，然後騰出財力興復海軍[6]。支持陸軍部練兵計劃的御史也呈遞封奏，認為東西各國為了編練精兵所費巨萬也在所不惜，中國應盡全力將各省的新軍迅速編練成鎮，清廷納其意，寄諭各省督撫，迅速籌辦[7]。但經費來源日狹，願望與現實適成矛盾。本來，土藥稅是較少可以憑恃的財源之一，數量龐大，然而禁政進程在一九〇八年下半年突然加快，稅款收入已風光不再，早先推

1　〈咨請籌款趕練新軍〉，載《申報》1908年5月29日。
2　〈陸軍部嚴催編練新軍〉，載《申報》1908年4月11日。
3　〈陸軍部擬請撥款〉，載《大公報》1908年3月13日。
4　〈不准指撥軍餉〉，載《大公報》1908年6月23日。
5　〈陸部諭飭擬定各省編練新軍年限〉，載《盛京時報》1908年6月14日。
6　〈縮短練兵期限〉，載《大公報》1908年9月12日；〈決議縮短練兵期限〉，載《盛京時報》1908年9月17日。
7　〈寄諭各省速練陸軍〉，載《申報》1908年10月30日。

出的印花稅措施遲遲不見實效，鹽斤加價的收入不抵鴉片稅的五分之一，經費危機開始加深。為確保練兵國策能夠實施，陸軍部有人提議開徵奢侈稅，並擬定開辦的八條章程，要求國民共策推行[1]。鐵良甚至建議將鐵路部門的贏利撥給陸軍部，以濟燃眉之急[2]。度支部屢屢接到各地請求撥解練兵經費的咨文，無米之炊豈能應對自如？載澤行愁坐嘆，只能向內廷表示，「嗣後各省陸軍經費應由本省自行籌畫，萬一有不敷之時，再由本部設法撥助」[3]。

這一時期，練兵新政給各省造成較大的壓力，有兩種類型的省分尤為嚴重，一是銅元餘利較為豐厚的省分，如湖北省、江蘇寧屬等。就江寧來說，銅元停鑄後，練兵與興學等新政事項無一不陷入停滯，請求截留關稅的奏摺被度支部議駁[4]，請款者仍紛紛相逼，藩司蓮畦惶惶不可終日，於是決定辭職，在請求端方代奏摺件中說，「不獨彈劾在所不計，即遣戍查抄亦有所弗顧」[5]，窘困之狀概可想見。另一類是洋土藥稅釐利益較大的省分，如雲南、貴州、四川、湖北、浙江、福建、廣東、廣西、山西、甘肅等省分，或因賠款無著，或因練兵之款，新政待款等，均對度支部詬病不少。要求各省自為籌措練兵經費的咨文傳到這些省分後，地方籌款的辦法五花八門。浙江省為保證與本省利益相關的鹽斤加價能夠順利實施，不惜將原來的練軍鹽斤加價停徵[6]；廣西省因土稅短缺明顯，練兵經費無以為繼，桂撫張鳴岐稱，

1　〈王主政請辦奢侈稅補助軍費條陳〉，載《申報》1908年10月6日。
2　〈籌撥練兵經費〉，載《大公報》1908年10月7日。
3　〈籌畫陸軍經費〉，載《大公報》1908年10月18日。
4　〈江蘇巡撫抄奏學務經費窘迫懇撥關稅摺〉，一檔館：會議政務處檔案全宗，檔案號：179/1314；〈度支部奏為江寧學務用款無著銀兩礙難准其作正開銷摺〉，一檔館：會議政務處檔案全宗，檔案號：195/1098。
5　〈江寧財政之恐慌〉，載《盛京時報》1908年7月15日。
6　〈浙省停止練軍鹽斤加價〉，載《申報》1908年11月2日。

「部章加抽鹽價，雖云抵補藥稅，然桂省所得之銷價一文……約計通年所入不過五萬兩左右」，「以視原有藥稅不逮五分之一」，接連兩次請求加徵米穀鹽練兵經費[1]。貴州省在給清廷的奏摺中慨嘆因禁煙而導致練兵經費的緊張情形，各省協餉已欠（銀）至一千餘萬兩，屢催罔應，錢糧每年入款僅僅（銀）20萬兩，土藥稅款（銀）40餘萬兩已不可憑恃，新軍開辦費與常年經費（銀）200餘萬兩尚無著落，請求允准截留本省應支付的庚子賠款銀兩。事實上，這筆賠款原本不是出自貴州省，多年以來一直是由四川協餉來支付，黔省的意圖就是藉此要求川省將這筆款項撥給本省，作練兵經費之用[2]。四川也是縮期禁種土藥的省分之一，自顧不暇，哪有餘款協解？按照練兵處的部署，川省應練足三鎮之兵，需款自然浩繁，至一九〇九年三月份時，該省僅練足一協兵力，趙爾巽只得請求將認解中央練兵經費的（銀）80萬兩和改撥北洋軍需銀10萬兩予以截留[3]。估計度支部未予批准。清理財政時期，川省預算短缺每年達到（銀）300餘萬兩，陸軍部和軍諮處認為，四川「係處邊陲，較之內地尤急，不敷之款斷不能盡將軍費核減抵補，應准貴省預算冊所列軍事預備金二百一十三萬暫行移作編練新鎮之用，嗣後再行籌措預備之款」，川督趙爾巽予以嚴辭拒絕[4]。不顧財政危局，朝貴熱衷整軍經武，越來越被朝野所詬病。

一九〇九年下半年之後，縮期禁煙的進程加快，財政方面的負面影響已非常明顯。湖北、四川、雲南等鴉片利益巨大的省分自不必說，即連邊疆地區的熱河省也深受鴉片稅釐短缺的影響。在清廷看來，熱河是「內屏畿輔，外控蒙藩，兵事、邊疆悉關緊要」的地區，

---

1 〈桂撫再請抽收米鹽練兵經費〉，載《申報》1908年11月11日。
2 〈黔省練兵經費之竭蹶〉，載《申報》1909年2月15日。
3 〈節錄川督經畫財政軍政之奏牘〉，載《申報》1909年3月1日。
4 一檔館：趙爾巽檔案全宗，74/375。

在土藥稅釐漸失之後，熱河都統廷傑迭次請撥練兵經費，度支部與陸軍部在議覆折件中表示十分為難，「無如年來練兵經費各省均多欠解；禁煙令行，土藥稅又成弩末，近畿各鎮軍儲已虞不給」，兩部所擬定的辦法除了答應給 8 萬餘兩外，仍是催促直隸省將欠解的協款解足，此外別無良策[1]。同一時期，度支部在議覆雲貴總督請求撥解練兵經費的折件中，稱本部處境極其艱難，面對各省的請款摺件，部臣「夙夜徬徨」，無以為繼。度支部本掌管司農，但銅元停鑄及土藥稅減收甚巨，負責籌撥中央練兵經費的差事頗難應付，「以計口授食之需，成朝不謀夕之勢」，面對窘困，該部能夠做的就是提醒各省「捨入款設法加增，出款極力節縮，此外別無辦法」[2]。福建省的財政窘況亦因縮期禁種而嚴重，軍諮處經費等成為該省沉重的負擔，總督松濤提醒清廷對練兵一事應儘快反思，確保財政不因練兵而坍塌，倡言「治國之要理財為先，中外古今固同一轍」，要求會議政務處作統籌全局打算，「或將應解各項量予通融，或將新政所需酌分緩急，俾得稍紓財力」[3]。陝甘總督升允亦有類似看法[4]。

　　這種反對聲音對清廷影響十分微弱，練兵國策豈可隨意動搖？言官中隨和陸軍部者甚多，清談練兵強國的言論左右了內廷的視線，有御史甚至提出陸軍部應派遣大員分赴各省督催練兵事宜，以防拖延塞責[5]。海軍興復與陸軍編練同時並舉的呼聲也很強烈，兩個部門彼此爭

1　〈度支部議駁熱河添練新軍餉無著另籌的款摺〉，一檔館：會議政務處檔案全宗，編號：783/195；〈熱河練兵經費無著〉，載《申報》1910 年 1 月 17 日。
2　〈度支部議覆雲貴總督奏滇邊餉支絀情形摺〉，一檔館：會議政務處檔案全宗，編號：832/7484。
3　〈閩浙總督具奏閩省預算案成立並瀝陳財政艱窘情形摺〉，一檔館：會議政務處檔案全宗，檔案號：860/8076。
4　〈升允之末路〉，載《時敏新報》1909 年 6 月 12 日。
5　〈又一搜括財政之法〉，載《盛京時報》1909 年 10 月 16 日。

款，糾紛尤多。民間對此重戎政而輕視民食的傾向頗有微詞，報界在討論新政成效時，認為各項新政中最具成效的就是籌措軍餉。《時報》的消息報導中有時夾雜著一些絕妙的評論，對禁政以後的民食生計極為關注，而對清廷專注於整軍經武則憤懣不已，試看一例：

> 陸軍部昨電各邊省速行練兵，萬勿後於海軍。竊有一言，更推此議，為在上者告曰：速為我民謀生計，萬勿後於海陸軍！[1]

為了練兵，民食生計倒在其次，這是陸軍部和軍諮府的一致看法，不但不收縮，還要再度擴張。一九〇九年底，載濤和毓朗兩貝勒定計於閫幄之中，倡言要將全國練兵的計劃增至五十鎮，「方足以資攻守，且均須於宣統八年一律成立」[2]。後因籌款極難，改為擴至四十八鎮，仍在宣統八年一律練成[3]。配合這一擴軍計劃，度支部再次請旨飭令各省籌解練兵經費。原來土藥統稅盈餘較多時，該部對各省認解的練兵經費欠解一般很少專折督催，[4]現在不得不鄭重其事，所擬摺件係陸軍部與度支部共同銜名，由度支部主稿具奏，奏摺稱：「臣部亦知各省庫儲匱乏，撥款為難，近復新增海軍經費，負擔愈重，籌措愈難。

1　〈時評一・海軍陸軍與生計〉，載《時報》1909 年 3 月 28 日，著重號係筆者所加；〈時評・其一〉，《申報》1910 年 8 月 11 日。

2　〈增練全國陸軍之計劃〉，載《盛京時報》1909 年 12 月 18 日；載《大公報》1909 年 12 月 14 日同名報導。

3　〈添練陸軍之新計劃〉，載《盛京時報》，1910 年 4 月 30 日。

4　度支部在 1909 年 8 月份時說，中央各項要款的撥解或提撥關稅，「或動支練兵經費及土藥統稅，或逕由部庫撥給其各項工程，先後由部撥給者為數亦復不少，皆未敢強派各省。正以各省當悉索之後，元氣久傷，但使稍可支持，亦思與各省暫謀蘇息」，這是瀝陳財政窘迫時該部的自我表白，雖覺露骨，但與事實尚不離大譜。見〈度支部咨奏財用窘絀舉辦新政宜力求撙節摺〉，一檔館：會議政務處檔案全宗，檔案號：523/4107 號。

然海、陸兩軍同關緊要，此項練兵經費既經各省認籌在先，已練之兵豈能一日無餉？」[1]在其後議覆浙江巡撫增韞請求免除該省州縣平餘一事時，度支部對練兵經費欠解一事更抱擔憂：「中央練餉究為計口授食之資，近日禁煙令行，藥稅溢收已成弩末，所有近畿各鎮全恃各省原認經費以為轉輸，若再事紛更，萬一稍有貽誤，為患何堪設想？」[2]軍食所關，度支部不得不犧牲浙江省利益，以求中央練兵計劃的實現。此前，度支部歷數財政艱窘的主要原因時，列有兩大主因，其一為銅元失利，每年 300 萬進款已經停收；其二為鴉片稅釐抵補的措施成效不大，印花稅集款「未可預期」，鹽斤加價雖微可預計，但「以每歲洋土藥稅並計二千萬，以區區加價抵補，僅得五分之一。而近日如江南興築要塞、四川、雲南等處練兵，業經先後提撥湊用」，其他抵補措施無效者甚多。土藥稅遞減的情形愈來愈趨向嚴重，致使練兵經費缺額更多，無奈之下度支部再次提出印花稅的舉辦問題，準備於一九一一年春天開始舉辦，絕不能再行拖延[3]。事實上這一願望並未實現。眼下陸軍部和軍諮府又決定增擴陸軍，申明各省立即解繳練兵經費勢所必然。其實，申明歸申明，各省自顧不遑，哪有餘力再向中央撥解？

鴉片稅入款大減，引發了朝中部臣之間早已潛伏的矛盾，糾紛衝突不斷升級，演成朝代末年政壇紛爭之一景。

一九〇九年八月度支部單獨向朝廷密奏財政窘迫情形，對推行新政同時並舉的現象隱加詬病，暗批練兵計劃無限制擴張，該部警告說「竊恐九年之預備未成，而府庫之財用已竭，有礙於立憲前途者實非淺

---

[1] 〈度支部會奏請旨通飭各省認真籌解練兵經費摺〉，一檔館：會議政務處檔案全宗，檔案號：391/5227。

[2] 〈度支部奏議覆浙撫奏練兵經費另籌抵補請免各州縣平餘等款摺〉，載《申報》1910 年 8 月 1 日。

[3] 〈京師近事〉，載《申報》1911 年 2 月 9 日。

鮮」[1]，這已經預示著部臣矛盾已趨於激化。媒介認為度支部與陸軍部矛盾的焦點是載澤堅持節儉主義，而蔭昌則力主軍備擴張。關於兩部的矛盾糾葛，《申報》「要聞」欄有一個相當到位的報導：

> 度支大臣澤公向持節省經費主義，因之與陸軍大臣蔭昌頗有意見。聞軍事上各項費用近來頗有不能應手之處，近畿各鎮有歷兩月之久，而度支部應撥之餉項猶未撥發者，雖經陸軍部迭次催撥，度支部均以無款應之；即預算案規定之款亦未能照數撥解。端陽節前，陸軍部因無款開發部中薪費，特向某官銀行借銀三萬，利息至三分之巨，聞度支部於此項利息有決不承認之說；或謂本年秋操需款一百餘萬，將來提撥時，不知又當費幾許糾葛也。於此可見，澤蔭兩大臣意見之深矣。[2]

度支部反擊陸軍部較早的一個舉措，就是阻止滇閩粵川四省陸軍會操行動，這次行動將耗費二百餘萬。會議政務處討論陸軍部的這一決定時，反對者十居八九，載澤支持世續的主張，極力反對陸軍部的糜費舉動，四省會操之舉不得不作罷[3]。其後各省財政監理官向度支部申訴說，各省軍政經費之巨令人乍舌，地方財政無法承受如此重負，「甚至廣西、貴州小省亦須二三百萬，若不及早設法，將來日加擴充，將何以支給」[4]。建議載澤尚書與軍諮處協商解決。軍諮大臣毓朗不但不注意軍費膨脹問題，會議政務處討論時，他反而提出尚有 18 鎮新軍

---

1 〈度支部咨奏財用窘絀舉辦新政宜力求撙節摺〉，一檔館：會議政務處檔案全宗，檔案號：523/4107 號。
2 〈度支大臣因節費叢怨〉，載《申報》1910 年 6 月 22 日。
3 〈中國財政影響於軍政〉，載《大公報》1910 年 6 月 4 日。
4 〈陸軍費負擔之重〉，載《盛京時報》1910 年 7 月 19 日。

未能編練，軍費缺額（銀兩）六七千萬，要求度支部承擔，載澤斷然拒絕，態度極為冷淡[1]。清理各省和各部財政，度支部負有專責，壓縮經費預算，削減開支是必須經過的步驟，軍政經費也在壓縮之列。但陸軍部和軍諮處蔑視度支部的屢次聲明，直接向各省通電聲稱，軍費萬不可壓縮削減，陸軍部的電令稱，「現值時艱日迫，急應擴張軍備，貴督撫、提督、將軍、都統夙矢公忠，當能力顧大局，各任其難。查各省報部預算案內，於按年編練鎮數諸多未符，曾經本部電請追加在案；至所有已經編練之新舊各軍經費，貴督撫、提督、將軍、都統，無論如何為難，未便輕易核減。本處部即按照業經報部冊籍為貴省軍事經費，本處部有國防專責，理應統籌，希冀查照辦理」[2]。這一電文與度支部削減財政預算的精神針鋒相對，陸軍機關與度支大臣的矛盾暴露無遺。各省督撫對此矛盾現象無所措置，深感為難躊躇[3]。其後，陸軍部尚書蔭昌甚至提議，「必須以全國收入十分之五六專供擴充陸軍之用」，在軍諮大臣毓朗官邸，載澤與蔭昌爭執不下，「蔭爭之甚力，並謂現在列強對華情形及吾國現處地位若何危急，非竭全國之力整頓陸海軍決不足以救亡而圖存，語語沈痛」[4]。載澤若不答應，蔭昌亦決不上任陸軍部尚書，矛盾之尖銳由此可見。

　　度支部為鞏固岌岌可危的財政不得不厲行財政保守主義，對各省預算一再壓縮，對軍政撥款趨向慳吝，前後節省開支（銀）1億兩[5]，

1　〈會議練兵問題〉，載《盛京時報》1910年8月4日；〈七千萬金之練兵費〉，載《盛京時報》8月19日。
2　〈各省軍事經費不得核減〉，載《盛京時報》1910年8月25日。
3　〈各省督撫之為難〉，《盛京時報》1910年9月6日；〈度支部與陸軍部〉，載《盛京時報》1910年9月9日。
4　〈會議擴充軍費之述略〉，載《盛京時報》1910年9月8日。
5　楊壽枏：《覺花寮雜記》，轉見蘇同炳：《中國近代史上的關鍵人物》（下冊），第859頁。

於是招致內外物議,「各項新政人員欲撥款創辦某政者,必非許多周折,甚至有費周折而終不能撥一款者,因此內而各部院堂司,外而將軍、督撫、都統以及各處辦事大臣,以澤尚書為不然者幾十有八九,而軍機大臣某某、軍政大臣某某,平日對於國家志趣遠大,因澤尚書堅守消極主義,尤不滿意」[1],該部上下成為政界眾矢之的,載澤幾度向攝政王提出辭呈,概見政爭之激烈。

對於軍費支出的龐大規模,輿論界非議不少,有人曾專門計算一省之內財政支出的結構比例,如果以(銀)1000萬兩為計算基數,各項支出數字分別是:攤賠外債(銀)300萬兩,供給軍費300(銀)萬兩,京餉(銀)100萬兩,協餉(銀)100萬兩,餘款(銀)200萬兩[2]。若從一九一一年全國預算的比例來看,陸軍經費占到全國總支出的35%,在擴張軍備的國家中比例並不算是最高的[3]。蔭昌等人常常以此為根據,認為中國的軍費還可以再行擴大,豈知中國的財政環境已因賠款羅掘和鴉片禁政而大為竭蹶,尚有其他新政事項亟待籌辦。除了對各國軍費加以比較外,蔭昌和其他權貴還有一個想法,這就是即將召開的保和會(裁兵大會)上,中國大練新軍的成效如何,直接關係到國家的地位,按照蔭昌本人的看法,保和會就是各國比賽兵力強弱的大會,因之中國必須整軍經武,否則將會淪為二流國家[4]。蔭昌之陸軍部,載洵之海軍部,載濤之軍諮處均持同樣的看法,鼎力奉行整軍經武主義。在匱乏財政狀態下,財政與軍政之矛盾遂不可消匿。

---

1 〈澤尚書決計乞休再志〉,載《盛京時報》1910年9月9日。
2 〈中國財政之為難情形〉,載《盛京時報》1910年9月29日。
3 材料顯示,當時俄國軍費比例為44%,英國為38%,德國為34%,法國為31%,日本26%,看來中國陸軍費用的支出總量處於中上等水平,見《山西陸軍財政說明書》,第三篇。
4 〈此為保和會之真相〉,載《盛京時報》1911年4月11日。

鴉片稅釐短絀直接誘發清理財政之舉，而清理財政這一籌備憲政的舉措則必然導致新政事業經費的縮減，這與整軍經武主義適成對立，由此逐步釀成京師主要派系的分化和對峙。關於清廷內部派系林立的情況，江庸所撰《趨庭隨筆》記述說，「醇親王攝政季年，凡分三派：載洵、載濤兩貝勒分領海軍部軍諮府為一派，載澤管度支為一派，慶親王奕劻、那桐、徐世昌任總協理為一派」[1]。載洵與載濤是攝政王的親弟，載澤乃惠端親王綿愉之後，降襲鎮國公，其妻乃隆裕皇太后之胞妹，「宣統中，澤公以貴胄為尚書，權威最重。其人剛直廉政，不受請託，親貴如洵、濤，樞臣如慶、那亦憚其威棱」[2]，三權貴均係皇族，位重顯赫，且權欲強烈，利益分域，政爭自不可免。丁未之前，奕劻一派活躍於內廷，政爭紛紜與該派瓜葛密連；而宣統元年後，軍政派與度支派適成暗潮，攝政王雖調和其中而不能左右，追根溯源，禁政年代的諸多財政因素恰好促成了兩派政爭的表面化，政局發展賴其影響至深。

---

1 江庸撰：《趨庭隨筆》，轉見蘇同炳：《中國近代史上的關鍵人物》（下冊），第867頁。與江庸所述不同的是胡思敬著《國聞備乘》，胡認為，宣統初年朝中分為七派甚至更多，「洵貝勒總持海軍，兼辦陵工，與毓朗合為一黨。濤貝勒統軍諮府，侵奪陸軍部權，收用良弼等為一黨。肅親王好結納，勾通報館，據民政部，領天下禁政為一黨。溥倫為宣宗長曾孫，同治初本有青官之望，陰結議員為一黨。隆裕以母后之尊，寵任太監張德為一黨。澤公於隆裕為姻親（按，載澤之妻乃隆裕太后之妹），又曾經出洋，握財政全權，創設財政監理官鹽務處為一黨。監國福晉雅有才能，頗通賄賂，聯絡母族為一黨……而慶邸別樹一幟，又在七黨之外」，見氏著：《國聞備乘》，轉見蘇同炳前揭書第563頁。

2 楊壽枏：《覺花寮雜記》，轉見蘇同炳：《中國近代史上的關鍵人物》，下冊，第859頁。載澤於宣統間有計劃要推倒慶內閣，收拾糜爛的局勢，重整人心，一展其救國之抱負，上書見858頁。

二 興復海軍

（一）洋土藥稅收與海軍經費之關係

同光之際海防驟興，海軍經費與鴉片稅收密切相關。鴉片貿易合法化後，各海關對洋藥稅按照劃一稅率進行徵收，合法化後一八六〇年十月一日至次年六月二十一日的九個月中，海關就為清廷徵至 30 萬兩銀子，一八六六年時這一數字增至 200 萬兩（銀子），直到一八八四年，洋藥稅仍占全部進口稅的一半以上[1]。李鴻章經營天津等地海防事業經費，大量地使用洋藥關稅[2]。其他各種與海防事業相關的製造、修理等開支也較多地從海關洋藥稅中指撥挹注[3]。一八八七年海關開始對洋藥實行稅釐並徵，至甲午戰爭前，海關徵收的鴉片釐金總數（不含鴉片稅）達到（銀）4576 萬海關兩[4]，其中，一八八五年至一八八八年，

1　郭衛東：〈不平等條約與鴉片輸華合法化〉，載《歷史檔案》，1998 年第 2 期。
2　〈截留洋稅摺〉（同治十二年十月十二日），〈海防經費報銷摺〉（光緒九年十二月十九日），〈洋藥稅釐撥還洋息摺〉（光緒十三年四月初七日），《李文忠公（鴻章）全集》，第 784、1474、1760～61 等頁；龐百騰：《沈葆楨評傳》，第 307～308、321 各頁。
3　林崇墉：《沈葆楨與福州船政》，第 410～420 頁；劉偉：〈晚清「就地籌款」的演變與影響〉，載《華中師範大學學報》第 39 卷第 2 期，2000 年 3 月；羅爾綱：《晚清兵志》，第六卷《兵工廠志》，第 222 頁；丁日昌撰，范漢泉、劉治安點校：《丁禹生政書》，第 567 頁，（香港）丁新豹出版社 1987 年版；《袁世凱奏議》，第 42 頁；莊吉發：〈同光年間的地方財政與自強經費的來源〉，第 1078、1080、1082、1089、1098、1100、1102、1108 各頁，載臺北中研院近代史研究所：《清末自強運動研討會論文集》，1988 年；魏允恭：《江南製造局記》，503～505 頁；崔運武：《中國早期現代化中的地方督撫》第 76、84～85 頁，中國社會科學出版社 1998 年版；龐百騰：〈維持福州海軍船廠：財政與中國早期的近代國防工業 1860-1875〉，載《現代亞洲研究》，1987 年第 2 期等。
4　《海關貿易統計年報》，1864、1894 年；戴一峰：《近代中國海關與中國財政》，廈門大學出版社 1993 年版，第 40、158 頁。

按印度輸華鴉片每年77800箱計算，中國稅收每年即可增加（銀）620餘萬兩之巨[1]。清廷對此甚為滿意，諭云「稅司由我而設，洋稅自我而收，現在海關稅入增至一千五百餘萬，業已明效可觀」[2]，海關總稅務司赫德因而能夠運用該款之一部，向英國增購海關巡船三艘，分別命名為「開辦號」、「釐金號」和「專條號」，以資志念[3]。各省海關中，洋藥稅釐或土藥稅均有撥解為海軍經費者[4]，但數目不算大。海軍衙門成立之初，經費困難甚多，對海軍舉辦身負重任的李鴻章尤感頭痛，他稱「事繁力憊，屢辭不獲，雖得兩邸（醇親王奕譞與慶郡王奕劻——引者注）主持，而仍不名一錢，不得一將，茫茫大海，望洋悚懼」[5]，「法事平後，各省須還洋債近二千萬，海軍無可恃之餉，尚未能多購巨艦」[6]，經費支絀情形概可想見。此時中英雙方正在談判鴉片加稅問題，曾紀澤建議李鴻章，應該運用加稅之後增收的鴉片稅款辦理南北洋海軍之用[7]。後因鄭工需款浩繁，加之內務府大建頤和園工程，洋藥稅款增加的部分被挪用甚多，海軍雖需款孔急，然亦無可如何[8]。

1 薛福成：《滇緬分界通商事宜疏》，《庸盦全集》，《海外文編》卷1。
2 《清末外交史料》卷68，此轉見戴一峰前揭書，第158頁。
3 《清末外交史料》卷64，第13頁。
4 〈安徽巡撫奏為鳳陽關一年期滿徵收土藥稅銀考核數目摺〉，一檔館：會議政務處檔案全宗，檔案號：84/379；〈戶部為議奏福建司案呈本部議復福州將軍兼船政大臣崇奏閩廠接造輪船光緒二十五、六、七、八等年收支各款摺〉，一檔館：政務處檔案全宗，船政類，第3101號。
5 李鴻章：《復曾沅甫宮保》，《李文忠公（鴻章）全集》，函稿，卷20，第60頁。
6 李鴻章：《復曾頡剛襲侯》，《李文忠公（鴻章）全集》，函稿，，卷20，第63頁。
7 《醇邸來函》，《李文忠公（鴻章）全集》，海軍函稿，卷2，第24～25頁。
8 1889年7月8日奕劻等及8月1日總管內務府大臣福錕等奏，《洋務運動》第3冊，第117～119頁；天臺野叟：《大清見聞錄》（上卷，第129頁，中州古籍出版社2000年版）曾稱，「頤和園經費多出自海軍經費，聞約計三千萬兩。其修理費則出土藥稅，土藥稅每年有一百四十餘萬，歸戶部撥款者才三十餘萬，余均歸頤和園」；《清宮遺聞》也稱：「修頤和園款多出之海軍經費，聞約計三千萬兩，其修理

一八九五年威海衛海軍熸師以後，海軍興復仍不時被人提及。關於海軍經費籌措，有關言論建議加重鴉片稅率，用於海軍重興。陳熾稱此法一舉兩得，既可禁煙又可辦理海防，「事由漸開，當以漸禁。漸禁之法，非重徵其稅不可。集成巨款，既可以籌海防，逆計將來，復可以消除隱患」，重稅之法，五年倍徵，三十年加至六倍，以其款辦海軍之用[1]。這種思路在九〇年代後期的士大夫中頗有影響，主張以鴉片稅釐辦理海軍的呼聲甚高。《福報》的報導稱：「中朝創建海軍經費不貲，每年餉糈需四百萬兩之多。中東一役悉付東流，現海軍雖撤，不日仍須復舉。故各省餉銀仍按期運解，粵海關約每歲徵銀三十萬兩，統粵海、潮、瓊、北海四關洋藥稅銀三十萬兩，九龍、拱北兩關洋藥稅銀三十萬兩有截留本省者，有撥留南北洋兵餉者，其餘均分批解還戶部云」[2]，戶部將各關洋藥稅釐徵集起來，該言論推測是與興復海軍有關，但償款數額巨大，海軍事宜遲遲不見舉措。薛福成所撰《出使英法義比四國日記》刊行後，柬埔寨等處官膏專賣的做法引起國內人

費，則出土藥稅」，見蘇同炳著：《中國近代史上的關鍵人物》（上冊），第276～277頁；另外，如下文章亦談及此事：戚其章：《頤和園工程與北洋海軍》，載《社會科學戰線》，1989年第4期；葉志如、唐益年：《光緒朝的三海工程與北洋海軍——兼論頤和園工程挪用北洋海軍經費問題》，載中國第一歷史檔案館編：《明清檔案與歷史研究——中國第一歷史檔案館六十週年紀念論文集》，中華書局1988年版；吳相湘：《清末園苑建築與海軍經費》，載氏著：《近代史事論叢》（第1冊）傳記文學叢書之八十二，1978年再版；羅爾綱：《海軍經費移築頤和園考》，載氏著：《晚清兵志》，第2卷，《海軍志》，第27～38頁；姜鳴著：《龍旗飄揚的艦隊——中國近代海軍興衰史》，三聯書店2002年版，第225～235頁。

1　趙樹貴、曾麗雅編：《陳熾集》，中華書局1997年版，第68頁。劉光第亦有類似的想法，見劉光第：《論〈校邠廬抗議〉》，載氏著：《劉光第集》，第15頁；趙豐田：《晚清五十年經濟思想史》，第210頁。

2　轉見《海軍籌費》（錄《福報》），載《集成報》1897年5月6日，影印本第21～22頁。

士的關注[1]，這一做法傳開後，國內有人建議對洋藥稅收進行整頓，以備海軍興復之用，「洋藥之稅既無可加，而亦無庸加，則惟有俟其熬膏後，再議抽釐稅，土則其權在人，抽膏則其權在我。宜照新嘉坡、西貢港例，設官膏局於通商口岸，招商承充，認定繳餉之數，准其將生土熬成熟膏，分運各處銷售。凡吸者只准買熟膏吸食，不許購生土自煎，其又私自熬膏者，一經查出，律以私鑄之重罪，則洋土可全數歸公，私土並無處可買，而中國土漿亦照此辦理，歲贏銀錢何下數百萬」。[2]

　　辛丑條局，舉國震驚。言練兵者不絕如縷，日俄戰事更促國人發憤變法。在清廷一意經理陸軍編練時，亦有權貴對海軍興復問題提了出來。一九〇四年十二月三十日，貝子溥倫提出應對洋土藥稅釐進行整頓，所得稅款一律撥解中央，作為辦理海軍之需[3]。摺上，引起慈禧太后的注意，在召見軍機大臣時，慈禧強調海軍興復之緊迫，派令溥倫前往各國考察海軍制度，意甚贊同舉辦海軍[4]。自此以後，朝臣與疆吏，甚至民間輿論對海軍之興復問題備加關注，籌款對策迭見刊報。

　　清廷駐英使臣汪大燮對海軍興復一事甚為關注，關於海軍興復經費，他認為日本投入海軍的經費約為「三百兆元至四百兆元之譜」，我方海軍的投資花費應不低於 300 兆元[5]。300 兆元不是一個小數目，因中央財政困絀，這筆龐大的開支很難籌措。汪大燮通過汪康年轉告瞿

1　薛福成：《出使日記續刻》，載氏著：《出使英法義比四國日記》，岳麓書社 1985 年版，第 404 頁。
2　《中國各省裁兵減釐議》，載《萬國政治藝學全書》，〈政治叢考〉，卷 66，〈稅則奏議章程〉，第 5 頁。
3　〈貝子溥奏敬陳管見上備採擇摺〉，一檔館：總理練兵處檔案全宗。
4　〈興復海軍之消息〉，載《大公報》，1906 年 2 月 8 日。
5　《汪康年師友書札》（一），第 890 頁。

鴻禨、那桐等人,關於籌款的辦法,他的建議就是藉禁煙行動以整頓洋藥和土藥稅收,將鴉片稅收入作為舉債抵押,致汪康年函曰:

> 海軍既需如此巨款,非借貸所能為功。即使借貸,亦必須准備償還。是籌款為要矣。籌款非空言所能濟,而因此厚斂又增民怨,然則惟於洋土藥中籌之。禁煙事已定,計實行交涉,想不甚難辦。今洋藥歲約六萬擔,土藥倍之,共約十八萬擔之譜。即少算,亦必在十五萬擔之上,若歸官收買發賣,只籌本千五百萬金可資周轉。蓋一面收一面發,不過過手而已,且尚可將貨抵押銀行,故須本並不甚多也。倘定計官收官發,於禁煙亦有把握,每擔加價二百金實不為多,十五萬擔可得三千萬金,歲減一成,十年可得百六十兆金,連稅釐約得二百兆金,計將近三百兆元矣。即籌足三百萬元亦有把握也……兄思惟有洋土藥加價一事所得頗多,而不擾民。已具節略呈師矣。[1]

「節略呈師」一語,自然是托汪康年呈交瞿鴻禨等人,瞿係軍機處重臣,甚得慈禧眷顧,建言海軍事宜,瞿氏堪可倚重。從時局看來,海軍重興是緊要急迫的事情,日本亟亟以謀取東北三省為目標,我若遲緩,必致頹唐不可堪言,汪大燮認為這是僅次於財政的第二個重要問題,「蒙以為中國現在第一件是財政,第二件是海軍。兩事有眉目,乃能立於不亡之地。故上年具奏焚煙(內有財政問題),又條陳金幣,又具海軍計劃於政府。海軍計劃與禁煙有相關處,因禁煙後約可由煙中籌三萬萬金也。有表上之政府」[2]。

---

1 《汪康年師友書札》(一),第 890、903 頁。
2 同上書,第 968 頁。

國內要員的運作與使臣建言不同。袁世凱注意到中國留日學生實行「海軍捐」做法,非常推崇,擬與張之洞、周馥等人協商,仿照國民捐辦法,在國內推行海軍捐,以募集海軍學堂經費[1]。陸軍部尚書鐵良也提議開辦海軍捐,他的辦法是「只捐翎枝虛銜,不捐實官,即將所得捐款概行充作海軍經費,以資挹注」[2]。這一建議卻受到度支部尚書載澤的梗阻,該部由於已經奏請停止開辦實官捐,上意答應不可再行開辦,確保仕宦澄清,人品純正[3]。其後,薩鎮冰又提議開採各省礦藏,開礦餘利撥作海軍常年經費。[4]但這項計劃過於遙遠,難保實效。至於鴉片專賣的經畫,進展甚緩,洋藥稅款多用於籌還賠款,土藥稅雖然已實行統稅制度,入款亦大增,但大部分挹注於陸軍編練,萬難騰出餘款用於海軍。擬議中的海軍捐成效未料,難有展佈。一九〇七年八月份前,重興海軍實際上未有實際進展。

(二)緩急之間:禁政時期的財政制約

　　威海熸師以後,海軍衙門被撤,十幾年來中央並無統轄海軍的專門機構。一九〇七年七月份,日本駐華公使建議慶親王奕劻,中國應該速興海軍,「若再因循,不但內亂蜂起可慮,恐列國亦將生心,請速實行整頓,以壯貴國聲威」[5]。日使此言對朝臣影響甚大。於是,中央開始設立海軍處,暫隸陸軍部。[6]一年後清廷又詔令興復海軍,重興海軍由言論階段過渡到了實際操作階段。

1　〈擬籌海軍捐款〉,載《申報》1906年7月5日。
2　〈鐵尚書議辦海軍捐〉,載《申報》1907年5月2日。
3　〈度支部決定不開實官捐〉,載《申報》1907年6月8日。
4　〈薩軍門籌措海軍經費之政策〉,載《大公報》1907年7月5日。
5　〈日使忠告政府速興海軍〉,載《申報》1907年8月1日。
6　羅爾綱:《晚清兵志》,第2卷,《海軍志》,第119頁。

清廷在鴉片稅釐疾速縮減的背景下，不顧財政困絀，執意詔令重興海軍，這與袁世凱有密切關係。袁授意其親信——直隸總督、北洋大臣楊士驤，向朝廷瀝陳必須重興海軍[1]。楊士驤文采最庸，托侯官嚴復捉筆，經吳汝綸潤色後奏入[2]，報界推測說，「此折到京交議時，必可議准實行」，可見袁在朝中影響之大。一九〇八年八月，嚴復替楊士驤代擬此摺，籲請內廷重視海軍興復。嚴復折中提出的籌款對策有兩個，一是分攤給各省，「則省各百十萬金而已」，其次為舉債，「苟為生利禦侮計者，雖舉債不必病也」[3]。此摺擬就，「奏入未幾，則有籌辦海軍之詔」[4]。袁世凱的意圖是借規復海軍，以達其攬權駕控目的。此事曲徑紛繁，不擬詳論。

清廷明詔重興海軍恰逢鴉片縮期禁政時期，洋土藥稅釐短缺始露端倪，抵補成效難以預計，因而朝野對海軍興辦一事冷熱有別，根因均與財政問題相關。嚴復提出的舉債對策，在當時財政困絀和民眾情緒制約下，風險頗大，實難驟然鋪陳。稍後清廷財政因禁政加速而捉襟見肘，雖然郵傳部左參議李稷勳奏請放緩禁煙的步伐，主張遞年減種，並倍增鴉片稅率，所得收入挹注於海軍，但禁政大勢已成，礙難

1　楊士驤為袁世凱密保，繼北洋任，「與之約，有過相護，有急難相援。士驤奉命唯謹，雖例行小事必請命而行」，見胡思敬：《國聞備乘》，卷4，「三楊」條。楊士驤被袁世凱利用挑頭奏請興辦海軍，清廷卻要首先從直隸省開始準備，導致楊士驤非常被動，自吃啞巴虧。不得已，只得舉借外債；外債沒有借成，替代的籌款手段只有印花稅，但印花稅最終未能舉辦，楊士驤不得不心灰意冷，幾度想開缺現職。見〈規復海軍擬借外債之詳情〉，載《盛京時報》1908年9月27日；〈直督借債辦海軍之詳情〉，載《盛京時報》1908年10月1日；〈陳督請開缺之慰留〉，載《盛京時報》1910年4月3日。

2　吳闓生撰：〈楊士驤行狀〉，《碑傳集補》卷15；王栻編：《嚴復集》第2冊，詩文卷（下），第256頁，註釋部分。

3　王栻編：《嚴復集》，第2冊，詩文卷（下），中華書局1986年版，第264～265頁。

4　《碑傳集補》卷15。

再行退縮[1]。其間朝野籌措海軍經費的對策迭見奏聞或報刊，五花八門，不切實際者居多。根據報界披露的材料，茲將一九〇七年設立海軍處至一九一一年為止，朝野籌議海軍經費的對策列表如下：

表 4-3　海軍經費籌措對策簡表

對策提供者	時間	措施內容	資料出處
政府	1907年11月	開辦費由兩宮允准撥內帑（銀）500萬兩，各省攤派（銀）1000萬兩，不敷再由度支部設法籌撥；常年經費由印花稅收入和火車票加價解決。	〈興復海軍之決議〉，《申報》1907年11月22日。
陸軍部與政府	同上	度支部開辦印花稅後，將該稅所有入款均提出作為海軍專款使用。	〈擬以印花稅籌辦海軍〉，《大公報》1907年12月4日。
政府	同上	火車票加價為郵傳部所反對，決計實行印花稅，以此款辦理海軍。	〈籌議海軍經費〉，《盛京時報》1907年12月8日。
鐵良	1907年12月	印花稅收入、火車票價加二成，並舉借外債，度支部議駁。	〈籌措海軍經費〉，《盛京時報》1907年12月20日。
政府	同上	仍以火車票價加辦理海軍。	〈決議由火車票加價籌辦海軍〉，《大公報》1907年12月23日。
四川、雲南	同上	除開辦實官捐之外別無良策。	〈川滇二省對於海軍經費之意見〉，《大公報》1908年1月2日。
軍機處大臣	同上	裁撤各省綠營實缺，所節省的俸餉歸海軍經費。	〈擬裁綠營武員歸海軍經費〉，《盛京時報》1908年2月11日。
政府中少數人	1908年1月	舉借外債，多數人不同意。	〈海軍經費仍未決定〉，《大公報》1908年1月7日。

1　《德宗實錄》卷594，第19頁。

對策提供者	時間	措施內容	資料出處
軍機處大臣	1908年2月	決議飭令各省按照甲午戰爭前解繳中央的海軍經費數目籌攤。	〈興復海軍之計劃〉,《申報》1908年2月10日。
陸軍部與度支部	同上	各省及各海關均須認解海軍經費。	〈會議籌措海軍經費〉,《大公報》1908年2月17日。
報人	1908年3月	贊同開辦實官捐,但要改良辦法。	〈論開實捐以興海軍〉,《盛京時報》1908年3月28日。
軍機大臣	1908年6月	美國退還庚款作海軍經費。	〈籌定海軍經費〉,《大公報》1908年6月10日。
兩位尚書	同上	一尚書提出,舉公債作開辦經費,鹽和茶加徵稅課作為常年經費;另一尚書則乾脆提議:先舉外債用以開辦經費,然後以公債與鹽、茶加徵稅課來按期償還。	〈籌辦海軍經費之兩說〉,《盛京時報》1908年6月14日。
陸軍部	1908年7月	常年經費由陸軍部承擔,開辦費(銀)1500萬兩由度支部設法籌措。	〈會議陸軍部奏籌購艦經費〉,《申報》1908年7月15日。
攝政王	1909年2月	擬面奏隆裕皇太后,將頤和園常年經費和內廷各項經費撙節,用於海軍建設。	〈攝政王寬籌海軍費〉,《大公報》1909年2月28日。
善耆	1909年3月	不必另立名目,只將各省中飽之款搜出,即可得巨款,裨補海軍。	〈海軍籌款之一法〉,《大公報》1909年3月28日。
臺諫條陳	同上	裁減學務經費、停發外官養廉銀,用於撥充海軍經費。	〈籌辦海軍最近消息〉,《申報》1909年3月20日。
載澤與善耆	1909年4月	印花稅預計每年收入(銀)1500萬兩,全部用於海軍經費。	〈印花稅之用途〉,《盛京時報》1909年4月14日。
薩鎮冰、御史石長信	同上	仿照農工商部獎勵勳爵章程凡報效海軍巨款者應酌加一切虛銜,以示鼓勵。	〈海軍捐尚難開辦〉,《大公報》,1909年4月4日;《議准海軍請獎摺》,《大公報》4月22日。
某大員	1909年7月	為鼓勵報效海軍捐款,獎勵辦法分為三類分別獎勵:官員、商人和華僑。	〈報效海軍捐之條陳〉,《盛京時報》1909年7月10日。

對策提供者	時間	措施內容	資料出處
善耆	1909年8月	開辦丁捐，每年可得三四千萬兩，較之他法合算。	〈丁捐萬難舉辦〉，《盛京時報》1909年8月22日。
載澤與奕劻	同上	海軍經費：十之四由各省認解，十之三由各省大宗定款中指撥，十之三由各省人民和華僑捐助。	〈籌辦海軍最近之計劃〉，《申報》1909年8月15日。
海軍大臣	同上	加徵地租、茶、酒、房稅。	〈指駁海軍籌款辦法〉，《大公報》1909年8月17日。
政府	同上	海軍開辦費（銀兩）1800萬由各省分四年認解，常年經費（銀兩）200萬由各省每年攤認。	〈各省每年攤認海軍經費紀聞〉，《申報》1909年8月26日。
載澤與會議政務處大臣	同上	度支部從鹽款和田房稅契中籌措五成，郵傳部從內河航船中徵收航捐。	〈會籌海軍需款之政策〉，《盛京時報》1909年8月24日
軍機大臣與載澤	同上	度支部只認解（銀）50萬兩軍港建設費，餘款未定。	〈海軍的款歸部籌措之確數〉，《盛京時報》1909年8月29日。
某大臣	1909年9月	募集國債，增加捐稅。	〈海軍儲才籌款之不易〉，《盛京時報》1909年9月4日。
政府	同上	舉辦公債為最後之辦法。	〈海軍籌款最後辦法〉，《盛京時報》1909年9月10日。
攝政王	1909年11月	倡議舉辦海軍捐，首先由攝政王開始認捐。	〈海軍捐議自攝政王始〉，《盛京時報》1909年11月11日。
外人	同上	舉辦國民捐；希望內廷將更多的積蓄拿出來，即可舉辦海軍。	〈西報論中國復興海軍〉，《盛京時報》1909年12月22日。
安徽高等學堂、安慶商務總會	1909年12月	發起募集海軍捐。	〈海軍捐之發起〉，《申報》1909年12月8日；〈皖商學界發起國民海軍捐〉《申報》，12月22日。
某侍御	同上	調查過去海軍衙門的款項去向，仍提出來辦理海軍；舉辦國民捐；嚴查各營伍虛糜濫冒款項。	〈某侍御條陳海軍籌款法〉，《大公報》1909年12月7日。

對策提供者	時間	措施內容	資料出處
海軍處	1910年7月	祕密派員赴南洋募捐。	〈勸募海軍巨款之述聞〉,《盛京時報》,1910年7月15日。
攝政王	同上	將內府廣儲司內帑擬提出二分之一作海軍經費。	〈內款准提二分之一〉,《盛京時報》1910年7月28日。
報人	1910年8月	上策為召開國會,中策為強行勒派,下策為讓富家捐款。	〈振興海軍感言〉,《申報》1910年8月12日。
政府	1910年12月	海軍常年經費的籌措辦法:京內外各大臣薪水項下扣取三成;進出口各貨物稅加徵二成。	〈海軍籌款兩項辦法〉,《大公報》1910年12月28日。
度支部與郵傳部	1911年3月	郵傳部借日金款額中,交還原借度支部的500萬兩,度支部將此款作海軍經費。	〈間接借款興辦海軍之辦法〉,《盛京時報》1911年3月31日。〈論中國外債及財政之前途〉,《東方雜誌》第7年第9期,1910年10月27日;〈度支部籌撥海軍經費〉,《申報》1909年10月23日。
載洵	同上	提倡海軍義捐。	〈海軍部最近之籌劃〉,《大公報》1911年4月2日。

上述對策多係空言,無裨實際。雖然鴉片稅的抵補成效難以預計,部臣卻仍將印花稅等收入寄予厚望;或者寄希望於地方攤派,在洋土藥收入大減的情況下,各省爭款尚且不及,遑論攤派,海軍經費的籌措勢必甚難。於是,反對舉辦海軍的呼聲高漲起來。較早反對重興海軍的言論出現在鴉片禁政高潮的一九〇八年下半年。有人提出,「惟興辦海軍以經費為第一要義,而經費將孰從而求之?則無非曰創海軍捐也,曰加徵茶鹽稅也,曰飭各省攤派也,曰出公債票也,曰借外債也。政府所能籌劃經費之策無出爾爾」,「緩一年舉辦海軍,即國民緩一日徵求敲剝之禍;緩一日海軍成立,即緩一日國民補瘡剜肉之

災」，論者甚至警告政府說，「國家積弱之患雖屬可憂，而民窮思亂之源更不可不慮」，「政府其亦忍聞此乎」。[1] 戎政與內治適成矛盾，如何擺正，立場差別甚大。還有言論切中要害，揭露外人誘惑清廷加意軍政的陰險意圖，在於控制中國的財政，以外債來左右中國的稅政，「若借債練烏合之兵，直速其亡耳」[2]。

各省鴉片禁政正酣，抵補難有成效，對中央攤派海軍經費一事有意對抗，敷衍塞責者居多數。山東、湖北等省認為「奏派各款為數甚巨，若再加此款，深恐無以應付，反滋貽誤」，咨復陸軍部的電文中採取消極拖延的態度[3]。浙江省釐餉局官員對撫憲交議撥解海軍經費十分為難，在給巡撫增韞的稟文中說：「伏查局庫頻年以來以收抵放不敷甚巨，如部撥專款之酒、膏各款均已挪墊一空，實無的款可指。」[4] 廣西本為貧瘠省分，洋土藥稅釐縮減甚巨，度支部要其勉為籌解，該省雖認解五十萬兩開辦費，但卻沒有明確款項可供指撥，「惟有極力撙節，設法騰挪」[5]。甘肅被災嚴重，陝甘總督只得要求緩解這項派款[6]。廣東是各省中為數不多的富庶省分，但鴉片牌照捐的實施頗不順利，籌款乏策，該省要求動用關稅解付海軍經費，卻遭到度支部的反對，因之無款可解[7]。各省認解的海軍經費總數僅僅（銀）500 萬兩[8]，距離開辦費（銀）1800 萬兩尚差太遠，不敷甚巨。陸軍部和海軍處不得不函電

---

1 〈論政府集議舉辦海軍之期限〉，載《申報》，1908 年 6 月 19 日。
2 〈釋公債〉，載《盛京時報》1909 年 6 月 1 日。
3 〈海軍經費之難籌〉，載《大公報》1909 年 4 月 3 日。
4 〈浙省認籌海軍經費之為難〉，載《申報》1909 年 9 月 21 日。
5 〈桂省認籌海軍經費之竭蹶〉，載《申報》1909 年 10 月 7 日。
6 〈甘省籌認海軍經費之為難〉，載《申報》1909 年 10 月 1 日。
7 〈粵省海軍經費不准動用關稅〉，載《申報》1910 年 3 月 2 日。
8 〈各省認解海軍經費數目〉，載《大公報》1908 年 7 月 23 日。

督催,咨請各省迅即將認解款項解撥[1]。

京中官員中有人對海軍開辦也頗有意見。大學堂監督劉廷琛在攝政王召見時,力言不可將海軍視為急務[2]。湯壽潛向清廷密陳存亡大計時,認為應先將賠款問題解決,以防止外人監督中國財政,海軍不可不辦,但不可驟然舉辦[3]。有御史也密陳己見,認為編練陸軍優先於海軍之興復[4]。京師大員對各省和清廷財政困境並不是一開始就非常清楚的,有人說「自趙侍御(指趙炳麟——引者)條陳預算決議起,度支部始將國家歷年經費出入之內容,和盤托出。蓋數十年來,各省銷費未報部者,有四百餘起之多。無論民不知,即朝廷亦不知也。財政之紊亂,一至於此」[5]。權貴紈褲亟亟於整軍經武,對中央與各省的度支進項和財政困絀並不十分在行,加之攝政王載灃對重興海軍十分熱心,對條陳緩辦者稱之為「因噎廢食之計」,認為海軍係軍國經脈,決不可緩[6]。清廷在會議政務處集會和內閣討論時,多次研究籌款問題,始終未能有大的進展,且問題很多[7]。

---

1 〈飭籌海軍經費〉,載《大公報》1909年9月9日;〈會商催解海軍經費〉,載《大公報》1910年5月19日;〈部飭分籌海軍經費〉,載《盛京時報》1909年9月9日;〈電催各省認籌海軍經費數目〉,《盛京時報》1909年9月22日等。
2 〈劉廷琛奏請緩辦海軍〉,載《申報》1909年9月5日。
3 〈湯壽潛奏陳存亡大計〉,載《申報》1910年3月19日。
4 〈請緩辦海軍專辦陸軍〉,載《盛京時報》1910年4月19日。
5 孫寶瑄:《忘山廬日記》(下冊),第994頁。
6 〈攝政王不願緩辦海軍〉,載《大公報》1909年9月2日;〈監國籌辦海軍之定見〉,載《盛京時報》1909年9月21日。
7 池仲佑撰:《海軍大事記》稱1910年下半年以後,載洵、薩鎮冰前往歐美各國考察,先後購置英國軍艦應瑞、肇和號,德國軍艦建康、豫章、同安、江鯤、江犀號,日本軍艦永豐、永翔等艦,國內亦有製造,「一時海軍頗有蒸蒸日上的希望」(羅爾綱引此文時的用語,見《晚清兵志》第2卷,《海軍志》,第121～122頁。羅氏直引其文,惜其未作考辨,似欠慎重),此論看來是誇大其詞。實際上,這次歐美考察購艦,問題太多,莫理循在1911年3月從國外返回北京,認為中國的新

海軍興復的關鍵主要是財政支持能力，度支部作為財政樞要機構，它的傾向就是一個不可忽視的問題。因新軍編練需款太巨，鴉片禁政又喪失大宗入款，度支部對海軍興復的態度基本上是敷衍和抵制。

（三）度支部與海軍處的爭執

一九〇八年秋季後各省為迎接外人在上海召開萬國禁煙大會，紛紛奏請縮期禁煙，成效已開始顯著，土藥稅款短缺的趨勢愈發明顯，撥解中央的土藥稅收因部分省分的局卡裁撤而逐步減少，地方土藥稅款的撥還也受到嚴重影響，頻頻出臺的抵補措施鮮有大效，上下矛盾隨之激化。此時興辦海軍，困難之大自不待論。度支部尚書載澤一九〇九年二月份時表示，目前正在進行清理財政，一旦清理完畢，即舉行加稅免釐，預計每年歲入可增加三千餘萬兩，那時辦理海軍自當裕如，目前辦理必定捉襟見肘[1]。海軍大臣提議舉借外債籌措海軍經費，載澤極力反對，認為海軍並非生利事業，與路礦各政性質不同，海軍經費「無論如何拮据，決不能有一毫外債摻入，縱有攝政王之嚴諭勒令借債，本部堂亦必力爭」，報人稱載澤在這一問題上是積極而正確的，抱之以讚賞的態度[2]。鐵良意欲整頓鹽政，所得款項用之於海軍經費，但度支部侍郎紹英堅決反對，極力梗阻[3]。海軍的籌款問題頓時陷

政事業蒸蒸日上，只有一樣不好，那就是中國的海軍建設，莫理循的說法是：「除慶親王外，北京高級官員中，最貪污的要算海軍大臣載洵了。他按照他歐洲之行中所受各國招待的程度而向各國分購軍艦，以作報答。以致一艦一式，個個不同。零件不能互換。有人把中國海軍譬作海軍博物館」。轉見劉渭平：〈早年澳洲籍中國政府顧問之一：莫理循的生平及其對華的影響〉，二，載《傳記文學》第 29 卷，第 1 期，第 84 頁。

1　〈澤貝子財政之計劃〉，載《大公報》1909 年 3 月 1 日。
2　〈力駁海軍外債〉，載《盛京時報》1909 年 3 月 12 日。
3　〈紹侍郎反對以鹽款辦理海軍〉，載《盛京時報》1909 年 3 月 24 日；載《申報》1909 年 3 月 16 日同名報導。

入僵局。

自從一九〇八年八月十三日清廷明降諭旨振興海軍以來，度支部始終對此不抱信心。報界透露說，由於抵補鴉片稅的印花稅舉辦不見顯效，載澤曾經要求清廷收回重興海軍成命[1]，並對攝政王的海軍興復計劃暗中抵制。報界對載澤與海軍處的關係以及載澤本人的態度分析說：

> 惟攝政王原擬派肅邸、鐵尚書、薩軍門三人協力籌辦，諭中所派澤公係慶邸所保，非必欲其協同籌畫也，因此事經費最巨，非度支部統籌兼顧不能為功，此次又恐度支部意存畛域，蓋前年鐵尚書曾奏請開辦巡艘，約須開辦經費（銀）一千五百萬兩，請由度支部籌撥，其常年經費則歸陸軍部自籌，當時奉旨交度支部議奏，迄已兩年，未見議覆。鐵尚書並商允樞臣，面催數次，澤公每以尚未籌有的款為辭。慶邸有鑒於此，因請添簡澤公。澤公亦頗知其意，故於已經謝恩後，忽又懇請收回成命，現雖降諭挽留，恐澤公終以籌款不易，難免觀望耳。[2]

載澤權欲強烈，海軍協辦不可謂閒職，但其採取漠然處之的態度，亦可見財政之窘困程度。一九〇九年二月二十一日載澤終於藉故提出辭呈，「（清理財政）頭緒萬端，急需綜理。以奴才綿薄，膺此艱巨已覺萬分竭蹶，昕夕靡遑。至籌備海軍事屬兵謀，既未嘗習戰昆池，顧何敢預論橫海；況造端伊始，尤為重要，撫躬循省殊未能堪。伏乞聖明體念下情，准予收回成命，俾奴才得專力財政，藉圖報稱」[3]。攝政王對此憂心忡忡，海軍經畫非度支部配合不能推進，所以

1　〈論重興海軍之方法〉，載《申報》1909 年 2 月 24 日。
2　〈商議籌辦海軍情形〉，載《申報》1909 年 3 月 1 日。
3　〈奏請收回籌劃海軍基礎之成命〉，載《申報》1909 年 3 月 2 日。

他義無反顧降旨挽留載澤。載澤辭職未成，只得敷衍應付。在陸軍部的官署內，兩次議論海軍事宜，經費籌劃仍是最重要的事端，「鐵尚書則不置一詞，澤公更不甚過問」[1]。度支部在七月份密奏財政窘迫情形時，對海軍興復一事隱隱批評，謂其不分緩急輕重，勢必衝擊中央財政[2]。九月底度支部就海軍經費籌撥問題專摺奏聞清廷，極力申言財政困絀，「近歲庫儲奇絀，國用殷繁，消耗之最巨者以洋款、軍餉為大宗，此外各項新政為用彌廣，無一事不關緊要，無一款可議減裁。僅就本年新增款而言，如崇陵工程經費、禁衛軍餉加撥、雲南餉需、吉長開埠經費，綜計已達一千二百數十萬兩，已岌岌有入不敷出之憂，更無餘力再籌巨款」[3]。在這種情況下，辦法只有兩個，一是將郵傳部原借度支部的 500 萬兩賭路經費作為海軍經費，一旦郵傳部歸還，應立即撥給陸軍部；二是督催各省派認海軍經費，除雲南、貴州、甘肅、新疆四省無力認解外，其餘均令承擔。從各省督撫回電的情況來看，除了湖南、河南兩省指定的款外，其餘均係設法騰挪或稍寬期限，海關稅收關係要需，萬不能令其認解[4]。海軍經費籌措遲遲不見成效，民間人士對此頗有感慨。回顧鴉片耗銀之巨，而海軍經費卻如此難以籌措，有人演說時嘆息連連：「鴉片之害，每年以耗費五千萬兩計之，六七十年實耗去三千餘兆兩，毀人債事不算，將來的大罰款不算……我們興復海軍，開辦費僅一千八百萬元，常年費只五十萬元，就為難得無處設法。」[5]

---

1 〈籌辦海軍之為難〉，載《申報》1909 年 3 月 9 日。
2 〈度支部咨奏財用窘絀舉辦新政宜力求撙節摺〉，一檔館：會議政務處檔案全宗，檔案號：523/4107。
3 〈度支部奏籌撥海軍經費摺〉，載《盛京時報》1909 年 10 月 24 日。
4 〈度支部奏籌撥海軍經費摺〉，載《盛京時報》1909 年 10 月 24 日。
5 竹園：《演說・中國八大隱憂說》，載《正宗愛國報》第 1017 號，1909 年 10 月 4 日。

海軍處對這一困境亦無可如何，只得與樞府協商，將海軍興辦問題交給資政院作為開院時的正式議案，並由憲政編查館通飭各省諮議局，定為各局的長期性議案，隨時籌劃[1]。一度沸沸揚揚的海軍捐和海軍公債在海軍大臣等人的推動下，躍躍欲試，但卻為載澤和攝政王阻止，海軍經費引發的矛盾開始隱現，[2]度支部執掌司農，與海軍處叢怨甚深，兩者的糾紛開始產生。

清理財政中，各省各部均應裁汰冗費，海軍經費經過度支部核算後，開辦經費達到（銀）2000萬兩，載澤堅請海軍大臣必須核減三分之一或四分之一[3]。一九一〇年五月份海軍處由於定購軍艦和建築軍港，需款迫切，要求度支部將各省認解款項和該部認解經費墊付海軍處，載澤聲稱，已經墊過（銀）1000萬兩，現在無款可墊，載洵與其理論多次，幾至發生衝突，載洵且欲以上命來逼迫載澤就範，矛盾激化加深[4]。對開辦經費的需款數量，薩鎮冰的計算達數千萬兩，而載澤的預計則相差甚大，兩人觀點相去甚遠，牴牾糾紛在所不免。攝政王雖有撥內帑之意，但動用家底究屬大事，一時驟難決斷[5]。海軍大臣載洵屢屢赴歐美考察海軍，揮霍巨資，每次皆需數十萬兩，而且經費均由度支部撥付，載澤對這一事十分不悅，表示拒絕支付此項經費[6]。海軍處要求度支部撥款（銀）900萬兩，而載澤由於土藥統稅局卡幾乎全部裁撤，入款大減，故只答應撥給（銀）100萬兩。財政與軍政矛盾難

---

1 〈議頒海軍籌款之議案〉，載《大公報》1910年3月5日。
2 〈政府不贊成海軍公債之舉〉，載《大公報》1910年4月20日；〈海軍捐決不舉辦〉，載《大公報》1910年4月27日；《盛京時報》1910年4月30日同名報導。
3 〈議核減海軍開辦經費〉，載《大公報》1910年5月24日。
4 〈海軍處迫令度部墊款〉，載《盛京時報》1910年6月1日。
5 〈撥用內帑籌辦海軍原因〉，載《申報》1910年7月17日。
6 〈度支部難為無米之炊〉，載《盛京時報》1910年8月9日。

以調處，致使載澤辭職意願頗堅，攝政王及各要臣雖極力融合此事，但載澤去意猶見不改，可見矛盾至深[1]。外有各省督撫之責難，內有軍諮處、陸軍部及海軍處大臣之對抗，度支部陷入孤家寡人的境地，實難見容於內外[2]。以財政撥款的紛爭為契機，清廷內部暗潮迭起。海軍經費自始至終並未得到多少，政爭雖急，但度支部並未如數撥款，該部前後認解的巨額款項大概只有郵傳部賭路經費500萬兩[3]，各省認解的絕對數額雖然不少，但實際解到的款項卻少之又少，海軍興復的七年計劃輝煌宏大，最終不得不成無米之炊，斷難有所作為。

鴉片禁政本屬良政，但新政與禁政相連，因緣相結，牽一髮全身俱動。清廷財政一毀於甲午對日賠款；二毀於庚子之役，國用大窘，坍塌之局隱然鑄成；三受制於鴉片禁政，數千萬金土藥稅釐化為烏有，不分輕重緩急的整軍經武更導致財用窘絀。載澧柄政之後，形勢如石走坡，糜爛不堪，督撫保權抗爭，朝臣內訌加劇，載澤雖識見明敏，頗欲一展抱負，但掣肘太多，徒陷內耗之中，當政期間財政上雖有建樹[4]，然而隳局已成，即有大力也無法挽回了。

---

1 〈澤尚書辭職述聞〉，載《盛京時報》1910年8月18日；〈澤尚書有退志之續聞〉，載《盛京時報》1910年8月27日日；〈軍處請度支部撥款〉，載《盛京時報》1910年8月18日；〈中央政界之二人物〉，載《盛京時報》1910年11月1日。

2 〈財政難之一斑〉，載《盛京時報》，1910年10月1日。外省督撫對海軍經費數目龐大頗有意見，各省行政經費在度支部清理財政過程中，均刪減過多，要政無法開展，而海軍興復事業卻占據大量的資金未被度支部刪減，各省紛紛致電清廷，對度支部的重內輕外方針攻擊頗力，該部處境極難。見〈核減海軍經費問題〉，載《申報》1910年10月10日。

3 羅爾綱：《晚清兵志》第2卷，《海軍志》，第122頁。

4 辛亥鼎革之後，清末之清理財政猶有影響，楊壽枏撰《覺花寮雜記》云：「鼎革以後，整理內外財政，猶以宣四預算為藍本。袁項城置諸案頭，手自批註。嘗語余曰：『前清預備立憲，惟度支部最有成績，餘皆敷衍耳。』時部中司員以兼清理處差事為榮，公牘皆自辦，不假手吏胥，故非才不得入選。民國以來，居財政要職者，半為清理處舊僚也」，轉見蘇同炳：《中國近代史上的關鍵人物》（下冊），第859頁。

第二節 興學與警政

　　憲政籌備事無鉅細，大要者，如官制改革、釐定法律、廣興教育、清理財政、整頓武備和普設巡警等多項要政。各項憲政無一不需費浩繁，整軍經武已如上述，且始終占據了清廷與外省財政支出的半壁江山。興學與警政屬憲政要項，亦需費不貲。洋土藥稅用於新興學堂和警政建設方面的情況在在皆有，自洋務興起至清代末年，鴉片稅款挹注於各類學堂、學務、巡警等方面的經費雖不可具體統計，但絕對不可謂零星少數。鴉片禁政在一九〇八年下半年以後進程加快，這對各地的興學與警政構成不可忽視的負面影響，探討清末新政問題時，這一變局不可棄置不論。

一　禁政與興學新政

　　興學新政是指創辦新式學堂，培養近代新式人才，它以洋務運動時期的新式語言學堂和技術學堂為權輿，一九〇五年廢除科舉後始成熱潮，學堂的門類和層次也大為擴張，興學新政成為一種潮流[1]。興學的經費籌措也呈現多樣化，公款、官款、私款以及收費成為各種學堂賴以創辦、發展的動力，學堂之消長與經費之多寡適成正比。預備立憲上諭發佈之前，有言論已經注意到籌款對興學新政的重要性，「支那今日非不知優等教育之不可須臾緩也，鳩資建學實繁有徒。所可議者，知有目前而不知計久長，知興學校而不知籌長款」，論者認為目前的弊端是「（學堂）開辦之初，校舍美備，教員噂沓無遠近，莫不耳其名。而一年之後，影消響寂，漸就傾頹」，江蘇興學較多使用銅元

1　桑兵：《晚清學堂學生與社會變遷》，學林出版社1995年版，第66～68頁。

餘利，論者對此頗有擔心，認為這項收入盈絀無常，不可作為長久之策[1]。新式學堂經費多屬「就地籌款」，各省差別較大，經費多寡無定，這一籌措制度，自洋務運動迄於清亡，陳陳相因，絕少有所變化。

　　新興學堂的經費籌措與洋土藥稅釐密不可分，自洋務期間創辦語言學堂和技術學堂開始，興學新政就大量地使用各種名目的鴉片稅。一八六二年總理衙門創辦京師同文館，總署奏稱，近年部庫支絀，無款動支，惟於南北各海口外國所納船鈔項下酌提三成，用於同文館經費[2]。船鈔是海關稅務司按船舶噸位徵收的關稅[3]，十九世紀六〇年代，正是印度鴉片進口到中國各關的高峰時期，鴉片躉船繳納的這項稅款應為數不少[4]，劃出三成作為同文館經費，其中必有洋藥躉船交稅的成分。隨後的上海同文館、廣州同文館亦仿此成案辦理[5]。專業技術學堂興起於六〇年代末期，福州船政學堂、江南製造局的操炮學堂等，均使用關稅作為經費，洋藥稅占關稅收入的大部分[6]，因而興學經費中當

1　《論優等教育之經費》，載《東吳月報》，1906年7月第3期。
2　朱有瓛主編：《中國近代學制史料》第1輯（上冊），華東師範大學出版社1983年版。
3　《中英五口通商章程》規定，150噸以上的船舶，每噸徵銀五錢，150噸以下的每噸徵銀一錢，1858年《天津條約》時又有所降低，根據條約規定，這項稅款用於望樓、塔表、浮樁等項的修建費用，至1868年時十分之七的船鈔作稅務司經費，其餘十分之三用於同文館經費。見湯象龍：《中國近代海關稅收與分配統計》，中華書局1992年版，第17～18頁。
4　湯象龍對船鈔入款未作專門的統計，他所統計的1862年中國所收入的船鈔總額為庫平銀137775兩，估計其中鴉片躉船的繳納份額應該不會占少數。見湯象龍前揭書105頁。
5　朱有瓛前揭書，第215、220、259各頁。
6　湯象龍認為，「由於鴉片貿易合法化，鴉片無限制地大量輸入，洋藥稅便成為海關一項十分重要的稅收，從1861到1886年每年徵收的數目僅次於進口稅而居於第二位，到1887年實行洋藥稅釐並徵，兩者合計所占各年稅收的比重就更大了」，見湯象龍前揭書，第15頁。嚴中平也有類似的統計，認為1884年以前的鴉片稅占進口稅的一半左右，1860年甚至占三分之二，見嚴中平等：《中國近代經濟史統計資料選輯》，科學出版社1957年版，第2輯。

然有洋藥稅的成分。九〇年代張之洞在南京設立南京陸軍學堂，並附設鐵路學堂。兩個學堂的常年經費每年共需（銀）6萬兩，其中的（銀）47000兩由江海關和鎮海關關稅中認解，其餘的缺額則由土藥捐輸和土膏勸捐收入來解決[1]。船鈔和關稅當時雖屬國家經費，但它是咸同之後新增的稅種，經管權不屬於戶部，「稽關市之稅，酌其入以制用」為總理衙門的職內之事，使用時雖咨行戶部，戶部亦僅僅是備案而已[2]，使用的阻力較少。至於土藥捐輸收入，屬地方外銷款項，使用較為自由，與戶部控制的內銷款項區別較大。這是新式學堂使用鴉片稅的開端時期。

庚子以後，各省極力整頓土藥稅釐，成效漸顯，用途趨廣，新式學堂越來越多地使用土膏稅捐。劉坤一督兩江時，創辦江南省高等學堂及江寧府上江兩縣小學堂的經費籌劃即囑目於膏捐收入[3]。一九〇四年張之洞督鄂時，推行鄂湘贛皖四省合辦土膏統捐，成效大著，專門將其挹注於興學，張氏門生胡鈞稱：「賠款攤捐一百二十萬兩，為湖北民間巨累，至是乃以土膏捐、銅幣盈餘、簽捐抵補，自八月起盡免各縣認解賠款，留於地方為興學之用，定名為賠款改學堂捐，由地方官督正紳經管，免除省城小戶房捐。」[4]不但土藥統捐騰出的款項用於辦

---

1 轉見商麗浩：《政府與社會——近代公共教育經費配置研究》，河北教育出版社 2001年版，第89～90頁。江蘇省的學堂經費也大量的使用銅元餘利，該省銅元鑄造的起因與籌措練兵經費、學堂經費密切相關，見《飭解學堂經費片》，載《端忠敏公奏稿》，第1210～1213頁；江寧的銀元局鑄造銅元的盈利專門撥給三江師範學堂作為興學經費，見〈創建三江師範學堂摺〉，載《張文襄公全集》卷58，第15～18頁，此轉見蘇雲峰著《三（兩）江師範學堂：南京大學的前身，1903-1911》，南京大學出版社2002年版，第129頁。

2 《光緒會典》卷99，轉見張德澤：《清代國家機關考略》，中國人民大學出版1981年版，第53頁。

3 《潘學祖札》，《榮祿存札》，第205頁。

4 胡鈞撰：《張文襄公（之洞）年譜》，第225頁。

理興學，湖北省還將煙館燈捐加以整頓用於興辦新式學堂，「漢口通鎮煙館共九百餘家，所收燈捐每月有一千數百串之多」，「此項捐款按月撥交善後局領收，備充各學堂經費」[1]。該省學務處的經費也從一九〇六年起大量使用本省的土膏平餘銀兩[2]。江蘇、安徽、浙江三省旅居鄂省的學務組織因經費不敷甚多，湖北學務處出面與膏捐大臣柯逢時協商，在江南膏捐項下每年撥助（銀）1000兩用於支付這筆開銷[3]。安徽省亦有將罌粟畝捐用於學堂經費的記錄[4]。奉天省開源縣興學告示中有如下規定：「各村煙館即由該學董等按照城內一樣收捐，添補學費，如有私收肥己，加個罰款充作學堂經費」，「每村定於每月初十日以內，須將前一月所收各項地捐、煙館捐進款開列詳折，稟報勸學所，以便存案稽查」[5]。推其意，城內與鄉村均將罌粟畝捐之類的收入用於學堂經費的開支。營口地區擬設立四所煙膏官賣局，著眼點不僅出於禁煙，而且「股東有紅利可分，即學堂亦有提款之補充云」[6]。山海關副都統則將禁煙經費用於開辦學堂，在給清廷的奏報中說：

> 查此款係由稅項八分經費內籌撥，並非大宗正款，若以之移作學堂經費，則一轉移間，在山海關道庫不過照常接撥纖微之項，而高等小學可立圖興辦。惟有仰懇天恩，俯念駐防初等各學童無處提升，高等小學立待正辦，准將此項禁煙經費俟一年查驗事竣，仍照舊按月支領，移作高等小學常年的款。[7]

1　《膏捐興學》，載《申報》1905年3月25日。
2　〈膏捐申平解助學務處經費〉，載《申報》1906年2月5日。
3　〈請撥膏捐補助學費〉，載《申報》1907年5月26日。
4　〈准提畝捐充作學費〉，載《申報》1907年5月26日。
5　〈開源縣興學告示〉，載《盛京時報》1906年11月28日。
6　〈請設官膏局消息〉，載《盛京時報》1907年6月5日。
7　〈度支部議覆山海關副都統儒林奏請將禁煙經費移作學堂的款片〉，一檔館：會議政務處檔案全宗，檔案號：612/5362。

度支部在議覆奏摺中同意了這項請求，准其「暫行動撥，擬令自查驗一年屆滿之日起，每月仍由該關八分經費項下提銀一百兩，以為辦理該處高等小學之費，每屆年終造冊報銷，以重款項」[1]。四川是土藥生產的大省，其鴉片稅款用途無論是內銷還是外銷，均十分廣泛。內銷款項中專門列有京師大學堂經費一項，解往京師的「一成公費銀」中，也包含了提學使司學務經費等[2]。湖南省某些地區的勸學所也想介入官膏專賣事宜，試圖以鴉片憑照費作為學堂經費[3]。可見各省對洋土藥稅釐的有效整頓後，學堂的創辦和常年經費亦可藉此挹注。各省鴉片稅釐的收入和支出部分的材料較為分散，目前所見多是零零散散的消息報導，甚不完整。但可以大體確斷，各地的各類學堂經費中，或多或少地使用過洋土藥稅釐款項。將鴉片稅收用於地方興學新政與清廷「就地籌款」辦理新政方針並不相違。關於「就地籌款」辦理興學事宜的方針，度支部認為，「學堂經費為培植個人要需，誠不能稍有靳惜。顧國家財力有限，而應辦各項要政又復不止一端，勢不能不力求撙節，以免顧此失彼。考東西各國教育行政，學堂雖多，惟有官立學堂由公家籌款經理，此外公立學堂如果成效昭著，間有因經費不濟由官資助者，其私立學堂悉由民間籌款自辦，官不給費，此各國之通例也」[4]，而且度支部制定的《清理財政章程》中，有更明確的解釋，「國家行政經費係指俸餉、軍餉、解京各款及洋款、協餉等項，地方行政經費係指教育、警察、實業等項」[5]。鑒於清廷「就地籌款興學」的規

---

1 同上。

2 《四川財政考》，〈土稅考〉；第36頁；《四川官報》，第8冊，〈奏議〉，第10頁。

3 〈勸學所籌議設立戒煙局〉，載《申報》1907年6月7日。

4 〈度支部為議覆江寧學務用款無著銀兩礙難准其作正開銷摺〉，一檔館：會議政務處檔案全宗，檔案號：195/1098。

5 〈度支部奏妥酌清理財政章程繕單呈覽摺（附清單）〉，故宮博物院明清檔案部編：《清末預備立憲檔案史料》（下冊），中華書局1979年版，第1031頁。

定，學部也確定了各級學堂在各級政府轄境內籌措的方針，「嗣後各省推廣學務，凡省城所立師範及高等各學堂所需經費應於省城籌措；各府所立之中學及師範各學堂所需經費應由該府所屬各廳、州、縣分別籌措；其各廳、州、縣所立之小學堂應需經費統由地方籌措，庶層級分明，不致以經費難籌致阻學務之進步云」[1]，該項方針將「就地籌款」辦理興學的原則具體化，這項方針使各地的籌款途徑更趨複雜。

就地籌款興學制度隱含了一個清廷和地方難以克服的矛盾，在中央注重整軍經武的國策下，中央和地方的機動款項必然首先挹注於練兵新政，前有銅元餘利，後有土藥統稅，大部分用於中央或各省的陸軍編練，興學等新政事項多為各省設法籌措，路徑五花八門，土藥稅釐的使用僅僅是其中一部分，當籌款形勢大變時，地方性的新政事業不得不受到重大衝擊。

所謂籌款形勢大變，比較重要且帶有全局性的事件有兩個，前期是銅元餘利的喪失，後期是鴉片禁政的加速推進。一九〇八年下半年後鴉片禁政進程加快，導致練兵與興學的矛盾衝突，各種新政要項均依賴鹽斤加價、田房稅契加價等幾項籌款措施，就連鴉片稅釐的抵補措施也瞄準這些稅項的整頓，印花稅和牌照捐等籌款措施雖然出臺，卻並不能達到抵補的目的，學堂經費的籌措必然會出現困境。限於史料，此僅將湖北和浙江兩省的情形加以剖論，以個案分析形式，對鴉片禁政衝擊各省興學新政的窘況加以梳理，目的是管中窺豹，藉此約略反映各省在禁政背景下興學新政的概況。

湖北省自一九〇四年以後一直享受著巨大的鴉片利益，因禁政推行，其學務經費首先受到衝擊。一九〇八年九月湖廣總督陳夔龍在與柯逢時、度支部交涉土藥統稅撥款問題的同時，將張之洞督鄂時確定

---

[1] 〈議擬訂定分籌學務經費章程〉，載《大公報》1907 年 11 月 20 日。

的學務經費之一糧捐款項挪作急用,引起學界和紳界的不滿,公舉代表到學部控告鄂省督轅的違規做法[1]。張之洞此時正督理學部事宜,針對湖北等省不能保證學務經費情形,提議應速將地方稅調查清晰,「飭由本省督撫轉行提學司,按成提撥,儲為教育經費,無論如何要需,概不准擅行動用,以重學款」[2]。這項提議在財政規模減縮、各項新政不得不辦的情況下[3],成效甚微。湖北善後局總辦金峒生在向鄂督的報告中說,練兵等項需款不貲,銅元餘利漸失,「又逢遞減土膏稅項,致今賠款所短更巨」,開源籌款阻力重重,惟有節流一策可以施行,建議推行縮減冗員的辦法[4]。一九一〇年土藥統稅遞減的速度更快,直接影響到賠款和興學新政,鄂督只好向漢口票號挪借十萬金度日。輿論也頗有感慨:「似此艱窘,為從來所未有,殊可危也」[5]。

至瑞澂督鄂時,該省財政緊縮的情形更為嚴重,興學經費大為縮減。督轅向清廷匯報預算案時稱,「近來大宗進款不可恃者,如土稅膏捐自禁煙實行後收數驟減,從前月撥十萬,現僅撥銀一二萬兩;簽捐從明年起定議減銷三分之一,分作三年減盡,約少餘利三十萬元」,各種進款途徑均呈現萎縮態勢,於是壓縮興學經費等就是一個不得已的選擇[6]。鄂省曾規定,將抵補鴉片稅的鹽斤加價收入的一部分用於學務

1　〈鄂紳力爭學款〉,載《大公報》1908年9月10日。
2　〈張相國力籌學款〉,載《大公報》1908年11月12日。
3　中央對各省州縣的新政進展比較關注,將各地舉辦新政的成績記入各級官員的履歷中,對本地的審判、警察、學務、自治各項事宜應力圖改良,作為確定官員優劣的標準。見〈通飭各州縣舉辦要政〉,載《大公報》1908年9月1日。
4　〈湖北財政之危象〉,載《盛京時報》1908年12月15日。
5　《京津時報》1910年7月14日。
6　陳夔龍:《庸庵尚書奏議》卷12,第16～17頁;《國風報》1910年第17號;〈鄂省預算歲出入不敷之巨〉,載《申報》1910年7月19日;《東方雜誌》,1910年第12期,第32～34頁。

公所和各學堂經費，一九一〇年七月度支部卻要強行提走這項收入，根據瑞澂的說法，「學費項下原有鹽政加價撥濟，已奉大部電示只允支四分之一。據學司考查，驟減此數甚覺為難，第今日學費浩繁，各省同病過求完備，患同新軍。又據預算表內教育各款，實較巳酉增加十萬餘兩，詳加籌酌，擬飭由學司設法省並，能照大部議案，則此數應於出款減去三十餘萬」[1]，在當時財政情狀下，翌年的增加只能是空頭支票，現時縮減已使學務經費難以為繼。

　　對於度支部向各省發出地方新政不准動用原有正項存款的禁令，鄂省督轅尤為反感，興學新政待款甚急，就地籌款已陷入困境，「惟近時新政百出，在在皆須舉辦，需款又為數甚巨，如再由地方籌集，必至擾民釀亂，倘稍延遲不辦，又坐貽誤要政之罪，為督撫者既乏點金之術，何以為無米之炊」。[2]特別是度支部提走抵補藥稅鹽斤加價的收入，而且代替土藥稅的「學堂捐」欠解甚多，這是學務經費欠缺的主要原因[3]。各學堂經費無著，學界人士極為憤懣，眼看八月十二日就是學生入學的日子，一九一〇年八月十一日學務處人員、學堂管事者以及諮議局教育會人士在武昌奧略樓開會，研究經費被減後學生入學的辦法問題。這次集會人數多達二百餘人，爭論非常激烈，持論偏激者非常多，爭辯不絕[4]。隨後各學堂紛紛向學務公所請領款項，但公所虧空已極，概無以應付。學務處因缺乏的款可撥，只得延緩學生入學時間。普通學堂因無存款，一律令學生放假。數日後，學務公所借款數

1　〈鄂督核減鄂省行政經費詳情〉，載《申報》1910年8月28日。

2　〈鄂督電爭新政不得用存款之限制〉，載《申報》1910年7月7日。

3　《京津時報》1910年8月18日。鄂省土藥稅數量至1911年4月份制定預算時已大為跌落，據藩司稱，原有的11萬兩進款已經沒有指望，學堂捐的收入也大為減少。見〈鄂藩力陳實行預算之困難〉，載《申報》1911年4月28日。

4　〈鄂省學校乏款會議之結果〉，載《申報》1910年8月18日。

萬金，方得以緩解燃眉之急。這次事件後，興學經費仍未根本解決，各學堂堂長有多人辭職，繼任者亦無法承當目前的困局[1]，興學新政在湖北陷入了僵局。鹽斤加價和田房稅契加價係鴉片稅釐抵補過程中較有成效的措施，但增加部分的稅收卻多被清廷提走，用於編練新軍或興復海軍，而對地方新政並無有效的支持措施。降至後來情形更甚，尤以各種抵補鴉片稅的措施不力為要因，導致清廷對各省搜刮更是無孔不入，核減各省包括興學經費在內的各項行政經費，就是一個明顯的事例。輿論對此類縮減教育經費的做法大為詬病，激烈的指責和嘲諷性言論迭見報端[2]。

浙江省的情形也不容樂觀。一九〇九年初該省興學新政經費已經竭蹶異常，有人甚至提議將官書採訪局等機構裁撤，餘款用以撥助學款[3]。該省諮議局第二屆常年會議決議案中提出，朝廷為抵補鴉片稅款，諭令將田房稅契提高稅率，浙省可將此項增加的稅款用於興學經費，由此制定並通過《動用新章加收契稅推廣簡易識字學塾議案》[4]。所謂「新章加收契稅」指的就是抵補鴉片稅的田房稅契加稅，浙省學務公所經費也同樣在田房稅契新的徵收稅款中使用[5]。浙江鄞屬地區學堂經費向來較多地使用土膏捐稅[6]，報界分析說，「該邑學費向恃膏捐，

---

1 〈鄂學經費支絀之現狀〉，載《申報》1910 年 8 月 21 日。
2 〈時評・其一〉，諷刺新政最有成效者莫如軍費之籌措，見《申報》1910 年 8 月 11 日；〈論政府核減各省行政經費之非計〉，載《申報》1910 年 8 月 15 日；〈時評・其一〉，稱度支部不分輕重緩急核減教育經費的政策為搜括財政的計謀，論者為度支部的做法感到羞恥，見《申報》1910 年 8 月 18 日；〈論國事日非之所由來〉，載《盛京時報》1910 年 8 月 12 日等等。
3 〈請撥官款補助學費〉，載《申報》1909 年 1 月 23 日。
4 《浙江諮議局第二屆常年會議決案》，浙江圖書館古籍部藏件 1909 年。
5 轉見商麗浩：《政府與社會——近代公共教育經費配置研究》，第 209 頁。
6 〈寧郡學費將受膏捐影響〉，載《申報》1910 年 8 月 15 日。

近因禁令森嚴，捐款驟失，致高等、小學等校困難，勢將停廢」，該府大員匯報說，「鄞邑各學堂原有膏捐一旦驟失，無從取給，致學費奇絀，亦屬實情」，商請將田房稅契加價徵收，該省藩司在核議後，准予所請，但又擔心被度支部詰責[1]。無獨有偶，該省紹興府屬嵊縣興學經費也因禁煙實行，經費斷絕來源，請求在新章田房稅契中提取加價款項，用以貼補該邑學費[2]。一九一〇年下半年在度支部的嚴詞督催下，浙江省在財政預算案中仍不得不將學務經費加以核減[3]，這樣一來，浙省興學經費將更形竭蹶。一九一一年中英達成禁煙協議，將洋藥稅釐加徵至每擔（銀）350兩，浙省巡撫增韞鑒於賠款支付和學務經費均與鴉片稅釐有密切關係，致電度支部，要求將加稅以後增收的稅款撥還浙江省，用於賠款、興學和禁煙事宜[4]。六月二十八日，浙江省鄞縣根據度支部和外務部對全國鴉片雜稅雜捐徵收的規定[5]，停止徵收土膏捐稅，該縣學務公所下屬有初等小學堂四所，簡易學塾兩所，教員和學生共計五百餘人，均受這次停收土膏捐稅的衝擊，原來一直使用的考

1　同上。
2　〈稅契帶徵警學經費〉，載《申報》1910年6月13日。
3　〈增撫核減浙省行政經費詳情〉，載《申報》1910年8月29日。
4　〈浙省停止土膏雜捐之手續〉，載《申報》1911年6月18日。
5　外務部1911年6月份的通電，對中英議定禁煙條件中容易引起誤會的條款進行解釋說，第7條載明：印藥大宗貿易之各項限制及徵收各稅捐自應概行停撤，惟禁煙功令仍應切實進行，故末節又言明為禁絕吸菸及整頓稽查煙土零賣事宜，所頒各法令不用條款致其效力稍受阻抑，即如牌照捐專為稽查零售，取締吸戶，而各省輒責令土膏店代收代繳，或就土計膏而捐之，此即是重徵商家並非取締吸戶，嗣後務須就牌照上稽查整頓，即可收禁煙之效果，自不受禁煙條件之阻抑。見〈外度兩部對於洋土藥徵稅之意見〉，載《申報》1911年6月30日。這個解釋並未清楚地說明何稅該徵何捐不該徵，各地實行起來仍屬茫然，因之，各省在該時期對各類捐稅的徵收上做法不一，頗為混亂。土藥稅的情形與此相似，恰逢土藥統稅局卡裁撤，而且稅章增加至每擔（銀）230兩，由各省分徵其半，其他稅捐一概停止，但在實行時，各地仍有不同的做法。

試經費又被上司提走，導致興學經費更為窘絀，學務公所官員聲言只有辭職[1]。

實際上，不僅浙江一省的興學新政面臨停滯危險，即如號稱興學經費居全國前列的直隸一省，實際的經費籌集情況亦不容樂觀。該省視學員的報告中透露說，各屬勸學所「除天津縣由牙行捐助及廟產公地籌有的款外，其餘各處無款者十之八九」，問題已很嚴重。其間土藥稅的收入被度支部劃出，地方不能自行支配是一個重要的原因[2]。這時的民間言論便趨向冷靜，很少再提「就地籌款」辦理興學新政的舊話，而是對清廷不予撥款襄助地方興學新政產生憤慨。一九一〇年時學部經費銳減，教育界人士即認為，實行強迫教育，國家應該實行干預政策，補助教育經費[3]。學部也注意到地方興學新政中全靠「就地籌款」不可能解決強迫教育的問題，於是準備擬定由中央財政補助小學經費的章程[4]，但國庫已經空虛異常，不可能對興學新政產生明顯的推動力。興學新政遭受重挫，鴉片稅釐短絀是一個較為直接的原因，另外，國家資金分配的不合理結構也是一個重要的原因，學界人士譴責清廷新政的重點時說：「夫教育一事較整練陸軍、水師諸政關係尤重，

---

1 〈勸學所自陳學費支絀之苦狀〉，載《申報》1911年7月16日。
2 〈宣統元年第三次直隸全省學務例會之記述〉，載《直隸教育官報》，1909年4月第4期，轉見關曉紅著：《晚清學部研究》，廣東教育出版社2000年版，第291頁。視學員認為，直隸各處學堂多係因陋就簡，條件並不符合清廷《奏定學堂章程》的基本要求，如按規定審核，這類學堂的資格應該予以取消，其學堂數量將會減少一半。關於洋藥稅被中央劃出，有關報導說，自辦理鴉片統稅後，原來由直隸籌款局經收的洋藥稅數量多達數十萬兩，其中用於學堂等教育經費有至少十萬兩，統捐局將此項收入化為己有，導致北洋辦理新政極受影響。見〈北洋財政支絀〉，載《申報》，1907年7月22日；另見《學部奏派調查直隸學務員報告書》，第4年第11期。
3 〈論教育費不當裁減〉，載《教育雜誌》第2卷第8號，1910年。
4 〈學部奏覆陳普及教育最要次要辦法案〉，載《教育雜誌》第3卷第1號，1911年。

乃練軍則不惜巨資而竭力整飭之，教育之費顧僅限於數十萬金而不肯加多耶？所操嗇而所望奢，非特不能振興，適以阻學務之進步耳」[1]。

各省興學新政經費不足，不完全起因於鴉片稅釐的短缺，各省的情形差別較大[2]。清廷與各省均將練兵新政作為投資的重點，鴉片稅釐急遽減少後，度支部和各省紛紛從各種稅源上加大籌款的力度——諸如鹽斤加價、田房稅契、牌照捐以及印花稅等，而這些稅源在禁政之前，有可能是地方興學、自治、警政等新政事項的經費來源。隨著鴉片稅釐縮減，地方新政賴以發展的財源被整軍經武所侵奪，興學財源枯竭勢所必然。偏重戎政而不注意庶政，太阿倒持，緩急錯置，最終的窘困結局不難設想。

二 鴉片稅收與警政經費

清末鴉片稅釐在各地的用途十分雜亂而又廣泛，往往是多種事業經費藉此挹注，而且變動無常，關稅如此，釐金如此，洋土藥稅收亦

---

1 〈論優等教育之經費〉，載《東吳月報》，1906年7月第3期。
2 根據較為零散的材料可以大體上作一個判斷，鴉片稅釐與興學新政相關的程度，基本上與下列兩種因素有關：首先是出產和行銷洋土藥利益較大的省分，兩者的關聯程度更大一些；其次是與各省中銅元利益的分配走向有關，銅元餘利向來多支持中央和各地的練兵和興學事業，這方面江蘇省尤為突出，1904年以後，學務經費大量使用這項收入，見〈兩江總督魏奏江南銅元局增置機廠改章整理餘利撥充興學、練兵等用摺〉(《度支部通阜司奏案輯要》，第25～27頁) 1906年以後，這項收入大為減少，嚴重影響了興學經費的籌集。朱家寶曾對人說，「(蘇)督練公所各學堂及巡警局等費，向皆資銅元餘利，今銅元停鑄，款均無著」(見《朱家寶致某人》，《清代名人書札》(上)，北京師範大學出版社1987年版，第407～408頁。但是，如果某省銅元利益較少，有可能洋土藥稅中的一部分會被用於興學事業，這是因為清末能夠提供較為充足財源的稅種並不多見，洋土藥稅是僅見的極少數大稅之一，食鹽稅收和釐金的一部等已被用於支付外債或賠款，土藥稅卻被保留下來。

莫不如此。例如，土藥稅釐與地方政府籌建鐵路的經費籌集有關[1]，洋藥稅釐的使用項目也不算少，曾國荃稱，上海道將洋藥稅釐用於洋涇濱設官會審、翻譯外國新聞、浦江水利等局用、會捕、巡防、炮船、護勇、南北洋通商隨員及辦理關務洋務員、役人等薪飯雜支、英法租界碼頭巡費、刊刻約章、修理橋站、善堂經費、資遣華洋難民等[2]。這些項目僅僅是外銷款項，內銷報部的用項可能更多。清末警政是清廷推行新政的重要措施之一，警政建設進程之速緩以經費之盈絀為必要條件，警政經費的來源多種多樣，洋土藥稅釐是其中比較重要的財源之一。禁政推行後，直接或間接對警政進程產生負面性影響。

鴉片稅較早地運用於警政事業，據美國學者研究，一八八四年北京辦理保警時曾使用過鴉片稅[3]，由於洋藥稅釐在當時使用範圍較廣，

---

[1] 洛陽至甘肅的鐵路經費籌集就首先想到了土藥稅的運用，見《光緒朝東華錄》第5冊，第5646頁；粵漢、川漢鐵路股本中就含有大量土藥稅的使用情況，見〈遵旨議覆川省路股辦法摺〉，《愚齋存稿》卷18、〈寄武昌岑宮保、瑞制軍等〉，《愚齋存稿》卷85；四川省在籌集鐵路經費中更長期的在徵收土藥稅中的增加鐵路經費的名義，在1908年路股總額中土藥稅占10.9%，1909年占到11.9%，見王笛：《跨出封閉的世界——長江上游區域社會研究1644-1911》，中華書局2001年版，第441頁。也參見〈四川鐵路籌費章程〉，載《申報》1905年2月17日；中國西部的西潼鐵路經費籌集中也有土藥釐金的成分，《光緒朝東華錄》第5冊，第5542頁；自太原至大同的鐵路經費中就有煙戶抽捐和土膏業捐，見《宣統政紀》卷8，第33～34頁等等。

[2] 〈請撥藥釐疏〉，蕭榮爵編：《曾忠襄公（國荃）奏議》，《叢刊》（正編），第436號，第2743～2745頁。洋藥稅釐並徵以後，海關稅入款大增。自1887年至1894年每年洋藥稅釐共占同年海關總稅的三分之一左右，其中1888年達到39.37%，1889、1890年也占到38%以上。1995-1904年各年占海關總稅收的20～25%，1905年至1910年為13～19%，從海關五十年稅收總的情形來看，有21.66%是洋藥稅和洋藥釐的稅收，超過了總稅收的五分之一。見湯象龍編著：《中國近代海關稅收和分配統計》，第22頁。

[3] 托馬斯·D·萊因斯：《改革、民族主義與國際主義：1900年中國的禁煙運動與英美的影響》，載《國外中國近代史研究》第25輯，第6頁，作者依據的材料有張

這一說法或許是成立的。清末新政時期，各省警政事業屬於地方憲政的範圍，清廷令各省自籌財源，鴉片稅收入增加以後，許多省分就將這項收入的一部分用於創辦警政。一九〇四年七月江蘇開辦警察，因無的款可以指撥，所需經費即由煙膏局等進行籌措[1]。巡警部成立後，經費籌措頗不順利，在向各省發出的籌款咨文中稱：「現因開辦伊始，需款浩繁」，呼籲各省「酌量協濟，以應急需計」[2]。各省向該部籌解的款項各不相同，來源也不一致。安徽省的解款就是出自土藥稅，該省巡撫的咨文說，此項解款係「在土藥項下按年撥銀二萬兩」，民政部成立後這項土藥稅仍然保證供應[3]。除安徽省外，可能仍有某些省分將土藥稅用於這項協款的情況[4]。八省土膏統捐舉辦以後，巡警部奏請將二成土膏稅撥用，作為本部常年經費，此項要求很快獲准[5]。清政府將土膏稅收用於中央警政事業大致由此開始。

一九〇六年官制改革後，巡警部更名為民政部，職權和範圍擴大，需款更增。八省土膏統捐開辦以後，成效漸顯，不但對中央練兵益處甚大，警政事業也獲益匪淺。京師民政部設立後，大力添募內外

仲禮、斯坦利・斯佩克特（Stanley Speector）：《19世紀中國七位要員編年史指南》（第285頁）、《中國時報》（*Chinese Times*，天津）1887年9月3日，（第724頁），1887年12月3日，（第947頁）等。

1 《警察籌款》，載《申報》1904年7月14日。
2 韓延龍等前揭書，第207頁。
3 安徽巡撫的咨文，藏於一檔館，此轉見韓延龍前揭書，第207頁。
4 〈請飭各省將原認巡警經費仍如數解部摺〉，載《退耕堂政書》卷4，第16頁。
5 〈巡警部籌有的款〉，載《申報》1905年11月13日。除了土膏統捐的稅款以外，巡警部還使用大量的海關稅，這部分入款雖然名義上為海關稅，但亦包括洋藥稅的成分，在1887年洋藥釐並徵以後，關稅入款增加迅速，在撥解時自然將洋藥稅也計算在關稅中，但洋藥釐金除外。湯象龍在《中國近代海關稅收和分配統計》一書中指出，清廷有關公文中「六成洋稅」或「二成洋稅」之類的說法，指的是洋商進出口稅及洋藥稅的六成或二成，意思是海關稅這一概念已經包括了洋藥稅的成分，見湯氏前揭書，第27頁等。

城巡警，經費缺額十分嚴重，該部認為，「警政之修舉與否，全視款項之盈絀，現在警餉待用之急如此，臣部款項支絀如此，是不特未辦者難於擴充，且恐已辦者將行廢墜」[1]，如此強調經費困絀，事出有因。前述八省土膏統捐創辦時，有從中提撥二成作民政部巡警經費的決定，每年數目不一，初期撥解土藥稅款為（銀）15萬兩，遠遠不能滿足警政的經費需求，京城內外兩廳就地籌措的款額有限，至多也就是零敲碎打[2]，根本不足敷用。一九〇七年時該部深知土膏統稅的溢收數額巨大，於是專摺上奏清廷，請求在土藥稅溢收款項中按成撥足：

> 查臣部前經奏准，有膏捐二成一款，上年十二月準度支部咨膏捐溢收銀一百七十萬兩，論二成全數應有三十餘萬兩，雖撥臣部銀十五萬，核計僅及二成之半項。又查八月間督辦土藥統稅大臣柯逢時等奏稱，一年屆滿，溢收解部銀三百七十萬兩，是較度支部原咨數目又溢二百萬之多。前撥十五萬之數尚不及二成之什二，本應奏請該部查照原奏撥還欠解銀兩，但膏捐必待年終統計，方能核撥。而巡警事關計授，斷難懇待。此次請撥外城巡警一年款數，較臣部上年應得膏捐二成之數尚少數十萬兩，而警款得此把注亦免有誤餉需，在度支以彼易此，係有抵之的款，非格外之添支，自無虞艱於應付。[3]

---

1 〈民政部奏為外城添募巡警無著懇恩飭部指撥每月支數即作為膏捐撥款以濟要需而維警政摺〉，一檔館：會議政務處檔案全宗，檔案號：61/89。

2 〈民政部奏本部款項及全年出入預算表〉，《大清宣統新法令》第6冊，轉見韓延龍等前揭書，第207頁。

3 〈民政部奏為外城添募巡警無著懇恩飭部指撥每月支數即作為膏捐撥款以濟要需而維警政摺〉，一檔館：會議政務處檔案全宗，檔案號：61/89；〈民政部請撥膏捐〉，《申報》1907年10月29日。該消息將民政部的奏摺截取片段予以報導，與原摺相比，歧義紛出，但也可見鴉片稅對民政部經費籌措的重要性。

結果，民政部得到這筆土藥同稅款項（銀）10萬兩[1]，支絀局面暫時得以緩解。一九〇九年至一九一〇年，民政部進款項目中，就鴉片稅一項來說，除了度支部撥給的土藥統稅和各海關解繳的海關稅（含有洋藥稅）以外，尚有購煙牌照費和藥戶捐兩項收入。前者係「官收各款」四項之一，約占該欄總收入的52%餘；後者列為「地方捐款」三項之一，約占該欄總收入的30%餘[2]。由此可見，民政部警政建設經費籌措中鴉片稅釐的重要性。

　　禁政時期，各省為了辦理警政，藉口寓禁於徵，盡量設法追求鴉片稅釐，作為巡警經費。奉天營口警政人員藉禁煙之機，對官膏專賣十分積極，意在募集巡警經費，數村間設立幾處官膏局所，發放購煙執照幾無限制。鐵嶺警察局內也準備設立官膏局，經營的利潤全部充作該局經費[3]。一九〇七年六月烏里雅蘇臺大臣請求清廷允將土藥稅整頓後的收入用於本地警政經費，如此辦理實在是一舉兩得，既可禁煙，又可籌措警政經費，他稱「（開辦巡警局）計一年局費、津貼等項，極少亦須一千數百金」，這項經費實難以籌措。烏城禁政「惟有仿照內地土藥統捐辦法，凡由古城來烏商民即責成巡警官兵認真搜查，無論帶有煙土多少，每兩按七分抽捐，黏貼驗票方准售賣」，關於這項鴉片稅收的用途，他建議說，「得捐銀即為專辦巡警之用，如有不敷，再由奴才隨時設法籌濟。如此整辦，不獨舉辦巡警藉資挹注，而一年銷化土藥若干，暨每月遞減若干自可得有確數」[4]。浙江省平湖縣舉辦

1　〈度支部奏片〉，載《京報》1907年11月15日。
2　〈民政部奏本部款項及全年出入預算表〉，載《大清宣統新法令》，第6冊，轉見韓延龍等前揭書，214頁。
3　〈沿村各設官膏局〉，載《盛京時報》1907年10月5日；〈詳定官膏章程〉，載《盛京時報》9月3。
4　〈定邊左副將軍為附奏整辦煙捐藉練巡警摺〉，一檔館：憲政編查館檔案全宗；〈請以土捐辦理警政〉，載《大公報》1907年6月16日。

巡警時並無明確款項，請求撫憲在膏捐項下撥款四成作為警政經費¹，但是土膏統捐總局的答覆卻予以拒絕，「膏捐項下向有代收學費，酌留四成。其餘四成關係各國償款，斷難再行動撥。至禁煙局經費三分，如果就地籌辦禁煙事宜尚可准予撥留，原以寓禁於捐。將來禁煙實行禁絕，捐亦隨盡。警察清鄉為保護地方而設，自應官紳合籌，以垂久遠，若概仰給膏捐，為飲酖止渴之計，殊與原定章程不合，礙難率准。仍仰該縣會商紳董，另行妥籌」，看來膏捐收入的用途太多，警政問題雖亦重要，但也不能分別挹注。

　　江蘇省的警政經費與土藥稅關係較大，蘇省直屬的長遠吳三縣的一部分膏捐收入就用於巡警局工食開支。一九〇九年初該省藩司建議將膏捐徵收之權劃歸巡警局，這樣可以更多更方便地將膏捐用於警政事業，「騰出戒煙、官醫二局的款悉歸巡警局之用，較之原撥警費實有盈餘」²。這項措施確定後，該省巡警局卻不願徵收這筆稅捐，估計是擔心這筆稅款的命運不長或收入不穩定，因而請求另行撥款。該省藩司嚴加申斥，稱警察經費出自膏捐理所當然，「收膏捐以資經費，職司地面查察易周，正如他省警章兼收妓捐、戲捐之類，隱寓取締，無所為難，更非如禁煙公所之禁煙捐，名義未符，有所藉口」，至於巡警局擔心這項收入的數量，他解釋說，「膏捐改章以後，如何支銷，如何分配，本司詳確稽核實在，三縣膏捐就現在捐數尚可月收錢六千七八百千，除額支巡警用款及公所經費、查驗所、戒煙局各費，尚餘每月一千七百千之譜，雖僅就十一、十二月月報約計，而大致不致懸殊。故詳覆文內，請將公所經費由警局收解，戒煙局經費商准善後局撥給，總計實有盈餘」，「今警局深恐膏捐之不足恃，原不妨由司竭力勉為其

1　〈膏捐不能為警察經費〉，載《申報》1908年6月15日。
2　〈長元吳膏捐統歸警局收支〉，載《申報》1909年1月31日。

難，惟目下庫空如洗，其公所經費若再歸司庫增籌，委實力不如願。幸徵收膏捐之名已歸警局擔任，與公所無涉，且由警局解交公所，與司庫籌解無異，為公所計，但求經費有著，似不必追問款所由來」[1]。經此次申斥，這項稅款不得不由巡警局徵收，多數入款歸警政經費。一九一一年中英禁煙條件確立後，土商以為該項捐稅不再徵收，相率觀望，致使收入減少。蘇省巡撫程德全認為，膏捐和牌照捐關係本省警政經費，待用甚急，不可或缺，於是專門電咨度支部應否繼續徵收，得到肯定的答覆後，即派出多員幹將監督各地徵收辦理情況，鄭重其事[2]。

　　四川係產土大省，警政經費與鴉片稅關係更為密切。一九〇九年初重慶關署理稅務司阿其蓀（G. Acheson）的報告中說，重慶設立官膏總局，下設四個分局，「據報每月的銷售量為（銀）3 萬兩，去年獲純利（銀）2.7 萬兩，這部分錢交給警方」[3]，換言之，重慶地區警政經費中包含了鴉片專賣的利潤。關於川省土藥稅收的用途，較常被學術界引證的是宣統年間王人文的說法：

> 開除：長勝三營勇丁月餉、備荒經費、內務府經費、匯豐銀款鎊價不敷、息借商款本息、北洋軍需、晉省協餉、雲南鐵路軍費、京師大學堂經費、粵西餉需帳款、北洋練兵經費、英法美各國教案賠款、專使經費、黃浦江經費及赴日本看操、賽會並

1　〈詳覆推諉經收膏捐〉，載《申報》1909 年 3 月 8 日。後來警察局不但介入膏捐徵收事宜，而且將土膏店作為籌集經費的搖錢樹，引致較多的糾紛，見〈巡警以膏店為魚肉〉，載《申報》1910 年 11 月 9 日。
2　〈派員稽查土膏捐款〉，載《申報》1911 年 6 月 10 日。
3　周勇、劉景修譯編：《近代重慶經濟與社會發展：1876-1949》，四川大學出版社 1987 年版，第 310 頁。

赴上海會議銷場等事委員川資旅費、續購修築商場地價等項，共支銀五百三十四萬七千七百八十八兩四錢九分七釐二毫一忽六微。[1]

仔細推敲上述用項的性質，可以斷定這僅僅是川省土藥稅收支放數目中的內銷款項，而且還不包括土藥徵稅中其他稅捐的收入和支出，外銷部分的收入數字和支出情形相當繁雜而且問題較多，不僅川省如此，各省亦向來如此。隱匿稅項、假造支出的慣習各省已經保持了多年，意在避免清廷的糾纏和干預。例如，早在十九世紀六〇年代，曾國藩督兩江時，就已創辦土藥捐，但在第五案的報銷奏片中，只列有釐捐、鹽釐等收入，卻將土藥捐隱匿下來，戶部自然不知底細[2]。川省土藥稅的收入和支出，有關論者亦有專門研究[3]，收入的規模問題且不具論，僅就其臚列的用途事項來說，多數是內銷部分的支出情況，仍然較少涉及其外銷部分的用款情況。單從重慶的情形來看，警政經費與鴉片稅顯然已有密切的關係，其他地區（包括省城）的警政用款也與鴉片稅有關。川省實行官膏專賣較為有效，警政完善是推行官膏專賣的必備條件，該省官員深知此理，「惟查籍禁私之事極繁瑣，須與警察相輔而行。該縣如已辦警察，迅即舉辦官膏店；如未辦警察，一面趕辦警察，一面籌設官膏店。不得以未辦警察，藉詞推諉；亦不得以籌款維艱，因噎廢食，致違典章而干咎戾」[4]，川省各地警政推進較快，經費來源各不相同，但部分專賣收入確實投資於各地

1　《四川官報》1910年第8冊。
2　轉見何烈：《清咸、同時期的財政》，（臺北）國立編譯館中華叢書編審委員會編印，1981年，第382頁。
3　秦和平：《四川鴉片問題與禁煙運動》，第38～45頁。
4　四川巴縣檔案，1907年8月8日長壽知縣高瑞稟文，轉見秦和平前揭書，第126頁。

警政的創辦[1]。根據當時一項調查，四川省警務公所及省城警察的常年經費係由「成綿道庫（現已改歸藩庫）、藩庫、鹽庫、票捐局、籌餉局等處籌撥」，省城以外，各府、廳、州、縣的警察經費由地方當局自行籌措，其主要來源是隨糧捐、契捐、煙捐、煙館捐、官膏紅息等十二項，州縣以下的警察分局的經費亦係自籌經費，來源主要有戲捐、官膏捐、燈捐等八項[2]。這一調查說明該省警政事業與鴉片稅的密切關係。

　　隨著禁煙進程加快，土藥稅釐縮減甚多，導致警政進程放緩。前述安徽省將土藥稅每年二萬兩解交巡警部作警政經費，禁政進程加快後，這項解款已難以保障，陷入剜肉補瘡的境地。一九〇九年底皖省巡撫的奏報說：「所有宣統元年應解前項銀兩，因值禁種罌粟，土稅停辦，款無所出。茲據署布政使沈曾植詳稱，現於無可設法之中，在鹽斤加價項下動撥庫平銀一萬兩，發交安慶度支部銀行及官錢局匯解上海度支部銀行，轉匯民政部交納」[3]。安徽一省的欠解數目已經達到50%，他省情形或有差別，但均面臨收入短少的問題，這對民政部警政經費的支出影響甚大。該部向清廷奏報說，宣統元年該部不敷數額就達到（銀）30餘萬兩，不得不向清廷邀款，度支部研究後，決定動用關稅，「查膠海關洋稅項下原撥民政部經費銀二十萬兩，近來該關所收稅項於支解各款外稍有存餘，擬再於四成洋稅項下每年撥銀十萬

---

[1] 秦和平認為，四川警察的部分費用係從官膏收入中支付，「責任與收入同在，既減輕政府的負擔，也促進警察局所的建設」，「官府的純利潤往往用於警察局所、勸工局、平民工廠和慈善場所，以及社會治安等方面」，見氏著：《四川鴉片問題與禁煙運動》，第126～127頁。

[2] 《調查川省警察行政沿習利弊報告書》，上、下篇，轉見：韓延龍等前揭書，第216～217頁；隗瀛濤等主編：《四川辛亥革命史料》（上冊），四川人民出版社1981年版，第37頁。

[3] 〈安徽巡撫奏籌解民政部經費銀兩片〉，一檔館：會議政務處檔案全宗，檔案號：666/5726。

兩，六成洋稅項下每年撥銀十萬兩，共計（銀）二十萬兩，作為民政部整頓京城警務常年經費，自明年起按年籌解，以資應用」[1]。禁政推行後，中央警政經費支絀的局面早已出現，一九〇七年時該部就曾督催各省解款[2]，但屢催罔應的情形時有發生。兩江總督周馥和山西巡撫張人駿在給該部的咨文中，僅僅認籌 1 至 3 萬兩，榆關鐵路的盈利項下，直隸總督僅僅答應給（銀）5 萬兩[3]，經費缺額仍然巨大。不得已，該部將內外城警官、巡丁裁去近四成，依然入不敷出，至九月份時儲款已經虧空。有報道分析說，這是由於民政部尚書善耆「以親貴之躬，素來簡默，與各疆臣不甚聯絡，而各疆臣又以本省財政支絀，致奏定攤解之款一再遲延，更無論望其擴充。坐此原因，而民政經費幾有毫無著落之勢」[4]。這一分析可能道出實情，但各省禁閉煙館後，煙館捐等財源損折亦是要因。

一九一〇年在洋土藥稅釐大減的背景下，度支部強力推行清理財政，極力要求各省劃分國家稅和地方稅，包括警政在內的地方新政應從地方稅項下使用，不得動用國家稅[5]，但這項決定受到民政部的指責，該部認為，目前國家稅與地方稅並未劃分清晰，「各省警政興辦在即，限制太嚴，不免諸多窒礙，擬與度支部會商辦法，以便通飭各省一律遵行，免致多所藉口」[6]。實際上各省均處於「抵補財政」時期[7]，

---

1 〈度支部奏為酌撥民政部整頓京城警務經費摺〉，一檔館：會議政務處檔案全宗，檔案號：560/5404。
2 〈民政部催解警務協款〉，載《申報》1907 年 11 月 25 日。
3 〈兩江總督周馥、山西巡撫張人駿等為籌解警政經費電報〉，〈巡警部擬由榆關鐵路餘利酌撥銀數摺〉，均見一檔館：巡警部檔案全宗，第 93 號。
4 〈民政部財政困難之原因〉，載《申報》1908 年 9 月 13 日。
5 〈警政應用地方稅款〉，載《大公報》1910 年 5 月 16 日。
6 〈關於警察經費之會商〉，載《大公報》1910 年 6 月 26 日。
7 前有銅幣盈餘漸失，導致各省從鴉片稅等方面進行整頓抵補，以求不致受到嚴重影響；隨著禁政推行，洋土藥稅釐也漸漸喪失，這是一次更大規模的抵補行動，前已

對民政部警政經費的籌解很難落到實處，以致於該部怨氣衝天[1]。抵補財政背景下的清理財政，將中央各部之間的矛盾凸現出來，民政與度支兩部的矛盾僅僅是冰山之一角。

京師警政開支捉襟見肘，地方警政也因禁政推行後，經費來源縮減甚巨，影響了該項事業的開支。地方警政的開銷，既包括巡警兵員的募集、警政學堂的創設、警械添置以及各地巡警公所的建立與完善，每一項均需款不貲。劉錦藻在校勘清廷和各省警政問題的奏牘、咨文時認為，這項事業徒耗民財，反對創辦警政，變換角度理解，亦可發現這項新政耗費之巨：「今不察致弊之由，從根本上補救，而一概剗除舊制，盡用洋法，憑空添出許多衙署，許多官缺、許多名目，而軍裝、飼械、衣服、冠履等費，專就京城論，每歲增出四、五百萬之多，益加小民負擔，亦胡為者？」[2]御史趙炳麟對警政需款也有預計，巡警費小省（銀兩）200餘萬，大省也得（銀兩）300餘萬，其費用需款與練兵相比不相上下[3]。竭力主張立憲的端方私下也對人說：「以中國地大，只求一里有兩個警察，年已需五萬萬，以全國歲入辦一警察尚復不夠，何論其他？」[4]宣統三年的預算中，湖南警政經費列有8.75萬兩[5]，奉天一省警費多達300萬兩[6]，浙江省廳州縣巡警經費為

述及，這項抵補並不十分奏效，中央與各省的財政窘困更趨嚴重；各省也有不同的抵補項目，例如，廣東省禁賭抵補，湖北省的簽捐抵補等等，因之，1906年以後的中央與各省財政實際上是處於全局性的「抵補財政」時期。

1　〈民政部奏本部款項及全年出入預算表〉，載《大清宣統新法令》第6冊。
2　劉錦藻：《清朝續文獻通考》卷120。
3　趙炳麟：《趙柏岩集・諫垣奏事錄》卷6。
4　何剛德：《客座偶談》卷1，3頁。
5　湖南巡撫楊文鼎1911年1月15日奏，轉見周育民：《晚清財政與社會變遷》，第398頁。
6　《清史稿》卷125，〈食貨志〉，〈會計〉。

27.3萬元[1]。各省在省城和通商大埠開辦警察時，最初的經費多由裁撤的綠營軍餉下動支，後來又辦有警務專捐，例如房捐、鋪捐之類，但這些入款自然不敷應用。洋土藥稅釐的挹注確實是不可或缺的，這一點在各省銅元失利後尤為突出[2]。但各省因禁政加速推行後，鴉片稅源減少，經費深受制約，不可能按照既定的規劃進行籌備。四川省土藥稅收利益較大，縮期禁絕鴉片政策推行後，警政費用自然也陷入捉襟見肘的境地，該省反映說，「近來憲政催迫，日促進步。川省奉派海陸軍餉及興辦各項要政經費，歲增出款數百萬，經濟困難，萬分拮据」，「禁煙尚未淨盡，民間已損失逾千萬金」[3]。川省如此，他省何能例外？程度不同而已。

在有關憲政籌備進程的奏報中，各省督撫對本省的警政舉辦情形雖不得不涉及，但語多簡略，實際的成效並不多見。此類定期匯報，基本上是官樣公文，不足為據，但有一個方面卻是無法掩飾的，那就是各摺中涉及的財政經費的制約問題[4]。庚子之前各省財政事宜的奏報

1　《辛亥革命浙江史料選輯》，浙江人民出版社1981年版，第201頁。
2　例如浙江省對巡警部催解經費的咨文處理中，就因銅元失利無法籌解，該省巡撫張曾敭致巡警部的咨文說：「京師巡警根本要圖，奉飭籌款理宜竭力。奈浙省洋款累重，銅元失利，歲短三百餘萬，現已息借商款，暫濟眉急，度支尚難。查悉情形至為焦灼，此項警費萬難措設，請大部另行籌撥。現擬整頓財政，如將來有可騰挪，再行設法。敭。佳」，見〈浙撫覆警部經費難籌電〉，載《申報》1906年2月7日。
3　隗瀛濤等編：《四川辛亥革命史料》，第115頁；蒲殿俊：〈流年之慨〉，載《廣益叢報》，1911年4月8日，第9年第5期。
4　各省督撫的奏報時間介於1909年2月28日至1911年4月12日期間，分別見〈山東巡撫袁樹勳奏山東第一年籌備憲政及第二年預備情形摺〉、〈貴州巡撫龐鴻書奏貴州的一年籌辦憲政及現辦情形摺〉、〈河南巡撫吳重憙奏河南第一屆籌辦籌辦憲政及第二年預備情形摺〉、〈兩廣總督張人駿奏廣東的一年籌辦憲政及第二年開辦各事情形摺〉、〈湖廣總督陳夔龍奏湖北第一年籌辦憲政情形及第二年預備事項摺〉、〈廣西巡撫張鳴岐奏廣西第三屆籌辦縣政情形摺〉、〈開缺新疆巡撫聯魁奏新疆第三年第一屆籌辦憲政情形摺〉、〈安徽巡撫朱家寶走安徽第四屆籌辦憲政情形摺〉、〈湖

尚多虛妄和欺飾，而宣統時期，在大規模籌措戰爭賠款、償還外債之後，尤其是禁政背景下，這類奏報中關於財政困絀的說法必有所本，證之各地風潮及混亂情形，奏報中關於財政困絀的說法還是可信的。警政深受財政制約，各地的籌備不得不敷衍了事，徒具形式，輿論對此批評甚多[1]，禁政與新政矛盾之複雜由此可見。

第三節 「急務」與「本源」的失調

庚子之前清廷決定「從速變計」，提出兩個強國富民的方針：「以籌餉練兵為急務，以恤商惠公為本源」[2]，所謂「急務」是指整軍經武，「本源」就是振興工商，合而言之，也就是軍事與經濟。一般而言兩者並無牴牾，但在禁政背景下，兩者卻形成嚴重的對峙，這與鴉片稅釐的用途及數量變動有密切關係。此前，人們對禁政、練兵、振興工商三者均寄予美好的期望，「不先禁煙，即開礦亦無用也，礦之所出不敵煙之所耗，相安糜費儲積仍無由基，是灌漏卮也。即練兵也無裨也。持戟之士即屬吸菸之徒，一遇驚慌，遁逃惟恐不速，是張空弮也」[3]，

廣總督瑞澂奏湖北第四屆籌辦憲政情形摺〉、〈湖南巡撫楊文鼎奏湖南第四屆籌辦憲政情形摺〉、〈四川總督趙爾巽奏四川第四屆籌辦憲政情形摺〉、〈憲政編查館大臣奕劻等奏報各省籌辦憲政情形摺〉、〈雲貴總督李經羲奏雲南第四屆籌辦憲政情形摺〉、〈四川總督趙爾巽等奏四川第三年籌辦憲政情形摺〉、〈直隸總督陳夔龍奏直隸第三屆籌備憲政情形摺〉、〈東三省總督錫良奏奉天第三年第二屆籌辦憲政情形摺〉、〈順天府奏第五屆籌辦憲政情形摺〉以及〈湖廣總督瑞澂奏湖北第五屆籌辦憲政情形摺〉等，均見故宮博物院明清檔案部編：《清末預備立憲檔案史料》（下冊），第 758～820 頁。

1 〈時評·其二〉，載《申報》，1910 年 9 月 4 日；〈清談·巡警之規模粗具者若是〉，載《申報》，1910 年 3 月 2 日。
2 《光緒朝東華錄》，第 3637、3631 頁。
3 《皇朝經世文編》卷 24，第 452 頁，《叢刊》，臺灣文海出版社影印。

意思是鴉片一禁百政必興；即使到一九〇九年的萬國禁煙會上，唐國安等人的演說依然將鴉片視為國家振興的最大阻力，國人也大都相信：禁政與富強息息相關。但是清廷將大部分鴉片稅收入用於練兵，這項收入失去後，一系列矛盾不斷孕育和激化，「急務」與「本源」的對峙就是一個突出的矛盾。

一 清理財政中的軍備爭議

（一）禁政與清理財政之關係

禁政加速推行，鴉片稅收由增昂趨向縮減，在「抵補財政」並無明顯成效的情況下，度支部主政的清理財政舉措因之出臺[1]。換言之，鴉片稅量縮減，抵補措施缺乏顯效，成為度支部重視財政清理的機緣和誘因。此根據清末會議政務處等現存檔案，將一九〇六年禁政開始至一九〇九年清理財政開始進入實際運作為止，度支部參與或介入的重要奏摺檢列如下，藉此觀覽鴉片禁政進程與度支部對清理財政重視的變化之間的密切關係：

---

[1] 許多論者對禁政在清廷清理財政成因中的地位並未論及，一般的觀點多認為清理財政就是根據清廷制定的預備立憲年度要求而進行的，論者雖注意到財政紊亂和籌措練兵經費的內在原因，但卻無法解釋 1905 年就提出財政清理的任務何至於到 1909 年以後才大張旗鼓進行？1907 年初御史趙炳麟專折奏請清理財政，而度支部真正雷厲風行地付諸實施卻拖至二年以後，這是為什麼？顯然，並未發現問題的全部真相。此類傾向見趙學軍：《清末的清理財政》，載王曉秋、尚小明主編：《戊戌維新與清末新政——晚清改革史研究》，北京大學出版社 1998 年，第 286～313 頁；民國年間的學者受時勢潮流的影響，在探討中國近代預算制度的發軔時，則是著力強調立憲國家的人民有監督政府之權，見吳貫因：《中國預算制度芻議》，3 頁，北京文益印刷局 1918 年年版。近人趙豐田撰《晚清五十年經濟思想史》一書也堅持這類觀點，見趙氏前揭書 293～300 頁。

表 4-4　度支部基於鴉片稅釐縮減逐漸重視全國性清查財政簡表

時間	文獻來源	政策內容
1906.10	〈財政處戶部奏酌量歸併銅元局廠摺〉，《申報》1906 年 10 月 15、18 日。	歸併後的銅元餘利提出四成作練兵經費，財權和人事歸中央掌握。
1907.01	趙炳麟〈奏財政棼亂請飭部制定預算決算表以資整理摺〉，《趙柏岩集‧諫垣奏事錄》卷 4，第 16～17 頁；《德宗實錄》卷 567，第頁 4。	奏請制定預算決算，「以整理財政而端邦本」。
1907.01	〈度支部奏統籌禁煙事宜及土藥稅仍舊辦理摺〉，《申報》1907 年 2 月 1 日。	鴉片專賣太難實施，仍舊實行土藥統稅辦法。
1907.12	〈會議土稅大臣奏土藥稅收日絀請裁撤部局歸各省自辦摺〉，會議政務處檔案全宗，編號：91/313。	統稅正款將及（銀兩）千萬，土藥稅對練兵經費有重大意義。
1907.12	〈奏定研究印花稅辦法酌擬稅則章程摺〉，會議政務處檔案全宗，編號：93/322。	禁煙導致稅收漸無，應令抵補，度支部以印花稅為抵補首策。
1908.06	〈度支部奏酌加鹽價抵補藥稅摺〉，《申報》1908 年 7 月 10 日。	繼印花稅之後第二個抵補措施，每年約收入（銀）四五百萬兩，一半解歸中央作練兵經費。
1908.11	〈度支部奏土藥稅收不敷酌擬推廣牌照捐以資撥補摺〉，會議政務處檔案全宗，編號：279/2028。	土藥稅涉及到中央練兵經費，鹽斤加價不敷太多，因之推出第三個抵補措施，即實行牌照捐政策。
1909.06	〈度支部奏整頓各省田房稅契抵補洋土藥稅釐摺〉，會議政務處檔案全宗，編號：505/3843。	鹽斤加價僅得（銀兩）四五百萬，印花稅一時難得巨款，所以度支部決定將田房稅契的稅率提高，新增稅收歸中央，作練兵經費。
1909.12	〈度支部會奏請旨通飭各省認真籌解練兵經費摺〉，會議政務處檔案全宗，編號：391/5227。	銅元餘利停解，土藥稅減收明顯，不得不強調各省落實中央練兵經費的解款。

其實，清理財政的重要性早在一九〇五年時已由外人提議，美國駐華公使曾向清廷要員建議「中國維新當自財政入手，財政理則百

事舉矣」，這位清廷要員甚不以為然，美使大為不解，慨嘆「殊屬怪事」，並向日本的大隈重信述及此事。翌年，日本大隈重信在早稻田大學向學生發表演說時提及此事，申言政府應該嘉納善言，批評中國要員不善此道：「中國今日之維新亦猶日本昔日維新也，然日本維新之初，政府樞臣於有人以嘉言進者則察納而力行之，垂三十年始獲今日之幸福，今中國之樞臣如是，可不為嘆息。痛恨哉！」[1]當時土藥統捐制度開始醞釀實行，練兵經費的籌措並不困難，朝臣不納其議，情有可原。

禁政開始以後，趙炳麟預計中央財政將受影響，特別提議應編制預算以維邦本，但度支部並未給予足夠的重視。一九〇六年九月清廷就發佈禁煙諭旨，至一九〇七年一月時各省並未進行真正的禁絕措施，而是彼此觀望，鴉片稅的收入繼續大幅度增長，因而中央財政部門對趙炳麟的建議並未引起重視；但是鴉片稅增長的趨勢在一九〇八年下半年以後開始出現明顯的回落，此後直線下降。印花稅、鹽斤加價、舉辦牌照捐、整頓田房稅契等抵補政策也才接踵而至，不料這些抵補措施並不具有明顯的成效，這種情況下，清理財政的重要性才顯現出來。度支部一九〇九年八月的一份奏摺中可以窺見真因，該部對國用危殆的原因概括為新政出款劇增、庚子賠款鎊價跌落、銅元失利以及鴉片禁政導致的稅釐短缺而抵補政策不奏效等五個原因，後兩個原因距離度支部真正重視清理財政的時間最近，試看度支部對這兩個原因的看法：

> 土藥統稅本以專供練餉，開辦以後溢收頗巨，自奉明詔禁煙，各省分年減種，間或先期禁絕，於是土稅分局均次第議裁，此項統稅又成弩末……。

---

[1] 〈留日學生鄒吉人上趙爾巽書〉，一檔館：趙爾巽檔案全宗，81/418。

查禁煙命下，臣部即設法預籌抵補，於是有仿辦印花稅及鹽斤加價之奏。印花稅當創辦之始，立法盡從寬簡，現各省始將印花票陸續領去，將來能否集款未可預期；鹽斤加價一項雖約略可以預計，然以每歲洋土藥稅並計二千萬，以區區加價抵補，僅得五分之一；而近日如江南興築要塞，四川、雲南等處練兵，業經先後提撥湊用[1]。

細心琢磨，這份奏摺的用意有兩層意思，其一，度支部財政困絀甚為嚴重，已經影響到中央練兵新政的進行；其二，這一層意思是背後的，度支部主張清理財政意在將各省隱藏的財源和盤托出，並將各省財源的使用權收歸中央。當然該部在這份奏摺中並無此類露骨的表白，相反它的說法光明而正大：「此次清理各省財政為試辦預算起見，原非望於各省有所取贏，誠以近來大省，如兩江、兩湖、四川、兩廣久已支絀異常，其他受協省分更何待論。然經一次清理之後，若盈若絀，使內外曉然於財政之艱難。或省不急之務，或裁無名之費，併力合謀，再圖興作」[2]。這一清理意圖貫徹以後，各省督撫以及在野人士均對中央的做法隱相抵制，其中關於軍備問題成為清理財政過程中，糾紛和議論較多的問題。

（二）清理財政之前的軍備爭議

突出軍備是日俄戰爭以後清廷始終奉行的政策。整軍經武被無限突出後，各省財源也就主要挹注於軍事項目，練兵經費成為各省首要

1　〈度支部奏為財用窘絀舉辦新政宜力求撙節以維大局摺〉，一檔館：會議政務處檔案全宗，檔案號：523/4107。
2　同上。極力襄助中央集權的鐵良曾直言道：「立憲非中央集權不可，實行中央集權非剝奪督撫兵權財權、收攬於中央政府則又不可」，這種立憲就是集權的說法，在中央上層中頗有市場，見《時報》1906年9月30日，轉引自侯宜傑：《二十世紀初中國政治改革風潮》，人民出版社1993年版，第79頁。

的支出大項，其中鴉片稅收入在這項支出中舉足輕重。直隸省的情況較為突出，頗具典型，根據那桐奏報，自一九〇五至一九〇七年，該省籌款局的收入和支出結構頗能反映這一趨勢：

新收項下：新收土藥稅共銀 60 餘萬兩，煙酒稅共銀 221 萬餘兩；

開除項下：支解陸軍第二鎮餉銀 80 萬兩，支解常備軍第一鎮、陸軍第二鎮餉銀 40 萬兩，支解練兵處及陸軍部銀 55 萬兩，支解還籌墊練兵處開辦經費銀 30 萬兩，支解抵還公債票銀 35 萬兩，支解藩庫湊還洋款銀 6 萬兩，支解「土藥稅一五經費」銀 9 萬餘兩，支解「煙酒稅一成經費」銀 22 萬餘兩；

實存項下：土藥、煙酒稅銀 5 萬餘兩。[1]

如此算來，直隸籌款局的軍費支出占總收入的比重將近 73%。一九〇七年七月份的統計說，直隸籌款局的收入每年約（銀）80 萬兩，其中一半左右為洋土藥稅，軍費支出的項目：陸軍第一鎮兵餉銀 40 萬兩，海防經費為（銀）20 萬兩，學堂經費為（銀）10 萬兩，另外（銀）10 萬兩作為該局的行政經費，軍事支出的比例高達 75%。當鴉片統稅制度未及實行之前，直隸省的財政尚不致因軍費龐大而困頓，但隨後實行的土藥統稅制度卻將直隸財政推向捉襟見肘的境地。清廷在直隸省設立統稅局，將洋土藥稅收 30～40 萬兩全部從籌款局的收入中劃出，不再歸該省支配，督轅不得不設法另行籌劃收入問題[2]，無形之中

---

1 〈度支部奏為核覆直隸籌款局光緒三十一、二、三等年分收支藥酒等稅銀兩數目摺〉，一檔館：會議政務處檔案全宗，檔案號：562/4667。
2 〈北洋財政支絀〉，載《申報》1907 年 7 月 22 日；〈徵收土藥稅之新章〉，載《華字彙報》1906 年 10 月 23 日。

該省軍費負擔加重，對地方新政推行構成威脅，清廷與外省的矛盾開始突出。廣東省認解中央的練兵經費係由土藥稅項下解付，部章規定每年（銀）85萬兩，一九〇八年三月份時該省統計土藥稅不敷這筆解款，要求減少認解，兩廣總督給清廷的電文中說，「土稅一項抵去年解繳之練兵費，尚不敷甚巨，且目下款項支絀，若八十五萬全數解繳，實屬更難為力」[1]。一九〇八年八月江蘇省寧、蘇兩屬均奏請減解練兵經費，度支部與陸軍部會商後予以拒絕[2]。浙江省對海軍經費的籌措亦十分犯難，土膏捐、煙酒稅等均已挪墊一空，不得已只能認解開辦費5萬兩，常年經費則委實無法籌解[3]。與浙省情形類似的省分尚有廣西、甘肅等諸多省分[4]。四川省雖然鴉片歲入甚巨，但京協各餉占去大半，趙爾巽表示海軍經費萬難多認，即使勉強認籌，也無的款可以支持[5]，軍費膨脹已經使地方財政難以支撐，反對突出軍備的言論愈來愈多。

在度支部積極推行清理財政、編制各省預算之前，針對軍事費用龐大所引發的反對意見已經出現。一九〇七年三月署廣西巡撫張鳴岐奏請中央注意財政困境，必須停止練兵國策，適時更張，「時危財竭，若復嚴督各省急練新軍，恐生內訌」。練兵處等部門的意見則與其相反，「現在積弱之際，如必諸事完備，始行練兵，恐事變之來，我不能待」，各省練兵仍不可稍緩，未納張之獻策[6]。這個時期禁政對練兵經費尚未產生明顯的負面影響，清廷自然不會改弦更張。十一月份當某

---

[1] 〈咨請減解練兵經費〉，載《申報》1908年3月27日。

[2] 〈江蘇練兵經費請減半籌解不准〉，載《申報》1909年9月20日。

[3] 〈浙省認籌海軍經費之為難〉，載《申報》1909年9月21日。

[4] 〈桂省認解海軍經費之竭蹶〉，載《申報》1909年10月7日；〈甘省等認海軍經費之為難〉，《申報》1909年10月10日；〈皖省庫帑空虛之真相〉，《申報》1910年4月10日；〈核減海軍經費問題〉，《申報》1910年10月10日等等。

[5] 〈趙爾巽致海軍處電〉，一檔館：趙爾巽檔案全宗，74/375。

[6] 轉見李文海主編：《清史編年》第12卷，第444頁。

御史奏請清廷反省新政用款問題時，軍機大臣中便產生意見分歧，袁世凱主張整軍經武不可放緩，「雖庫藏奇絀，亦當勉力實行」[1]，而另一軍機大臣則甚不謂然，「軍者，雖有國者之不可不講，然頭等強國非盡以其兵強而能致此也。目前即使果有巨款，內政之待理者不知凡幾，豈能獨及軍備」[2]。言者疑為張之洞，早在一九〇一年七月份時張之洞曾有振興工商官助資本的主張，軍備、興學和實業等應該並行不悖，這是張氏一貫的做法[3]。張之洞入樞之後，正值清廷加意講求整軍經武，以各種方式搜括各地財源，以供中央練兵新政之用，洋土藥稅自不必說，連鹽斤加價、田房稅契、印花稅等，均將這類新增收入的支配權收歸中央，對地方新政用款百般限制[4]。這種趨向引起張之洞的不快，他表示各省綠營、巡防隊裁撤後的款項，至少要騰出一半用於開辦實業。為了與袁世凱相區別，他甚至認為實業為國家富強之本，軍務為富強之末，袁、張之爭在軍務與庶務問題上表現尤為激烈。練新軍與辦理海軍均屬中央財政集權的手段，這類削弱督撫財權的舉措，早在一九〇七年時清廷與外省就有函電議駁之事，世續與榮慶曾就中央集權問題與鄂督張之洞密商，張氏覆電極力反對，謂「削督撫之權，則處理地方行政窒礙必多」，不加隱瞞地予以回絕[5]。後來權貴爭奪中央財政的支配權，張氏又一次陷入朝爭調停的運籌之中[6]。

---

1 〈袁軍機奏對新政之不可緩〉，載《盛京時報》1907年11月29日。

2 〈某相國不以籌款大興軍政為然〉，載《大公報》1907年11月30日。

3 〈請專籌巨款舉行要政片〉，載《張文襄公全集》第3805～3806頁。

4 1908年6月份，內廷飭令度支部，練兵為當前急務，餉糈尤關緊要，「嗣後無論何項要政，其應向各省指撥經費者，概不准在軍餉項下撥借，以重兵食」，見〈不准指撥軍餉〉，《大公報》1908年6月23日。

5 〈世榮兩相主張中央集權〉，載《漢口中西報》1907年9月3日。

6 〈張相國注重實業〉，載《大公報》1908年11月15日；〈張相國體恤商艱〉，載《大公報》1909年3月26日；孫寶瑄在1907年底即聞知袁張之爭事，「袁、張不

（三）清理財政中的預算案爭議

當各省因禁政加速推行漸失財源後，清廷一意練兵，借清理財政之名而收權，借編制各省預算、劃分中央稅與地方稅手法來控制各省財政，繼續為其整軍經武搜括財源，此舉必然導致地方官民更大烈度的反對，矛頭直接指向度支部對各省預算案編制的干預和控制，中央預算案中的軍備問題也成為詬病的焦點。

閩浙總督松濤對度支部要求編制預算應大加壓縮開支一事十分不滿，該省在禁政推行後，「土稅膏捐尤多無著，以今較昔，短收不下數十萬」，而出款劇增，軍諮處經費、海軍經費等均屬新增加的支出大項，款項多達80餘萬，「出入相權，實難適合」，該省呼籲會議政務處、憲政編查館應該會同度支部等通盤籌畫，「應將新政所需酌分緩急，俾得稍紓財力」[1]，這已隱諱地對急辦海軍一事表示反對。江西巡撫對籌解海軍經費表示無能為力，該省預算冊顯示，每年不敷款銀270餘萬兩，經度支部和該省刪減尚有100餘萬（銀兩）的虧空，所以贛省奏陳：「歲解北洋海防經費銀十萬兩，本係海軍經費改撥，現海軍經費已派巨款，實無餘力再解此款」。載澤對江西的理由甚不以為然，議覆中給贛省出謀劃策，「該省控引江湖，交通便利，所出物產向稱富厚，臣部覆核預算各冊，如印花稅等稅及官業收入之類振興有待，遺利尚多，果能力濬財源，嚴杜欺隱，當不致無以自給」[2]，為迫令贛省

睦，殆以國事互生意見」，見《忘山廬日記》（下冊），第1110頁；張文襄氏七十八樞，時常躬逢黨爭，不得不居間協調，其詩有言亦可為證：「門戶都忘薪膽事，調停頭白范純仁」，言調停之憾事，隱對朝政大計之不滿。轉見黃濬：《花隨人聖庵摭憶》，上海書店出版社1998年版，第56頁。

1　〈閩浙總督具奏閩省預算案成立並涯陳財政艱窘情形摺〉，一檔館：會議政務處檔案全宗，檔案號：860/8076。

2　〈度支部議覆贛省奏預算出入不敷請減解北洋海防經費摺〉，一檔館：會議政務處

認解海軍經費，度支部挖空心思，不遺餘力。河南巡撫寶棻力主壓縮中央新政經費，緩辦陸軍，「方今內外臣工所日汲汲者地方自治也，審判庭也，實業也，教育、警察、新軍也，而所恃以籌款者，不外增租稅、行印花、鹽斤加價、募集公債。臣恐利未見而害叢生」，「抑臣更有請者，豫省陸軍見止混成一協，明初當添練成鎮，綜計餉需一百八十餘萬，以豫省財力斷難舉此，似又當酌量宜緩者矣」[1]。

東三省總督徐世昌、吉林巡撫陳昭常對預算案屢經刪減以及向度支部邀款卻遭頓挫等忿忿不平，其奏曰「昔日入款少而用足，今日入款多而用不足；昔日以吉財治吉而用足，今日若仍以吉財治吉，不僅其用不足，而貽誤大局非淺鮮矣。然使吉林今日財政無異常危迫之象，猶得有所憑藉，逐漸不苴；無如病源已深，其勢岌岌不可終日。凡政務之已辦者，皆將有累卵之危；未辦者亦徒作畫餅之嘆，既不能守株以待，又難於無米為炊」，吉省的興利事業非常之多，礙於財政窘絀，難於伸張鋪陳[2]。攝政王載灃初掌國柄時，徐世昌即將東三省的危迫窘況專摺奏聞於上，對地方新政規模恢宏而經費困絀的情形披瀝痛陳，尤其對三省收支虧款太巨歎欷不已。關於新政經費，徐摺稱：「新政之屬，學堂巡警，東省最為普及，然需款大率取之於地方及各項公益捐，官所補助者僅十之二三，已苦不及。[3]」然而，東三省雖屢經邀款，但度支部官員甚為不悅，限制綦嚴，即使撥補，款項也甚少，東三省必將陷入上下交徵的困境，對清廷甚有微詞。

檔案全宗，檔案號：903/7979。

1　劉錦藻：《清朝續文獻通考》（四），第 11496 頁。劉錦藻稱該摺「所陳悉中肯綮，可謂鐵中錚錚者矣」，也對清廷搜刮行省的做法難以贊同。

2　〈東三省總督徐世昌吉林巡撫陳昭常奏瀝陳吉林財政困難情形摺〉，載《東方雜誌》第 6 年第 5 期，1909 年 6 月 12 日。

3　〈上監國攝政王條議〉，載《退耕堂政書》，此轉見沈雲龍著：《徐世昌評傳》，第 100 頁。

江蘇等省分對度支部大幅度刪減興學和自治經費以編制預算的做法深表不滿。該省高等學堂的辦學經費一再壓縮，該校不得不首先力爭，地方自治籌辦處也因經費被刪減太大而萬難應允[1]。輿論對於清廷硬性壓縮地方振興實業經費、教育經費和警政經費的做法頗為反感，認為單純裁減地方憲政經費的財政消極主義並非根本辦法，軍政費用的壓縮才是出路[2]。陸軍部堅決反對這種說法。度支部夾處其間，左右為難，對各省抵制預算辦法極為憤慨，該部對各省的反擊說，宣統三年預算案係「皆各省認為能行，並非臣部強定。今則各省於前此認定之案，又多藉詞翻異，試問已定預算案內不敷之款尚苦無可籌挪，若再將原認者復行翻異，又將何以應付」，督撫力爭行政經費的動機十分複雜，維護本省各項新政，保護本省固有利益恐怕是一個主要的動機。對此，度支部指責說：「各省近年積習，以揮霍為固然，視公帑若私物，稍微限制則百計相償，必令破壞；偶從寬大則覬覦投隙，甘棄成言，非獨有礙財權，抑亦貽誤大局」[3]。上下頂牛之態勢十分明顯。

　　海陸軍經費預算也成為朝臣、疆臣議論紛紛的焦點。根據預算，這項費用十分龐大，七年之內約需投入 1 億 5000 萬金[4]，在預算案中，歲出經費最多者為海陸軍經費，「約占全額的三分之一，其次則賠款，亦有五千一百萬兩之多。至於一切行政費用不及費額之半」，輿論憤懣不平：「嗚呼！由此預算案推之，國家一半歲入，大半消耗於不生產的

1　〈蘇省裁減行政經費續聞〉，〈豫省預算收支不敷之一斑〉，〈浙省歲出入預算不敷之籌商〉，載《申報》1910 年 8 月 9 日；

2　〈論政府核減各省行政經費之非計〉，載《申報》1910 年 8 月 16 日；〈書各省督撫議覆行政經費摺後〉，載《申報》1910 年 10 月 22 日。

3　〈度支部奏為陳明維持預算實行辦法摺〉，〈度支部奏維持預算實行辦法折稿（附預算案實行簡章）〉，集成圖書公司印刷，原件存中國社科院近代史所圖書館。

4　〈振興海軍之大計劃〉，載《國風報》第 1 年第 35 期。

事業，其用於吾民者不及其半。嗚呼！吾民生氣盡矣！」[1]聞知度支部預算表中海陸軍經費數目之龐大，江蘇金匱縣拔貢生楊忠鈺直接上書資政院，稟陳縮減軍事規模，提醒朝廷注意整軍經武的嚴重後果：

> 值此民窮財盡之秋，而擴張軍備，萬一餉項不繼，則脫巾嘩噪，兵變堪虞；如再剝民以奉軍，則生計愈艱，民□可畏。今各省陸軍不足三十鎮，海軍尚未成立，然餉源涸竭，羅掘俱穹（窮）。放餉之期偶怠旬日，則全軍嘩然，刻□滋事……今米珠薪桂數倍從前，月餉四兩餘尚不敷用，零星賒貸，待哺嗷嗷。故月餉萬難懸欠，軍無的餉，雖孫關不能約束。若再擴張海陸軍，而給餉不時，危險可想，此兵變之可慮也。[2]

兵變可慮，民變可畏，楊忠鈺的稟請著眼於整軍經武的嚴重後果，語皆沉痛。山東諮議局議員尚慶瀚則力請清廷緩籌經費，藉紓民困[3]湯壽潛密陳清廷說，海軍不可急辦，宜力求兼顧民艱[4]。御史王乃徵、趙炳麟奏聞清廷，主張停辦海軍，辦理新政也應量力而行[5]。胡思敬早先有移海軍經費專辦陸軍的議論[6]，後來乾脆力請罷斥新政，謂興復海軍係國家速貧之策，應全面對新政改革進行檢討[7]。開缺陝甘總督

---

1 〈預算案之內容〉，載《盛京時報》，1910年11月22日；〈度支部宣統三年預算撮要〉，載《申報》1911年1月24日。
2 〈資政院咨送江蘇拔貢生楊忠鈺陳請提議暫緩擴張海陸軍以紓民困說帖〉，一檔館：會議政務處檔案全宗，檔案號：877/8329。
3 〈資政院咨送山東諮議局議員尚慶翰陳請書所陳七事〉，一檔館：會議政務處檔案全宗，檔案號：877/8330。
4 〈湯壽潛奏陳存亡大計〉，載《申報》1910年3月19日。
5 同上，第11494頁。
6 胡思敬：〈審國病書〉，收入《退廬全集》，第1293頁。
7 〈御史胡思敬請罷新政摺〉，載《盛京時報》1911年3月9日。

升允痛詆新政虛妄,對大練新軍的成效提出質詢,主張以振興實業為當務之急[1]。資政院議員中對海軍興復一事持反對主張者不乏其人,認為當前應注重海軍學堂的創辦,以培養人才為急務,主張循序漸進,而不是傾注匱乏的國力來創建並無實效的海軍[2]。

劃分國家稅與地方稅是清末財政頗有爭議的一個問題,各方的立場相距甚遠,態度也相當複雜。督撫大員認定清廷的意圖係欲以此策攫取地方財力,因而暗中抵制。張之洞早先曾表示「斷宜劃分酌留,不致竭澤而漁,庶教養諸政可以實行」[3],這是對中央窺伺地方財政的一個警告。兩廣總督周馥對類似設專門機構侵奪地方財權的意圖也反對甚力,「如今日興學練兵頗急,而群向藩司索款,幾無以應。然猶勉強圖維者,以藩司為一省領袖,督撫得以通盤籌計,移緩就急。若另立財政司,直隸度支部,則督撫省事,藩司更不過問,欲興新政,其道無由」[4]。當鴉片稅已經無可憑恃時,地方必然固守一己之利。

一九一〇年清廷撥還各省的鴉片統稅已經微不足道,銅幣盈餘早已化為烏有,各類抵補措施成效頗不一致。在這種情況下,各省究竟財力如何,能否繼續辦理新政,軍政與民生如何兼顧,大局如何扭轉,這是各省要員面臨的現實問題。江蘇巡撫程德全對此類大政方針頗有驚人偉論,他斷言「今日百姓困窮非擔負過重之故,乃生利無術之由」,對於憲政編查館要求各省督撫每半年將憲政辦理成績臚列奏聞一事憤然抨擊,他稱:「內外臣工明知竭蹶應付,如限奏報,精神全

---

1 〈補錄開缺甘督升允痛詆新政摺〉,載《盛京時報》1909年8月10日。
2 〈資政院對於重興海軍之異議〉,載《大公報》1910年11月5日。〈對於重興海軍之異議〉,載《盛京時報》1910年11月8日。
3 〈致軍機處釐定官制大臣〉,載《張之洞全集》第11冊,第9560〜9562頁。
4 〈兩廣總督來電〉,〈清末督撫答覆釐定地方官制電稿〉,載《近代史資料》,總76號,第73頁。

非,實效安在?」他甚至警告說,「將來財政日窘一日,政務日紊一日,臣恐不待九年而國事之潰決已不可聞矣」,這份奏摺被報界譽為「各督撫封奏中罕見之偉論也」[1]。督撫中除江蘇巡撫程德全提出振聾發聵的創見外,更有人提出聯合各省督撫將各省實情剴切入告,敦促清廷改弦更張,阻止有名無實的新政繼續敷衍下去,此人就是雲貴總督李經羲。一九一○年夏天,為了請撥土藥稅款,與度支部屢屢交鋒之後,李督憤然通電各省督撫,呼籲聯袂入奏,以「規步偉畫」來驚醒內廷,這份電文大約是新政晚期督撫對清廷敲響的「警世鐘」,意圖十分明顯,就是希冀力挽狂瀾於既倒,阻止清廷的衰敗下滑。電文稱:

> 近日舊政輪廓難存,新政支離日甚,其大病則在無人,無人之病在於欲速而不圖根本。世風之靡,人心之幻,因而中之。於是強事就人,強人就事,無人即先辦事,無事即先用人,種種枝蔓相因而起。守舊時之釀釁,維新後之造作,諸症如一。故欲求人才,人才欲不出。其大難在無主腦,諸部各自為謀,而無審國情、量國力,聯合主新之人,徒委編查館為細碎調停。改革不從簡單入手,故文法愈密,措理愈難。坐此二病,智愚同因,其妨礙維新阻力甚大,即有一二枝節眉目何補大局?及至財盡民散,事已無救,今幸以款絀見端,正可進求病本,義深慮時不我與,馴至外人干預,群沸交騰,本藉憲政以固人心,轉因憲政以速國禍。[2]

文中「無人」係指權貴攬政而見解平庸,即便是「中流砥柱者」,

---

1 〈程中丞之偉論〉,載《盛京時報》1910年9月28日。
2 〈滇督通電各省籌商要政〉,載《國風報》第1年第22期,1910年8月11日。

如度支部尚書載澤也因不諳省情,擘畫方略多與地方衝突,其餘攬權之徒更不甚高明[1]。「欲速而不圖根本」則指因軍政、憲政而誤國禍民,不計財政不達民隱,孤軍冒進,即時人所言「以練兵、憲政而亡國」之意。李經羲的期望雖高,但「驚醒內廷」的目標很難實現。其提議並無多少督撫回應,清廷敗局已無多少挽回的餘地。民國年間胡思敬評論政局坍塌的情形時說,「至其所行憲政,若新軍,若學堂,若新刑律,若警察,固人人皆知其有害無利,各督撫奉令,惟謹卒隱忍不發一詞者,保持祿位之心過重,患得患失,而不虞辛亥變起,內外大小官員同時並罷也」[2],這種說辭基本若合符節,雖有慷慨陳詞者,如程德全、李經羲等督撫,但聲勢甚微,無裨於朝政轉圜。

二 養其一指,失其肩背

與整軍經武相關的一個問題是振興工商、發展實業,這是鴉片禁政後期財政困頓背景下輿論甚為關注的問題。整軍經武與振興實業在清廷的實際行動中互為矛盾,在財政安排上,軍備衝擊實業非常嚴重,實業和民生陷入衰敗,阻力重重,這也是鴉片稅釐抵補政策無法顯效的重要原因;抵補鴉片稅收的稅政措施不是扶植實業發展,而是赤裸裸的搜括和阻遏,時人贈一言曰:「養其一指,失其肩背。」[3]該詞

---

[1] 1911年4月份趙爾巽蒙監國攝政王召見於三所,載澧垂詢財政問題,趙督所對政策與載澤不同,他評價載澤時認為,雖然該尚書純為國家計,但他並無外任之閱歷,不諳各省情勢,所以所提政策多與督撫政見不合,齟齬之處甚多。見〈趙制軍對於整頓財政之異議〉,載《盛京時報》1911年4月2日。

[2] 胡思敬:〈審國病書〉,見氏著:《退廬全集》,第1283頁。

[3] 論者稱:「子輿氏有云:養其一指,而失其肩背。今之所見何以異是?是故識時之彥,恆感然憂之,以為循是以往,軍政未必能修,財政必將日窘,莞度支者支柱未能,則謝事以去耳」,見〈論國事日非之所由來〉,載《盛京時報》1910年8月12日。

的確切含義是指清廷對軍事與經濟措置失當,或者說是以軍事衝擊振興實業的矛盾。論者大多是在報章雜誌撰述意見的趨新人士,有關言論多刊發在報紙的〈時評〉、〈雜論〉、〈社說〉等欄目上,言辭犀利而痛切,直砭時弊。

一九一〇年夏天《申報》就刊發了兩個〈時評〉,乍看似乎洞見不同,實有相通之處,持論者均認為清廷的新政有一些最具成效的表現,茲轉錄於下:

〈時評・其二〉
中國近年舉行之新政不得不以禁煙為強人意。革官吏也,禁播種也,雖不能謂其有十分之成效,而大員中有以戒煙致疾者,各州縣有以剷除煙苗起風潮者,則是其事已明明舉辦,固非籌備憲政塗飾耳目者比也……[1]

〈時評・其一〉
近日朝廷預備立憲,百度維新,清理財政也,變通旗制也,申嚴禁煙也,通達民情也。渙汗之頒佈者皇皇,奏牘之覆陳者鑑鑑,就表面言之,宜若完美富有者然。雖然清理財政,則麼額咨嗟矣;變通旗制,則無聲無臭矣;申嚴煙禁,則泄泄沓沓矣;通達民情,則民變四起矣。然則今日之籌備,其成績果以何者為最優乎?曰:雪來柳往之星軺,東抽西提之軍餉。[2]

兩個〈時評〉對新政成效的認識判然有別,前者認為最具成效者

---

[1] 〈時評・其二〉,載《申報》1910年6月29日。
[2] 〈時評・其一〉,載《申報》1910年8月11日。

是鴉片禁政，後者認為朝臣赴各國考察憲政和籌措練兵經費兩個方面最具成效。細品此意，論者的手法頗為高明，揶揄口吻是也。禁政與練兵經費的籌集兩者均具成效，大致不錯，禁政有效的後果是鴉片稅釐的財政意義喪失；練兵經費籌措有效的後果，則意味著在鴉片稅釐短絀後，清廷必然加大對民生日用必需品的搜括力度，各種商品的稅率一再提高，捐稅叢出，苛虐不絕。練兵與保商本不矛盾，兩項新政均關求強與求富，構成新政的兩個主軸。在禁政背景下，兩者對峙的潛因已蘊含其間，清廷「恤商惠工」的表態實際上已被現實的稅政舉措所否定，戎政必然衝擊庶政。

日俄戰爭期間，慈禧極力關注練兵，內外臣工為冀動聖聽，呈送各種練兵方案，貢獻數目不等的練兵經費，以邀聖眷優隆。外務部、戶部等中央部門均有數量不同的練兵經費報效。就連甫經成立的商部一九〇四年三月也擬具一份奏摺，跟隨外務部、戶部之後意圖報效，奏摺的草稿與成稿之間有一些細微的差別，茲將成稿的關鍵部分轉錄於下：

> 立國之要以練兵為先，而練兵尤以籌餉為主。上年欽奉設立練兵處，以立自強之基，需費浩繁，籌措不易……凡在臣工宜效涓埃之報，臣等受重，亟思勉竭棉（綿）薄，稍盡微忱。惟臣部係新設衙門，各司官當差為日無多，公費尤屬有限。現擬由尚書、侍郎、左右丞參議公費項下，酌提庫平銀一萬兩，作為報效練兵處經費。明知區區之數無俾（裨）要需，實以敵愾情殷，願作壤流之助。[1]

1　〈奏為擬請報效練兵處經費銀兩摺〉，一檔館：農工商部檔案全宗，490，20/1。

原稿草件與成稿稍有不同，前者有一個細微的內容在堂憲核批時刪去不用，這句「廢話」位於「籌措不易」句後，原文是「近聞外務部、戶部先後報效練兵處經費銀兩，均經奉旨允准在案」，此處透示的信息頗有意味，此且不管外務部與戶部貢獻了多少銀兩給練兵處，諭旨如何批示也暫且不管，單看商部緊跟外務部、戶部之後的行動本身，就可見朝政運作的一些規律。商部本係新創衙門，經費必然不裕，振興工商同屬清廷新政大策，強化尚且不及，何來閒款報效練兵？

　　商部尚書由慶親王奕劻之子載振出任，據臺灣學人評價，載振此人乃「標準的紈褲乳臭；生平長技，只是聲色犬馬，而奕劻卻使他出任農工商部尚書。因此他才會被袁世凱所牢籠，成為利用他來結納奕劻的工具」[1]，載振職司振興工商要政，難免被袁世凱所控馭，袁氏一心藉練兵攬權，自然不會將商部行政問題列入經略要項，對商部本身的擺佈也指臂自如。極力突出練兵，有限的重要財源也就提供給軍政部門使用，國家對振興工商的投資責任無形中被淡化。

　　「軍事與經濟」命題的提出，以華人在日本創辦的中文報刊《國民報》為權輿，該報有關言論並非直接針對國內問題，用意在於告誡國人免蹈覆轍。其立論對象有日本、歐洲強國和美國，三國提供的教訓並不相同。關於日本，該文認為，「甲午以後，日本全國汲汲於擴張軍備。政治家之所奔走經營，新聞紙與士大夫之所議論無不集的於是。垂五六年，目的漸達，而國內空虛，財政為之支絀，乃轉而注意於經濟。今也政治家之所奔走經營，新聞紙與士大夫之所議論，又無不集

---

[1] 蘇同炳著：《中國近代史上的關鍵人物》（下冊）「載振」圖示文字。按：此處評價的依據似乎單單依據丁未政潮前後的情形而作出，似不甚完整。其一，1903年9月份設立商部時的尚書一職即是由載振拜任，1906年官制改革時，將商部改為農工商部，尚書依然是載振；其二，1903年商部設立以後，經畫良多，保商之政日有起色，不可謂無效運作；練兵新政被無限突出之後，該部的作用才發揮不力，日漸式微。

的於財政與實業上。是誠得謀國之道，知輕重之宜。故因時勢而轉移其施政之方針也」。日本的經驗說明，軍事與經濟並非並立而存，必須側重一個方面；關於美國經驗，該文認為，「列國之兵多，而美國之兵少也。現列國每歲之統計，其歲出額軍事費恆多於其餘行政費，甚有多至二倍三倍者，視其軍備之盛則宜其財政之不振也……是無他，國之軍事與國之經濟不併立者也」[1]。這就是該文對中國朝政的警告。

　　這類警告愈到後來愈加尖銳，對清廷決策均未產生明顯的影響。練兵被無限突出，經費籌措首先取利於銅元，銅幣盈餘喪失之後，取而代之的是洋土藥稅收，尤其是土藥統稅收入成為清廷和各省籌措練兵經費的主要財源。隨著鴉片禁政的加速推進，這項稅收也不得不臨近弩末，而清廷迭次出臺的抵補措施又多不見成效，導致練兵經費不得不以壓縮各部和各省的財政支出為替代手段。

　　關注實業是禁政期間朝野對經濟問題的最初反應。在禁政決斷作出前，清廷發佈立憲上諭，商界人士面對憲政將興和鴉片禁政極抱希望，認為這是實業振興的絕好機會，特別是實業振興的觀念將有大的轉變，政府保商和稅負減輕將會有可能實現[2]。但是這一希望很快就被各地官府的練兵籌款、稅捐朘削所擊破。鎮江牙行對官府決定驟加十倍稅負舉措群起抗議，商會具稟呈達農工商部，而該部遲遲未能作出處理[3]。上海的商會組織對菸草徵稅的苛細稅則極表不滿，上書農工商部，要求最起碼按照鴉片統稅的做法和稅負水平來權徵，稟書對菸草運輸一項在各地的苛遇據實陳述說：「自蘭州起運，以二百八十斤為一

1　〈軍事與經濟〉，載《國民報》第4期，〈叢談〉，1910年8月10日。
2　楊志洵：〈立憲與實業之關係〉，載《商務官報》第16期，1906年12月20日。楊氏認為，立憲對實業有十二個好處，例如轉移思想、熱心國務、消除隔閡、選舉資格、補助得宜、租稅得當、保護周詳等等。
3　〈牙行要求商部減稅〉，載《申報》1907年12月12日。

擔,就地每擔報捐稅釐銀四兩三錢;經陝西長武報捐稅釐銀七錢,至涇陽報捐七錢,近更加至(銀)一兩四錢,是經陝西一省共完銀二兩一錢,經陝西商州納稅錢三百五十文,約合銀二錢;經河南紫荊關納稅錢六百五十文,約合銀五錢;經湖北老河口又納統稅錢四千文,並印花稅,約合銀二兩;到滬後又落地捐銀一兩四錢。是每擔淨煙由蘭到滬,共完稅銀十兩五錢。蘭州原價貴賤不等,牽算每擔約銀十兩,加以六千餘裡水路舟車費用,每擔共需成本三十九兩。在滬發賣,除去種種折耗,約可售銀三十三兩六錢,實虧成本五兩有奇,此西煙商號之所以日少也」。由於菸草稅負綦重,商會請求按照土產鴉片的稅率徵收稅捐,「惟查土藥一項不獨為消耗且為毒害品矣,前經柯大臣奏辦統稅,寓禁於徵,大部議准每百斤徵收一百五十兩(原文如此,應為一百一十五兩——引者),以彼時土價每百斤值銀六百兩核計,亦不過值百抽不及二十耳。今以每擔值銀十兩之西煙,而累徵之十兩五錢,是值百且不止抽百矣!在消耗品例需重稅原不足異,特以西煙與土藥比較,畸重畸輕,似未允洽」[1]。農工商部和度支部也想整頓這類苛稅和關卡,徒以事端繁雜,關乎地方利益甚多,很難整頓。儘管有人提議新政籌餉應該追求自然之利,諸如興辦礦政之類[2],但因資金不足,徒託空言。釐金和雜稅苛政依然未改,不但地方練兵經費的籌措出於這類苛稅,其他新政籌款亦莫不搜括於此,官員和胥吏藉以致富者不在少數,即便是官報局所亦不例外[3]。所以一九〇九年之前的報界言論

---

1 〈滬南商務分會呈請改訂西煙稅則援照土藥統稅章程准咨度支部查照辦理咨文〉,一檔館:農工商部檔案全宗,490,20/1。
2 邵之棠編:《皇朝經世文統編》,第 3400〜3402 頁。
3 沈惠風著:《眉廬叢話》,第 17 頁。

多有指陳此弊者[1]。隨著一九〇九年以後鴉片稅釐縮減，各地政府肆意搜括練兵經費，振興工商的政策更流於形式，軍政與經濟的對立愈發嚴重，報章刊載指責清廷過分突出軍政而不顧振興實業的言論比例更大。不同背景的媒介批評報導的角度有不少差別，茲據江南大報《申報》和北方頗有外人背景的《盛京時報》一九〇九年以後的有關時評，以簡表形式臚陳如下。

表 4-5　關於軍政與實業問題報導比較簡表

《申報》時評		《盛京時報》時評	
標題與報導時間	內容概述	標題與報導時間	內容概述
〈論銅元充斥之害〉，1909年6月3日。	詳細論述銅元之弊對農、工、商業的嚴重危害。	〈論重興海軍事〉，1909年3月7日。	反對清廷現在就要舉辦海軍，主張內治先於戎政，警告政府：舉辦海軍「未睹其利，先蒙其害」。
〈重興海軍與普及教育之比較〉，1909年7月3日。	例證教育振興之巨效，振興教育尤急於舉辦海軍，教育已有相當基礎，而海軍係從零做起，費資巨大，久之不能成效。	〈近日之籌辦海軍與整頓吏治〉，1909年3月16日。	對政府舉辦的海軍捐大加撻伐，謂之為「稗政」，根本不可憑恃，主張以召開國會來作為解決問題的最佳辦法。
〈論地方自治第一次經費之難籌〉，1909年8月4日。	對憲政編查館明令地方自治經費不能動支國家正款的有關規定深表反感，對其章程中的經費籌措條例逐一駁斥。	〈近日之籌辦海軍〉，1909年3月26日。	反對糜費巨款辦理並無實效的海軍，呼籲將此項經費用於實業振興和創辦教育，注重內功修練；印花稅的收入並不能滿足興復海軍的需求，提醒清廷應放棄這項毫無把握的計劃。

---

[1] 例如，〈論政府與民爭利之非計〉，載《申報》1908年7月4日；〈論今日工商生計〉，載《申報》1908年12月24日；〈論奉省之十可十不可〉，載《盛京時報》1907年10月27日；等等。

《申報》時評		《盛京時報》時評	
標題與報導時間	內容概述	標題與報導時間	內容概述
〈中國今日之內情外勢〉，1909年11月13日、14日。	工業不發達與商業之凋敝已經形成惡性循環，加之近年各省災害頻仍，民生日益困難，其中主要的原因與實業之不振、銅元之充斥有密切關係；清廷與各省推行印花稅等籌款舉措，但因徵稅的環境已經惡劣，民眾仇視國家稅政的心理極為嚴重，這就是國內新政面臨的困境。	〈論加丁賦以開辦海軍事〉，1909年5月7日。	反對以重興海軍為急務，主張將教育、事業、法律作為最緊迫的事項對待；警告政府：海軍未立而民心已失，這一結果關乎國家前途。
〈中國之所謂新政〉，1910年1月5日。	國內新政面臨的困境。清廷與各省的諸類新政舉措雷聲大而雨點小，其主要原因在於需款甚巨或「尚多窒礙」。	〈釋公債〉，1909年5月29日。	批評清廷只講節流而不注重開源，舉借公債用於生產性事業則可，若用於非生產性事業（例如海軍）則不可，埃及亡國於外債之教訓應該謹記；強調投資實業的重要性，堅決反對舉債練兵。
〈勸業會與立憲〉，1910年1月9日。	振興實業具有成效之後，才可以藏富於民，政府的各項新政方可順利推行。	〈論練兵與保商〉，1909年6月24日。	各省清理和整頓財政所籌集的經費決不能用於練兵事業，必須用於教育、實業和警政等新政事項，對振興實業中的虛假言論和做法加以批駁。
〈中國之政府〉，1910年2月3日。	揭露政府最關注海軍捐、國債捐、印花稅和鹽斤加價；政府不想急辦者為開國會、普及教育等；政府不管不問者為主權喪失、貧民生計、釐卡之苛等。	〈論保商政策〉，1909年9月17日。	國內工商業不發達的主因在於稅負之重，強調政府的保護責任。

《申報》時評		《盛京時報》時評	
標題與報導時間	內容概述	標題與報導時間	內容概述
〈論生計恐慌之原因〉，1910年4月13日。	建議政府理財以開源為主，應厚裕民力，加強其生利能力，生利能力來源於全國商業發達、物流迅速和實業振興。	〈論學部議實行強迫教育事〉，1909年12月10日。	在中央財力困絀下，強迫教育的計劃僅僅是徒託空言。
〈論今日變亂之源及其補救之方〉，1910年5月13日、16日。	國家有責任保護和提倡實業振興，鏟除貪官污吏，發展教育以開民智，並要防止外債對國內的侵害。	〈論輕減出口稅之迄無成議〉，1909年12月15日。	分析工商稅收增加和減輕至為矛盾，減之可振興工商，增之可裕國用，主張國家將振興實業放到首要地位，這是國家的根本。
〈論今日提倡實業之必要〉，1910年7月6日、7日。	振興實業國家應擔負一切經費，即使財政困絀，也應留出財力用於實業之振興。	〈論諭令部臣注意開源事〉，1910年1月14日。	呼籲振興實業之迫切，對政府的兩面性政策進行批評。
〈理財上之矛盾政策〉，1910年8月16日。	度支部推行清理財政之前，各省新政經費尚可支持；清理之後，各省出入不敷甚巨。	〈海軍籌款問題之評判〉，1910年3月20日。	民間未把海軍視為急務，而以國會之召開為重要。
〈實業問題〉，1911年2月28日。	國內實業發展緩慢的原因是缺少資本，沒有振興實業的信心，有的省分的鐵路也對實業加以摧殘。	〈論興復海軍之近情〉，1910年6月4日。	海軍處爭款激烈，各項要政被迫遲滯，度支部與海軍處幾成衝突，再論海軍不必遽辦之箴言。
		〈論振興實業之不可緩〉，1910年6月15日。	振興實業的好處有三：利己，利人（可泯滅革命風潮），利國。
		〈敬告當世之理財家〉，1910年8月10日	對政府專注於軍事而荒廢教育一事痛駁無遺。
		〈論國事日非之所由來〉，1910年8月12日	政府對軍事問題與教育問題處置不當，養其一指，失其肩背。

《申報》時評		《盛京時報》時評	
標題與報導時間	內容概述	標題與報導時間	內容概述
		〈論傾向於軍事方面不足以圖存〉，1910年9月11日。	整頓海陸軍為治國之末，而舉辦教育與振興實業是當務之急。

由上表比較可見，具有外人背景的媒介對清廷批評的力度更大一些，所評論的問題也更尖銳，問題的類型更有相當的差別。

《申報》的立論較為平和，批評性論題較少，所論問題具有在商言商的意味，某些論題動輒與召開國會問題相聯繫，尤其是在籌集軍政經費方面，認為只要召開國會就可以巨款立籌，認為國會是萬能的[1]。《盛京時報》的報導多集中在軍事與經濟的對立和矛盾上，對編練新軍、重興海軍衝擊實業振興問題關注尤多，且抨擊甚力，具有國內一般性媒介所沒有的超然和對立色彩。

《盛京時報》不斷刊登專訪外人的文章，更能對清廷單純追求軍事利益的傾向施加壓力，這是《申報》等國內報紙所不可比擬的。一九一〇年九月底該報專訪日本名流大隈重信，就特赦康梁、推廣軍備以及中國振興等問題進行評論。關於「推廣軍備問題」，該報借用大隈重信的言論批評清廷說，「近聞中國銳意推廣陸軍、再興海軍，如果信然，則可謂緩其所急、急其所緩也。不知實力充足而後國防乃可完

---

[1] 反對將召開國會視為靈丹妙藥的言論被輿論認為是不趨時事、不思進取、甚至是保守的。其實對召開國會投反對票的人不一定毫無洞見，1909年時汪康年認為，即使現在就召開國會，也不可能一攬子解決中國的所有危機，國會萬能的言論是天真的，沒有看到中國蘊含的根本矛盾。但是這種聲音實在是太微弱了。見汪詒年編：《汪穰卿先生傳記七卷遺文三種》，《自傳》，1909年，杭州汪氏1938年鑄版。轉見廖梅著：《汪康年：從民權論到文化保守主義》，上海古籍出版社2001年版，第351頁。

備。中國現在雖如何整頓武備，財力有限，豈能與列強頡頏乎？倘獨為彈壓內亂之用，五六鎮之兵力即足矣，何為須備二十鎮、四十鎮之多。總而論之，中國今日以統一兵權、財權為急務，苟能解決之，其餘問題可迎刃而解耳」[1]。日本《大阪每日新聞》對中國的政局和國內形勢觀察甚細，屢屢報導關於中國內政的消息，一九一一年四月份，《盛京時報》專門將該報的一篇重要報導譯成中文，全文刊布，內中就中國地位、財政、兩三年之後的危險局勢等問題詳細剖論，頗具影響力。文章認為，就清國目前的財政現狀而言，維持二十個師團的兵力斷非其所能堪，若要勉強維持，辦法有二：一是租稅加徵，此法雖可，但甚為危險，且非善政；另一個是舉借外債，這一數字必定十分龐大，清國外債已經不少，在民族主義的背景下，此兩個措施有可能將中國傾覆[2]。此前，《北方日報》派員專訪清廷頗具聲譽的一個外交家（疑為唐紹儀），就舉債練兵問題進行評述，《盛京時報》的總主筆「以其足以警世，特轉載之，以備注意時事之瀏覽」，足見此報對朝政局勢的關注。《北方日報》記述說，「中央政府歲入總額二億九千七百萬兩，大率由地租、關稅、釐金及他種雜稅而來者，而反觀歲出一面，其不生產之軍事費竟占總額三分之一，償還外債利銀又須五千一百萬兩，而他種行政費遂不及總額之半。國家財政窘迫如此，此其偏枯於不生產之事業；又如彼姑無論暫時短欠之五千三百萬兩不易彌縫，而三年之後，政府必遭破產之厄運」[3]。與《盛京時報》相類似，擁有日本背景的另一份報紙——具有更大影響力的《順天時報》也持同樣的論點，該報早在一九〇七年九月份時就刊發〈論說〉，對清廷專注於練兵提出警告，「中國於治兵一事亦欲極意講求，而於治民之道未能力為振頓，

---

1 〈大隈伯爵之中國談〉，載《盛京時報》1910 年 9 月 28 日。
2 〈外交三題話〉，載《盛京時報》1911 年 4 月 1、2 日。
3 〈某外交家之財政談〉，載《盛京時報》1910 年 11 月 12 日。

安所得強國之本乎」,「兵氣日益盛,民氣日益憤,至官吏知重兵不知重民,國家知有兵不知有民,則民之不聊生,難自將作矣。審是以一國之兵敵一國之民族,猶虞其不足,尚何強國之法云!然則強國之道奚恃?曰:治民者利體也,治兵者利用也」[1]。

國內媒介對上述言論亦有回應,但就主要有影響力的媒介來看,能夠作出這類回應的報章雜誌僅見較少的幾種,《東方雜誌》是較早的一種。一九〇八年該刊邀人撰著社論,就軍事與經濟的對峙問題發表看法,因其處于禁政早期,洋土藥稅釐的縮減並未出現明顯的變化,所以,在涉及軍事與經濟的矛盾問題時,筆鋒迂迴而又曲折,並不顯山露水,「數年以來,各省練兵不遺餘力,邇者且有興復海軍之議。其識力不可謂不卓,然而商工實業遂因此而視為不急之務矣」,「吾國實業未興,則供此重大之軍費者尚無所出,而驟以有加無已之負擔,強責諸民,竊恐其荒本業而叢怨竇也」[2]。一九〇九年下半年禁政步伐加快,財政抵補的困境開始顯現。媒介對清廷注重整軍經武的傾向關注較多,以軍事與經濟矛盾為主題的評論趨於尖銳[3]。一九一〇年六月後不但洋土藥稅釐縮減大半,各類抵補措施雖紛紛出臺,卻不見顯效。中央則權貴幹政,一意經略陸海軍,實業振興更成軀殼[4],因而有關軍事與經濟對峙的批評更加尖銳,《國風報》的言論稱:

---

1 〈論強國不能專恃乎兵〉,載《順天時報》1907年9月11日。
2 哈笑:〈財政私議〉,載《東方雜誌》第5年第3期,1908年4月25日。
3 例如《大公報》1909年9月3日即有專論,以「軍事與經濟論」為題,分析軍事衝擊經濟的後果。論者王景賢認為,軍事與經濟互為支撐,不可偏廢,單獨發展軍事而不顧經濟,則屬不健康的治國之道,將會重蹈俄國式的困境。
4 「本欲阜財,先必費財」,「官設學堂以為教,官創機廠以為式,官助資本以為扶持,然後農工商之利可開」,張之洞、劉坤一聯袂上奏的變法三折之外有一個籌款舉辦要政的奏片,如上官為提倡的觀點就是出自這一奏片,見〈請專籌巨款舉行要政片〉,載《張文襄公全集》,第3806頁。

> 修軍備所以戢亂暴也，然正以修軍備之故，而舉國乃遍伏亂機；興教育所以養人才也，然正以興教育之故，而舉國乃無復士大夫；獎實業所以群富源也，然正以獎實業之故，而舉國乃將成餓殍。今日中國之政治現象舉皆此類，一言以蔽之，則矛盾之政治現象也。
>
> 年來以練兵之故，中央政府及各省之歲入，投入此者三而居其一。夫國中則既已民窮財盡矣，而此種經費膨進無已，勢不得不歷取之於民，民之脂膏竭養於兵，並其仰事俯畜之資而不可得，乃不得不群聚而思亂。[1]

不但有輿論呼籲，上書清廷力陳危迫情形者亦大有其人，諸如山東諮議局議員尚慶翰和江蘇士人楊鐘玉等[2]。這類陳請的效果極微，如楊鐘玉稟請緩辦軍政的說帖上達該院，資政院在這份稟文上簽署的意見依然是主張擴張軍備，該院主張，「竊以泰西各國率武裝獨立，力求均勢。現在中國陸軍方幼稚時代，海牙之會且以無海軍為世詬病，若非及時擴張，實萬難立國，已為全國所公認」，斷定楊鐘玉的說帖危言聳聽[3]。陸軍部尚書蔭昌在資政院發表咨文時也大唱反調，「諸君僅知減輕國民負擔，不知國防不備，自政府以至國民損失權利於不覺者，決不止目前核減之數。故某有一言忠告諸君：須用政治家之眼光，統

1　茶圃：〈矛盾之政治現象〉，載《國風報》第1年第15號，1910年7月7日。
2　〈資政院咨送山東諮議局議員尚慶翰陳請書所陳七事咨文〉，一檔館：會議政務處檔案全宗，檔案號：877/8330；〈資政院咨送江蘇拔貢生楊鐘玉陳請提議暫緩擴張海陸軍以紓民困說帖〉，資政院的批示見諸於該說帖之後。一檔館：會議政務處檔案全宗，檔案號：877/8329。
3　〈資政院咨送江蘇拔貢生楊鐘玉陳請提議暫緩擴張海陸軍以紓民困說帖〉，資政院的批示見諸於該說帖之後。一檔館：會議政務處檔案全宗，檔案號：877/8329。

籌全局,再下斷語,否則沾沾於一部分,某實不敢隨聲附和,以期見好諸君」[1]。督催各省練兵的電咨依然聯翩不絕,清廷仍不放棄擴張軍備的計劃,致使各省被拖到一個疲於應付軍備而無力兼顧民生的尷尬境地。

辛亥大局鼎沸之際,大江南北義師蜂起,督撫中多半知國內變局不可挽回,紛紛疏請乞退,對清廷冥頑態度已失去希望。二十三個省分的督撫中,乞退者七人,棄城而循者七人,自稱都督復為巡撫者一人,自稱都督舉兵反清者二人,改任都督者四人,有功於共和者一人[2]。原本應該裁撤的綠營和巡防隊亦奏准免裁,軍費預算中,這部分節省的費用又不得不成告朔之餼羊。更為嚴重的是巡防隊不但不裁撤,各省又添練155營,需花費銀兩1700萬左右[3]。因此,無論受協還是撥解省分均處於極度困厄之中,向度支部及陸軍部邀款的電文絡繹不絕,兩部應對乏術,暫諾而實延。清廷財政不得不全面陷入乾枯虧空而且調撥不靈的窘困狀態。

---

1 〈蔭大臣固非肯浪費者〉,載《申報》1911年1月10日。
2 樂觀道人:〈清末督撫佚聞〉,載《青鶴》第4卷第1期,1935年12月出版。
3 《宣統政紀》,卷38-40。

第五章

禁政激變與「新政之累」

　　一九〇六至一九一一年間鴉片禁政與新政改革相伴推行，互為影響。禁政本身導致了各種勢力的抵制和反抗，此後的鴉片稅釐抵補措施又引發了仇視新政的各類風潮；新政推行，需款不貲，經費籌措導致捐稅層出不窮，民負加重。鴉片稅釐抵補與新政籌款交織在一起，鑄成了被今人所忽視的「新政之累」。無論是研究鴉片禁政，還是探求新政改革的論著，禁政激變與「新政之累」成為相關學術言說中「失語」的部分。這一問題與隨後的辛亥鼎革有唇齒相連之關係，不可不察。

第一節　禁政激變

　　禁政係國家振興命脈所關，數百年來鴉片始終被視為戕身耗財的毒品，不但清廷痛恨此物，即令民間亦視之為「亡國之疾病」[1]，其害甚於「博」和「妓」[2]，禁之有時。清末禁政時期，社會上有兩個不同的群體，一方是主禁力量，另一方則是反禁人士，兩個「世界」對

---

[1] 王國維在清廷禁煙諭令發佈後，曾撰文詮釋禁煙的必要性及消匿鴉片之害的主要途徑，文中稱鴉片吸食為「亡國的疾病」，語見〈去毒篇〉，載《東方雜誌》第3年第10期，1906年11月11日。

[2] 薛福成評論鴉片之害甚於「博」、「妓」之害，語見佚名編：《清代名人書札》，《叢刊》（續編）第749號，第266頁。相類似的言論較多，晚清禁煙名士許玨曾稱鴉片之害甚於洪水猛獸，「鴉片之禍，昔人比之洪水猛獸，然洪水之患不過一時，猛獸之害不過一方。今鴉片流毒天下，禍近百年，其視洪水猛獸固遠過之，若尋常水旱疾疫更不可同日而語矣」，見氏著：《復庵遺集》，第276頁。

待清廷禁政的態度判若霄壤。一九〇六年九月禁政實行後，為捍衛種植和商業利益，各類人等或施以哀求，或隱相抵制，更多的是揭竿而起，釀成大大小小的禁煙風潮。禁政激變大致包括因禁種罌粟所導致的農民反抗以及因增加煙土、煙膏的各種稅捐而引發的商人罷市風潮兩個層面。

一　禁政中的兩個世界

對待鴉片禁令有兩類不同的群體，一是支持禁政改革，為禁絕鴉片鼓與呼的群體，範圍較廣，既有清廷當局，又有民間士紳和知識界人士，這部分群體掌握著言說的權利，此類言說賦予鴉片禁政以各種積極的作用，認定它對道義、經濟、吏治、民生等均有挽救或促進功效；二是部分罌粟種植者以及部分鴉片煙土、煙膏等運銷經營者，甚至包括外人在華經營鴉片的商人。國外鴉片商人尤其惡劣，他們不但以毒牟利，而且暗中鼓動國內販售鴉片者對抗禁令，推波助瀾，如新老沙遜集團之類。這一部分人群處於道義的對立面，或迫於生計，或追求暴利，鋌而走險，置禁令於不顧，興風作浪。該群體在大眾媒體世界並未掌握言說的權利，其意見、看法大多出現在官員的奏章或報刊的報導中。本書將這兩個群體姑稱為「禁政中的兩個世界」。「兩個世界」的研究，在不同時代，意義與價值大相逕庭。八〇年代之前的有關研究中，更多的是從「政治意義」上評價，對兩者的褒貶截然不同，學術誤導的成分甚大。目前的禁政與新政研究中，兩個群體的對立趨向在相關討論時「意外地」陷入失語狀態，淡出學人的研究視野。這是本書特意列出以備討論的主要背景。

一九〇六年開始的禁政改革被朝野人士賦予了較多的意義，總括來說，主要是堵塞漏卮、強健國民體質、進取有為、刷新民族形象、

轉弱為強等，社會期望值較高。持此觀點者多見於清廷官員的各類言論、行省官員的各類奏章和咨文，以及民間人士在各類媒介上發表的言論等。這個群體儘管均認定鴉片禁絕的必要性，但在就事論事時又有區別，甚至互為矛盾。《泰晤士報》駐華記者莫理循在評價張之洞時，認為「所有總督除張之洞外都反對吸鴉片。張在理論上反對，但實際上並不反對」[1]。目前研究中國禁煙問題的外國學者中仍有人關注這一互相排斥的現象，認為張之洞是官方改革的主要代言人，「他曾經反對鴉片，但當他觸及中國的近代化問題時，就改變了語氣。他在《勸學篇》中說鴉片之害足以毀人才能，削弱志氣，浪費金錢。至少在一八九八年，他把中國吸食鴉片者歸結於愚昧無知，認為發展教育是禁煙的妙方。然而三年之後，張之洞卻在給皇帝的建議中說，鴉片稅收可以增加國家收入，以便興辦洋務」，「像張之洞這種對待鴉片的矛盾心態並非獨一無二。許多上層官僚和有影響的人士長時間以來一方面痛恨鴉片，一方面又承認鴉片貿易帶來的稅收利益」，論者尚列舉出類似「張之洞矛盾現象」的其他著名人物，如曾國藩、李鴻章、左宗棠、王韜等等[2]。晚清具有禁煙思想的鄭觀應甚至主張利用鴉片稅，認為鴉片利厚，若將其利潤用於水利、輪船、鐵路、肥料投資，或興

---

[1] 《清末民初政情內幕》，第496～497頁。這類矛盾的現象比比皆是，據莫理循觀察，「皇太后本人就吸鴉片，外務部尚書慶親王是煙癮極大的鴉片煙鬼。外務部的第二號人物、這個帝國最有權力的大官之一（很多人認為是最有權力的）——瞿鴻機手裡也攥著大煙槍。曾去參加英王加冕典禮的載振親王也吸鴉片煙，這個放蕩的年輕惡棍現在是商部尚書。但是反對鴉片煙的輿論，正像傳播西方教育、發揚尚武精神和大量創辦地方報紙一樣引人注目」。

[2] 托馬斯·D·萊因斯：《改革、民族主義與國際主義：1900-1908年中國的禁煙運動與英美的影響》，載《國外中國近代史研究》，第25輯。張之洞對鴉片問題的態度十分複雜，公開的言論多講禁絕鴉片，指導思想之一就是「三民主義」：眾其民、強其民、智其民。見陳濤著：《審安齋遺稿》，《叢刊》（正編）第338號，第240頁。

辦其他產業，如棉花等，對經濟也將有所助益[1]。外人關注這一矛盾現象，其實蘊含著「非此即彼」的邏輯認知，對事物的複雜性作簡單化處理。鴉片問題不純粹是中國的內政，而是與英國政府有密切關係，在英人不予合作的情況下，國內禁煙目標很難達到，加之鴉片經濟已經成型，難以在短時間內剷除，在這種情況下發表的言論大多是就事論事，難免有互為矛盾的言論。其實，矛盾本來就是一種集合體，這恐怕是歷史本來具有的一種本相。有關媒介對這種複雜本相描述說：

> 禁煙之條本為自強第一要政，前此數十年之貽害，已悔之無及矣，然往者不可諫，來者猶可追，使但日積重難返，猝議禁絕之，故不易為力，若果旦夕偷安，不惟民氣衰頹，無所恃以振奮，種族其能永保乎？自去年人心猛然醒悟，當道者統籌計劃，日以禁煙之說聞。或謂宜速絕之，或謂宜緩圖之，或謂財政之所關者大，或謂生命之所繫者重，或謂商之外洋，或謂自我議決，或謂習俗難移，或謂士籍混淆，尤阻撓之甚，而不易查禁，迄今盈廷聚訟，紛然莫衷一是。[2]

對政府禁煙上諭，無人不表贊成，如何禁絕，看法卻甚不一致，這類分歧導致各省州縣政令不一，緩禁與速禁並存的格局持續了近三年之久。不管對禁政如何議論，各省鴉片種植面積在不斷縮小，洋土藥貿易總量也在減少，這是一種大的趨勢。部分省分進展較緩，並非其不願禁煙，多數是斤斤計較於鴉片稅釐的收益[3]。

---

1 鄭觀應：《增訂盛世危言正續編》，卷8，「節流禁煙上」，第4頁。
2 〈論各省宜設去毒社〉，載《順天時報》1908年2月21日。
3 英國人對各省禁煙的情形有所總結，認為「各省迭奉諭旨而未能悉遵者，殆以財政之關係使然」，浙江、河南等省擅立鴉片稅目，徵收不遺餘力，概見各省對鴉片稅

对待禁政的态度，民间与政府的看法也不一致。禁政上谕发布的前一年，民间已经成立了少数禁烟组织，在本邑开展鸦片禁绝活动，振武宗社就是其中的一个。它完全超然于清廷之外，纯系自发的社会改良组织。该社确立的章程称：「强种性、节漏卮居今其急务哉……立于兵力争存之天下，固非通国民为军国民不可，而为军国民非先强种不可，欲强种不首禁鸦片更不可。此固不待智者而后知。」[1]看来，振武宗社是以强健种性、养成军国民资格、堵塞漏卮为宗旨，符合当时趋新潮流。《万国公报》的社说也认定鸦片之害与军国民资格、尚武精神不相符合[2]。一九〇六年初有人明确将禁烟与新政相联系，提出反对官场嗜好，反对吸食鸦片，以响应新政开展[3]。多年以来，官界、文苑中，流行吸食鸦片的时尚，文人藉鸦片烟来构腹稿甚至被视为一种文明空气，与新政改革的气氛甚不协调[4]。禁政高潮时期，山西省官界蔑视禁令，吸食如故的情形仍较严重[5]。所以，民间在谈论实行新政以振刷民族精神时，首先将官场的鸦片吸食问题提出来。时论对鸦片禁政的巨大效益甚为看重，它可以「变易全国之脑筋，而为实行新政之大机栝」，关乎中国的国际声誉、国民公利以及军备建设，关于禁政所带来的经济利益，有人认为，「以十年计之，为国民保留赀财当不下五六

鳌的珍重，见〈驻华英使朱尔典致英外部大臣葛雷公文（附：英使署参赞黎枝第二次鸦片问题说帖）〉，载《外交报》，第232、234、235各期，此见《外交报汇编》第85、97～101页。

1 〈自禁鸦片振武宗社简章〉，载《申报》1905年10月28日。
2 〈中国除烟之希望〉，载《万国公报》第192册，1905年1月。
3 〈论近日官场沾染嗜好之深〉，载《申报》，1906年3月16。对于振刷官员精神以适应新政改革的呼吁中，将鸦片问题列出来讨论的言论较多，兹不一一列举。
4 〈文人吸鸦片构腹稿〉，见徐珂编：《清稗类钞》，中华书局年版1984年，第4册，第1069页。
5 〈致江苏某中丞函（代山西戒烟会作）〉，李刚己著：《李刚己遗稿》，第154～159页，《丛刊》（正编），第348号。

百兆,以五六百兆為各省鐵路商辦公司,則不特外人所辦之鐵路不難依次贖回,而路旁礦產亦得免外人覬覦,待至民力稍裕,餘利日充,一切國債皆得清償,又何事患貧為哉!而商業之進步不必論矣」[1]。書生論道,雖未必切近實際,但卻是實實在在的一種心態,對禁政與新政的複雜影響缺少洞見,實難苛求。的確,從理論上看鴉片嗜好與民族榮衰關係極大,與民族進取精神息息相關,晚清巨患的形成與鴉片問題密不可分,這是不容置疑的[2]。但是,禁政能否真正立竿見影地給中國帶來巨大效益則難以斷言。一九〇九年上海萬國禁煙會召開前後,知識界對鴉片問題的態度與清廷官員的主張之間保持了高度的一致,均對鴉片禁政抱有積極的評價。武漢地區是我國洋土藥貿易較為集中的地區,漢口重要媒介對鴉片禁政的重要性評價說:「宣統元年第一發現之要政何事乎?明日滬上開萬國禁煙大會是也。禁煙實強國之本,為我國內政最重要之事,而又須各國協助,故尤為外交重要之端,今日之會實我國轉弱為強之關鍵也。」[3]該報對我國吸食鴉片現

---

1 〈禁煙後之希望〉,載《申報》1907年6月12日。
2 〈黑甜鄉記〉,載劉鐵冷、蔣著超編:《民權素》第1集,諧藪,第4頁,1914年3年4月,《叢刊》續編,第551號。清末已經有人對鴉片吸食的惡劣影響有所著論,只是這一問題的影響太大,以至於時至民國年間仍有人對鴉片巨禍對晚清社會的深刻影響頗有感慨,他著文說,「鴉片及其他毒品之為害,甚於洪水猛獸。即就我國而言,內憂外患,俱可歸其禍根於鴉片,內而殘害健康,墮落民德,致政治窳敗,失民族生存之基;外而鴉片一戰,失地賠款,促國勢趨弱,啟列強侵略之漸。百年以還煙毒已瀰漫全國,良可愧已!」,見王曉籟:〈《禁毒專刊》發刊辭〉,載上海市禁毒委員會編印:《禁毒專刊》第1期,1935年12月。並且,尚有人對鴉片吸食與國民根性的形成和強化相聯繫,認為,「原來我國大多數的國民是含有多量『懶惰』的特質,這種懶惰的特質,當然不是我民族原始的遺傳,而是歷代專制政治的賜予……因為這個原因——懶惰的國民——才會貧弱到這個地步;為了這個原因,所以一經輸入,舉國若靡;更為了這個原因,它只能為害於我們老大的中國而不能為害於富有朝氣的歐美列強。所以說:物必自腐,而後蟲生」,見蔡步白:〈我對於禁煙的觀感〉,載《禁毒專刊》第1期。
3 〈宣統元年第一要政〉,載《漢口見聞錄》1909年2月5日。

狀深感憂慮,亟亟以禁之為快。各地人士在該報不斷刊登時論,對解決鴉片問題建言獻策,尤其對吞煙自盡、戕害生命等實際問題予以關注,期望禁政能夠將人們從毒害中解救出來,論者認為,「阿芙蓉者,戕身之利斧,速命之靈符也。哥薩克萬排馬隊之白刃無以喻其威,地中海千群鐵艦之硝彈無以防其毒也」,「阿芙蓉種絕,是不但可起我已隸黑籍同胞之痼疾,並可以救我無數未隸黑籍同胞之生命」,「數年以後,天下失此劇毒,則匹夫匹婦之輕生以求死者或庶幾可以不死乎?即死,吾決其亦未必有如斯之便且速也。嗚呼!我中原之世界為此黑煙毒霧所障蔽者久已混混沌沌,在醉死夢生間矣;今而後得復見煙消霧滅之日月重光之一日也」[1]。

知識界對鴉片問題相對「輿論一致」,官員階層的態度則較為複雜,但這並不表明他們支持鴉片利益,而是就事論事者居多數,互相矛盾的言論也不可避免。「反鴉片的世界」僅僅是一個相對的稱謂,其中,純粹立志於此項事業,如江蘇禁煙名士許玨者甚為少數,即如許玨本人也不得不走彎路,許玨稱:「玨兩年來疏陳請加洋土藥稅,未敢遽言禁者,因言禁則眾必以為迂圖,勢將置之不問;言加稅則尚有裨財政,或冀採用其說;又稅重則價昂,貧民無力者或可略減吸食,此不遽言禁之一端也。」[2]

這一言論中的「眾必以為迂圖」,較能反映出官界對鴉片問題的心態,鴉片稅釐自從與財政結緣後,依賴性便日益突出,此處所言「眾」當然是指包括朝臣在內的各類官員,在鴉片稅與財政聯繫日益緊密的背景下,兀然提出禁煙的要求,的確是令多數官員難以接受的。何啟與胡禮垣曾對鴉片稅與財政緊密結合給禁煙帶來的難度感觸甚深,「今中國所急者財用,而釐稅之入,以鴉片為大宗。洋藥進口釐稅六百萬

---

[1] 鏡齋:〈雜說〉,載《漢口見聞錄》1909 年 2 月 23 日。
[2] 〈許玨致趙爾巽函〉,一檔館:趙爾巽檔案全宗,26/160。

兩，土藥釐稅名雖二百二十餘萬兩，而實則二千餘萬兩。是合洋土藥而計，每年值二千六百餘萬兩。國家之利賴在此，官府之調劑在此，若設舍此項，則補救無從，此所以禁煙之舉，近年緘默無言也」[1]。這種進退維谷的矛盾心態頗具普遍性，汪康年遲至一九一〇年還認為，禁煙固屬善政美舉，但真正要實行，國家要失去大宗稅收，煙商也失去生活來源，他認為應該一面禁煙，一面別求「救濟之法」[2]。從這一角度看，在「反鴉片世界」內部，輿論態度並非單一，鐵板一塊，前後矛盾的情形並不少見。

反對鴉片禁令的群體是禁政中的另一個世界，內部情形更為復雜。總體上看，一切與個人鴉片利益相關的組織或個體均可歸入此一「世界」。從人數上看，煙農所佔據的比例較大，各地土商、煙館營業者以及外國鴉片商人等階層絕對人數雖多，但比例並不大。在清代經濟匱乏現狀下，鴉片產業全部依靠這個群體來運作推動，鴉片產品的銷售效益成為這一世界藉以分潤的主要來源。清廷儘管確定了十年禁絕鴉片的計劃，實際上執行的卻是縮期禁種、禁運和禁吸，比原定計劃提前了七年有餘，這一改變必然迫令這一群體以各種形式奮起反抗，土商風潮、禁種風潮愈演愈烈。

煙農遍佈全國主要省分，尤以產土較多的雲貴川、山西、陝西、甘肅以及東部地區的浙江、江蘇、河南、安徽、山東等省占大多數。清廷實施禁政時首先從管控煙館開始，這一舉措數月之內即可完成，隨後就向禁種罌粟這一最冒險的領域推進。煙農生計抵補是與財政抵補同樣重要的事情，各省禁種罌粟政策實行後，清廷言官中有人注意

---

[1] 胡啟、胡禮垣著：〈勸學篇書後・去毒篇辯〉，見《新政真詮》卷5，轉引自趙豐田：《晚清五十年經濟思想史》，第215頁。

[2] 汪康年：〈論今日言論家須顧及國民經濟〉，載《芻言報》1910年11月17日，轉見廖梅：《汪康年：從民權論到文化保守主義》，上海古籍出版社2001年版，第355～356頁。

到這一問題，建議提倡「種植生計為先」，否則，「貧民狃於故習，得不償失，非但良懦者貪顧目前小利，不免有陽奉陰違之患；而強壯者必以禁種之後，勢將無利可圖，小則流為匪徒，大則陷於盜賊；況西北地方民情素稱強悍，若再迫以飢寒，難免不遇事生風，借端滋事」[1]。這項提議不為無見，但短時間內實現種植抵補的目標談何容易！多年以來，煙農已經與鴉片利益密不可分。早在十九世紀九〇年代初，罌粟與其他農作物相比，收益巨大，高投入高產出的格局已經成型。根據重慶關稅務司好博遜（H. E. Hobson）的記載，一八九一年時鴉片與小麥的比較效益如下[2]：

表 5-1　鴉片與小麥種植比較效益簡表

小麥	鴉片
一擔地的耕種成本　　制錢 1000 文 一擔麥的價格　　　　制錢 7000 文 利潤　　　　　　　　制錢 6000 文	同一地的耕種成本　　制錢 7000-8000 文 肥料　　　　　　　　制錢 6000-7000 文 總計　　　　　　　　13000-15000 文 　　　　　　　　　（假定為 14000 文） 鴉片旺年約產 300 兩 枯年約 200 兩——假定為 250 兩 價格每兩制錢 80 文至 120 文（假定為 100 文） 一擔鴉片的價格　　制錢 25000 文 耕種成本　　　　　制錢 14000 文 利潤　　　　　　　制錢 11000 文
比較結論	小麥和鴉片兩者利潤之差（達 80%以上），對小農來說是值得考慮的，然而總不夠補償稻穀收成損失的危險。（註：「一擔地」是四川習慣，田地不以面積計算，而以常年產量計算）。

1　〈御史倬壽奏西北邊疆禁種罌粟花地方宜提倡種植生計摺〉，一檔館：會議政務處檔案全宗，檔案號：155。
2　根據周勇、劉景修譯編：《近代重慶經濟與社會發展：1876-1949》，四川大學出版社 1987 年版，第 48～49 頁資料編制。

看來鴉片的比較利益太大，即使勸令改植他物，煙農仍多方抵制，四川省的情形尤為典型，「川省因鄂加煙釐，出示勸種木棉，勢頗難行。小農貪種煙之利，鄂釐雖重，商販不因而裹足，則鴉片行銷自若。若加商販之釐，不過重累食戶，無涉種戶，因無所懼而改圖也」[1]。這類牴觸情緒事出有因，除了比較利益較高以外，它還可以用來繳納越來越高的苛捐雜稅。宣統年間川省某些州府的捐稅數量高於正糧稅率的十幾倍[2]，涪陵地區煙農的鴉片收入除了繳納這些捐稅外，尚有剩餘，用以購買生活必需品、餽贈親友等項支出，「其一切捐納、賓饋、薪鹽零雜之需，多取給予售煙之資，故皆貪種罌粟」[3]。貴州的情形與此類同，早在十九世紀八〇年代時貴州巡撫李用清就發現，「黔省跬步皆出，舟車不通，向來農有餘粟，無處運售，自種栽鴉片以來，變為輕貨，便於交易，地方較為活動」[4]，交通困難促使該省鴉片業興起，並逐步獲得發展。宣統年間，雲貴總督發現煙農與煙販的利益結合已經十分牢密，「上游則通衢大路，以至窮鄉僻壤特種煙為恆產者，幾於比戶皆然。是以每屆收穫之時，常有東南商販集合巨資來黔，購運挑載，絡繹不絕於途。民間歲獲厚利，通省動以數百萬計，較之他省情形有不可同日而語者」[5]。這位總督的另一份奏摺也談到罌

---

1 杜雲秋：〈復周雪池〉，載《黃陵書牘》捲上，轉見秦和平：《四川鴉片問題與禁煙運動》，46頁，引文標點有誤，此更正。

2 西川正夫著，邱遠應譯：〈四川保路運動前夜的社會狀況〉，載《辛亥革命史叢刊》第5輯，中華書局1983年版。

3 賀宗典、熊鴻漢：〈涪州小學鄉土地理〉，《涪乘啟新》卷1，第28課，1906年刻本，此轉見秦和平前揭書，第438頁。

4 李用清：〈禁止黔省栽種鴉片疏〉，載《皇朝道咸同光奏議》第12冊，第5351頁。

5 《政治官報》1911年6月9日，轉見林滿紅：〈財經安穩與國民健康之間：晚清的土產鴉片論議（1833-1905）〉，載臺灣中研院近代史所社會經濟史組編：《財政與近代歷史》，中研院近代史所1999年編印。

粟對當地民人生活和財政的重要性，摺中說：「向者罌粟未禁，此物於山地頗宜，故居民趨之若鶩，而各省之販賣為業者，歲挾巨資來相購取，來源之可資灌注者以此茲。」[1]

禁政之前，因種植罌粟而使得當地煙農的生活水平獲得提高，這種情形在部分地區較為明顯，例如四川涪州，原來種植其他作物時，「民間以玉蜀黍、紅薯為食者十六七，親壽舉觴，嫁娶宴賓客，無山海之珍。席費廉，裁七八陌（百）至千錢則已豐矣」，但其後廣植罌粟，比較利益劇增，煙農生活由儉入奢，地方官員和紳士等，日與酒食徵逐[2]。經濟利益之大由此可見。惟其如此，涪州知州給川督趙爾巽的匯報中極力強調禁種禁運的困難，他說，「涪州為產土最盛之區，煙商輻輳之所，每年產數甲於全省，為出口之一大宗。一州之繁富全賴煙土，紳則以種煙為致富之本，民則以種煙為饒生之計，商則以販煙為輸運之品，幾至全州皆煙，紳民鮮有一戶一田不種，商界無一號一幫不囤，既經紀一項僅州城一處計有兩千餘人，四鄉統計一萬有奇。地闊煙多，查禁匪易」[3]。即便如此，趙爾巽仍決定推行縮期禁種政策，理由是：「以禁種既已有效，與其分年遞減致啟因循觀望之心，何如一律全禁，根株得以淨盡。即通飭各屬，限宣統元年一律禁種。」[4]在缺少可以抵補收入良策的情況下，這一縮期禁種的決策無疑是導致煙農暴動最主要的原因。以川省簡陽縣為例，官府儘管提倡種棉花、麥黍等，但收入缺額仍相當大，「棉花年產十萬餘擔，價值三百萬餘元，加上各種雜糧，如麥黍等，亦不逮罌粟之有利矣」，抵補措施缺少足夠的

---

[1] 〈貴州巡撫龐鴻書等奏為貴州預算成立謹將財政絀情形陳明摺〉，一檔館：宮中硃批奏摺，〈財政類〉，膠卷編號64，第00478號檔。

[2] 施紀雲：《涪陵縣續修涪州志》，卷7，第15頁，轉見林滿紅前揭文。

[3] 〈涪州知州稟趙爾巽函〉，一檔館：趙爾巽檔案全宗，61/315。

[4] 〈為具報川省禁種煙苗大概情形摺〉，一檔館：趙爾巽檔案全宗，61/315。

效益[1]。有人對煙農的處境頗有感慨,「數十年來,直為衣食所利賴,卒令易煙而谷,其利入不十之一,既不足以贍其身家,且農具牛種早已蕩然,雖服先疇,不啻學稼,斷非倉促所可資生,恐指顧間,向以種煙做活之家,將驟失生計,而輾轉溝壑,流為盜賊者不知凡幾。數年之中,以此故失去人戶,殆將以千百計」[2]。雲南某些州縣在縮期禁種罌粟時,煙農頗有意見,知府也認為抵補措施乏力,一九〇八年夏天的一份咨文說,「查州屬自禁種洋煙後,糧價大平,大害雖去,大利亦失。民情異常困苦,市集頓形荒涼。多有歸咎於知州勸禁過嚴者。眾口沸騰,民交謫庸人無遠識,可為太息。惟物力艱難,係屬實情。欲急籌抵補之法,舍趕辦蠶桑,別無善策」[3],該省率先實行縮期禁種,其善後問題當較他省更為窘紲。川黔滇省如此,他省窘紲程度或有不同,但均面臨抵補困難。從實際情況來看,短時期內一蹴而就的抵補目標幾乎不可能實現。煙農反抗禁種罌粟勢所必然。

　　煙商是另一個反對鴉片禁政的階層,他們與鴉片利益更為密切。據林滿紅研究,介入鴉片生意的人,幾乎遍及各個階層,除了一般的商人以外,另有軍人、胥吏、官吏、宗室、太監等等[4],這一研究基本上是鴉片戰爭前後的情形。至一九〇六年以後,加入這一領域的人群更加龐雜。光緒年間有人稱,中國境內鴉片之害開啟「數千年來未有

1　《四川月報》第9卷第3期,轉見秦和平前揭書,第445頁。

2　姚錫光:《塵牘叢鈔》,卷下,53頁。

3　〈廣西直隸州知州育種桑秧申及勸業道批〉,收入《清末雲南為禁種大煙而勸辦桑棉檔案史料之一》,載《雲南檔案史料》1991年第4期。

4　林滿紅:〈銀與鴉片的流通及銀貴錢賤現象的區域分佈(1808-1854)——世界經濟對近代中國空間方面之一影響〉,載《中央研究院近代史研究所集刊》第22期(上),第112～113頁,中央研究院近代史研究所1993年。

之奇局」[1]，在這一「奇局」形成的過程中，始作俑者為英國等境外鴉片煙販，繼之則是國內形形色色的鴉片煙幫，潮州幫和廣州幫與洋藥貿易有至深的關係，其他各地煙幫則與土產鴉片的貿易有關。隨著鴉片經濟形態的形成，介入這一行當的人越來越多。

一九一一年有人對中國鴉片耗費的資金做過一個粗略的統計，這項統計自一八六〇年始，迄於一九一〇年，洋藥耗財當在48億兩，土藥耗財大約為120億[2]；還有人認為鴉片耗財遠遠超過十九世紀以來的軍興耗財[3]；今人在研究此類問題時，認為晚清以來民眾吸食鴉片的費用遠遠超過了對外賠款的總額。[4]不管進口和土產鴉片的精確數量有多少，土商、洋商以及煙館商人等從中賺取利潤的數目肯定是極為可觀的。單就鴉片貿易商來說，有兩條間接史料可以參考。張仲禮和陳曾年認為，僅在一九〇七年至一九一四年短短的幾年中，沙遜集團在中國販賣鴉片中所得利潤，就在2000萬兩以上[5]。一九〇五年主管川省

1　錢恂在編制光緒元年至十三年進出貨價盈絀表後認為，「惟印度所產洋藥流毒中國，英擅其利而無其害，是彼倚印度為外府以餌中國，實數千年來未有之奇局，又不當以通商論，罄各國茶價不足償此鴆毒可勝，慨哉！」，見錢恂制：〈光緒通商綜核表〉，《叢刊》（續編）第48輯。
2　〈鴉片耗財之調查〉，載《盛京時報》1911年5月18日。
3　《復庵遺集》，第275頁。值得注意的是，當時某些州縣在宣講禁煙的重要性時，經常以張貼告示的形式向民眾宣示吸食鴉片之害，這類告示中有一個指標是特別提到的，那就是鴉片耗財的問題。例如，浙江省某縣的告示中說，「考海關稅則，以出口與入口相比較，每年銀錢之輸出外洋者，率三千四百餘萬，鴉片實居三分之一，而土藥尚不預焉。我中國民脂民膏能有幾何？而年年消耗如彼其巨。譬如人之一身，軀幹雖在，而精力日事暗耗，殆至耗盡，勢必僵仆隨之。是鴉片一物不但為中國貧弱之根，捨長此安窮禍更有不忍言者」，見程鯀：《浙鴻爪印》，第191頁。
4　張遠鵬、虞曉波：《禁煙禁毒史研究的力作——評介〈鴉片與近代中國〉》，載《江海學刊》1996年第6期。
5　藍以瓊：《揭開帝國主義在舊中國投資的黑幕》，第69頁，轉見張仲禮、陳曾年著：《沙遜集團在舊中國》，人民出版社1985年版，第28頁。

土藥統稅的蔡乃煌說,「去年行商販土,萬金之本可獲六千金之利。弟督辦川省土稅,調查最確,販土巨商粵人、鄂人各居其半」[1],由此可見,鴉片販銷的暴利特徵。隨著禁政推行,洋土藥越來越少,價格飆升的情形更甚,[2]其貿易利潤可能更大。禁政決斷後,煙商的心態是一個值得探究的問題,本文主要依據報章雜誌上的有關報導作些初步的探討。

儘管從事鴉片經營的土商在社會上並非名譽行業,國家未明令取消之前,這個階層仍受清廷的保護。一九〇六年上半年,土商在受到當地官衙欺凌時,曾上書商部要求保護本身的商業利益,其藉口就是國家正在振興工商,推行的是保商政策。杭州土藥公所的電稟說:「土藥改章土稅,劉總辦派委苛法擾商。二十二日委員、司巡帶同兵役無賴多人,按鋪非法搜捣,將全稅及補稅各貨提去,價逾萬金,並搜衣物,求還不理,尤嚇封閉充公。夫寓禁於徵,非僅指商而言,若土漿變本加厲,勢必全銷洋土,利權外溢,恐非得計。商等重貲開張,何堪凌虐,現奉振興商務,首在保衛商民,電求嚴飭提還,改良幸甚。」[3]「保衛商民」的呼籲隨後就因土藥統稅制度的實施而變成現實,度支部與土藥統稅總局成為鴉片商人的保護傘,柯逢時甚至奏請設立「保商緝私營隊」以保護鴉片販商利益[4]。當然,這裡的保護對象主要是販售鴉片的行商,煙土膏店的經銷商仍未被官府所重視。

在禁煙實行以後,清廷採取首先禁閉煙館的政策。各地官府與鴉

---

1 〈蔡乃煌致趙爾巽函〉,一檔館:趙爾巽檔案全宗,81/418。
2 張仲禮等前揭書根據《北華捷報》1916年等報導,認為,「在沙遜等集團操縱之下,鴉片價格從禁煙協定前的每箱平均700兩左右,到1913年上升為每箱平均5950兩,1915年11月竟達9012兩,達到最高峰」,見前揭書,第27頁。
3 〈商部收到杭州土藥公所電稟〉,一檔館:農工商部檔案全宗,490,20/1。
4 〈督辦土藥統稅大臣等會奏土販持械自衛流弊滋多等設保商緝私營隊摺〉,載《政治官報》第461號,1909年2月11日。

片煙館經營者的矛盾首先產生。上海煙館業對上海道限期禁閉的飭令頗表不滿，紛紛集議要求推展緩期[1]。江寧財政局因煙館捐稅欠繳甚多，連日派員清查，各煙館眼看就將禁閉，拒不繳納，並要求展緩半年後再議禁閉，聚議者多達三千餘家[2]。蘇省土商和煙館商人更是態度強硬，針對官府既加徵捐稅又限期閉歇的飭令，明確表示抗議不遵，並開會聚議要挾官府。其中，廣幫、潮幫土商由於有洋人作靠山，更是屢屢呈遞稟書，堅請緩行加稅，延長禁閉時間，而蘇幫則較為帖服，未與廣幫等一同抗議[3]。後來各地籌議官膏專賣，土商仍加阻撓，湖南省土商的理由是「官賣之法不獨本省未辦，即各省亦未舉行，我邑何獨先行舉辦？且土店既須繳款領照，又不准兼賣煙膏，民間亦不能私煮，則我等土店雖准賣土，直與不准無異」[4]，因而奮起反對該省的專賣計劃。蘇省廣幫和潮幫土商為反對專賣，特意勾結英國駐滬總領事，干預該省專賣行動[5]。在土藥統稅徵收過程中，陝西土商為了對抗統稅制度，絞盡腦汁設法偷漏稅款，其採取的辦法十分巧妙，「將土藥濃煮成膏，摻和為料，日曬極乾，捻為細條，按寸截斷，用口皮卷緊，復加皮紙包裹，名曰煙棒，每一煙棒約需淨膏二三分，售錢十餘文、二十餘文不等，行銷南北二山及山西蒲解等州，為數甚巨，實陝省本地銷土第一大宗」，土捐統捐分局胡太守對這類抵制統稅的做法十

---

1 〈土藥業稟請展限禁煙之原因〉，載《申報》1906年12月28日。
2 〈煙館開會聚議之謬舉〉，載《申報》1907年4月05日。
3 〈煙館大集會議之餘聞〉，載《申報》1907年4月16日。潮幫與廣幫在官府禁閉煙館的行動中，明顯不與政府合作，1911年加徵鴉片稅時，武漢等地屢屢掀起土商風潮，挑頭的土商一般而言多是這兩個鴉片商幫在作祟。
4 〈煙膏專賣之衝突〉，載《申報》1907年11月20日。
5 〈英領又請停辦官膏〉，載《申報》1907年12月24日；〈面諭勒閉土膏各店之抗議〉，載《申報》1910年5月1日；〈各土店罷市要挾原來如此〉，載《申報》1911年3月26日；〈分期禁絕鴉片之反動力〉，載《申報》5月5日等。

分頭痛,「若令此項煙棒比照淨膏完納,則該土商等藉口買土時已經完稅粘花,勢必抗違不遵,若任其行銷各處,漫無稽查,又慮該商等惟利是圖,廣購漏稅之私土,製成煙棒,減價爭銷,實於稅收有損」[1]。

希圖漏稅是鴉片商人對抗官府的主要形式。這類對抗有些是明槍執火闖越關卡,有些則繞險越阻暗中抵制。儘管有些土藥商幫定有嚴格的行規,其中也規定納稅的問題[2],但在實際操作時,未必盡然。川省是縮期禁煙執行較為嚴厲的省分,一九一〇年六月份總督趙爾巽確定將本省境內的存土一律限期運出省外,這一決斷引起鴉片商人的不滿和恐慌,眾商滋鬧擾亂,群起鼓嘈,數省鴉片商聯名稟請寬限時間,重慶商務分會在土商圍困下,不得不電致總督、藩司和勸業道,請求寬限出境,電文稱,「川土因黔進口未絕,存貨過多,成本計占千萬,率多貸自銀行及錢票兩幫,遵限出口萬趕不及,群情恐慌,特乞轉懇寬限」,「煙禁綦嚴,留之洵為川害,惟進口未斷,存貨底本甚巨,必依限出口,不特趕運不及,擁滯申、漢,勢必大受虧折,商力

---

[1] 〈嚴查煙棒辦法〉,載《申報》1907年2月28日。
[2] 雲南鴉片行制定了自己的行規,對有關納稅問題規定如下條款:「一、囤戶驗存漿土投行銷賣時,由土行導引,買客赴卡完稅。如售與採買遠商,或售與成莊出口之商,均由行報明,分別須填單照,並給驗單。如售與舖戶、煙館,悉是本銷,則應給貼稅單、印花,均照完稅銀。如種戶售與囤戶,貨存本境,則仍赴局請領存票,暫不納稅。倘有私相授受,希圖漏稅者,照章充公充賞。二、種之土應由土行隨時查訪,如賣與囤戶、鄉販,均須投行報明,囤戶則須存票,鄉販則納稅銀。如各種戶私相買賣,經土行查出,准稟請局員究罰,惟不准土行及經紀人等擅自搜拿,致滋擾累。如有劣役刁棍藉端敲索,亦准種戶指名稟名懲辦。三、完納出口之土成莊報運時,若又添買亦須投行交易,以便稽查。四、凡漿土無論零星大莊,本銷出口,已未完納,均應投行買賣。不入行者,以私土論。惟其價值一切應由買賣兩家自行議定,該行不得從中把持」,如上規則見佚名:《土行遵守規則》,轉見秦和平著:《雲南鴉片問題與禁煙運動》,第85頁。筆者認為,上述行規似乎不是鴉片商幫確定的規則,而是官府成立的公家土行所確定的貿易規則,是對鴉片商人和煙農的約束性規範,此點存疑待考。

何支；且夏秋水險浪擲堪虞，現又銀根奇緊，市面不靖，設再因此牽動大局，何堪設想！」[1]。次日，趙爾巽研究後作出答覆，准予寬限三個月，此後必須出境。縮期禁煙迫使鴉片價格飆升，「渝埠土為大宗，向來每擔價僅百餘金，自禁種令嚴，迭漲至五六倍，是今所謂值千萬者，昔不過二三百萬耳」[2]，因而土藥商人借貸巨款作孤注一擲之投機，適逢嚴令外運，土商叫苦不迭，得到川督寬限三個月的消息後，「商民感激，市面帖然」。實際上，土藥商人屆期仍未運出川境，該省只得設立煙土公行，收購後在此儲藏，納稅後貨主可以自由運出。由於大量收購煙土，致使該省銀根嚴重吃緊，並且大量的白銀外流嚴重，導致布匹資金甚為缺乏[3]。一九一一年是禁煙的關鍵時刻，土商與洋商勾結，英國駐華使領人員成為鴉片商人興風作浪的保護傘，在英國人的支持下，又掀起更大規模的風潮，只不過清朝快要滅亡了。

　　總括兩個「世界」的概況，可以看出，雙方對待禁政的態度截然相反。官方與知識界樂觀地預測了禁煙所帶來的美好前景，對縮期禁政備加支持；而與鴉片利益密切相關的煙農和煙商，則是力圖保有既得的利益，絕不願與官府合作，且屢起風潮。當然，度支部執行禁吸為先，禁種、禁運為後的政策，即使受到知識界和地方督撫措詞嚴厲的批評，也不願放棄鴉片稅收利益，這自然另當別論。

二　肇亂情勢

　　十九世紀九〇年代初英國禁煙會組織與中國駐英使臣薛福成多有論議，屢屢要求中國實行禁煙政策，薛氏以此事體重大，傾向於先

1　〈重慶商務總會來電（五月九日）〉，一檔館：趙爾巽檔案全宗，62/317。
2　〈重慶商務總會來電（五月十三日）〉，一檔館：趙爾巽檔案全宗，62/317。
3　周勇、劉景修譯編：《近代重慶經濟與社會發展》，第316、322～323頁。

從加重徵稅開始實行，斷言「惟事體關係較重，非到機緣十分湊拍，究未敢輕於發端」[1]，禁政決斷之難可見一斑。「未敢輕於發端」一語有多種含義，最主要的恐怕是中國若自行禁煙，英國政府不予支持，導致無果而終反而被外人恥笑；因洋藥稅釐並徵，國內鴉片稅釐規模越來越巨大，且與各項要政有關，不可輕易放棄；並且禁煙真正實行後，抵補維艱，煙商和煙農極易產生阻力，如何應因頗費周折。

最後這一點被一九〇六年以後的禁政實際情形所證明，煙商與煙農的確是阻力重重，變亂四起，風潮迭見，一九一〇年後達到高潮。其實，一九〇九年萬國禁煙會召開前夕，美國禁煙會代表丁義華就曾提醒中國注意預籌禁政事宜，其中就包括預防煙農煙商起來反抗，他闡述說，「中國欲禁絕煙毒以救國民，則有絕大之問題應須解決，蓋必全棄其鴉片入稅始能有戰勝之日也。政府失此巨帑，必求所以補救之道，並須預備應付栽種罌粟及售賣鴉片之小民抗拒之策及應籌集巨款，廣設醫院，以備國民戒煙之地」[2]。這三件事情中，最關緊要者為稅釐抵補，其次是預備煙商和煙農的反抗，最後是設醫備藥用於戒煙。如何防止因禁煙而激變，的確是關心時局的中外人士均感重要的問題。日本媒介隨後也提醒清廷注意煙農生活保障和種植抵補。[3] 中外人士儘管對此有所預見和籌劃，各地煙商煙農的抵制風潮還是連綿不絕，愈演愈烈。根據所見材料[4]，本書扼要探討禁煙肇亂在一九〇六年

1　丁鳳麟、王欣之編：《薛福成選集》，上海人民出版社1987年版，第440～444頁。
2　〈美代表禁煙之卓論〉，載《申報》1909年1月29日。
3　〈日本人對於中國禁煙之意見〉，載《時報》1909年4月12日。
4　目前所見到的材料主要是張振鶴、丁原英兩位先生在《近代史資料》1982年第3期和第4期發表的〈清末民變年表〉一文，作者根據《宣統政紀》、《東方雜誌》、《中外日報》、《時報》、《匯報》、《大公報》等報刊雜誌匯錄了1902至1911年關於禁煙激變的有關材料，這是本文依據的主要材料之一；另外，《申報》、《盛京時報》等清末大報也有關於禁煙激變的大量報導，並未被上述文章所關注，本文也將根據這部分材料進行分析。

以後關於年代頻率、地域分佈、罌粟種植者與鴉片販售者變亂比較以及變亂肇因等方面的問題。

　　一九〇六年之前，由於各省對鴉片稅釐進行整頓，各地紛紛增加土藥、煙膏稅捐，以應付練兵、興學、警政事業等新政事宜，導致反對鴉片稅捐的事件開始出現，見諸報導的重要事件有一九〇二年二月份安徽蕪湖煙館商人罷市，反對燈膏捐[1]；三月份福建同安縣土藥捐局苛抽捐稅，巡勇騷擾民眾，百姓數千人搗毀捐局，被官兵鎮壓[2]；一九〇三年一月份福建廈門抽膏牌捐，煙館罷市[3]；四月份廣東肇慶府高要縣煙膏店商人罷市抗捐[4]；一九〇四年九月河南永寧縣重徵膏捐，土行罷市並搗毀捐局[5]；山東濰縣農民反抗煙捐，搗毀城南鳳凰山及辛東社捐局等[6]。一九〇六年以後此類因稅捐加重而引發的風潮更加嚴重，同時隨著禁種、禁吸進程的加快，煙館商、土膏商和煙農抵制禁政的風潮次第增多，頻率增大，在地域、年度上呈現出密度和規模逐漸增加的趨勢。如將一九〇九年作為前後兩個時期的分界線，此前的風潮主要屬於對抗清廷的鴉片稅捐，其後爆發的風潮則大部分屬於抵制禁種罌粟的行動。茲將一九〇六年至一九一一年辛亥革命爆發前近六年的禁政肇亂情形作一簡表，以比較前後兩個時期在涵蓋地域、年度頻率兩方面的變動特徵。

1　《中外日報》1902年2月24日，轉見張振鶴、丁原英編《清末民變年表》，載《近代史資料》1982年第3期，總第49號。如下幾個材料亦出自該文，不另作註明。
2　《匯報》，1902年4月4日；《中外日報》1902年3月25日。
3　《中外日報》1903年1月17日。
4　《中外日報》1903年5月11日。
5　《東方雜誌》第2卷第1期，1905年2月28日。
6　《中外日報》1905年2月8日。

表 5-2　1906-1911 年禁政肇亂事件簡表

肇亂時間	肇亂事件	文獻來源
1906.07	江西餘干縣數千人反對開辦白土統捐。	《時報》1906 年 8 月 3 日
1906.8	浙江杭州土藥統捐局苛擾，土行商人罷市。	《東方雜誌》第 3 卷第 8 期
1906.12	陝西渭南縣群眾搗毀土藥統捐分卡。	《陝西巡撫唐鴻勳奏摺》（1907 年 3 月 23 日）故宮檔案
1907.01	陝西華陰縣因造鐵路，開辦罌粟畝捐，武功等 13 個縣農民奮起反抗，焚燬捐局。	《匯報》1907 年 2 月 26 日；《申報》1907 年 1 月 21 日。
1907.02	江蘇徐州、海州等地煙農反對禁種罌粟，毆差辱官。	《申報》1907 年 2 月 6 日。
1907.03	浙江餘姚縣飢民千餘人將土藥局搗毀。	《時報》1907 年 3 月 17 日
1907.04	江蘇江寧催繳煙館捐錢，煙館商人三千餘人開會聚議，騷擾官府。	《申報》1907 年 4 月 5 日
1907.04	安徽和州土捐局委員逼死人命，激起公憤，群眾搗毀捐局。	《時報》1907 年 4 月 10 日、15 日
1907.04	江蘇常熟煙館商人舉行罷市，抗議官府禁閉煙館。	《申報》1907 年 4 月 12 日
1907.04	江蘇蘇州煙館商人抗議禁閉煙館和增加稅捐，近 2000 人向督轅請願。	《申報》1907 年 4 月 15 日
1907.04	江蘇常熟縣各煙館罷市，反對增加膏捐。	《時報》1907 年 4 月 25 日；《匯報》1907 年 4 月 24 日
1907.05	上海禁閉煙館臨近，廣幫和潮幫鴉片煙館商人聚議反對。	《申報》1907 年 5 月 30 日
1907.05	浙江餘姚縣聚眾二萬人搗毀土膏捐局，反對土漿稅和苛捐雜稅，全城商民罷市。	《申報》1907 年 6 月 1 日
1907.05	上海禁閉煙館遭到潮州幫煙館商人的抗議。	《申報》1907 年 6 月 5 日、6 日、8 日
1907.08	浙江黃岩縣農民聚眾搗毀西門土捐分局。	《匯報》1907 年 9 月 4 日
1907.10	四川敘州禁閉煙館，商人不從，恫嚇官府。	原載上海《文匯西報》，轉見《盛京時報》1907 年 10 月 16 日

肇亂時間	肇亂事件	文獻來源
1907.10	直隸省廣平等縣因辦洋藥統捐，大動公憤，連日罷市，局員被逐。	《盛京時報》1907年11月5日
1908.09	山西沁水縣農民反抗煙膏統捐，毆打辦捐紳士。	《匯報》1908年9月2日
1908.10	湖南常德統稅局卡受到數萬人的衝擊，均係武裝私運鴉片商人。	《盛京時報》1908年11月1日
1908.12	安徽為實行禁煙，增加膏土稅捐，商人群起罷市。	《申報》1908年12月29日
1909.01	浙江黃岩縣禁種罌粟，煙農希圖暴動反對，聚眾抵抗。	《申報》1909年1月8日、2月24日
1909.02	湖北開辦土膏牌照捐，商民反對，紛紛罷市。	《申報》，1909年3月3日、3月5日；《盛京時報》3月12日；《大公報》，1909年2月11日
1909.04	湖北沔陽州仙桃鎮開辦牌照捐，商民不從，罷市。	《申報》1909年4月19日
1909.04	浙江遂安縣農民反對官吏借禁種煙苗敲詐勒索，聚眾「哄鬧」縣署，釋放監犯。	《匯報》1909年4月21日
1909.07	陝西米脂縣藉口禁煙，慘殺人命，農民圍攻縣城。	《匯報》1909年7月21日
1909.11	江西南昌府靖安縣商民罷市，反對禁煙委員、家丁殘害民命。	《時報》1909年11月13日
1910.02	浙江太平、仙居兩縣農民萬餘人，反抗官府查禁煙苗。	《東方雜誌》第7卷第4期；《匯報》1910年3月5日
1910.03	浙江溫州瑞安農民聚眾反抗查禁煙苗。	《東方雜誌》第7卷第3期；《大公報》1910年4月2日；《申報》3月14日、3月17日
1910.03	山西交城、文水兩縣23村煙民萬餘人反對禁種煙苗。	《東方雜誌》第7卷第3、5期；《大公報》1910年4月1日、5月3日、5月25日、26日和6月3、4日
1910.04	浙江寧海縣農民反抗知縣剷除煙苗。	《匯報》1910年5月3日；《大公報》1910年5月4日；《申報》1910年4月28日

肇亂時間	肇亂事件	文獻來源
1910.04	浙江遂安縣因禁種罌粟，苛派警捐、學捐，農民進城毀掉學堂和土藥店。	《東方雜誌》第7卷第5期；《匯報》1910年5月6日、12日
1910.04	浙江臺屬煙民對抗官府禁煙，集合萬餘人持刀、槍與官軍對壘。	《申報》1910年4月24日、26日、28日
1910.04	四川墊江、梁山兩縣交界處煙民反抗禁煙，趕跑前來鎮壓的清軍。	《匯報》1910年5月12日
1910.04	江西永新縣十二都地方煙民千餘人反抗調查煙苗。	《匯報》1910年5月17日；《申報》5月8日
1910.04	江蘇蘇州廣幫煙商抗拒繳照閉歇。	《申報》1910年5月1日
1910.04	浙江仙居縣因官吏蠻橫辦理禁煙，糟蹋百姓，致起民憤，紛紛對抗禁種罌粟。	《申報》1910年5月2日
1910.05	河南陝州、汝州一帶煙民反抗剷除煙苗。	《匯報》1910年6月3日；《申報》5月25日
1910.05	甘肅皋蘭、金縣一帶煙民反抗禁種罌粟。	《東方雜誌》第7卷第11期；《匯報》1910年7月22日
1910.05	江西廣信府玉山縣煙民反抗鏟煙。	《時報》1910年5月11日；《匯報》1910年5月26日
1910.05	浙江寧海縣農民反抗禁煙。	《東方雜誌》第7卷第6期。
1910.06	浙江溫州官府辦理禁種罌粟，勒罰苛擾，激成農民暴動。	《申報》1910年6月9日
1910.06	陝西扶風縣農民反抗禁煙。	《東方雜誌》第7卷第6期
1910.06	廣西南丹州農民數百人反抗禁種罌粟，大鬧州署。	《匯報》1910年6月21日；《申報》1910年6月9日
1910.06	貴州興義縣農民反抗查禁煙苗。	《時報》，1910年8月19日；《大公報》1910年7月21日；《匯報》1910年6月24日
1910.07	奉天義州巡警處理禁種罌粟不當，激成煙民義憤，一百餘屯農民集合起來與警兵對抗。	《申報》1910年7月28日
1910.07	甘肅皋蘭縣官府驅令農民拔除煙苗，激成民變，蘭州知府全家被殺。	《時報》1910年9月3日
1910.07	四川眉州農民反抗禁煙，並摧毀禁煙局。	《時報》1910年7月22日；《東方雜誌》第7卷第7期
1910.08	四川德陽縣居民反對禁煙。	《時報》1910年8月9日

肇亂時間	肇亂事件	文獻來源
1910.08	黑龍江大齎廳百姓反抗禁煙。	《東方雜誌》第 7 卷第 7 期
1910.09	浙江臺州太邑煙民聚眾搗毀禁煙分所。	《匯報》1910 年 9 月 16 日
1910.09	甘肅蘭州府六七縣煙民聚眾反抗查禁煙苗。	《東方雜誌》第 7 卷第 10 期
1910.10	浙江東陽縣煙民聚眾反抗禁煙。	《東方雜誌》第 7 卷第 9 期
1910.11	雲南大姚縣煙民暴動，反對拔除煙苗，數千人攻占縣城。	《時報》1911 年 1 月 3 日；《東方雜誌》第 7 卷第 12 期；《大公報》1910 年 12 月 30 日和 1911 年 1 月 1 日、2 日、14 日；《匯報》1910 年 12 月 27 日、12 月 30 日、1911 年 2 月 3 日
1911.01	貴州安順縣煙民反對禁種煙苗，毆傷知縣。	《大公報》1911 年 1 月 26 日；《時報》1910 年 2 月 25 日
1911.01	貴州鎮寧縣木崗場一帶煙民聚眾反抗禁煙。	《大公報》1911 年 1 月 26 日
1911.01	貴州水城廳煙民聚眾反抗剷除煙苗。	《大公報》1911 年 1 月 26 日
1911.03	浙江加倍徵收土捐和膏捐，商人反對。	《申報》1911 年 3 月 7 日
1911.03	江蘇蘇州城鄉土膏店罷市，反抗禁煙公司開辦加捐。	《匯報》1911 年 4 月 4 日；《時報》1910 年 3 月 24 日；《申報》1910 年 3 月 23 日、24 日、26 日
1911.03	湖北襄陽設會抗阻禁種罌粟，與官軍為敵。	《申報》1911 年 3 月 27 日
1911.04	浙江溫州瑞安等地民情強悍，煙民武力對抗官府禁種罌粟。	《申報》1911 年 4 月 30 日
1911.04	浙江實行分期禁煙，仍實行牌照捐，商民不從，反抗牌照捐。	《申報》1911 年 5 月 5 日
1911.04	甘肅甘州煙民反抗禁種罌粟。	《大公報》1911 年 5 月 1 日；《宣統政紀》卷 33，第 26 頁
1911.05	陝西興平縣煙民聚眾反抗禁煙。	《宣統政紀》卷 34，第 18 頁
1911.05	甘肅甘州煙民拆毀煙局。	《時報》1911 年 5 月 24 日；《盛京時報》，1911 年 5 月 23 日
1911.06	漢口土商在英國鴉片商人的鼓動下，反對牌照捐。	《申報》1911 年 6 月 13 日、7 月 19 日和 8 月 2 日、4 日、8 日、15 日

肇亂時間	肇亂事件	文獻來源
1911.07	江蘇鎮江實行牌照捐，土商在英人支持下，反抗官府的禁煙政策。	《申報》1911年7月28日、29日、31日和8月1日、12日
1911.09	福建莆田縣農民反對徵收警捐，各行罷市。	《時報》1911年10月2日；《大公報》1911年10月9日

根據各種媒介報導和官方記載，全國在一九〇六年至一九一一年辛亥革命爆發前，各地發生的對抗鴉片禁政的事件共計67次[1]，其中，一九〇六年和一九〇八年各3次，一九〇七年達14次，一九〇九年6次，一九一〇年為27次，一九一一年大半年時間也達到14次。一九〇六年和一九〇八年次數較少的原因，主要是在禁種罌粟和稅政苛擾兩個主要亂源方面並不明顯，禁政的力度較弱，所以肇亂次數較少。一九〇七年則是各省禁閉煙館行動較為集中的時期，鴉片商人屢屢對抗，因而惹致的風潮較多。一九〇九年則是由禁政低潮向高潮過渡的年份，肇亂次數明顯開始上升。一九一〇年至一九一一年正好處於禁政高潮時期，各地在禁種罌粟和捐稅整頓上均采取或激進或「寓禁於徵」的做法，故引致的變亂頻率陡然攀升。

在地域分佈上，涉及的省分數量明顯比禁政之前增多，由於罌粟種植和鴉片貿易消費的省分大部分集中於南方，所以亂源也就主要集中在南部省分。這其間也有值得注意的問題，雲貴川晉陝甘六省是當時種植罌粟最多的省分，因禁政而引致的變亂為18次，僅占禁政激變總數量的26%稍多一點，比例並不大。究其原因，主要的還在於地方禁政措施和方法相對較宜，民風民情的溫順或慓悍也是一個不可忽視

---

[1] 此項統計甚不完整，即就報紙報導而言，有一些規模較小，或者是類似對抗的事件並未收入，實際發生的商民、煙民對抗官府禁煙的事件，其總量遠遠高於這項統計數字。另外，因鴉片禁政推行，各種禁絕措施各不相同，導致吸食者購買煙膏困難，因而這一階層也曾有過與官府為敵的記載，該類事件亦未收入。

的因素。比較而言，爆發變亂較多的省分主要是江浙地區，其中浙江一省肇亂次數多達 19 次之多，占總變亂量的 28% 還多；江蘇一省也有 8 次，幾占 11%。這兩個省分的情形又有不同，江蘇省是鴉片消費大省，地方財政與鴉片稅捐關係密切，因而土膏商抗議官府鴉片稅政方面的風潮較多；而浙江省官府的禁政手段和禁政人員的禁政方式較為粗魯，溫臺等處的民情強悍恐怕也是一個不可忽視的因素[1]，所以風潮主要表現為煙民抗拒禁種罌粟。其餘各省情形頗不一致，而禁種罌粟導致的變亂在總體上占多數。

三　朝野反應

一九〇六年禁政決斷之後，朝野一般的看法係採取漸進禁絕的辦法[2]，希望在十年之內概行禁絕，罌粟減種的幅度定於九年減盡，最後一年查勘善後，並未設想後來採取的激進方式；一九〇七年實行的禁閉煙館行動雖然招致了規模不等的風潮，但由於地方採取煙館閉歇而膏店照開的過渡性措施，也就避免了城市中規模較大的禁政風潮。萬國禁煙會在上海召開是禁政進程的轉折點，外人的壓力成為禁政加快的重要原因，有人評論說，「近時所稍有起色者惟禁煙一事，叩其所以然，則外國人實為之迫促也」[3]。參加上海會議的國家對中國的禁政頗為關注，英國且軟硬兼施，一旦中國按照計劃實現禁煙目的，英國

1　浙省巡撫的奏摺中稱，溫、臺兩府山多而民悍，有不逞之徒得賄庇種，公然與官府為敵，見《政治官報》1911 年 8 月 6 日。早在 1910 年春天，溫州有數千人，臺州有數百人，處州也有鄉民聚眾，鳴鑼放槍，架置土地炮，與官為敵。見《政治官報》1910 年 6 月 29 日。

2　〈會議實行禁煙辦法匯志〉，載《申報》1906 年 11 月 1 日。

3　〈時評・禁煙成績〉，載《申報》1911 年 2 月 28 日。

將派出親王來中國祝賀；若屆時達不到既定的目標，英人將幾年的損失加三倍由中國償還[1]。從此之後，以雲貴總督錫良要求縮期禁煙為契機，各省紛紛決定加快禁種罌粟的步伐。在種植抵補措施尚不到位的情況下，斷然禁種罌粟，甚至是將已經出苗的罌粟予以剷除，斷絕煙農的主要財源，雙方的衝突必不可免。洋土藥稅釐與各項新政事業多有關係，中央和各省絕不願放棄任何一個搜括的機會，對土藥煙膏稅收的整頓並未隨著禁政開始而稍有減輕，各地官府將煙膏加稅、憑照捐、牌照捐作為「寓禁於徵」的措施實行得更為充分，由此導致煙商的對抗也越來越多，隨著鴉片價格的不斷攀升，官商之間對鴉片利潤的爭奪更趨緊張，官府的每種搜刮，時常引起鴉片商人的抗議、罷市、示威風潮，這類事件的頻率越來越高，至一九〇九年後達到一個新的高潮，官商之間的對立局面由此形成。

從上表格匯錄的情形看，罌粟種植者肇亂次數至少有 43 次，鴉片經銷者相對較少，約為 21 次，僅為前者的一半，餘者不明。從抵抗官府的方式上，煙農反對的手段主要是以武力對抗的方式，持械荷槍，各村聯合，規模多數較大，數萬人反抗鏟煙的行動亦不少見；地方官府的鎮壓力度相對較大，出動軍隊鎮壓的情形比比皆是，軍事控制是禁種罌粟的最後手段[2]。鴉片經銷者反抗官府的行動多集中於城鎮，在

---

[1] 1908 年夏季，英國駐華公使照會外務部：「據駐華各埠領事調查報告，洋藥銷路有增無減，皆由禁煙之令不嚴，將來印度入口洋藥分年遞減，轉瞬十年，倘各省禁煙臨時並無成效，雖現在未定罰約，必須照從前入口洋藥每年最多之數，由中國按年賠償」；代理日使也照會中國：各省禁煙不利，多半敷衍，必須重申禁令，以免十年後鴉片不能禁絕，英必索賠歷年之損失，恐中國財力難以支持。禁煙大臣得知此事，決計從明年（1909）起，無論何省，一律禁止栽種罌粟，實行強迫命令，並電請端方轉催駐滬各國領事，飭令租界居民報領吸菸執照。見《禁煙紀聞》，載《外交報》第 221 期，1908 年 9 月 20 日。

[2] 以軍事鎮壓的方式執行禁種罌粟，不但在清末經常採用，即使到民國初年，軍事鎮壓仍是禁種罌粟取得成功的關鍵因素。參見林滿紅：《財經安穩與國民健康之間：晚清的土產鴉片論議（1833-1905）》。

與官府交涉不成後，一般選擇抗議和罷市兩種方式，武力對抗的情形基本上不存在。兩個階層由於採取的反抗手段不同，官方應對的手段也有區別，由此所產生的後果截然不同。煙農在風潮過後，被武力鎮壓者居多，較多的反抗者被槍殺或被擊傷的程度較重，不但罌粟被禁止種植，人身且受到摧殘，代價高昂；相對而言，煙商採用溫和的對立手段，損失的一般是經濟利益，生命安全不至於受到嚴重的傷害。

清廷對禁煙激變的反應和態度十分矛盾，禁政必須加快，這一個基本的方針，但民間阻力太大，在勸諭無效的情況下，如何貫徹禁煙大計確實困難。一九一〇年春天山西文水等縣發生煙民對抗官府的風潮，軍隊介入後，民眾死傷較多，釀成晚清禁煙史上著名的慘劇。事後，御史胡思敬參劾山西官員辦理禁政不善，濫殺無辜，清廷飭令直隸總督陳夔龍確查。根據調查，清廷處理了部分地方和軍隊官員，並發佈上諭，堅持禁政方針，諭旨中為難矛盾的心態比較明顯：「朝廷於禁煙一事，志在必行，此次該省釀亂，始由於地方之查察不利，而統兵官亦未能審慎辦理，故予以處分。至於民間種煙，希圖弛禁，膽敢聚眾抗官，此等刁風斷不可長，自應嚴加懲治。嗣後仍著各該地方官嚴切查禁，毋稍懈弛。」[1]清廷採取的策略是各打五十大板，不偏不倚。一九一〇年五月份，禁煙大臣電致各省督撫，要求調查禁煙「貴勸導而不貴勒逼」，「近來各省多有因調查禁煙致啟衝突大禍者，此雖由於民俗之蠻野，而其中之勒詐肆求情形知所不免。應即嚴飭各屬所有禁煙各政，務宜謹慎從事，勿得再啟風潮，致干參處」[2]。其實，真正有效地貫徹縮期禁種，難度之大是清廷難以想像的，既要實現禁煙目標，又不許產生風潮，更不許選擇軍事鎮壓的手段，這不啻是給外

---

[1] 劉錦藻：《清朝續文獻通考》卷 55，〈徵榷〉27，第 8102 頁。

[2] 〈通飭調查禁煙之擾亂〉，載《大公報》1910 年 5 月 14 日。

省督撫出了一個難題。在鴉片價格猛漲、利潤率加大的背景下，禁政推行的難度可以想見[1]。因官方操作不當導致的禁煙激變在在皆有，但大多數情況下，事先勸諭，廣為宣講這些工作，各地官府還是較為認真地實行過，官督紳辦、官促民辦等保障措施也曾在各省實行。風潮發生有其內在的因素，諸如民眾與鴉片利益結合的程度、執行禁種罌粟的具體季節和時機、地域民風民情與官府一貫的態度等等，皆不可忽視，這些方面的困難短時間內極難克服，禁政激變隨之而來。山東菏澤禁煙激變頗能說明問題，過程大略如下：

> 澤州陳太守日前因奉上憲札飭禁種，當即出示剴切曉諭，嗣恐此間不遵，又囑自治公所人員下鄉勸導，示出之後，各鄉業已紛議反對。後聞自治公所幹預此事，又移怒於紳士。日前，郡紳常某下鄉演說勸勉。當時鄉人麇集，意欲殺常。常紳士見此情形，立即飛遁。鄉民遂聚眾反對，四鄉共聚有一萬餘人，分為四路，次日有鄉人三千餘人，手持農器，到城繳納，不願耕田，不完正賦，並請官為發給養贍，否則與官紳拼命云云。李太守見人眾勢大，不可理喻，立時召集各紳，擬令其勸諭。而各鄉紳士當時本均不願禁煙，正喜鄉人之亂，亦無一人肯到。嗣後，得城守營尤為代求緩禁，鄉人始散。第十日之內，各鄉已將煙子全行播種，並云：官如欲拔，必大鬧……[2]

1　《鴉片條約開始商廢》，載《申報》1911年1月7日。外務部在與英使交涉減少印度鴉片進口的問題時，認為「只禁內種而外運不禁，則國內小民瞰於煙價日昂，煙利日大，難免違禁私種，縱或制以法典，迫以權勢，民心終亦難甘」，在各地禁政風潮不斷發生的情況下，外務部這種態度亦可見清廷對于禁種罌粟的棘手和困境。
2　《澤州反對禁煙風潮》，載《申報》1911年10月27日。

依賴罌粟利益與民風慓悍使地方官員難於措置，這是各地選擇軍事手段的一個背景。浙江巡撫鑒於本省禁政阻力尤為巨大，特擬具專函稱：「如有莠民暴動等事，准由文道等調遣軍隊協力相助，並准酌帶隨員一二員，薪水川資核實開支；所有巡警道派往溫、臺各府屬查禁煙苗。」溫州、臺州兩屬民情洶洶，抗拒尤烈，該巡撫特意囑咐：「溫、臺州府屬各縣合同該府及防營統帶，督縣切實禁絕，務期盡絕根株。」[1]即便實行軍事手段配合禁煙，該省依然風潮連連，禁政後期充滿了血雨腥風，成為各省中肇亂最多的省分。禁煙過程中即使血雨腥風，風潮迭起，知識界仍舊呼籲清廷斷不可因肇亂而放棄禁種的努力，「竊願各省疆吏萬勿以去年山西交文禁種之激變、近日浙江臺州拔苗之鬧事為鑑而自餒、而稍寬其期限，土藥剷除淨盡，斯洋藥無從藉口運入，此則禁煙最要之關鍵也」[2]。對於禁政激變，知識界人士態度複雜。總體上是指責煙農阻礙禁種，巧於彌縫，迫使官府不得不搜查督催。對山西禁政激變，有人評論說，「報紙之所以歸罪於官場者，非罪其禁煙也，乃罪其慘殺劫掠也」，留心時務者進一步指出，「迄今而猶未能戒淨者，則皆罷鈍無恥之尤也，百計千方以從事於彌縫之術，其術愈工害乃彌甚。於是有禁煙之責者，乃不得不從事於搜查，此即騷擾之所由來也」[3]。論者對地方官員魯莽鏟煙，無端需索，糟蹋百姓當然也深表不滿，有人專門評論此事說：「禁煙而拔罌苗不得已也。乃至脫老婦之褲，而用非刑調笑少艾（女），而肆其淫掠，如此而猶不激變者，五洲萬國未之聞也」[4]。還有人認為禁政激亂的真正原因不在官

---

[1] 馬模貞主編：《中國禁毒史資料》，天津人民出版社1998年版，第540頁。
[2] 〈讀十一日各上諭〉，載《申報》1911年5月11日。
[3] 〈時評·其一〉，載《申報》1910年5月24日；〈論近日禁煙之擾民〉，《盛京時報》1910年8月11日。
[4] 〈時評·其一〉，載《申報》，1910年5月3日。

員的操切和魯莽,而在於地方政府「籌措苛碎之捐而釀成暴動」,這種說法似乎是針對煙商肇亂而言,而對煙民聚眾抗拒禁種罌粟的問題,論者在嚴厲指責的同時,也表示難於處理此類困難,認定禁種罌粟過程中,有效的辦法仍是嚴厲查禁,苛擾必不可免,「搜查取締及剷除種苗,皆為從事禁煙者必經之手續」,否則就是敷衍了事[1]。知識界批評的僅是某些具體的肇亂實例,清廷鴉片禁政的大政方針卻為各界人士所擁戴,這是清末少有的一個例外。

第二節　新政之累

　　新政之前,由於歷次戰爭賠款和舉借外債,清廷與外省財政已經陷入危機狀態;新政期間,大規模編練新軍,強力推行各項新政事業,耗資浩繁,幸有鴉片稅釐和銅元餘利為之挹注。隨後的銅元減鑄和禁絕鴉片,財源縮減,鴉片稅的抵補措施雖然不少,但效果甚微,新政籌款的途徑也就日趨狹窄。清廷不願放緩新政步伐,各地只得以變本加厲的苛捐雜稅來籌措經費,因而造成全國範圍的工商凋敝,民不聊生。

　　因洋土藥稅釐逐步減少、清廷財政舉步維艱,朝臣言官、封疆大員對清廷重軍政輕實業的新政安排漸有微詞,痛詆新政者頗不乏人;知識界、商界等屢屢籲請改弦更張,為民請命;下層民眾仇視新政,釀成了風起雲湧的民變巨潮,「新政之累」的局面最終形成。鴉片稅釐的大幅度縮減是社會矛盾嚴重激化的重要轉折點,清廷確定的印花稅、鹽斤加價、田房稅契等抵補措施以及各地出臺的捐稅加徵,促使社會矛盾更趨激烈。朝臣疆吏對新政的非議、中等社會的變革籲請以及下層民眾激烈的變亂對抗,均在此背景下展開。

1　〈續論禁煙前途〉,載《盛京時報》,1910 年 5 月 19 日。

一　官界非議

　　國外學者對洋務運動的經費與財源供給有一些評論，均認為同光之際的改革成效與財源豐歉有密切的關係，帕金斯認為清廷存在的問題，主要是無能，無能的原因多半由於財源不足[1]；龐百騰認為，福州船政局運作成效不大的原因在於清廷不改變其財政制度，經費不足當然也是一個因素[2]。清末新政與上述問題相比，困難程度或有不同，但收支矛盾的性質卻大致相似，甚至矛盾較前者更趨複雜。新政的支出與收入始終是呈現緊張的趨勢。一九〇六年以後中外人士從財政方面警告清廷的情形在在皆有，尤其是禁政加速推行以後，來自各個行省的奏章不約而同地談及本省受到財政困絀的牽制，舉辦新政與財源短絀的矛盾頗難調處，怨言滿腹，隱約之間，已對新政齊頭並進的安排暗持異議。

　　苛捐雜稅在縮期禁煙之前就已經出現，詞臣言官對這些擾民舉措頗有不滿。一九〇六年五月份前後，江蘇等省奏請增加地丁錢糧、重徵牙帖、增徵稅契以辦理新政。御史惲毓鼎封奏反對，認為「新政之行無非為保安民生而設，臣竊見各省大吏動以舉辦新政為詞，為竭澤而漁之計，是行政之效未見而民之害先形」，「不肖者但為收盈之計，

---

[1] Dwight H. Perkins（帕金斯）：*Government as an Obstacle to Industrialization: The case of 19th-Century China*（《阻礙工業化的政府：19世紀中國狀況》），*Journal of Economic History*，27.4（Dec.1967）（《經濟史季刊》，1967年12月，第27卷第4期）。

[2] David Pong.（龐百騰）：*Keeping the Foochow Navy Yard Afloat: Government Finance and China's Early Modern Defence Industry*，186-675（《維持福州造船廠：財政與中國早期的近代國防工業，1866-1875》），*Modern Asian Studies*，21.1（Feb.1987）（《現代亞洲研究》第21卷第1期，1987年2月）。

不復為久遠之謀，吏治之壞原本於斯」[1]，對江蘇等省撫臣的苛稅搜括做法提出警告。這種現象道咸以降已經產生，民間士子早有嘲諷和抨擊[2]，只是民間變亂尚不多見，清廷並未真正重視。一九〇七年底言官再度提醒政府注意各省苛捐雜稅的嚴重性。給事中王金鎔奏稱，「近來各省興辦各項新政，用款浩繁，庫儲又極支絀，不得不取之於民，固朝廷萬不得已之舉」，但是，「新政日興則民情日困，而承辦各員對於上則曰：商民樂從；對於下曰：迫於憲檄。無非為魚肉鄉里之計」[3]。這份奏摺雖然是針對新政事業頗有成效的直隸一省，其他省分也不乏此例。慈禧太后注意到這份奏章，隨後才有減輕苛捐雜稅的廷寄：著各督撫迅速查明何項捐重，何項煩苛，分別酌量減輕，以紓民困[4]。廷寄雖然頒下，各省卻未認真履行。各地新政籌款搜刮有餘，興利舉措卻遠遠不足，「新政之累」的局面初步出現。京中詞臣呈遞的多份奏摺已有批評新政累民的言論。茲將言官中兩份有代表性的奏章臚列分析。其一是御史黃瑞麒於一九〇八年八月份請求政府舉辦新政應慎重靡費，愛惜民力，折曰：

近年以來（辦理新政），取之於民者不為不多矣，而新政之行實

---

1 〈惲毓鼎學士奏參疆臣加賦病民摺〉，載《申報》1906年8月5日。
2 有無名氏賦得〈一剪梅〉詞二首，諷官場吏治惡習，其一云：「仕途鑽刺要精工，京信常通，炭敬常豐。莫談時事逞英雄，一味圓融，一味謙恭，大臣經濟在從容。莫顯奇功，莫說精忠，萬般人事要朦朧。駁也無庸，議也無庸」；其二云：「八方無事歲年豐，國運方隆，官運方通。大家裏贊要和衷，好也彌縫，歹也彌縫，無災無難到三公。妻受榮封，子蔭郎中，流芳身後更無窮。不謚文忠，便謚文恭」，此類情形每況愈下。見沈惠鳳著：《眉廬叢話》，第2頁；另見朱克敬著，楊堅點校：《瞑庵雜識》，挹秀山房叢書本，岳麓書社1983年版。附註，《眉廬叢話》與《瞑庵雜識》兩書對上述〈一剪梅〉詞的敘述有所區別。
3 〈王給諫請減苛細雜捐之內容〉，載《申報》1907年12月31日。
4 〈廷寄各省酌減苛捐〉，載《申報》1908年2月6日。

未見其效。以言教育則士習日見囂陵，求一整齊切實之學堂不可得也；以言軍事，則營制徒形錯雜，求一勇敢鎮定之兵隊不可得也；以言工藝，則尋常日用之器須購自外洋，欲其備物利用不可得也；以言警察，則擾害閭閻之事日見於報紙，欲其保安靖盜不可得也；其餘舉辦各事莫不未收其效，先見其弊。[1]

此奏重點，在於計臣窮於搜刮，地方新政糜費巨大而不講實效導致新政累民的問題。其二是御史齊忠甲一九〇八年十二月下旬面對新政需款浩繁，提出開源節流對策，提醒政府注意防範「新政之害」：

國家自庚子以後舉行新政，洵自強之基礎，郅治之權輿。然各省驟添此大宗之賠款已屬不支，加以學堂需費、練兵需費，其他項之耗財者難更僕數。內外臣工當如何潔己奉公，力求撙節，乃不務為儉約，而專事鋪張，無生利之人，盡分利之人，恐未蒙新政之益，先受新政之害矣。[2]

「未蒙新政之益，先受新政之害」的原因是缺少為民生利的事業，言官奏章對新政耗財過巨隱然持批評態度。上述兩份奏章形成的時間均在一九〇八年，鴉片禁政加速推行對財政的負面影響尚未充分顯示出來，反對新政規模過大的聲音總體上還比較微弱。

一九〇九年以後隨著縮期禁種罌粟計劃的實施，地方省分痛感財政收入與新政支出嚴重脫節的言論開始出現。一九〇九年十一月份山

---

[1] 〈御史黃瑞麒奏請節糜費宜重名器摺〉，一檔館：會議政務處檔案全宗，檔案號：253，該檔系諸御史奏請中央慎重財政的系列奏檔，單件檔案，未細分編號。

[2] 〈御史齊忠甲奏財政困難亟宜開源節流以裕國帑摺〉，一檔館：會議政務處檔案全宗，檔案號：253，單件檔案，未編號。

西巡撫的奏章稱：「本省進款，自開辦統稅，藥釐一項驟短銀二三十萬，至本年禁種，更無稅釐之可收。出款日增而入款轉減，計三十三年已虧銀七十萬，三十四年將虧至百萬，本年又加認海軍開辦經費，每年應允解銀十五萬，常年經費五萬，本省審判庭及諮議局經費約共十萬兩，截至年終計須虧銀一百四十萬之譜。」[1]這份奏章強調的是縮期禁種罌粟所帶來的財政困絀，而一年之後，同樣請求緩解別省協款的奏章，該省強調的卻是供奉京師用款與軍事建設用款之巨，本省能夠機動用款的數量越來越少，地方新政備受牽制，「上年嚴核經費，復將各局所、學堂大加裁併，薪資員額酌立限制，未嘗稍留有餘，此晉省用款無可議減，並無從另籌之實情也」，「晉省司庫歲入常年不及六百萬，解款、協款及軍事等費已四百餘萬，本省留用實已無幾，即使將學堂、局所全行停辦，出入亦難相抵」[2]。山西省是鴉片利益較大的省分，禁政對其財政影響較大。英國人黎枝所作的關於中國禁煙的報告中，誣陷該省對禁種罌粟虛應故事，只注重收稅。翻譯這一報告的《外交報》人員留心山西一省的實際情形，隨後作出更正，澄清了英國人的說法[3]。對晉省禁政，外人非常關注，一九〇七年春天，美國《紐約時報》主筆密溫也曾親自實地考察，這給該省禁政推行定會造成一

---

1 〈山西巡撫寶棻奏為晉省財政困難已甚擬請將甘新協餉量力撥濟以紓款力而維大局摺〉，一檔館：宮中硃批奏摺，〈財政類〉，第 54 卷，檔案號：000075 號。
2 〈度支部議駁晉撫奏財政困難協款緩解摺〉，一檔館：會議政務處檔案全宗，檔案號：1047/9690。
3 《外交報》的〈告白〉說，「昨有自晉來者，詢之禁種罌粟一事，自昨年晉撫寶湘帥奏報限至本年一律禁種早已實行，今年春夏間，湘帥猶恐地方或有奉行不力，迭經密派多員四處嚴查，現時實已一律禁絕，至抽稅增至二兩四錢一說尤無其事。海外傳聞易於失實，特為申明如右」，見〈本館特白〉，《外交報》第 245 期，1909 年 6 月 22 日。

定的壓力[1]，所以山西禁政不可能明目張膽徒恃稅釐而置禁種罌粟於不顧，因而必然產生財源短絀的惡果，加之向京師解款和編練新軍等巨大耗費，財源籌措維艱與新政規模過大已經形成矛盾。兩份奏章雖然強調的側重點有所區別，但實際上確實是該省面臨的實際困難。

　　財政與鴉片稅收利益密切的省分在南方較多，無論是鴉片出產還是行銷省分均因速行禁政而收支脫節，某些省分尚十分嚴重，例如廣西省[2]、雲南省[3]、湖北省[4]等省財政深受影響。各省為抵補鴉片稅而增加捐稅的情形較為普遍，以維持本省的新政事業。江蘇省增加契捐，在原來部章規定的基礎上再加六成，此前且奏請加收膏捐[5]；東三省請求增加銅元開鑄，以補財政之不足[6]；四川省加大契稅徵收的力度，僅此一項年收入由原來的40萬兩增至239萬兩[7]；湖北省要求增加契捐稅率，以供練兵新政和賠款之用[8]；江西省採取先斬後奏的辦法，徵收米穀出口稅率，但遭到度支部的反對，只能另籌的款辦理新政[9]；福建

1　〈紐約報主筆來晉調查禁煙事〉，載《順天時報》1907年4月27日。

2　〈廣西巡撫張鳴岐奏為瀝陳廣西財政艱窘情形酌擬辦法請旨飭部核議以期勉力支持摺〉，一檔館：宮中硃批奏摺，〈財政類〉，第54卷，檔案號：000363。

3　〈奏為滇省本年款缺勢危待協孔亟懇恩飭部迅撥的款解濟以期勉維邊局摺〉，一檔館：宮中硃批奏摺，〈財政類〉，第54卷，檔案號：000515。

4　〈司局州縣入不敷出酌加契捐摺〉，陳夔龍：《庸庵尚書奏議》卷10，第48～50頁。

5　〈蘇省加徵稅契銀兩充新政經費〉，《時報》1910年4月2日；〈江蘇巡撫陳啟泰奏加收膏捐片〉，載《政治官報》第394號，1908年11月29日。

6　〈度支部奏遵議東督奏財政困難援案請開鑄銅元摺〉，載《政治官報》第346號，1908年10月12日。

7　〈四川總督趙爾巽奏查明川省經徵稅契數目請照章核獎摺〉，載《政治官報》第936號，1910年6月8日。

8　〈度支部奏議覆鄂督奏酌加契捐摺〉，載《政治官報》第549號，1909年5月10日。

9　《度支部奏核覆贛撫奏加收米穀田房契各稅抵補土藥稅銀兩摺》，載《政治官報》第727號，1909年11月04日。

省奏請截留關稅節餘，以充練兵興學經費，卻被度支部駁回[1]；湖南省財政虧損太巨，練兵興學各項事業經費十分緊張，幾於無米下鍋，該省提出以水口山鉛礦的資產作抵押來舉辦公債[2]。鑒於該省甫經民眾搶米風潮之後，元氣大傷，各方善後需款在在孔急，且舉借內債本息已經達到 139 萬兩，均由該省償還[3]，度支部也就准其試辦公債，以應急需。此前由於新政經費極為緊張，該省已經率先舉辦各種地方性捐稅，湘潭一地就開徵「八音稅」：城中開戲，官府強令徵稅，謂之八音稅[4]。江南也試圖舉辦公債，輿論戲稱其為「袁世凱式之公債」，並痛詆其非[5]。這類為抵補鴉片稅而出臺的搜刮措施將民眾負擔再度加重，進一步激化了社會矛盾。

---

1 〈閩浙總督松濤奏請將關稅節省餘款全數留作練兵興學片〉，載《政治官報》，第 916 號；度支部反對意見見該報第 958 號的議覆奏摺。
2 〈度支部奏遵議湘撫奏湖南財力殫竭積虧過巨請援案試辦公債票摺〉，載《政治官報》第 1036 號，1910 年 8 月 13 日。
3 關於湖南省籌還這筆巨款的辦法，湘撫楊文鼎與鄂督商定後確定，在牙釐局土藥稅捐項下撥銀 14 萬兩，內地穀米釐金項下撥銀 2 萬兩，牙帖歲捐及洋藥落地捐項下共撥銀 2 萬兩，釐金長收項下撥銀 12 萬兩，長沙關道關稅項下撥銀 11 萬兩等等，每年約計勻籌 40 餘萬兩。見〈鄂督、湘撫致樞請代奏電〉，饒懷民、藤谷浩悅編：《長沙搶米風潮資料彙編》，岳麓書社 2001 年版，第 106 頁。
4 王闓運著，吳容甫點校：《湘綺樓日記》，第 5 卷，第 3009 頁，岳麓書社 1997 年版。清代很早以來就實行戲禁，1798 年禁演花部諸腔的上諭說，花部諸腔「聲音既屬淫靡，其所扮演者非狹邪媟，即怪誕悖亂之事，於風俗人心殊有關係」，「嗣後除昆弋兩腔仍照舊准其演唱，其外亂彈、梆子、絃索、秦腔等戲，概不准再行演唱」，見《江蘇省明清以來碑刻資料選集》，第 295～296 頁，轉見馮爾康、常建華著：《清人社會生活》，瀋陽出版社 2002 年版，第 302 頁。看來湖南省在清末對演戲實行實行徵稅，實行的仍是〈寓禁於徵〉的舊法。
5 《國風報》的消息說，「自袁世凱在直隸創辦公債票之後，湖北仿而行之，安徽仿而行之，本報前曾已辟其謬矣。不謂踵其謬者復有湖南，今又有江南，未始非節省政費之結果也」，見〈江南又擬舉辦袁世凱式之公債票〉，載《國風報》，第 1 年第 23 期，1910 年 8 月 11 日。

各省新政已因財源不足陷入困境，各種弊端暴露出來，欲行不可，欲罷不能。慶親王奕劻卻認為，各省新政未能整齊劃一的主要原因在於缺乏「實心任事者」，他批評說，「程度未能齊一，瑕瑜不免互見。其主管各員，或有實心任事者，亦有奉行具文者，精神既殊，成效亦異」[1]，其實，規模未具的關鍵原因是經費不能到位，奕劻之說顯然避重就輕，與各省奏章中一再強調的財政困難大異其趣。

清廷強令各省推行新政，地方督撫卻虛與委蛇，敷衍應付。非議新政缺乏實效是各省督撫表達不滿的一個藉口。首先發難的是陝甘總督升允，他對興學和練兵兩大新政尤表不滿，關於興學新政的弊端，他說「自停科舉開學堂以來，合京師及各省算之，糜費以千萬計，閱時已八九年，成效未睹，而學生囂陵之習，挾制官長、干犯名義時有所聞，東南風氣最先，弊亦最著。通西學者不過能充翻譯、買辦，精格致者不過可為藝士工師，其邪僻而無所長者，乃至勾結匪徒，倡言無忌，平權、革命並出其途。此教育失序重末輕本之所致也」；編練新軍也是弊竇叢見，「聞成效素著之江鄂奉直等省，亦僅衣帽步伐整齊可觀，居平衛生潔淨自喜，此兵家之所忌非所宜也。上年安徽兵變，盡屬新軍，其首惡且係武備畢業學生；江南徵兵亦有與巡警衝突情事，流弊至此，可為寒心」[2]。除了練兵和興學兩大新政以外，升允一折對數年以來清廷舉辦的各項新政幾乎是全盤否定，痛加批駁。更重要的是該折對京中各軍機大臣莠言亂政，致使新政一無成效的事實大加撻伐。折上後，京中各大老十分不滿，升允的仕途也受到嚴重威脅[3]。由

---

1 〈憲政編查館大臣奕劻等奏報各省籌辦憲政情形摺〉，故宮博物院明清檔案部編：《清末籌備立憲檔案史料》（下冊），第 797 頁。
2 〈補錄開缺甘督升允痛詆新政摺〉，載《盛京時報》1909 年 8 月 10 日。
3 有關報導說，升允內援盡失，原來所恃者僅鹿傳霖與其有姻親關係，時時為之代為招呼，調護得宜，而現在鹿氏因病呈請開缺，無由保護；端方本屬親誼，但因宗旨不同，久已不相水乳，也不肯相助。升允孤立無援，只得準備乞休。見〈升允之末路〉，載《時敏新報》1909 年 6 月 12 日。

各種跡象判斷，這份奏摺提出的問題並未引起樞廷的嚴重關注。疆臣影響清廷上層的力度似乎越來越小，宣統年間皇族專制的情形更有加強的趨勢，掌控清廷重要決策的人物多是權貴和皇室要員，度支部、陸軍部、軍諮處等對樞垣的決策很有影響，仍然不遺餘力地維護整軍經武的既定國策。以致於瞭解內情的人對內廷專制頗有感慨[1]。疆臣雖有煩言和抗爭，但成效甚微。

由於禁政過程太快，鹽斤加價、牌照捐等抵補措施短期內難見實效，多數省分的財政情形日漸危迫，對民間搜括的力度也不得不變本加厲，各行其是。朝中言官對這種秕政十分憂慮，諫垣名臣趙炳麟毅然專折奏請確定國家與各省的行政經費，痛斥地方搜括苛政，摺曰，「臣恐紙片上之政治與事實上之政治全不相符。從紙片上觀之，則百廢具舉；從事實上核之，則百舉具廢。官吏之巧黠者，裝襲虛文，張皇門面，以欺陛下之爵祿，面剝民間之膏血」，「近年度支所入歲逾一萬萬兩，一切練兵之經費、新政之誅求、銅元之損失，何一非取給於民？八口之家不聊其生者比比皆是也」，「臣不僅為中國前途悲矣，國取諸民，民取諸土，今欲為國家籌經費，尤官先為民人謀生計」[2]。趙氏此言實際上是反映了民間強烈要求舉辦實業、重視民生的願望。

直隸總督兼北洋大臣陳夔龍對新政糜爛局面和「黨人」屢屢起事十分憂慮，一九一〇年五月他從鎮撫民氣、挽救士風、整頓軍紀、規

---

1 孫寶瑄私下感嘆說：「我國議事，素無條規，往往名為評議，權實操諸一二人手中，其餘諸人皆不得與聞。是故不開會議，不設章程，則所投意見書何殊上條陳。雖云採擇群言，其果採擇與否，不可知也。即偶有所摭取矣，其當理與否，又不得而問也。惟合聚於一室，許其盡言，則筆所不能盡者，舌可以引申其意；意有不相通者，面談可以表其情。又況有主座之人，靜聽兩造之詞，孰是孰非，有自然之判決，更無慮築室道謀也。夫何疑何懼？」見孫寶瑄著：《忘山廬日記》（下冊），第953頁。

2 〈趙御史奏請確定行政經費〉，載《申報》1910年6月8日。

劃財政四個方面申述己見，語甚痛切。此摺涉及到振興農政、興學新政、編練新軍和清理財政等主要的新政事項，對幾年來各種積弊一一道破，揭露較深[1]。摺上後，仍未見樞府的具體反應，根據目前所見資料，清廷仍然對練兵與民食兩端措置失當，尤其對陳摺提出應切實注意民食一事未能重視，這在很大程度上已經背離了有清一代民食為上的治國方略[2]。

此後，鼎力奉行四十八鎮練兵計劃始終處於朝政的中心事項。由於土藥統稅收入大幅度縮減，練兵經費難以保障，朝中僚屬條陳擴張財政者仍大有人在，有人建議加強民間房捐徵收力度，稽查匿稅文契等以籌措更多的練兵經費[3]；兩淮鹽大使張汝功在其條陳的練兵意見中首先列有「各省應練之新軍，須遵限練成，不得以財政困難而遷延時日，殊與國家大局有關」[4]，看來新政潛伏的危機尚未被所有人接受。多數督撫自保祿位，朝中重要決策往往由幾個權貴或有留學背景的人所左右，秉政者無法駕馭全局，糜爛政局只能一仍其舊。胡思敬事後評論說，新政亡於「三寸毛錐」，將責任推之於督撫彌縫和少年得志[5]。這一說法或有其事，但最終窒息清廷運脈的原因並不如此簡單，

1　〈時局阽危敬陳管見以資補救摺〉，陳夔龍著：《庸庵尚書奏議》卷 14，第 1467～1474 頁。
2　馮柳堂著：《中國歷代民食政策史》，商務印書館 1993 年影印第 1 版，第 147～149 頁。
3　〈籌餉八條〉，條陳者不詳，一檔館：總理練兵處檔案全宗，此件稱作八條，其實不止八條，內容列舉多達十六條，只是前八條為籌餉問題。
4　〈兩淮鹽大使張汝功條陳練兵意見稟摺〉，一檔館：總理練兵處檔案全宗。
5　胡氏透露說：「當新政盛行，部牒急如星火，各督撫曲意彌縫兢兢，惟恐得罪。其實當時所定新章，皆三五少年狡獪賣弄之技，位尊者但坐嘯畫諾而已。大學堂章程出自黃陂人嚴毅之手；丙午新官制吳廷燮實總其成；憲政編查館所頒憲法，則汪榮寶、楊度諸人意也；浙江巡撫增韞延張一麐入幕，廣東總督袁樹勳延沈同芳入幕，一切附和新政章奏皆其所擬。天下之亡，不亡於長槍大劍，而亡於三寸毛錐，吁，可怪矣！」見胡思敬：《退廬全集・審國病書》，第 1278～1279 頁。

新政大局殉落崩塌，自是各種因素造成。胡思敬回鄉省親之後，一九一〇年初又毅然披瀝奏陳請罷新政，在當時影響不凡，許多媒介得知後競相刊載。

胡思敬回鄉省親的時間是一九〇九年夏秋間，桑梓之行對其觸動極大，民間的慘敗景象簡直怵目驚心，因舉辦新政轉促民窮財盡[1]。悽慘景象的成因，胡氏認為是由數年以來新政舉措不當所致。這種不當舉措細分開來有三類，即速貧之道、速亂之道和速亡之道，三者各有區別和聯繫。所謂「速貧之道」，在論者看來主要包括六項，諸如：中央新政衙門、學堂建設和地方新政機構的建設用款糜費太巨；大興海軍為速貧之道；振興農政極不得法，雖有農工商部和各省勸業道，但舉辦試驗場，糜費甚巨而無裨農食；新政各部的業務經費劇增，官場奔競之風日盛，爭權不斷，徒為利祿揮霍而已；編練新軍糜費百萬，被軍官私吞者占大部分，江南賽會勞民傷財，五大臣出洋考察等更是浪費驚人；辦理警政費財更巨等。

除此以外，關於速亂之道和速亡之道，論者剖析精詳，尤為清廷柄政者警戒。宣統以後，胡思敬反對立憲運動甚力，對新政舉措和成效的評價，多持貶評，希望復古，上述言論中雖多數盡得證實，但其主要用意在於取消新政，規復舊制。這一意圖在其後另外一個奏章中昭然若揭。這個奏章就是一九一〇年十月二十七日所呈遞的「密陳立憲隱患折」，籲請內廷速行決斷以應付新政危機。他所提出的三個建議依次是「上策」、「中策」和「下策」，三策區別比較明顯，上策顯然是胡思敬推薦的最佳選擇，「取消九年籌備清單，停辦新政，寬一切無藝之徵，下詔罪己，收回各部用人行政之權，悉由宸斷，訪賢才，廣言路，整軍政，裁冗官，杜幸進，復科舉，黜陟群吏，不職者降罰，有

---

[1] 〈御史胡思敬請罷新政疏〉，載《盛京時報》1910 年 3 月 19 日。

差貪黷者殺無赦⋯⋯治民情疾苦,許人民陳訴,都察院據情上聞」[1]。其餘二策也是變相取消新政。清末新政與胡氏原來的政治意圖不相鑿納,眼前的新政不但使國家速亂、速窮,而且速亡,現在不剷除更待何時?「當立憲之議初起,群以為海外奇方,不敢妄加褒貶,其稍有一隙之明者亦恥居頑固守舊之名,自外其身而袖手坐觀成敗,至其所行憲政,若新軍,若學堂,若新刑律,若警察,固人人皆知其有害無利」,各督撫卻隱忍不發一言,胡氏連上兩摺,自認為是在為民請命。結果清廷並未立即從一意整軍經武的道路上退卻。

清廷態度發生明顯的變化是在辛亥年革命黨人起事以後,一九一一年十月三十日的罪己詔表明它對新政得失有所反思,諭曰:

> 朕纘承大統,於今三載,兢兢業業,期與士庶同登上理。而用人無方,施治寡術。政府多用親貴則顯戾憲章,路事朦於僉壬則動違輿論。促行新治而官紳或藉為網利之圖,更改舊制而權豪或只為自便之計。民財之取已多,而未辦一利民之事;司法之詔屢下,而實無一守法之人。馴致積怨於下而朕不知,禍迫於前而朕不覺⋯⋯[2]

這一罪己詔顯然是迫於時勢,其中違心的成分還是不少,對於新政之累的肇因顯然並未認識到位,但對新政成效已不再粉飾,或遮或掩地承認了改革的失敗。

---

1 〈密陳立憲隱患摺〉,胡思敬著:《退廬全集・箋牘・奏疏》,第 955〜962 頁,《叢刊》(正編)第 444 號。
2 佚名輯:《清末實錄》,載《清代野史叢書・清末實錄》,北京古籍出版社 1999 年版,第 15 頁。

二　民間怨憤

「民間」一詞範圍模糊，不易釐定。本文側重考察報刊媒介的有關言論和下層民眾對抗新政的種種風潮。鴉片禁政後期，隨著各種抵補措施次第出臺，民眾負擔加重，而清廷卻罔顧民生，一意整軍經武，民間輿論對這一舉措頗表不滿，有關建議甚至是警告時常見諸報端；下層民眾因禁政期間官府為抵補稅釐不斷加捐增稅，所籌款項又用於練兵、興學、警政等不能「生利」的事項，民生維艱的現狀不但不能好轉，反而每況愈下，因而極力仇視各項新政事業，其中興學、警政和戶口調查等新政舉措最為民眾所反對，影響較大的是各地風起雲湧的的民變風潮。這是「新政之累」的直接後果。

（一）中等社會的怨言

揆諸報章史料，知識界對待新政和禁政的態度往往流於理想化，言禁煙則主張立時禁絕，絕少考慮農政和財政抵補問題，更少關注鴉片稅釐短絀對新政事業的負面影響；論新政則主張事事成效顯著，不苛稅不擾民，更希望新政進程加快。這種理想化的態度幾乎始終左右著知識界的思維趨向。禁政時期報刊輿論對新政問題的評價，大致經歷了熱切期盼──建議提醒──嚴詞抨擊這樣一個過程。其中，民生實業問題又是其最為關注的問題。

早在一九〇五年民間就熱切企盼新政改革富有實效，反觀現實卻將信將疑。有人在仔細驗證新政改革的實際做法和成效時，發現官場虛應故事的情形比比皆是，無一能得徵實，因而呼籲清廷注重實效，「記者歷觀近來政府舉行各新政，自表面上言之，事事有刷新之氣象，誠足為中國前途賀；及轉一念間，則所謂可賀者已變為可嘆而可悲。

竊願忠告當局者，慎毋為記者過慮所中，斯則真可賀焉矣」[1]。也有論者明確地指出新政的缺點就是稅關林立、貪官墨吏和稅負沉重[2]。

一九〇六年九月禁煙上諭發佈，報刊輿論將禁煙與立憲新政的前途相關聯，對禁政意義給予極高的評價[3]；四個月後，各地禁閉煙館的進展比較緩慢，有人認為這可能與稅釐抵補困難有關，論者以為這些困難並不難解決，他所提出的設想就是以官膏專賣的辦法來抵補鴉片稅釐，鴉片禁絕後，「民間驟少此四五千萬之花銷，則金融之機關必靈；金融之機關既靈，則工商業必驟形發達，則國家之進款自裕，此乃計學之公理」[4]。實際情況卻事與願違，專賣之策並未付諸實施，而抵補之策又遠不見成效，禁煙的前途不是「進款自裕」，而是財政困頓。在這種情況下，新政與禁政對立起來，報界人士指陳時事較多，對這一矛盾卻罕有評論[5]。其後關注的對象較多地集中在新政成效和民生實業等問題。

新政實效因財源縮減不得不受影響，尤其清廷將主要財力用於練兵事業，民生實業遠不受重視，報界對新政態度開始轉向批評。一九〇九年春天有人試圖對一九〇四至一九〇九年的新政事業進行總結，並一九〇九年至一九一四年的新政趨勢加以預測，行文之中語多揶揄，試看這篇〈中國新政之進步〉一文的節略：

---

[1] 〈逆度各新政之將來〉，載《申報》1905年9月24日。
[2] 〈論今日新政之缺點〉，載《東方雜誌》，第2年第11期，1905年12月21日。
[3] 〈論戒煙與立憲之關係〉，載《申報》1906年10月6、7日。
[4] 〈論禁煙之前途〉，載《申報》1907年2月21日。
[5] 汪康年似乎是一個少有的例外，1910年他撰文認為，鴉片禁政固然是美舉要政，但真正實行，國家將失去大宗稅收，煙商也失去生活來源，他認為應該一面禁煙，一面趕快別求「救濟之法」，再美好的政治舉動也要顧及國民生計。見〈論今日言論家須顧及國民經濟〉，載《芻言報》，1910年11月17日，轉見廖梅：《汪康年：從民權論到文化保守主義》，上海古籍出版社2001年版，第355、356頁。

（光緒三十年後）北京使館擴界至皇城，天津城拆平，大沽砲臺毀平，賠款外債如山，捐稅日重，官制大改，新衙林立，運動奔競鑽營諂附之風盛行，士習浮華，民多遊惰，工商困滯，閒人日多，出洋留學每年漏出資財數千萬，各省學堂聘用外人為教習以及購置儀器、玩物等，歲亦數百萬。衙門巍然，學堂煥然，馬路坦平，電燈輝煌，馬車發達，麻雀進步，富商漸少，闊官日多。

（宣統元年）預備立憲，試辦印花稅，組織海軍，選舉議紳，清理財政，嚴禁鴉片，官多兼差，民無恆業，商務凋敝，餓莩載道，光天化日之下可以硬占地、硬刨墳；大庭廣眾之中可以明貪贓明枉法，馬路如砥，馬車飛馳，士商鑽營，民鮮廉恥，租界日闢日廣，歌樓妓館如林，男多為奴，女多學戲，內地貧民赴南斐州作苦工者約數萬人，赴東三省謀食者約數萬人，十室九空，饑饉相望，白面制錢一百六十文一斤，玉米面制錢九十文一斤，牛羊肉、鮮魚制錢四百文一斤，洋布制錢一百文一尺，食鹽制錢一百文一斤。官紳富商以打牌擺酒為公事，賣缺貪贓舞弊者無人敢參劾。

（宣統二年至五年）海軍規模粗具，憲法章程大備，新官制皆改，新衙門增多，出洋留學之新人才皆回國，實行印花稅，增加人丁稅、婚姻稅、葬埋稅……[1]

上述列舉的新政事項中，無一事有利於下層民眾，物資匱乏導致物價攀漲，而物價飆升又將民眾拋向新政改革的對立面；相反得新政實惠者全是官府中掌握權勢的鑽營者，高昂的花費和苛捐雜稅並未對

---

[1] 演說〈中國新政之進步〉（竹園），載《正宗愛國報》第857期，1909年4月24日。

這個階層的奢靡生活造成影響。論者預測，一九〇九年之後更是無物不稅，甚至出現婚姻稅、埋葬稅一類的荒唐稅種。看來新政將社會一分為二，界限明顯，官民對立終成定局。

一九〇九年以後報界關注新軍編練的情形較少，對民生實業問題的報導卻連篇累牘，調查全國各省的資本數量，研究資本家的分佈情況，振興實業的輿論吶喊等成為各報報導、評論的重點。《盛京時報》刊發的時評中，力詆清廷耽於軍備而不顧民生的文章較多，在二年半的時間內多達二十一篇，批評清廷的言詞也較其他媒介激烈；《民立報》雖受到清廷的監控和封禁，仍編發大量抨擊政府新政的文章，對下層社會日益貧困的生活實況給予關注；《國風報》創刊於一九一〇年，面對鴉片禁政後民生凋敝的現狀，該報從一開始就關注實業振興和民食問題，尤其刊登一九〇九年國內振興實業的調查報告，指責清廷不注重振興實業，該文認為實業不振的原因有三項因素不可忽視，即民間資本缺乏、銅元貶值物價日昇以及銀價暴跌[1]。既然民間資本匱乏，而清廷明詔宣佈振興實業為新政要項，國家就應該有義務投資於實業振興領域，但國家經費預算中大量的卻是軍政經費，評論者認為這是一種明顯的「矛盾之政治現象」，「矛盾」的表現就是修軍備與社會動

---

[1] 文章對 1909 年國內實業界的看法是「夫觀一國生計之榮悴，則於其興業者之多寡而決之矣。生計有裕，興業者必多，生計窘蹙，興業者必寡，此生計學一定之原則，罔或能逃者也。然觀昨年全國新設之公司，在農工商部註冊者總數十七，以類別之，則為工業者八，為商業者五，為礦業者一，為航業者一，為銀行及他業者二。其資本總額為銀五百零六萬八千八百四十兩。驟視之，似覺甚多，然公司之數較光緒三十三年少者二十六，較光緒三十二年少者四十。又以資本計，自光緒三十年至光緒三十四年，五年之內所設立之各種公司，其總數一百七十二，資本總額一億三千八百三十三萬餘兩，一年平均所投資本實為二千七百六十六萬餘兩，中間興業最盛者為光緒三十二、三兩年，其資本額在三四千萬以上，故以昨歲為比，不過六之一，則興業之式微足以概見，而生計之不振亦從可知矣」，竹塢：〈宣統元年生計界〉，載《國風報》第 1 年第 3 號，1910 年 3 月 11 日。

亂、興學與士大夫缺少、獎勵實業與餓殍遍野[1]。《國風報》主筆梁啟超據此斷言,國家已經到了瀕臨破產的境地,新政改革走向失敗的跡像已經十分明顯,他分析說,「人民終歲勤動,而所得曾不足以自贍,於是弱種轉於溝壑,悍者鋌而走險,人人不樂其生,而全社會之秩序破。中外古今之亡國者未有不徇斯道也。嗚呼!今日中國之現象近之矣」[2]。更有言論對清廷振興實業政策的虛偽性提出指責和質詢,尤其對商業凋敝的現實批評尤力,「商業則逐漸蕭條,統計一歲之中,食用日昂,供過於求,因而虧折者幾何?銀根奇絀,運掉不靈,因而倒閉者幾何?商律定矣,於懲治奸儈能實行者幾乎?商會設矣,於維持市面有實濟者幾乎」。[3]此言大有指責清廷失職失責的架式,怨憤心態至為明顯。「官府以辦新政為樂事,民間以辦新政為畏途」的說法也已提出[4],對待新政的態度,官府與民間判然有別,民間人士把新政能否解決民生困苦作為成功與否的重要標準,而清廷的政策明顯的是搜括民脂民膏以供軍備之發達,兩相對照,差距甚遠。以致於有人乾脆斷言說,舉全國有限財力編練數十鎮兵力實際上是一個亡國的政策[5]。

清廷對民生問題的關注顯然不夠及時和迅速,創辦興利事業的呼籲也未被官方所重視。唯有一個例外,那就是一九一一年辛亥革命爆發時期,政府為挽回人心,作出一個關心民瘼的姿態,撥出內帑用以

---

1 茶圓:〈矛盾之政治現象〉,載《國風報》第 1 年第 15 號,1910 年 7 月 7 日。
2 滄江:〈國民破產之惡兆〉,載《國風報》,第 1 年第 14 號,1910 年 6 月 27 日。一向不太贊成暴力反清的梁啟超在清末也曾談及暴力冒險的問題,他認為解決清廷的腐敗,挽救亡國的命運迫不得已時只有揭竿而起:「故必有大刀闊斧之力,乃收篳路藍縷之功;必有雷霆萬鈞之能,乃能造鴻鵠千里之勢。若是者,舍冒險末由!」見梁啟超:〈過渡時代論〉,原載《清議報》,第 82 期,此轉見張枬、王忍之編:《辛亥革命前十年間時論選集》第 1 捲上冊,三聯書店 1977 年版,第 6 頁。
3 〈論中國財政支絀之原因宜亟籌補救之策〉,閻毓善著:《龍沙鱗爪》,第 62 頁。
4 〈論竭比戶之脂膏供同僚之貪蝕〉,載《盛京時報》1907 年 12 月 23 日。
5 〈財政問題之根本解決〉,載《盛京時報》1910 年 9 月 27 日。

賑濟災民，從有關統計來看，共有三次撥內帑濟災民舉動，試看有關諭旨的節錄：

> 八月二十九日諭：監國攝政王面奉隆裕皇太后懿旨，近來南省迭被水災，今年湖北又有匪黨作亂，俯念飢民難民流離蕩析，深為憫惻，亟宜加恩賑撫。現將孝欽顯皇后所遺宮中內帑內撥銀二十萬兩，由內務府發交袁世凱派委妥員在湖北一帶核實賑濟，以惠災民。
> 九月初五日，隆裕皇太后懿旨：現在設立慈善救濟會，著賞宮中內帑銀三萬兩，以資拯濟。
> 十三日懿旨：四川用兵，將及兩月，各地方慘遭禍難，蕩析流離，深宮實殷軫念，亟宜加恩賑撫。現將孝欽顯皇后所遺宮中內帑撥銀十萬兩，由內務府發交岑春煊派委妥員弛往核實賑濟。[1]

這三次舉動被清廷大加宣揚，其實，受災省分不止是湖北、四川兩省，清廷指定將內帑發往這兩個省分的用意不問自明；再者，三次撥款的總額計（銀）33萬兩，這僅僅是它為支持湖北用兵而發內帑（銀）100萬兩的三分之一[2]。可惜這種臨急抱佛腳的舉動並未挽回其失敗的命運。

---

1 佚名輯：《清末實錄》，北京古籍出版社1999年版，第8、10、21頁。
2 同上書，辛亥年九月初六日諭旨：現在湖北用兵，軍需浩繁，著撥出宮中內帑銀一百萬兩，由內務府發交度支部，專作軍中兵餉之用。見前揭書13頁。

（二）下層社會的激憤

報界提出的各種警告或建議從形式上看，尚屬於一種溫和的勸諫，至多是一種低烈度的抗拒，而下層社會此起彼伏的民變風潮卻是一種激烈的對抗。新政激變是清末民變的重要組成部分，它與禁煙激變遙相呼應，在某些地區，兩者又不分軒輊[1]，此起而彼伏，呈現犬牙交錯態勢。新政激變的成因從總體上看，與各省苛斂搜括有關，清廷與各省實施鴉片稅釐抵補的各種加稅加捐更加劇了官府對民間的搜括力度。各省實施鴉片抵補的措施中，食鹽、米穀、田房稅契、肉類、茶類等成為官府搜刮的主要對象，新舊捐稅數目達到六十餘種[2]。新政籌款與稅釐抵補交織在一起，稅釐抵補使「新政之累」所造成的官民對立更趨緊張，新政激變背後的原因或多或少與鴉片禁政相關聯。

稅政苛斂導致民間對抗的事例出現較早，太平軍興時期，國家度支出現危機，在釐金制度推行之前，清廷亟欲徵收商稅，以補國庫之不足，一八五三年三月二十日當商稅徵收令下達時，京師商鋪抵制甚力，「街市擾攘，人人驚危」，錢鋪和糧店等紛紛關門，清廷不得不隨後撤銷了這項稅令[3]。其後，釐金制度取代了商稅，成為各省和中央財

---

1 此僅舉二例：其一，1907 年 5 月浙江省餘姚縣鄉民不但打毀土膏捐局，又因為土膏捐局的房屋是向當地紳士唐茂昌租賃，於是鄉民又將怒氣遷向唐氏，將其商店搗毀，並將餘姚縣學堂搗毀，各處鄉民揚言說，「各處學堂須一概踏平」，「是以縣城高等小學堂學生俱由家屬領回，以防不測」。見〈餘姚鄉民搗毀土膏捐局波及學堂〉，載《申報》1907 年 5 月 25 日。其二，1910 年 4 月浙江遂安縣因禁種罌粟，苛派警捐、學捐，農民進城毀學堂和土藥店。見張振鶴、丁原英：《清末民變年表》（下），載《近代史資料》1982 年第 4 期。
2 殷俊玲：〈宣統元年反抗戶口調查風潮〉，載《歷史檔案》1999 年第 3 期。
3 劉岳雲撰：《農曹案匯・商稅》，第 1～3 頁；清代抄檔：咸豐三年二月十六日左副都御史文瑞奏，吏部尚書奕湘奏，巡視東城給事中吳廷溥奏以及同日上諭；黃輔辰著：《戴經堂日鈔》，咸豐三年二月十六日至十七日記事。此轉見彭澤益著：《十九世紀後半期的中國財政與經濟》，人民出版社 1983 年版，第 154 頁。

源進項中的大宗；農村田賦的正供變化較少，但雜捐苛斂的情形越來越普遍。庚子以後清廷與各省籌辦新政，加捐加稅的情形已經十分嚴重，民間稅負的增加以巡警和學堂籌款最為普遍[1]。奉天省舉辦警政和興學，籌款的重要途徑是加徵畝捐，田地每 6 畝徵銀一角、五分、八九分不等；吉林每晌地捐錢數百文至 2000 文不等；黑龍江每晌地徵警捐 300-1100 文，學堂經費 200-500 文不等[2]。直隸省的學堂經費也由地丁徵錢中籌措。南方省分的農民稅負也十分沉重，因興學、警政和練兵等新政籌款，迫使捐稅稅率愈發上漲的情形比較普遍。江西省的地丁徵收在正款耗羨外，另外加徵「派解」、「捐提」和「附加」三大類，每一類均有學堂和練兵經費[3]。江蘇省漕米每石應徵收附加稅，其中也包含警政、學堂、地方自治等經費[4]。

　　日俄戰爭以後，隨著清廷勒令各省整軍經武政策的實行，商稅與農村雜捐的增長並駕齊驅，時人頗有反感和批評[5]。殆至一九一〇年民眾稅負問題成為朝野關心的大問題，報界曾專門刊發有關時論討論國民負擔的問題[6]。一九〇九年以後城市和農村的生計已日趨惡化。隨後各省紛紛爆發針對新政的各類風潮，其中，仇視學堂、反對警政、對抗地方自治（以反對戶口調查為主要形式）等成為反新政風潮的主要

1　汪敬虞主編：《中國近代經濟史：1895-1927》（中冊），人民出版社 2000 年版，第 1339 頁。
2　吳廷燮：《清財政考略・各省糧捐各目銀數表》，第 31 頁。
3　朱偰：《田賦附加稅之沿革》，載《社會科學叢刊》第 1 卷第 1 期，（南京）國立中央大學 1934 年 1 月。
4　同上。
5　〈論各省因捐滋事案〉，載《漢口日報》1905 年 4 月 16 日。
6　〈論國民負擔之狀況〉，載《大公報》1910 年 11 月 25、26 日；〈關於生計者一〉，載《民立報》1910 年 10 月 25 日；〈關於生計者二〉，載《民立報》1910 年 10 月 26 日；等。

組成部分。有人描述說,「中國辦一新政則起一風潮:軍政則徵兵起風潮,警政則巡警起風潮,教育則學生起風潮、愚民起風潮,自治則調查起風潮、畫區起風潮。嗚呼!新政之難辦如是」[1]。新政導致風潮的問題,報界早有人預見。一九〇八年時民變問題尚未特別嚴重,有人即預言,由於清廷極力推行的練兵、警政和興學等新政見效極慢,下層民眾並未覺得對它民生有何益處,相反,生活愈發窘迫不堪的原因,恰恰是因為新政搜括不斷,苛捐雜稅如水銀潑地,無物不稅,民怨必然鵲起,論者的警告已經十分明確:「社會經濟問題即為全國存亡之所繫,其究也,有同歸於盡而已,夫何言!」[2]警告歸警告,柄政者依然不思悔改,新政激變就是一個必不可免的結果。

　　限於史料,本文僅以民間毀學風潮為中心,藉此測度各省「新政之累」的嚴峻形勢。

　　籌建學堂是興學新政的重要舉措,按照清廷的部署,各省必須推行強迫教育,每個省分設立蒙學堂 100 處,生員額定 5000 名,各府縣設立 40 處,生員額定 2000 名,村莊設立 1 處,額定 40 名,「凡幼童不入學者,罪其父母。嗣後每二年由提學使考試一次」[3]。各省興學經費主要由地方自籌,如果上述興學規模變為現實,教育行政經費和學務經費的數量應該是十分龐大的。就學堂本身的經費來說,開辦費和常年經費是兩項最重要的支出,各省籌措的途徑和數量各不相同。彙總各地反對興學的材料,可以看出籌款途徑無非是加捐增稅和向學生收取額定的學費[4]。一九〇九年以後,隨著洋土藥稅釐的縮減,地方政

---

[1]　〈時評‧中國之新政〉,載《申報》1910 年 4 月 26 日。
[2]　〈論政府與民爭利之非計〉,載《申報》1908 年 7 月 4 日。
[3]　〈學部實行強迫教育辦法〉,載《盛京時報》1907 年 4 月 4 日。
[4]　1907 年初學部對各類學堂學生的收費辦法作了統一的規定,在區別官立、公立和私立三類學堂不同的經費來源的基礎上,規定了普通教育的收費標准,初小學生每

府籌款的力度加大，無物不稅的程度再度加深，至一九一〇年時達到一個新的頂峰，例如四川省的鴉片稅收利益喪失以後，該省不但對傳統的稅捐進行整頓，而且增加了不少新的稅捐品種，新捐收入是正賦收入的685%[1]，該省興學新政走在各省的前列，據學部統計，川省教員和學堂學生數量兩大指標高居各省之首[2]，新捐收入大量用於興學新政。每省興學經費的籌措與鴉片稅釐抵補是互相重疊的，很難清晰地加以區分。根據趙炳麟的估計，各省所承擔的新政經費，每年至少有四、五百萬兩，「司法一項約費百萬，教育一項約費百萬，巡警一項大省約費三百萬、小省尚需二百萬。單此三項計之，各省每年平添四、五百萬的開支」，這類經費的籌集無不由下層民眾承擔，所謂「朝廷責之酷吏，酷吏責之有司，有司不取之百姓，將於何取之」？[3]

　　各省興學新政經費是地方籌款的要項，民眾仇學的風潮也愈演愈烈，直至提出「仇學、鋤官、排外」以及「永不許若輩再辦學堂巡警等事」的口號[4]。本書根據張振鶴、丁原英整理的清末民變史料，並結合其他材料，將一九〇九年後民眾仇學風潮的情形作一簡表，以覘測一九〇九年鴉片稅釐縮減後，地方政府籌措興學經費導致仇學風潮遞增的趨勢。

　　月不得超過銀元3角，中學生每月收取1-2元，高等學堂學生每月收取2-3元，各級實業學堂的收費水平與普通學堂基本持平，師範、女學堂等基本上不收取學費。見〈定立京外各學堂收取學費章程〉，《東方雜誌》第3年第13期，1907年2月27日，轉見關曉紅著：《晚清學部研究》，第297頁。

1　唐上意：〈清末民初四川州縣捐稅激增之一斑〉，《四川師院學報》1982年第2期。
2　桑兵：《晚清學堂學生與社會變遷》，第148頁。
3　《時報》1910年6月12、13、14日。
4　《近代史資料》1982年第4期，第80、103頁。

表 5-3　1909-1911 年 10 月各省毀學風潮簡表

時間	事件	文獻來源
1909.04	江蘇丹徒縣農民二三千人搗毀學堂，並圍困主辦學堂舉人王永駒住宅，將其房屋拆毀。	《匯報》1909 年 6 月 19 日；《大公報》1909 年 5 月 12 日、7 月 10 日
1909.04	四川綿州「紅燈教」起事，焚燬學堂。	《大公報》1909 年 4 月 25 日
1909.05	江蘇東臺縣群眾二千餘人拆毀學董繆某等三家房屋，各學堂均已停課。	《時報》1909 年 5 月 27 日
1909.06	福建永定縣三點會起事，以「仇學、鋤官、排外」為宗旨。	《大公報》1909 年 6 月 22 日
1909.08	江蘇揚州每斤豬肉抽捐 4 文，以充巡警、學堂經費，肉店罷市。	《時報》1909 年 8 月 24 日
1909.09	直隸遵化縣農民數千人進城，要求撤銷東三堡學堂、巡警等新政。	《時報》報導，原文時間有誤，見《近代史資料》1982 年第 4 期第 84 頁
1909.09	江西宜春縣借辦學堂為名，抽取各鄉米捐，激成民變。	《時報》1909 年 9 月 29、30 日、10 月 1、2 日等
1909.09	直隸豐潤縣辦理巡警、學堂，向農民徵收席捐，鄉民起事，以「毀學殺紳」為號召。	《東方雜誌》第 6 卷第 11 期；《時報》1909 年 10 月 23 日
1909.11	廣西桂林府陽朔縣興辦學堂，抽收雜捐，激成毀學風潮。	《時報》1909 年 11 月 16 日
1910.02	直隸遵化縣農民反對新政。	《時報》1911 年 3 月 24 日
1910.02	廣西永淳縣農民反抗學捐，聚眾入城，拆毀學堂。	《匯報》1910 年 4 月 12 日；《盛京時報》1910 年 4 月 29 日等
1910.03	江蘇宜興縣因調查戶口，每戶索要 20 文，農民毀學堂、圍董住宅等數十處。	《東方雜誌》第 7 卷第 3 期；《大公報》1910 年 3 月 19 日等
1910.03	江蘇常州武進縣農民反對徵收學捐，搗毀學堂。	《時報》1910 年 3 月 21 日
1910.04	浙江遂安縣因禁種罌粟，苛派警捐、學捐，農民進城毀學堂、土藥店。	《東方雜誌》第 7 卷第 5 期；《匯報》1910 年 5 月 6 日、12 日
1910.04	長沙爆發搶米風潮，農民進城焚燒鐵道學堂、中路師範學堂等。	《東方雜誌》第 7 卷第 3、4、5 期

時間	事件	文獻來源
1910.04	浙江慈溪縣農民反對徵收學堂捐，聚眾毀學。	《東方雜誌》第7卷第5期；《大公報》1910年4月29日
1910.04	江蘇江寧縣農民毀學堂，毆打紳董。	《東方雜誌》第7卷第4、5期
1910.04	浙江上虞縣農民毀學堂、統計處及勸學所。	《大公報》1910年5月6日
1910.04	江蘇鹽城農民打毀勸學所、學堂以及教育會等。	《東方雜誌》第7卷第5期
1910.04	江蘇江都縣徵收學捐，農民打毀學堂。	《東方雜誌》第7卷第4期；《匯報》1910年5月13日
1910.05	湖南寧鄉縣聚眾焚燬警局和學堂等多處。	《匯報》1910年5月3日
1910.05	江蘇太倉州農民毀公立小學堂。	《東方雜誌》第7卷第5、6期
1910.05	江蘇如皋縣灶民拆毀學堂。	《東方雜誌》第7卷第5期；《大公報》1910年6月2日
1910.05	山東萊陽農民反抗官府徵收畝捐、鋪捐辦學堂和巡警。	《帝國日報》1910年9月24日；《東方雜誌》第7卷第6期；《近代史資料》1954年第2期
1910.05	浙江黃岩縣農民搗毀小學。	《東方雜誌》第7卷第6期
1910.05	江蘇鎮洋縣農民搗毀和焚燒小學堂各一所。	《東方雜誌》第7卷第5期；《時報》1910年6月2日
1910.06	浙江嵊縣農民反對辦學堂。	《東方雜誌》第7卷第6期
1910.06	湖南安化縣農民毀學堂。	《東方雜誌》第7卷第6期
1910.06	江蘇鹽城縣農民搗毀學堂。	《大公報》1910年6月17日
1910.07	浙江會稽縣農民搗毀初等小學堂。	《東方雜誌》第7卷第5期
1910.07	浙江紹興府上虞縣農民搗毀學堂及教育會。	《東方雜誌》第7卷第5期
1910.07	浙江景寧縣辦學堂，士紳逼交捐款，農民毀學堂。	《東方雜誌》第7卷第5期
1910.07	貴州古泥地方農民要求免徵人頭稅，數千人燒燬學堂和自治公所。	《時報》1910年9月10日
1910.07	浙江餘姚縣農民搗毀學堂。	《東方雜誌》第7卷第7期
1910.07	直隸易州辦理學堂和巡警等，籌款加捐，農民四五千人毀學堂，提出「永不許若輩再辦學堂巡警等事」。	《東方雜誌》第7卷第8期；《時報》1910年8月9日；《匯報》1910年8月16日、19日

時間	事件	文獻來源
1910.08	浙江長興縣農民反對查戶口，打毀學堂。	《東方雜誌》第7卷第7期；《匯報》1910年9月6日
1910.09	直隸遵化縣聚眾萬人抗拒徵收警捐、學捐。	《時報》1911年6月2日
1910.09	廣東連州農民反抗調查戶口，聚眾焚燬學堂。	《東方雜誌》第7卷第10、11、12期；《時報》1910年10月4日、8日等
1910.10	浙江平陽縣農民聚眾搗毀學堂。	《東方雜誌》第7卷第10期
1910.11	浙江遂昌縣農民千人暴動，搗毀學堂等。	《東方雜誌》第7卷第11期；《匯報》1910年12月2日
1910.11	江蘇如皋縣農民千餘人反抗調查戶口，放火燒燬小學堂。	《時報》1910年11月10日
1910.11	雲南大姚縣農民暴動，反抗拔除煙苗，數千人攻占縣城，搗毀學堂等。	《時報》1911年1月3日、16日；《東方雜誌》第7卷第12期；《大公報》1910年12月30日等
1911.03	江蘇南匯、川沙兩縣農民反對辦理地方自治，焚燬學堂。	黃炎培等：《川沙縣誌》；《大公報》1911年3月17日；《時報》1911年3月15日
1911.03	江蘇南匯漁戶砸毀學堂。	《時報》1911年3月27日；《匯報》1911年4月4日
1911.04	浙江嘉善縣農民數千人搗毀學堂。	《時報》1911年4月30日
1911.07	福建泉州數百群眾搗毀學堂。	《時報》1911年7月23日
1911.07	江蘇句容縣辦理墾務，農民反對，焚燬城內學堂等。	《大公報》1911年8月24日、26日
1911.08	浙江鎮海縣農民反對徵收肉捐，千餘人毀學。	《時報》1911年9月2日、3日、6日
1911.09	江蘇吳縣農民搗毀學堂。	《時報》1911年9月7日

　　上述民眾毀學風潮的統計並不完整，中西部省分的毀學風潮雖然數量較少，該表卻無明顯的反映，統計資料較多地依據當時報章雜誌報導。眾所周知，廣大的中西部省分在清末時期傳播媒介較少，輿情民隱較少為東部媒介所瞭解。就上述統計而言，毀學風潮總計有49

次,其中一九〇九年有 9 次,一九一〇年達 33 次之多,一九一一年十月份前有 7 次。一九一〇年毀學風潮次數居各年之首,肇因複雜,其中一個重要的原因是禁種罌粟步伐在一九〇九年以後迅速加快,造成了兩個後果,第一是民眾與官府的利益衝突短時間內被迅速激化,仇視官府的傾向自然會被加劇;第二是民眾的罌粟收入被戛然截斷,導致其支付各類新政稅捐的能力減弱,官府在失去鴉片稅源後,支持興學等新政的能力也受到抑制,迫使其不得不向民眾加大搜刮的力度,苛捐雜稅有增無減,民眾只得奮起反抗,釀成民變,時間也主要集中在一九一〇年。

在被統計的省分中,有兩個省分的毀學風潮較為突出,即江蘇和浙江兩省,江蘇省民眾毀學的次數有 17 次,占有限統計總次數的近 35%;浙江省有 14 次,占總次數的近 29%,兩個省分共占 64% 左右。兩省民眾毀學風潮所占比例之高,原因十分複雜,試作約略推測。其一,上述所列出的大眾媒介主要在上海地區,江浙兩省是這些媒介記者分佈較多的地區,輿情民意的變動或較能為這類媒介所偵知,並予以報導,民變次數之多可以理解;其二,江浙兩省的民眾稅負歷來較他省為重,一九〇九年之前江蘇省的興學經費較多由銅元餘利項下支付,民間直接擔負的官立和公立學堂經費並不十分沉重,但是隨著銅元收入的急遽減少,這項負擔不得不由民間苛捐雜稅來籌措。浙江省某些州縣的興學經費部分是由土藥捐稅來支付,鴉片禁政的加快發展使得這項收入成為泡影,民眾負擔不得不加重,兩省興學經費的來源變動是導致毀學風潮在短時間內急遽爆發的內在原因;其三,江浙地區文化教育較為發達,清末興學新政中,該地區的學堂數量雖不是最多者,但也居於一般省分之上,以一九〇九年為例,江蘇省寧、蘇兩屬的學堂數量達到 2462 所,浙江省達 2165 所[1],在民眾稅負較重的情

---

1 〈宣統元年份教育統計圖表〉,轉見桑兵:《晚清學堂學生與社會變遷》,第 148 頁。

況下，維持如此眾多的學堂數量實屬不易。

　　清廷對各省毀學風潮的反應不外乎鎮、撫兩策，學部的態度至為關鍵。該部一九〇九年十月份就告誡和提醒各省官員說，「現在各省擴廣學務，所需經費恆慮不足，故於不得已之中，籌及募捐、派捐之策。惟不肖官紳或藉學捐名目抑勒鄉民，致使小民仇視學堂，殊為教育普及之障礙。因擬通咨各省督撫，並札飭提學使隨時調查，嚴防此弊，以重學務」[1]。軍機處與會議政務處大臣對各省籌措新政經費的方法和程序也所指示，一九〇九年六月份清廷電致各省督撫，凡是涉及到地方籌款的事情，「應先由自治局或官立之宣講所，先將籌款之故發明，然後將籌款之辦法亦須宣佈，俟多數紳民樂從後，再行舉辦，決不能有因籌款而生事故之慮，不得稍涉苛虐，以假官威」[2]。這份電令發出後，各省仍有民變爆發，因籌措新政款項而激變的趨勢更趨嚴重。軍機處大臣隨後嚴令各省「迅將現辦一切捐項名目詳細清查，造冊送交度支部，以便核減。嗣後如再有巧立名目等情，即將該地方官參處，該督撫、司道亦能不（不能）辭咎」[3]。實際上，各省新政籌款幾乎不受清廷的直接控制，「度支部臣除奏請各省攤解外，別無籌款良策；至各省種種出乎正規之籌款措施，中央既不願加以干涉，亦不能加以干涉」[4]，並且督撫司道對州縣一級官府的監控並不嚴密，新政績效是上級考核下級官吏的主要指標，為了完成既定的任務，地方官不再顧及籌款的時機和方式，民變發生勢所必然。

1　〈學部嚴查學捐〉，載《大公報》1909 年 10 月 15 日。
2　〈各省籌款勿稍苛虐〉，載《盛京時報》1909 年 8 月 3 日。
3　〈電查各項捐款名目〉，載《盛京時報》1909 年 8 月 20 日。
4　彭雨新：〈清末中央與各省財政關係〉，《社會科學》第 7 卷第 1 期，1947 年 6 月，轉見李定一、包遵彭、吳相湘編纂：《中國近代史論叢》第 2 輯第 5 冊，臺灣正中書局 1979 年第 3 版。

知識界對上述仇學風潮的反應比較複雜,興學、地方自治、審判庭建設、警政事業等均屬知識界贊成的新政事項,是立憲改革的基礎,所以很少看到輿論反對這些改革。報界對新政激變的態度毀譽參半,既對民眾的舉動不甚支持,又對官府的操切和苛斂指責頗多。一九〇九年十月份有人撰文評論各省民變問題時認為,民眾毀學的心態是「積疑生忌,積忌生憤,遂不憚以數千百人之身家性命,激而為毀學殺紳之舉」,論者稱此舉是「可嗤亦可憐」[1],建議官府在籌措新政經費時,應將籌款計劃交由自治局等委派專員妥善宣講,勸諭人民通曉事理,然後循序漸進,方有正果。一九一〇年知識界面對洶湧澎湃的毀學風潮,十分震驚,各種評論迭見刊出。有人評論說,新政的各種舉措在城市尚可接受,但農村則不可輕易實行,「若夫野老鄉賢於一切新政,既為平素所未見未聞,一旦接觸於耳目間,自不免傳為異事,演成不經之說」,對於毀學風潮,認為有兩個要因,即「民愚居其半,民窮亦居其半」[2]。還有人認為,官吏擾民太甚才激起民眾的反抗,應該先為民生著想,然後才能使新政籌款進展順利[3]。

　　其實,清末財政收支制度存在諸多弊端,總體上維持著中央與地方共一財源的制度,財源統歸地方徵收,中央所需均由地方籌措,上下財權界限劃分不清,地方隱瞞的成分占多數。其中,地丁錢糧等正項稅負之外的雜捐苛稅尤其成為隱瞞、侵漁的大宗,它既是地方官府財政收入的大項,又擔負著本地區公私開支的重要職能,若令其不擾民,蠲免雜稅苛捐實難辦到。清廷雖藉新政以求富求強,卻必然鑄就了「新政之累」的惡果。早在日俄戰爭之前,這一結局曾被榮祿所預

1　〈論近日各省紛紛暴動之原因〉,載《申報》1909 年 10 月 6 日。
2　〈江蘇宜興縣鄉民焚燬學堂〉,載《東方雜誌》1910 年第 4 期。
3　〈論今日便亂之源及其補救之方〉,載《申報》1910 年 5 月 7 日。

見，郭則澐撰《南屋述聞》，其中記述了榮祿的看法，「是事（指新政變革）得失，關係甚巨，行之不善適足以召亂促亡。上既決行之，吾亦不敢諫阻，異日之變，或病軀不及見耳」[1]，新政「召亂促亡」這一禍福吉凶的預言，證之後事，可知榮祿所見甚為深遠。實行禁政原為促進新政，推行新政本為富民強國，結局卻全然相反，歷史的邏輯和規律往往是不可預設也不可強求的，清末禁政與新政之間的關係由良性向惡性的轉變就是一個明證。

---

1 郭則澐：《南屋述聞》，轉見蘇同炳：《中國近代史上的關鍵人物》（下冊），第705頁。

結語

　　一九〇六年至一九一一年間鴉片禁政與清末新政共策進行，既相契合又相制約。鴉片禁政是新政改革的客觀要求，兩者之間呈現出一種契合、相容的關係；若從清廷財政、新政經費對鴉片稅釐的需求來看，在禁政期間各種抵補措施成效不大的情況下，這種相容關係卻變成排異和對立，禁政與新政改革中諸多矛盾的產生，與這種排異對立密不可分。探討清末禁煙史的有關研究更多地強調道義和社會需求，一般將鴉片禁政視為新政改革的支持因素，較多地強調兩者之間的契合、相容關係。如果細究新政事業的財政背景和鴉片稅釐的廣泛用途，並且考慮新政經費的變動趨勢，上述良性互動的關係就走向它的反面，支持因素反而變成阻礙因素。

　　從清廷與各省對鴉片稅釐的經略過程、專賣籌畫、統稅問題、禁種與禁運、稅釐抵補以及各項新政事業的發展與阻遏等所蘊含的各種矛盾來看，清末中央與地方關係是一個關鍵性矛盾，它始終左右著鴉片禁政與新政改革的發展趨勢。

　　在清末政治變動中，中央集權和督撫專權是同時存在的兩個趨向，單純強調任何一種恐怕不能反映歷史的真相。民國學人研究清末的財政問題時指出，「中央與省財政關係，實即兩者政治關係之一面，而所謂政治關係者，又為政治勢力之表現」[1]，論者認為，清末「國家政權之重心，不在中央而在各省，財政實權與其謂為屬於部臣，不如謂為屬於疆臣」，此論不為無見，但由此得出清廷權力小於疆省權力的

1　彭雨新：〈清末中央與各省財政關係〉，載《社會科學》，第 7 卷第 1 期，1947 年 6 月，轉見李定一等編：《中國近代史論叢》第 2 輯第 5 冊，臺灣正中書局 1979 年第 3 版。

最終結論卻並不準確。清末禁政和新政時期，在中央與地方財權紛爭的過程中，清廷以權勢壓服地方的事例較多，但另一方面，各省爭權無效時，往往陽奉陰違，延宕不辦，或虛與委蛇，敷衍應付。這兩種現象交替出現，很難斷言哪一方占據上風或更有權勢。

史學家研究晚清史，常常聚焦於中央和地方權力的彼此消長，提出了一些傾向性意見，較早出現的是督撫專政說。二十世紀六〇年代以後，這種說法不斷受到質疑，有關論者認為，中央的大權並未旁落，督撫也並非想像中的為所欲為[1]。若從鴉片問題與新政改革的角度看，這一說法更接近實際。當時言論也可提供更有說服力的證據，一

1　這是何漢威在〈從清末剛毅、鐵良南巡看中央和地方的財政關係〉一文中所作的概括。何文爬梳有關論著後說，主張督撫專政一說的代表性論著，有羅爾綱〈清末兵為將有的起源〉（《中國社會經濟史集刊》第 5 卷第 2 期，1937 年 6 月）、《湘軍新志》第三章（《中央研究院社會科學研究所叢刊》，商務印書館 1939 年版）；彭雨新：〈清末中央與各省財政關係〉（《社會科學雜誌》第 9 卷第 1 期，1947 年 6 月）；何烈：《清咸、同時期的財政》（臺北國立編譯館中華叢書編審委員會，1981 年），《釐金制度新探》（臺北中國學術著作獎助委員會，1972 年）；羅玉東：〈光緒朝補救財政之方策〉（《中國近代經濟史研究集刊》第 1 卷第 2 期，1933 年 5 月）；傅宗懋：《清代督撫制度》（臺北國立政治大學，1963 年）；廖全吉：〈曾國藩幕府盛況與晚清地方權力之變化〉（《中山學術文化集刊》第 4 集，1969 年）。相應的，批判督撫專政說的論著，最為全面而又影響較大的著作，當推劉廣京：〈晚清督撫權力問題商榷〉（氏著：《經世思想與新興企業》，臺北聯經出版事業公司 1990 年版），王爾敏：《淮軍志》（臺北中國學術著作獎助委員會 1967 年）等。何文認為，近些年來，主張督撫權力膨脹、中央集權體制瓦解論調的學者仍復不少，例如，尹福庭：〈試論太平天國革命時期清政府中央和地方權力的消長及其影響〉（中國人民大學清史研究所編《清史研究集》，第 4 集，四川人民出版社 1986 年版）；魏光奇：〈清代後期中央集權財政體制的瓦解〉（《近代史研究》1986 年第 1 期）；何瑜：〈晚清中央集權體制變化原因再析〉（《清史研究》1992 年第 1 期）；林乾：〈咸豐後督撫職權的膨脹與晚清政治〉（《社會科學戰線》1989 年第 1 期）；茅家琦：〈地方勢力擴張與晚清政局〉（《中國歷史上的分與合學術研討會論文集》，臺北聯合報系文化基金會，1995 年）；王雪華：〈督撫與清代政治〉（《武漢大學學報》1992 年第 1 期）。

九〇四年報刊媒介對中央集權問題關注甚多,有關言論中「中央集權」一詞出現的頻率較高,而且含有較多的貶義色彩[1]。有人將中央和地方的權力專門作了對比,認為雙方權力發揮均受到對方的制約,無所謂誰強誰弱的問題:

> 中國號為專制之國,而至今日,則大權所在,究難指責政府有權矣,而所下指令,或有不便於時者,則各省疆吏可以抗不奉行,政府無如何也;即或迫於嚴切之詔旨,不敢據理力爭,而其勢又萬不可行,則相率以陽奉陰違了事,以免政府之督催,而政府無如何也,是政府無權也,督撫有權矣。

而用一人必請命於大部,部臣駁以不合例,則不能用也;行一事亦必請命於大部,部臣如執不許,則亦不能行也;甚至其下之司道,若與督撫不洽,則亦可隱抗其意旨,而不為奉行,是疆吏亦無權也[2]。

外省督撫與清廷的權力消長看似矛盾,實際上是上下牽制、彼此制約。從鴉片禁政與新政改革的過程來看,上述現象也一再出現。鴉片稅政經略與禁煙政策的實施就是一個例證。

最初,鴉片種植僅僅是地方性問題,徵稅與禁種亦具有地方性特徵;太平天國運動以後,由於種種原因,清廷對地方問題的介入能力減弱,尤其是「就地籌款」辦理洋務和軍政事宜的財政體制逐步形成後,外省督撫客觀上控制著鴉片稅釐的絕大部分收入;十九世紀八〇年代以後,在弛禁政策的主導下,土產鴉片的種植和販銷逐步由地方問題變為全國性問題,鴉片經濟形態隱然形成。統稅政策推行之前,

---

1 何漢威:〈從清末剛毅、鐵良南巡看中央與地方的財政關係〉,第93頁。
2 〈中央集權之流弊〉,載《中外日報》1904年8月12日。

各地鴉片稅收政策各不相同，在徵收和分配過程中，外省督撫充分利用已經僵化混亂的財政奏銷制度，實行瞞報或以多報少的技巧，仍舊控制著鴉片稅的大部分收入。

清廷大規模介入地方鴉片稅收的整頓是在日俄戰爭之後，八省土膏統捐和鴉片統稅政策就是中央財政集權的結果，它冒著被地方督撫反對的風險推行起來，成效明顯，有力地支持著中央的練兵事業。一九〇六年清廷雖然確立了禁煙政策，但上諭發佈以後較長的時間內，各省卻觀望不前，禁閉煙館的舉動遲至一九〇七年七月才開始，有效禁種罌粟的舉動更晚，究其原因，各省希冀鴉片稅收利益是一個要因，有人推測各省觀望不前的隱情時說：「近日各省遲遲不辦之故，殆因積年以來，籌辦洋土藥稅，大抵皆主以徵為禁之說，近歲籌備練兵經費尤恃土藥統稅為專款。今洋土藥逐年遞減，則稅必不旺，即於練兵之款有礙，此或各省觀望不前之隱情」[1]。其實希圖稅利僅僅是督撫的動機之一，尚有更為重要的隱情。當時各省的鴉片專賣正處於緊鑼密鼓的籌劃階段，欲借鴉片謀取更大的利益，過快、徹底的禁煙行動則會使專賣一事無法實施。

鴉片專賣計劃受到度支部的強力阻止，一九〇九年萬國禁煙會結束後，專賣計劃已經沒有實現的可能。這是各省於一九〇九年決定加快禁種罌粟步伐的重要背景。儘管度支部對各省側重縮期禁種罌粟的做法反對甚力，但各省依然名正言順地將這一做法實行下去。英國駐華公使朱爾典對中國的禁煙事業非常關注，他曾認為，中國禁煙面臨的困難之一是「中央政府已基本上喪失了將它的意志加之於各省的能力的時候」[2]，可惜，朱爾典的話只說對了一半。各省督撫在一九〇八

---

1 〈請嚴飭各省實行禁煙並籌辦公債抵補洋土藥稅釐呈請代奏摺〉，許珏：《復庵遺集》，第99頁。

2 〔美〕威羅貝著，王紹坊譯：《外人在華特權和利益》，三聯書店1957年版，第671～672頁。

年下半年以後卻實行了縮期禁絕罌粟種植的激烈行動。中國禁政在一九一一年成效甚大，以雲貴川三省為例，該地區是國內罌粟種植的重災區，縮期禁種的最初倡議者就是雲貴總督錫良，護理雲貴總督沈秉堃、四川總督趙爾巽也是禁種罌粟的積極實踐者。雲貴兩省至一九一〇年時已因罌粟禁絕的速度較快，無法實行抵補鴉片稅的牌照捐；四川禁種罌粟的進展也較快，英文媒介的記者赴四川調查禁種罌粟的真相時，遍訪了傳教士、各種社會人士、旅行者、漫山遍野收購商品的中國商人、基層官員、罌粟種植者等，均稱禁種罌粟的徹底，使其大為驚嘆[1]。但是在清廷上層，度支部力主禁吸為先，對禁種和禁運持反對態度，在禁運鄰土、停收稅釐以及撤銷局卡等問題上，與地方省份爭論不絕，對立傾向明顯，對地方的禁政事業構成阻力。

　　縮期禁煙行之有效，鴉片稅釐縮減的速度自然較快，由此帶來的全局性問題是鴉片稅釐的抵補難題，這一方面要通過度支部來協調解決，但更多的壓力確實要由地方督撫來承擔。清廷和各省推出的抵補政策五花八門，多以加徵消費稅為主，這一政策勢必導致各地變本加厲的苛捐雜稅。印花稅是清廷全力推行的抵補要策，最終卻難以付諸實施，重要的原因是各地稅政混亂，民眾稅負沉重，商人反對甚力。度支部一再要求各省要蠲除雜稅苛捐，為印花稅實施掃清障礙，但各省督撫應者寥寥，隱為抵制，全力固守地方利益，印花稅和鹽斤加價等抵補之策難以如願貫徹，國家財政抵補的任務無法實現。

　　「抵補財政」成效不大導致清廷與外省財政捉襟見肘的情形更趨

---

[1] 《字林西報》記者對川省禁煙成效概括有五個方面：一、地價減低四成之一；二、鴉片之價較上年漲高十成之八；三、罌粟之田改種五穀，故物多而價平；四、游於各村各鎮不見煙館之招牌；五、裝土之箱多做煮炊之用。記者慨然說「此種變革可謂奇而罕見……予意如此變革，世界各國殆無一能於一年之內奏功者，僅在專制之中國可以有成耳」，見〈紀川省煙近狀〉，《申報》1910年4月23日。

明顯。為了實現中央的練兵計劃和各項新政舉措，清政府實行財政集權的傾向也就更加緊迫，各部紛紛推行侵奪地方財政和人事權限的政策，諸如鹽政、財政、軍政、司法等，均推出集權舉措，攬政集權成為此後清廷政策的一個明顯特徵。有人專門分析清末中央集權的策略類型，認為，清廷推行集權的策略大致有兩類情形：

一是「以一部分省中之事權，委任專隸於中央各部之機關或官吏，使其獨立秉承中央主管部處理事務，而不受督撫之節制」[1]，這類分督撫之權的做法簡稱為中央專管機關分權方法。二是在督撫之下設立專職機關或官吏，既受督撫節制又受中央主管機關的考核獎懲，這種集權方案簡稱為「共管機關之分權」，其目的是侵蝕外省督撫對有關事務的獨控權力。兩類分權方案中均有財政收權的傾向，在貫徹實施時，當然會受到督撫群體的強烈反對，上下糾紛甚烈，政潮迭見。

清廷對督撫反對的聲音也不能一概漠視，「無所嚴憚」，由於督撫權勢積重，外省與清廷的利益格局很難驟然更改[2]，因而對地方利益不得不予以兼顧。由清廷擔負的各項新政需費浩繁，而掌控財力有限，不得不仰求於督撫，露骨的中央集權傾向反不足以成事，加之倡導集權的宗室權貴本不孚眾[3]，督撫威望極隆者可以隱抗不遵，各省之間在共同的利害問題上聯繫緊密，互通聲息[4]，清廷在抵補財政背景下的集權措施很難得到不折不扣地執行。新政事業的推行，也摻和了清廷與

---

1 沈乃正：〈清末之督撫集權、中央集權與「同署辦公」〉，載《社會科學》第 2 卷第 2 期，（民國）國立清華大學，1937 年 1 月。

2 滄江：〈外官制私議〉，載《國風報》第 1 年第 31 期，1910 年 12 月 2 日。

3 長興：〈論中央地方之權限及省議會之必要與其性質〉，載《國風報》第 1 年第 32 期，1910 年 12 月 22 日。

4 例如，1909 年度支部推行清理財政，江鄂兩督與各省督撫電信往返，共謀對策，有關電文節錄見〈各省對於清理財政之電文〉，載《東方雜誌》第 6 年第 3 期，1909 年 4 月 15 日。

地方矛盾的因素，樞臣全力推行整軍經武的方針遭到外省督撫的強力抵制，相反，外省籲請振興實業、發展新式教育的要求，卻受到國家財政機構的干預和壓制，上下新政事業的推行均受到雙方矛盾的制約和影響。清廷與外省的關係受雙方較量和爭執結果的影響，呈現出複雜的變動。這對鴉片禁政和新政的進程自始至終影響甚大。

就鴉片禁政本身來看，政治和社會意義雖然巨大，卻造成清廷和各省更加嚴重的財政困難。從一九〇三年以後，隨著籌措庚子賠款和編練新軍，清廷和各省需款陡增，鴉片稅釐整頓是一個較為靈便且成效甚巨的開源之策，尤其是鴉片統捐（後推廣到各省，改稱統稅）實行後，財政意義更加突出。根據中外人士的各類估計以及柯逢時的歷次奏報，估計一九〇六至一九〇九年間，洋土藥各類名目的稅收每年至少可達庫平銀4000萬兩以上，一九一〇年以後這一數字才迅速減少[1]。設若實行鴉片專賣，這一收入的數字當會更加龐大。一九〇三年

---

[1] 洋土藥稅不僅僅是指統捐或統稅，還包括各省自己徵收的鴉片煙館營業稅、牌照捐、憑照捐、吸食鴉片用具費、各類鴉片貿易罰款等等。就統稅一項來看，1909年春天，當度支部要求各省籌議對鴉片稅的損失進行抵補時，透露國內土藥統稅全年（指1908年）的稅收總數為2800餘萬兩（〈咨請各省籌補藥稅〉，載《大公報》，1909年4月3日），這一數字並不包括鴉片其他形式的徵稅收入；1907年11月份，英國駐華使館人員在仔細調查後認為，中國每年徵收土藥稅款可達650萬鎊，按照當時的英鎊和庫平兩的兌換比率（1907年時1英鎊合7.5庫平兩，見許毅主編：《從百年屈辱到民族復興——清代外債與洋務運動》，第546頁貨幣折算比例表，經濟科學出版社2002年版），這一數字相當於4875萬庫平兩，論者沒有出示立論的依據，疑為據全國土藥產量及貿易量等數據計算，但部分土藥貿易系走私進行，偷漏稅款甚為嚴重，有關機構不可能全部徵到稅款。禁煙上諭發佈十日後，朱爾典估計說，中國每年從洋藥中的收入「計五百七十一萬一千七百十一兩（合英金八十五萬九千一百三十六鎊），土藥則十倍之。是以所徵之稅約有四千五百萬兩（合英金六百七十六萬八千七百五十鎊）」。總括各種資料，應該說每年徵稅（銀）4000萬兩以上的數字應是可信的。廣東省禁煙總局官員許珏曾對本省的牌照捐收入有所估計，認為粵省牌照捐在三十個月的時間內可收入2145萬元，按照這一計

全國的財政收入為（銀）10492 萬兩[1]，一九〇五年為（銀）10292 萬餘兩[2]，一九〇九年以後，由於在各省實行清理財政，各省暗款變為明款，總的收入數額增加甚快[3]。收入增加的原因甚多，其中洋藥稅釐和土藥統稅無疑是一個大項。庚子前洋土藥稅釐占清政府總收入的近 8%，一九〇五年這一比例上升到 11.3%[4]。一九〇八年各省冊報歲入數字為（銀）24191 萬兩，中央收入數字不詳，若以中央次年的收入數字（銀）3801 萬兩計入（因缺少具體數字，姑采此法）[5]，那麼，一九〇八年全國總收入約為（銀）27992 萬兩（實際收入很可能低於此數），當年僅土藥統稅一項收入就達（銀）2800 餘萬兩[6]，洋藥稅釐約為（銀）502 萬兩[7]，洋土藥稅釐占全國總收入的比例達 11.8%，這還未將其他的鴉片稅收入計入在內。可見，鴉片稅釐承擔了財政擴張的重要職能。鴉片稅釐雖有重要的財政意義，但縮期禁政卻使這部分收入化為泡影，在原本已經非常沉重的稅捐條件下，籌補這筆稅款就顯得十分困難。這筆稅款缺失以後，不但清廷的財政損失難以籌補，影響了新

算，該省每年牌照捐的收入可達 858 萬元（後來由於英國人的反對等原因，這一計劃沒有全部實現），這從另一個側面說明鴉片稅釐的收入不能僅看統稅收入，其他稅款的徵收數目也不可忽視（見許珏：《復庵遺集》，影印本第，431～434、470～471、485 頁等）。

1 劉錦藻：《清朝續文獻通考》第 68 卷，第 8249 頁。
2 汪敬虞主編：《中國近代經濟史（1895-1927）》，第 1334 頁。
3 人們往往驚訝國家在清末時期財政擴張的速率之快，仔細分析清理財政時期的預算收入數字，可以發現，這是在中央嚴令各省清理財政後，各省向來以各種方式隱匿的收入被揭示出來，暗帳多變成明帳，預算收入自然擴大；從這個角度看，1903 年的收入數字也就不能算是國家收入的全部數字，而是被地方隱瞞了許多。
4 田海林、張志勇：〈禁煙新政與清王朝的覆亡〉，載中國史學會編：《辛亥革命與 20 世紀的中國》（中冊），中央文獻出版社 2002 年版，第 1289～1304 頁。
5 劉錦藻：《清朝續文獻通考》卷 67，第 8233～8234 頁。
6 〈咨請各省籌補藥稅〉，載《大公報》1909 年 4 月 3 日。
7 湯象龍編著：《中國近代海關稅收和分配統計》，中華書局 1992 年版，第 118～120 頁。

政事業的推進,更深刻的影響,在於抵補稅款的行動短時間內激化了原有的社會矛盾,禁政和新政不得不走向它的反面,民眾所面對的困境,不但有「新政之累」,而且還要加上「禁政之累」。

　　在鴉片稅釐的分配比例上,清廷控制使用的比例相對較少,估計不會超過三分之一[1],其餘大部分稅款被外省所支配。在各省財政結構中,鴉片稅釐收入占有重要地位的省份主要有兩類,一類是出產鴉片較多的省份,例如北方的山西、陝西、甘肅、山東等省,南方的四川、貴州、雲南等省;另一類是鴉片貿易量較大的省份,例如湖北、廣東、江蘇兩屬、福建、廣西等省。這些省份的財政情況相對來說好於其他省份,但隨著鴉片禁政的推行,財政運行也就較多地受到禁政所帶來的負面影響,對外賠款籌措和練兵新政經費保障均受到程度不同的衝擊。在各類抵補措施並不十分奏效的情況下,清廷每年的鴉片稅收入均有所減少,海關的洋藥入口稅釐和土藥統稅局的解款迅速萎縮,國家部門的用款備受牽制;與鴉片利益密切相關的省份更受影響,尤其是這筆稅款與練兵和各項新政的開支密切相關,所以,禁政雖具有社會道義的支持,卻對新政構成了威脅。

　　每年數千萬財源喪失之後,各地舉債受挫,錢莊和銀號不堪忍受政府的過度透支,紛紛倒閉,以致引發此起彼伏的金融風潮。在出產鴉片較多的四川省,由於實施嚴厲的禁煙措施,銀根吃緊的情形更為嚴重[2]。清廷財政狀況的困窘以致於崩潰,雖以甲午和庚子兩次戰爭賠

---

[1] 彭雨新據《華制存考》說,1908年「戶部(實際上是度支部——引者)奏稱土藥統稅試辦一年期滿之結果,稅項所入應撥還各省額款者居十分之八,可撥作練兵經費者僅十分之二」,如照此計算,撥還各省的土藥稅款則應占絕大部分。彭雨新:〈清末中央與各省財政關係〉,《社會科學雜誌》第9卷第1期,1947年。

[2] 周勇、劉景修編:《近代重慶經濟與社會發展:1876-1949》,第153、308、316、322頁等。

款為轉折，但隨後的鴉片禁政卻使崩塌的趨勢更加明顯，推動社會進步的改革終於成為清廷財政總崩潰的導火線。難怪有學者將鴉片禁政與清廷滅亡聯繫起來，認定兩者之間具有明顯的因果聯繫[1]。鴉片禁政的確使清廷和各省陷入財政困境，但由此得出禁政與辛亥鼎革屬於因果關係的論斷則不甚妥切。歷史演進的制約因素往往是多方面的，各種因素之間互為牽制，每一項因素與最終結果之間至多是處於一種相關關係。

　　禁政與新政處於同一個時期，兩者互有牽制，因緣湊泊，其間產生的矛盾也環環相扣，並逐步加深和激化，共同構成辛亥鼎革的重要因素。譬如，禁政的直接後果是促進了清廷與外省關係的惡變，並使清廷財政陷入危機；間接後果較為複雜，諸如抵補稅釐過程中，清廷與外省的糾葛不絕，地方稅政的敗壞趨向，民眾的變亂，清理財政過程中的上下糾紛等；除了鴉片禁政引起的上下矛盾以外，清廷在宣統年間更加快了整軍經武的步伐，有限的財政能力被軍備經費所擠占，相反民生實業卻被壓抑，外省新政項目也因經費不足而對清廷怨言滿腹。尚有一個重要的因素不可忽視，這就是清廷一意實施中央集權的各種計劃，鹽政集權、財政集權、軍政集權、司法審判集權等等，這類措施將清廷與外省關係的惡變推向頂端，種種變量交織錯雜，共同作用，給清朝氣息奄奄的運脈重重一擊，覆亡就是必然的。

1　田海林、張志勇前揭文，該文中心論題據作者稱是：「清末禁煙新政搞得越好，清王朝就覆亡得越快」，將鴉片禁政視為清王朝的掘墓者，兩者的因果關係至為明顯。

徵引文獻

（按漢語拼音字母排序，外文文獻置後）

一　檔案文獻

（一）中國第一歷史檔案館未刊檔案：

1 兵部、陸軍部全宗　　2 財政處全宗　　　3 端方檔案全宗
4 會議政務處全宗　　　5 軍機處錄副外交類　6 軍機處錄副財政類
7 禁煙總局全宗　　　　8 練兵處全宗　　　　9 民政部全宗
10 農工商部全宗　　　　11 四川巴縣檔案　　　12 稅務處全宗
13 山東巡撫衙門全宗　　14 學部全宗　　　　　15 巡警部全宗
16 憲政編查館全宗　　　17 總理練兵處全宗　　18 硃批奏摺財政類
19 張之洞檔案　　　　　20 趙爾巽檔案全宗　　21 政務處全宗

（二）已刊檔案：

陳旭麓等主編：《辛亥革命前後——盛宣懷檔案資料選輯之一》，上海人民出版社 1979 年版；

《度支部試辦全國預算奏稿（附：全國預算暫行章程、特別預算暫行章程、主管預算各衙門事項清單）》，中國社科院近代史所圖書館藏；

《度支部清理財政處檔案》（上、下冊），中國社科院近代史所圖書館藏；

第一歷史檔案館：《清代兩次試辦印花稅史料》，《歷史檔案》1997 年第 4 期；故宮博物院明清檔案部編：《清末預備立憲檔案史料》，中華

書局 1979 年版；

國家檔案局明清檔案館編：《義和團檔案史料》，中華書局 1959 年版；

甘厚慈輯：《北洋公牘類纂》，光緒三十三年京城益森公司鉛印本；

胡濱譯：《英國檔案有關鴉片戰爭資料選譯》，中華書局 1993 年版；

李必樟編譯：《上海近代貿易經濟發展概況：1854-1898 年英國駐上海領事貿易報告彙編》，上海社會科學院出版社 1993 年版；

莫世祥等譯編：《近代拱北海關報告彙編：1887-1946》，澳門基金會出版 1998 年版；

《美國外交文件》，1906 年，華盛頓特區，政府出版局 1909 年；

全廉等校勘：《度支部通阜司奏案輯要》（全一函），京師京華印刷局印刷，年代不詳，中國社科院近代史所圖書館藏；

《清末雲南為禁種大煙而勸辦桑棉檔案史料之一》，《雲南檔案史料》1991 年第 4 期；

《清末民初雲南禁種大煙勸辦桑棉檔案史料之二》，《雲南檔案史料》1993 年第 3 期；

《清末督撫答覆釐定地方官制電稿》，載《近代史資料》，總第 76 號；

稅務處督辦梁士詒輯：《重印總稅務司赫德籌餉節略》，單行本，民國三年十月；

四川省檔案館編：《四川保路運動檔案選編》，四川人民出版社 1981 年版；

天津市檔案館等編：《天津商會檔案彙編（1903-1911）》，天津人民出版社 1989 年版；

王彥威輯：《清末外交史料》，沈雲龍主編《近代中國史料叢刊》（以下簡稱《叢刊》）三編，第 11-13 號；

王樹敏、王延熙輯：《皇朝道咸同光奏議》，臺灣文海出版公司影印本；

外貿部、海關總署研究室編：《帝國主義與中國海關》第八編：《中國海關與英德續借款》，科學出版社 1959 年版；

徐雪筠譯：《上海近代社會發展概況》，上海社會科學院出版社 1985 年版；

《英國藍皮書（為中國禁煙事）》，載《外交報彙編》，臺灣廣文書局 1964 年影印；

中國第一歷史檔案館編：《光緒宣統兩朝上諭檔》，廣西師範大學出版社 1996 年版；

中國第二歷史檔案館、中國社科院近代史所合編：《中國海關密檔—赫德、金登幹函電彙編（1874-1907）》第 7 卷，中華書局 1995 年版；

中國第一歷史檔案館編：《清代檔案史料叢編》第 11 輯，中華書局 1984 年版；

中華人民共和國海關總署研究室編譯：《辛丑和約以後的商約談判》，中華書局 1994 年版；

中國近代史資料叢刊編委會主編：《中國海關與義和團運動》，中華書局 1983 年版；

中央研究院近代史研究所編：《海防檔·購買船炮·福州船廠》，臺灣藝文印書館 1957 年版；

朱壽朋編：《光緒朝東華錄》，中華書局 1984 年版；

周勇、劉景修譯編：《近代重慶經濟與社會發展：1876-1949》，四川大學出版社 1987 年版；

章開沅等主編：《蘇州商會檔案叢編》第 1 輯，華中師範大學出版社 1991 年版；

Chinese Maritime Customs，*Annual Trade Reportsand the Trade Returnsof the Various Treaty Ports*，1864-1916；

美國陸軍部島國事務局：《菲律賓鴉片調查委員會報告》（Report of the

PhilippineOpiumInvestigationCommittee），華盛頓特區：政府出版局1905年版。

二　報刊

1《北華捷報》　2《北方日報》　3《芻言報》　4《大公報》　5《大阪每日新聞》　6《福報》　7《國民報》　8《國風報》　9《廣益叢報》　10《國聞報》　11《國聞週報》　12《華字彙報》　13《漢口見聞錄》　14《匯報》　15《華制存考》　16《華字日報》　17《漢口中西報》　18《漢口日報》　19《集成報》　20《警鐘日報》　21《京津時報》　22《京報》　23《嶺東日報》　24《民報》　25《民呼、民籲、民立報》　26《南華早報》　27《紐約時報》　28《內閣官報》　29《清議報》　30《四川官報》　31《蘇報》　32《申報》　33《神州日報》　34《盛京時報》　35《商務官報》　36《時報》　37《時務報》　38《順天時報》　39《時敏新報》　40《同文滬報》　41《萬國公報》　42《外交報》　43《文言報》　44《字林西報》　45《字林星期週刊》　46《中國日報》　47《正宗愛國報》　48《中國時報》（天津）49《直隸教育官報》　50《中外日報》　51《政藝通報》　52《政治官報》　53《東方雜誌》　54《大中華》　55《東吳月報》　56《國學論叢》　57《禁毒月刊》　58《禁毒專刊》　59《教育雜誌》　60《教育世界》　61《民權素》　62《南大經濟》　63《社會科學》（國立清華大學）　64《社會科學》（廣州大學）　65《社會科學》（福建省研究院）　66《社會科學月報》（上海）　67《社會科學季刊》（國立中央大學）　68《社會科學季刊》（武漢大學）　69《社會科學論叢》（國立中山大學）　70《社會科學月刊》（上海）　71《社會科學研究》（上海）　72《社會科學論叢》（廣州中山大學）　73《社會科學論叢季刊》（廣州中山大學）　74《社會科學學報》（昆

明雲南大學） 75《社會科學叢刊》（國立中央大學） 76《社會科學運動季刊》（上海） 77《社會科學雜誌》（北京國立「中央」研究院） 78《社會科學雜誌》（上海） 79《社會科學雜誌彙刊》（上海） 80《食貨》 81《銀行月刊》 82《青鶴》 83《中國社會經濟史集刊》（國立中央研究院） 84《中國近代經濟史研究集刊》（國立中央研究院） 85《中和月刊》 86《政論》 87《浙江潮》

三　資料彙編

戴執禮編：《四川保路運動史料》，科學出版社 1959 年版；

第一歷史檔案館編：《清代職官履歷全編》，華東師大出版社 1997 年版；

隗瀛濤、趙清主編：《四川辛亥革命史料》，四川人民出版社 1981 年版；

魯子健編：《清代四川財政史料》（下），四川省社會科學院出版社 1988 年版；

李文治編：《中國近代農業史資料（1840-1911）》，三聯書店 1957 年版；

馬模貞主編：《中國禁毒史資料》，天津人民出版 1998 年版；

千家駒編：《舊中國公債史資料》，中華書局 1984 年版；

璩鑫圭、唐良炎編：《中國近代教育史資料彙編・學制演變》，上海教育出版社 1991 年版；

饒懷民、〔日〕藤谷浩悅編：《長沙搶米風潮資料彙編》，岳麓書社 2001 年版；

上海市禁毒工作領導小組、上海市檔案館編：《清末民初的禁煙運動和萬國禁煙會》，上海科學技術出版社 1996 年版；

武漢大學歷史系中國近代史教研室編:《辛亥革命在湖北史料選輯》,湖北人民出版社 1981 年版;

王鐵崖編:《中外舊約章彙編》,三聯書店 1957 年版;

蕭錚編:《民國二十年代大陸土地問題資料》(136),臺灣成文出版社 1977 年版;

姚賢鎬編:《中國近代對外貿易史資料(1840-1895)》,中華書局 1962 年版;

嚴中平等編:《中國近代經濟史統計資料選編》第 2 輯,科學出版社 1957 年版;

雲南省歷史研究所編:《清實錄有關雲南史料彙編》,雲南人民出版社 1985 年版;

張俠等編:《清末海軍史料》,海洋出版社 1982 年版;

中國近代兵器工業檔案史料編委會:《中國近代兵器工業檔案史料》(一),兵器工業出版社 1993 年版;

中國史學會編:《中國近代史資料叢刊·洋務運動》,上海人民出版社 1961 年版;

中國史學會編:《中國近代史資料叢刊·辛亥革命》,上海人民出版社 1957 年版;

中國史學會編:《中國近代史資料叢刊·戊戌變法》,神州國光社 1953 年版;

中國人民銀行參事室編著:《中國清代外債史資料(1853-1911)》,中國金融出版社 1991 年版;

中國人民銀行總行參事室金融史資料組編:《中國近代貨幣史資料》,中華書局 1964 年版;

朱有瓛主編:《中國近代學制史資料》,華東師範大學出版社 1987 年版;

浙江省社會科學院歷史研究所編：《辛亥革命浙江史料選輯》，浙江人民出版社 1981 年版；

〔日〕小島晉治監修：《幕末明治中國見聞錄集成》第 1 卷，書房，1997 年影印版。

四　官書史籍

安徽省清理財政局編：《安徽全省財政說明書》，廣東省廣州市圖書館藏；

廣西清理財政局編：《廣西財政沿革利弊說明書》，中國社科院近代史所圖書館藏；

廣東清理財政局編：《廣東財政沿革利弊說明書》，中國社科院近代史所圖書館藏；

湖南省清理財政局編：《湖南全省財政說明書》，廣東省廣州市圖書館藏；

湖北省清理財政局編：《湖北全省財政說明書》，廣東省廣州市圖書館藏；金毓黻編：《宣統政紀》，遼海書社 1934 年印；

賈楨等纂修：《文宗顯皇帝實錄》，中華書局 1986 年影印本；

江蘇省蘇屬清理財政局編：《蘇屬財政說明書》省預算，中國社科院近代史所圖書館藏；

江西省清理財政局編：《江西全省財政說明書》，廣東省廣州市圖書館藏；

劉錦藻編：《清朝續文獻通考》，上海商務印書館 1936 年版；

清理財政局編訂：《廣東財政說明書》，中國社科院近代史所圖書館藏；

沈桐生輯：《光緒政要》，江蘇廣陵古籍刻印社 1991 年版；

世續、陸潤等纂修：《德宗景皇帝實錄》，中華書局 1987 年影印本；

《山西全省財政沿革利弊說明書》，山西清理財政局印，中國社科院近代史所圖書館藏；

《山東清理財政局編訂全省財政說明書》第四冊，中國社科院近代史所圖書館藏；

商務印書館編譯所編：《光緒新法令》，宣統二年（1910）鉛印；

商務印書館編譯所編：《大清宣統新法令》，宣統二年（1910）鉛印；

文慶等編：《籌辦夷務始末》（道光朝），中華書局 1964 年版；

席裕福、沈師徐輯：《皇朝政典類纂》，《叢刊》（續編)第 888-889；

鹽務署編：《中國鹽政沿革史（長蘆）》，《叢刊》（正編）第 636-637 號；

直隸省清理財政局編：《直隸清理財政局說明書》，中國社科院近代史研究所圖書館藏；

趙爾巽主編：《清史稿》，中華書局 1976-1977 年版。

五　文集日記函札年譜

岑學呂編：《三水梁燕孫（士詒）先生年譜》，臺灣文海出版社有限公司影印本；

陳夔龍著：《庸庵尚書奏議》，《叢刊》正編第 507 號；

陳璧著：《望嵒堂奏稿》，《叢刊》正編第 93 號；

陳濤著：《審安齋遺稿》，《叢刊》正編第 338 號；

陳善同著：《陳侍御奏議》，民國 11 年（1922）河南商務印刷所鉛印；

丁風麟等編：《薛福成選集》，上海人民出版社 1987 年版；

丁日昌撰，范海泉、劉治安點校：《丁禹生政書》，香港丁新豹出版社 1987 年版；

丁賢俊、喻作鳳編：《伍廷芳集》，中華書局 1993 年版；

杜春和等編：《榮祿存札》，齊魯書社 1986 年版；
端方著：《端忠敏公奏稿》，《叢刊》（正編）第 94 號；
方宗誠編：《開縣李尚書（宗羲）政書》，《叢刊》（正編）第 462 號；
胡思敬著：《退廬全集、箋牘、奏疏》，《叢刊》（正編）第 444 號；
胡思敬著：《退廬全集：驢背集、審國病書、大盜竊國記、丙午釐定官制芻議》，《叢刊》（正編）第 445 號；
胡鈞撰：《張文襄公（之洞）年譜》，《叢刊》（正編）第 47 號；
胡珠生編：《宋恕集》，中華書局 1993 年版；
何啟、胡禮垣編：《新政真詮・勸學篇書後・去毒篇辯》第五編，上海格致新報館 1901 年鉛印本；
江春霖撰：《梅陽江侍御奏議》，蒲田江氏鉛印本；
撰蔣湘南：《七經樓文鈔》，同治九年（1870）重刊本；
金兆豐撰：《鎮安晏海澄（安瀾）先生年譜》，《叢刊》（正編）第 491 號；
蒯光典著：《金粟齋遺集》，《叢刊》（正編）第 304 號；
劉光第著：《劉光第集》，中華書局 1986 年版；
劉世珩撰：《財政條議》（清末民初史料叢書第 23 種），成文出版社據光緒三十二年（1906）版本影印；
李剛己著：《李剛己遺稿》，《叢刊》（正編）第 348 號；
林葆恆編：《閩縣林侍郎（紹年）奏稿》，《叢刊》（正編）第 301 號；
魯一同著：《通甫類稿》，《叢刊》（正編）第 368 號；
駱惠敏編，劉桂梁譯：《清末民初政情內幕》（上），上海知識出版社 1986 年版；
羅正鈞編：《左文襄公（宗棠）年譜》，《叢刊》（正編）第 145 號；
梁啟超著：《飲冰室合集》，中華書局 1989 年影印；勞祖德整理：《鄭孝胥日記》，中華書局 1993 年版；

歐陽輔之編：《劉忠誠公（坤一）遺集》，《叢刊》（正編）第 252 號；

皮錫瑞著：《師伏堂日記》，《湖南歷史資料》1958 年第 4 期；

錢仲聯箋註：《人境廬詩草》附錄二，《黃公度先生年譜》，上海古籍出版社 1981 年版；

上海圖書館編：《汪康年師友書札》，上海古籍出版社 1986-1989 年版；

宋晉撰：《水流雲在館奏議》，清末民初史料叢書第 50 種；盛宣懷：《愚齋存稿》，《叢刊》續編第 122-125 號；

《孫中山全集》第 1 卷，中華書局 1981 年版；

孫寶瑄著：《忘山廬日記》，上海古籍出版社 1983 年版；

天津圖書館等：《袁世凱奏議》，天津古籍出版社 1984 年版；

桐鄉盧氏校刻：《桐鄉勞先生（乃宣）遺稿》，《叢刊》（正編）第 357 號；

王樹枏編：《張文襄公（之洞）全集》，《叢刊》（正編）第 452-484 號；

王栻主編：《嚴復集》第二冊，中華書局 1986 年版；

王闓運撰：《湘綺樓日記》，岳麓書社 1997 年版；

汪詒年編纂：《汪康年遺著》，1920 年鉛印本；

汪康著年：《汪穰卿筆記》上海書店 1997 年版；

汪詒年編：《汪穰卿先生傳記七卷遺文三種》，杭州汪氏 1938 年鑄版；

吳汝綸編：《李文忠公（鴻章）全集》，《叢刊》續編 692-696 號；

蕭榮爵編：《曾忠襄公（國荃）奏議》，《叢刊》（正編）第 432、436 號；

許珏撰：《復庵遺集》（清末民初史料叢書第 49 種），成文出版社 1970 年印行；

許同莘撰：《張文襄公年譜》，商務印書館 1946 年上海初版；

徐世昌撰：《退耕堂政書》，民國 3 年（1914）刻印本；

熊希齡著：《熊希齡先生遺稿》，上海書店出版社 1998 年版；

夏東元編：《鄭觀應集》，上海人民出版社 1982 年版；
薛福成著：《出使英法義比四國日記》，岳麓書社 1985 年版；
楊堅校補：《郭嵩燾奏稿》，岳麓書社 1983 年版；
楊曾勗輯：《無錫楊仁山（楷）先生遺著》，《叢刊》（正編）第 536 號；
佚名編：《清代名人書札》，《叢刊》（續編）第 749 號；
喻岳衡點校：《曾紀澤遺集》，岳麓書社 1993 年版；
姚錫光撰：《吏皖存牘》，光緒三十四年（1908）京師鉛印本；
姚錫光撰：《塵牘叢鈔》，光緒三十四年（1908）京師刻；
苑書義等編：《張之洞全集》，河北人民出版社 1998 年版；
張之洞、劉坤一撰：《江楚會奏變法三摺》，《叢刊》續編 471 號；
張奚若撰：《南通張季直（謇）先生傳記》，《叢刊》續編 791 號；
趙樹貴、曾麗雅編：《陳熾集》，中華書局 1997 年版；
趙潤生撰，趙炳麟輯：《趙柏岩集》，民國 11 年（1922）全州趙氏鉛印；
鄭嘉謨撰：《鴉片專賣條陳》，光緒三十四年（1908）鉛印本，北京大學圖書館收藏；
周家祿著：《壽愷堂集》，《叢刊》（正編）第 83 號；中國科學院歷史研究所第三所主編：《錫良遺稿》，中華書局 1959 年版。

六　筆記及其他史料

蔡雲萬著：《蟄存齋筆記》，上海書店出版社 1997 年版；
岑春煊著：《樂齋漫筆》，《近代稗海》第 1 輯，四川人民出版社 1985 年版；
程龢著：《浙鴻爪印》，《叢刊》（正編）第 799 號；
陳夔龍著：《夢蕉亭雜記》，北京古籍出版社 1985 年版；

陳忠倚輯：《皇朝經世文三遍》，《叢刊》（正編）第 751 號；

陳治先、陳冷汰譯：《清室外紀》，《叢刊》正編 722 號；

葛士浚輯：《皇朝經世文續編》，《叢刊》（正編）第 741 號；

黃炎培等編纂：《中國商戰失敗史》，《叢刊》（續編）第 930 號；

黃濬：《花隨人聖庵摭憶》，上海書店出版社 1998 年版；

何良棟輯：《皇朝經世文四編》，《叢刊》（正編）第 761 號；

何剛德撰：《客座偶談》，民國 23 年（1934）鉛印；

賀長齡、魏源編：《皇朝經世文編》，《叢刊》影印本；

胡思敬著：《國聞備乘》，上海書店出版社 1997 年版；

江庸撰：《趨庭隨筆》，民國 23 年（1934）北平和記印書館鉛印；

梁章鉅撰：《浪跡叢談、續談、三談》，中華書局 1981 年版；

梁啟超著：《戊戌政變記》附錄二，《湖南情形》，中華書局 1954 年版；

李圭著：《鴉片事略》，北平圖書館 1931 年印行；

李振華輯：《近代中國國內外大事記》，《叢刊》（續編）第 67 輯；

李基鴻著：《百年一夢記》，《叢刊》（續編）第 423 號；

李岳瑞著：《春冰室野乘》，上海廣智書局 1911 年鉛印；

劉體仁著：《異辭錄》，上海書店 1984 年影印；

麥中華編：《皇朝經世文新編》，《叢刊》（正編）第 771 號；

閔爾昌纂錄：《碑傳集補》，民國 21 年燕京大學國學研究所鉛印；

錢詢制：《光緒通商綜核表》，《叢刊》（續編）第 48 輯；

榮孟源等主編：《近代稗海》第二輯，四川人民出版社 1985 年版；

孫家振著：《退醒廬筆記》，上海書店出版社 1997 年版；

邵之棠編：《皇朝經世文統編》，《叢刊》（續編）第 716 號；

沈惠風著：《眉廬叢話》，《叢刊》（續編）第 635 號；

沈祖憲、吳闓生編：《容庵弟子記》，民國 2 年（1913）鉛印；

天臺野叟：《大清見聞錄》，中州古籍出版社 2000 年版；

魏允恭編：《江南製造局記》（一），《叢刊》（正編）第 404 號；

吳廷燮：《清財政考略》，民國三年（1914）三月校印；

吳兆莘著：《中國稅制史》（下），商務印書館 1937 年再版；

吳貫因著：《中國預算制度芻議》，北京文益印刷局 1918 年鉛印；

王伯恭著：《蜷廬隨筆》，山西古籍出版社、山西教育出版社 1999 年版；

王照口述，王樹枬筆錄：《德宗遺事》，宣統三年（1911）鉛印，臺灣學生書局影印；

徐珂編：《清稗類鈔》，中華書局 1984 年版；

徐一士著：《一士類稿·一士譚薈》，重慶出版社 1998 年版；

閻毓善著：《龍沙鱗爪》，《叢刊》（正編）第 907 號；

佚名著：《清末實錄》（外十一種），北京古籍出版社 1999 年版；

楊鳳藻編：《皇朝經世文新編續集》，《叢刊》（正編）第 781 號；

楊壽楠著：《覺花寮雜記》，民國年間鉛印；

楊楷制：《光緒通商列表》，《叢刊》（續編）第 479 號；

漁隱編：《時務經濟策論統宗》第 12 卷，《理財科》（下），1908 年上海文賢閣石刻本；

朱彭壽著：《舊典備徵安樂康平室隨筆》，中華書局 1980 年版；

張枬、王忍之編：《辛亥革命前十年間時論選集》，三聯書店 1977 年版；

政協甘肅省委員會文史資料研究委員會編：《甘肅文史資料選輯》第 10 輯，甘肅人民出版社 1981 年版；

朱克敬著，楊堅點校：《暝庵雜識》4 卷，岳麓書社 1983 年版。

七　研究論著

（一）專著：

崔運武：《中國早期現代化中的地方督撫》，中國社會科學出版社 1998 年版；

陳寅恪：《柳如是別傳》（上冊），上海古籍出版社 1980 年版；

陳其南：《臺灣的傳統中國社會》，（臺北）允晨文化公司 1987 年版；

戴一峰著：《中國近代海關與中國財政》，廈門大學出版社 1993 年版；

鄧紹輝著：《晚清財政與中國近代化》，四川人民出版社 1998 年版；

〔美〕戴維·F·馬斯托，《美國禁毒史——麻醉品控制的由來》，周雲譯，北京大學出版社 1999 年版；

馮爾康、常建華周：《清人社會生活》，瀋陽出版社 2002 年版；

馮柳堂：《中國歷代民食政策史》，商務印書館 1993 年影印第 1 版；

馮天瑜：《「千歲丸」上海行——日本人 1862 年的中國觀察》，商務印書館 2001 年版；

傅宗懋：《清代督撫制度》，臺北國立政治大學 1963 年；

顧學裘：《鴉片》，商務印書館 1936 年版；

關曉紅：《晚清學部研究》，廣東教育出版社 2001 年版；

胡漢生：《四川近代史事三考》，重慶出版社 1988 年版；

何烈：《清咸、同時期的財政》，國立編譯館中華叢書編審委員會編印 1981 年；

何烈：《釐金制度新探》，臺北中國學術著作獎助委員會 1972 年；

韓延龍、蘇亦工等：《中國近代警察史》，社會科學文獻出版社 2000 年版；

黃通等合編：《日據時代臺灣之財政》，臺灣聯經出版事業公司 1987 年版；

侯宜傑：《二十世紀初中國政治改革風潮》，人民出版社 1993 年版；

賈士毅：《民國財政史》上冊，商務印書館 1917 年版；

姜鳴：《龍旗飄揚的艦隊——中國近代海軍興衰史》，三聯書店 2002 年版；

孔祥吉著：《晚清佚文叢考：以戊戌維新為中心》，巴蜀書社 1998 年版；

林崇墉：《沈葆楨與福州船政》，臺灣聯經出版事業公司 1987 年版；

劉彥著，戴荻校：《中國近時外交史》（民國叢書第一輯第 27 號），上海書店影印；

劉秉麟：《中國財政小史》（《萬有文庫》第一集第 1000 種），商務印書館 1933 年版；

劉廣京：《經世思想與新興企業》，臺北聯經出版事業公司 1990 年版；

羅玉東：《中國釐金史》，《叢刊》（續編）第 62 輯；

羅運炎：《中國鴉片問題》，上海興華報社 1929 年版；

羅志田主編：《20 世紀的中國：學術與社會》（上），山東人民出版社 2001 年版；

羅爾綱著：《晚清兵志》，中華書局 1997 年版；

李定一、吳相湘編纂：《中國近代史論叢》第 2 輯第 5 冊，臺灣正中書局 1979 年版；

李定一等編纂：《中國近代史論叢·財政經濟》，臺灣正中書局 1985 年版；

李恩涵：《曾紀澤的外交》，《中央研究院近代史研究所專刊》（15），1982 年再版；

廖梅：《汪康年：從民權論到文化保守主義》，上海古籍出版社 2001 年

版；

〔英〕萊特《中國關稅沿革史》，姚曾廣譯，商務印書館1963年版；

〔美〕馬丁·布思著，《鴉片史》，任華梨譯，海南出版社1999年版；

〔美〕M. G. 馬森：《西方的中華帝國觀》，時事出版社1999年版；

馬小泉：《國家與社會：清末地方自治與憲政改革》，河南大學出版社2001年版；

〔美〕龐百騰：《沈葆楨評傳——中國近代化的嘗試》，上海古籍出版社2000年版；

彭澤益：《十九世紀後半期的中國財政與經濟》，人民出版社1983年版；

秦和平：《雲南鴉片問題與禁煙運動》，四川民族出版社1998年版；

秦和平：《四川鴉片問題與禁煙運動》，四川民族出版社2001年版；

蘇同炳：《中國近代史上的關鍵人物》，百花文藝出版社2000年版；

蘇智良：《中國毒品史》，上海人民出版社1997年版；

蘇雲峰：《三（兩）江師範學堂：南京大學的前身，1903-1911》，南京大學出版社2002年版；

桑兵：《晚清學堂學生與社會變遷》，學林出版社1995年版；

沈雲龍：《徐世昌評傳》（傳記文學叢刊之52），傳記文學出版社1979年版；

商麗浩：《政府與社會：近代公共教育經費配置研究》，河北教育出版社2001年版；

湯志鈞、湯仁譯：《維新·保皇·知新報》，上海社會科學院出版社2000年版；

湯象龍：《中國近代財政經濟史論文選》，西南財經大學出版社1987年版；

湯象龍：《中國近代海關稅收與分配統計》，中華書局1992年版；

陶亢德編輯：《鴉片之今昔》，上海宇宙風社 1937 年版；

威羅貝：《外人在華特權和利益》，三聯書店 1957 年版；

吳相湘：《近代史事論叢》（傳記文學叢書之 82），傳記文學出版社 1978 年再版；

王宏斌：《赫德爵士轉——大清海關洋總管》，文化藝術出版社 2000 年版；

王宏斌：《禁毒史鑑》，岳麓書社 1997 年版；

王曾才：《中英外交史論集》，臺北聯經出版事業公司 1979 年版；

王樹槐：《庚子賠款》，《中央研究院近代史研究所專刊》（31），1974 年出版；

王良行：《近代中國對外貿易史論集》，臺北縣中和市知書房出版 1997 年初版；

王爾敏：《清末兵工業的興起》，臺北中央研究院近代史研究所 1963 年；

王爾敏：《淮軍志》，臺北中國學術著作獎助委員會 1967 年；王曉秋、尚小明主編：《戊戌維新與清末新政——晚清改革史研究》，北京大學出版社 1998 年版；

王笛：《跨出封閉的世界——長江上游區域社會研究（1644-1911），中華書局 2001 年版；

王繩祖編：《中英關係史論叢》，人民出版社 1981 年版；

汪敬虞主編：《中國近代經濟史：1895-1927》中冊，人民出版社 2000 年版；

蕭致治、楊衛東編撰：《鴉片戰爭前中西關係紀事》，湖北人民出版社 1986 年版；

許毅主編：《從百年屈辱到民族復興——清代外債與洋務運動》，經濟科學出版社 2002 年版；

於恩德：《中國禁煙法令變遷史》，中華書局 1934 年版；
〔日〕伊能嘉矩：《臺灣文化志》（中卷），中譯本，臺灣省文獻委員會 1991 年版；
張仲禮主編：《中國近代近代經濟史論著選譯》，上海社會科學院出版社 1987 年版；
張仲禮、陳曾年：《沙遜集團在舊中國》，人民出版社 1985 年版；
張德澤：《清代國家機關考略》，中國人民大學出版社 1981 年版；
臺北中研院近代史研究所社會經濟史組編：《財政與近代歷史》，中研院近代史所 1999 年印；
趙豐田：《晚清五十年經濟思想史》，北京燕京大學哈佛燕京學社 1939 年版；
莊吉發：《同光年間的地方財政與自強經費的來源》，《清末自強運動研討會論文集》，臺北，1988 年；
朱維錚：《求索真文明——晚清學術史論》，上海古籍出版社 1996 年版；
朱宏源：《同盟會的革命理論——〈民報〉個案研究》，中研院近代史所專刊 50，臺北中研院近代史所 1985 年；
朱慶葆等：《鴉片與近代中國》，江蘇教育出版社 1995 年版；
鄭曦原編：《帝國的回憶——〈紐約時報〉晚清觀察記》，三聯書店 2001 年版；
中國人民大學清史研究所編：《清史編年》，第十一、十二卷，中國人民大學出版社 2000 年版；
周育民：《晚清財政與社會變遷》，上海人民出版社 2000 年版；
周詢：《蜀海叢談》，巴蜀書社 1986 年版；
中國第一歷史檔案館編：《明清檔案與歷史研究——中國第一歷史檔案館六十週年紀念論文集》（上、下），中華書局 1988 年版；

〔美〕梅里貝斯・E・卡梅倫（Meribeth E.Camerron）：《1898-1912 年中國的改革運動》（*The Reform Movement in China*，1898-1912），奧克塔岡圖書公司，1963 年重印；

〔英〕Lima，Margaret Lulia Beng：《英國與印中鴉片貿易的終結 1905-1913》（Britain and the Termination of the India-China Opium Trade，1905-1913），未刊博士論文，倫敦大學，1969 年；

〔美〕喬舒亞・A・福格爾（Joshua A. Fogel）與〔美〕羅威廉（William T. Rowe）合編《展望變革的中國：韋慕庭教授退休紀念文集》（*Perpectives on a Changing China:Essays in Honor of Professor G.Martin Wilbur on the Occasion of His Retirement*），西方觀察出版社 1979 年；

Lian Lin-hsiao:*China's Foreign Trade Statistics*,1864-1949，Harvard，1974.

（二）論文：

陳詩啟：〈海關總稅務司對鴉片稅釐並徵與粵海常關權力的爭奪和葡萄牙的永居澳門〉，《中國社會經濟史研究》1982 年第 1 期；

陳庭銳：〈鴉片問題之結束〉，《大中華》第 1 卷第 12 期，上海中華書局 1915 年版；

戴一峰：〈論近代中國海關與鴉片稅釐並徵〉，《福建論壇》（文史哲版）1993 年第 5 期；

戴一峰：〈晚清中央與地方財政關係：以近代海關為中心〉，《中國經濟史研究》2000 年第 4 期；

杜正勝：〈史語所的過去、現在與未來〉，「邁向新學術之路：學術史與方法學的省思」研討會，臺北，1998 年 10 月，羅志田主編：《20 世紀的中國：學術與社會》（上），山東人民出版社 2001 年版；

郭衛東：不平等條約與鴉片輸華合法化，《歷史檔案》1998 年第 2 期；

何漢威：〈從清末剛毅、鐵良南巡看中央和地方的財政關係〉，《中央研究院歷史語言研究所集刊》第 68 本第 1 分，1997 年；

何漢威：〈從銀賤錢荒到銅元氾濫——清末新貨幣的發行及其影響〉，《中央研究院歷史語言研究所集刊》第 62 本第 3 分 1993 年；

何漢威：〈清末賦稅基準的擴大及其侷限——以雜稅中的煙酒稅和契稅為例〉，《中央研究院近代史研究所集刊》第 17 期下冊 1988 年；

何引流：〈中國的毒品問題〉，《中國經濟論文集》第 2 集，中國經濟情報社 1936 年版；

何瑜：〈晚清中央集權體制變化原因再析〉，《清史研究》1992 年第 1 期；

劉翠溶：〈關稅與清末自強新政〉，臺灣《清末自強運動研討會論文集》，臺北，1988 年；

劉紹唐主編：〈民國人物小傳‧李經羲〉，《傳記文學》第 40 卷第 4 期；

劉偉：〈晚清「就地籌款」的演變與影響〉，《華中師範大學學報》2000 年第 39 卷第 2 期，；

劉渭平：〈早年澳洲籍中國政府政治顧問之一：莫理循的生平及其對華的影響〉，《傳記文學》第 29 卷第 1 期；

劉光華：〈殖民地財政政策的特殊性〉，《社會科學論叢》第 1 卷第 8 號，國立中山大學 1929 年；

劉儁：〈道光朝兩淮廢引改票始末〉，《中國近代經濟史研究集刊》第 1 卷；

劉增合：〈清末禁煙論旨起因論〉，王宏斌主編：《毒品問題與近代中國》，當代中國出版社 2001 年版；

林滿紅：〈銀與鴉片的流通及銀貴錢賤現象的區域分佈（1808-1854）——世界經濟對近代中國空間方面之一影響〉，《中央研究院近代史研究所集刊》1993 年第 22 期上；

林滿紅:〈清代本國鴉片之替代進口鴉片（1858-1906）——近代中國「進口替代」個案研究之一〉,《中央研究院近代史研究所集刊》1980年第9期;

林滿紅:〈財經安穩與國民健康之間：晚清的土產鴉片議論（1833-1905）〉,中研院近代史所社會經濟史組編:《財政與近代歷史》,中研院近代史所印,1999年;

林滿紅:〈晚清的鴉片稅（1858-1906）〉,《思與言》1979年第5期;

林乾:〈咸豐後督撫職權的膨脹與晚清政治〉,《社會科學戰線》1989年第1期;

羅玉東:〈光緒朝補救財政之方策〉,《中國近代經濟史研究集刊》1933年第1卷第2期;

樂觀道人:〈清末督撫佚聞〉,《青鶴》第4卷第1期,上海1935年;

羅志田:〈立足於中國傳統的跨世紀開放型新史學〉,《四川大學學報》1996年第2期;

李玉:〈晚清印花稅創行源流考,《湖湘論壇》1998年第2期;

廖全吉:〈曾國藩幕府盛況與晚清地方權力之變化〉,《中山學術文化集刊》1969年第4集;

目黑克己:〈光緒初年山西省禁種罌粟問題〉,《國外中國近代史研究》第22輯;

茅家琦:〈地方勢力擴張與晚清政局〉,《中國歷史上的分與合學術研討會論文集》,臺北聯合報系文化基金會1995年;

歐陽紅:《張之洞幕府研究》,碩士學位論文,中山大學歷史系,2001年;

彭雨新:〈清末中央與各省財政關係〉,《社會科學雜誌》1947年第9卷第1期;

戚其章:〈頤和園工程與北洋海軍〉,《社會科學戰線》1989年第4期;

斯蒂芬·R·麥金農：〈北洋軍閥、袁世凱與中國近代軍閥主義的興起〉，《亞洲研究雜誌》1973年5月第32號；

石楠：〈略論港英政府的鴉片專賣政策〉，《近代史研究》1992年第6期；

沈乃正：〈清末之督撫集權、中央集權與「同署辦公」〉，《社會科學》第2卷第2期，國立清華大學出版社1937年；

沈金鑑：〈辛亥革命前夕我國之陸軍及其軍費〉，《社會科學》第2卷第2期，國立清華大學出版社1937年；

湯象龍：〈民國以前的賠款是如何償付的？〉，《中國近代經濟史研究集刊》第2卷第2期，1934年出版；

湯象龍：〈重慶海關稅收和分配統計（1891-1910）〉，《四川文史資料》1983年第3期；

唐上意：〈清末民初四川州縣捐稅激增之一斑〉，《四川師院學報》1982年第2期；

田海林、張志勇：〈許珏與晚清禁煙運動〉，王宏斌主編：《毒品問題與近代中國》，當代中國出版社2001年版；

田海林、張志勇：〈禁煙新政與清王朝的覆亡〉，紀念辛亥革命90週年國際學術討論會論文，2001年10月，中國史學會編：《辛亥革命與20世紀的中國》中冊，中央文獻出版社2002年版；

〔 〕托馬斯·D·萊因斯著，黃檢秋譯：〈改革、民族主義與國際主義：1900-1908年中國的禁煙運動與英美的影響〉，《近代亞洲研究》（Modern Asian Studies）第25期，譯文載《國外中國近代史研究》第25輯；

〔日〕西川正夫：〈四川保路運動前夜的社會狀況〉，邱遠應譯：《辛亥革命史叢刊》第5輯，中華書局1983年版；

王金香：〈清末鴉片稅收述論〉，《山西師大學報》第27卷第4期；

王樹槐:〈鴉片毒害——光緒二十三年問卷調查分析〉,《中央研究院近代史研究所集刊》1980年第9期;

王宏斌:〈20世紀初英美對華鴉片政策與清末禁煙運動〉,《南開史學》1991年第2期;

王宏斌:〈清末廣東禁煙運動與中英外交風波〉,王宏斌主編:《毒品問題與近代中國》,當代中國出版社2001年版;

王雪華:〈督撫與清代政治〉,《武漢大學學報》1992年第1期;

汪林茂:〈清咸、同年間籌餉制度的變化與財權下移〉,《杭州大學學報》1991年6月第21卷第2期;

魏光奇:〈清代後期中央集權財政體制的瓦解〉,《近代史研究》1986年第1期;

吳敦俊:〈近代貴州經濟的支柱——煙稅〉,《貴州文史叢刊》1986年第4期;

尹福庭:〈試論太平天國革命時期清政府中央和地方權力的消長及其影響〉,中國人民大學清史研究所編《清史研究集》第4集,四川人民出版社1986年版;

殷俊玲:〈宣統元年反抗戶口調查風潮〉,《歷史檔案》1999年第3期;

莊吉發:〈同光年間的地方財政與自強經費的來源〉,《清末自強運動研討會論文集》,臺北,1988年;

張遠鵬、虞曉波:〈禁煙禁毒研究的力作——評介《鴉片與近代中國》〉,《江海學刊》1996年第6期;

張振鶴、丁原英:〈清末民變年表,1902-1911(上、下)〉,《近代史資料》1982年第3、4期;

朱偰:〈田賦附加稅之沿革〉,《社會科學叢刊》第1卷第1期,國立中央大學1934年;

鄭友揆:〈我國海關貿易統計編制方法及其內容之沿革考〉,《社會科

學雜誌》第 5 卷第 3 期,國立中央研究院社會科學研究所,1934 年;

鄭宗啟:〈鴉片之源流〉(一名:〈鴉片史話〉),《國學論叢》第 1 卷第 1 號,北京清華學校研究院 1928 年;

〔日〕岸本(中山)美緒:〈《租覈》市場論の經濟思想史的位置〉,《中國近代史研討會》第二集,東京,1982 年;

〔日〕加藤繁:〈清朝後期の財政に就いて〉,歷史教育第 14 卷第 2 號,昭和 14 年 5 月;

〔日〕目黑克彥:〈中國近代における輸入アヘンに對する稅釐徵收問題の基礎的研究〉,平成七年度科研費報告書,1996 年 3 月;

〔日〕新村容子:〈清朝政府のアヘン輸入代替政策とアヘン貿易〉,《東洋學報》78 卷第 2 期,1996 年 9 月;

〔日〕新村容子:〈清代四川アヘンの商品生產,〉《東洋學報》,1979 年 3 月;

〔英〕David Edward Owen, British Opium Policy in China and India, Yale University Press, 1934.

〔美〕托馬斯・L・肯尼迪(Thomas L. Kennedy):〈毛瑟槍與鴉片貿易:1895-1911 年的湖北槍炮廠〉,喬舒亞・A・福格爾(Joshua A.Fogel)與羅威廉(William T.Rowe)合編《展望變革的中國:韋慕庭教授退休紀念文集》(Perpectives on a Changing China:Essays in Honor of Professor G.Martin Wilbur on the Occasion of His Retirement),西方觀察出版社 1979 年版.

Perkins,Dwight H.(帕金斯)Government as an Obstacle to Industration: The case of 19th-Century China(《阻礙工業化的政府:19 世紀中國狀況》)Journal of Economic History,27.4(Dec. 1967)(《經濟史季刊》第 27 卷第 4 期,1967 年 12 月);

〔美〕David. Pong,(龐百騰),Keeping the Foochow Navy Yard Afloat:

Government Finance and China's Early Modern Defence Industry,1866-1875（《維持福州造船廠：財政與中國早期的近代國防工業,1866-1875》）.*Modern Asian Studies*せ, 21.1（Feb.1987）（《現代亞洲研究》第21卷第1期,1987年2月。）

中華文化思想叢書・近現代中華文化思想叢刊 A0102022

鴉片稅收與清末新政（修訂版）

作　　者	劉增合
責任編輯	邱義茗
實習編輯	楊清任　洪千華
發 行 人	向永昌
總 經 理	梁錦興
總 編 輯	張晏瑞
編 輯 所	萬卷樓圖書股份有限公司
	臺北市羅斯福路二段 41 號 6 樓之 3
	電話 (02)23216565
	傳真 (02)23218698
出　　版	昌明文化有限公司
	桃園市龜山區中原街 32 號
	電話 (02)23216565
發　　行	萬卷樓圖書股份有限公司
	臺北市羅斯福路二段 41 號 6 樓之 3
	電話 (02)23216565
	傳真 (02)23218698
	電郵 SERVICE@WANJUAN.COM.TW

ISBN 978-986-496-601-1

2024 年 12 月初版

定價：新臺幣 800 元

本書為 110 學年度、113 學年度國立臺灣師範大學「出版實務產業實習」課程成果。部分編輯工作由課程學生參與實習。

如何購買本書：

1. 轉帳購書，請透過以下帳戶
　　合作金庫銀行　古亭分行
　　戶名：萬卷樓圖書股份有限公司
　　帳號：0877717092596
2. 網路購書，請透過萬卷樓網站
　　網址 WWW.WANJUAN.COM.TW

大量購書，請直接聯繫我們，將有專人為您服務。客服：(02)23216565 分機 610

如有缺頁、破損或裝訂錯誤，請寄回更換

版權所有・翻印必究

Copyright©2024 by WanJuanLou Books CO., Ltd. All Rights Reserved
Printed in Taiwan

國家圖書館出版品預行編目資料

鴉片稅收與清末新政 / 劉增合著. -- 初版. -- 桃園市：昌明文化有限公司出版；臺北市：萬卷樓圖書股份有限公司發行, 2024.12
　　面；　公分. --（中華文化思想叢書. 近現代中華文化思想叢刊；A0102022）

ISBN 978-986-496-601-1（平裝）

1.CST: 財政史　2.CST: 晚清史　3.CST: 鴉片

560.92　　　　　　　　　　　　111001744

本著作物經廈門墨客知識產權代理有限公司代理，由四川人民出版社授權萬卷樓圖書股份有限公司（臺灣）出版、發行中文繁體字版版權。